dtv

Die Pädagogik ist seit mehr als 200 Jahren eine eigenständige Disziplin, deren Entwicklung eng mit sozialen, politischen, wirtschaftlichen und philosophischen Fragen verknüpft ist. Wie in jeder Wissenschaft entstand eine eigene Fachsprache, deren wichtigste Begriffe im ›Wörterbuch Pädagogik‹ erklärt werden. Rund 1500 Stichwörter vermitteln das Grundwissen der Erziehungswissenschaft. Theoretische Ansätze werden ebenso erläutert wie praktische Aufgabengebiete, Erziehungs- und Bildungseinrichtungen und zentrale Forschungswege. Da die heutige Pädagogik fachübergreifend orientiert ist, wurden auch Grundbegriffe der Nachbarwissenschaften Psychologie und Soziologie sowie juristische Fragen berücksichtigt. Eine ausführliche Bibliographie der aktuellen Fachliteratur sowie ein umfassendes Anschriftenverzeichnis bildungspolitischer Institutionen, pädagogischer Einrichtungen und Verbände machen das Wörterbuch zu einem unentbehrlichen Nachschlagewerk für Schüler, Studierende, Eltern, Lehrer und Pädagogen.

Prof. Dr. Horst Schaub, geb. 1934, war von 1973 bis 1993 als Professor für Schulpädagogik an der Universität Göttingen tätig. Seitdem lehrt er im Fachbereich Erziehungs- und Sozialwissenschaft der Universität Hildesheim.

Prof. Dr. Karl G. Zenke, geb. 1939, lehrt im Institut für Erziehungswissenschaft an der Pädagogischen Hochschule Ludwigsburg Schulpädagogik und ist Leiter der Arbeitsstelle für schulpraktische Studien.

Horst Schaub
Karl G. Zenke

Wörterbuch Pädagogik

Deutscher Taschenbuch Verlag

Originalausgabe
Februar 1995
3. Auflage Juli 1999

Umschlagkonzept: Balk & Brumshagen
Umschlagbild: ›Die Schule‹, Kupferstich, Johann Michael Voltz (1784–1858)
zugeschrieben (© AKG, Berlin)
Gesamtherstellung: C. H. Beck'sche Buchdruckerei, Nördlingen
Gedruckt auf säurefreiem, chlorfrei gebleichtem Papier
Printed in Germany · ISBN 3-423-32510-0

Inhalt

Vorwort

Das ›Wörterbuch zur Pädagogik‹ ist mit seinen rund 1500 Artikeln ein Nachschlagewerk, das schnell und gründlich über Fachbegriffe der Pädagogik, über Erziehungs- und Bildungseinrichtungen vom Kindergarten bis zu den Hochschulen, über Rechte und Pflichten von Kindern, Jugendlichen, Eltern und professionellen Pädagogen, über Ziele, Konzepte und Arbeitsweisen in der pädagogischen Praxis und in bildungspolitischen Institutionen informieren will. Auf diese Weise soll es Schülern, Auszubildenden, Studierenden, Eltern, Lehrern und Ausbildern, Sozialpädagogen, Erwachsenenbildnern und Mitarbeitern in Bildungsverwaltung und Bildungspolitik helfen, sich in der heute sehr weitläufigen Bildungslandschaft und deren wissenschaftlicher Bearbeitung besser zurechtzufinden. Studierende aller pädagogischen Fachrichtungen erhalten erste Informationen über Gegenstandsbereiche, Fragestellungen, zentrale Begriffe, Forschungswege und Reformansätze innerhalb der Pädagogik.

Die kursiv gesetzten Verweiswörter führen zu ergänzenden Informationen. Unter vielen Artikeln wird darüber hinaus auf Literatur im Anhang des Wörterbuches hingewiesen. Wir haben eine Auswahl aktueller Bücher zu den wichtigsten Fachgebieten und Problembereichen zusammengestellt. Wer weitere Texte sucht, findet Angaben in den genannten Büchern. Über Pädagoginnen und Pädagogen, die in der Fachliteratur häufiger genannt werden, informieren kurze biographische Notizen im Anhang. Pädagogische Arbeit ist heute in hohem Maße institutionalisiert. Ministerien auf Bundes- und Länderebene, internationale und nationale Einrichtungen zur Förderung von praktischer und wissenschaftlicher Pädagogik, Verbände und Vereine nehmen Einfluß auf Erziehung, Unterricht, Ausbildung, Sozialarbeit und Erwachsenenbildung. Deshalb haben wir in den Anhang eine umfangreiche Liste von Anschriften aus Bildungspolitik, Bildungsverwaltung, Wissenschaft und praktischer Pädagogik aufgenommen.

Das ›Wörterbuch zur Pädagogik‹ haben wir in der Zeit vom Frühjahr 1992 bis zum Sommer 1994 geschrieben. Bei der Fertigstellung des Manuskripts hat uns Katharina Festner vom Deutschen Taschenbuch Verlag durch Nachfragen und Anregungen, konstruktive Kritik und redaktionelle Überarbeitungen überaus erfolgreich unterstützt. Dafür danken wir sehr herzlich!

Für die 2. Auflage wurden die Artikel durchgesehen. Für die 3. Auflage wurde der Anhang mit biographischen Daten, Literatur und Anschriften umfassend aktualisiert und erweitert.

Frühjahr 1999
Horst Schaub und Karl G. Zenke

A

ABB. *Arbeitsstelle für Betriebliche Berufsausbildung.*

Abendgymnasium. Schulform des *zweiten Bildungsweges* für berufstätige Erwachsene, die in einem Vor- und Hauptkurs von zusammen mindestens dreieinhalb Jahren zur *allgemeinen Hochschulreife* (*Abitur,* Reifeprüfung) führt. Der Bewerber muß mindestens 19 Jahre alt sein und eine abgeschlossene *Berufsausbildung* oder eine dreijährige geregelte Berufstätigkeit nachweisen können. Die Schüler des A. müssen bis auf die letzten eineinhalb Jahre berufstätig sein. Eine Förderung nach dem *Bundesausbildungsförderungsgesetz* ist möglich.

Abendhauptschule. Schulform des *zweiten Bildungsweges* für berufstätige Erwachsene, die i. d. R. in einem Schuljahr zum Hauptschulabschluß führt. Die A. gibt es in Bremen, Hamburg und im Saarland. In den anderen Ländern der Bundesrepublik Deutschland werden die Aufgaben der A. weitgehend von den *Volkshochschulen* u. a. Einrichtungen der *Erwachsenenbildung* wahrgenommen.

Abendrealschule. Schulform des *zweiten Bildungsweges* für berufstätige Erwachsene, die i. d. R. in zwei bis drei Jahren zum Realschulabschluß bzw. zur Fachoberschulreife führt.

Abenteuerspielplatz (engl. *adventure playground*). Der A., auch **Aktiv-**, **Bau-** oder **Robinsonspielplatz** genannt, ist seit Ende der sechziger Jahre eine pädagogisch betreute Alternative zum herkömmlichen *Spielplatz.* Er soll Kindern und Jugendlichen vor allem im verstädterten Wohnmilieu vielfältige und anregungsreiche Spiel- und Erfahrungsmöglichkeiten im Umgang mit Holz, Sand, Wasser, Feuer, Tieren und Pflanzen verschaffen. Träger des A. sind in der Regel Kommunen, Jugendhilfeorganisationen und Elterngruppen.

Abgangszeugnis (engl. *leaving certificate*). Ein A. erhalten diejenigen Schüler, die nach Beendigung der *Schulpflicht* die Schule verlassen, aber das Bildungsziel der besuchten *Schulart* nicht erreicht haben. Dies trifft insbesondere auf Schüler zu, die an einer *Abschlußprüfung* nicht mit Erfolg teilgenommen haben und somit kein Abschlußzeugnis erhalten können.

abH. *Ausbildungsbegleitende Hilfen.*

Abitur (Syn. **Hochschulreife**; lat. *abire* fortgehen; engl. *school-leaving examination*). Das A., auch Abiturprüfung, Reifeprüfung oder (in der Schweiz und in Österreich) Matura genannt, ist die *Abschlußprüfung* an Gymnasien, Gesamtschulen mit gymnasialer Oberstufe, beruflichen Gymnasien, Abendgymnasien und Kollegs. Durch die erfolgreiche Teilnahme am A. erwerben die Abiturienten mit dem Reifezeugnis die *allgemeine Hochschulreife*, die zum Besuch einer wissenschaftlichen Hochschule berechtigt.

Das A. wurde 1788 im preußischen ›Reglement über die Prüfungen an den gelehrten Schulen‹ eingeführt und ist seit

1834 Bedingung für die Immatrikulation an einer Universität. Der Rechtsrahmen des A. ist heute durch die Beschlüsseder Kultusministerkonferenz und die Rechtsverordnungen der einzelnen Bundesländer geregelt.

Abiturientenberatung. Einer der besonderen Dienste der *Berufsberatung* der Bundesanstalt für Arbeit, in dem speziell geschultes Personal Schüler der Abschlußklassen der *gymnasialen Oberstufe* über die mit der *Hochschulreife* erreichbaren Ausbildungs- und Studienalternativen und die damit verbundenen Berufschancen informiert. Die A. kann zu Gruppenbesprechungen in die Schule eingeladen oder individuell in Anspruch genommen werden. Ihre Dienste sind kostenlos.
Anschriften: 15.2

ABM. *Arbeitsbeschaffungsmaßnahme.*

Abmahnung. Durch eine A. wird ein schwerwiegendes Fehlverhalten bemängelt und eine Änderung des Verhaltens im Sinne der z. B. in einem Ausbildungsvertrag oder einer *Schulordnung* vereinbarten Aufgaben und Pflichten eingefordert. Für den Fall der Wiederholung des beanstandeten Verhaltens werden *Sanktionen* angedroht. Im Bereich der allgemeinbildenden Schulen wird zumeist von *Verweis* gesprochen. In besonders ernsten Fällen sollte die A. schriftlich erfolgen.

Abschlüsse (Syn. **Schulabschlüsse**; engl. *leaving certificates*). Nach erfolgreicher Absolvierung eines *Bildungsganges* in den verschiedenen *Schularten* des *Schulsystems* können A. erworben werden, die in einem Abschlußzeugnis beurkundet werden. Die mit den Schulabschlüssen verbundenen *Berechtigungen* haben Konsequenzen für die weitere Bildungs- und Berufslaufbahn der Absolventen.
1) Die A. des *Sekundarbereichs I* betreffen alle Jugendlichen und sind deshalb für die Berufs- und Lebenschancen des einzelnen wie für die arbeitsmarktpolitische Steuerung von Übertrittsberechtigten im Bildungs- und Beschäftigungssystem von großer Bedeutung. So wird z. B. mit dem hierarchischen Anforderungsniveau der A. des Sekundarbereichs I festgelegt, ob jemand im öffentlichen Dienst eine Laufbahn im einfachen, mittleren oder höheren Dienst einschlagen kann. Eine meist informelle Anwendung dieser Laufbahnvorschriften findet auch im Bereich der Wirtschaft statt. Schulabschlüsse der Sekundarstufe I können auch nachträglich nach Maßgabe der jeweiligen Prüfungsordnung in Schularten des *beruflichen Schulwesens*, in Verbindung mit einer Berufsausbildung, in Abendschulen der Erwachsenenbildung oder durch *Schulfremdenprüfungen* erworben werden.
Die Einführung neuer Schularten im Schulwesen der Bundesrepublik Deutschland nach der Wiedervereinigung machte als Ergänzung des *Hamburger Abkommens* eine ›Vereinbarung über die Schularten und Bildungsgänge im Sekundarbereich I‹ (Beschluß der KMK vom 3. 12. 1993) notwendig, in der auch die »Struktur der A. am Ende des Sekundarbereichs I« neu geregelt worden ist. Es werden unterschieden:
1. A. nach der Jahrgangsstufe 9: Der erste allgemeinbildende Schulabschluß wird in der Mehrzahl der Länder als Hauptschulabschluß, in Brandenburg als Berufsbildungsreife und in Rheinland-Pfalz als Berufsreife bezeichnet. Er kann in der Mehrzahl der Länder bei bestimmten Leistungen auch in Schularten erworben werden, deren Bildungsgänge auf mehr als neun Jahrgangsstufen angelegt sind. Die Länder Bayern, Niedersachsen, Sachsen, Sachsen-Anhalt und Thüringen erteilen bei besonderen Leistungen oder aufgrund einer zusätzlichen Leistungsfeststellung einen qualifizierten Hauptschulabschluß.

Die A. nach der 9. Jahrgangsstufe berechtigen zur Aufnahme einer dualen Berufsausbildung, unter bestimmten Voraussetzungen zum Eintritt in Berufsfachschulen oder das Berufsgrundbildungsjahr und sind eine Voraussetzung für den späteren Eintritt in bestimmte Fachschulen und Einrichtungen des zweiten Bildungsweges.
2. A. nach der Jahrgangsstufe 10 (mittlerer Schulabschluß): Er wird in der Mehrzahl der Länder als Realschulabschluß, in Brandenburg und Nordrhein-Westfalen als Fachoberschulreife, in Rheinland-Pfalz als qualifizierter Sekundarabschluß I und im Saarland als mittlerer Bildungsabschluß bezeichnet. Der mittlere Schulabschluß kann unter bestimmten Bedingungen erworben werden, die davon abhängen, ob der A. an der Realschule, an Schularten mit mehreren getrennten Bildungsgängen, an Schularten mit integrierten Bildungsgängen, am Ende der Jahrgangsstufe 10 an der Hauptschule, an einem Gymnasium oder an einer namentlich genannten Gesamtschule mit besonderer Konzeption erworben wird. Die Bedingungen beziehen sich auf die *Fachleistungsdifferenzierung* in bestimmten Fächern, auf Fächerkombinationen und die erbrachten Leistungen (*Zensuren*). Am Ende der Jahrgangsstufe 10 kann in den Ländern Berlin, Brandenburg, Bremen, Niedersachsen, Nordrhein-Westfalen und Schleswig-Holstein auch ein erweiterter Hauptschulabschluß oder die erweiterte Berufsbildungsreife erreicht werden.
Der mittlere Schulabschluß nach der 10. Jahrgangsstufe berechtigt zur Aufnahme einer dualen Berufsausbildung und zur Aufnahme weiterführender schulischer Bildungsgänge, z. B. an speziellen Berufsfachschulen und Fachoberschulen.
Die Berechtigung zum Besuch der gymnasialen Oberstufe kann in den verschiedenen Schularten ebenfalls unter besonderen Bedingungen erworben werden, die mit den Fachleistungen, Fächerkombinationen und Anspruchsebenen bei Fachleistungsdifferenzierung zusammenhängen.
Da die schulrechtlichen Bestimmungen über diesen allgemeinen Rahmen hinaus in den einzelnen Bundesländern voneinander abweichen können, sind die entsprechenden Verordnungen und Erlasse zu beachten.
2) Das *Abitur* (Hochschulreife) ist der A. in der gymnasialen Oberstufe an einem Gymnasium oder an einer Gesamtschule mit gymnasialer Oberstufe, an einem Abendgymnasium oder einem Kolleg, der zum Studium an einer wissenschaftlichen Hochschule berechtigt.
Literatur: 2.1.1, 2.1.11

Abschlußprüfung. 1) an allgemeinbildenden Schulen (engl. *leaving or final examination*). In einigen Bundesländern ist die A. an Hauptschulen, Realschulen, Mittelschulen (Sachsen), Regelschulen (Thüringen), Gesamtschulen und Gymnasien eine Voraussetzung für den Erwerb eines *Abschlusses*. Das *Abitur* als A. der gymnasialen Oberstufe an Gymnasien und Gesamtschulen ist in allen Bundesländern verbindlich. Die A. sind in den Schulgesetzen und in speziellen Verordnungen der Bundesländer geregelt. Sie bestehen i. d. R. aus einer schriftlichen und einer mündlichen Prüfung, manchmal auch noch aus einer praktischen Prüfung oder nur aus einem Kolloquium (z. B. Sekundarschule in Sachsen-Anhalt). Die Prüfungen bilden den Abschluß der Erziehungs- und Unterrichtsarbeit in der entsprechenden Schulform und Schulstufe, wobei die Schüler nachweisen sollen, daß sie die Ziele des Bildungsganges und der Fächer erreicht haben. Die erbrachten Prüfungsleistungen werden benotet und i. d. R. mit der Jahresleistung zu einem

Gesamtergebnis verrechnet. Vom Ergebnis der A. hängen der erreichte Schulabschluß und die damit verbundenen Berechtigungen ab. A. können meist auch für Schulfremde, die nicht Schüler einer öffentlichen oder staatlich anerkannten Privatschule sind, durchgeführt werden.

2) Berufliche A. (engl. *vocational final examination*). In den anerkannten *Ausbildungsberufen* findet nach den Bestimmungen des *Berufsbildungsgesetzes* (BBiG) eine A. statt, in der überprüft werden soll, ob die Kandidaten die in der staatlichen *Ausbildungsordnung* und im Lehrplan der Berufsschule für die Ausübung einer qualifizierten beruflichen Tätigkeit festgelegten Fertigkeiten, praktischen und theoretischen Kenntnisse beherrschen. Die A. wird vor einem Prüfungsausschuß der *Zuständigen Stelle* abgelegt. Im praktischen Teil sind ein Prüfungsstück und eine Arbeitsprobe zu erbringen. Darüber hinaus findet eine schriftliche Prüfung statt, die durch mündliche Prüfungen ergänzt werden kann, wenn es der Prüfungsausschuß für erforderlich hält. Sie kann zweimal wiederholt werden. Die erfolgreiche Teilnahme wird durch ein Prüfungszeugnis bescheinigt.

Literatur: 2.1.11

Abschlußzeugnis. *Zeugnisse.*

Abstract (lat. *abstrahere* wegziehen, fortreißen, trennen; engl. *abstract*). Kurze Inhaltsangabe eines Artikels oder Buches.

Abstraktion (lat. *abstrahere* abziehen; engl. *abstraction*). Ergebnis eines Denkprozesses, bei dem Teile oder Aspekte aus einem Ganzen, einem Zusammenhang oder einem komplexen Sachverhalt herausgelöst, vereinfacht oder verallgemeinert werden. Solch einen A.prozeß vollzieht das Kleinkind, wenn es von seinen vorbegrifflichen ganzheitlichen Vorstellungen zu allgemeinen Begriffen gelangt. Der Vorgang der Isolierung eines einzelnen Merkmals aus dem Gesamtzusammenhang wird Abstrahieren genannt. Die Beschreibung von Charakteristika eines komplexen Vorganges oder Gegenstandes, die den Gesamtzusammenhang nicht mehr mit einbezieht oder sichtbar macht, wird als abstrakt bezeichnet.

Abteilungsunterricht. Organisationsform des Unterrichts in einklassigen oder wenig gegliederten Schulen, die es ermöglicht, daß Schüler mehrerer Altersjahrgänge in einem Klassenraum von einem Lehrer unterrichtet werden. Abteilungen sind kleine *Jahrgangsklassen*, deren Schülerzahlen so weit unter dem Klassenfrequenzrichtwert liegen, daß keine eigenständigen Klassen gebildet werden können. Charakteristisch für den A. ist der Wechsel von direktem Unterricht zwischen Lehrer und Schülern und indirektem Unterricht durch Arbeitsmittel, Lernprogramme u. a. Medien. Während der Lehrer z. B. in lehrgangsartigen Fächern wie Mathematik mit einer Abteilung direkt arbeitet, erhalten die übrigen Schüler Aufgaben zur *Stillarbeit.* In anderen Unterrichtsformen werden die Abteilungen häufig zu gemeinsamem Unterricht zusammengefaßt, so z. B. im altersheterogenen und fächerübergreifenden Projektunterricht.

Abwehrmechanismus (engl. *defence mechanism*). Psychoanalytische Theorien weisen der seelischen Dynamik Abwehrmethoden zu, mit deren Hilfe angsterregende Triebe und Impulse aus dem *Unbewußten* oder dem *Es* und Peinlichkeiten gegenüber internalisierten Normen (*Über-Ich*) vermieden werden können. Auslöser sind unbewußte Schuldgefühle. Solche Abwehr kann als *Verdrängung, Regression, Projektion, Sublimierung* oder in anderen Formen vorgenommen werden. Nach Auffassung der Psychoanalyse ist ein A. ein normaler, für die

seelische und körperliche Gesundheit des Individuums wichtiger Prozeß. Erst beim Zusammenbruch der A. oder bei deren übermächtiger Ausbildung entstehen seelische Krankheiten (*Neurosen*), die der Behandlung durch Fachleute bedürfen.
Literatur: 2.9

abweichendes Verhalten (lat. *devius* vom rechten Weg abweichen; engl. *deviant behaviour*). Weichen Verhaltensweisen, Einstellungen oder moralische Prinzipien eines Individuums in auffälliger Weise und dauerhaft von sozialen Normen ab, werden diese Verhaltensweisen und Einstellungen als a. V. bezeichnet. Ausschlaggebend für die Feststellung von a. V. sind also die in einer sozialen Gemeinschaft geltenden Erwartungen an das Verhalten des Individuums.
Literatur: 2.10

AdA. *Ausbildung der Ausbilder.*

Adaptation (Syn. **Adaption**; lat. *adaptare* anpassen, passend herrichten; engl. *adaptation, adaption*). Anpassung eines originalen *Curriculums* oder *Mediums* an die andersartigen Lebenssituationen einer Lerngruppe. Die verändernde Bearbeitung eines Originals kann von der bloßen Anpassung mit nur geringen Abweichungen bis zur relativ freien Gestaltung im Sinne der Vorlage gehen. Die Notwendigkeit der Veränderung des Originals kann sich aus den Unterschieden in den sozialen, kulturellen und natürlichen Lebensbedingungen zweier Länder, in den kognitiven und motivationalen Entwicklungsständen zweier Lerngruppen oder in den Schulkonzeptionen und Schulformen der Schulsysteme ergeben. In der Fachsprache wird auch vom Adaptieren eines Curriculums oder Mediums gesprochen.

adaptiver Unterricht. Eine Unterrichtskonzeption, in der sich Unterrichtsplanung und -gestaltung so an die Lernvoraussetzungen der Lernenden anpassen, daß diese positive Lernerfolge haben und optimal gefördert werden. Grundlage war das pädagogische Konzept des zielerreichenden Lernens (engl. mastery learning) von R. Glaser, J. B. Carroll und B. S. Bloom, die in den siebziger Jahren davon ausgingen, daß 95% der Schüler die Lerninhalte des Unterrichts dann optimal erarbeiten können, wenn ihnen genügend Zeit und angemessene Hilfen gegeben werden. Im Anschluß daran versuchten die westdeutschen Vertreter des a. U. wie R. Schwarzer, K. Steinhagen, A. Flammer, F.-D. Ingenkamp u. a., den Bedingungszusammenhang von individuellen Schülermerkmalen (z. B. Lernvoraussetzungen, Lerngeschwindigkeit, Ausdauer, Aufgabenverständnis, Leistungsmotivation u. a.) und schulischen Lernumwelten (z. B. Qualität von Unterricht, Kommunikationsformen, diagnostische Fähigkeiten des Lehrers, Differenzierungsformen, Verteilung der Lehrerzeit auf Schüler u. a.) genauer zu erfassen, um Hinweise zur Veränderung der traditionellen Unterrichtskonzeption geben zu können.
Literatur: 2.1.3

additive Gesamtschule. *Gesamtschule.*

Additum (lat. *additio* Hinzufügung). Zusätzliche Lernangebote für Schüler in Schulformen mit äußerer *Fachleistungsdifferenzierung* oder in Klassen mit *innerer Differenzierung*, die das verbindliche Grundwissen (*Fundamentum*) bereits erarbeitet haben. Für Schüler, die sich das Fundamentum schneller aneignen können, enthält das A. ergänzende Lerninhalte und Lernziele, die über die Grundanforderungen einer Unterrichtseinheit hinausgehen. Sie werden von Schülern auch kurz Zusatz genannt. Das A. soll aber keine Lernziele und Lerninhalte späterer Unterrichtseinheiten vorwegnehmen oder die *Durchlässigkeit* zwischen den Kursgruppen gefährden.

Adoleszenz (lat. *adolescere* heranwachsen, auflodern; engl. *adolescence*). Biologisch betrachtet die Zeit des beschleunigten Längenwachstums, der Veränderung der körperlichen Proportionen sowie der abschließenden Reifung bzw. Ausbildung der primären und sekundären Geschlechtsmerkmale.
Als Lebensphase Zeit des Übergangs von der *Pubertät* in das junge Erwachsenenalter. Pädagogisch bedeutsam ist die zunehmende Stabilisierung von *Selbstkonzept,* sozialer Identität und gesellschaftlicher Orientierung des *Jugendlichen.*
Literatur: 2.9, 3.4, 3.8
Adolf-Grimme-Institut. 1973 vom *Deutschen Volkshochschulverband* in Marl (Nordrhein-Westfalen) eingerichtet; entwickelt und erprobt Modelle für die Zusammenarbeit von Fernsehanstalten mit den *Volkshochschulen* zur Verbesserung der *Erwachsenenbildung.*
Anschriften: 13.0
Adoption. *Annahme als Kind.*
AEVO. *Ausbildereignungsverordnung.*
Affekt (lat. *affectus* Stimmung, Leidenschaft; engl. *affect*). Heftige lustvolle oder von Unlust begleitete Empfindung, in der sich Wahrnehmungen, Gefühle, Vorstellungen und körperliche Reaktionen vermischen, die zu einer plötzlichen Veränderung des Gesamtbefindens mit deutlich erleb- und beobachtbaren inneren und äußeren Erregungen führt. Das Eigenschaftswort affektiv bezeichnet dagegen ganz allgemein den gefühlsmäßigen bzw. emotionalen Anteil im menschlichen Erleben, Urteilen und Handeln. In dieser Bedeutung findet der Begriff auch in der Bezeichnung *affektive Lernziele* Verwendung.
affektive Lernziele (lat. *afficere* hinzutun, Eindruck machen; engl. *affective objektives*). Sie beziehen sich im Unterschied zu *kognitiven* und *psychomotorischen Lernzielen* auf Einstellungen, Werthaltungen, Bereitschaften und Interessenlagen im menschlichen Verhalten. In jedem konkreten menschlichen Verhalten sind kognitive, affektive und psychomotorische Aspekte miteinander verflochten. Sie werden aber aus analytischen Zwecken unterschieden, um alle denkbaren und empirisch auffindbaren *Lernziele* bei der Unterrichtsplanung oder Curriculumentwicklung mit ihren Schwerpunkten den drei Dimensionen in *Lernzieltaxonomien* zuordnen zu können.
AFG. *Arbeitsförderungsgesetz.*
Aggression (lat. *aggressio* Angriff; engl. *aggression*). Angriff oder feindseliges Verhalten, das in vielen Spielarten zwischen Tötung oder körperlicher Verletzung bis hin zu sprachlichen oder mimischen A. auftreten kann. A. können sich gegen andere Individuen, gegen Sachen oder auch die eigene Person richten. Man spricht dann von Autoa. (Selbsta.). Über die Entstehung von A. liegen verschiedene Theorien vor. So geht z. B. die psychoanalytische Lehre davon aus, daß A. einen der Urinstinkte des Menschen darstellen. Nach der Frustrations-A.-Hypothese führt jede Störung einer zielgerichteten Handlung zu einer *Frustration,* die eine A. auslösen, aber auch neue Wege zum Ziel weisen kann.
Literatur: 2.9
AGJ. *Arbeitsgemeinschaft für Jugendhilfe.*
Aha-Erlebnis (engl. *aha experience*). Ein nach K. Bühler aus einem unbewußt ablaufenden Denkvorgang resultierender plötzlicher Einfall oder eine unmittelbar aufleuchtende Erkenntnis zu einem Problem, das man bisher nicht lösen konnte und dessen Zusammenhang nun klar vor Augen steht.
AkA. *Aufgabenstelle für kaufmännische Abschluß- und Zwischenprüfungen.*
Akademie (lat. *academia* Lehrstätte; engl. *academy*). Im griechischen Altertum die Gelehrten- bzw. Philosophen-

versammlung. In diesem Sinne heute Einrichtung zum Zwecke der Vereinigung von Wissenschaftlern, Schriftstellern oder bildenden Künstlern, die ihre Arbeiten austauschen und diskutieren, neue Aufträge entwickeln und vergeben. Seit dem 19. Jh. auch als Bezeichnung für spezialisierte Bildungsstätten (z. B. Medizinische A., Berg A., Pädagogische A.) verwendet. So neuerdings bei den *Berufsakademien.* Einrichtungen der Erwachsenenbildung und der Fortbildung tragen diesen Namen ebenfalls öfters (A. für politische Bildung, Evangelische A., Katholische A., Verwaltungsa. u. a.).
Anschriften: 9.1

Akademie für Führungskräfte der Wirtschaft. Einrichtung in Bad Harzburg, die von verschiedenen Unternehmerverbänden getragen wird und u. a. im Bereich der Berufsausbildung und auch der *Lehrerweiterbildung* für den Lernbereich *Arbeit-Wirtschaft-Technik* Kurse und Materialien anbietet.
Anschriften: 13.0

akademische Freiheit (engl. *academic freedom*). Nach Art. 5 des GG ist den Mitgliedern der *Hochschulen* bei ihrer Forschungs-, Lehr- und Studienarbeit Freiheit zugesichert, die so auch in allen *Hochschulgesetzen* der Länder ausdrücklich erwähnt wird. Freiheit der Forschung umfaßt insbesondere die freie Wahl von Fragestellungen, Methoden und die freie Interpretation der Ergebnisse. Freiheit der Lehre bezieht sich auf die freie Wahl der Inhalte und Gestaltungsformen sowie die Verbreitung wissenschaftlicher Lehrmeinungen. Die Freiheit des Studiums umfaßt die freie Wahl der Lehrveranstaltungen, von Schwerpunkten im Studium sowie die freie Erarbeitung und Veröffentlichung von wissenschaftlichen Meinungen. Diese Rechte entbinden nicht von der Beachtung allgemeiner Regelungen für Studium und Zusammenleben in der Hochschule (GG, Landesverfassung, Grundordnung, *Studien- und Prüfungsordnungen*).

akademische Grade (engl. *academic degrees*). Aufgrund einer Hochschulprüfung, mit der ein berufsqualifizierender Abschluß verbunden ist, verleiht die *Hochschule* den Diplom- oder den Magistergrad. Der Diplomgrad einer *Fachhochschule* wird mit dem Zusatz (FH), der an einer *Berufsakademie* erworbene mit dem Zusatz (BA) geführt. Weitere a. G. sind das *Lizentiat*, der Doktorgrad und die *Habilitation.*

akademischer Mittelbau. Umgangssprachliche Sammelbezeichnung für die *Hochschulassistenten, Dozenten* und die *wissenschaftlichen Mitarbeiter* an einer *Hochschule.* Die Rechtsstellung dieser Gruppen ist sehr unterschiedlich.

Akademischer Rat. *Wissenschaftliche Mitarbeiter.*

akademische Selbstverwaltung. Als Körperschaften des öffentlichen Rechts steht den *Hochschulen* die a. S. im Rahmen der geltenden Gesetze zu. Ihre Organe (z. B. *Senat,* Fachbereichsrat) erlassen dafür Ordnungen und Regelungen. Typische Aufgaben der a. S. sind die Planung und Organisation des Lehrangebots, der Hochschulprüfungen und die Verleihung *akademischer Grade*, die Förderung und Organisation der Forschung, *Immatrikulation* und *Exmatrikulation* der Studierenden, die Förderung des wissenschaftlichen und künstlerischen Nachwuchses sowie die Anmeldung des Haushaltsbedarfs gegenüber dem Land.

Akkommodation (lat. *accommodare* anpassen). In der Theorie der kognitiven Entwicklung des Menschen von *J. Piaget* bedeutet A. die Anpassung im Denken und Handeln an die Bedingungen der Umwelt. Die A. steht in einem Wechselwirkungsverhältnis zur Umwelt durch die kognitive Fähigkeit des Menschen zur *Assimilation* von Umweltgegebenheiten an seine vorhandenen Denk- und Handlungsstrukturen.

Akkulturation (lat. *ac, atque* und, und auch; *cultura* Bearbeitung, Veredelung; engl. *acculturation*). Prozeß, in dessen Verlauf ein Individuum die für eine *Kultur* typischen *Einstellungen, Motivationen* und Handlungsmuster für die Bewältigung wesentlicher Anforderungen bzw. Aufgabenstellungen (z. B. Körperpflege, Nahrungsaufnahme, Wohnen, Sozialverhalten, Arbeit u. a.) lernt. Das kann für die Gesamtkultur einer Gesellschaft bzw. Nation ebenso gemeint sein wie für die Kultur einer Familie oder einer Gruppe. *Bezugspersonen* und *Bezugsgruppen* sind in diesem Prozeß von besonderer Bedeutung.
Literatur: 2.10

Aktionsformen des Lehrens (Syn. **A. des Lehrers**, **A. des Unterrichts**). Eine auf *P. Heimann* und *W. Schulz* zurückgehende Bezeichnung zur Präzisierung älterer Begriffe der Unterrichtsmethode wie *Unterrichtsformen*, Lehrformen, Lehrgriffe, Arbeitsformen, Grundformen des Lehrens u. a. Es werden die direkten A. des Lehrens wie Darbietung, Erzählung, Vortrag, Demonstration, Frage, Impuls, Unterrichtsgespräch u. a., durch die sich der Lehrer unmittelbar an die Schüler wendet, von den indirekten A. wie Arbeitsanweisungen, didaktisches Material, Unterrichtsprogramme für Einzel- und Gruppenarbeit unterschieden. Im unterrichtlichen Interaktionsprozeß stehen bestimmten A. des Lehrers entsprechende Lernformen der Schüler gegenüber, z. B. korrespondieren Lehrervortrag und Zuhören der Schüler miteinander. Unter dem Gesichtspunkt der Sprech- und Aktivitätsanteile von Lehrern und Schülern werden auch darstellende und entdeckenlassende A. des Unterrichts unterschieden. Die negativen Auswirkungen vor allem des lehrerzentrierten *Frontalunterrichts* auf das Sprach-, Interaktions- und Lernverhalten der Schüler ist durch Untersuchungen hinreichend belegt.

Aktionsforschung (Syn. **Handlungsforschung**; engl. *action research*). In Anlehnung an das anglo-amerikanische Forschungskonzept der vierziger und fünfziger Jahre (*K. Lewin*), das Sozialforschung als action research begreift, entwickelte sich seit Anfang der siebziger Jahre in der Bundesrepublik Deutschland eine Forschungsrichtung, deren Erkenntnisinteresse und Handlungsziel darauf gerichtet war, während des Forschungsprozesses die pädagogische Praxis produktiv zu verändern und zu verbessern. Im direkten Zusammenwirken aller am innovativen Erfahrungs-, Erkenntnis-, Kommunikations- und Handlungsprozeß beteiligten Personen (z. B. Forscher, Lehrer, Schüler und Eltern) sollte der gemeinsame Versuch unternommen werden, Praxisprobleme zu analysieren, konkrete Lösungsstrategien zu entwickeln, die pädagogische Praxis nach der Erprobung zu optimieren und die Erkenntnisse dieses Verlaufs der Innovationsforschung zu beschreiben.
In der methodologischen Diskussion der A. wurde vor allem das Eingreifen der Forscher in das Praxisfeld und die daraus resultierenden Veränderungen während des Projektverlaufs kritisiert. Die Wiederholbarkeit der Versuche und die Generalisierbarkeit der Erkenntnisse, wie sie von der empirisch-analytischen Forschung angestrebt werden, sei unter den Bedingungen der A. nicht möglich.
Literatur: 1.5

Akzeleration (lat. *accelerare* beschleunigen; engl. *acceleration*). Die körperliche, insbesondere sexuelle Reifung junger Menschen findet im Vergleich zu älteren Generationen immer früher statt. Dabei ist die A. bei Mädchen noch deutlich schneller als bei Jungen. Auch zwi-

schen Jugendlichen verschiedener Lebenswelten (Stadt-Land) verläuft die A. in unterschiedlichem Tempo. Die entwicklungspsychologische und medizinische Forschung nennt ein ganzes Bündel von Ursachen, wobei den Faktoren Ernährung, Hygiene und Konsum von Reizstoffen vermutlich besondere Bedeutung zukommt.
Literatur: 2.9

Alexander von Humboldt-Stiftung. Fördert durch verschiedene Stipendienprogramme insbesondere die Weiterbildung hochqualifizierter ausländischer Wissenschaftler an deutschen Forschungseinrichtungen.
Anschriften: 8.2

Algorithmus (engl. *algorithm*). **1)** In der Mathematik ein zur Regel gewordenes, schematisiertes Rechenverfahren oder in der Technik eine darauf aufbauende, formalisierte Ablauffolge von Handlungsschritten (z. B. bei Geldautomaten der Banken).

2) In der *kybernetisch-informationstheoretischen Didaktik* und im *programmierten Unterricht* eine eindeutig bestimmte Folge von Handlungen, die zur Lösung bestimmter Aufgaben entweder von vornherein festgelegt oder von der Lösung vorangehender Aufgaben abhängig ist. Bei der Herstellung oder Anwendung von A. entsteht die Frage, ob das Lehren und Lernen von A. der höheren Effektivität beim Aufgabenlösen dient und darüber hinaus auch die Aneignung von produktiven Denk- und Problemlösungsstrategien fördert. In diesem Zusammenhang wird auch von Lehra. gesprochen. Ein Lehra. ist ein Lehr-Lern-System mit standardisierten Informationen: Frage, Antwort, Antwortvergleich, Wiederholung oder Fortsetzung des Programms. Bei der Erstellung eines Lehra. geht es um die Optimierung des Verhältnisses von notwendiger Informationsmenge und Lernzeit, die der effektiven Vermittlung von Kenntnissen und Fertigkeiten dient.

Alleinarbeit. *Einzelarbeit. Stillarbeit.*

Alleinerziehende (engl. *single-parent*). Mütter oder Väter, die a) mit ihren nichtehelichen Kindern, b) mit ihren Kindern nach der Ehescheidung oder c) nach dem Tod des Ehepartners allein zusammenleben und für die *elterliche Sorge* verantwortlich sind, soweit keine *Amtsvormundschaft* besteht. Über 90% der A. sind in Deutschland gegenwärtig Frauen. Nach dem *Kinder- und Jugendhilfegesetz* (KJHG) können sie über das *Jugendamt*, eine Erziehungsberatungsstelle oder Einrichtungen der *freien Wohlfahrtspflege* eine Reihe von Hilfen erhalten.

allgemeinbildende Schulen. Aus der herkömmlichen Unterscheidung von *Allgemeinbildung* und Berufsbildung hervorgegangene *Schularten* im allgemeinbildenden *Schulsystem*: Grundschule, Förderstufe/Orientierungsstufe, Hauptschule, Realschule, Gymnasium, Gesamtschule, Sonderschule (in Sachsen: Förderschule). Aufgrund der föderativen Struktur des deutschen Schulwesens wurden nach der Wiedervereinigung zunächst in den neuen und danach auch in den alten Bundesländern im Sekundarbereich I neue integrative Schularten eingeführt: Mittelschule (Sachsen), Sekundarschule (Saarland, Sachsen-Anhalt), Regelschule (Thüringen), integrierte Haupt- und Realschule (Hamburg), verbundene Haupt- und Realschule (Hessen) und Regionalschule (Rheinland-Pfalz). Zu den a. S. gehören auch die Einrichtungen des zweiten Bildungsweges Abendhauptschule, Abendrealschule, Abendgymnasium und Kolleg.

Kennzeichnend für die a. S. ist die Vermittlung einer grundlegenden Bildung, die vor der spezielleren beruflichen Ausbildung liegt, und die Erfüllung der ge-

sellschaftlichen Funktionen der Qualifikation, Integration und Selektion (Auslese).
Literatur: 2.1.1

Allgemeinbildung (engl. *general education*). Der Begriff der A., wie er heute dem allgemeinbildenden Schulwesen und der Diskussion um das Verhältnis von A. und Berufsbildung zugrunde liegt, hat seine Wurzel im deutschen Idealismus und Neuhumanismus, der zu Beginn des 19. Jh. das Prinzip einer allgemeinen Menschenbildung gegen ständische Bildungsbeschränkungen und berufsständisch getrennte Schularten zur Geltung brachte. Nach den Vorstellungen *W. v. Humboldts* z. B. sollte die A. jeden Menschen in die Lage versetzen, seine unverwechselbare Individualität hervorzubringen, zur Selbstbestimmung fähig zu sein, die Welt mitzugestalten und zu humanen Verhältnissen auf der Grundlage von Vernunft und Sittlichkeit beizutragen. Die scharfe Betonung des Gegensatzes von allgemeiner und beruflicher Bildung sollte die Gefahr einer zu frühen Vereinseitigung und Entfremdung des Menschen durch berufliche Spezialisierung bannen und bedeutete keine Abwertung spezialisierter beruflicher Tätigkeit. Vielmehr sah Humboldt in der A. das Fundament, das bei wechselnden Berufsstrukturen und beim Wechsel des Berufs die Identität des einzelnen Menschen trage. *J. W. Süverns* Entwurf für ein allgemeines Schulverfassungs-Gesetz in Preußen war 1819 der gescheiterte Versuch, der neuhumanistischen Bildungstheorie in einem Stufenschulsystem politische Geltung zu verschaffen.

Die parallel zur Industrialisierung verlaufende Schulgeschichte des 19. Jh. hat jedoch gezeigt, daß die Aufgabe der A. gegenüber der Volksschule und dem aufkommenden Realschulwesen vor allem vom humanistischen Gymnasium und der Universität in Anspruch genommen wurde. Damit war eine Abschottung gegenüber der Berufsvorbereitung und dem beruflichen Bildungswesen verbunden, die als Vorteil angesehen wurde. Erst zu Beginn des 20. Jh. gelang es mit dem Aufbau der *Berufsschule* und der Formulierung einer Theorie der Berufsausbildung z. B. durch *G. Kerschensteiner*, die sittliche und staatsbürgerliche Bedeutung der Berufsbildung »als Tor zur A.« herauszustellen.

In der gegenwärtigen Diskussion wird die strenge Unterscheidung zwischen A. und Berufsbildung in Frage gestellt. Vielmehr gehen die Überlegungen dahin, angesichts der Wissenschafts-, Umwelt-, Gesellschafts- und Politikabhängigkeit aller Lebens- und Arbeitsvollzüge auf der Basis einer vorberuflichen, kulturbezogenen und gemeinsamen Grundbildung im *Sekundarbereich I* Wege zur Integration von unmittelbar berufsvorbereitenden und studieneröffnenden Bildungsgängen im *Sekundarbereich II* zu suchen. Dabei bleibt selbst dann, wenn der historisch bedingte Gegensatz von A. und Berufsbildung aufgehoben werden kann, das Problem, was grundlegende Bildung, Grundbildung oder Bildung heute bedeuten. *W. Klafki*, der versucht hat, eine zeitgemäße A. als »Bildung für alle« zu formulieren und zu begründen, versteht darunter die Fähigkeiten zur Selbst- und Mitbestimmung sowie zur Solidarität. Da das zur Ausübung dieser Fähigkeiten notwendige Bildungswissen nicht mehr in einem umfassenden Inhaltskanon gefaßt werden kann, schlägt W. Klafki die Orientierung an epochaltypischen Schlüsselproblemen unserer Gegenwart und der vermutlichen Zukunft vor, die von der Friedens- und Umweltfrage bis zur Ich-Du-Beziehung reichen.
Literatur: 1.9

allgemeine Didaktik (griech. *didaskein*, aktiv: lehren, unterrichten; passiv: lernen, belehrt werden; auch: sich aneignen; *didaxis* Lehre, Unterricht; engl. *general didactics*). Von diesem ursprünglichen Bedeutungshorizont her wird Didaktik als Wissenschaft des Lehrens und Lernens verstanden. Der Begriff a. D. wird heute in Abgrenzung zu den spezielleren Didaktiken verwendet, zu denen die schulpädagogisch orientierte *Didaktik*, die *Fachdidaktik* einzelner Unterrichtsfächer, die Lernbereichsdidaktik z. B. der Naturwissenschaften oder die Stufendidaktik wie z. B. die *Grundschuldidaktik* oder die *Hochschuldidaktik* zählen. Zum Gegenstand der a. D. gehören die grundsätzlichen Fragen der Theorie des Lehrens und Lernens, die sich auf die Geschichte didaktischen Denkens, die systembildenden Strukturen, die gesellschaftsbezogenen Entwicklungen sowie die generellen Probleme der Auswahl, Anordnung und Interdependenz von Inhalten, Zielen, Methoden und Medien beziehen. Ihre theoriebildenden und methodologischen Prozesse sind zwar traditionell vorwiegend auf das institutionalisierte Lehren und Lernen in der Schule bezogen, jedoch hat sich ihr Fragenhorizont zunehmend auch auf Bereiche wie z. B. der Kleinkindpädagogik, Jugendbildung, Erwachsenenbildung, Weiterbildung, Freizeitpädagogik und Berufspädagogik ausgeweitet.
Literatur: 2.1.3

allgemeine Hochschulreife (engl. *upper secondary leaving certificate*). Höchster Schulabschluß im allgemeinbildenden Schulwesen, der zur Aufnahme eines Studiums an jeder Art von deutscher Hochschule sowie deren Fakultäten bzw. Fachbereichen berechtigt. Im Regelfall wird die a. H. mit dem Bestehen des *Abiturs* an einem *Gymnasium* erworben.

Allgemeine Lehrlingsordnung (ALO). Für die *Berufsausbildung* in Handwerksbetrieben können die *Handwerkskammern* eine ALO erlassen, wobei sie die einschlägigen Bestimmungen des *Berufsbildungsgesetzes* (BBiG) und der *Handwerksordnung* (HwO) zu beachten haben.

allgemeine Pädagogik (Syn. **systematische Pädagogik**). Pflege, Erziehung, Unterricht und Ausbildung der nachwachsenden Generation, also praktische *Pädagogik* im weitesten Sinne, ist im Hinblick auf die zu berücksichtigenden Prinzipien, Ziele, Methoden, Inhalte, rechtlichen Regelungen, Organisationsformen und Einrichtungen in vielfältiger Weise in kulturelle, soziale, ökonomische und rechtliche Bedingungen eingebettet. Dieses sich bis heute ständig erweiternde Feld gesellschaftlicher Praxis ist (jeweils unter besonderen Aspekten) Gegenstandsbereich zahlreicher Wissenschaften: der Anthropologie, der vergleichenden Sozialwissenschaft, der Psychologie, der Soziologie, der Rechtswissenschaft usw.
Das besondere Interesse der Pädagogik im Kreis dieser Wissenschaften bestimmt sich von folgender These her: Aller bewußten erzieherischen Praxis und deren Reflexion liegt die Annahme zugrunde, daß *Erziehung* (neben anderen Einflüssen auf den heranwachsenden jungen Menschen) nur Sinn macht, wenn durch Erziehung der Mensch als spontanes, beseeltes, erkennendes und handlungsfähiges Subjekt Entwicklungshilfe erfährt, was immer das im Kontext einer Kultur sowie einer individuellen Lebenslage im einzelnen beinhalten mag. Die a. P. leistet dabei im Zusammenwirken mit den genannten Wissenschaften ihren Beitrag zur Aufklärung der geistesgeschichtlichen, sozialen und politisch-ökonomischen Hintergründe der pädagogischen Praxis, zu ihrer begrifflichen

Ordnung und umfassenden Darstellung ebenso wie zum Verständnis ihrer unterschiedlichen Abläufe, Entwicklungen und Probleme sowie zu ihrer Kritik und konstruktiven Weiterentwicklung. Typische Fragestellungen der a. P. sind deshalb: Auf welche Weise entfalten sich im angesprochenen gesellschaftlich-kulturellen Bedingungsfeld Konzepte von Erziehung, sowohl in der Praxis wie in der gedanklichen Verarbeitung dieser Praxis? Von welchen Ideen, Werten und Prinzipien her soll einem Konzept von Erziehung jeweils Geltung verschafft werden? Auf welche Weise setzen sich Erziehungskonzepte in einer Gesellschaft durch, wie im Handeln verschiedener Erziehungsträger um, und unter welchen Bedingungen kommt es zum Wandel von Praxis und Theorie der Erziehung? Welche Wirkungen auf Einstellungen und Verhaltensweisen des einzelnen jungen Menschen, der heranwachsenden jungen Generation insgesamt und auf die Gesellschaft als Ganzes lassen sich von der Erziehungspraxis her verstehen?

Im Wissen um die historische Bedingtheit der Pädagogik fragt a. P. umgekehrt immer auch nach dem spezifischen Beitrag, den pädagogische Forschung und Theoriebildung für diesen Gesamtprozeß leistet bzw. möglicherweise leisten könnte. Insofern hat a. P. für alle Teildisziplinen der *Erziehungswissenschaft* grundlegende – nicht anleitende oder vorschreibende – Funktion. Mit zunehmender Differenzierung der gesellschaftlichen Erziehungspraxis und dem Entstehen immer neuer pädagogischer Spezialdisziplinen (z. B. *Berufspädagogik, Schulpädagogik, Sozialpädagogik*) wird die systematische Gesamtdarstellung der Grundstrukturen pädagogischen Denkens und Handelns sowie die Analyse der Bedeutung von Pädagogik für den einzelnen wie die Gesamtgesellschaft immer schwieriger. Dem entspricht die methodische Vielfalt, die die a. P. bei ihrer Forschungsarbeit nutzt. Durch die Verbindung hermeneutischer und phänomenologischer Verfahren, Formen qualitativer Sozialforschung und quantifizierender *Empirie* sollen sich wechselseitig ergänzende Daten über bestimmte Sachverhalte gewonnen werden, damit die Gültigkeit der Aussagen ständig verbessert werden kann.

Literatur: 1.6

Allgemeiner Studentenausschuß (AStA). Sehen die Bestimmungen des *Hochschulgesetzes* eines Bundeslandes die *verfaßte Studentenschaft* vor, dann wählt die Studentenschaft einer Hochschule als kollegiales Leitungsorgan für die Erledigung der laufenden Geschäfte einen AStA. Er nimmt die fachlichen, kulturellen, hochschulpolitischen, sozialen und sportlichen Interessen der Studenten wahr und vertritt sie in den Kollegialorganen der Hochschule (Fachbereichsrat, *Senat*) und nach außen. Die Arbeit des AStA steht unter der Aufsicht des Landes, i. d. R. vertreten durch die Hochschulleitung, insbesondere im Hinblick auf die Verwendung der Gelder, die für die Arbeit des AStA aus dem Landeshaushalt oder durch Mitgliedsbeiträge aller eingeschriebenen Studenten zur Verfügung gestellt werden.

allgemeine Unterrichtslehre. *Unterrichtslehre.*

Allokation (lat. *locus* Ort, Stelle, Platz, Rang; engl. *allocation*). Im Zusammenhang der gesellschaftlichen Funktionen des Bildungswesens führt die Ausübung der Selektionsfunktion der Schule über Prüfungen, Schulabschlüsse und Berechtigungen auch zur Ausübung der A.funktion. A. bezeichnet die Funktion der Schule, die Verteilung bzw. Zuteilung von Lebenschancen durchzuführen, indem sie durch die Struktur des *Schulsystems* nach der Grundschule bereits den Zugang zu hohen oder niedrigen beruflichen Bildungsgängen reguliert, mit denen unterschiedliches Prestige und Einkommen verbunden sind.

ALO. *Allgemeine Lehrlingsordnung.*

Alphabetisierung (griech. *alpha* A, *beta* B; engl. *teaching literacy skills*). Vermittlung von Lese- und Schreibfähigkeit an Erwachsene. Die UNESCO und die Regierungen vieler Entwicklungsländer haben zur Bekämpfung des *Analphabetismus* auf der Erde Maßnahmen zur A. vor allem für die Bevölkerung eingeleitet, die bisher keinerlei Gelegenheit hatte, in Schulen Schriftsprachkompetenz zu erwerben. Im Unterschied zu diesem natürlichen Analphabetismus ist seit den siebziger Jahren in den westlichen Industrieländern eine nicht geringe Zahl sog. funktionaler Analphabeten aufgefallen, die zwar in der Schule Gelegenheit zum Erwerb der Schriftsprachkompetenz gehabt haben, diese aber aufgrund einer gescheiterten Schulkarriere nicht erworben oder wieder verloren haben. Die Gründe dafür sind nicht allein in der intellektuellen Leistungsfähigkeit der betroffenen Personen, sondern in einem Bündel von Ursachen zu suchen, mit dem sich seit einigen Jahren die A.- und Spracherwerbsforschung befaßt. Nach einer Umfrage der deutschen UNESCO-Kommission sind 1990, dem internationalen Jahr der A., in etwa 300 Einrichtungen der Erwachsenenbildung in der Bundesrepublik Deutschland Maßnahmen zur A. durchgeführt worden. Von den geschätzten 0,5 bis 3 Millionen Analphabeten in Deutschland haben im gleichen Jahr etwa 17000 Personen A.kurse in Anspruch genommen. Aufgrund mehrjähriger Erfahrungen haben die Träger der Erwachsenenbildung didaktische Konzepte entwickelt und Werbemaßnahmen ergriffen, die den betroffenen Kreis der Bevölkerung besser ansprechen sollen als bisher.

Literatur: 2.6

Altenberatung und Altenhilfe. Ihre Aufgaben bestehen in der Vorbeugung und Überwindung altersbedingter Schwierigkeiten bei alten Menschen und in der Förderung von deren Möglichkeiten zur aktiven Teilnahme am Leben der Gemeinschaft. Als Grundlage hierzu dienen die gesetzlichen Bestimmungen des *Bundessozialhilfegesetzes* (BSHG), die psychologischen, medizinischen, soziologischen und pädagogischen Erkenntnisse der *Alternsforschung* sowie die Anregungen der *Altenbildung.*

Altenbildung (Syn. **Seniorenbildung**). Der Prozeß des Alterns vollzieht sich im biologischen, psychischen, geistigen und sozialen Bereich und kann eigentlich nicht mit einer kalendarischen Altersangabe markiert werden. Dennoch wird der Begriff des Alters bzw. des Alterns auf Personen bezogen, die aus Altersgründen aus dem Erwerbsleben ausgeschieden sind oder das 65. Lebensjahr erreicht haben. **1)** A. ist im Sinne von Gerontologie bzw. Gerontagogik (Lehre der A. und *Alternsforschung*) seit etwa 1970 ein eigenständiger Lehr- und Forschungsbereich innerhalb der Pädagogik, deren Gegenstand die Weiterbildung von Erwachsenen im Alter bzw. Bildungsarbeit mit älteren Menschen und die Professionalisierung entsprechender Ausbildungsberufe ist.

2) A. hat im Sinne von Geragogik (Praxis der Altenarbeit) die Aufgabe, auf die Bewältigung von biologischen, psychischen, geistigen und sozialen Problemen des alternden Menschen vorzubereiten, Weiterbildungsangebote zu machen, Bildungsaktivitäten zu organisieren, Hilfe zur Selbsthilfe für die Teilhabe am sozialen Leben der Gemeinschaft zu geben sowie *Altenberatung und Altenhilfe* bei der Realisierung des *Bundessozialhilfegesetzes* (BSHG) zu leisten.

Literatur: 2.6

Alternativschulen. Schulische Einrichtungen, die nach Zielsetzung, Schul- und Unterrichtsorganisation, Lerninhalten, Lehr- und Lernformen, Medien, Schulleben und Elternarbeit ganz oder teilweise von den einheitlichen Merkmalen der staatlichen Regelschule abweichen und damit eine andere Möglichkeit des Lehrens und Lernens bieten. Sie sind aus der Kritik an der *öffentlichen Schule* hervorgegangen und verstehen sich von ihren unterschiedlichen anthropologischen, weltanschaulichen oder pädagogischen Begründungszusammenhängen her als Reformschulen, die meist als kind- und jugendorientierter, moderner, zukunftsweisender oder pädagogisch besser begründet angesehen werden. A. sind in der Regel Schulen in freier Trägerschaft (*freie Schulen*).
Zu den alternativen Schulmodellen aus der Zeit der *Reformpädagogik* (1890–1933) gehören die *Landerziehungsheime* (z. B. die *Odenwaldschule*), die *Waldorfschulen*, die Montessori-Schulen und die Jena-Plan-Schulen. Aus der Bildungsreformdiskussion der siebziger Jahre sind z. B. die *Laborschule Bielefeld*, die *Glockseeschule Hannover* und die Freie Schule Frankfurt hervorgegangen. Von den ausländischen A. sind vor allem die Schule von A. S. Neill in Summerhill (England), die Schülerschule in Barbiana (Italien), die First-Street-School in New York (USA) und die Tvind-Schulen in Dänemark bekannt geworden.
Literatur: 2.1.9

alternierende Ausbildung. Konzeptioneller Entwurf für die Angleichung der z. T. sehr verschiedenartigen Berufsausbildungssysteme in den Ländern der Europäischen Union (EU). Phasen des *On-the-job trainings* und des *Off-the-job trainings* sollen sich mit Phasen produktiver Arbeit abwechseln und so die *Qualifikation* des Mitarbeiters ständig aktualisieren und seine *Mobilität* sichern helfen.

Alternsforschung (Syn. **Gerontologie, Gerontagogik;** engl. *gerontology*). Ein interdisziplinärer Wissenschaftsbereich, dessen Gegenstand die Persönlichkeits- und Verhaltensänderung des alternden Menschen ist. Die von der früheren A. aufgestellte Defizithypothese, daß parallel zum kalendarischen Alter die körperlichen, gefühlsmäßigen, geistigen und sozialen Fähigkeiten generell nachließen, wurde durch Langzeituntersuchungen widerlegt. Auch der Disengagementhypothese, die besagt, daß mit dem Rückzug aus dem beruflichen Leben und der damit verbundenen Aufgabe vieler sozialer Kontakte das Altern eher zufrieden verlaufe, wurde von interventionsgerontologischen Ansätzen widersprochen. Die A. geht heute zumeist davon aus, daß der Prozeß des Älterwerdens nicht allein biologisch bedingt ist, sondern je nach Persönlichkeit sehr unterschiedlich verläuft und von sozialen, ökologischen, gesundheitlichen und biographischen Lebensbedingungen abhängt. Generell wird von der Möglichkeit lebenslangen Lernens und der Fähigkeit älterer Menschen ausgegangen, ihr Leben eigenverantwortlich zu gestalten und zu organisieren, was nicht ausschließt, daß einzelne im Verlauf des Alterungsprozesses verschiedenartige Hilfe in Anspruch nehmen müssen. In diesem Gesamtzusammenhang kommen der *Altenbildung, Altenberatung und Altenhilfe* große Bedeutung zu.
Literatur: 2.6

Ambiguitätstoleranz (lat. *ambiguus* schwankend, ungewiß, zweideutig, *tolerare* ertragen, dulden; engl. *ambiguitytolerance*). Die Fähigkeit, komplexe, unterschiedlich interpretierbare und in ihrer Entwicklung offene Situationen zu ertragen. Eine hohe A. gilt im allgemeinen als Zeichen seelischer Ausgeglichenheit und Ichstärke.

Ambivalenz (lat. *ambiguus* zweideutig, *valere* Bedeutung haben; engl. *ambivalence*). Doppelsinnigkeit einer Aussage. Nebeneinander mehrerer einander widersprechender Gefühlslagen. Hin-und-her-gerissen-Sein.

Amtsblatt (engl. *official journal*). Organ einer Behörde (z. B. des Kultusministeriums), in dem die Verwaltungsvorschriften (Erlasse, Ordnungen, Bildungspläne) für die Arbeit in den Einrichtungen (Schulen, Schulämter usw.), die der Behörde unterstehen, veröffentlicht werden. I. d. R. werden in den A. auch die für den Arbeitsbereich der Behörde geltenden Gesetze nachgedruckt. Im Bereich der Schule haben Lehrer die Pflicht, Eltern und Schüler das Recht zur Durchsicht des A.

Amtsgeheimnis (engl. *official secrecy*). Alle dienstlichen Vorgänge einer Behörde (*Schule, Jugendamt* usw.), deren Kenntnis nur einem begrenzten Personenkreis zugänglich sein darf und deren Geheimhaltung durch Gesetze vorgeschrieben ist, unterliegen dem A. So ist es einer Schulaufsichtsbehörde z. B. untersagt, Informationen aus den Personalakten der Lehrer an Eltern oder die Presse weiterzugeben.

Amtspflegschaft (engl. *authority guardianship*). Nach den Bestimmungen des BGB kann ein *Vormundschaftsgericht* für einen Minderjährigen A. anordnen, wenn die Eltern oder der gesetzliche Vertreter an der Wahrnehmung ihrer Rechte und Pflichten gegenüber dem Minderjährigen verhindert sind. Der vom *Jugendamt* bestellte Pfleger, der i. d. R. Mitarbeiter dieser Behörde ist, hat die Interessen des Minderjährigen zu vertreten (z. B. in Vermögensangelegenheiten). Die A. ist aufzuheben, wenn der Grund für ihre Anordnung weggefallen ist.

Amtspflichten des Lehrers (engl. *official duty*). Ergeben sich aus dem besonderen Dienst- und Treueverhältnis zwischen dem *Lehrer* (Beamten) und dem Land als öffentlichem Arbeitgeber (Dienstherr). Die Grundsätze sind im Beamtenrechtsrahmengesetz geregelt. Zu den A. d. L. gehören insbesondere: Unparteilichkeit, Gerechtigkeit, Orientierung am Wohl der Gemeinschaft, aktives Eintreten für die freiheitlich-demokratische Grundordnung, insbesondere den Schutz der Menschenrechte, Zurückhaltung bei politischer Betätigung, Weisungsgebundenheit und Wahrung der Amtsverschwiegenheit.

Literatur: 2.1.11

Amtsvormundschaft (engl. *authority guardianship*). Als A. wird eine *Vormundschaft* bezeichnet, die ein Mitarbeiter eines *Jugendamtes* übernimmt.

anale Phase (lat. *anus* After; engl. *anal stage*). Nach der psychoanalytischen Entwicklungstheorie die zweite Phase der psycho-sexuellen Entwicklung des Kindes. Sie setzt etwa mit dem zweiten Lebensjahr ein. Das Kind erfährt starke positive Empfindungen aus Reizen im Analbereich seines Körpers, die durch Zurückhalten oder Ausscheiden der Exkremente hervorgerufen werden. Loslassen und Festhalten werden in noch ganz und gar rudimentärer bzw. vorbewußter Weise erfahren.

Literatur: 2.9

Analphabetismus (griech. *alpha* A, *beta* B; engl. *illiteracy*). Ein Mensch wird als Analphabet bezeichnet, wenn er keine oder nur mangelhafte Kenntnisse und Fähigkeiten im Lesen und Schreiben besitzt und damit nach der Definition der UNESCO unfähig ist, einen einfachen Text zu lesen oder einen einfachen Brief zu schreiben. Als Halbanalphabeten werden die Personen bezeichnet, die zwar lesen, aber nicht schreiben können. Sekundäranalphabeten sind Personen, die

in der Schule Lesen und Schreiben gelernt haben, diese Fähigkeit aber im Verlauf ihres Lebens wieder verloren haben. Zum Personenkreis der sog. funktionalen Analphabeten gehören die Schulentlassenen, die trotz ihres Schulbesuchs bis zum Ende der Schulzeit das Lesen und Schreiben nicht in ausreichendem Maße gelernt haben bzw. deren Lese-Rechtschreib-Schwierigkeiten während der Schulzeit nicht behoben werden konnten. Von A. wird gesprochen, wenn sich die Lese- und Schreibunfähigkeit auf eine größere Anzahl von Personen oder auf ganze Bevölkerungsgruppen bezieht. Er kommt vor allem in den Ländern vor, in denen die Bevölkerung keine oder nur eingeschränkte Möglichkeiten hat, regelmäßig eine Schule zu besuchen, um das Lesen und Schreiben zu erlernen.
Nach den statistischen Angaben der UNESCO von 1990, dem internationalen Jahr der *Alphabetisierung*, wird es im Jahr 2000 unter der Erwachsenenbevölkerung auf der Erde insgesamt 942,0 Millionen Analphabeten geben. In den Entwicklungsländern verteilen sich die Erwachsenenanalphabeten (in Millionen) wie folgt: Afrika (südlich der Sahara) 146,8; arabische Staaten 65,8; Lateinamerika/Karibik 40,9; Ostasien 233,7; Südasien 437,0. Auf die Industrieländer werden im Jahr 2000 23,5 Millionen entfallen. In den westlichen Industrieländern handelt es sich meist um funktionale Analphabeten, die nicht über grundlegende Fertigkeiten im Lesen, Schreiben und Rechnen verfügen und damit nicht die Kompetenz besitzen, Gefahrenhinweise, Arbeitsanweisungen, Straßenschilder usw. zu lesen und Bewerbungen, Geldüberweisungen, behördliche Anträge u. ä. zu lesen und zu schreiben. Wegen der großen Dunkelziffer gibt es keine genauen statistischen Angaben. In der Bundesrepublik Deutschland wird die Anzahl auf 0,5 bis 3 Millionen geschätzt. Als Grund für den funktionalen A. in Deutschland werden falsch gelaufene Spracherwerbsprozesse in der Grundschule und der hohe Prozentsatz von Schulabgängern ohne Abschlußzeugnis angesehen.
In den letzten Jahren sind weltweit durch die UNESCO und in Deutschland über Einrichtungen der Erwachsenenbildung Maßnahmen zur Alphabetisierung angelaufen.
Literatur: 2.6

Anamnese (griech. *anamnesis* Erinnerung; engl. *case history*). Rekonstruktion der Vorgeschichte einer körperlichen oder seelischen Krankheit. In der *Psychoanalyse* ist sie zugleich wesentlicher Teil des Heilungsprozesses.

Änderungskündigung. Eine ordentliche Kündigung des *Berufsausbildungsverhältnisses* nach Ablauf der Probezeit ist durch den Auszubildenden möglich, wenn er die Ausbildung aufgeben oder sich für einen andere Berufsausbildung entscheiden möchte. Dabei ist eine Frist von vier Wochen einzuhalten.

Andragogik (griech. *andros* Mann, *agogos* Führung; engl. *adult education*). Theorie und Praxis der *Erwachsenenbildung*.

Anfangsunterricht (Syn. **Erstunterricht**, **Schulanfang**, **Schuleingangsphase**; engl. *elementary instruction*). Unterricht für Schulanfänger nach der *Einschulung* in die *Grundschule*, mit dem für alle Kinder eines Jahrgangs die Schullaufbahn beginnt. Zum A. bzw. Schulanfang werden i. d. R. das erste und zweite Schuljahr gezählt, allerdings werden zum Schulanfang manchmal auch nur die ersten Schulwochen gerechnet. Der A. hat die Aufgabe, den Übergang aus Familie, Kindergarten oder Vorklasse in die Grundschule pädagogisch so zu gestalten, daß die Schulanfänger positive Ersterfahrungen mit

der Schule machen, Freude am schulischen Lernen haben und Interesse für vielfältiges entdeckendes und problemorientiertes Lernen entwickeln können. Von grundlegender Bedeutung ist der Erstunterricht im Lesen, Schreiben und Rechnen (Mathematik).
Die Einführung der Jahrgangsklasse ging ursprünglich von der Annahme aus, daß Kinder eines Altersjahrganges ähnliche Lernvoraussetzungen besitzen. Um diesbezüglich eine relative Einheitlichkeit zu gewährleisten, werden die Schulanfänger häufig vor oder nach der Einschulung auf ihre *Schulreife* (Schulfähigkeit, Schulbereitschaft) untersucht. In früheren Jahren waren aufgrund der heterogenen Startsituation hohe Sitzenbleiberquoten nach dem ersten Schuljahr die Folge des A. Zur Abmilderung dieses Problems wurden Vorschläge zu einer mehrfachen Einschulung im Jahr, zum gleitenden Übergang vom Kindergarten in die Schule und zur Einführung einer *Eingangsstufe* bzw. *Vorklasse* für Fünfjährige gemacht.
Da die Kinder aufgrund unterschiedlicher Sozialisationsbedingungen im Vorschulbereich mit sehr individuellen Lern- und Verhaltensweisen in die Schule kommen, kann der A. vor allem in den Lehrgängen nicht mehr in frontaler, lehrerzentrierter Weise durchgeführt werden. Vielmehr soll sich der A. durch Individualisierung und Differenzierung den unterschiedlichen Ausgangssituationen der Kinder anpassen und die Voraussetzungen schaffen, die ihre sachbezogenen und sozialen Lernprozesse fördern. Dazu gehören variabel gestaltete Klassenräume als vorbereitete Lernumgebung, vielfältige Arbeitsmaterialien für differenzierte Allein- und Gruppenarbeit, flexible Zeitstrukturen mit z. B. lehrerbezogenen Einführungsphasen, freier Arbeit, Tagesplanunterricht und gestaltetem Schulleben. Durch vielfältige Anregungen und Gelegenheiten zum eigenständigen Arbeiten wird auch die Selbständigkeit der Kinderpersönlichkeit gefördert. Eine wichtige Voraussetzung zur Öffnung des A. war die Abschaffung der Nichtversetzung und der Zensurenzeugnisse, an deren Stelle vermehrt förderdiagnostische Verfahren, *Berichtszeugnisse* (Entwicklungsberichte) und Elterngespräche treten.
Literatur: 2.1.8

Angebotsschulen. Neben den *Regelschulen* des staatlichen Schulwesens, die im Schulgesetz der Bundesländer aufgeführt sind und vom Schulträger bei entsprechender Bedürfnislage eingerichtet werden müssen, kann es A. geben, deren Besuch freiwillig ist. So sind z. B. ab 1968 *Schulversuche* mit *Gesamtschulen* durchgeführt worden, die nach der Schulversuchsphase in einigen Bundesländern den Status gleichberechtigter Regelschulen erhalten haben, während sie in anderen Bundesländern den Status eines schulischen Angebots bekamen. A. sind darauf angewiesen, daß das Interesse von Schülern und Erziehungsberechtigten in einem bestimmten Einzugsbereich an solchen Schulen mit besonderer pädagogischer Prägung so groß ist, daß für sie eine Existenzberechtigung besteht. Die Qualität solcher A. ist aber häufig so hoch, daß die Nachfrage größer ist als die zur Verfügung stehenden Plätze. Neue A. dürfen vom Schulträger nur bei besonderem längerfristigen Bedürfnis und Interesse von Schülern und Erziehungsberechtigten, das vom Schulträger festgestellt werden muß, eingerichtet werden. In der Regel darf dadurch die Existenz bestehender Regelschulen nicht gefährdet werden. Als A. können auch *Privatschulen* gelten, zu denen Schulen in kirchlicher Trägerschaft oder die freien *Waldorfschulen* und die *Landerziehungsheime* zählen.

Angst (engl. *anxiety*). Ein Gefühlszustand, in dem ein Mensch sich befindet, wenn er eine Situation als unangenehm, beklemmend und bedrohend empfindet. Der A.zustand kann auch durch erinnerbare A.erfahrungen ausgelöst werden, für die es in der gegenwärtigen Lebenssituation keinen objektiven Anlaß gibt. Es wird zwischen Zustandsa., die im Erleben und Verhalten des Menschen als relativ kurzzeitiger emotionaler Erregungszustand auftritt, und Ängstlichkeit bzw. Eigenschaftsa. unterschieden, die im Verlauf der Sozialisation als eine relativ verfestigte Verhaltensdisposition erworben worden ist und sich zu ausgeprägten Krankheitserscheinungen entwickeln kann. Eine besondere Erscheinungsform der A. ist die *Schula.*
A.reaktionen kommen in physiologischen Reaktionen wie Erbleichen, Erröten, Herz- und Pulsbeschleunigung, Schweißausbruch, Schwindelgefühl, Atem- und Sprechschwierigkeiten, verstärkte Darm-, Harn- und Stuhltätigkeit u. a. zum Ausdruck. Verhaltensmäßig-motorische Merkmale der A. sind Flucht, Abwehrverhalten, Aggression, gestörte soziale Kontaktaufnahme, Vermeidungsstrategien, Zittern, absicherndes Vorbereiten auf neue Situationen u. ä.
Der Begriff A. wird nicht einheitlich verwendet. Seine Bedeutung ist nur aus dem jeweiligen Bezugssystem heraus zu verstehen. Zur Erklärung der A.entstehung und A.wirkung gibt es in der Psychologie z. T. erheblich voneinander abweichende A.theorien.
Zur Verminderung und Überwindung der A. wurden verschiedene präventive und therapeutische Behandlungsmethoden entwickelt.
Literatur: 3.6

Animation (lat. *anima* Atem, Seele, Lebenskraft; engl. *animation*). Jemanden durch Motivationshilfen, Anregungen und konkrete Trainingsprogramme zur bewußten Gestaltung seiner Freizeit anregen.
Literatur: 2.8

Anlage (engl. *genetic heredity*). Charakteristische Merkmale in der Reifung und Entwicklung eines Individuums, die u. a. von den in den Genen der Chromosomen gespeicherten Erbinformationen beeinflußt sind und sich in auffälligen Ähnlichkeiten zwischen Eltern und Nachkommen äußern. Träger der Informationen ist die in den Chromosomen enthaltene Säure (deoxyribonucleic acid) DNA. Die in großer Zahl (100 000 und mehr) vorhandenen Gene können untereinander und in Abhängigkeit von Umweltreizen sowie von spontanen Einflüssen des Individuums zu vielfältigen Kombinationen kommen, die wiederum zu sehr unterschiedlichen Ausprägungen der Merkmale führen. Im engeren Sinne genetisch festgelegt (vererbt) sind nur sehr wenige Merkmale eines Individuums (Geschlecht, Körperformen, Hautfarbe u. ä.). Dagegen sind Thesen, die bestimmte Verhaltensweisen oder Begabungen (z. B. für Mathematik, Kunst, Handwerk) in gleicher Weise auf Vererbung zurückführen, wissenschaftlich unhaltbar, denn sie mißachten die komplexen Interaktionen zwischen dem werdenden und beständig lernenden Individuum und seinen höchst variablen genetischen Vorgaben.

Anlernberuf (engl. *semi-skilled occupation*). Bezeichnung für eine Erwerbstätigkeit, die ohne formalisierte Ausbildung durchgeführt werden kann. Die erforderlichen Kenntnisse und Fertigkeiten werden i. d. R. direkt am Arbeitsplatz vermittelt und in einer kurzen Einarbeitungszeit erworben.

Anlernverhältnis. Dabei werden in gesetzlich nicht definierter Zeit und ohne Vertragsniederschrift einem Arbeitnehmer berufliche Kenntnisse und Fertigkeiten vermittelt, die zur Übernahme vergleichsweise eng umschriebener Arbeiten befähigen, aber zu keinem anerkannten Berufsabschluß führen. Die §§ 3 bis 18 des *Berufsbildungsgesetzes* (BBiG) gelten nur mit besonderen Einschränkungen.

Annahme als Kind (Syn. **Adoption**; lat. *adoptio* Annahme an Kindes statt; engl. *adoption*). Seit 1977 juristische Bezeichnung für die Adoption eines Kindes. Das BGB versteht darunter die künstliche, also nicht auf leiblicher Abstammung beruhende Begründung eines Eltern-Kind-Verhältnisses. Pädagogischer Sinn der A. a. K. ist es, Kindern, die von den leiblichen Eltern nicht ausreichend versorgt und erzogen werden können, ein normales Aufwachsen und Erzogenwerden in einer *Familie* zu ermöglichen. Das Verfahren ist rechtlich genau geregelt. Zuständig ist das *Vormundschaftsgericht*. Voraussetzungen für die A. a. K. sind u. a.: Bei Unverheirateten ein Mindestalter von 25 Jahren. Eheleute können nur gemeinsam adoptieren, einer muß mindestens 25 Jahre, der zweite Ehepartner mindestens 21 Jahre alt sein. Das zu adoptierende Kind muß einwilligen. Ist es unter 14, hat die Einwilligung über den gesetzlichen Vertreter zu erfolgen. Ebenso müssen die leiblichen Eltern des Kindes ihre Zustimmung geben. Mit der vollzogenen A. a. K. erhält das angenommene Kind die uneingeschränkte Rechtsstellung eines ehelichen bzw. leiblichen Kindes. Auskünfte erteilen die Familien- und die Vormundschaftsgerichte aber auch die Jugendämter.

Anomie (griech. *anomia* Gesetzlosigkeit; engl. *anomia*). Prozeß wachsender Vereinsamung, Orientierungs- und Hilflosigkeit eines Menschen. In vielen Fällen Beginn auffälligen *abweichenden Verhaltens*.

Anpassung (engl. *adjustment, adaption*). **1)** Allgemein die Fähigkeit von Körper und Seele, auf neue Umweltbedingungen so zu reagieren, daß das Überleben gesichert ist.
2) Prozeß der Orientierung des eigenen Verhaltens an den Erwartungen des sozialen Umfeldes.

Anpassungsfortbildung (engl. *updating courses*). Maßnahmen von Betrieben oder außerbetrieblichen Trägern beruflicher *Weiterbildung*, die der Aktualisierung der beruflichen Kompetenzen angesichts sich verändernder Produktionsmittel und -verfahren sowie neuer Organisationsformen der Arbeit dienen.

Anrechnungsverordnung. Rechtsverordnung des Bundesministers der Wirtschaft oder eines sonst zuständigen Fachministers, wonach der Besuch einer *Berufsfachschule* unter bestimmten Bedingungen ganz oder teilweise auf die Dauer einer *Berufsausbildung* nach den Bestimmungen des BBiG anzurechnen ist. Wird die einjährige Berufsfachschule als *Berufsgrundbildungsjahr* besucht, ist sie bei erfolgreichem Abschluß als 1. Ausbildungsjahr anzurechnen. Die zweijährige Berufsfachschule wird in einigen *Berufsfeldern* als 1. Ausbildungsjahr angerechnet, wenn der Unterricht in mindestens 20 Wochenstunden berufsfachliche Inhalte vermittelt und mindestens 40 Wochen im Jahr Unterricht erteilt werden. Für die *Verkürzung der Ausbildungszeit* gelten besondere Regelungen.

Anschauungsmittel (engl. *visual aids*). Ältere Bezeichnung für *Lehr- und Lernmittel* oder *Medien*.

Anthologie (griech. *anthos* Blüte, *logos* Lehre, Buch; engl. *anthology*). In Buchform publizierte Zusammenstellung von Aufsätzen oder Buchauszügen zu einem bestimmten Thema, zumeist zum Zwekke eines möglichst einfachen Zugriffs auf Literatur, die ansonsten nur über umständliche Suchprozesse aufgefunden werden könnte.

Anthropologie (griech. *anthropos* der Mensch, *logos* die Lehre; engl. *anthropology*). Alle wissenschaftlichen Theorien, die sich mit der Entwicklung der Menschheit und ihrer Besonderheiten im Vergleich zu anderen Lebewesen befassen. Die naturwissenschaftliche A. untersucht den Menschen als Naturwesen im Zusammenhang mit seiner natürlichen Umwelt. Die kulturwissenschaftliche A. studiert die Sitten, Gebräuche, die moralischen Normen sowie die sozialen Strukturen menschlicher Lebensformen in Geschichte und Gegenwart. Für die philosophische A. stehen Fragen nach dem Sein und dem Wesen des Menschen im Zentrum. Die pädagogische A. betrachtet den Menschen als auf *Erziehung* angewiesenes und erziehbares Wesen. Folglich bilden *Kinder* und *Jugendliche* im Kontext von Erziehungsprozessen den engeren Gegenstandsbereich dieser A.
Literatur: 1.7

Anthroposophie (griech. *anthropos* Mensch, *sophia* Weisheit; engl. *anthroposophy*). Von *R. Steiner* begründete Erkenntnismethode zur wissenschaftlichen Erforschung der real-geistigen Welt und zur Entwicklung der dazu notwendigen Erkenntnisfähigkeit. Die A. ist die Grundlage der anthroposophischen Pädagogik, der Waldorfpädagogik und der Konzeption der *Waldorfschulen*, der Waldorf-Kindergärten und der heilpädagogischen Einrichtungen.

antiautoritäre Erziehung (griech. *anti* gegen, lat. *auctoritas* Glaubwürdigkeit, Vorbild, Ansehen; engl. *anti-authoritarian upbringing*). Pädagogisches Schlagwort für eine nicht-autoritäre Auffassung von Erziehung, die sich auf dem Hintergrund fundamentaler Gesellschaftskritik und studentischer Protestbewegung in den sechziger Jahren gegen die nicht hinterfragte Herrschaft überlieferter Normen in der familiären und schulischen Erziehung wendete. Ziel der a. E. war die Bewußtmachung gesellschaftlicher und pädagogischer Machtausübung von Autoritäten und die Befreiung von ihnen durch Schaffung repressionsfreier Erziehungs- und Lebensformen. Sie orientierte sich an der gesellschaftskritischen Position der Frankfurter Schule (z. B. *Th. W. Adorno*, M. Horkheimer) und an tiefenpsychologisch orientierten Ansätzen z. B. von *E. Fromm, W. Reich, S. Bernfeld* und *A. S. Neill*.
Die Realisierung der a. E. führte zu einer Anzahl unterschiedlicher Konzeptionen, von denen das Modell der Reformschule in Summerhill von A. S. Neill, die Kinderladenbewegung und die alternativen Kommunen besonders hervorgetreten sind. Aber auch Eltern aus bürgerlichen Kreisen schlossen sich den Ideen der a. E. an und gründeten Elterninitiativen zur Verbesserung vor allem der frühkindlichen Erziehung.
Von naiven Laisser-faire-Ausprägungen abgesehen, folgt auch die a. E. pädagogischen Zielvorstellungen und ist auf die helfende, reflektierte Gestaltung durch Erwachsene angewiesen. In einem anregungsreichen, emotional warmen Milieu sollen sich Kinder und Jugendliche ohne repressiven Druck von Erwachsenen optimal entfalten, selbstverwirklichen und glücklich sein. Hierzu gehört die Erfüllung ihrer Bedürfnisse und die Enttabuisierung kindlicher Sexualität bei gleichzeitiger Selbstregulierung und Beachtung des Eigenrechts anderer. Die Sozialisation in der Kindergruppe soll die Entwicklung von Ich-Stärke, Kreativität, Sach- und Sozialkompetenz ermöglichen und zum autonomen und solidarischen Handeln in konkreten Lebenssituationen befähigen. Dabei sollen angstfreie Beziehungen zu Erwachsenen und anderen Kindern aufgebaut sowie auftretende Konflikte nicht unterdrückt, sondern argumentativ im Diskurs bearbeitet werden. Von den Eltern wird er-

wartet, ihre eigene Sozialisation zusammen mit anderen Eltern aufzuarbeiten.
Die a. E. hat ihren Bewegungscharakter relativ früh verloren. Die Bewegung ist jedoch heute noch in einigen Einrichtungen von damals lebendig. Sie hat parallel zur Bildungsreformdiskussion um 1970 die Kindorientierung vieler Eltern und Pädagogen geprägt, die heute bei der inneren Grundschulreform mitwirken.

Antinomie (griech. *anti* gegen, *nomos* Gesetz, Regelhaftigkeit). Widersprüchlichkeit von Gesetzesaussagen, die jeweils für sich Anspruch auf Geltung erheben, sich aber eben deshalb wechselseitig ausschließen.

Antipädagogik (griech. *anti* gegen, anstelle von, *pais* Kind, *agein* führen). Um 1975 in die pädagogische Diskussion eingeführter Begriff, mit dem eine radikale Kritik an der Funktion und Praxis von *Pädagogik* und *Erziehung* in der Gesellschaft verbunden ist. Der A. geht es darum, die zur Selbstverständlichkeit gewordenen Mechanismen, Normen und Ziele von Erziehung und *Schule* zu entlarven. Sie begründet, warum Pädagogik eine »menschenfeindliche Wissenschaft« und Erziehung in Wahrheit »Erziehungsdiktatur« sei, die selbst dann, wenn sie sich als demokratisch und antiautoritär darstelle, allein schon durch ihre vorgegebenen Zielsetzungen und geplanten Einflußnahmen nicht zur angeblichen Selbstbestimmung und Emanzipation führe, sondern zur Fremdbestimmung, Lebensfeindlichkeit und Unterwerfung des Kindes. Stattdessen solle dem Kind die Freiheit zur Selbstregulierung unter Subjekten und die Möglichkeit zur selbstbestimmten Entfaltung seiner Lernfähigkeit gelassen werden. Nicht das Kind sei erziehungsbedürftig, sondern die heutige Generation der Erwachsenen, die ihr eigenes Erziehungsschicksal erst aufarbeiten müßten, um für die Kinder wieder beziehungsfähig zu werden. Antipädagogen wie E. v. Braunmühl, H. Kupfer und H. v. Schoenebeck haben mit ihrer Herausforderung die Kritik von *A. Flitner, J. Oelkers/T. Lehmann* u. a. heraufbeschworen.
Literatur: 2.1.9

Antizipation (lat. *anticipatio* angeborene Vorstellung, Idee; engl. *anticipation*). Gedankliche und vorstellungsmäßige Vorwegnahme von Zielen, Handlungen und Ereignissen. Der Lehrer antizipiert z. B. bei der Unterrichtsvorbereitung den Interaktionsverlauf des zukünftigen Unterrichts und die erwünschten Lernergebnisse der Schüler. Oder: Im Rollenspiel werden durch die Vorwegnahme von Lösungen in konflikthaltigen Situationen Qualifikationen für die Bewältigung ähnlicher realer Lebenssituationen erworben.

Approbation (lat. *approbatio* Billigung, Zustimmung; engl. *licence to practise*). Bezeichnung für die staatliche Zulassung als Therapeut oder Arzt. Voraussetzungen sind das 1. Staatsexamen nach einem abgeschlossenen Studium und nach einer praktischen Ausbildungsphase eine 2. Staatsprüfung. Genauere Regelungen sind in A.ordnungen enthalten.

Arbeit (engl. *work, labour*). Begriffsgeschichtlich sind folgende Varianten von Bedeutung: Last, Bedrängnis, Not, Mühe, schwere körperliche A. Eine veränderte Sinngebung kommt im 16. Jh. durch die Verbindung mit dem Berufskonzept zustande: A. als Berufung, Dienst und Pflichterfüllung. A. meint zielgerichtete Auseinandersetzung der Menschen mit ihrer natürlichen und dinglich-kulturellen Umgebung. Sie dient durch die Erzeugung von Produkten, die Bereitstellung von Dienstleistungen und das Erschaffen geistig-kultureller Objekte dem Lebensunterhalt und der Befriedigung körperlicher und seelischer Bedürfnisse. Als Erwerbsa. zielt sie auf Geldeinkommen

(Lohn, Gehalt), das dann in der Regel für die Sicherung der Lebensgrundlagen verwendet wird.
Je komplizierter die Aufgaben, Verfahren und Organisationsformen der gesellschaftlichen A. werden, desto mehr gewinnen organisierte *Berufsausbildung* und laufende *Weiterbildung* an Bedeutung.
In modernen Industriegesellschaften ist das soziale Ansehen einer A. für den sozialen Rang eines Menschen nach wie vor von wesentlicher Bedeutung, weil die eingenommene A.position zumeist über die Höhe der Abschlüsse im Bildungswesen, die Berufsausbildung bzw. das Studium sowie das Erwerbseinkommen und die beruflichen Kompetenzen definiert ist. Im Falle des Haupternährers einer Familie überträgt sich das soziale Ansehen auf die anderen Familienmitglieder. Auch für die Schullaufbahn der Kinder stellt die A.position des Haupternährers noch immer die herausragendste Bedingung dar.
Literatur: 2.4

Arbeitsamt (engl. *labour office*). Regionale bzw. örtliche Dienststelle der *Bundesanstalt für Arbeit,* die insbesondere für die Vermittlung von Arbeitsplätzen, die Gewährung von Arbeitslosengeld und Arbeitslosenhilfe, für die *Berufsberatung* und die Förderung der *beruflichen Fortbildung* und *Umschulung* zuständig ist. Die Dienste des A. können kostenlos in Anspruch genommen werden.
Anschriften: 15.2

Arbeitsbeschaffungsmaßnahme (ABM; engl. *job-creation scheme*). Die *Bundesanstalt für Arbeit* finanziert über die *Arbeitsämter* ABM für Langzeitarbeitslose mit dem Ziel, deren berufliche Qualifikation zu erweitern, damit sie bessere Chancen auf einen neuen Arbeitsplatz erhalten. ABM sind zeitlich befristet. Die Hilfe besteht in der Übernahme eines hohen Anteils der Bezahlung für die Arbeitskraft. Auskünfte erteilt das Arbeitsamt.

Arbeitsblatt (engl. *working paper*). Im Unterricht am häufigsten verwendetes *Arbeitsmittel,* das für die Lernprozesse der Schüler von großer Bedeutung ist, aber dann zum Problem wird, wenn es das einzige Medium ist und didaktisch-methodisch unsachgemäß und unästhetisch gestaltet wurde. Die Gestaltung des A. hängt von seiner Funktion im Unterrichtszusammenhang ab: A. werden zum Wiederholen und Üben bereits eingeführter Lerninhalte verwendet. Die Aufgabenstellungen und Methoden können auf gesonderten Blättern unterschiedliche Schwierigkeitsgrade aufweisen und der inneren Differenzierung dienen. Sie sollten in geeigneter Weise Möglichkeiten zur Selbstkontrolle enthalten. A. werden z. B. im Wochenplanunterricht zur selbständigen Erarbeitung eines Sachverhalts, Durchführung eines Experiments, zur Beobachtung von Tieren und Pflanzen oder Erkundung an außerschulischen Lernorten genutzt. Sie sind dann anders strukturiert, müssen eindeutige und altersgemäße Arbeitsanweisungen enthalten, Sachinformationen geben, auf Hilfsmittel hinweisen und motivierend gestaltet sein. Die Sammlung der A. ergibt ein Dokument des individuellen Lernprozesses einer Schülerin bzw. eines Schülers in einem Schulhalbjahr. Aus der Kritik an der Dominanz des A.-Unterrichts werden vermehrt, z. B. für die freie Arbeit und die innere Differenzierung, klasseneigene Karteien selbst hergestellt und durch käufliche ergänzt.

Arbeitsförderungsgesetz (AFG; engl. *Employment Promotion Act*). Das Gesetz trat am 1. Juli 1969 in Kraft und regelt die Aufgaben der *Bundesanstalt für Arbeit*: Arbeitsvermittlung, *Berufsberatung*, Beihilfen zur *beruflichen Bildung* und *Fortbildung*, berufliche *Rehabilitation* Behinderter, Fördermaßnahmen zur

Erhaltung und Schaffung von Arbeitsplätzen und Gewährung von Arbeitslosengeld und Arbeitslosenhilfe.
Informationen über die verschiedenen Möglichkeiten zur Förderung der beruflichen Bildung erteilt das Arbeitsamt.
Literatur: 2.4

Arbeitsgemeinschaft (engl. *working group, study group, team*). Eine kleine Gruppe von Schülern, Studierenden, Lehrenden oder anderen Personen, die über eine gewisse Zeit regelmäßig und planmäßig an einer gemeinsamen Aufgabe arbeitet. In der Schule sind A. neben dem Pflicht- und Wahlpflichtunterricht Veranstaltungen, an denen Schüler i. d. R. freiwillig teilnehmen. Die Zusammensetzung der A. wird meist von bestimmten Interessenschwerpunkten geleitet und ist deshalb auch häufig altersheterogen und jahrgangs- bzw. klassenübergreifend. Im Mittelpunkt der schülerorientierten Gestaltung stehen vorwiegend spielerische, musisch-künstlerische, sportliche und technische Aktivitäten, während leistungsbezogene Fachinhalte seltener eine Rolle spielen. Vor allem in Ganztagsschulen sind A. von konstitutiver Bedeutung. An die Stelle des Begriffs A. treten heute oft die Bezeichnungen wahlfreie *Kurse*, Arbeitsgruppen oder Arbeitskreise. Da der Kursbegriff seit den sechziger Jahren in definierter Weise im System der *Fachleistungsdifferenzierung* und in der *gymnasialen Oberstufe* verwendet wird, ist hiervon der Begriff A. deutlich zu unterscheiden.

Arbeitsgemeinschaft für Jugendhilfe (AGJ). Zusammenschluß der Bundesorganisationen von *Jugendverbänden*, der Landesjugendringe, der Zentralen der *freien Wohlfahrtspflege* sowie der obersten Jugendbehörden der Bundesländer (zumeist der Sozialministerien). Ziel der AGJ ist die politische Unterstützung und fachliche Förderung der Arbeit in *Jugendämtern* und *Jugendhilfe*.
Anschriften: 12.0

Arbeitskammer. Körperschaft des öffentlichen Rechts, die die Interessen der Arbeitnehmer gegenüber der Öffentlichkeit vertreten und Gerichte oder Behörden in allen fachlichen Fragen beraten soll. Darüber hinaus dient sie der Beratung und Weiterbildung ihrer Mitglieder. Derzeit sind in Bremen und im Saarland A. eingerichtet.

Arbeitskreis Grundschule e. V., Der Grundschulverband. 1968 von *E. Schwartz* in Frankfurt am Main gegründeter Verein mit der Zielsetzung, im Zuge der Bildungsreformdiskussion der sechziger Jahre die Reformnotwendigkeit der *Grundschule* ins öffentliche Bewußtsein zu bringen. Diesem Zweck diente vor allem der Frankfurter Grundschulkongreß im Herbst 1969. Seit den siebziger Jahren wurden die innovativen Anliegen des A. G. in vielen regionalen Kongressen und auf Fachtagungen zur Geltung gebracht. Im Herbst 1991 gab sich der Verein den Untertitel ›Der Grundschulverband‹ und gründete in den einzelnen Bundesländern Ländervertretungen, um die länderspezifischen Fragen und Probleme leichter in die Gespräche mit den Kultusministerien einbringen und praxisbezogene Grundschultage organisieren zu können. Der A. G. hatte im Jahr 1993 etwa 10 000 Mitglieder, darunter 2100 Schulen. Er gibt die Buchreihe ›Beiträge zur Reform der Grundschule‹ mit verschiedenen Themenschwerpunkten und Sonderbänden heraus. Inzwischen sind weit mehr als 100 Bücher erschienen. Vierteljährlich erhalten die Mitglieder die Mitteilungen ›Arbeitskreis aktuell‹.
Anschrift: 7.2

Arbeitskreise Schule-Gewerkschaft. Freiwillige Kooperation von Lehrern aus Schulen des Sekundarbereichs mit Vertretern der Einzelgewerkschaften im Deutschen Gewerkschaftsbund. Ihr Ziel ist die Stärkung der fachdidaktischen Kompetenzen der Lehrer für die Behandlung von Themen, die in besonderer Weise die Rechte und Pflichten von Auszubildenden und Arbeitnehmern betreffen (z. B. *Berufsausbildung* im Betrieb, Mitbestimmung, *Jugendarbeitsschutz*, Benachteiligung bestimmter Gruppen von Jugendlichen.) Die A. bieten Vortragsveranstaltungen, Unterrichtsmaterialien und Betriebsbesuche an.

Arbeitskreise Schule-Wirtschaft. Freiwillige Kooperation von Lehrern aus Schulen des Sekundarbereichs mit Vertretern der Betriebsleitungen von Unternehmen und Kammern, die durch Vortragsveranstaltungen, die Bereitstellung von Unterrichtsmaterialien und Betriebsbesuche die fachdidaktische Kompetenz von Lehrern für den Unterricht in *Arbeitslehre* bzw. im Lernbereich *Arbeit-Wirtschaft-Technik* stärken wollen und dabei in besonderer Weise die Interessen der Arbeitgeber berücksichtigen.
Anschriften: 15.1

Arbeitslehre. **1)** Etwa seit Mitte der sechziger Jahre schrittweise an *Haupt-*, *Real-* und *Gesamtschulen* eingeführtes Unterrichtsfach, das den Schülern durch die fachliche Verbindung politischer, wirtschaftskundlicher, sozialer, hauswirtschaftschaftlicher und technischer Inhalte grundlegende Einsichten in Strukturen, Funktionszusammenhänge, Chancen und Gefahren moderner Industriegesellschaften vermitteln und sie auf ihre zukünftigen Rollen in Betrieb und Haushalt vorbereiten soll. Ferner sollen berufsorientierte Grundkenntnisse und -fähigkeiten aufgebaut und Hilfen für eine planmäßige und zukunftsorientierte *Berufswahl* gegeben werden. Fachtheoretischer Unterricht wird mit praktischen Kursen, *Betriebserkundungen* und *Betriebspraktika* verbunden.
2) Als *Unterrichtsprinzip* soll A. in allen Fächern des Sekundarbereichs immer dann Berücksichtigung finden, wenn bestimmte Inhalte und Unterrichtsziele das Verständnis der Schüler für all die sozialen oder individuellen Fakten, Zusammenhänge, Probleme und Konflikte vertiefen helfen, die ihre Ursachen in wesentlichen Hinsichten in der Arbeitswelt haben (z. B. Arbeitslosigkeit, ökologische Fragen, Armut, Zuwanderung ausländischer Arbeitskräfte).
3) In einigen Bundesländern werden die gleichen Inhalte und Ziele im Lehrplan dem Fächerverbund *Arbeit-Wirtschaft-Technik* zugewiesen.

Arbeitslosigkeit (engl. *unemployment*). Der längerwährende und erzwungene Verlust einer geregelten Erwerbstätigkeit erweist sich in unserer durch Leistung und Konsum geprägten gesellschaftlichen Praxis als Lebenskrise, die für die unmittelbar betroffenen Frauen und Männer ebenso wie für die *Sozialisation, Erziehung, Schullaufbahn* und das *Selbstkonzept* indirekt mit betroffener Kinder von nachhaltiger Bedeutung sein kann. Ursächlich dafür ist, daß A. auf zentrale Bedingungen von Sozialisations- und Erziehungsprozessen direkten Einfluß nimmt: Auf das Selbstwertgefühl und die soziale Identität der arbeitslosen Mütter und Väter, ihren körperlichen und seelischen Gesundheitszustand, auf die individuelle und familiale Lebenszeitordnung, weil Feierabend, Wochenende, Freizeit und Urlaub ohne Erwerbsarbeit ihren Sinn verlieren, auf die soziale Einbindung, das Ansehen sowie die materiellen Lebensumstände der Familie, weil das zumeist einschneidend verringerte Einkommen tiefgreifende Sparmaßnahmen erzwingt.
Literatur: 3.4

Arbeitsmittel (engl. *learning aids*). Im Unterschied zu *Lehr- und Lernmitteln* oder Unterrichtsmedien werden A.

i. d. R. vom Lehrer in Einzelanfertigung selbst hergestellt und als Hilfsmittel bei der Individualisierung und Differenzierung des Unterrichts eingesetzt. Sie dienen vor allem den Schülern zur selbständigen und selbsttätigen Auseinandersetzung mit einem Lerngegenstand sowie der differenzierenden Übung und Wiederholung des Gelernten, z. B. in der freien Arbeit und im Wochenplanunterricht. Kleinere Verlage und Hersteller bieten heute A. für diese Zwecke an.

Arbeitspädagogik. Teildisziplin der Erziehungswissenschaft, die in enger Zusammenarbeit mit Arbeitswissenschaft und Arbeitspsychologie einerseits die Bedingungen einer möglichen Verbesserung von Lehr-Lernprozessen in den Bereichen von betrieblicher *Ausbildung, Arbeit* und *Weiterbildung* untersucht, andererseits aber zugleich fragt, welche Bedeutung bestimmte Inhalte und Organisationsformen von Arbeit (bis hin zum betrieblichen Management) für die *Bildung* des einzelnen gewinnen können. Ihre Forschung erfolgt also im Spannungsfeld zwischen der Einsicht in die Notwendigkeit betriebswirtschaftlicher Effizienz und dem Interesse an der Humanisierung von Arbeitsbedingungen. Daraus erwachsen Fragen nach Lernangeboten am Arbeitsplatz bzw. innerhalb der Arbeitsgruppe, in einer *Lehrwerkstatt* oder einer Lerninsel z. B. ebenso wie Fragen nach der Demokratisierung der Arbeitswelt, also nach den Voraussetzungen und Hilfen für die Entwicklung von Beteiligungsbereitschaft und Beteiligungskompetenz im Hinblick auf die betriebliche und gesellschaftliche Mitbestimmung. Die jeweils optimale Korrespondenz in der Gestaltung beider Aspekte ist gleichsam zentrale Motivation der A. In dieser umfassenden Betrachtung des Zusammenhanges von gesellschaftlich organisierter Erwerbsarbeit und Bildung wird auch das Kriterium für eine Abgrenzung der A. von der *Berufspädagogik* (auch Wirtschaftspädagogik) gesehen, deren Forschung sich auf Themen der *Berufsausbildung* im engeren Sinne konzentriert.

Literatur: 2.4

Arbeitsprobe. Im Rahmen einer *Gesellenprüfung* sind nach den Vorschriften der bundeseinheitlichen Ausbildungsordnungen insgesamt drei A. durchzuführen, in denen der *Auszubildende* oder (im Handwerk) der *Lehrling* seine fachpraktischen *Kenntnisse* und *Fähigkeiten* an vorbereiteten Aufgabenstellungen (z. B. Planen und Herstellen eines Produkts, Suchen und Beheben eines Fehlers) unter Beweis stellen soll. Im Unterschied zum Prüfungsstück, bei dem am fertigen Produkt die Genauigkeit und Sauberkeit kontrolliert werden soll, soll in der A. der gesamte Arbeitsprozeß eines Prüflings beobachtbar werden.

Arbeitsschulbewegung. Schulkonzeptionelle Strömung der *Reformpädagogik* zu Beginn des 19. Jh., die sich gegen die rezeptiv ausgerichtete Praxis der Buchschule damaliger Prägung wandte und die *Selbsttätigkeit* der Schüler betonte. Innerhalb der A. verstand *G. Kerschensteiner* den Begriff der Arbeit zunächst als handwerkliche Tätigkeit und leitete als Stadtschulrat von München eine umfassende Lehrplanreform ein, durch die in den Volksschulen Werkstätten- und Schulküchenunterricht eingeführt wurde. Durch Laborübungen sollte der naturwissenschaftliche Unterricht anschaulicher gemacht und die Selbsttätigkeit der Schüler gefördert werden. Sein Engagement für die Weiterentwicklung der Fortbildungsschule führte zur Etablierung der *Berufsschule.* In Verbindung mit der *beruflichen Bildung* maß er der staatsbürgerlichen Erziehung große Bedeutung bei. Die schulpraktischen Reformen versuchte er ab 1916 bildungstheoretisch zu fundieren. Eine andere

von *H. Gaudig* vertretene Richtung innerhalb der A. ging von der Konzeption der »freien geistigen Schularbeit« aus, die sich gegen den vom Lehrer vorgedachten Unterricht wandte und dem Schüler Arbeits- und Lerntechniken vermitteln wollte, die ihn zur Selbsttätigkeit einer freien Persönlichkeit führen sollten. Einige konzeptionelle Forderungen der A. wurden in dem Abschnitt »Bildung und Schule« der Weimarer Verfassung (1919) und in die damaligen Lehrpläne aufgenommen. Über diese Positionen hinaus orientierte sich die sozialistische Richtung der A. am ökonomischen Wert der Arbeit und an den Produktionsprozessen im Industriezeitalter. Unter dem Einfluß von *K. Marx* einerseits und *J. Dewey* andererseits forderte der russische Pädagoge *P. P. Blonskij* eine Umstrukturierung der Schule in eine Produktionsschule, in der die Schüler in die industrielle Kultur eingeführt werden und eine polytechnische Erziehung erfahren. Ähnliche Konzepte wurden in Deutschland von *P. Oestreich* und dem Bund entschiedener Schulreformer (1919 in Berlin gegründet) diskutiert.
Seit den achtziger Jahren werden wichtige Anregungen und Prinzipien der internationalen A. in der Konzeption des praktischen Lernens und des *handlungsorientierten Unterrichts* vermehrt wieder aufgegriffen und neu gefaßt.
Literatur: 2.1.9

Arbeitsstelle für Betriebliche Berufsausbildung (ABB). Einrichtung des Deutschen Industrie- und Handelstages (DIHT), des Bundes der Deutschen Industrie (BDI) sowie des Bundes der Deutschen Arbeitgeberverbände (BDA), die von 1947 bis 1970 für die Entwicklung der *Ausbildungsordnungen*, die Ordnung der *Ausbildungsberufe*, für Form und Inhalte der Prüfungen in der *Berufsausbildung*, für Ausbildungsmittel u. ä. Aufgaben zuständig war. Mit der Gründung des *Bundesinstituts für Berufsbildung* in Berlin (BIBB) wurde die ABB geschlossen. Das BIBB setzt sämtliche Arbeiten in einem erweiterten Umfang fort.
Anschriften: 15.1

Arbeitstherapie (engl. *work therapy*). Eine Behandlungsform seelischer oder körperlicher Störungen bzw. Krankheiten, bei der den Patienten interessante, vom Schwierigkeitsgrad her angemessene und nutzbringende Arbeiten angeboten werden. Dabei sollen sowohl einzelne psycho-motorische Funktionen geübt als auch das Selbstbewußtsein gestärkt werden.

Arbeitstugenden (engl. *virtues*). Zugrunde liegen die Begriffe taugen und Tüchtigkeit. Unter A. versteht man in diesem Sinne alle Erwartungen an *Einstellungen* und Verhaltensweisen, die auf Dauer der möglichst wirtschaftlichen Herstellung von qualitativ hochwertigen Gütern und Dienstleitungen dienlich sind. Dazu werden grundlegende *Normen* wie Zuverlässigkeit, Pünktlichkeit, exaktes Arbeiten, Sauberkeit und Fleiß ebenso gerechnet wie anspruchsvollere Erwartungen an die kritisch-konstruktive Kompetenz der Mitarbeiter, ihre Verantwortungsbereitschaft für das Unternehmen, Solidarität mit den Kollegen und die Fähigkeit zur Konfliktlösung, die den Betroffenen eine Verbesserung ihrer Kooperationsfähigkeit ermöglicht. Die Annäherung des tatsächlichen Verhaltens an A. hängt ganz wesentlich davon ab, daß A. auf allen Ebenen einer Institution oder eines Unternehmens Beachtung finden.

Arbeits- und Lerntechniken (engl. *techniques of working and learning*). Mit der beständigen Zunahme des Stoffumfangs in den Wissenschaften erhalten neben den Inhalten des Lernens A. u. L. eine immer größer werdende Bedeutung für den selbständigen Erwerb von

Kenntnissen und Fähigkeiten. Sie sind auch eine wichtige Voraussetzung für die Durchführung offenen Unterrichts und den Erwerb kommunikativer Kompetenzen. Es werden folgende A. u. L. unterschieden: a) Techniken zur Informationsbeschaffung: Arbeit mit Texten, Bild- und Filmmaterial, Rundfunk- und Fernsehsendungen, Landkarten und Atlanten, Tabellen und Diagrammen, Nachschlagewerken, *Arbeitsmitteln*, technischen Geräten und außerschulischen Informationssammlungen (z. B. Museen, Bibliotheken) u. a.
b) Techniken zur Informationsverarbeitung: Gesprächteilnahme und Gesprächsführung üben, Probleme und Fragestellungen erkennen, Fakten und Meinungen unterscheiden, Notizen machen, Protokolle anfertigen, Berichte analysieren und schreiben, Arbeitspläne aufstellen, ökonomische Zeitstrukturierungen vornehmen, selbständiges Weiterforschen praktizieren, kommunikative Umgangsformen beherrschen u. a.
c) Techniken zur Informationsdarstellung: Protokolle wiedergeben, Referate halten, Berichte geben, zeichnerische Darstellungen erläutern, Sachverhalte in Wandzeitungen und Ausstellungen darstellen, Anschauungsmaterial anfertigen (z. B. Tabellen, Skizzen, Zeichnungen, Karten, Modelle, Reliefs), Medien herstellen (Fotos, Dias, Tonbänder, Filme, Videos), Text-Bild-Darstellungen einer Gruppe anlegen (z. B. Arbeitsmappen, Karteien, Chroniken) u. a.
Die systematische Vermittlung und Übung von A. u. L. erhält i. d. R. erst im Zusammenhang mit entsprechenden Lebenssituationen, Handlungsfeldern, Inhalten und fachlichen Aspekten ihre funktionale Bedeutung.
Literatur: 2.1.3

Arbeitsvermittlung (engl. *employment exchange*). Führt Arbeitssuchende und Arbeitgeber, die eine Stelle zu besetzen haben, zusammen. Nach den Bestimmungen des *Arbeitsförderungsgesetzes* (AFG) haben die *Arbeitsämter* der *Bundesanstalt für Arbeit* ein Monopol auf A.
Die Veröffentlichung von freien Stellen in den Medien ist davon nicht betroffen.

Arbeitsverwaltung. *Bundesanstalt für Arbeit.*

Arbeitszeit der Lehrer (Syn. **Lehrerdeputat**). Wird durch Erlaß des zuständigen Landesministeriums geregelt. Festgelegt werden dabei die wöchentlich zu erteilenden Unterrichtsstunden. Die Anzahl erstreckt sich von 23 Wochenstunden für Lehrer an *Gymnasien*, über 26 oder 27 Stunden für Lehrer an *Realschulen*, 28 an *Grund-* und *Hauptschulen* bis zu 29 Stunden für Fachlehrer in praktischen Lehrbereichen (z. B. Praktische Fachkunde an *Berufsschulen*). Zeiten für Vor- und Nachbereitung des Unterrichts, für Durchsicht und Beurteilung schriftlicher Arbeiten, für Konferenzen, für Gespräche mit Schülern und Eltern sowie für die Erfüllung administrativer Aufgaben kommen zu den wöchentlichen Unterrichtsstunden hinzu. Die Erlasse regeln auch Ermäßigungen (z. B. aus Altersgründen oder für Schwerbehinderte) und Anrechnungen für die Wahrnehmung besonderer Aufgaben in der Schule (z. B. *Schulleitung, Beratungslehrer*).

Arbeitszeit für Kinder und Jugendliche. Nach den Bestimmungen des *Jugendarbeitsschutzgesetzes* (JArbSchG) ist die Beschäftigung von *Kindern* und *Jugendlichen* im vollzeitschulpflichtigen Alter grundsätzlich untersagt. Ausnahmen sind für schulische Praktika und ab dem 15. Lebensjahr für Ferienarbeit möglich. Die tägliche Arbeitszeit Jugendlicher darf acht Stunden nicht überschreiten, ist grundsätzlich nur zwischen 6.00 und 20.00 Uhr möglich und darf nur an fünf Wochentagen erfolgen. Die Nächte, Samstage, Sonn- und Feiertage müssen von Arbeit freibleiben. Ausnahmen sind in einzelnen Arbeitsfeldern (Krankenpflege, Hotel- und Gaststättengewerbe, Landwirtschaft) sowie für Musikaufführungen und beim Sport möglich. Für die Kontrolle ebenso wie für Auskünfte und Sondergenehmigungen sind i. d. R. die Gewerbeaufsichtsämter zuständig.

Arbeit-Wirtschaft-Technik (AWT). *Fächerübergreifender Unterricht* in *Sonder-, Haupt- und Realschulen* in den Klassen 7 bis 9 bzw. 10, in dem Wirtschaftslehre (als Teil der Gemeinschaftskunde), Hauswirtschaft-Textiles Werken und Technikunterricht zusammenwirken. Leitziele sind a) Vermittlung grundlegender Kenntnisse und Fähigkeiten in den Bereichen Werkstoffe, Materialgestaltung und -bearbeitung, b) Hinführung der Schüler zu einem bewußten Umgang mit den Konsumangeboten der verschiedenen Märkte, c) Einsicht in den Zusammenhang von Politik, Wissenschaft und Wirtschaft, d) Bewußtsein für die Chancen und Gefahren im Umgang mit modernen Technologien in Arbeit, Haushalt und Alltag, e) Wissen um die ökologischen Risiken der Konsumgesellschaft, f) Kompetenz für eine rationelle und gesunde Haushaltsführung, g) Einführung in die Grundlagen der elektronischen Datenverarbeitung und h) Befähigung zur bewußten Gestaltung des Berufswahl- und Berufsausbildungsprozesses. Der Kontakt zur Arbeitswelt wird neben dem schulischen Werkstattunterricht durch *Betriebserkundungen* und *Betriebspraktika* hergestellt. In einigen Bundesländern werden die gleichen Ziele und Inhalte dem Fach *Arbeitslehre* zugewiesen.

Arrest (lat. *arcere* einhegen, festhalten, engl. *arrest, detention*). Soll einem *Jugendlichen* gegenüber noch keine Jugendstrafe ausgesprochen, ihm aber dennoch spürbar deutlich gemacht werden, daß er für begangenes Unrecht einzustehen hat, so ist A. das strengste im *Jugendgerichtsgesetz* (JGG) vorgesehene Zuchtmittel. A. gilt nicht als Strafe, wird folglich auch nicht im Strafregister geführt. A. kann als Freizeita. (z. B. für eine Woche Freizeitverlust), als Kurza. bis zu vier Tagen oder als Dauera. bis zu vier Wochen ausgesprochen werden und wird in besonderen A.räumen vollzogen.

Artikulationsformen (Syn. **Unterrichtsartikulation**; lat. *articulare* gliedern; *articulus* Glied, Teil, Abschnitt). Gliederung von Lern- und Unterrichtsprozessen in Phasen, Stufen oder Schritte. In der neueren Unterrichtsmethodik wird vorwiegend der Begriff *Unterrichtsschritte* verwendet.

Literatur: 2.1.3

Askese (griech. *askesis* Übung; engl. *asceticism*). Geistige und körperliche Übungen zur Überwindung von Begierden; innere und äußere Zucht im Interesse des Gehorsams vor religiösen Geboten oder ethischen Normen.

asozial (engl. *asocial*). Auffällig von den Verhaltensstandards einer Gruppe oder Gemeinschaft abweichendes Verhalten. Die Bedeutung ist folglich relativ im Hinblick auf die Normen der Bezugsgruppe.

Aspiration (lat. *aspirare* nach etwas streben, zu etwas zu gelangen suchen; engl. *aspiration*). Schulabschluß-, Berufsausbildungs- und Berufserwartungen von Eltern, Schülern und Lehrern. Begriff aus der Schul- und Sozialisationsforschung, in der im Zusammenhang von sozialer Herkunft, Chancengleichheit und Schulerfolg auch die Faktoren der A.bildung, A.entwicklung und A.realisierung untersucht worden sind.

Assessment Centre. Aus dem Englischen übernommene Bezeichnung für betriebliche Einrichtungen, die sich auf die systematische Überprüfung (Einschätzung) der Vorkenntnisse, Einstellungen, Verhaltensweisen und Entwicklungspotentiale von Bewerbern um Arbeitsplätze oder Beförderungsstellen spezialisiert haben.

Assimilation (lat. *assimulare* ähnlich machen, nachahmen; *assimulatio* Angleichung; engl. *assimilation*). **1)** In der Theorie der kognitiven Entwicklung des Menschen von *J. Piaget* bedeutet A. die Fähigkeit, die wahrgenommenen Gegenstände der Umwelt in die bereits entwickelten kognitiven Denk- und Handlungsstrukturen einzuordnen. Die A. ist wie die *Akkommodation* ein Teil des Wechselwirkungsprozesses zwischen der sich entwickelnden kognitiven Struktur und den Gegenständen und Vorgängen in der Umwelt. Bei der Akkommodation paßt sich der Mensch der Umwelt an und bei der A. paßt er sich die Umwelt an.
2) A. bezeichnet den Prozeß der Angleichung einer Minderheit an die Normen und Werte der sozialen Umgebung mit anderer kultureller Tradition. Bei sich über längere Zeit hinziehenden Angleichungsprozessen besteht für die ausländische Gruppe die Gefahr, ihre kulturelle Eigenart und *Identität* zu verlieren. Andererseits ist die A. an die soziale Umgebung häufig mit der Übernahme der Normen und Werte einer Kultur verbunden, so daß von *Integration* und neuer Identitätsentwicklung gesprochen werden kann.

Assistentenberufe. In naturwissenschaftlichen, technischen und medizinischen Forschungs- und Produktionsstätten werden technischen Assistenten vorbereitende, kontrollierende, protokollierende und produzierende Aufgaben zur Unterstützung der Wissenschaftler übertragen. Die *Ausbildung* in einem A. setzt einen mittleren Bildungsabschluß, manchmal auch die Hochschulreife voraus. Sie dauert ein bis drei Jahre und findet an *Berufsfachschulen* oder *Berufskollegs* statt. In jedem Falle liegen der Ausbildung gesetzliche Regelungen zugrunde, die zu einem staatlich anerkannten Abschluß führen.

Assoziation (lat. *sociare* vereinigen, verbinden; engl. *association*). Eine erlernte Verknüpfung von zumindest zwei Begriffen, Symbolen oder Ereignissen, zwischen denen automatisch eine gedankliche Verbindung hergestellt wird, so daß beim Auftreten des einen Begriffes der andere sich gleichfalls einstellt. Unser Verständnis von Lernprozessen ist wesentlich von der Vorstellung zur Bildung von A. abhängig. Ähnlichkeiten oder auffällige Andersartigkeiten (Gegenteil) sind für das Entstehen von A. von besonderer Bedeutung. So verbinden sich z. B. mit der Farbe Schwarz i. d. R. die Begriffe Trauer und Nacht. Oder wir verknüpfen das Symbol rotes Kreuz mit Unfall und Hilfe. Die Fähigkeit zur Bildung von A. ist für die Entwicklung des menschlichen *Gedächtnisses* eine der wesentlichsten Voraussetzungen.

AStA. *Allgemeiner Studentenausschuß.*

ästhetische Erziehung (Syn. **ästhetische Bildung**, **ästhetisches Lernen**; engl. *aesthetic education*). Das Adjektiv ästhetisch geht auf die Theorie der Ästhetik (griech. *aisthesis* sinnliche Wahrnehmung) zurück, die sich mit den Erscheinungsformen des Schönen, den Gesetzmäßigkeiten in den Künsten und den Wirkungen ästhetischer Phänomene auf den sinnlich wahrnehmenden, einfühlend verstehenden und reflektiert urteilenden Menschen befaßt. Der Begriffsinhalt von ä. E. wirkt sich in den Praxisfeldern der Pädagogik unterschiedlich aus.
Als fachdidaktische Konzeption ist ä. E. in der Institution *Schule* auf das Schulfach Kunst oder (je nach Bundesland) Kunsterziehung, Kunstunterricht, Bildende Kunst oder Visuelle Kommunikation eingegrenzt. Der Gegenstand der

ä. E. reicht von der traditionellen emotionalen Kunstbetrachtung bis hin zur kritischen Analyse visueller Phänomene der Alltagswelt und der Medien. Ä. E. als fächerübergreifendes Prinzip des gesamten Schullebens scheitert meist an der traditionellen Organisationsstruktur der Schule und am fachspezialisierten Ausbildungsstand der Lehrerinnen und Lehrer.

In außerschulischen Bereichen der Kultur- und Sozialarbeit mit Kindern, Jugendlichen und Erwachsenen ist ä. E. weitgehend ein fachunabhängiges Organisationsprinzip des ästhetischen Lernens, das nicht nur die Gegenstände der schönen Künste, sondern alle wahrnehmungsbestimmten und das ästhetische Verhalten prägenden Gegenstände und Räume der Lebenswelt wie z. B. Design, Architektur, Mode, Wohnkultur, Medien u. ä. einbezieht. Dabei sind die Ziele des ästhetischen Lernens auch auf eine ästhetische Alphabetisierung gerichtet, die sinnliche Erfahrungsdefizite aufzuarbeiten versucht.

Die inhaltliche Ausprägung und das geschmackbildende Niveau ästhetischer Bildung vollzieht sich vorwiegend unbewußt in der Sozialisation von Geburt an durch die Wechselwirkung zwischen subjektiv bestimmter Sinnestätigkeit und ästhetisch-kulturellen Ereignissen in der Lebenswelt. Der Grad der Ausprägung ästhetisch-kultureller Ereignisse im Milieu der Lebenswelt hat deshalb große Bedeutung für den Bildungsprozeß eines Menschen. Emanzipatorische ä. E. zielt auf das Bewußtmachen der eigenen ästhetischen Sinnestätigkeit und des ästhetisch-kulturellen Milieus als Voraussetzung für das private Selbsterziehungshandeln des empfindenden, verstehenden und urteilenden Jugendlichen und Erwachsenen in Gesellschaft und Natur.

Ätiologie (griech. *aitia* Ursache, *logos* Wort, Rede, Sinn, Vernunft; engl. *aetiology*). Ursachenforschung, zum Beispiel mit dem Ziel, die Hintergründe für schwere Lernbeeinträchtigungen aufzuklären.

Attribuierung (lat. *attribuere* zuteilen, zuweisen). Prozeß der Zuschreibung von Ursachen für das Verhalten eines Menschen. Sie kann als Selbsta.(»Die Gründe liegen in mir!«) und als Fremda. (»Die Gründe liegen nicht in mir!«) erfolgen, positiv oder negativ gemeint sein. In jedem Falle hat sie für zukünftiges Verhalten Bedeutung, weil sie das *Selbstkonzept* eines Menschen beeinflußt. Wer sich selbst eher als Verlierertyp sieht, wird bei Problemen deutlich öfters zur negativen Selbsta. neigen oder bei Erfolgen günstige Umstände (Fremda.) verantwortlich machen, wogegen jemand, der von sich eher Erfolge erwartet, die Ursachen dafür zumeist eigenem Können und Fleiß zuschreibt (positive Selbsta.).

Literatur: 2.9

audiovisuelle Medien. *Medien.*

Aufbaugymnasium (Syn. **Gymnasium in Aufbauform**). Form des *Gymnasiums*, in dem befähigte Haupt- und Realschüler, die in der Regel den Realschulabschluß bereits erworben haben, nach erfolgreichem Besuch das *Abitur* (die Reifeprüfung) ablegen können. Einzelheiten über den Besuch des A. regeln die Schulgesetze und Verordnungen der einzelnen Bundesländer.

Aufbauschulen. 1) Einrichtungen, die auf der Hauptschule oder der Realschule aufbauen und zu einem mittleren *Abschluß* bzw. zum *Abitur* führen.

2) *Berufsaufbauschulen.*

Aufbaustudium (engl. *post-graduate studies*). Nach einem ersten Hochschulabschluß kann ein A. aufgenommen werden, das der Vermittlung zusätzlicher wissenschaftlicher oder beruflicher Qualifikationen dient. Die Zulassungsvoraussetzungen regeln Satzungen oder

Ordnungen der Hochschule. Ein A. soll nicht mehr als zwei Jahre dauern.

Aufenthaltsräume für jugendliche Arbeitnehmer (engl. *recreation room*). Lernen bzw. arbeiten in Betrieben oder Verwaltungen mehr als zehn Jugendliche in einem organisatorisch oder räumlich speziell für sie bereitgestellten Bereich, so muß ihnen nach den Bestimmungen des *Jugendarbeitsschutzgesetzes* (JArbSchG) für die Arbeitspausen ein besonderer Aufenthaltsraum zur Verfügung gestellt werden.

Aufgabenstelle für kaufmännische Abschluß- und Zwischenprüfungen (AkA). Entwickelt im Auftrag des Deutschen Industrie- und Handelstages (DIHT) Prüfungsaufgaben, die alle Industrie- und Handelskammern dort für die beruflichen Zwischen- und Abschlußprüfungen beziehen können. Anschriften: 15.1

Aufhebungsvertrag. In gegenseitigem Einvernehmen kann ein *Berufsausbildungsverhältnis* zwischen einem *Ausbildenden* und einem *Auszubildenden* bzw. dessen gesetzlichem Vertreter jederzeit durch einen A. beendet werden. Die Regelungen des *Berufsbildungsgesetzes* (BBiG) über die Kündigung eines *Berufsausbildungsvertrages* gelten in einem solchen Fall nicht. Der A. ist bei der *Zuständigen Stelle* anzuzeigen.

Aufmerksamkeit (engl. *attention*). Im ununterbrochen ablaufenden Prozeß der Reaktionen auf äußere und innere Reize ist A. ein Zustand der gesteigerten Wachheit und Anspannung, um das Verhalten durch intensivere Aktivitäten des Wahrnehmens, Denkens und Handelns zweckmäßig zu steuern. Von unwillkürlicher oder passiver A. wird gesprochen, wenn sie durch objektive Umweltfaktoren und/oder organismische oder geistige Bedürfnislagen geweckt wird. Ein Zustand willkürlicher A. liegt vor, wenn die A. das Handeln bewußt und zielgerichtet auf die Situationsbewältigung hin steuert. Von Konzentration wird gesprochen, wenn die A. das Wahrnehmen, Denken und Handeln auf einen eng begrenzten Bereich der Umwelt zusammenbündelnd lenkt. Die Begriffe A. und Konzentration werden häufig synonym verwendet. Eine Unterscheidung wird dann vorgenommen, wenn betont werden soll, daß die willkürliche Ausrichtung der A. durch Konzentration auf einen Gegenstand unter weitgehender Ausschaltung äußerer und innerer Störfaktoren stattfindet.

Im pädagogischen Bereich ist A. ein Schülerverhalten, das als Voraussetzung für effektives und erfolgreiches Lernen im Unterricht gilt. Zur Beschreibung des Verhaltens werden auch hierbei die Begriffe willkürliche und unwillkürliche A. verwendet. Wenn der Unterricht für den Schüler weitgehend fremdbestimmt ist und seine eigenen Bedürfnisse, Interessen und Fähigkeiten vernachlässigt werden, wird von ihm beinahe fortlaufend eine willentliche A. verlangt, was psychisch kaum zu leisten ist. A. und Konzentration sind Verhaltensweisen von Schülern, die erst in Abhängigkeit von bestimmten Unterrichtssituationen aktualisiert werden. Es ist problematisch, wenn mangelnde Zielverfolgung und unbefriedigende Schulleistungen von Schülern aufgrund von vorwissenschaftlichen Alltagstheorien der Lehrer als A.- und Konzentrationsschwierigkeiten erklärt werden. Dies hat für Lehrer wie für Schüler und Eltern oft Entlastungsfunktion, erklärt aber nicht wissenschaftlich, warum manche Kinder im Unterricht abgelenkt erscheinen, geistig abwesend sind, mit Gegenständen spielen, motorisch unruhig sind, langsam arbeiten oder mehr Fehler machen als andere.

In der *pädagogischen Diagnostik* sind zur Diagnose und Behandlung von A.- und Konzentrationsschwierigkeiten eine Anzahl von Tests entwickelt worden.

Darüber hinaus wird zur differenzierten Analyse der Ursachen eine Untersuchung der konkreten A.situation im Unterricht und eine längerfristige Beobachtung des Schülers notwendig sein. Bei primären A.- und Konzentrationsstörungen hängen die pädagogisch-therapeutischen Maßnahmen davon ab, ob eine kurzzeitige Schwierigkeit, eine längerfristige Schwäche oder eine unterrichts- und lehrerbedingte Ursache vorliegt.
Literatur: 2.1.4, 2.2.3, 2.9

Aufnahmeverfahren für Sonderschulen. Im Interesse einer optimalen schulischen Erziehung und Bildung aller Kinder und unter Wahrung des Elternrechts auf freie Wahl der Schule im Rahmen der Organisation des Schulwesens haben die Kultusverwaltungen der Länder das A. f. S. in Vorschriften geregelt. Dadurch sollen die Beobachtungen der Lehrer, der Sachverstand von Experten (Psychologen, Mediziner) und die Erfahrungen und Wünsche der Eltern so miteinander verknüpft werden, daß eine Sonderschulempfehlung entwickelt werden kann, die beste Förderung des Kindes erwarten läßt. Die Regelungen der Länder enthalten Normen für die Art und Weise der Meldung an Eltern, Sonderschule und Schulverwaltung, über die Dokumente, die im Verlauf des Überprüfungsverfahrens zu erstellen sind, über Gutachten, die bei pädagogisch-psychologischen oder medizinischen Experten einzuholen sind und über die Beteiligung der Erziehungsberechtigten bei der Auswertung der Informationen. Die Schulverwaltung entscheidet letztlich, welche Sonderschule für ein Kind geeignet ist. Den Erziehungsberechtigten wird diese Entscheidung erläutert. Obschon sie nach geltendem Recht verpflichtet werden könnten, ihr Kind in die geeignete Sonderschule zu schicken, wird die Überweisung auf eine Sonderschule tatsächlich nicht mehr gegen den erklärten Willen der Eltern durchgesetzt. Da das A. f. S. sehr differenziert und in den Ländern in Einzelheiten unterschiedlich geregelt ist, sollten sich Eltern und Lehrer die jeweiligen Bestimmungen über das zuständige Schulamt beschaffen.

Aufsichtspflicht (engl. *legal responsibility to care*). Da *Kinder* und minderjährige *Jugendliche* aufgrund ihrer geistig-seelischen Entwicklung für ihre Handlungen noch nicht voll verantwortlich gemacht werden können, stehen sie unter dem besonderen Schutz der *Erziehungsberechtigten*, deren Rechte und Pflichten während des Schulbetriebes die *Schulverwaltung*, der Schulleiter und die Lehrer zu übernehmen haben. Gleiches gilt für Kindergärten, Ausbildungsbetriebe oder Jugendhäuser, weil auch hier die Erziehungsberechtigten ihrer Aufsichtspflicht nicht selbst nachkommen können.
Eine ins einzelne gehende gesetzliche Normierung der A. besteht nicht. Ihr Sinn ist es, Gefahren und Schaden von Kindern und Jugendlichen abzuwenden. Welche Maßnahmen dafür jeweils erforderlich sind, hängt vom Entwicklungsstand der jungen Menschen und den Gegebenheiten einer Situation ab. Mit der A. ist also keineswegs notwendig die unmittelbare Beaufsichtigung der Schüler durch den Lehrer (Ausbilder, Gruppenleiter u. a.) verbunden. Wenn es von der Selbständigkeit und Verantwortlichkeit der jungen Menschen her erwartet werden darf, können auch klare Verhaltensanweisungen als Erfüllung der A. angesehen werden.
Literatur: 2.1.11

ausbilden (engl. *to instruct, to train*). Nach den Bestimmungen des *Berufsbildungsgesetzes* (BBiG) bedeutet a. die Vermittlung von beruflichen Fertigkeiten, Kenntnissen und berufspraktischen Erfahrungen, die erforderlich sind, um das in der staatlichen *Ausbildungsordnung* vorgeschriebene Ziel einer *Ausbildung* zu erreichen. Für eine gesetzlich anerkannte Ausbildung muß der *Ausbildende* oder ein von ihm beauftragter *Ausbilder* persönlich und fachlich geeignet sein.

Ausbildender (engl. *individual providing training*). Personen oder Institutionen, die jemanden zur *Berufsausbildung* einstellen, bezeichnet das *Berufsbildungsgesetz* (BBiG) als A. *Auszubildende* einstellen darf nur, wer persönlich geeignet ist. Der A. darf auch selbst ausbilden, wenn er neben der persönlichen auch die *fachliche Eignung* nachweisen kann. Ist er fachlich nicht geeignet, muß er einen *Ausbilder* bestellen, der sowohl die persönliche als auch die fachliche Eignung besitzt. Die Überprüfung der persönlichen und fachlichen Eignung nimmt die *Zuständige Stelle* vor.

Ausbilder (engl. *instructor*). Eine vom *Ausbildenden* mit der *Berufsausbildung* beauftragte Person, falls der Ausbildende nicht selbst ausbilden kann oder will. Die Aufgabe des A. ist die Vermittlung der im *Ausbildungsrahmenplan* bzw. dem danach entwickelten betrieblichen *Ausbildungsplan* vorgeschriebenen praktischen und theoretischen *Kenntnisse* und beruflichen *Fertigkeiten*. Für diese Aufgabe muß er nach dem Berufsbildungsgesetz persönlich und fachlich geeignet sein. In Verantwortung vor dem Ausbildenden obliegt ihm die Erfüllung der Pflichten aus dem *Berufsausbildungsvertrag*.

Ausbildereignungsverordnung (AEVO). Nach den Bestimmungen des *Berufsbildungsgesetzes* (BBiG) kann der Bundesminister für Bildung und Wissenschaft in einer Verordnung bestimmen, daß *Ausbilder* im *dualen System* über die im Gesetz geforderte persönliche und fachliche Eignung hinaus berufs- und arbeitspädagogische Kenntnisse nachzuweisen haben. Für den Bereich der gewerblichen Wirtschaft ist die entsprechende AEVO 1972 erlassen worden. Sie enthält u. a. eine Auflistung der vier Sachgebiete, in denen Kenntnisse zu erwerben sind (Grundfragen der Berufsbildung, Planung und Durchführung der Ausbildung, der Jugendliche in der Ausbildung, Rechtsgrundlagen) sowie Vorschriften für die Prüfung gemäß der AEVO. Inzwischen wurden gleiche Regelungen auch für die Landwirtschaft, für den öffentlichen Dienst, für Bundesbeamte und für die Hauswirtschaft erlassen.

Ausbildung (engl. *training, education*). **1)** In allgemeiner Bedeutung jede Form von systematischer Vorbereitung auf die Übernahme einer bestimmten Arbeits- oder Berufsposition.

2) Nach den Bestimmungen des *Berufsbildungsgesetzes* (BBiG) die Vermittlung von beruflichen Kenntnissen, Fähigkeiten, Fertigkeiten und Erfahrungen, die erforderlich sind, um die in der bundeseinheitlichen Ausbildungsordnung beschriebenen Anforderungen der Abschlußprüfung erfüllen zu können. Ausbilden darf nach den Bestimmungen des BBiG nur, wer persönlich und fachlich geeignet ist.

Ausbildung der Ausbilder (**AdA**; engl. *training of instructors*). Alle Maßnahmen, die im Sinne des *Berufsbildungsgesetzes* (BBiG) der fachlichen Eignung betrieblicher *Ausbilder* dienen, wozu neben den berufsfachlichen Kenntnissen und Fertigkeiten auch berufs- und arbeitspädagogische Qualifikationen gehören. Im Zentrum stehen Kurse, die auf eine Prüfung gemäß der *Ausbildereignungsverordnung* (AEVO) vorbereiten. Zur AdA gehören aber auch Angebote für die Weiterbildung der Ausbilder, z. B. im Zusammenhang mit der Einführung neuer Ausbildungsordnungen und entsprechender Methoden (Leittext, Gruppenarbeit, Projekt). Träger der AdA sind Kammern, Einrichtungen der Erwachsenenbildung sowie Bildungswerke der Berufsverbände und Gewerkschaften.

Ausbildungsbeauftragter. Der *Ausbildende* kann einen fachlich geeigneten Mitarbeiter damit beauftragen, an seinem Arbeitsplatz einem *Auszubildenden* Kenntnisse, Fähigkeiten und Fertigkeiten zu vermitteln, die im *Ausbildungsplan* vorgesehen sind. A. werden auch als nebenberufliche Ausbilder bezeichnet. Sie müssen nicht die Kriterien der *Ausbildereignungsverordnung* (AEVO) erfüllen.

ausbildungsbegleitende Hilfen (abH). Auszubildende mit Lernschwierigkeiten im Ausbildungsbetrieb oder in der Berufsschule können freiwillig an abH teilnehmen. AbH dienen der Beseitigung bestimmter Kenntnislücken, der Unterstützung laufender Lernprozesse sowie der Förderung der sozialen Kompetenzen. Die Kurse finden meist einmal wöchentlich für zwei oder drei Stunden statt. I. d. R. stellen die Betriebe die Auszubildenden bzw. Lehrlinge für die Hälfte dieser Zeit frei. Die Kurse sind kostenlos und werden von verschiedenen Trägern angeboten. Auskünfte erteilt das Arbeitsamt.

Ausbildungsbeihilfen (engl. *training allowance*). *Ausbildungsförderung.*

Ausbildungsberater (engl. *educational counsellor*). Die nach dem *Berufsbildungsgesetz* (BBiG) *Zuständige Stelle* für die Überwachung und Förderung der *Berufsausbildung* bestellt für diese Zwecke einen A., i. d. R. als hauptamtlichen Mitarbeiter. Er kann von sich aus in den Ausbildungsbetrieben tätig werden, aber auch auf Wunsch eines *Ausbildenden* oder eines *Auszubildenden* bzw. dessen gesetzlichen Vertretern, etwa dann, wenn zu befürchten ist, daß die Ausbildungsordnung nicht eingehalten wird. Der A. ist gegenüber den für die Einhaltung des *Jugendarbeitsschutzgesetzes* (JArbSchG) zuständigen Aufsichtsbehörden informationspflichtig.

Ausbildungsberuf (engl. *recognized trainee occupation*). Eine *Berufsausbildung* im Sinne des *Berufsbildungsgesetzes* (BBiG) darf nur in staatlich anerkannten A. erfolgen. Grundlage dafür ist eine *Ausbildungsordnung*, die vom fachlich zuständigen Bundesministerium erlassen wird. Das Bundesministerium für Arbeit und Sozialordnung führt ein *Verzeichnis der anerkannten A.*, das jährlich vom *Bundesinstitut für Berufsbildung* (BIBB) überarbeitet und dann veröffentlicht wird. Dieses Verzeichnis kann bei der *Berufsberatung* oder einer Kammer eingesehen werden.

Ausbildungsberufsbild. Bestandteil der vom jeweils zuständigen Bundesministerium erlassenen Verordnung über die *Berufsausbildung* in einem anerkannten *Ausbildungsberuf.* Beschreibt in einem groben Überblick die einzelnen Fachgebiete, in denen im Verlauf der Ausbildung *Kenntnisse, Fertigkeiten* und berufliche Erfahrungen erworben werden sollen. Das A. ist in vollem Umfang zu erfüllen.

Ausbildungsdauer (engl. *duration of training*). Für die *Ausbildung* in anerkannten *Ausbildungsberufen* nach dem BBiG ist die A. in den einzelnen *Ausbildungsordnungen* geregelt. Derzeit beträgt die A. zwischen zwei und dreieinhalb Jahren. Die A. wird danach festgelegt, in welchem Zeitraum ein durchschnittlich begabter Absolvent der Hauptschule in einem durchschnittlich geeigneten Ausbildungsbetrieb das Ausbildungsziel ereichen kann.

Ausbildungsförderung (engl. *education grants*). Im Interesse der *Chancengleichheit* besteht bei nachgewiesenem Bedarf nach dem *Bundesausbildungsför-*

derungsgesetz (BAföG) Rechtsanspruch auf Zuschüsse bzw. zinslose Darlehen für den Besuch von Schulen und Hochschulen. Für berufsvorbereitende Maßnahmen und Hilfen während der Berufsausbildung ist nach dem *Arbeitsförderungsgesetz* (AFG) die Berufsberatung der Arbeitsämter zuständig. Sie bietet an: *Grundausbildungslehrgänge, Förderlehrgänge, Vorbereitungskurse zum nachträglichen Erwerb des Hauptschulabschlusses*, Berufsvorbereitung für junge Ausländer, Lehrgänge zur Verbesserung der Eingliederungsmöglichkeiten sowie Maßnahmen zur Eingliederung von Behinderten und berufliche Umschulungsmaßnahmen. Über die Ansprüche, die Höhe der Fördermittel, die Dauer der Zahlung sowie den Modus einer eventuellen Zurückzahlung des Darlehens erteilen für Fälle nach dem BAföG die Ämter für A. bei den Kreis- und Stadtverwaltungen bzw. den Studentenwerken, für Fälle nach dem AFG die Arbeitsämter genaue Auskunft.

Ausbildungsmittel. Alle Werkzeuge, Werkstoffe, Instrumente, Tabellenbücher, Zeichengeräte usw., die für die *Ausbildung* und die Ablegung der *Abschlußprüfung* erforderlich sind. Nach den Bestimmungen des *Berufsbildungsgesetzes* (BBiG) muß sie der *Ausbildende* dem *Auszubildenden* kostenlos zur Verfügung stellen.

Ausbildungsnachweis. Nach den staatlichen Verordnungen über die *Berufsausbildung* in anerkannten *Ausbildungsberufen* hat jeder *Auszubildende* einen A. zu führen, in dem in zeitlicher Abfolge festgehalten wird, welche Inhalte und Ziele des *Ausbildungsplanes* und des Unterrichts in der *Berufsschule* erreicht worden sind. Der A. soll während der Arbeitszeit geschrieben und regelmäßig mit dem Ausbilder besprochen werden.

Ausbildungsordnung (engl. *training regulations*). Nach § 25 des *Berufsbildungsgesetzes* (BBiG) ist die A. Grundlage für eine geordnete und in ganz Deutschland einheitliche *Berufsausbildung* in einem anerkannten *Ausbildungsberuf*. Die A. wird vom Bundesminister für Wirtschaft oder einem anderen, fachlich zuständigen Bundesministerium im Einvernehmen mit dem Bundesministerium für Bildung, Wissenschaft, Forschung und Technologie erlassen. Sie enthält mindestens folgende Regelungen: Bezeichnung des Ausbildungsberufes, Ausbildungsdauer, Fertigkeiten und Kenntnisse, die Gegenstand der Berufsausbildung sein sollen, einen Plan zur zeitlichen und sachlichen Gliederung für die Vermittlung der Ausbildungsinhalte und die Prüfungsanforderungen.

Ausbildungspflicht. Wer einen Jugendlichen durch einen *Berufsausbildungsvertrag* zur *Ausbildung* aufnimmt, unterliegt der A. Der *Ausbildende* oder der von ihm beauftragte *Ausbilder* hat dafür Sorge zu tragen, daß die im *Ausbildungsplan* enthaltenen Kenntnisse, Fähigkeiten und Fertigkeiten vermittelt werden, damit das Ausbildungsziel in der vertraglich festgelegten *Ausbildungszeit* erreicht werden kann.

Ausbildungsplan (engl. *training course*). Ein *Ausbildender* oder der von ihm beauftragte *Ausbilder* hat nach den Bestimmungen des *Berufsbildungsgesetzes* (BBiG) einen A. zu erstellen, der den inhaltlichen und zeitlichen Ablauf der Ausbildung unter Berücksichtigung der betrieblichen Lernorte, der mit Ausbildungsaufgaben beauftragten Mitarbeiter sowie der persönlichen Bedingungen des Auszubildenden beschreibt. Der A. entsteht auf der Grundlage des *Ausbildungsrahmenplanes*, der Bestandteil der jeweiligen Verordnung des Bundesministeriums für Bildung, Wissenschaft, Forschung und Technologie über die *Berufsausbildung* in einem anerkannten *Ausbildungsberuf* ist. Der A. ist als Anlage dem *Berufsausbildungsvertrag* beizufügen.

Ausbildungsrahmenplan. Sachliche und zeitliche Gliederung der *Berufsausbildung* in einem anerkannten *Ausbildungsberuf*, die der jeweils geltenden Rechtsverordnung des zuständigen Bundesministeriums als Anlage beigegeben ist und auf deren Grundlage der Ausbildende einen betriebsspezifischen *Ausbildungsplan* zu erstellen hat, in dem auch die besonderen Voraussetzungen des Auszubildenden berücksichtigt werden sollen. Der A. ist dem Auszubildenden zusammen mit dem Berufsausbildungsvertrag auszuhändigen.

Kann ein Betrieb die im A. vorgeschriebenen Kenntnisse und Fertigkeiten nicht vermitteln, muß er dafür andere Lernorte finden (z. B. eine überbetriebliche Ausbildungsstätte).

Ausbildungsreife. *Eignung* im Sinne des Vorhandenseins *von Kenntnissen, Fähigkeiten, Fertigkeiten,* Motivationen, sozialen Kompetenzen und allgemeiner Lernfähigkeit, die zusammen für die Aufnahme einer Berufsausbildung als Voraussetzungen angesehen werden. Das erwartete Niveau und der Grad an Differenzierung der A. ergeben sich aus dem betrieblichen Ausbildungsplan, dem Rahmenlehrplan der Berufsschule sowie den lernortspezifischen körperlichen, seelischen und sozialen Anforderungen.

Ausbildungsstätten (engl. *place of training*). Sammelbezeichnung für alle Teilbereiche eines Betriebes, in denen Ausbildung stattfindet, aber auch für *überbetriebliche A.* oder Lernorte in anderen Einrichtungen. Bei der Prüfung von A. ist besonders auf die Einhaltung der Vorschriften aus dem *Jugendarbeitsschutzgesetz* (JArbSchG), der Unfallverhütungsvorschriften sowie der Eignung der A. für eine Ausbildung im Sinne der *Ausbildungsordnung* zu achten.

Ausbildungsverbund. Zusammenwirken von mehreren Ausbildungsbetrieben oder Verwaltungen und anderen Lernorten (z. B. überbetrieblichen Ausbildungsstätten) bei der *Ausbildung* in einem anerkannten *Ausbildungsberuf.* Dabei ist wichtig, daß der verantwortliche Ausbildende auf die Berufsausbildung im kooperierenden Betrieb maßgeblichen Einfluß nehmen kann. Sind dagegen Betrieb und überbetriebliche Ausbildungsstätte in einem A. zusammengeschlossen, so spricht das Berufsbildungsrecht von Ergänzung der betrieblichen Ausbildung. Dann arbeiten die ergänzenden Lernorte unabhängig von Vorgaben durch den Ausbildenden.

Ausbildungsvergütung (engl. *training allowance*). Nach den Bestimmungen des *Berufsbildungsgesetzes* (BBiG) muß der *Ausbildende* dem *Auszubildenden* eine A. zahlen, die im *Berufsausbildungsvertrag* festzulegen ist und jährlich ansteigen muß. Ist die A. in einem Tarifvertrag geregelt, dürfen die Vergütungsbeträge nicht unter den Tarifsätzen liegen.

Ausbildungsverhältnis. *Berufsausbildungsverhältnis.*

Ausbildungswerkstatt (engl. *training workshop*). Eigens für die *Berufsausbildung* eingerichteter betrieblicher Lernort, in dem von hauptamtlichen *Ausbildern* fachpraktische Fähigkeiten, Fertigkeiten und Kenntnisse an Auszubildende vermittelt werden, mehr und mehr ergänzt durch betrieblichen Unterricht. Zumeist wird die Grundausbildung in der A. durchgeführt, weil hier ohne Konflikte mit der laufenden betrieblichen Produktion systematisch unterwiesen werden kann (*Off-the-job training*). Nach der Grundausbildung in der A. lernen die Auszubildenden i. d. R. an betrieblichen Arbeitsplätzen weiter (*On-the-job training*) und besuchen die A.

nur noch im Rahmen einzelner Kurse oder für die Prüfungsvorbereitung.

Ausbildungszeit. Nach den Bestimmungen des *Berufsbildungsgesetzes* (BBiG) kann die gesetzlich vorgegebene *Ausbildungsdauer* durch Verkürzung oder Verlängerung für den einzelnen Auszubildenden in eine individuelle A. umgewandelt werden, die der Leistungsfähigkeit des Auszubildenden entspricht.

Ausgangsschriften. In den Lehrplänen der einzelnen Bundesländer vorgeschriebene Schriften für den Lese- und Schreibunterricht im ersten und zweiten Schuljahr. Es werden unterschieden:
a) beim Leselehrgang: große und kleine Druckbuchstaben (Gemischtantiqua); Großbuchstaben (Großantiqua) am Anfang des Lehrgangs und Schreibschrift. Die Gemischtantiqua wird immer stärker bevorzugt, da Schreibschrift in Textprodukten kaum eine Rolle spielt;
b) beim Schreiblehrgang: Neben dem Druckschreiben mit Druckschrift am Anfang werden drei verbundene Schriften verwendet und ihre jeweiligen Schwierigkeiten und Vorteile diskutiert. Es sind die lateinische Ausgangsschrift (LA) aus dem Jahre 1953, die vereinfachte Ausgangsschrift (VA) aus dem Jahre 1973 und die Schulausgangsschrift (SAS) der ehemaligen DDR aus dem Jahre 1968. Die Einstellungen zu den verbundenen Schriften sind unterschiedlich, so daß eine Vereinheitlichung in den Ländern der Bundesrepublik Deutschland nicht vorgesehen ist.

Ausländerkinder (engl. *foreign children*). Im Schulwesen der Bundesrepublik Deutschland haben A. die gleichen Rechte und Pflichten wie deutsche Schüler und unterliegen somit der Schulpflicht. Ausgenommen sind Kinder von Personen im diplomatischen oder konsularischen Dienst und Kinder von hier stationierten ausländischen Truppen.
Die A. sind Angehörige von angeworbenen ausländischen Arbeitskräften oder von Arbeits- und Flüchtlingsmigranten. Im Jahre 1990 betrug ihr Anteil an der Schülerschaft der alten Bundesländer in allgemeinbildenden Schulen 11,3% (780 000 Schüler). Davon waren 46% (361 000 Schüler) Türken.
Der oft große Anteil von A. unterschiedlicher Herkunftsländer in einer Klasse stellt an die Lehrerschaft, die dafür nicht ausgebildet worden ist, eine große Herausforderung dar. Die Schulsituation der A. hat sich zwar in den letzten Jahren kontinuierlich verbessert, dennoch ist ihr Anteil in Vorschuleinrichtungen, Realschulen und Gymnasien unterrepräsentiert. Von den ausländischen Schulabgängern bleiben noch 22% ohne Hauptschulabschluß. Der Übergang in die Berufsausbildung ist für A., vor allem für Mädchen, sehr erschwert. Für die Chancenungleichheit der ausländischen Kinder und Jugendlichen gibt es verschiedenartige schulische und außerschulische Ursachen. Schulrechtlich bedingte Einzelheiten z. B. zu Fördermaßnahmen, muttersprachlichem Unterricht, Religionsunterricht, ausländischen Lehrern, Hilfen bei der Eingliederung in die berufsbildenden Schulen u. a. werden auf der Grundlage der Vereinbarungen der Kultusministerkonferenz in Verordnungen und Erlassen der Bundesländer geregelt.

Ausländerpädagogik. Ehemalige Bezeichnung für ein Teilgebiet der Erziehungswissenschaft, dessen Gegenstand alle pädagogisch relevanten Fragestellungen und Probleme der Bildung und Erziehung ausländischer Kinder und Jugendlicher in Einrichtungen des deutschen Bildungswesens war. Heute heißt der Gegenstandsbereich in Lehre und Forschung interkulturelles Lernen, *interkulturelle Erziehung* oder multikulturelle Erziehung deutscher und ausländischer

Kinder und Jugendlicher und gehört zum Aufgabenbereich verschiedener Teildisziplinen der Erziehungswissenschaft (z. B. der Schulpädagogik, der Grundschulpädagogik, der Sozialpädagogik).
Literatur: 2.3

ausländische Schulen (engl. *foreign schools*). Einrichtungen ausländischer Stationierungsstreitkräfte auf dem Territorium der Bundesrepublik Deutschland. Diese Schulen in der Trägerschaft eines ausländischen Verteidigungsministeriums stehen unter der Aufsicht des ausländischen Kultus- bzw. Erziehungsministeriums. Sie arbeiten in der Regel nach den Lehrplänen und Schulkonzeptionen ihres Landes und sind vorwiegend für die Kinder nichtdeutscher Staatsangehörigkeit bestimmt. Sie unterliegen nicht dem deutschen Schulrecht und damit auch nicht der deutschen Schulaufsicht. Die deutschen Schulbehörden können in Ausnahmefällen deutschen Kindern den Besuch dieser Schulen gestatten.

Auslandsschulen. Bildungseinrichtungen der Bundesrepublik Deutschland auf ausländischem Territorium zur schulischen Versorgung von Kindern deutscher Staatsangehöriger im Ausland und zur Begegnung junger Menschen unterschiedlicher Nationalität, Kultur und Sprache. Es sind meist Privatschulen in der Trägerschaft von Schulvereinen und kirchlichen Organisationen. Sie unterliegen den gesetzlichen Bestimmungen des Gastlandes, werden aber aus Mitteln der Bundesrepublik Deutschland und durch die Entsendung deutscher Lehrer gefördert.
Im Rahmenplan ›Auswärtige Kulturpolitik im Schulwesen‹ (Auswärtiges Amt 1978) werden vier Schultypen mit unterschiedlichen Zielsetzungen unterschieden: 1. Deutschsprachliche A. mit deutschen Lehrplänen zur Sicherung der Schulbildung von Kindern deutscher Staatsangehöriger im Ausland. 2. Begegnungsschulen zur Einführung junger Menschen in Sprachen und geistige Inhalte zweier Kulturen. Zu ihnen gehören auch die Europaschulen als Stätten kultureller Begegnung und zur Förderung des europäischen Einigungsprozesses. 3. Schulen mit verstärktem Deutschunterricht (vor allem in Lateinamerika) für die fremdsprachige Schülerschaft des Gastlandes zur Verbreitung deutscher Sprache und Kultur. 4. Sprachgruppenschulen zum Erhalt der deutschen Muttersprache in deutschsprachigen Gemeinschaften im Ausland. Darüber hinaus werden Sprachkurse (sog. Sonnabendschulen) für deutschstämmige Schüler, der Aufbau eines Fernlehrwerks für deutsche Kinder und Firmenschulen im Ausland von der Bundesregierung gefördert. Seit 1980 erscheint die Zeitschrift ›Begegnung‹ für A. zum Informationsaustausch. Die Zentralstelle für das Auslandsschulwesen ist eine Abteilung des Bundesverwaltungsamtes in Köln.
Anschriften: 3.2, 3.3

Auslese (Syn. **Selektion**; engl. *selection*). Der aus der biologischen Evolutionstheorie stammende Begriff der natürlichen A. der Arten (Ch. Darwin) hatte durch die nationalsozialistische Rassentheorie für viele Menschen verheerende Folgen. Wenn im Unterschied zum biologischen A.begriff in der Pädagogik von A. oder Selektion die Rede ist, dann ist damit die A. geeigneter Personen für unterschiedliche Bildungslaufbahnen und entsprechende Positionen im Beschäftigungssystem gemeint. Die A.problematik berührt auch die Frage der *Chancengleichheit*, denn empirische Untersuchungen haben seit den sechziger Jahren mehrfach nachgewiesen, daß mit der institutionalisierten A. bei *Übergängen* im Schulsystem auch immer eine soziale A. verbunden war.

Zur Wahrung des Rechts auf Bildung ihrer Kinder haben die Eltern das Recht, den Bildungsweg ihres Kindes zu bestimmen und zu entscheiden, welche Schulart der Schüler im Anschluß an die Grundschule bzw. die Orientierungsstufe (Förderstufe) besuchen soll. Jedoch kann der Staat aufgrund gesetzlicher Regelungen den Übergang des Schülers in eine andere Schulart von seiner Eignung abhängig machen. Schulrechtlich wird zur A. argumentiert: Eine sinnvolle Auswahl erstrebe nicht nur die Zurückweisung der für eine Schulart ungeeigneten Schüler (negative A.), sondern möglichst die Zuordnung des einzelnen zu dem ihm individuell gemäßen Bildungsweg (positive A.); dem Schüler werde damit geholfen, die seinen Anlagen und Fähigkeiten entsprechende Förderung zu erfahren (H. Heckel/H. Avenarius). Hier stellt sich die seit den sechziger Jahren im Rahmen der Differenzierungsdiskussion gestellte Frage, ob eine optimale individuelle Förderung eher im überkommenen gegliederten Schulsystem oder in einem integrierten Gesamtschulsystem gewährleistet ist und was der Begriff Förderung eigentlich beinhaltet.
Literatur: 2.1.4

Ausschluß von der Schule. *Schulverweisung.*

Ausschuß für Berufsbildung. *Berufsbildungsausschuß.*

Ausschüsse für Jugendarbeitsschutz. Nach den Bestimmungen des *Jugendarbeitsschutzgesetzes* (JArbSchG) werden auf Landesebene bei der Landesregierung und in Städten bei den für den Jugendarbeitsschutz zuständigen Aufsichtsbehörden A.f.J. eingerichtet, die sich aus Vertretern der Arbeitgeber, der Arbeitnehmer, des Jugendringes, der Aufsichtsbehörde, des Jugend- und Gesundheitsamtes sowie der beruflichen Schulen zusammensetzen. Sie sollen die jeweilige Behörde in Fragen des Jugendarbeitsschutzes beraten, Vorschläge zur Durchführung des JArbSchG machen und die Notwendigkeit des Jugendarbeitsschutzes gegenüber der Öffentlichkeit erklären.

Außenseiter (engl. *marginal man*). **1)** In allgemeiner Bedeutung jede Person, die durch eigenen Entschluß oder durch den Druck einer Gruppe eine isolierte, randständige Position einnimmt.
2) Innerhalb von Schulklassen diejenigen Schüler, die aufgrund bestimmter negativ besetzter Merkmale (Nationalität, Hautfarbe, Religion, Leistung) von der Mehrheit der Schüler nicht als gleichberechtigte Mitglieder der Gruppe angesehen werden. Durch ein *Soziogramm* können A. erkannt werden.
Literatur: 2.10

außerbetriebliche Ausbildungsmaßnahmen. Kann ein Ausbildungsbetrieb die in der *Ausbildungsordnung* vorgeschriebenen Kenntnisse, Fähigkeiten und Fertigkeiten nicht eigenständig vermitteln, müssen a. A. im Berufsausbildungsvertrag und im betrieblichen *Ausbildungsplan* vorgesehen sein, die an verschiedenen Lernorten (z. B. Partnerbetriebe, überbetriebliche Ausbildungsstätten) angeboten werden können und gemeinsam mit dem Ausbildungsbetrieb die Erfüllung der Ausbildungsordnung sichern. Dadurch eventuell entstehende Kosten hat allein der Ausbildende zu tragen.

äußere Differenzierung. *Differenzierung. Fachleistungsdifferenzierung.*

äußere Schulangelegenheiten. Alle Regelungen und Maßnahmen, die nicht unmittelbar Unterricht und Erziehung in der Schule betreffen, sondern sich auf die äußeren Rahmenbedingungen dafür erstrecken. Dazu zählen i. d. R.: Bau der Schulhäuser, deren Einrichtung, Ausstattung und Unterhalt, Anstellung des Personals für Verwaltung und Hauspflege sowie Bereitstellung der Lehr- und

Lernmittel. Die ä.S. fallen in die Kompetenz der *Schulträger*. Sie sind auch von diesen finanziell zu bestreiten. Allerdings erhalten die Schulträger Zuschüsse aus dem Landeshaushalt.
Literatur: 2.1.11

außerschulische Jugendbildung. Konzentriert sich nach der Definition von *Jugendarbeit* im *Kinder- und Jugendhilfegesetz* (KJHG) auf Bildungsangebote allgemeiner, politischer, sozialer, gesundheitlicher, naturkundlicher und technischer Art. Wie alle Jugendarbeit versteht sie sich als wahlfreie Leistung von Jugendverbänden, Gruppen und Initiativen oder anderen Trägern der öffentlichen und freien Jugendhilfe. Sie legt besonderen Wert auf die Mitbestimmung und Mitgestaltung der Ziele, Inhalte und Arbeitsweisen durch die Kinder und Jugendlichen selbst.
Literatur: 2.11

Aussiedlerkinder. Aufgrund der einschneidenden politischen Veränderungen in den osteuropäischen Staaten sind in der Zeit zwischen 1990 und 1994 durchschnittlich 200 000 deutschstämmige Spätaussiedler pro Jahr in die Bundesrepublik Deutschland gekommen. Etwa ein Drittel von ihnen waren Kinder und Jugendliche. Deren Identität ist durch den weitgehenden Verlust bisher gültiger Verhaltensmuster für das Leben in Familie, Schule, Ausbildung und Freizeit besonders bedroht. Wegen fehlender Sprachkompetenzen müssen A. ihren Schulweg i. d. R. auf einem deutlich niedrigeren Niveau fortsetzen. Frühere Berufsziele können nicht mehr verfolgt werden. Werte und Normen der deutschen Kultur, die Verhaltensregeln für den Umgang mit Altersgenossen und die Art und Weise, in der deutsche Kinder im allgemeinen ihre Rollen als Mädchen oder Junge, Tochter oder Sohn, Spielpartner, Freund, Vereinsmitglied usw. ausfüllen, sind den A. weitgehend fremd. Infolgedessen werden die A. in einer Entwicklungsphase, die im Normalfall durch wachsende Selbständigkeit, Ablösung von der Herkunftsfamilie und Orientierung an den Altersgenossen gekennzeichnet ist, in die Bindungen der Familie zurückgeworfen. Diese Entwicklungshemmung führt oft zu Leistungsbeeinträchtigungen, Motivationsverlust, Schulverweigerung oder auch Delinquenz. Diskriminierung und die meist sehr beengten Lebensverhältnisse verschärfen die Identitätskrise der A. Sozialpädagogische und schulische Hilfen müssen angesichts der vielfältigen Belastungen der A. einerseits als möglichst umfassende Verbesserung der Lebensbedingungen für die Familien der A. und andererseits als Entwicklung integrativer Prozesse in Schule und Jugendhilfe konzipiert werden.
Literatur: 2.3

Auswahl-Antwort-System (engl. *multiple-choice-response-system*). Beim *programmierten Lernen*, in *Schultests* und bei Lernzielkontrollen angewendetes schriftliches Verfahren, bei dem der Lernende unter mehreren vorgegebenen Antworten, von denen aber meist nur eine richtig ist, die richtige Lösung ankreuzen soll. Die Prüfungsbögen sind in der Regel durch Computer auswertbar.

auswärtige Kulturpolitik. Das Auswärtige Amt der Bundesregierung betreibt im Rahmen der Gesamtziele der deutschen Außenpolitik a. K., deren Leitziel die Darstellung Deutschlands als Kulturnation ist. Dazu gehören die Vermittlung der deutschen Sprache und Landeskunde, der wechselseitige kulturelle Austausch mit den Gastländern und die Zusammenarbeit in Wissenschaft, Ausbildung und Kunst. Wichtige Einrichtungen der a. K. sind die deutschen *Auslandsschulen*, die *Goethe-Institute*, der *Deutsche Akademische Austausch-*

dienst (DAAD) und die *Alexander von Humboldt-Stiftung*.
Anschriften: 3.2

Auszubildender (engl. *apprentice*). Das *Berufsbildungsgesetz* (BBiG) definiert jeden als A., der von einem *Ausbildenden* zur *Berufsausbildung* eingestellt wird, um unter Beachtung der *Ausbildungsordnung* die Fertigkeiten und Kenntnisse zu erwerben, die er zum Erreichen des Ausbildungszieles benötigt. Die *Handwerksordnung* (HwO) bezeichnet den gleichen Personenkreis als Lehrlinge.

Autismus (griech. *autos* selbst; engl. *autism*). Erscheinungsform kindlicher Schizophrenie (Persönlichkeitsspaltung), die sich zumeist in folgenden Merkmalen zeigt: übersteigerter Egoismus, Insichgekehrtsein, heftige Schwierigkeiten in den Beziehungen zur sozialen und materialen Umwelt, die sich i. d. R. in weitgehender Sprachlosigkeit, Kontaktarmut und Unfähigkeit zur angemessenen Reaktion auf Umweltreize zeigen. Diagnose und Hilfen setzen in jedem Falle Fachkenntnisse der *Psychotherapie* voraus.

Autodidakt (griech. *autos* selbst, lat. *dicere* lehren; engl. *self-educated person*). Jemand, der sich seine Kenntnisse, Fähigkeiten und Fertigkeiten selbst, also ohne die Hilfe eines Lehrers oder Meisters erarbeitet hat.

autogenes Training (griech. *autos* selbst, *gennáein* hervorbringen, erzeugen; engl. *autogenic training*). Verfahren, in dem durch Übung von Konzentration und Selbsthypnose emotionale Ruhe und körperliche Entspannung erreicht werden sollen. Im Zentrum des a. T. steht dabei die schrittweise Sensibilisierung für das innere Empfinden der Funktionsweise der Glieder und Organe des Körpers, die unter fachkundiger Anleitung bis zu ihrer bewußten Kontrolle führen kann. Auf dieser Grundlage lassen sich seelische wie auch körperliche Belastungen vermindern und die Leistungsfähigkeit steigern.

Autonomie (griech. *autos* selbst, *nomos* Gesetz, *autonomia* politische Unabhängigkeit, Selbständigkeit; engl. *autonomy*). **1)** Als allgemeines Ziel oder als Leitidee von Erziehung und Unterricht wird A. häufig fast gleichbedeutend mit den Begriffen Mündigkeit, Selbstbestimmung und Emanzipation oder in Verbindung mit Kompetenz verwendet. Mit A. wird einem Subjekt die Möglichkeit zugestanden, unabhängig und selbstbestimmt im Rahmen von allgemeinen moralischen Grundregeln sich selbst zu verwirklichen und die Umwelt zu gestalten. Die Erziehung zur A. des Subjekts ist von der Vermittlung bestimmter Bildungsinhalte, besonders aber von der Gestaltung des pädagogischen Verhältnisses zwischen den am Erziehungsprozeß beteiligten Personen abhängig.
2) Mit A. der Pädagogik ist der von der geisteswissenschaftlichen Pädagogik formulierte Anspruch verbunden, die Pädagogik als eigenständige wissenschaftliche Disziplin zu etablieren und sich aus der Inanspruchnahme durch die Theologie, Philosophie oder normative Pädagogik zu befreien. Mit dem Begriff Erziehungswissenschaft ist der Autonomieanspruch weiter untermauert worden.
3) Die A. der Hochschulen ist im GG (Art. 5, Abs. 3) verankert, das die Freiheit von Kunst, Wissenschaft, Forschung und Lehre garantiert. Sie wird im Hochschulrahmengesetz und in den Hochschulgesetzen der Bundesländer konkretisiert.

autoritärer Erziehungsstil (lat. *auctoritas* Urheberschaft, Ansehen, Ermächtigung; engl. *authoritarian leadership*). Steuerung des Verhaltens von einzelnen Personen oder Gruppen durch Maßnahmen, die auf Entscheidungen einer Führungsperson zurückgehen und rigide

durchgesetzt werden. Die Führungsperson zeichnet sich durch einen hohen Grad an Selbstgerechtigkeit, Zurückweisung jeglicher Kritik und durch die ständige Zurschaustellung ihrer Macht aus. Der Begriff ist ursprünglich als Forschungskonstrukt von *K. Lewin* für seine Arbeiten im Bereich der Psychodynamik von Gruppen entwickelt worden.
Literatur: 2.9

Autorität (lat. *auctoritas* Urheberschaft, Ansehen, Ermächtigung; engl. *authority*). Das Vermögen zur Anleitung, Beratung und Führung anderer Personen aufgrund von umfangreichen Erfahrungen, überlegenen Einsichten, besonderen Leistungen oder kraft Tradition und Amt. In der Erziehung gewinnt A. im Vorbild, im engagierten Lehrmeister, im kompetenten Experten, im vertrauensvollen Berater und Anwalt des Kindes Gestalt. Ziele pädagogischer A. sind der Schutz und die Stärkung der kindlichen Persönlichkeit.

AWT. *Arbeit-Wirtschaft-Technik. Arbeitslehre.*

Axiom (griech. *axioma* Forderung; engl. *axiom*). Ein Grundsatz, dessen Richtigkeit bzw. Wahrheit unmittelbar einleuchtet, der eines Beweises weder bedarf noch fähig ist. Deshalb kann er zum Ausgangspunkt für die Ableitung von besonderen Einzelaussagen gemacht werden. Alle Grundsätze der Logik sind solche A., z. B. wenn A=B dann B=A, wenn F zum Zeitpunkt t21 in Z, dann kann F nicht zum gleichen Zeitpunkt in Y sein.

B

BA. *Bundesanstalt für Arbeit.*

BAföG. *Bundesausbildungsförderungsgesetz.*

Basisqualifikationen. Allgemeine und fachliche Kenntnisse, psychomotorische Fähigkeiten und Fertigkeiten, Arbeitstugenden und soziale Kompetenzen, die für die Bewältigung von Aufgaben an unterschiedlichen Arbeitsplätzen von grundlegender Bedeutung sind und zugleich die Voraussetzung für eine kritisch-konstruktive Weiterentwicklung der beruflichen Qualifikationen bilden. Wegen ihrer unspezifischen, entwicklungsorientierten sowie nicht an den Vollzug bestimmter Arbeitsfunktionen gebundenen Qualität wird auch von extrafunktionalen oder prozeßunabhängigen Qualifikationen gesprochen. Der Bedeutungsgehalt des Begriffes *Schlüsselqualifikationen* überschneidet sich ebenfalls weitgehend mit dem der B.

Zu den B. gehören das Beherrschen der Grundrechenarten, geometrischer Grundkonstruktionen, einfacher mathematischer Funktionen und Gleichungen, die Fähigkeit zur Mathematisierung konkreter Sachverhalte, eine voll entwickelte Lese-, Schreib- und Verständigungsfähigkeit, Grundwissen in den Natur- und Sozialwissenschaften, die Fähigkeit zur Abstraktion und Systematisierung, zur Fehleranalyse und Problembewältigung, Sorgfalt und Genauigkeit, Kritikfähigkeit und Kreativität sowie die Fähigkeit zur Teamarbeit.

BBiG. *Berufsbildungsgesetz.*

Beamtenrecht (engl. *civil service law*). Regelt für beamtete Lehrer, Hochschullehrer u. a. Berufsgruppen alle Rechtsbeziehungen zwischen dem einzelnen Beamten und dem öffentlichen Dienstherren (Bund, Länder, Gemeinden, Gemeindeverbände). Dazu gehören insbesondere die Voraussetzungen für die Ernennung zum Beamten, die Besoldung, die Beförderung, die Versetzung, die Rechte und Pflichten des einzelnen Beamten sowie die Fürsorgepflichten der öffentlichen Arbeitgeber für die Beamten.

Befragung (engl. *interview*). Methode der empirischen Forschung, bei der über die B. von Einzelpersonen Daten über größere soziale Einheiten (z. B. Altersklassen, Schüler einer bestimmten Schulart, ausländische Arbeitnehmerinnen) gewonnen werden sollen. Dabei hängt der Grad der Repräsentativität von Ergebnissen für soziale Einheiten (Gesamtheiten) von der Qualität der *Stichprobe* ab, die anstelle der Gesamtheit tatsächlich befragt wird.

Inhaltlich lassen sich B. nach Tatsachenb. und Meinungsb., formal nach mündlicher oder schriftlicher, offener oder standardisierter B. unterscheiden. Darüber hinaus gilt es zu beachten, daß eine B. einmalig oder aber bei der gleichen Stichprobe mehrmals durchgeführt werden kann (sog. Panelbefragung).

Literatur: 1.5

Befreiung vom Unterricht. Die *Schulgesetze* der Länder ermöglichen in einem sehr begrenzten Rahmen die B.v.U.: aus gesundheitlichen Gründen vom Sportunterricht, wenn eine entsprechende ärztliche Verordnung vorliegt oder wenn das Tragen bestimmter Sportkleidung aus religiösen Gründen unzumutbar ist. Von der Teilnahme am Religionsunterricht können sich die Schüler mit Eintritt der Religionsmündigkeit nach Vollendung des 14. Lebensjahres selbst befreien. Sie müssen dann am Ethikunterricht teilnehmen (vgl. *Ersatzunterricht*).

Begabtenförderung (engl. *promotion measures for highly-gifted students*). Orientiert am bildungspolitischen Ziel einer möglichst allseitigen und vollen Entfaltung der Fähigkeiten junger Menschen, haben das Bundesministerium für Bildung, Wissenschaft, Forschung und Technologie und die Kultusministerien der Länder Programme zur Förderung hochbegabter Schüler, Auszubildender und Studenten eingerichtet. Dazu gehören u.a. Stipendien, kostenlose Studienaufenthalte im Ausland, Leistungswettbewerbe wie Jugend forscht oder sog. Schülerakademien, die während der Sommerferien zweiwöchige Kurse in unterschiedlichen Fachgebieten anbieten. Auskünfte erteilen die zuständigen Landesministerien.

Anschriften: 8.2

Begabtenprüfung. Die Schulgesetze der Länder geben den obersten Schulverwaltungsbehörden (Ministerien) das Recht, Regelungen für B. zu erlassen, in denen eine einem bestimmten Schulabschluß vergleichbare Vorbildung nachgewiesen und dadurch die mit diesem Schulabschluß verbundenen Berechtigungen erworben werden können. Besondere Beachtung findet die B. für Berufstätige ohne Hochschulreife als Zugangsvoraussetzung für ein Studium. Auskünfte erteilen die Schulämter oder die Hochschulen bzw. Universitäten.

Begabung (engl. *gift, talent, aptitude*). Einen wissenschaftlich allgemein anerkannten B.begriff gibt es nicht. Bis auf die Antike gehen deterministische und biologistische Vorstellungen von der Bedeutung der angeborenen *Anlage* bei der Entwicklung von B. zurück. In der Alltagssprache wird häufig zur Erklärung einer beobachtbaren überdurchschnittlichen Leistung im musikalischen, technischen oder sportlichen Bereich von natürlicher Veranlagung und angeborener B. gesprochen. Diese nicht zu begründende naive Aussage hat ihre Ursache in der lange Zeit auch von Wissenschaftlern vertretenen Auffassung, B. sei eine anlagegemäß vorgegebene Leistungsdisposition (L. Schenk-Danzinger, H. Thomae), die sich entfalte, und wenn sie fehle, auch durch Lernen nicht kompensiert werden könne. Bis in die sechziger Jahre herrschte die Auffassung vor, die natürliche B. sei eine feste Größe, die über Leistungsfähigkeit, Schulerfolg und soziale Unterschiede entscheide. Dieser sog. statische B.begriff wurde häufig für die Legitimation des dreigliedrigen Schulsystems und seine soziale *Auslese* herangezogen.

Im Gegensatz dazu behaupteten behavioristisch orientierte Lerntheoretiker (z.B. J.B. Watson) in den fünfziger Jahren, daß vorwiegend durch verschiedenartige Lernvorgänge und äußere Lernbedingungen überdauernde Bereitschaften entstünden, die Unterschiede in der Leistung bei Individuen und Gruppen bewirkten. Der Ansatz ging also davon aus, daß Leistungsdispositionen erlernt und von Umweltbedingungen abhängig sind. Dieser milieutheoretisch fundierte B.begriff führte in den sechziger Jahren zur bildungspolitisch relevanten Anlage-Umwelt-Kontroverse. Die Diskussion von Extrempositionen über die Frage, welchen Anteil das genetische Potential einerseits und Umwelt und Erziehung

andererseits an einer sich zeigenden B. haben, wird heute als unfruchtbar angesehen, weil empirisch begründete und wissenschaftlich haltbare Befunde von beiden Seiten nicht zu erbringen sind. Dennoch zeigen jüngere Veröffentlichungen (z.B. von E.O. Wilson), daß mit anlagetheoretischen Konzepten immer wieder zu rechnen sein wird.
Als Folge der Verarbeitung dieses gesamten Problemzusammenhangs in dem von *H. Roth* 1969 herausgegebenen Band ›Begabung und Lernen‹ wird heute (von Ausnahmen abgesehen) ein dynamischer B.begriff vertreten. Danach ist B. eine auf bestimmte Kulturbereiche gerichtete menschliche Lernfähigkeit, die sich in ihrer besonderen Weise durch die Begegnung mit entsprechenden Ausschnitten der Lebenswirklichkeit entfaltet. Sie ist aber nicht nur die Fähigkeit zur bloßen Anpassung an die vorgegebene kulturelle Welt, sondern darüber hinaus die (vielleicht unerschöpfliche) menschliche Fähigkeit zur aktiven Gestaltung kulturellen Lebens und der Umwelt, die aus einer produktiven Unzufriedenheit mit dem jeweils erreichten Leistungsstand resultieren mag. Neuere Darstellungen von R.C. Lewontin, S. Rose, L.J. Kamin (1988) gehen von einer dialektischen Entwicklung zwischen Organismus und Umwelt aus, einem Prozeß, bei dem sich der menschliche Geist in der Auseinandersetzung mit der Umwelt die Welt als Objekt erst schafft, auf die er dann wiederum reagiert. Wissenschaftliche Untersuchungen dieser wechselseitigen reaktiven Beziehung könnten dazu führen, daß die frühere Auseinandersetzung um den B.begriff nur noch von historischem Interesse ist.
Literatur: 1.7, 2.9

Begegnung. In Abgrenzung von der alltäglichen Bedeutung, in der das Wort B. das Zusammentreffen mit einem anderen meint, will die Verwendung des Begriffes in der Pädagogik auf ein Zusammentreffen zwischen einem Ich und einem anderen Subjekt oder Ereignis hinweisen, bei dem vom Ich Stellungnahme oder Entscheidung abverlangt werden. B. nimmt damit Einfluß auf das Werden der Persönlichkeit. Der Philosoph und Pädagoge *O. F. Bollnow* hat sich mit den bildungstheoretischen Aspekten zur B. besonders intensiv auseinandergesetzt.

Begleitforschung. Versuche mit neuen Lehr-Lern-Verfahren, Medien, Organisationsformen von Bildungsprozessen u.ä. Unternehmungen werden oftmals durch Wissenschaftler begleitet, deren Aufgabe es ist, Vorbereitung, Durchführung und Ergebnisse des Versuchs zu dokumentieren und zu analysieren. Dadurch können z.B. politische Entscheidungen über die Einführung bestimmter Neuerungen unterstützt oder die beabsichtigten Neuerungen selbst verbessert werden.
Literatur: 2.5

Begleitstudium. *Kontaktstudium.*

Begriff (engl. *term, idea*). Die gedankliche (sprachliche) Zusammenordnung von Wesensmerkmalen einer Sache. B.bildung ist folglich ein Abstraktionsprozeß, in dem bewußt von den möglichen individuellen Spielarten einer Sache abgesehen wird, um das Allgemeine bzw. Gemeinsame erfassen zu können. Je genauer, also unzweideutiger ein B. gefaßt ist, desto fruchtbarer ist er für die wissenschaftliche Arbeit. Dafür ist die Erfüllung von drei Kriterien Voraussetzung: 1. Es muß Übereinstimmung und Kontinuität bei der gedanklichen Ausfüllung bestimmter Worte bestehen. 2. Die Bedeutung des B. muß möglichst genau definiert (begrenzt) sein, also bestimmte Wesensmerkmale einschließen, andere zweifelsfrei ausschließen. 3. Die im B. zusammengefügten Merkmale einer Sache sollten sich möglichst weitgehend

durch Beobachtung feststellen lassen. Bei Erfüllung dieser Voraussetzungen dienen B. der Wissenschaft zur sprachlichen Ordnung eines Gegenstandsbereiches und der Verständigung über einzelne Sachverhalte und Prozesse in diesem Gegenstandsbereich. So läßt sich z.B. die Dauer des Schulbesuchs zwischen zwei Ländern kaum vergleichen, weil der Begriff nicht hinreichend exakt definiert ist. Anders verhält es sich beim Begriff gesetzliche Vollzeitschulpflicht, weil Beginn, Dauer und Ende der Vollzeitschulpflicht durch den Vergleich von Gesetzestexten überprüfbar sind.
Literatur: 1.5

Behaviorismus (engl. *behaviourism*). Eine zu Beginn des 20. Jh. in den USA entstandene Schule der Psychologie, die ihre Theorien allein aufgrund objektiver Verhaltensbeobachtungen und der experimentell kontrollierten Veränderung des Verhaltens absichern will.

Behindertenpädagogik (Syn. **Sonderpädagogik**, **Heilpädagogik**). Teildisziplin der *Pädagogik*, die sich in ihrer analytischen (wissenschaftlichen) Arbeit um die Aufklärung behinderungsbedingter Erschwernisse, Beeinträchtigungen und Benachteiligungen für Entwicklung, Erziehung und Ausbildung bemüht. Dabei arbeitet sie eng mit Medizin, Psychologie und Soziologie zusammen, weil immer mehr deutlich wurde, daß die Ursachen für eine konkrete funktionelle Störung i.d.R. sehr vielfältig sind. Als praktische B. setzt sie diese Erkenntnisse über psycho-physische und soziale Bedingungen bestimmter *Behinderungen* und deren Bedeutung für Betroffene und die Gesellschaft in Instrumente und Maßnahmen zur Früherkennung, zur möglichst individualisierten Förderung, zur Vermeidung von sozial verursachten sekundären Behinderungen sowie zur *Rehabilitation* der Behinderten ein. Die B. gliedert sich nach den verschiedenen Behinderungsarten, für die im Bildungswesen entsprechende sonderpädagogische Einrichtungen (*Sonderschulen, Förderschulen*) existieren: Pädagogik für Lernbehinderte, Geistigbehinderte, Verhaltensgestörte, psychisch Behinderte, Sprachbehinderte, Körperbehinderte, Schwerhörige, Gehörlose, Sehbehinderte und Blinde. Vielfach hat sich die B. mit *Mehrfachbehinderungen* zu befassen. Im Bereich der beruflichen Bildung widmen sich insbesondere die *Berufsbildungswerke* (BBW), *Berufsförderungswerke* (BFW) und die *beschützenden Werkstätten* der Prävention, Förderung und Rehabilitation von Behinderten.
Für die Ausbildung der Sonderschullehrer und des Personals an anderen sonderpädagogischen Einrichtungen bestehen Studiengänge an Universitäten und Fachhochschulen.
Literatur: 2.2.2

Behinderung (engl. *disability, handicap*). Beeinträchtigung der körperlichen, seelischen oder geistigen Funktionen und Leistungsfähigkeit in einem so weitgehenden Maße, daß selbständige Lebensführung ebenso wie die Teilnahme am gesellschaftlichen Leben wesentlich erschwert oder ohne die Hilfe anderer gar nicht möglich sind. Die Differenzierung der B. innerhalb des Bildungswesens orientiert sich nach einem Beschluß der KMK an den verschiedenen Schulen für Behinderte: *Sonderschulen* für Blinde, Sehbehinderte, Gehörlose, Schwerhörige, Geistigbehinderte, Körperbehinderte, Lernbehinderte, Sprachbehinderte, chronisch Kranke und Verhaltensgestörte. Vielfach kommt es auch zu Mehrfach- oder Folgebehinderungen, z.B. wenn zu einer Lernbehinderung noch Verhaltensstörungen hinzukommen. Experten schätzen die Zahl der behinderten Kinder im schulpflichtigen Alter auf etwa 300000. Insgesamt sollen rund 8 Millionen Behinderte in Deutschland le-

ben. Um deren Förderung und Rehabilitation bemüht sich die *Behindertenpädagogik*.
Das *Bundessozialhilfegesetz* (BSHG) bestimmt: Personen, die nicht nur vorübergehend körperlich, geistig oder seelisch behindert sind, ist Eingliederungshilfe zu gewähren. Dieser Rechtsanspruch ist für Unterricht, Lernförderung, Berufsausbildung und Rehabilitation von Behinderten von großer Bedeutung. Auch in den Schulgesetzen der Länder, im *Berufsbildungsgesetz* (BBiG) und im *Arbeitsförderungsgesetz* (AFG) sind für Behinderte besondere Rechtsansprüche auf Förderung und Hilfen vorgesehen. Auskunft erteilen u.a. *Arbeitsamt*, Gesundheitsamt, *Schulamt* und das Sozialamt.
Literatur: 2.2.1

Bekenntnisschulen (Syn. **Konfessionsschulen**; engl. *denominational schools*). Schulen, in denen die Gesamterziehung durch ein bestimmtes religiöses Bekenntnis geprägt wird. Lehrer und Schüler einer solchen Schule gehören i.d.R. demselben Bekenntnis an. In Ausnahmefällen können auch Kinder anderer Glaubensrichtungen aufgenommen werden.
Noch in den sechziger Jahren waren B. neben *Gemeinschaftsschulen* staatliche Schulen. Heute sind die *öffentlichen Schulen* weitgehend Schulen für Schüler aller Bekenntnisse und Weltanschauungen. In einigen Bundesländern können auf Antrag der Erziehungsberechtigten öffentliche Grundschulen für Schüler gleichen Bekenntnisses errichtet werden. Meist sind in der Bundesrepublik Deutschland die B. heute *Privatschulen* in freier Trägerschaft z.B. der katholischen oder evangelischen Kirche. Sie haben sich mit anderen Privatschulen zusammengeschlossen und verstehen sich als *freie Schulen*. Da das Grundgesetz für die Bundesrepublik Deutschland eine Gliederung des Schulwesens nach religiösen Bekenntnissen nicht vorsieht, sind zur B. die Landesverfassungen der Bundesländer zu beachten.
Literatur: 2.1.9

Bekräftigung. *Verstärkung*.

Belohnung (engl. *reinforcement*). Im Sinne der Konditionierungstheorien ein Reiz, der einem Lebewesen nach erfolgreichem Vollzug einer Handlung zur Bedürfnisbefriedigung gegeben wird. Wenn dieser belohnende Reiz bewirkt, daß in wiederholten Fällen der gleiche Vollzug einer Handlung effektiver erfolgt, dann wird nicht mehr von B., sondern von *Verstärkung* und *Konditionierung* gesprochen.

Benachteiligtenförderung. Nach einer Empfehlung der KMK aus dem Jahre 1982 gehört es zu den Pflichten allgemein- und berufsbildender Einrichtungen, lernbeeinträchtigten und sozial benachteiligten Jugendlichen, inbesondere Schülern ohne bestandene Hauptschulabschlußprüfung und Abgängern aus Schulen für Lernbehinderte (Förderschulen) für die erfolgreiche Aufnahme einer *Berufsausbildung* und die Eingliederung in das Erwerbsleben besondere Hilfen anzubieten. Dem praxisbezogenen Unterricht des *Berufsvorbereitungsjahres* (BVJ) kommt dabei besondere Bedeutung zu. Darüber hinaus werden zusätzlich außerschulische *berufsvorbereitende Bildungsmaßnahmen* empfohlen. Für Bildungsmaßnahmen, die nach den Bestimmungen des *Arbeitsförderungsgesetzes* (AFG) durchgeführt und finanziert werden können, hat die Bundesanstalt für Arbeit (BA) 1988 Ziele und Aufgaben der B. näher bestimmt: Hilfen zur Berufswahlentscheidung, Verbesserung der kognitiven, sozialen und motivationalen Voraussetzungen für die Aufnahme einer Berufsausbildung, Integrationshilfen nach abgebrochener Ausbildung, sozialpädagogische Begleitung der Ausbildung. Wichtigstes pädagogisches Prinzip der B. ist die möglichst weitgehende Abstimmung aller Angebote und Hilfen auf die individuellen Lernvoraussetzungen und Lebensumstände der Jugendlichen.

Benotung. *Zensurengebung.*

Beobachtung (engl. *observation*). Methode der empirischen Forschung, die auf der Fähigkeit des Menschen zur visuellen Wahrnehmung und gedanklichen Interpretation des Wahrgenommenen beruht. Die alltäglichen B. unterliegen zahlreichen individuellen und situativen Einflüssen, so daß sie i. d. R. durch Blickwinkel, Stimmung, Interesse, Fülle der Eindrücke, Auswahl der B. oder auch Schwankungen der Aufmerksamkeit stark verzerrt sind. Als Forschungsmethode will die B. solche Fehlerquellen soweit wie möglich vermeiden. Zu diesem Zwecke sind die Gegenstände der B., die Art und Weise der Dokumentation von B.daten sowie die Zeiträume der B. genau zu definieren.

Literatur: 1.5

Beobachtungslernen. *Imitationslernen.*

Beratung (engl. *guidance, advice*). Zunehmende Handlungs- und Entscheidungsspielräume in Erziehung, Ausbildung, Beruf und allgemeiner Lebenspraxis sowie die wachsende Komplexität fast aller gesellschaftlichen Bereiche haben den Bedarf an B. in den letzten Jahren stark anwachsen lassen. Ziel jeglicher B. ist es, durch Informationen, klärende Gespräche, Ermutigung und die gemeinsame Erarbeitung von Entscheidungshilfen den Ratsuchenden zur Selbsthilfe zu befähigen. Zu den bekanntesten B.formen gehören die *Erziehungsb.*, die *Berufsb.*, die Eheb. und auch die *Schullaufbahnb.* Der B.prozeß läßt sich i. d. R. in Arbeitsschritte unterteilen: 1. Klärung des B.anliegens, 2. Entwicklung von verschiedenen Lösungsansätzen, 3. Sammlung entscheidungsrelevanter Informationen, 4. gemeinsame Auswertung der Informationen, 5. Erarbeitung von Entscheidungskriterien, 6. Hilfen beim Entscheidungsprozeß und 7. Angebote an Realisierungshilfen.

Literatur: 2.11

Beratung in der Hochschule (engl. *study guidance*). Der Beratungsbedarf von Studierenden bezieht sich insbesondere kurz vor Beginn des Studiums und in den Anfangssemestern auf Fragen zu Studienmöglichkeiten, -anforderungen und -organisation. Zu diesem Zwecke haben die Studentenwerke, die Hochschulen selbst und i. d. R. auch der Allgemeine Studentenausschuß (AStA) Studienberatungsstellen eingerichtet. Von wachsender Bedeutung aber ist B. i. d.H. auch in Fragen der Sicherung sozialer und wirtschaftlicher Voraussetzungen des Studiums (Studienförderung, Arbeits- und Wohnungsvermittlung, Betreuung von Kindern) und bei der Bewältigung persönlicher Konfliktlagen (therapeutische Beratung). Angebote können über den AStA oder das Studentenwerk erfragt werden.

Beratungslehrer (engl. *adviser, advisory teacher*). Lehrkräfte, die durch eine berufsbegleitende Zusatzausbildung (i.d.R. zwei Jahre) für diagnostische und beratende Aufgaben qualifiziert sind. Neben seiner reduzierten Unterrichtstätigkeit hilft der B. anderen Kollegen bei der Diagnose von Lern- und Verhaltensschwierigkeiten der Schüler und berät sie bei Versetzungs- und Übergangsentscheidungen, bei Sonderschulüberweisungen und ähnlichen Fragen. Er steht auch den Eltern und Schülern bei persönlichen Schwierigkeiten und bei Schullaufbahnentscheidungen zur Verfügung. Eine Schwerpunktbildung in der zusätzlichen Ausbildung ist die Befähigung zum Drogenberater. Wichtig ist sein Kontakt zu *schulpsychologischen Diensten* bzw. Beratungsstellen und zur *Berufsberatung*.

Anfänge der Ausbildung von B. gehen bis in die fünfziger Jahre zurück, jedoch wurde der Einsatz von B. an jeder Schule erstmals im Beratungskonzept des Deutschen Bildungsrates 1970 empfohlen. Die KMK beschloß 1973 die Intensivierung des B.einsatzes bis 1985; für etwa 500 Schüler sollte ein B. zur Verfügung stehen. Die BLK genehmigte eine Reihe von Modellversuchen. Für die Ausbildung der B. entwickelte das Deutsche Institut für Fernstudien (DIFF) einen Fernstudienlehrgang. Nach einer Umfrage von N. Grewe waren 1990 in den alten Bundesländern etwa 8000 B. tätig. Jedoch ist die Situation in den einzelnen Bundesländern sehr unterschiedlich. Über die neuen Bundesländer liegen bisher keine genauen Angaben vor.
Literatur: 2.1.4, 2.1.6

BerBiFG. *Berufsbildungsförderungsgesetz.*

Berechtigungen (engl. *entitlements*). Mit dem Erwerb von *Abschlüssen* und *Zeugnissen* eröffnen sich mehr oder weniger umfangreiche Anrechte auf Zugänge zu anschließenden Ausbildungsgängen oder beruflichen Positionen und Laufbahnen. So stehen dem Inhaber der *allgemeinen Hochschulreife* z. B. alle Ausbildungsgänge im Bereich der beruflichen Bildung ebenso offen wie die der Hochschulen. Ein etwa gleichaltriger Absolvent einer Berufsausbildung im dualen System erwirbt mit dem *Facharbeiterbrief* wesentlich weniger B. Er könnte eine Ausbildung im Hochschulbereich erst aufnehmen, wenn er als weitere B. eine Hochschulreife (Fachhochschulreife., allgemeine Hochschulreife oder fachgebundene Hochschulreife) erworben hat. B. sind insofern ein Indikator für die *Chancengleichheit* zwischen den verschiedenen Bildungsgängen. Bildungspolitisch bilden sie ein wesentliches Instrument zur Steuerung der Konkurrenz um Status und Privilegien.
Literatur: 2.1.11

Berichtsheft. Die bundeseinheitlichen Verordnungen über die *Ausbildung* in anerkannten Ausbildungsberufen bestimmen, daß jeder *Auszubildende* den inhaltlichen und zeitlichen Ablauf der Ausbildung im Betrieb und in der Berufsschule regelmäßig zu dokumentieren hat. Dieser Ausbildungsnachweis ist während der Arbeitszeit zu führen, vom Ausbilder durchzusehen und mit dem Auszubildenden zu besprechen. Das B. muß bei der Anmeldung zur Abschlußprüfung bei der Zuständigen Stelle (Kammer) vorgelegt werden.

Berichtszeugnis. Form der zensurenfreien Rückmeldung über die individuelle Lernentwicklung eines Kindes in der Grundschule am Ende eines Schulhalb- bzw. Schuljahres. Bereits 1970 beschloß die KMK einstimmig für die Zeugnisse am Ende des 1. und 2. Schuljahres eine allgemeine Beurteilung der Leistung des Kindes in freier Form. Leistung wurde dabei im Sinne des pädagogischen *Leistungsbegriffs* verstanden. Neben der Begutachtung des Sozial- und Arbeitsverhaltens sollten Hinweise auf Interessen, besondere Fähigkeiten und Schwächen gegeben werden. Erst vom Schuljahr 1976/77 an begann mit Nordrhein-Westfalen die Zeugnisreform in der Grundschule. Die Entwicklung ist bisher sehr uneinheitlich verlaufen. Während die Kinder in einem Teil der Bundesländer bereits ab dem 2. Schuljahr nach wie vor Zensurenzeugnisse bekommen, reicht die notenfreie Zeit in anderen Bundesländern bis zum Ende des 3. bzw. 4. Schuljahres.

Die Zeugnisreform ist als Teil einer pädagogisch-diagnostischen Reform zu verstehen. Das B. setzt die Beobachtung und Dokumentation der Lernentwicklung eines Kindes im Verlauf des Schulhalbjahres voraus. Der verbale Bericht soll sich an Verhaltensweisen in konkreten Lernsituationen orientieren, auf soziale Interaktionen Bezug nehmen, die Persönlichkeitsentwicklung in der betreffenden Zeit beschreiben und Aussagen über zukünftige Förderkonsequenzen auf der Grundlage einer Diagnose enthalten. Bei der Darstellung der Lernentwicklung soll über beobachtetes Verhalten berichtet und die Festschreibung von Eigenschaften (z. B. »Anna ist schweigsam.«) vermieden werden. B. berichten über erfolgreiche und mißlungene Lernprozesse. Sie sollen den Schüler immer ermutigen, aber auch Defizite mit der pädagogisch gebotenen Behutsamkeit deutlich machen. Bei Defiziten sollen helfende Hinweise gegeben werden, nicht pauschale Empfehlungen (z. B. »Mehr üben!«).

Erste Untersuchungen um 1980 zeigten, daß es vielen Lehrern schwerfiel, sich von bilanzierenden Standardbeurteilungen am Ende des Schuljahres zu trennen und individuelle *Lernentwicklungsberichte* zu schreiben. Ihre Formulierungen enthielten oft Umschreibungen der Notenstufen oder Beschönigungen der realen Leistungen. Neuere Untersuchungen belegen bei den Lehrern deutliche diagnostische Lerneffekte auf diesem Gebiet. Viele Lehrer haben sich von den vorstrukturierten Zeugnisformularen und den vorgegebenen Formulierungshilfen getrennt und bevorzugen die kommunikative Briefform und ihre eigene Ausdrucksweise.

Literatur: 2.1.4

Berliner Modell der Didaktik. *Lerntheoretische Didaktik.*

Beruf (engl. *occupation, profession, trade*). Die auf Dauer angelegte Erwerbstätigkeit des einzelnen, für deren Ausführung bestimmte Kenntnisse, Fertigkeiten und B.erfahrungen erforderlich sind. Sie werden in einem *B.bild* zum Bestandteil einer Kultur. Das GG garantiert im § 12 *B.freiheit.* Mit zunehmender Differenzierung der Arbeitswelt hat sich die Anzahl der *B.bezeichnungen* stark vermehrt. Derzeit gibt es allein in Deutschland mehr als 20000 B.bezeichnungen.

Die unterschiedlichen Eingangsvoraussetzungen für die Aufnahme einer B.tätigkeit (Schulabschluß, *Ausbildung* bzw. *Studium*), die Höhe des Einkommens aus B.arbeit und das soziale Ansehen, das ein B. in der Gesellschaft erfährt, nehmen sowohl auf das Selbstwertgefühl des einzelnen wie auf sein Sozialprestige wesentlichen Einfluß. Die Lebensqualität des B.tätigen und seiner Angehörigen hängen davon in hohem Maße ab.

Für die Volkswirtschaft, jeden einzelnen Betrieb und die B.tätigen selber ist es wünschenswert, daß jeder einzelne seine *Eignung* und Neigung für einen B., für dessen Ausführung er Lohn oder Gehalt empfängt, möglichst weitgehend entfalten kann, weil davon subjektive Zufriedenheit und Produktivität gleichermaßen abhängen. Deshalb kommen einer gründlichen Vorbereitung der *B.wahl,* einer zeitgemäßen *B.ausbildung* und der beruflichen *Weiterbildung* wachsende Bedeutung zu. Das gilt in besonderer Weise dann, wenn sich die beruflichen Anforderungen durch neue Arbeitsverfahren, Maschinen, Werkstoffe oder Organisationsformen der Arbeit wandeln.

Literatur: 2.4

berufliche Bildung (Syn. **Berufsbildung**; engl. *vocational education and training*). Ausbildungs- und Erziehungsprozesse, die für eine selbständige und verantwortungsvolle Berufstätigkeit qualifizieren wollen. B. B. kann in Deutschland als *Berufsausbildung* im Sinne des *Berufsbildungsgesetzes* (BBiG) in Ausbildungsbetrieben mit begleitendem Berufsschulunterricht, als Ausbildung an beruflichen Vollzeitschulen, als Studium

an einer Hochschule, als *Fortbildung* oder *Weiterbildung*, in eingeschränkter Weise auch im Rahmen eines innerbetrieblichen *Anlernverhältnisses* erfolgen. In allen formalisierten Kursen b.B. werden neben berufsfachlichen auch immer allgemeine Bildungsinhalte vermittelt. Das gilt für die Anlehre i.d.R. nicht. *Berufspädagogik* und Bildungspolitik beschreiben als wesentliche Aufgaben b.B. den Aufbau fachtheoretischer, fachpraktischer, methodischer und sozialer Kompetenzen, die Entwicklung von Arbeitstugenden und moralischen Grundsätzen, die bei der Ausübung eines Berufes zu beachten sind, sowie die Ausbildung politischer Handlungsfähigkeit für die Mitwirkung an der Gestaltung eines leistungsfähigen, zugleich humanen, umweltverträglichen und sozial gerechten Arbeitslebens. Im Zentrum der Methodik b.B. steht die fachgerechte Bearbeitung konkreter betrieblicher Aufträge unter Beachtung ökonomischer, technologischer, ökologischer und rechtlicher Voraussetzungen. Bei der mehr und mehr selbständigen Planung, Durchführung und Kontrolle von Arbeitsprozessen im Rahmen b.B. werden theoretische, praktische, organisatorische und kommunikative Kompetenzen in enger Wechselbeziehung zueinander erarbeitet. Mit dem Erwerb grundlegender betriebswirtschaftlicher Kenntnisse wächst das Verständnis für die Bedingungen kostengünstiger Auftragserledigung. Die Bedeutung von Gütekriterien in der Berufstätigkeit wird durch die Beachtung der Qualitätsansprüche der Kunden erfahrbar. Soziale, ethische und politische Dimensionen der Arbeit erschließen sich, wenn die Einflüsse der Berufstätigkeit auf Selbstbewußtsein, Sozialprestige, Lebensrhythmus, Lebensqualität und Gesundheit reflektiert werden. Projektorientierte Formen b.B. schaffen Voraussetzungen, in denen die unterschiedlichen Ansprüche an Berufsarbeit und die Anforderungen, die daraus an den Berufstätigen erwachsen, in großer Nähe zu den tatsächlichen Verhältnissen in Produktion, Markt und Gesellschaft erlebt werden können.
Literatur: 2.4

berufliche Fortbildung (engl. *vocational further training*). Nach den Bestimmungen des *Berufsbildungsgesetzes* (BBiG) soll die b.F. die beruflichen Kenntnisse und Fertigkeiten erweitern und den inhaltlichen, sozialen, politischen, technischen und arbeitsorganisatorischen Veränderungen der Produktionsprozesse in den Unternehmen anpassen. Je nach dem Schwerpunkt, dient die b.F. also der Stabilisierung oder der Spezialisierung, der Anpassung oder dem beruflichen Aufstieg. In jedem Falle aber soll die Entscheidungs- und Handlungsfähigkeit der Berufstätigen verbessert werden.

berufliche Mobilität (engl. *occupational mobility*). Veränderung von beruflichem Status oder beruflicher Rolle eines Menschen. Unterschieden wird zwischen 1. Versetzung auf der gleichen Hierarchieebene (horizontale M.), 2. erzwungene Abgruppierung angesichts drohender Arbeitslosigkeit (absteigende M.) sowie 3. Wechsel in eine höhere Berufsposition nach Umschulung oder Weiterbildung (aufsteigende M.).

berufliches Gymnasium. *Fachgymnasium.*

berufliches Schulwesen (engl. *vocational schooling*). Das b.S. umfaßt eine Vielzahl von öffentlichen und privaten *Teilzeit-* und *Vollzeitschulen*, deren Gemeinsamkeit die Vermittlung berufsbezogener Qualifikationen in Verbindung mit allgemeinbildenden Fächern ist, sei es im Rahmen der beruflichen Erstausbildung, der Fortbildung, der Umschulung oder in Ausbildungsgängen, die zu einer Doppelqualifikation (mittleren Bil-

dungsabschluß oder Hochschulreife und Anrechnung von Schulzeit auf die Zeit für die Berufsausbildung) führen. Nach einer Vereinbarung der KMK sind folgende Schularten zu unterscheiden: *Berufsschule* als Teilzeitschule innerhalb einer Berufsausbildung im *dualen System, Berufsvorbereitungsjahr, Berufsgrundbildungsjahr, Berufsaufbauschule, Berufsfachschule, Berufsoberschule, Fachoberschule, Fachgymnasium, Berufskolleg, Kollegschule, Fachschule, Fachakademie* sowie Schulen des Gesundheitswesens. Alle Schulen des b.S. sind der Sekundarstufe II zugeordnet.
Literatur: 2.4.3

berufliche Umschulung (engl. *vocational retraining*). Maßnahmen, die den Übergang in eine andere, für den einzelnen geeignetere und den Lebensunterhalt sichernde Berufstätigkeit zum Ziel haben. Sie kann in Lehrgängen, Seminaren oder Kursen aber auch in Form von einzelnen Umschulungsmaßnahmen innerhalb eines Betriebes erfolgen. B.U. setzt keine *Berufsausbildung* voraus, für die Teilnahme reicht vorherige Erwerbstätigkeit. B.U. kann nach den Regelungen des *Arbeitsförderungsgesetzes* (AFG) vom *Arbeitsamt* gefördert werden.

Berufsakademie. Die allgemeine Hochschulreife ist Voraussetzung für den Besuch dieser besonderen Bildungseinrichtung im Tertiärbereich, die im Sinne des *dualen Systems* fachpraktische (betriebliche) und fachtheoretische (hochschulische) Ausbildungsblöcke verbindet. Nach einem zweijährigen Studiengang kann der Abschluß als Wirtschaftsassistent, Ingenieurassistent oder Erzieher, nach einem dreijährigen Studiengang ein *Diplom* mit der Zusatzbezeichnung (BA) erreicht werden.
Die B. fallen nicht unter die Regelungen des *Hochschulrahmengesetzes* (HRG). Derzeit gibt es in Baden-Württemberg, Berlin und Sachsen B. Die Abschlüsse der B. werden nicht in allen Bundesländern anerkannt.

Berufsaufbauschule (engl. *vocational extension school*). Schulen, die neben oder nach Abschluß einer Berufsausbildung besucht werden können. Sie vermitteln allgemeinbildende und fachtheoretische Inhalte und schließen mit der *Fachschulreife*, einem dem Realschulabschluß gleichwertigen mittleren Bildungsabschluß ab. Als Vollzeitschule dauert die B. ein Jahr, in Teilzeitform entsprechend länger.

Berufsaufklärung. Als allgemeinste Form der Vorbereitung auf die *Berufswahl* bietet die *Berufsberatung* der Arbeitsämter Jugendlichen und deren Erziehungsberechtigten Informationen über Ausbildungs- und Beschäftigungsmöglichkeiten, über Berufe, deren Inhalte, Anforderungen und Beschäftigungsaussichten, die verschiedenen Wege der *Berufsausbildung* und die Möglichkeiten der *Ausbildungsförderung* an. Die kostenlosen Informationen über die aufgelisteten Sachverhalte sind in den *Berufsinformationszentren* (BIZ) erhältlich.

Berufsausbildung (engl. *vocational training*). Ist im Sinne des *Berufsbildungsgesetzes* (BBiG) bzw. der *Handwerksordnung* (HwO) die berufliche *Erstausbildung*, die sich i.d.R. an die Erfüllung der *Vollzeitschulpflicht* bzw. den darüber hinausführenden Besuch einer allgemeinbildenden Schule anschließt (z.B. an den Realschulabschluß). Die B. soll nach § 1 des BBiG zuerst die berufliche Grundbildung, sodann in zwei Fachstufen die für die Ausübung einer qualifizierten beruflichen Tätigkeit notwendigen fachlichen Fertigkeiten und Kenntnisse sowie erste Berufserfahrungen vermitteln. Eine erfolgreiche B. schließt mit einer Abschlußprüfung vor einer *Zuständigen Stelle* (Kammer) ab.
Literatur: 2.4.2

Berufsausbildung in einer überbetrieblichen Bildungseinrichtung (BüE). Von der Bundesanstalt für Arbeit (BA) im Rahmen ihres Beitrages zur *Benachteiligtenförderung* finanziert. Das *Arbeitsförderungsgesetz* (AFG) beschreibt als Zielgruppe dieser Maßnahme ausländische Jugendliche, lernbeeinträchtigte und sozial benachteiligte Jugendliche, insbesondere Abgänger aus Hauptschulen ohne bestandene Abschlußprüfung und Abgänger aus Schulen für Lernbehinderte (Förderschulen), die aufgrund ihrer Defizite eine Berufsausbildung im dualen System nicht oder noch nicht aufnehmen können. Vorrangiges Ziel der BüE ist die Eingliederung der Jugendlichen in eine reguläre Berufsausbildung. Gelingt dies nicht, kann die BüE bis zur Abschlußprüfung vor einer Kammer fortgeführt werden. Die Teilnehmer an einer BüE besuchen wie andere Auszubildende die Berufsschule. Für die BüE gelten die Bestimmungen des *Berufsbildungsgesetzes* (BBiG) über die berufliche Bildung Behinderter, d. h., daß die üblichen Ausbildungsordnungen unter Berücksichtigung der besonderen Lernvoraussetzungen der Teilnehmer reduziert und zeitlich verkürzt werden können. Träger von BüE sind Wohlfahrtsverbände, Kammern, Gemeinden u. a. Institutionen. Die Teilnahme ist kostenlos. Die Jugendlichen erhalten zusätzlich eine Vergütung. Auskunft erteilt die *Berufsberatung*.

Berufsausbildungsbeihilfe. *Ausbildungsförderung.*

Berufsausbildungsverhältnis (engl. *training relationship*). Ein B. wird durch den Abschluß eines *Berufsausbildungsvertrages* nach den Bestimmungen von § 3 des *Berufsbildungsgesetzes* (BBiG) begründet. Pädagogisch gesehen ist das B. als Erziehungs- und Bildungsverhältnis zwischen einem fachlich und berufspädagogisch qualifizierten *Ausbilder* und einem *Auszubildenden* bzw. *Lehrling* zu betrachten, dessen Ziel die Vermittlung der in einer *Ausbildungsordnung* genannten Kenntnisse und Fertigkeiten und der für eine qualifizierte Berufstätigkeit erforderlichen Berufserfahrungen ist. Rechtlich gesehen gelten für das B. die allgemeinen Vorschriften für Arbeitsverträge, insbesondere die arbeitsschutzrechtlichen Vorschriften.

Berufsausbildungsvertrag (engl. *initial training contract*). Der Vertrag zwischen einem *Auszubildenden* bzw. dessen gesetzlichem Vertreter und einem *Ausbildenden*, in dem sich der Ausbildende zur Vermittlung beruflicher Qualifikation gemäß den gesetzlichen Vorschriften und der Auszubildende zum Lernen in einem Ausbildungsberuf verpflichten. Der B. kann mündlich oder schriftlich abgeschlossen werden, muß jedoch spätestens vor Beginn der Ausbildung in Schriftform vorliegen. Nach § 4 des *Berufsbildungsgesetzes* (BBiG) muß die schriftliche Fassung des B. mindestens folgende Angaben enthalten: Beruf, für den ausgebildet werden soll; Beginn und Dauer der Ausbildung; Dauer der Probezeit; Dauer der regelmäßigen täglichen Arbeitszeit und des Urlaubs; Höhe der Vergütung sowie Angaben über die Voraussetzungen zur Kündigung des Vertrages. Als Anlagen sind dem B. die *Ausbildungsordnung* für den entsprechenden Beruf mit dem *Ausbildungsrahmenplan*, dem *Rahmenlehrplan* für die Teilzeitberufsschule und dem betrieblichen *Ausbildungsplan* beizufügen.
Literatur: 2.4.2

Berufsberatung (engl. *vocational guidance*). Wird nach den Bestimmungen des *Arbeitsförderungsgesetzes* (AFG) von der *Bundesanstalt für Arbeit* bzw. den ihr unterstellten *Arbeitsämtern* unentgeltlich und auf freiwilliger Grundlage für Jugendliche und Erwachsene ge-

leistet. B. erteilt Rat und Auskunft in allen Fragen der *Berufswahl* und des Berufswechsels. Dabei soll sie die körperlichen, geistigen und charakterlichen Eigenschaften, die Neigungen und die persönlichen Lebensverhältnisse der Ratsuchenden berücksichtigen. Die individuelle B. wird durch *Berufsaufklärung, Berufswahlvorbereitung* in allgemeinbildenden und beruflichen Schulen, Informationen über die finanzielle Förderung der beruflichen Bildung und die Vermittlung von Ausbildungsstellen in Betrieben ergänzt. Die Zusammenarbeit der Schulen mit der B. erfolgt auf der Grundlage einer Rahmenvereinbarung zwischen der Ständigen Konferenz der Kultusminister der Länder in der Bundesrepublik Deutschland (KMK) und der Bundesanstalt für Arbeit aus dem Jahre 1971 und den daran orientierten Regelungen der einzelnen Bundesländer. Über diese Vereinbarungen erteilt die B. Auskunft. Im *Berufsinformationszentrum* (BIZ) erhalten Ratsuchende kostenlos Informationsschriften zur Berufswahl und Berufsausbildung.
Literatur: 2.4.1
Anschriften: 15.2

Berufsbezeichnung. Sie faßt in einem Namen eine spezielle Kombination von Kenntnissen, Fähigkeiten und Fertigkeiten zusammen, die zur Erfüllung bestimmter Arbeitsaufgaben erforderlich sind. Die große Zahl der B. erwächst aus der Differenzierung der gesellschaftlichen Arbeitsprozesse, die sich unter Berücksichtigung der Kriterien Arbeitsort (z. B. Gärtner), Arbeitsmittel (z. B. Taxifahrer), Arbeitsinhalt (z. B. Modellbauer), Ausbildung (z. B. Diplomingenieur) und Anstellungsverhältnis (Arbeiter, Angestellter, Beamter, Freiberufler) zu immer neuen B. führt. Derzeit sind in Deutschland etwa 20000 B. bekannt. Ein Verzeichnis der B. wird vom Bundesinstitut für Berufsbildung (BIBB) geführt.

Berufsbild (engl. *occupational image*). Zusammenfassung der Arbeitsaufgaben, der dafür erforderlichen Kenntnisse, Fähigkeiten und Fertigkeiten sowie der sozialen Merkmale, die sich mit einem *Beruf* nach allgemeiner gesellschaftlicher Übereinkunft auf gewisse Dauer verbinden (Bildungsstand des Berufsinhabers, gesellschaftliches Ansehen, Einkommen, Lebenslage, Arbeitsfeld, Grad der Verantwortung und Mitbestimmung im Beruf). Für das Selbstwertgefühl eines Erwerbstätigen und gegebenenfalls das seiner Angehörigen sowie dessen bzw. deren Stellung und Rangplatz in der Gesellschaft ist das B., dem eine Person zugeordnet wird, von zentraler Bedeutung. Die soziale Schichtung einer Gesellschaft läßt sich deshalb auch über eine hierarchische Anordnung von B. konstruieren.

Berufsbildung. *Berufliche Bildung.*

Berufsbildungsausschüsse. Nach den Bestimmungen des *Berufsbildungsgesetzes* (BBiG) werden bei den *Zuständigen Stellen* (*Kammern*), bei der Landesregierung sowie auf Bundesebene B. eingerichtet. Sie setzen sich aus Vertretern der Arbeitgeber, der Arbeitnehmer, der beruflichen Schulen und der Landes- oder Bundesbehörden zusammen. Auf Bundesebene sind die Aufgaben des Bundesausschusses für Berufsbildung 1980 an den Hauptausschuß des *Bundesinstituts für Berufsbildung* (BIBB) übertragen worden.
Aufgabe der B. ist es, Bund, Länder oder Kammern in allen Fragen der Berufsbildung zu beraten, soweit sie in die Kompetenz der jeweiligen Stellen fallen. Auf der Ebene der Zuständigen Stellen haben die B. alle für die Durchführung der Berufsausbildung im Sinne des BBiG zu erlassenden Rechtsvorschriften zu beschließen.

Berufsbildungsbericht. Das *Berufsbildungsförderungsgesetz* (BerBiFG) verpflichtet die Bundesregierung, zum Zwecke einer längerfristigen Planung von Quantität und Qualität der betrieblichen *Berufsausbildung* und *Weiterbildung* jährlich bis zum 1. März einen B. vorzulegen, in dem der aktuelle Stand der Berufsausbildung sowie die voraussichtliche Entwicklung des Ausbildungsplatzangebots darzustellen sind. Der im wesentlichen vom *Bundesinstitut für Berufsbildung* (BIBB) erstellte und vom *Bundesministerium für Bildung, Wissenschaft, Forschung und Technologie* herausgegebene und dort erhältliche B. beinhaltet auch Stellungnahmen der Bundesregierung und des Hauptausschusses des Bundesinstituts für Berufsbildung, in denen diese ihre politische Einschätzung des B. vornehmen.

Berufsbildungsförderungsgesetz (BerBiFG; engl. *Vocational Training Promotion Act*). Das 1981 vom Bundestag verabschiedete Gesetz enthält Regelungen für die Förderung der *Berufsausbildung*, soweit sie nicht im beruflichen Schulwesen durchgeführt wird, für die Planung, Forschung und Statistik im Bereich der beruflichen Bildung und bildet die rechtliche Grundlage für Arbeit und Organisation des *Bundesinstituts für Berufsbildung* (BIBB).

Berufsbildungsforschung. In Deutschland sind Träger der B. insbesondere das *Bundesinstitut für Berufsbildung* (BIBB), das *Institut für Arbeitsmarkt- und Berufsforschung* (IAB) der *Bundesanstalt für Arbeit* sowie die Berufs- und Wirtschaftspädagogischen Institute an den Hochschulen. Sie haben sich 1991 zur Arbeitsgemeinschaft Berufsbildungsforschungsnetz zusammengeschlossen. Das Arbeitsfeld der B. umfaßt Fragen der Abstimmung zwischen Bildungs- und Beschäftigungssystem, Probleme bei den Übergängen zwischen den einzelnen Schulen und den verschiedenen Wegen der Berufsausbildung (sog. erste Schwelle) sowie zwischen Berufsausbildung und Erwerbstätigkeit (sog. zweite Schwelle). Gegenstand sind dabei fachliche, organisatorische, soziale und didaktisch-methodische Aspekte der Berufsvorbereitung, der Berufsausbildung, der Umschulung und Weiterbildung in Betrieben, beruflichen Schulen und bei anderen Trägern entsprechender Maßnahmen. Besondere Beachtung finden Problem- und Risikogruppen (Schüler ohne Schulabschlußzeugnis, Behinderte, ausländische Mädchen u. a.) in der Berufsausbildung, um Maßnahmen für deren Integration in Ausbildung und Arbeit zu entwickeln. Aufgabe der B. ist auch die *Berufsbildungsstatistik.* Die B. bedient sich verschiedener sozial- und geisteswissenschaftlicher Forschungsmethoden, vorwiegend der Befragung, der Beobachtung, der Paneluntersuchung sowie der Inhaltsanalyse. Die zahlreichen Forschungsberichte werden in verschiedenen Schriftenreihen laufend veröffentlicht. Einen Überblick davon geben die bibliographischen Dienste des BIBB und des IAB, die kostenlos angefordert werden können.

Literatur: 2.5

Berufsbildungsgesetz (BBiG; engl. *Vocational Training Act*). Vom Bundestag 1969 verabschiedet, bildet es die bundeseinheitliche Rechtsgrundlage für eine *Berufsausbildung*, soweit diese nicht an beruflichen Schulen oder Hochschulen, in einem öffentlich-rechtlichen Dienstverhältnis (z. B. bei einer Gemeinde) oder in speziellen Bereichen der Schifffahrt erfolgt. Das BBiG enthält insbesondere Bestimmungen über die betriebliche Berufsausbildung im Rahmen des *dualen Systems.* Für die Berufsausbildung im Handwerk gibt es im BBiG besondere Vorschriften, die im einzelnen regeln, inwieweit anstelle des BBiG die *Handwerksordnung* (HwO) gilt.

Berufsbildungsstatistik. Das *Berufsbildungsförderungsgesetz* (BerBiFG) beauftragt das Statistische Bundesamt mit der laufenden B., das dabei laut Gesetz durch das *Bundesinstitut für Berufsbildung* (BIBB) und die *Bundesanstalt für Arbeit* bei der technischen und methodischen Vorbereitung der B. unterstützt wird. Die B. erstreckt sich auf die *Berufsbildung,* soweit sie nicht in berufsbildenden Schulen durchgeführt wird. Die schulische Berufsbildung untersteht der *Kulturhoheit der Länder*, wird folglich durch die Statistischen Landesämter erfaßt.

Berufsbildungswerk. Überregionale Einrichtung, die der beruflichen *Erstausbildung* von behinderten Jugendlichen und jungen Erwachsenen dient. Die Ausbildung erfolgt nach den Regelungen des *Berufsbildungsgesetzes* (BBiG) und führt bei erfolgreich bestandener *Abschlußprüfung* zu staatlich anerkannten Abschlüssen. In den B. arbeiten Ausbilder eng mit Ärzten, Psychologen u.a. Fachkräften für *Rehabilitation* zusammen. Die Einrichtungen verbinden Ausbildungswerkstätten mit Berufsschulen und Wohnheimen. Auskunft erteilt die Berufsberatung des Arbeitsamtes.

Berufsfachschulanrechnungsverordnung. *Anrechnungsverordnung.*

Berufsfachschulen (engl. *full-time vocational schools*). Berufliche *Vollzeitschulen*, die nach Erfüllung der allgemeinen oder Vollzeitschulpflicht freiwillig besucht werden können. Die B. vermitteln allgemeinbildende und berufliche Lerninhalte. B. arbeiten in drei Organisationsformen. Die einjährige B. ermöglicht die Erfüllung der Berufs- oder *Teilzeitschulpflicht.* In einigen Handwerksberufen wird das erste Jahr der *Berufsausbildung* nach dem *Berufsbildungsgesetz* (BBiG) in einer einjährigen B. absolviert. Darüber treffen Kammern oder Innungen mit der Schulverwaltung besondere Vereinbarungen. Die B. wird dann auch als *Berufsgrundschuljahr* bezeichnet und muß nach der *Anrechnungsverordnung* der Bundesregierung voll auf die Ausbildungsdauer angerechnet werden. Der fachliche Teil des Lehrplans der zweijährigen B. berücksichtigt ein ganzes *Berufsfeld*, ist also breiter angelegt. Mit dem Bestehen der Abschlußprüfung in der zweijährigen B. erwirbt der Absolvent die *Fachschulreife.* Nimmt er dann eine Ausbildung in einem Beruf des entsprechenden Berufsfeldes auf, muß wiederum ein Jahr auf die Ausbildung angerechnet werden. Drei- und dreieinhalbjährige B. führen zu einem anerkannten Berufsbildungsabschluß.

Literatur: 2.1.1

Berufsfeld (engl. *occupational area*). *Ausbildungsberufe* des *dualen Systems* werden nach Ähnlichkeiten bzw. Gemeinsamkeiten bei den Ausbildungsinhalten und -zielen in B. geordnet. Trotz einer Reihe von nicht eindeutigen Zuordnungen wird mit diesem System gearbeitet, weil sich ein besseres bisher nicht hat entwickeln lassen. Die Berufsberatung orientiert sich an 13 B.: Wirtschaft und Verwaltung; Metalltechnik; Elektrotechnik; Bautechnik; Holztechnik; Textiltechnik; Chemie, Physik, Biologie; Drucktechnik; Farbtechnik und Raumgestaltung; Gesundheit; Körperpflege; Ernährung und Hauswirtschaft; Agrarwirtschaft.

Literatur: 2.4.1

Berufsförderungswerk. Überregionale Einrichtung, die der beruflichen *Fortbildung* und *Umschulung* behinderter Erwachsener dient, die sich wieder in Erwerbsarbeit eingliedern wollen. Aufgenommen werden Klienten mit unterschiedlichen Behinderungen, deren Wiedereingliederung ohne besondere Betreuungs- und Rehabilitationsmaßnahmen nicht möglich ist. Die B. bieten

Ausbildungen im Sinne des *Berufsbildungsgesetzes* (BBiG) sowie Fachschul- und Fachhochschulberufe an. Auskunft und Anmeldung über das *Arbeitsamt.*

Berufsfreiheit. Das GG bestimmt in Art. 12, daß alle Deutschen das Recht haben, *Beruf, Ausbildung* und Arbeitsstätte frei zu wählen. Dieses Grundrecht gilt für alle Berufe. Es gewährt allerdings keinen Anspruch, in einem gewählten Beruf auch tatsächlich einen Arbeitsplatz zu bekommen. Die Zugangsvoraussetzungen für einen Beruf sowie die Berufsausübung können unabhängig von der B. gesetzlich geregelt werden, z. B. durch das *Berufsbildungsgesetz* (BBiG), Laufbahnordnungen für Beamte oder Approbationsordnungen für Therapeuten, Psychologen, Ärzte und Apotheker.

Berufsgrundbildung (engl. *basic vocational education*). Sie soll als erste Stufe der *Berufsausbildung* eine breite Grundlage für die weiterführende Fachbildung legen und Grundkenntnisse und -fertigkeiten vermitteln, die der Bewältigung von Aufgaben in einem möglichst großen Bereich von Berufen dienen. I. d. R. wird sie in Form des *Berufsgrundbildungsjahres* (BGJ) erworben.

Berufsgrundbildungsjahr (BGJ; engl. *basic vocational training year*). Das BGJ vermittelt fachtheoretische und -praktische Grundkenntnisse in der Breite eines *Berufsfeldes*. Es wird als vollzeitschulisches BGJ oder in dual-kooperativer Form zwischen Berufsschule und Betrieb durchgeführt. Wenn bestimmte Voraussetzungen erfüllt sind, ist es ganz oder teilweise auf eine Berufsausbildung innerhalb des gewählten Berufsfeldes anzurechnen. Regelungen dazu finden sich in den Berufsgrundbildungsjahranrechnungsverordnungen des zuständigen Bundesministeriums.

Berufsgrundbildungsjahranrechnungsverordnung. Verordnung der Bundesregierung, nach der der erfolgreiche Besuch eines schulischen *Berufsgrundbildungsjahres* (BGJ) als erstes Jahr der Berufsausbildung in einem anerkannten Ausbildungsberuf anzurechnen ist, wenn das BGJ in einem der 13 *Berufsfelder* stattgefunden hat, für die von der KMK Rahmenlehrpläne festgelegt worden sind. Teilnehmern ohne bestandene Hauptschulabschlußprüfung kann nach bestandenem BGJ ein entsprechender Bildungsstand bestätigt werden. Derzeit sind acht B. in Kraft.

Berufsinformationszentrum (BIZ). Einrichtung der *Berufsberatung*, in der sich Jugendliche, ihre Eltern und Lehrer durch schriftliche und audiovisuelle Medien (z. B. Informationsmappen, Filme, Dias) über alle Fragen im Zusammenhang mit *Berufswahl, Berufsausbildung* und Studium kostenlos informieren können und Gelegenheit zum Gespräch mit Berufsberatern haben. Im Rahmen der schulischen Berufswahlvorbereitung können auch Klassen mit ihren Lehrern das BIZ besuchen. Wo sich das nächste BIZ befindet, läßt sich beim Arbeitsamt erfragen.

Berufskolleg (engl. *vocational sixth-form college*)**.** Berufliche Bildungseinrichtung von ein- bis dreijähriger Dauer, in Vollzeitform oder als Teilzeitschule in Verbindung mit betrieblicher Praxis. Der Besuch eines B. setzt einen mittleren Bildungsabschluß voraus und führt zu einer staatlich anerkannten beruflichen Erstqualifikation.

Berufskunde. Schwerpunkt bildet die Beschreibung und Systematik der Berufe anhand unterschiedlicher Kriterien (Aufgaben, Tätigkeiten, Arbeitsobjekte und -subjekte, Arbeitsmittel, Arbeitsorte, Ausbildung, gesetzliche Regelungen, sozialer Status). Die B. befaßt sich auch mit der sozialgeschichtlichen Rekonstruktion der Entstehung von *Berufsbildern*, der Analyse ihres aktuellen Ent-

wicklungsstandes sowie der Prognose des absehbaren Wandels.
Literatur: 2.4

Berufsoberschule (engl. *vocational secondary school*). *Vollzeitschule* von ein- oder zweijähriger Dauer, die einen mittleren Bildungsabschluß und eine abgeschlossene Berufsausbildung voraussetzt, allgemeinbildenden und berufsfachlichen Unterricht erteilt und zur Fachhochschulreife führt. Durch eine Ergänzungsprüfung kann auch die allgemeine Hochschulreife erworben werden.

Berufsorientierung (engl. *group careers information*). **1)** Die B. gehört zu den gesetzlichen Aufgaben der *Berufsberatung*. Sie informiert über die verschiedenen Ausbildungswege in Betrieben und Schulen, über Berufe und ihre absehbare Entwicklung auf dem Arbeitsmarkt, über finanzielle Förderungsmöglichkeiten sowie die aktuelle Situation auf dem Ausbildungsstellen- und Arbeitsmarkt. Zu diesem Zwecke finden Informationsveranstaltungen für Schüler und Lehrer statt. Darüber hinaus beteiligt sich die Berufsberatung am schulischen *Berufswahlunterricht*, stellt kostenlos eine Reihe von Informationsschriften zur Verfügung und bietet Einzelsprechstunden an. In den *Berufsinformationszentren* (BIZ) bieten die Arbeitsämter für einzelne Besucher oder Gruppen verschiedene Medien zum Selbststudium an.

2) In allen Bundesländern ist B. Teil des Unterrichts im Fach *Arbeitslehre* bzw. *Arbeit-Wirtschaft-Technik*. Sie findet an Hauptschulen in Klasse 8, in den anderen Schularten der Sekundarstufe I in Klasse 9 statt. Ihr Ziel ist die Förderung der *Berufswahlreife*.
Literatur: 2.4.1

Berufspädagogik. Teildisziplin der *Pädagogik*, deren Forschungsfeld berufsbezogene Bildungsprozesse in Betrieben, beruflichen Schulen und den vielen Trägern der beruflichen Weiterbildung und Umschulung bilden. Dabei konzentriert sich die B. auf die didaktischen und methodischen Problemstellungen, die aus den fachlichen, sozialen und ideologischen Veränderungen der Berufskonzepte resultieren. Dieser Wandel wird hervorgerufen durch sich beschleunigende Entwicklungsprozesse in Wissenschaft, Technologie, Arbeitsorganisation und betrieblichem Management, durch Bevölkerungsentwicklung, verändertes Bildungsverhalten, vorherrschende Wertorientierungen und politische Entwicklungen. Die B. arbeitet eng mit der allgemeinen Didaktik zusammen, indem sie einerseits deren Erkenntnisse für die Bereiche berufsbezogener Jugend- und Erwachsenenbildung prüft und andererseits ihre eigenen Einsichten aus berufsbezogener didaktisch-methodischer Forschung in den Theoriebildungsprozeß der allgemeinen Didaktik einbringt. Ein zweiter Schwerpunkt der Arbeit ergibt sich aus der Kooperation mit der Qualifikationsforschung, weil nur so die zu erwartenden Veränderungen in den Berufskonzepten rechtzeitig im didaktisch-methodisch orientierten wissenschaftlichen Reflexionsprozeß und in der Ausbildung von Berufspädagogen berücksichtigt werden können.
Vielfach wird die Bezeichnung B. bedeutungsgleich mit dem Begriff *Wirtschaftspädagogik* verstanden, oder man spricht von Berufs- und Wirtschaftspädagogik.
Literatur: 2.4

Berufsreife. In einzelnen Schulgesetzen als Zielsetzung der Hauptschule genannt. Verstanden wird darunter das Bündel von kognitiven, psycho-motorischen, affektiven und sozialen Qualifikationen, die ein Jugendlicher aufweisen sollte, damit er die anstehende *Berufswahl* in möglichst großer Selbständigkeit vor-

nehmen und den Anforderungen der *Berufsausbildung* entsprechen kann. Treffender sind deshalb die Begriffe *Berufswahlreife* und *Ausbildungsreife*.
Literatur: 2.4.1

Berufsschule (engl. *part-time vocational school*). Vermittelt die für eine Berufstätigkeit grundlegenden fachtheoretischen Kenntnisse in Verbindung mit einer Vertiefung der Allgemeinbildung. Die Stundentafel enthält i.d.R. die Fächer Religion, Deutsch, Gemeinschaftskunde, Fachtheorie (z.B. Technologie, allg. Wirtschaftslehre), Fachmathematik und praktische Fachkunde. I.d.R. ist die B. für Jugendliche nach Vollendung ihrer allgemeinen Vollzeitschulpflicht neben dem Ausbildungsbetrieb zweiter Lernort in der *Berufsausbildung* im *dualen System*. Aber auch Jugendliche in einem Arbeitsverhältnis müssen nach den Bestimmungen der *Schulgesetze* der Länder eine B. besuchen. Der Unterricht der B. findet zumeist an einem oder eineinhalb Tagen in der Woche, in manchen Berufen auch in zusammenhängenden Zeitabschnitten als *Blockunterricht* statt. Zum Zwecke einer möglichst guten Abstimmung der betrieblichen Ausbildungsinhalte mit den Zielen und Inhalten des berufsbezogenen Unterrichts der B. hat die KMK *Rahmenlehrpläne* beschlossen. Diese Rahmenlehrpläne werden zusammen mit dem jeweiligen *Ausbildungsrahmenplan* für die Betriebe im Anhang der *Ausbildungsordnung* für eine bestimmte Berufsausbildung veröffentlicht. Sie können bei den B., den Kammern oder bei der Berufsberatung eingesehen werden. Jedem Berufsausbildungsvertrag sollen diese Rahmenlehrpläne als Anlage beigegeben werden.
Literatur: 2.1.1

Berufsschulen für Behinderte. *Berufssonderschulen.*

Berufsschullehrer (engl. *vocational school teacher*). Treffender ist von der Berufsschullehrerschaft zu sprechen, weil sich dieser Berufsstand nach Vorbildung, Bezeichnung und Besoldung aus mehreren Teilgruppen zusammensetzt: 1. Technische Lehrer, die nach Meister- oder Technikerprüfung, mindestens zweijähriger Berufspraxis und einem schulpädagogischen Vorbereitungsdienst an Berufsschulen und Berufsfachschulen fachpraktischen Unterricht erteilen. 2. Lehrer im gehobenen Dienst, die nach einer der Haupt- oder Realschullehrerausbildung vergleichbaren Qualifikation allgemeinbildenden oder fachtheoretischen Unterricht geben. 3. Lehrer im höheren Dienst (z.B. Diplom-Handelslehrer), die nach einer der Gymnasiallehrerausbildung vergleichbaren Qualifikation oder einem fachwissenschaftlichen Diplom (z.B. in Betriebswirtschaftslehre, Physik, Ingenieurswissenschaft) mit zusätzlichem schulpädagogischen Vorbereitungsdienst allgemeinbildenden oder fachtheoretischen Unterricht erteilen. Sie arbeiten i.d.R. in *beruflichen Gymnasien, Berufskollegs* und *Berufsoberschulen*.
Literatur: 1.11

Berufsschulpflicht. *Teilzeitschulpflicht.*

Berufssonderschulen. Ziel aller B. ist es, behinderten Jugendlichen ein Höchstmaß an Chancengleichheit und Selbständigkeit im Erwerbsleben zu ermöglichen. Angesichts der sehr verschiedenartigen *Behinderungen* und der unterschiedlichen Grade von Behinderung ist auch das Angebot an B. oder ähnlichen Einrichtungen sehr differenziert. Grundsätzlich sollen berufliche Schulen behinderten Jugendlichen, die einen Berufsausbildungsvertrag im Sinne des Berufsbildungsgesetzes (BBiG) bzw. der Handwerksordnung (HwO) abgeschlossen haben, so viel zusätzliche Förderung und sozialpädagogische Hilfen anbieten, daß sie das Ausbildungsziel erreichen können. Läßt sich trotz dieser besonderen Hilfen das Ausbildungsziel nicht erreichen, kann die Ausbildung auch in Abweichung von den Ausbildungsordnungen und den schulischen Rahmenlehrplänen durchgeführt werden. Für besonders schwer lernbeeinträchtigte oder lernbehinderte Jugendliche sind in den letzten Jahren überbetriebliche Ausbildungseinrichtungen ausgebaut worden, in denen auch die Aufgaben der B. wahrgenommen werden. Für andere Gruppen von Behinderten (Körperbehinderte, Sinnesbehinderte) sind spezielle Berufsfachschulen eingerichtet worden, oder die Ausbildung findet in *Berufsbildungswerken* statt. Über besondere Beihilfen nach den Regelungen des *Bundessozialhilfegesetzes* (BSHG), das Angebot an B., das Aufnahmeverfahren und die jeweils möglichen Ausbildungsziele informiert die Berufsberatung des Arbeitsamtes.

Literatur: 2.2.6

Berufssystematik (engl. *occupational classification*). An unterschiedlichen Kriterien ausgerichtete Muster zur Ordnung der Vielzahl der *Berufe.* So gliedert die internationale Berufssystematik die Berufe nach dem Kriterium sozialer Rangplatz von oben nach unten: 1. Führungspositionen in Wirtschaft; Verwaltung und Politik; 2. akademische Berufe; 3. Techniker und Meister; 4. Bürofachleute; 5. Verkaufs- und Dienstleistungsberufe; 6. Facharbeiter und Handwerker; 7. angelernte Tätigkeiten; 8. einfache Hilfsarbeiten. Die deutsche Systematik orientiert sich an den vorwiegenden Arbeitsinhalten: 1. Pflanzenbauer, Tierzüchter, Fischereiberufe; 2. Bergleute und Mineraliengewinner; 3. Fertigungsberufe (in verschiedensten Branchen); 4. Technische Berufe und 5. Dienstleistungsberufe.

berufsvorbereitende Bildungsmaßnahmen (engl. *vocational preparation*). Finanziert aus Mitteln der *Bundesanstalt für Arbeit* (BA), bieten verschiedene Träger (Einrichtungen der Jugendarbeit, der Wirtschaft, der Gewerkschaften, der Gemeinden u. a.) b. B. an. In ihnen sollen benachteiligte, lernbeeinträchtigte oder behinderte Jugendliche umfassend gefördert und motiviert werden, so daß sie Bereitschaft und Kompetenz zur Aufnahme einer *Berufsausbildung* oder Berufstätigkeit entwickeln. Die BA fördert folgende b. B.:
Grundausbildungslehrgänge, Förderungslehrgänge, Informations- und Motivationslehrgänge sowie Maßnahmen zur Berufsfindung und Arbeitserprobung. Eine Förderung durch die BA kann nur dann erfolgen, wenn b. B. nicht den Schulgesetzen der Länder unterliegen.

Berufsvorbereitungsjahr (**BVJ**; engl. *year of basic vocational training*). Das B. ist eine Sonderform der beruflichen Grundbildung für solche Jugendliche, die in ihrer *Berufswahlreife* noch deutliche Mängel zeigen. Der Lehrgang dauert ein Jahr und umfaßt neben allgemeinbildenden Inhalten fachpraktischen Unterricht in mehreren *Berufsfeldern.*

Berufswahl (engl. *career decision making*). Laut GG § 12 steht jedem die freie Wahl von *Beruf,* Arbeitsplatz und Ausbildungsstätte zu. Abhängig ist die B. aber tatsächlich von zahlreichen subjektiven, schulpolitischen, wirtschaftlichen und gesellschaftlichen Faktoren: von Erfahrungen im familialen und gesellschaftlichen Alltag, Erfolgen bzw. Mißerfolgen während der Schulzeit, persönlichen körperlichen Voraussetzungen, Wertorientierungen, Motivationen, Eignungen und Neigungen, Schulabschlüssen, vom individuellen Selbstwertgefühl und *Selbstkonzept,* von den Erwartungen und Empfehlungen durch Verwandte und Bekannte, dem Angebot an Ausbildungs- und Arbeitsplätzen, dem gesellschaftlichen Ansehen der Berufe, den

Einkommensverhältnissen und der absehbaren Sicherheit eines Arbeitsplatzes. In Auseinandersetzung mit diesen Bedingungen steht jeder einzelne in einem B.prozeß, der nach dem Abschluß einer allgemeinbildenden Schule von fast allen Jugendlichen erstmals eine B.entscheidung verlangt, aber auch im weiteren Arbeitsleben von Bedeutung sein kann. Den Schülern in Hauptschulen, Realschulen, Gymnasien, Berufsfachschulen und Gesamtschulen wird eine besondere *B.vorbereitung* angeboten, die durch die *Berufsberatung* unterstützt wird. Ziel dieser Vorbereitung ist die Stärkung der *B.reife*.
Literatur: 2.4.1

Berufswahlreife. Leitziel des Berufswahlunterrichts, der Bereitschaft und Ausdauer sowie Kenntnisse und Fähigkeiten zur erfolgreichen Bewältigung der Anforderungen bei der Wahl einer beruflichen Erstausbildung vermitteln soll. Faktoren der B. sind im wesentlichen die Fähigkeit, eigene Erwartungen, Interessen und Wertorientierungen im Hinblick auf die bevorstehende *Berufswahl* zu erkennen, über verschiedene Wege beruflicher Bildung Informationen einholen zu können und die sich dabei jeweils bietenden Chancen zu sehen, die in der Berufsausbildung zu erwartenden Anforderungen mit den persönlichen Voraussetzungen zu vergleichen, alternative Ausbildungsmöglichkeiten zu entwikkeln und eine begründete Entscheidung zu treffen.
Literatur: 2.4.1

Berufswahlvorbereitung (engl. *vocational orientation*). Gehört heute zu den Aufgaben aller Schulen im Bereich der Sekundarstufe I. Sie soll die *Berufswahlreife* der Schüler fördern, indem sie deren Bereitschaft und Fähigkeit zur aktiven Auseinandersetzung mit den Anforderungen bei der weiteren Planung ihres Ausbildungsweges weckt und stärkt. Die B. soll darüber hinaus zur Analyse der persönlichen Ziele und Voraussetzungen für verschiedene Ausbildungsalternativen und zu deren Betrachtung im Zusammenhang der bisherigen Lebens- und Lerngeschichte befähigen, Einsichten in die aktuellen sozialen, wirtschaftlichen und politischen Bedingungen für Ausbildung und Berufstätigkeit vermitteln und in Methoden der Informationsbeschaffung und Entscheidungsfindung einführen. B. findet zum einen als Unterrichtsprinzip aller Fächer immer dann Berücksichtigung, wenn Unterrichtsthemen eine sinnvolle Verknüpfung mit Aspekten zur Arbeits- und Berufswelt nahelegen. Zum anderen wird der B. im Rahmen der *Arbeitslehre*, des polytechnischen Unterrichts oder des Lernbereichs *Arbeit-Wirtschaft-Technik* (AWT) i.d.R. zwei Jahre vor Abschluß der Schule eine mehrwöchige Unterrichtseinheit eingeräumt, die ein *Betriebspraktikum* einschließt und in enger Zusammenarbeit mit der *Berufsberatung* durchgeführt wird. Der Besuch eines *Berufsinformationszentrums* (BIZ) im Arbeitsamt ist in den meisten Schulen fester Bestandteil der B.
Literatur: 2.4.1

Berufungsverfahren für Hochschullehrer (engl. *appointment*). Ist in den *Hochschulgesetzen* der Länder geregelt; danach muß eine zu besetzende Professorenstelle öffentlich ausgeschrieben werden. Eine vom zuständigen Hochschulgremium eingesetzte Berufungskommission, deren Zusammensetzung ebenfalls gesetzlich bestimmt ist, legt nach Prüfung der wissenschaftlichen und hochschuldidaktischen *Qualifikation* der Bewerber einen Berufungsvorschlag vor, in dem i.d.R. die für eine Berufung vorgeschlagenen Bewerber nach drei Rangplätzen geordnet genannt sind. Nach Beratung, möglicherweise auch Veränderung und Verabschiedung im zuständigen Gremium der Hochschule, gibt die Hochschulleitung den Vorschlag an das Wissenschaftsministerium weiter. Zumeist beruft das Ministerium den Erstplazierten, kann aber von der Reihenfolge abweichen oder auch von sich aus eine Berufung vornehmen.

Beschäftigungssystem (engl. *system of employment*). Die Summe aller Ausbildungs- und Erwerbsarbeitsstellen in den Bereichen Industrie, Handel, Handwerk, öffentlicher Dienst, freie Berufe usw., denen ein Ausbildungs- oder Arbeitsvertrag zugrunde liegt. Für den Übergang junger Menschen von der Schule bzw. Ausbildung in das B. sind zwei sog. Schwellen von Bedeutung: 1. der Eintritt in eine Berufsausbildung und 2. die Übernahme in ein dauerhaftes Beschäftigungsverhältnis.

Beschäftigungsverbot. Auszubildende bzw. Arbeitnehmer dürfen bei Vorliegen bestimmter gesetzlich definierter Gegebenheiten im Betrieb nicht beschäftigt werden. Solche Gegebenheiten sind insbesondere die Pflicht zum Besuch einer *Berufsschule*, ärztlich angezeigte Gesundheitsgefährdungen und Mutterschutz. Kammern und Gewerbeaufsichtsämter erteilen Auskünfte für den Einzelfall.

beschützende Werkstatt (Syn. **Werkstatt für Behinderte**; engl. *sheltered workshop*). Eingerichtet für Behinderte, die i.d.R. wegen einer besonders schweren funktionellen Beeinträchtigung nicht, noch nicht oder noch nicht wieder eine Ausbildung oder Berufstätigkeit auf dem üblichen Arbeitsmarkt aufnehmen können. Rechtliche Grundlage ist das Gesetz zur Sicherung der Eingliederung Schwerbehinderter in Arbeit, Beruf und Gesellschaft. Die b.W. soll allen Behinderten offenstehen, die ein Mindestmaß an wirtschaftlich verwertbarer Arbeitsleistung erbringen können. Auskunft erteilt das Arbeitsamt.
Literatur: 2.2.6

besonderes Gewaltverhältnis (Syn. **Einordnungsverhältnis**). Jeder Bürger hat gegenüber dem Staat besondere Rechte und Pflichten. Im Rahmen dieses allgemeinen Gewaltverhältnisses besteht auch das b.G., wenn der einzelne in besonders engen Abhängigkeiten von staatlichen Rechtsvorschriften steht. Typische Beispiele dafür sind die besonderen Pflichten der Beamten und Soldaten. Aber auch Schüler und Studenten stehen in einem b.G., im Rahmen der *Schulpflicht* zwangsweise, beim freiwilligen Besuch von Schulen und Hochschulen über die Schulpflicht hinaus auf freiwilliger Basis. Das b.G. hat zur Folge, daß bestimmte *Grundrechte* innerhalb der gesetzlichen Zweckbestimmung des b.G. eingeschränkt werden dürfen (z.B. Meinungsfreiheit, Versammlungsfreiheit). Alle Maßnahmen im Rahmen eines b.G. unterliegen der gerichtlichen Nachprüfbarkeit.

betreute Wohnformen. Einrichtungen für Behinderte, psychisch Kranke, drogenabhängige Jugendliche oder andere Hilfsbedürftige, die den Klienten Gelegenheit zur möglichst selbstbestimmten Lebensführung geben soll. Unter Berücksichtigung der individuellen Erfordernisse unterstützen Sozialpädagogen, Therapeuten, Psychologen u.a. Fachkräfte die Bewohner bei der Bewältigung der Anforderungen im Alltag und im Arbeitsleben. B.W. können ihre Dienste auf Dauer oder für eine befristete Zeit anbieten. Träger b.W. sind u.a. Kommunen, freie Wohlfahrtsverbände und die Kirchen.

betrieblicher Unterricht. Zur Ergänzung des Unterrichts in der *Berufsschule* erteilen zahlreiche Ausbildungsbetriebe ihren *Auszubildenden* freiwillig b.U., zumeist im Umfang von zwei Stunden pro Woche. Dabei werden von hauptamtlichen *Ausbildern* oder anderen Mitarbeitern fachtheoretische Kenntnisse vermittelt, die für eine qualifizierte Erfüllung betrieblicher Aufgaben erforderlich sind. Die Teilnahme am b. U. ist für die Auszubildenden verpflichtend, da der b. U. innerhalb der Arbeitszeit durchgeführt wird.

Betriebserkundung. Methode im Rahmen der schulischen *Berufswahlvorbereitung*. Die Schüler besuchen dabei für mehrere Stunden Arbeitsplätze, wo sie anhand von Beobachtungsbögen und durch Befragung der Beschäftigten die Arbeitsabläufe, die erforderlichen Qualifikationen, die Ausstattung der Arbeitsplätze, die besonderen Anforderungen und Belastungen sowie die Einbindung eines Arbeitsplatzes in übergeordnete Produktionsprozesse in Erfahrung bringen sollen.

Wesentliche Bedingungen für den Erfolg von B. sind die Berücksichtigung der Schülerinteressen, eine gründliche Vorbereitung, die Unterteilung der Klasse in möglichst kleine Beobachtungsgruppen sowie eine ausführliche Auswertung der Schülererfahrungen und der von den Schülern gesammelten Daten.

Literatur: 2.4.1

Betriebspädagogik. *Arbeitspädagogik.*

Betriebspraktikum (engl. *vocational practical studies*). Im Rahmen der schulischen *Berufswahlvorbereitung* können B. durchgeführt werden, bei denen die Schüler i. d. R. für zwei Wochen in Betrieben (Handwerk, Industrie, Verwaltung, Sozialeinrichtungen u. a.) tätig werden. In dieser Zeit können sie eigene Erfahrungen mit der Bewältigung von Arbeitsanforderungen machen und so *Beruf* und Arbeitsplatz im Hinblick auf die eigenen Fähigkeiten, Interessen und psycho-physischen Voraussetzungen intensiver als durch das Studium von Schriften u. a. Informationsträgern (z. B. Filme) beurteilen. Bedingungen für den Erfolg von B. sind – ähnlich wie bei der *Betriebserkundung* – eine gründliche Vorbereitung (z. B. über Beruf, Betrieb und Arbeitsschutz), die Begleitung der Schüler durch regelmäßige Besuche der Lehrer in den Betrieben und die Auswertung der Schülererfahrungen. Diese Art der pädagogischen Begleitung eines B. ist nur möglich, wenn Schule und verantwortliche Lehrer mit den betrieblichen Ausbildern und, wo vorhanden, dem Betriebsrat bzw. der Personalvertretung kooperieren.

Literatur: 2.4.1

Betriebsrat (engl. *works committee*). Auf der Grundlage des *Betriebsverfassungsgesetzes* (BetrVG) wählen die Arbeitnehmer eines Betriebes (mit Ausnahme der leitenden Angestellten) alle drei Jahre einen B., der die Interessen der Gesamtbelegschaft wie auch diejenigen einzelner Mitarbeiter gegenüber der Betriebsleitung vertritt. In Fragen der Berufsausbildung steht dem B. ein Mitbestimmungsrecht zu, das in einer Betriebsvereinbarung zwischen B. und Betriebsleitung näher definiert ist.

Betriebsvereinbarung. Vertrag zwischen einem Arbeitgeber und dem *Betriebsrat* des Unternehmens, in dem Einzelfragen der Arbeitsbedingungen geregelt werden, soweit dabei nicht die Normen gültiger Tarifverträge verletzt werden. Auch Angelegenheiten aus den Bereichen betriebliche Berufsausbildung und Weiterbildung können Gegenstand von B. sein.

Betriebsverfassungsgesetz (**BetrVG;** engl. *Workplace Labour Relations Act*). Im Interesse einer demokratischen Gestaltung der Verhältnisse in den Betrieben sichert das BetrVG aus dem Jahr 1972 den Arbeitnehmervertretern (*Betriebsrat*) die Beteiligung an innerbetrieblichen Regelungen sozialer, personeller und wirtschaftlicher Art zu. Das BetrVG enthält auch für die Mitbestimmung im Bereich der *Berufsausbildung* wichtige Regelungen.

Beurlaubung vom Unterricht. Von der Pflicht zum Besuch der Schule kann nur in besonderen Ausnahmefällen und nach Genehmigung eines schriftlichen Antrages beurlaubt werden. Für Minderjährige haben die Erziehungsberechtigten, ansonsten die volljährigen Schüler selbst den Antrag zu stellen. Gründe für eine B. v. U. können u. a. sein: Kuren und ärztlich verordnete Erholungsaufenthalte, Teilnahme am internationalen Schüleraustausch, besondere kirchliche Veranstaltungen, Teilnahme an wissenschaftlichen, künstlerischen oder sportlichen Wettbewerben oder wichtige familiäre Ereignisse (Eheschließung, Tod, Wohnungswechsel, Pflegetätigkeit). Über kurze B. v. U., zumeist bis zu zwei Tagen, kann der *Klassenlehrer*, über längere der Schulleiter entscheiden.

Beurteilung. *Leistungsbeurteilung.*

Beurteilung von Auszubildenden (engl. *assessing*). Während der höchstens dreimonatigen *Probezeit* eines Berufsausbildungsverhältnisses und der gesamten dann folgenden Ausbildung, bei der *Zwischenprüfung* und der *Abschlußprüfung* findet eine B. v. A. statt. Grobe Maßstäbe für die B. sind die Ziele und Inhalte des *Ausbildungsrahmenplanes* und des *Rahmenlehrplanes für Berufsschulen.* Unter Beachtung dieser Vorgaben hat der *Ausbilder* und Prüfer die betriebsspezifischen Anforderungen in konkrete Aufgabenstellungen und Beurteilungskriterien zu übertragen. Falls ein Betriebsrat vorhanden ist, ist dafür dessen Zustimmung einzuholen. Beurteilt werden zumeist Umfang und Qualität der im Ausbildungsrahmenplan geforderten *Kenntnisse, Fähigkeiten* und *Fertigkeiten*, das Lern- und Arbeitsverhalten (Anstrengungsbereitschaft, Sorgfalt, Genauigkeit, Konzentration, Zuverlässigkeit und Arbeitstempo) und das Sozialverhalten (Verantwortungsbereitschaft, Kollegialität, Teamfähigkeit). Für die laufende B. v. A. haben viele Betriebe eigene Beurteilungsformulare entwickelt. Die Zwischen- und die Abschlußprüfungen der Zuständigen Stellen werden nach Form, Inhalt und Bewertungsstandards von einem Prüfungsausschuß definiert. Dieser wird nach Bestimmungen gebildet, die der *Berufsbildungsausschuß* der *Zuständigen Stelle* beschließt.

Bewährung (engl. *probation*). Aussetzung der Vollstreckung einer Freiheitsstrafe, wenn angenommen werden kann, daß allein schon die Verhängung einer Strafe den Verurteilten vor weiteren Straftaten bewahrt. Im Jugendstrafvollzug können Freiheitstrafen bis zu zwei Jahren auf eine i. d. R. längere Dauer ausgesetzt werden. Für die Zeit der B. steht der Jugendliche unter Aufsicht eines *B.helfers.* Zusätzlich erteilt der Jugendrichter Auflagen (z. B. Mitarbeit in sozialen Diensten), von denen ein positiver Einfluß auf die weitere Entwicklung des Jugendlichen erwartet wird. Die B. kann bei Verstoß gegen die B.auflagen vom Jugendrichter aufgehoben werden. Nach erfolgreichem Ablauf der B. wird die Strafe erlassen.

Bewährungshelfer (engl. *probation officer*). Beaufsichtigt, unterstützt und berät Straftäter, bei denen der Vollzug der Strafe auf *Bewährung* ausgesetzt ist, damit sie möglichst bald wieder zu einer sozial akzeptierten und persönlich zufriedenstellenden Praxis finden können. Ein B. wird vom Richter eingesetzt und ist ihm gegenüber berichtspflichtig. Das Zusammentreffen mit dem Straftäter muß dem B. jederzeit ermöglicht werden.

Literatur: 1.11

Bewährungshilfe (engl. *probation service*). Ist eine Jugendstrafe auf *Bewährung* ausgesprochen worden, wird der Jugendliche für die Bewährungszeit unter B. gestellt, die ihn beraten, unterstützen, kontrollieren und, falls erforderlich, in seinem Verhalten auch korrigieren soll. Großen Wert legt die B. auf eine enge Zusammenarbeit mit Eltern, Ausbildern und Lehrern. B. wird von haupt- oder nebenamtlichen Kräften durchgeführt.

Bewußtsein (engl. *consciousness*).

1) Ganz allgemein die Tatsache, daß der Mensch um sich selbst weiß, sich seiner selbst gewahr ist. Jeder erlebte seelische Vorgang ist Ausdruck des B.

2) In pädagogischer Bedeutung die wache Auseinandersetzung mit Wahrnehmungen innerer oder äußerer Prozesse und die sich daraus ergebenden Einsichten (gedankliches Begreifen) oder Absichten für das Handeln.

Bezugsgruppe (engl. *reference group*). Eine soziale Gruppe, deren Werte und Normen, Einstellungen und Verhaltensweisen als Richtlinien für die Gestaltung des subjektiven Lebens angesehen werden. Dabei ist es unerheblich, ob der einzelne dieser Gruppe angehört oder nicht. In jedem Falle geht es primär um die Identifikation mit der B.

Bezugsperson. Person (Mutter, Vater, Lehrer, Mitschüler etc.), an der sich das Denken und Verhalten einer anderen orientiert. Im Unterschied zu Personen, zu denen man ebenfalls auf der Inhaltsebene einen guten sachlichen Kontakt haben kann, hat man zur B. auf der Beziehungsebene ein emotional warmes Kommunikationsverhältnis, das offen und frei ist. Auch wenn die Neigung besteht, die Einstellungen, Verhaltensweisen und Werte der B. zum Maßstab des eigenen Handelns zu machen, sollte man sich gerade von einer B. kritisch absetzen dürfen, um zu lernen, sich selbst zu bestimmen und zu verwirklichen. Von Geburt an in den einzelnen Lebensphasen die geeignete B. zu haben bzw. sie frühzeitig zu finden, ist für die soziale und persönliche Entwicklung eines Menschen von großer Bedeutung. Dies beweisen z. B. Untersuchungen über Hospitalismus in der frühen Kindheit, Identitätsfindungsprozesse und abweichendes Verhalten bei Heimkindern, soziale Orientierungslosigkeit von Schülern großer Schulsysteme, die Bildung von *Peergroups* in der Pubertät u. ä. Für einen anderen Menschen die B. zu sein, bedeutet, eine große Verantwortung zu haben.

BGJ. *Berufsgrundbildungsjahr.*

BIBB. *Bundesinstitut für Berufsbildung.*

Bilderbücher (engl. *picture books*). B. gehören zur Gattung der Kinder- und Jugendliteratur für etwa zwei- bis zehnjährige Kinder, in denen die Illustration gegenüber dem Text überwiegt und die handlungsbezogenen Inhalte vorwiegend visuell vermittelt werden. Bei B. ohne Text oder mit nur kurzen Textergänzungen für Kinder bis zum zweiten Schuljahr, die selbständig längere Textinhalte noch nicht erschließen können, müssen erwachsene Bezugspersonen Hilfe zum Verstehen und Verarbeiten geben. Heute gibt es vermehrt B. auch für ältere Kinder, in denen Text und Bild von gleicher Bedeutung sind. Unterschieden werden B. für die ersten Lebensjahre (z. B. Pappb., Klappb., Szenenb.), B. mit Kinderlyrik und Liedern, B. als Spielmittel, B. zu Märchen und Fabeln, wirklichkeitsnahe Bildergeschichten zu Tieren, Pflanzen und Umweltproblemen, phantastische Bildergeschichten, Sachb. zur Wissensvermittlung, religiöse B. sowie Spiel- und Bastelbücher. B. fördern die Sprach- und Denkfähigkeit der Kinder, eröffnen Zugänge zu den verschiedenen Gattungen der Kinder- und Jugendliteratur, sind eine Hilfe bei der Lebensbewältigung, dienen der ästhetischen Bildung und sind ein wichtiges Mittel der Erziehung.

Bildsamkeit. Von *J. F. Herbart* in seiner ›Allgemeinen Pädagogik‹ 1806 als Grundbegriff der *Pädagogik* eingeführt, meint B. einerseits die dem Menschen gegebene Fähigkeit zur *Bildung*, andererseits aber auch die Möglichkeit, durch pädagogisches Handeln und Umwelteinflüsse auf die Bildung heranwachsender Menschen einwirken zu können bzw. zu müssen. Bezüglich dieser doppelseitig sich erschließenden Veränderungs- und *Bildungsfähigkeit* des Menschen haben Vertreter der geisteswissenschaftlichen Pädagogik hervorgehoben, daß B. nicht schon an sich da ist, sondern sich erst im pädagogischen Bezug aktualisieren und entfalten kann. Dabei darf nicht davon ausgegangen werden, daß der Mensch aufgrund seiner B. jederzeit unter bestimmten pädagogischen Einflüssen absichtsvoll bildbar ist, sondern es muß beachtet werden, daß seine Bildungsfähigkeit nur auf der Basis seines individuellen Bildungswillens voll zur Geltung kommen kann. Das Phänomen der B. ist unter verschiedenen Begriffen in den Erziehungswissenschaften bis in die Gegenwart immer wieder erörtert worden.

Bildstellen (Landes-, Kreis-, Stadtbildstellen; engl. *picture and film library*). Im Jahre 1934 gegründete Zentren für audiovisuelle *Medien*, die alle Produktionen des *Instituts für Film und Bild in Wissenschaft und Unterricht* (FWU), regionale Eigenproduktionen und angekaufte Medien (z.B. Spielfilme) archivieren und zum Verleih bringen. Zur Information über das Medienangebot stehen Kataloge zur Verfügung. Neben den Verleihaufgaben haben die B. gerätetechnische Aufgaben (Wartung, Reparatur und Einführung in die Handhabung von Geräten).

Bildung. Frühe begriffsgeschichtliche Bedeutungen wie Schöpfung, Gestaltung, Verfertigung, Verfeinerung und Bildnis bleiben wesentliche Gehalte des Begriffes, seit dieser etwa ab der Mitte des 18. Jh. in der pädagogischen Fachsprache Verwendung findet (G.W. Leibniz, *I. Kant, J.G. Herder, W. v. Humboldt* u.a.). In den Jahrhunderten zuvor wurde der Begriff von der Theologie her als Auftrag an den Menschen, um die Entfaltung seiner Gottesebenbildlichkeit zu ringen, verstanden.

Mit den geistesgeschichtlichen Neuerungen durch die Aufklärungsphilosophie und der politischen *Emanzipation* des Bürgertums von feudaler und kirchlicher Bevormundung gewinnt der Begriff den Kern seiner noch heute bei uns vorherrschenden Bedeutung. Der Mensch als prinzipiell vernunftbegabtes Wesen ist aufgerufen zu Freiheit und *Mündigkeit.* Er hat seinen Zweck in sich selbst. B. wird zur Selbst-B. der *Individualität* in der Auseinandersetzung des Menschen mit den Erscheinungsformen seiner *Kultur.* B.arbeit als gestaltende Einflußnahme kann von daher nicht als Formung nach einem vorgegebenen Bilde gedacht sein, sondern allein als Angebot von außen und Bereitschaft von innen zum Dialog über das Sein des einzelnen wie der Menschheit in ihrer Geschichte. Je umfassender, gründlicher und lebendiger die geistigen, seelischen und körperlichen Kräfte des einzelnen dafür entwickelt werden, desto günstiger sind die Voraussetzungen für B. Doch so wie alle staatliche Gewalt die Würde des Menschen nachdrücklich achten und schützen soll, diese Würde aber keineswegs selbst herstellt, weil sie mit jedem Menschen immer schon als Möglichkeit und Auftrag vorgegeben ist, ist auch B. von außen zwar zu befördern, aber nur vom Subjekt selbst zu verwirklichen, indem es sich zu sich selbst und zu seiner Lebenswelt unter der Maxime von *Humanität* in kritische Distanz stellt.

Jede Funktionalisierung des Menschen für äußere Zwecke (z.B. in Politik, Wirtschaft oder Gesellschaft) sollte deshalb aus Respekt vor der Würde des Menschen schon vom Begriff her ihre Ab-

sicht anzeigen. Sie ist Schulung, Training, *Konditionierung, Qualifikation* oder Drill. Solche Formen der Verhaltensbeeinflussung können auch der B. durchaus dienlich sein, weil sie das Subjekt z.B. durch die Verfügbarkeit von Fertigkeiten, den Gebrauch von Techniken, Schemata und Ordnungen für eigentliche B.prozesse entlasten. Ihrem Wesen nach sind sie jedoch keine hinreichenden Voraussetzungen für die selbständige und selbstverantwortliche Entfaltung der Humanität im einzelnen Subjekt durch das einzelne Subjekt.
Wie sich B. im Hinblick auf ihre konkreten inhaltlichen Ausgestaltungen jeweils darstellt, kann nicht abgelöst vom kulturellen und lebensgeschichtlichen Zusammenhang gedacht werden, in dem sich der einzelne bzw. die Gemeinschaft jeweils um die Sicherung der Menschenwürde zu bemühen haben. Weltanschauung, Philosophie, Recht, Sozialordnung, Technik, Wissenschaft, Politik und Ökonomie einer Zeit geben die Inhalte bzw. Gegenstände, mit denen sich das Subjekt selbstbildend auseinanderzusetzen hat, gleichsam vor. Gegenwärtig werden die Problemhorizonte mit folgenden Themen skizziert: Menschenrechte unter dem Druck von Ausbeutung, Armut und Friedensgefährdung, Menschenwürde unter der Bedrohung von technologischer Machbarkeit, Moralität und Sozialverantwortung in Zwietracht mit Materialismus und individualistischen Maximen, Käuflichkeit und Korruption, Demokratie unter dem Druck von Massenmedien, totaler Datenerfassung und Expertokratie, das Gemeinwohl in wachsender Gefährdung durch Ellbogenmentalität und Privilegiensicherung. B.arbeit im Interesse der Entwicklung von Urteilskraft und Handlungsfähigkeit, Mut und Verantwortlichkeit wird sich in Schulen und Hochschulen, Jugend- und Erwachsenenarbeit bei der notwendigerweise zu treffenden Auswahl, Aufbereitung und Eröffnung der Bildungsinhalte immer erneut befragen lassen müssen, ob sie mit aller möglichen Radikalität Funktionalisierungen der Menschen aufdeckt sowie nach den jeweils offenkundigen und versteckten Bedrohungen für Menschenrechte, Menschenwürde, Moralität, Demokratie und Sozialität fragt.
Die neueren Arbeiten zum Konzept Bildung sind wesentlich durch Studien von *O.F. Bollnow, H.-J. Heydorn, W. Klafki* und *C. Menze* beeinflußt worden.
Literatur: 1.9

Bildungsberatung. *Schullaufbahnberatung.*

Bildungsdichte. Das Verhältnis zwischen den vorhandenen Plätzen in Kindergärten, Schulen, Ausbildungsbetrieben, Hochschulen, anderen Bildungseinrichtungen und der Anzahl von Kindern, Jugendlichen u.a. potentiellen Nutzern dieser Einrichtungen (z.B. aufgrund der bestehenden Schulpflicht oder bisheriger Nachfrage) in einer bestimmten Region.

Bildungsfähigkeit (engl. *receptive to teaching*). In der sonderpädagogischen Diagnostik eine Kategorie, nach der i.d.R. mit Hilfe des *Intelligenzquotienten* (IQ) Lernbehinderte (Sonderschulbedürftige), geistig Behinderte (praktisch Bildbare) und Schwerstbehinderte (Pflegebedürftige) unterschieden werden. Sofern die körperliche und/oder geistige Beeinträchtigung so stark ist, daß keine *Sonderschule* besucht werden kann, besteht für sie keine *Schulpflicht.* Diese Schulunfähigkeit wird im juristischen Sinne oft als *Bildungsunfähigkeit* ausgelegt.

Bildungsforschung (engl. *research in educational systems and processes*). Ihr zentrales Aufgabenfeld ist die Beschreibung, Analyse und nach Möglichkeit auch Prognose wichtiger Prozesse inner-

halb des gesamten *Bildungswesens* in Abhängigkeit von übergreifenden politischen, demographischen, ökonomischen und ideologischen Rahmenbedingungen. B. arbeitet folglich weitgehend mit empirischen *Forschungsmethoden* und bedient sich allgemeiner statistischer Daten, wie sie z.B. vom Statistischen Bundesamt laufend veröffentlicht werden. Typische Untersuchungsgegenstände der B. sind Anlässe, Abläufe und Ergebnisse der stetigen Veränderungen der Lehrpläne, Fragen nach Möglichkeiten für eine effektivere Schularbeit, Studien über den Zusammenhang von Schulstruktur, Schulorganisation und Schulabschlüssen oder über die Ursachen für die Verteilung der Angehörigen eines Jahrganges auf verschiedene Bildungseinrichtungen. An diesen Beispielen wird deutlich, daß sowohl qualitative politische Interessen (mehr Chancengleichheit im Bildungswesen) als auch solche quantitativer Art (Sicherung des zukünftigen Bedarfs an Nachwuchskräften) bei der Entstehung der B. eine ausschlaggebende Rolle gespielt haben. Innerhalb der B. arbeiten in Entsprechung zur Komplexität der Aufgabenstellung Pädagogen, Soziologen, Psychologen, Wirtschaftswissenschaftler, Politologen u.a. Fachwissenschaftler eng zusammen.
Literatur: 2.5
Anschriften: 10.0

Bildungsgang (engl. *educational career*). Das Schulsystem ist in Schulstufen (Schulbereiche) und Schularten (Schulformen) gegliedert. Im herkömmlichen dreigliedrigen Schulsystem waren die Schularten Hauptschule, Realschule und Gymnasium durch jeweils einen B. gekennzeichnet, der den gesamten Unterricht bestimmte und auf einen schulartspezifischen *Abschluß* bezogen war (z.B. Hauptschulabschluß, Realschulabschluß). Seit der Wiedervereinigung sind über die schon bestehenden Gesamtschulen hinaus in einer Reihe von Ländern weitere integrierte Schularten mit mehreren B. eingerichtet worden. Dies machte eine das Hamburger Abkommen (1964 bzw. 1971) ergänzende ›Vereinbarung über Schularten und B. im Sekundarbereich I‹ notwendig (vgl. Beschluß der KMK vom 3. 12. 1993). Danach ist der Begriff B. stärker als bisher auf die Abschlüsse am Ende der Sekundarstufe I bezogen, während der vorhergehende Unterricht der Abschlußprofilierung von der siebten Jahrgangsstufe an bzw. später in abschlußbezogenen Klassen oder Kursen durch verschiedene Formen der Differenzierung Rechnung trägt. Die auf abschlußbezogene Profile ausgerichteten B. in integrierten Schularten sind für die individuelle Schullaufbahn von Schülern von großer Bedeutung, weil sie die Abschlußprofilierung lange offenhalten und Durchlässigkeit im Schulwesen fördern.
Die individuelle Schwerpunktbildung ermöglicht den Schülern, auf der Grundlage aller B. des Sekundarbereichs I nach Maßgabe der erreichten Abschlüsse den Bildungsweg in berufs- und studienqualifizierenden B. des Sekundarbereichs II fortzusetzen. Schularten mit studienqualifizierenden B. sind die gymnasiale Oberstufe, das Fachgymnasium bzw. das berufliche Gymnasium, die Fachoberschule, das Berufskolleg (Baden-Württemberg) und die Berufsoberschule. Schularten mit berufsqualifizierenden B. sind z.B. die Berufsschule, die Berufsfachschule und die Fachschule.
Literatur: 2.1.1

Bildungsgesamtplan (engl. *Comprehensive Education Plan*). Die 1970 vom Bund und den Ländern eingerichtete Bund-Länder-Kommission für Bildungsplanung legte 1973 mit dem B. den ersten gemeinsamen Rahmenplan der Länder und des Bundes für den Ausbau des Bildungswesens vor. Zuvor wurden zahl-

reiche Fachleute, Organisationen und Verbände über ihre Vorstellungen zur Weiterentwicklung des Bildungswesens und die dafür erforderliche Finanzierung befragt. Der B. beschreibt Zielsetzungen für alle Schularten, die betriebliche Berufsausbildung, die Lehrerbildung, für Studium und Forschung an den Hochschulen, für Fort- und Weiterbildung, außerschulische Jugendarbeit und weitere Teilbereiche des Bildungswesens. Ausführlich werden sodann die Kosten des Bildungswesens unter Beachtung gesamtwirtschaftlicher Rahmenbedingungen und die Möglichkeiten der Finanzierung dargestellt. Die meisten Zielvorstellungen des B. sind angesichts mangelnder Übereinstimmung in bildungspolitischen Grundpositionen zwischen CDU/CSU einerseits und SPD andererseits nicht verwirklicht worden. Einen weiteren B. hat es bis heute nicht gegeben.
Literatur: 2.5

Bildungsinhalt. Im Verständnis der *bildungstheoretischen Didaktik* sind alle im *Lehrplan* aufgenommenen Ziele, Themen und Inhalte durch die Vorentscheidung der Lehrplanautoren als B. legitimiert. Mit Hilfe der fünf Grundfragen der *didaktischen Analyse* sollen die Lehrer diese B. auf ihren konkreten Bildungsgehalt bzw. Bildungswert noch einmal überprüfen, um ungeeignete Unterrichtsinhalte auszugrenzen und geeignete als solche zu begründen. Ein besonderer B. kann nur dann legitimiert werden, wenn er z.B. stellvertretend für viele Kulturinhalte steht und bestimmte Grundprobleme, allgemeine Prinzipien, Gesetze, Werte oder Methoden sichtbar macht, also das Allgemeine exemplarisch im Besonderen erschließt. Der B. hat dann Bildungsgehalt bzw. Bildungswert, wenn die Fragen nach der Gegenwarts- und der Zukunftsbedeutung, der Sachstruktur, der exemplarischen Bedeutung und der Zugänglichkeit für die Schüler positiv geklärt worden sind.

Bildungsmittel. *Lehr- und Lernmittel. Medien.*

Bildungsökonomie (engl. *economics of education*). Untersucht in arbeitswissenschaftlichen, pädagogisch-psychologischen sowie betriebs- und volkswirtschaftlichen Analysen den Beitrag von Erziehung, Bildung und Weiterbildung für qualitative und quantitative Entwicklungen innerhalb der Wirtschaft. Ausgangspunkt ist die Tatsache, daß von der Motivation, den in Produktionsprozessen erforderlichen fachlichen und überfachlichen Kompetenzen (vgl. *Schlüsselqualifikationen*) und den sozialen Einstellungen der Werte schaffenden Arbeitskräfte (sog. *Humankapital*) die Erfolge des Wirtschaftsgeschehens insgesamt wesentlich abhängen.
Literatur: 2.5

Bildungsplanung (engl. *educational planning*). Angesichts der sich immer schneller verändernden Anforderungen an das Bildungswesen sollen durch die Zusammenarbeit von Politik und Wissenschaft Ziele, Strukturen, Umfang und Qualität der weiteren Entwicklung aller Bildungseinrichtungen vom Kindergarten über die Schule, die Berufsausbildung und Hochschule bis in die Bereiche der Fort- und Weiterbildung so projektiert werden, daß den Bildungsansprüchen des einzelnen, dem Gebot der Chancengleichheit und den Leistungsanforderungen an das Bildungswesen in zeitgemäßer Weise entsprochen werden kann. Dabei sind besonders wichtige Bezugspunkte der gesellschaftliche Bedarf an Qualifikationen, die Nachfrage nach Bildungsabschlüssen aus der Bevölkerung sowie die Kosten für die Realisierung unterschiedlicher Entwicklungskonzepte. Der Versuch von Bund und Ländern, durch die *Bund-Länder-Kommission für B. und Forschungsförderung*

(BLK) eine möglichst einheitliche Weiterentwicklung des Bildungswesens in ganz Deutschland sicherzustellen, ist aufgrund fehlender Übereinstimmung in grundsätzlichen Fragen der Bildungspolitik gescheitert. Der erste und zugleich bisher letzte *Bildungsgesamtplan* ist dem Bundeskanzler und den Ministerpräsidenten der Länder 1973 vorgelegt worden.
Literatur: 2.5

Bildungspolitik (engl. *educational policy*). Wie Wirtschafts- oder Sozialpolitik ist B. Teil der staatlichen Gesamtpolitik. Nach den Bestimmungen des GG (Art. 70ff.) fällt die B. nicht in die Zuständigkeit des Bundes, sondern in die Hoheit der 16 Bundesländer. Der Bund kann aber durch Rahmenvorschriften und bei der Lösung von Gemeinschaftsaufgaben in den Bereichen Hochschulen, *Bildungsplanung* und bei Vorhaben wissenschaftlicher Forschung von überregionaler Bedeutung mit den Ländern zusammenwirken (Art. 91 a u. 91 b).
Im Interesse der Wahrung der Einheitlichkeit der Lebensverhältnisse in Deutschland, die wesentlich durch das *Bildungswesen* beeinflußt werden, haben die Länder die *Ständige Konferenz der Kultusminister der Länder in der Bundesrepublik Deutschland* (KMK) eingerichtet, in der übergreifende Regelungen der B. gemeinsam getroffen werden. Ziele der B. sind Tradierung und Erneuerung des gesellschaftlich-kulturellen Gesamtsystems unter Beachtung der normativen Vorgaben aus den Verfassungstexten, der Folgen des soziokulturellen Wandels sowie der ökonomischen und ökologischen Anforderungen und Bedingungen für die weitere Entwicklung der Gesellschaft. Für die Gesetzgebung im Bereich der B. sind die Landesparlamente zuständig. Träger der auszuführenden Maßnahmen sind entsprechende Ministerien, diesen untergeordnete Verwaltungsbehörden (Schulverwaltung) sowie kommunale Gebietskörperschaften (Städte, Gemeinden, Landkreise), die für den Unterhalt des Bildungswesens einen Großteil der Mittel aufzubringen haben.
Auf die staatliche B. versuchen Wirtschaftsverbände und Gewerkschaften, Kirchen, berufsständische Organisationen, Elterninitiativen oder auch wissenschaftliche Gremien Einfluß zu nehmen. Für B. in der Demokratie sind solche Formen der öffentlichen Beteiligung am Prozeß der Meinungsbildung von grundlegender Bedeutung. Wesentliche Entscheidungshilfen erhält B. auch durch *Bildungsforschung,* Bildungsplanung und *Bildungsökonomie.*
Literatur: 2.5

Bildungsrat. *Deutscher Bildungsrat.*

Bildungsrecht (engl. *educational law*). Sammelbezeichnung für die Gesetzgebung und Rechtsprechung, womit Rechte und Pflichten aller an Erziehungs- und Ausbildungsprozessen beteiligten Personen, Institutionen und öffentlichen Stellen festgelegt werden. Dazu gehören Bestimmungen des GG (Recht der Eltern auf Erziehung ihrer Kinder, staatliche Aufsicht über das Schulwesen) ebenso wie Teile der Landesverfassungen und eine Fülle von Spezialgesetzen zu *Schulen, Schulpflicht, Mitbestimmung* der Eltern und Schüler, *Schulverwaltung,* Schulfinanzierung, *Berufsausbildung, Hochschulen, Jugendhilfe, Ausbildungsförderung* (BAföG), *Bildungsurlaub* und *Erwachsenenbildung.*

Bildungsroman (engl. *novel of education, novel of character development*). Begriff zur Kennzeichnung einer literarischen Gattung, in der die *Bildung* eines Menschen von der Kindheit bis ins Erwachsenenalter romanhaft dargestellt wird. Beispiele für B. sind J.W. v. Goethes ›Wilhelm Meister‹, G. Kellers ›Der grüne Heinrich‹, H. Hesses ›Das Glasperlenspiel‹, Th. Manns ›Bekenntnisse des Hochstaplers Felix Krull‹, R. Musils ›Der Mann ohne Eigenschaften‹ und G. Grass' ›Die Blechtrommel‹. Vom B. wird der Erziehungsroman unterschieden, der den Erziehungsprozeß eines Menschen gestaltet. Beispiele hierfür sind: J.J. Rousseaus ›Emile oder über die Erziehung‹, J.H. Pestalozzis ›Lienhard und Gertrud‹ und A.S. Makarenkos ›Der Weg ins Leben‹.

Bildungssoziologie. *Pädagogische Soziologie.*

Bildungsstatistik. Auf der Grundlage gesetzlicher Regelungen dürfen das Bundesamt sowie die Landesämter für Statistik regelmäßig Daten aus dem Bereich des Bildungswesens über die zuständigen Landesministerien erheben und in speziellen Schriftenreihen veröffentlichen. Gezählt werden u.a. die Anzahl der Schüler und Studenten nach Geschlecht, Alter, Nationalität und Bildungsbereich, Anzahl und Größe von Kindergärten, Schulen aller Art und Hochschulen, die Anzahl der Erzieher, Lehrer und Hochschullehrer, die an diesen Einrichtungen tätig sind, das Schüler-Lehrer-Verhältnis, die an Schulen und Hochschulen erworbenen Abschlüsse, die öffentlichen Aufwendungen für Schule und Unterricht, Ausbildungsförderung und Forschung. Solche Daten sind für Bildungspolitik und -forschung von grundlegender Bedeutung, denn sie informieren z.B. über die bisherige, die jeweils aktuelle sowie die zu erwartende Stärke von Altersjahrgängen bei Kindern und Jugendlichen, die pädagogische Einrichtungen vom Kindergarten bis zu den Hochschulen besuchen bzw. besuchen werden. Daraus lassen sich im Hinblick auf die Anzahl der notwendigen Bildungseinrichtungen, ihr inhaltliches Angebot, die personelle und sachliche Ausstattung usw. Orientierungsdaten gewinnen, die bei der Finanzplanung zu berücksichtigen sind. Sämtliche Ergebnisse der amtlichen B. sind allen Interessenten frei zugänglich. Die Zusammenfassung der B. wird jährlich in den ›Grund- und Strukturdaten‹ des *Bundesministeriums für Bildung, Wissenschaft, Forschung und Technologie* veröffentlicht und kann dort bezogen werden. Über die veröffentlichten Daten hinaus sind spezielle Anfragen beim Bundesamt oder den Landesämtern für Statistik möglich.

Anschrift: 3.2, 4.4

Bildungssystem. *Bildungswesen.*

bildungstheoretische Didaktik. Eine in der Tradition der *geisteswissenschaftlichen Pädagogik* stehende Konzeption der *Didaktik*, die auf der Grundlage einer Theorie der *Bildung* bzw. *Allgemeinbildung* Konzepte zur Erstellung von Unterrichtsvorbereitungen, Lehrplänen und Curricula entwickelt. Auf *W. Dilthey, E. Weniger* u.a. zurückgehend, wurde diese Konzeption in den letzten Jahren vor allem von *W. Klafki* zu einer kritisch-konstruktiven Didaktik weiterentwikkelt.

Die b.D. versteht sich zunächst als Theorie der *Bildungsinhalte* (Didaktik im engeren Sinne) und verbindet damit in der Tradition der klassischen *Bildungstheorien* Aufklärung, Mündigkeit und Selbstbestimmung des Menschen als Ziel von Erziehung und Bildung. Dieser normative Anspruch findet in dem Begriff der *kategorialen Bildung* (Klafki) seinen Ausdruck, in dem der materiale (objektbezogene) und der formale (subjektbezogene) Aspekt der Bildung miteinander verknüpft sind. Wegen der Bedeutung der Ziel- und Inhaltsfragen in der b.D. wird auch vom Primat der Didaktik im Verhältnis zur *Methodik* gesprochen. Auf der Ebene der Unterrichtsplanung dient das Instrument der *didaktischen Analyse* den Praktikern, die in den Lehrplänen vorgegebenen Bil-

dungsinhalte auf ihren Bildungsgehalt für das gegenwärtige und zukünftige Leben der Schüler zu reflektieren.
In der zur kritisch-konstruktiven Didaktik durch Klafki weiterentwickelten b. D. werden zwar wesentliche Merkmale und auch der Primat der Zielentscheidungen beibehalten, jedoch wird die Reflexion der Ziel- und Inhaltsentscheidungen integrativ mit den Methoden-, Medien- und Beurteilungsentscheidungen verknüpft. Die drei Ziele Selbstbestimmungs-, Mitbestimmungs- und Solidaritätsfähigkeit, die Neubestimmung des Allgemeinbildungsbegriffs, der darauf bezogene Katalog von Schlüsselproblemen der Gegenwart und die neuen Überlegungen zur *Methode* sind die Grundlage dieses *didaktischen Modells*.
Literatur: 1.9, 2.1.3

Bildungstheorie. In Gesellschaft und Politik erfährt die Hinführung der jungen Generation zu einer selbständigen Lebensführung und ihre Befähigung zur Übernahme öffentlicher, sozialer und wirtschaftlicher Mitverantwortung große Beachtung. Darauf weist besonders nachdrücklich das differenzierte Bildungssystem hin. Von der frühen Kindheit an, über die Zeit der Jugend bis ins Erwachsenenalter hinein wird der Mensch mehr oder weniger umfassend auf die Bewältigung allgemeiner oder spezieller Lebensanforderungen vorbereitet. Leitideen für die Bildungsprogramme der zahlreichen Einrichtungen (vorschulische Institutionen, Schulen, Hochschulen, Betriebe, Fortbildungsseminare, Kurse, Museen, Theater usw.) sind dabei in der ethischen Tradition demokratischer Systeme die Individualität des einzelnen, seine Fähigkeit zur Selbstreflexion und zur kritischen Beurteilung seiner Lebenswelt sowie die Entwicklung kultureller, politischer und beruflicher Kompetenzen. Auf diese Weise will sich das Gemeinwesen in seinem kulturellen Entwicklungsprozeß Zukunft sichern und der einzelne ist aufgefordert, Interessen zu entfalten, Verständnis zu vertiefen, Urteilskraft zu schärfen, Verantwortung zu erkennen und Handlungsfähigkeit zu üben. Denn die kenntnisreiche, kritische und kreative Übernahme und Fortführung des gesamtkulturellen Erbes setzen mündige, lernfähige und wertorientierte Individuen voraus.
In Abhängigkeit von den weltanschaulichen, politischen und religiösen Grundlagen einer Gesellschaft entstehen Bildungsprogramme als Konzepte für individuelle und kollektive Anstrengungen, in deren Verlauf Bildung gelingen soll. Aussagen über Bildungsziele, -inhalte, -wege und -formen sind dementsprechend wesentliche Inhalte dieser Konzepte.
Ihr Kriterium sind Leitbilder vom erwünschten, als richtig und wertvoll beurteilten Verhalten des einzelnen in der Auseinandersetzung mit den fundamentalen Problemstellungen der Lebensgestaltung in der individuellen Existenz, in Familie, sozialen Gruppen, politischen Verbänden und Prozessen, in Arbeit und Beruf, Kunst, Wissenschaft und Religion.
B. untersucht die Entstehungs- und Begründungszusammenhänge solcher Bildungskonzeptionen. Sie rekonstruiert die inhaltliche, methodische und organisatorische Gestaltung sozialer Prozesse, die individuelle Lernfähigkeit, gesellschaftliche Tüchtigkeit und reflektierte Wertorientierung ermöglichen sollen. Sie fragt nach den jeweils in den Bildungskonzeptionen und ihrer Praxis enthaltenen anthropologischen Vorstellungen, nach den Normen und Prinzipien, die in Bildungsprozessen zu beachten sind, nach den Aufgaben, die aus den spezifischen Bildungskonzeptionen erwachsen sowie nach ihrem Verhältnis zueinander.

Grundlage der B. im kulturellen Kontext von Aufklärung, Menschenrechten und Demokratie ist die These, daß der Mensch zwar durchweg von biologischen, ökologischen und sozialen Bedingungen abhängt, sich aber über diese Abhängigkeiten Einsichten verschaffen kann, ihre Bedeutung für sich und das Gemeinwesen zu reflektieren vermag und an ihrer Gestaltung mitzuwirken in der Lage ist. Bildungstheoretische Analysen zeigen, daß in zentralen Begriffen der Geistes- und Sozialwissenschaften dieses anthropologische Axiom vom selbstreflexiven, urteils- und handlungsfähigen Subjekt enthalten ist. Sozialisation wird als interaktives Geschehen zwischen gesellschaftlichen Instanzen und einem Subjekt verstanden. Dabei ist die Vergesellschaftung des einzelnen, seine emotionale, soziale und materiale Einbindung in bestehende, seiner Existenz vorausgehende soziokulturelle Strukturen einerseits die unabdingbare Voraussetzung dafür, daß sich die seelischen und geistigen Kräfte entwickeln, mit denen sich der einzelne selbst empfinden, von den anderen unterscheiden und in den anderen erkennen kann. Nur über die anderen also kommt das Ich zu sich selbst. Andererseits hat damit der einzelne unweigerlich eine immer auch ganz individuelle Lebensführung zu meistern. Darin liegt zugleich die Chance, daß das Ich zur sozial-kulturellen Gestaltung einer Gemeinschaft aktiv beiträgt.

In diesem Verständnis des Sozialisationsprozesses ist Bildung als lebenslanger Prozeß also immer schon mitgedacht. Ähnliche Vorstellungen verbinden sich mit dem Begriff Rolle. Die Erwartungen, die sich an ein Subjekt in einer gesellschaftlichen Position richten, werden ja keineswegs lediglich mechanistisch ausgeführt. Vielmehr nimmt der einzelne die Erwartungen im Horizont seiner individuellen geistigen und sinnlichen Möglichkeiten wahr, interpretiert und bewertet sie und handelt dann in bestimmter Weise, so er denn will. Nur weil dies Akte eines Subjektes sind, kann sinnvollerweise von »roletaking« als Ausgestaltung einer Rolle, von Rollendistanz und Rollenkonflikt gesprochen werden. Rollentheorie ist also offensichtlich immer auch B.

Die angezeigte Wechselwirkung zwischen Kultur und Subjekt, zwischen Vergesellschaftung und Individualität steht im Zentrum der bildungstheoretischen Forschung. Ihr spezifisches Interesse gilt dem Wandel von Bildungsprogrammen und -prozessen und den dabei zu beobachtenden Bestimmungen des Verhältnisses von Bildung für gesellschaftliche Zwecke und Bildung zur Beförderung der individuellen Fähigkeit und Bereitschaft zu kritischer Distanz, kreativer Lebensgestaltung, sozialer Verantwortung und politischer Mündigkeit. Im Kontext der Menschenrechte, der Normen freiheitlicher und sozialer Demokratie sowie in Anerkennung der letztendlichen Unverfügbarkeit des Individuums ist kritisch-konstruktiver Kern dieses Interesses die möglichst vollständige Aufklärung über die Chancen und Beschränkungen der Humanität. Dieses Interesse verfolgt B. gemeinsam mit Philosophie, Literatur, darstellender Kunst u.a. Formen der Auseinandersetzung mit den »Schlüsselproblemen« (*W. Klafki*) einer Zeit.

In diesem Bemühen ist B. weder tonangebend noch bloßes Vollzugsorgan z.B. politischer oder kirchlicher Dogmen. Als Teildisziplin der *Pädagogik* ist B. vielmehr darum bemüht, ihre Arbeit systematisch, selbstkritisch und für fremde Prüfung offen durchzuführen. Je strenger B. dabei die Regeln hermeneutischer, inhaltsanalytischer, ideologiekritischer, aber auch empirischer *Forschung* beach-

tet, desto gewichtiger können ihre Aussagen sein.
Wesentliche Beiträge zur gegenwärtigen bildungstheoretischen Forschung haben u.a. *H. Blankertz, H.-J. Heydorn, C. Menze, Th. Ballauff* und *J. Schurr* eingebracht.
Literatur: 1.9

Bildungsunfähigkeit (Syn. **Schulunfähigkeit**). Führt zur Befreiung von der Schulpflicht. Sie kann von der *Schulverwaltung* nur dann festgestellt werden, wenn pädagogische, psychologische und ärztliche Gutachten eine derart schwerwiegende seelische oder körperliche *Behinderung* diagnostizieren, daß das Kind in keiner der vorhandenen Schularten und auch nicht durch Haus- oder Krankenhausunterricht gefördert werden kann. Da das Recht auf *Bildung* von einer festgestellten B. unberührt bleibt, muß die B. auf Antrag der Erziehungsberechtigten erneut überprüft werden.

Bildungsurlaub (engl. *educational leave*). Bezahlter B. für Berufstätige dient dem Zweck, durch den Besuch von Weiterbildungsveranstaltungen die beruflichen Qualifikationen der Berufstätigen, das Niveau ihrer Allgemeinbildung sowie ihre politischen Kenntnisse zu aktualisieren. Mitglieder eines Betriebsrates haben im Verlauf ihrer Amtszeit Anspruch auf etwa drei bis vier Wochen B. Für die übrigen Arbeitnehmer finden sich Regelungen zum B. in Tarifverträgen und Betriebsvereinbarungen. Einige Bundesländer haben bereits durch Gesetz den Anspruch auf B. für alle Erwerbstätigen gesichert.

Bildungsverwaltung (engl. *educational administration*). Teil der öffentlichen oder an freie Bildungsträger, Verbände und Betriebe gebundenen Verwaltung von Erziehungs- und Bildungseinrichtungen. Ihre Zuständigkeit erstreckt sich von der *Vorschulpädagogik* über das gesamte allgemeinbildende und berufliche Schulwesen, die *Berufsausbildung, die Hochschulen* bis in die Bereiche *Erwachsenenbildung, Weiterbildung* und *Umschulung*. Grundlage bilden eine Vielzahl von Gesetzen (u.a. Schulgesetze, Berufsbildungsgesetz, Hochschulgesetze). Durch die Integration Deutschlands in die Europäische Union (EU) wird die B. eine Ausweitung erfahren, weil z.B. Probleme der wechselseitigen Anerkennung von Zeugnissen und akademischen Graden zu regeln sind oder mehr und mehr länderübergreifende Ausbildungs- und Studiengänge eingerichtet werden.
Anschriften: 3.2

Bildungswerke der Wirtschaft. Einrichtungen von Wirtschaftsverbänden auf verschiedenen staatlichen Ebenen (Bund, Land) oder bezogen auf Branchen, Berufsgruppen bzw. Managementebenen, die der Forschung, dem Erfahrungsaustausch, der Koordination von Innovationsprozessen sowie der Weiterbildung dienen. Sie werden unter verschiedenen Bezeichnungen geführt: Akademien, Institute, Seminare oder Bildungszentren.
Anschriften: 13.0, 15.1

Bildungswesen (Syn. **Bildungssystem**; engl. *education, education system*). Umfassende Bezeichnung für die Gesamtheit aller Einrichtungen und Veranstaltungen, die der Bildung und Erziehung von Kindern, Jugendlichen und Erwachsenen dienen. Hierzu gehören der Elementarbereich mit den familienergänzenden Einrichtungen der Vorschulerziehung (z.B. Kindergärten), die allgemeinbildenden Schulen im Primar- und Sekundarbereich I und II des *Schulsystems*, die Schulen des *beruflichen Schulwesens* und die Einrichtungen der beruflichen Ausbildung in Betrieben und Ausbildungsstätten des Sekundarbereichs II, die Hochschulen des Tertiärbereichs wie Universitäten, Fachhochschu-

len und Gesamthochschulen, die Einrichtungen der allgemeinen und berufsbezogenen Weiterbildung (sog. Quartärbereich). Im weitesten Sinne gehören auch Einrichtungen wie Bibliotheken, Theater, Museen und Medien zum B.
Die Grundstruktur des B. ist das Ergebnis eines geschichtlichen und gesellschaftlichen Entwicklungsprozesses, in dem sich bestimmte Grundvorstellungen von Bildung und Erziehung in der modernen demokratischen Industriegesellschaft herausgebildet haben. Dazu gehört, daß der einzelne unter Berücksichtigung der gesamtgesellschaftlichen Entwicklung seinen Anspruch auf Förderung und Entfaltung seiner Begabungen und Fähigkeiten wahrnehmen kann, damit er sein persönliches, berufliches und soziales Leben als mündiger Bürger in Freiheit selbstverantwortlich gestalten kann. Auf der Basis der Grundrechte des GG ist die Normierung der allgemeinen Bildungs- und Erziehungsziele Aufgabe der Gesetzgebung des Bundes und der Länder. Aufgrund der Kulturhoheit der Länder kommt den Verfassungen, Schulgesetzen, Lehrplänen, Verordnungen und Verwaltungsvorschriften der Länder eine besondere Bedeutung zu.
Literatur: 2.1.1, 2.5

Bildungswissenschaftliche Hochschule Flensburg, Universität. Durch das schleswig-holsteinische Gesetz zur Neuordnung von Hochschulen (1994) wurde die bisherige Pädagogische Hochschule Flensburg in die B.H.F.U. umgewandelt. Sie bietet Lehramtsstudiengänge für alle Schulstufen und Schularten sowie verschiedene Diplomstudiengänge an und besitzt volles Promotions- und Habilitationsrecht. Die PH Kiel wurde durch dasselbe Gesetz als Erziehungswissenschaftliche Fakultät in die Universität Kiel integriert.

Binnendifferenzierung. *Innere Differenzierung.*

biographische Methode (engl. *biographical method*). Verfahren zur Analyse einer individuellen Lebensgeschichte, die zu diesem Zwecke in Einheiten untergliedert wird. Segmente können einzelne Handlungen, Tages-, Wochen- und Monatsabläufe oder längere Lebensabschnitte sein, die durch soziale und kulturelle Faktoren eindeutig voneinander abgegrenzt sind (z.B. Vorschulzeit, Grundschulzeit, berufliche Erstausbildung). Inhaltlich untersucht die b.M. Ansichten, Einstellungen, Erwartungen und Urteile des Individuums, seine Handlungen in Familie, Schule, Freizeit und Beruf, seine Lebensentwürfe und Lebenskrisen. Als Material werden die Ergebnisse aus explorativen Gesprächen, Interviews und schriftlichen Befragungen sowie Briefe, Tagebücher, Zeugnisse u.a. Urkunden herangezogen.
Neben der Rekonstruktion einer einmaligen Lebensgeschichte dient die b.M. in den Sozialwissenschaften insbesondere der Gewinnung von Hypothesen, da sich in individuellen Lebensgeschichten wesentliche Bedingungen und Zusammenhänge der allgemeinen Lebensverhältnisse spiegeln.
Literatur: 1.5

BIZ. *Berufsinformationszentrum.*

Blätter zur Berufskunde. Berufskundliche Schriftenreihe der *Bundesanstalt für Arbeit.* Die Hefte geben jeweils über Tätigkeiten, Arbeitsfelder, Ausbildung, Fortbildung und Arbeitsmarktchancen eines Berufes Auskunft. Die Schriftenreihe ist in vier Bände untergliedert: 1. Anerkannte Ausbildungsberufe; 2. Berufe mit geregelten Ausbildungsgängen an Berufsfachschulen, Fachschulen, in Betrieben und Verwaltungen; 3. Hochschulberufe und 4. Entsprechungen der beruflichen Befähigungsnachweise innerhalb der EU. Die B.z.B. sind in einem *Berufsinformationszentrum* (BIZ) einsehbar.

BLK. *Bund-Länder-Kommission für Bildungsplanung und Forschungsförderung.*

Blockunterricht. Zusammenfassung des i.d.R. auf Schulwochen verteilten Unterrichts der Teilzeit-Berufsschule in größeren zeitlichen Einheiten. Oftmals in Form von zweimal sechs bis sieben Wochen Vollzeitunterricht im Schuljahr. Aus Gründen einer effektiven Nutzung der personellen und räumlichen Ressourcen einer Schule wird immer dann, wenn für die Einrichtung von Fachklassen nicht genügend Auszubildende bzw. Lehrlinge vorhanden sind, für die Schüler einer größeren Region B. angeboten.

BMBWFT. *Bundesministerium für Bildung, Wissenschaft, Forschung und Technologie.*

BORS (Berufsorientierung an Realschulen). Derzeit auf Baden-Württemberg beschränkte Bezeichnung für den Berufswahlunterricht in Klasse 9 der *Realschulen*, der ein einwöchiges *Praktikum* einschließt.

Brainstorming. Aus dem Englischen übernommene Bezeichnung für das Verfahren der spontanen und freien Ideensammlung in einer Gruppe zur Lösung eines bestimmten Problems. Die besondere Wirksamkeit erwächst aus dem wechselseitigen Zuspielen, Ergänzen, Korrigieren und Konkretisieren von Ideen.

Bremer Plan. 1960 fand in Bremen ein sog. Kongreß der Lehrer und Erzieher statt. Der Veranstalter, die Arbeitsgemeinschaft Deutscher Lehrerverbände, legte den Teilnehmern den B.P. als Diskussionsgrundlage vor. Ziel war die Erarbeitung inhaltlicher und organisatorischer Grundlagen für die Neugestaltung des gesamten westdeutschen Bildungswesens. Der Kindergarten sollte nach den Empfehlungen des B.P. in das öffentliche Schulwesen integriert werden. Auf die vierjährige Grundschule sollte eine ebenfalls für alle Kinder gemeinsame Mittelstufe (Klassen 5 und 6) folgen. Die Oberschule bis Klasse 10 wurde im B.P. in Werk-, Real- und Gymnasial-Oberschule differenziert. Die Vollzeitschulpflicht sollte 10 Jahre betragen.
Vom B.P. gingen wichtige Impulse für die bildungspolitische Entwicklung aus. Das betrifft einmal die Einrichtung der *Orientierungsstufe* (Klassen 5 und 6) und zum anderen die Weiterentwicklung der Volksschuloberstufe zur *Hauptschule.*

BSHG. *Bundessozialhilfegesetz*

BüE. *Berufsausbildung in einer überbetrieblichen Bildungseinrichtung.*

Bundesanstalt für Arbeit (**BA;** engl. *Federal Labour Office*). Nach den Bestimmungen des *Arbeitsförderungegesetzes* (AFG) ist die BA eine Körperschaft des öffentlichen Rechts unter der Aufsicht des Bundesministeriums für Arbeit und Sozialordnung. Sie gliedert sich in eine Hauptstelle (derzeit in Nürnberg), in Landesarbeitsämter und *Arbeitsämter.* Ihre Aufgaben im Bereich des Bildungswesens sind *Berufsaufklärung* und -orientierung, Berufsberatung, Vermittlung von beruflichen Ausbildungsstellen sowie Förderung und Finanzierung beruflicher Bildungsmaßnahmen (z.B. für Behinderte, sozial benachteiligte Jugendliche).

Bundesausbildungsförderungsgesetz (BAföG). Regelt den individuellen Anspruch auf Zuschüsse und Darlehen für den Besuch von Hochschulen, allgemeinbildenden Schulen, beruflichen Schulen, Abendschulen und nach Landesrecht diesen Einrichtungen gleichgestellten Institutionen. Die Höhe der Zahlungen richtet sich nach bestimmten Bedarfssätzen. Zugleich werden eigenes Einkommen und Vermögen sowie solches von Eltern und Ehegatten in bestimmtem Umfang angerechnet. Die Förderung setzt i.d.R. erst nach Abschluß einer allgemeinbildenden Schule ein. Für den Besuch dieser Schulen werden Zuschüsse nur dann gewährt, wenn aufgrund besonderer Umstände (z.B. auswärtige Unterbringung) den Eltern besonders hohe Ausbildungskosten entstehen. Die Förderung erstreckt sich auf die Dauer der Ausbildung und schließt die unterrichtsfreien Zeiten ein. Zuständig für die Bearbeitung der Anträge und die Zahlung der Zuschüsse bzw. Darlehen sind die Ämter für Ausbildungsförderung, die zumeist bei den Studentenwerken oder den Kreisverwaltungsbehörden eingerichtet sind.

Bundesausschuß für Berufsbildung. Nach § 50 des *Berufsbildungsgesetzes* (BBiG) eingerichteter Ausschuß aus Vertretern der Arbeitgeber, Arbeitnehmer, der Länder sowie der Bundesanstalt für Arbeit, der bis zum Jahre 1976 die Bundesregierung in allen wichtigen Fragen der Berufsausbildung beraten hat. Seit dem Inkrafttreten des *Berufsbildungsförderungsgesetzes* (BerBiFG) im Jahr 1981 hat der Hauptausschuß des *Bundesinstituts für Berufsbildung* (BIBB) in Berlin, der je zu einem Viertel aus Vertretern der Arbeitgeberorganisationen, der Gewerkschaften, des Bundes und der Länder zusammengesetzt ist, die Aufgaben des B.f.B. weitgehend übernommen.
Anschriften: 15.1

Bundeselternrat. Freiwilliger Zusammenschluß (e.V.) von Elternvertretern aus allen 16 Bundesländern. Im Unterschied zur Mitbestimmung der Eltern auf den verschiedenen Ebenen des Schulwesens in den Ländern, die in den Schulgesetzen gesichert ist, fehlt dem B. aufgrund der Kulturhoheit der Länder eine gesetzliche Gundlage.
Anschriften: 11.0

Bundesinstitut für Berufsbildung (BIBB; engl. *Federal Institute of Vocational Training*). Das zweite Kapitel des *Berufsbildungsförderungsgesetzes* (BerBiFG) regelt ausführlich Aufgaben und Organisation des BIBB. Es soll u.a. bei der Vorbereitung neuer *Ausbildungsordnungen* im Sinne des *Berufsbildungsgesetzes* (BBiG) mitwirken, den zuständigen Bundesminister bei der Erstellung des *Berufsbildungsberichtes* unterstützen, es ist an der *Berufsbildungsstatistik* beteiligt, fördert Modellversuche zur Weiterentwicklung der beruflichen Bildung, führt das Verzeichnis der anerkannten Ausbildungsberufe und betreibt Berufsbildungsforschung. Im Hauptausschuß des BIBB sind Arbeitgeber und Arbeitnehmer, die Bundesländer und der Bund vertreten. In einem besonderen Unterausschuß wird an der Abstimmung der betrieblichen Ausbildungsordnungen mit den Rahmenlehrplänen für die Berufsschulen gearbeitet. Das BIBB entwickelt auch Lehr- und Lernmittel für die Berufsausbildung, die von betrieblichen Ausbildern und Berufsschullehrern bezogen werden können.
Anschriften: 15.1

Bundesjugendkuratorium (engl. *Federal Committee on Youth Policy*). Nach den Bestimmungen des *Kinder- und Jugendhilfegesetzes* (KJHG) beruft das *Bundesministerium für Familie, Senioren, Frauen und Jugend* als Sachverständigengremium das B., dessen Aufgabe die Beratung der Bundesregierung in allen grundsätzlichen Fragen der *Jugendhilfe* ist.

Bundesjugendplan (engl. *Federal Youth Plan*). Seit 1950 verabschiedet der Deutsche Bundestag jährlich einen B., aus dessen Mitteln die *Jugendhilfe*, insbesondere die *Jugendarbeit* freier und öffentlicher Träger unterstützt wird, soweit Aktivitäten nicht aus den Haushalten der Länder oder Gemeinden finanziert werden können. Verwaltet wird der B. vom *Bundesministerium für Familie, Senioren, Frauen und Jugend*.
Anschriften: 3.2

Bundesjugendring. Freiwilliger Zusammenschluß der *Jugendverbände* auf Bundesebene zum Zwecke der Vertretung gemeinsamer Interessen gegenüber Öffentlichkeit und Politik (Bundestag, Bundesregierung, Parteien, Kirchen, Verbände, Gewerkschaften usw.). Derzeit gehören dem B. etwa 20 Jugendverbände und die *Landesjugendringe* als Mitglieder an.

Bundesministerium für Bildung, Wissenschaft, Forschung und Technologie (BMBWFT). Nach den Bestimmungen des GG sind die Zuständigkeiten im Bereich der *Bildungspolitik* zwischen dem Bund und den Ländern aufgeteilt (*Kulturhoheit der Länder*). Im Rahmen dieser Aufteilung erfüllt das BMBW folgende Aufgaben: Zusammenarbeit mit den Bundesländern im Bereich der *Bildungsplanung* sowie der Förderung von Modellversuchen in Schulen, *Berufsbildung* und *Hochschulen*, Begabtenförderung durch die Ausrichtung von Wettbewerben, Maßnahmen im Rahmen des *Bundesausbildungsförderungsgesetzes* (BAföG), Initiativen im Bereich der *Weiterbildung*, Vorbereitung der Gesetzgebung im Bereich der außerschulischen Bildung, Entwicklung und Ordnung der beruflichen Aus- und Weiterbildung (*Berufsbildungsgesetz*, Erlaß von *Ausbildungsordnungen*), Förderung überbetrieblicher Ausbildungseinrichtungen, Vorlage des jährlichen *Berufsbildungsberichtes*, Rahmengesetzgebung für das Hochschulwesen (*Hochschulrahmengesetz*) sowie die Förderung wissenschaftlich-technologischer Entwicklungen in Deutschland. Zielsetzung dabei ist, die wissenschaftliche Grundlagenforschung sowie die Erarbeitung neuer wissenschaftlicher Einzelerkenntnisse und ihre Umsetzung in die soziale, ökologische oder ökonomische Praxis zu unterstützen, um dadurch die allgemeinen Lebensverhältnisse zu verbessern und die internationale Konkurrenzfähigkeit der Wirtschaft zu stärken.
Anschriften: 3.2

Bundesministerium für Frauen und Jugend. Zu den Aufgaben des Ministeriums gehören insbesondere die Stärkung der Familie, die Verbesserung des Familienlastenausgleichs und der Familienerholung, die Altenpflege und Pflegeversicherung. Weitere zentrale Arbeitsbereiche sind die Förderung praktischer Frauenarbeit in allen wesentlichen Lebenslagen (Familie, Ausbildung, Beruf, Politik), Aktivitäten zur Durchsetzung des Gleichberechtigungs- und Mutterschutzgesetzes, zur Beratung und Unterstützung der Frauen in besonderen Konfliktsituationen, Maßnahmen im Bereich von Kinder- und Jugendhilfe, Jugendschutz und Gefahrenabwendung, Durchführung besonderer Eingliederungsprogramme für benachteiligte Jugendliche sowie alle Aufgabenstellungen im Zusammenhang mit dem Zivildienstgesetz.
Anschriften: 3.2

Bundessozialhilfegesetz (**BSHG;** engl. *Federal Social Assistance Act*). Regelt in Fällen individueller Notlagen die Rechtsansprüche der Bürger auf Leistungen und Hilfen durch die öffentliche Verwaltung. Sozialhilfe kann als Geldleistung, Sachleistung oder persönliche Unterstützung gewährt werden. Sie wird unterteilt in Hilfen zum Lebensunterhalt und Hilfen in besonderen Lebenslagen. Für die Durchführung entsprechender Maßnahmen sind i.d.R. die Städte oder Landkreise zuständig. Für *Berufsausbildung*, *Jugendhilfe* und *Behindertenpädagogik* ist die Bestimmung wichtig, daß Hilfen in besonderen Lebenslagen auch Eingliederungshilfen für körperlich, geistig oder seelisch *Behinderte* umfassen.

Bundeswehrhochschulen. Verwaltungsinterne *Universitäten* und *Fachhochschulen* des Bundes, die voll aus dem

Bundeshaushalt finanziert werden, zugleich jedoch dem jeweiligen *Hochschulgesetz* des Landes unterliegen, in dem sie angesiedelt sind. An den Universitäten der Bundeswehr in Hamburg und München können sich ausschließlich Offiziersanwärter immatrikulieren, die sich für einen mindestens zwölfjährigen Dienst in der Bundeswehr verpflichtet und das Verfahren der Offiziersprüfstelle in Köln erfolgreich durchlaufen haben. Die Fachhochschulen der Bundeswehr dienen im wesentlichen der beruflichen *Weiterbildung* von Unteroffizieren, die kurz vor ihrem Ausscheiden aus den Streitkräften stehen. Sämtliche Abschlüsse der B. sind denen anderer Hochschulen gleichgestellt.

Bundeszentrale für politische Bildung. Dient der überparteilichen politischen Bildungsarbeit von Erwachsenen, insbesondere sog. Multiplikatoren wie Lehrern, Mitarbeitern in der *Jugendarbeit* und *Erwachsenenbildung* durch a) die Herausgabe von Zeitschriften (z.B. »Informationen zur politischen Bildung«) und Büchern, b) durch Tagungsarbeit in Kooperation mit Tagungsstätten (z.B. der Jugendverbände, Gewerkschaften oder Kirchen sowie c) durch Förderung von politischer Bildung in den öffentlichen Medien. Bei ihrer Gründung 1952 wurden der Aufarbeitung des Faschismus sowie der Auseinandersetzung mit dem kommunistischen Totalitarismus besondere Aufmerksamkeit gewidmet. In den Bundesländern bestehen Landeszentralen für Politische Bildung, die weitgehend ähnliche Aufgaben zu erfüllen haben. Die i.d.R. kostenlosen Angebote der Zentralen werden laufend aktualisiert. Anfragen sind direkt an die Dienststellen zu richten.
Anschriften: 3.2

Bund-Länder-Kommission für Bildungsplanung und Forschungsförderung (**BLK;** engl. Federal-Laender-Commission for Educational Planning and Promotion of Research). Das GG bestimmt *Bildungsplanung* und Forschungsförderung als Gemeinschaftsaufgabe des Bundes und der Länder. Zu diesem Zwecke wurde 1970 die BLK eingerichtet, in der Bund und Länder jeweils mit 16 Stimmen vertreten sind. Beschlüsse der BLK sind für die Bundesländer nicht bindend. Die BLK sollte einen Rahmenplan für die *Bildungspolitik* in Deutschland erarbeiten. Der *Bildungsgesamtplan* wurde 1973 vorgelegt, konnte aber wegen grundsätzlicher Widersprüche in den bildungspolitischen Positionen der verschiedenen Landesregierungen wenig Bewegung in die Politik bringen. Heute arbeitet die BLK insbesondere im Bereich der Förderung von einzelnen Innovationsvorhaben (*Modellversuche*) und deren wissenschaftlicher Begleitung in den Bereichen Berufsausbildung, Behindertenpädagogik, Weiterbildung und Hochschuldidaktik.
Anschrift: 5.2

Burschenschaft. Die B. entstand 1815 als Zusammenschluß der bis dahin landsmannschaftlich organisierten Studentenschaft. Sie war anfänglich wesentlicher Träger der deutschen Freiheitsbewegung gegen die französische Besetzung unter Napoleon I. Die schwarz-rot-goldene Fahne der B. wurde 1832 erstmals als Symbol der deutschen Einheit gezeigt. Nach der Reichsgründung 1871 entwickelte die B. ein eher nationalkonservatives Gedankengut. Heute ist eine B. eine farbentragende studentische Korporation. Ihre Ziele sind i.d.R. die Pflege des geselligen Zusammenlebens, Studienberatung und -hilfen sowie die Unterstützung der Studierenden beim Übergang in den Beruf.

BVJ. *Berufsvorbereitungsjahr.*

C

Casework (Syn. **Einzelfallhilfe, soziale Einzelhilfe**). Auf der Grundlage einer mehrperspektivischen Analyse der Problemlagen eines Klienten (entwicklungspsychologisch, familiensoziologisch, kulturanthropologisch, medizinisch) versucht der Caseworker (i. d. R. ein Sozialarbeiter) zusammen mit dem Klienten einen Hilfs- bzw. Behandlungsplan zu erarbeiten. Gemeinsame Analyse und Entwicklung des Therapieplanes sind bereits wesentliche Teile des C. Ziel ist die schrittweise Stärkung von Identität und Handlungskompetenz des Klienten. Dabei können soziale Hilfen (z. B. Arbeitsbeschaffung, Gruppenarbeit) eine wesentliche Rolle spielen. C. verlangt folglich vom Sozialarbeiter ein breites Spektrum an Kompetenzen.
Literatur: 2.11

CEDEFOP (franz. *Centre européen pour le Développement de la Formation professionelle*). Das europäische Zentrum für die Förderung der Berufsbildung mit Sitz in Berlin hat die Aufgabe, durch Information, Forschung und Verbesserung der Zusammenarbeit die berufliche Aus- und Weiterbildung innerhalb der Europäischen Union zu unterstützen.
Anschriften: 2.1

CENYC. *Europäischer Jugendrat.*

Chancengleichheit (engl. *equal opportunities*). Seitdem die Philosophie der Aufklärung ihren Niederschlag in den Grundrechten der Verfassungen demokratischer Staaten gefunden hat, ist der Widerspruch zwischen dem normativen Anspruch auf Gleichheit (Art. 3, Abs. 3 GG) und der sozialen, wirtschaftlichen und kulturellen Ungleichheit klar ersichtlich. Die deutsche Schulgeschichte des dreigliedrigen Schulsystems seit 1820 belegt, daß mit der institutionalisierten *Auslese* durch das Beurteilungs- und Berechtigungswesens auch immer eine soziale verbunden war. Die Konzeption des dreigliedrigen Schulsystems und seine Auswirkungen auf die soziale Auslese wurden gegen Reformansprüche bis in die sechziger Jahre mit der natürlichen Ungleichheit der Begabungen und der Realisierung des individualistischen Leistungsprinzips legitimiert. Vor dem Hintergrund weltpolitischer Ereignisse (Start von Sputnik I 1957, Raumfahrt, Vietnamkrieg) und wirtschaftlicher Entwicklungen wurden die Forderungen nach »Aufholen des Modernitätsrückstandes«, nach »Ausschöpfen der Begabungsreserven« (G. Picht) und nach optimaler schulischer Förderung der heranwachsenden Generation ernstgenommen. Erste empirische Großuntersuchungen zum Zusammenhang zwischen den Bildungsreserven und dem Bildungssystem in Deutschland belegten, daß das demokratische Prinzip der C. nicht verwirklicht war und vor allem Mädchen, Arbeiterkinder, Landkinder und Kinder von Katholiken zu den benachteiligten Bevölkerungsgruppen gehörten. In der Bildungsreformdiskussion der siebziger Jahre über die Gleichheit der Chancen zeigte sich jedoch, daß mit dem Begriff C. unterschiedliche Zielvorstellungen und Begriffsverständnisse verbunden waren. **1)** Konservative Sicht: Bildung, beruflicher und sozialer Status sollen aufgrund von Fähigkeiten und Begabung der Individuen zugewiesen werden. Fähigkeiten und Begabungen werden als relativ naturgegeben und unveränderlich angesehen. Der Grad individueller Bildung wird als Ausdruck ererbter Anlagen verstanden. Da die natürlichen Begabungen in der Massengesellschaft ein kostbares Gut sind, soll das Bildungssystem hochselektiv sein, damit die besonderen Talente in möglichst homogenen Gruppen optimal gefördert werden können. C. ist danach in einem institutionell stark gegliederten Schulsystem für Begabte und Hochbegabte eher gegeben als in einem integrierten Schulsystem, das ihre Chancen beeinträchtigen würde und eine Nivellierung zur Mittelmäßigkeit zur Folge hätte.

2) Liberale Sicht: Der Zugang zu Bildung, beruflichen und sozialen Positionen soll von erworbenen Bildungsqualifikationen abhängig gemacht werden und nicht vom sozialen Status der Herkunftsfamilie. Dabei wird auch von angeborenen Fähigkeiten, Begabungen und Leistungsmöglichkeiten ausgegangen. Formale C. kann dann erreicht werden, wenn Bildungsbarrieren auch für begabte Kinder der unteren Sozialschichten abgebaut werden, indem der Zugang zu Bildungseinrichtungen und zum Beruf eröffnet wird und die Leistungsbewertung im Konkurrenzsystem Schule nach objektiven Kriterien erfolgt. Dazu ist ein freier Zugang und eine Verbreiterung des Bildungsangebotes notwendig, die mit der Abschaffung von Schulgeld und Studiengebühren, mit Ausbildungsförderung sowie mit geographischer Streuung und gleichmäßiger Ausstattung der Bildungseinrichtungen gegeben sind. C. wird aus der liberalen Sicht im Sinne von Zugangsc. verstanden nach dem Motto: »Jeder ist dann seines Glückes Schmied.«

3) Soziale Sicht: C. wäre dann erreicht, wenn sich soziale Unterschiede statistisch nicht mehr von vornherein auf die Bildungs- und Berufschancen der Kinder auswirken würden. Das bedeutet nach Art. 3, Abs. 3 des GG: »Niemand darf wegen seines Geschlechtes, seiner Abstammung, seiner Rasse, seiner Sprache, seiner Heimat und Herkunft, seines Glaubens, seiner religiösen oder politischen Anschauungen benachteiligt oder bevorzugt werden.« Im Sinne einer repräsentativen C. bedeutet dies, daß alle Kinder unabhängig von ihrer sozialen Herkunft dasselbe Anrecht auf Bildung und beruflichen Status haben. Dabei geht die soziale Sicht des Begriffs C. davon aus, daß Fähigkeiten, Begabung und Leistungsmöglichkeiten nicht allein anlagebedingt, sondern auch von der bildungsfördernden und sozio-ökonomischen Lage der Herkunftsfamilie abhängig sind. Deshalb ist die Verantwortung für den Schulerfolg nicht allein vom Kind und seiner Familie zu tragen, sondern auch von den Bildungseinrichtungen. Das Ziel C. bedeutet dann Chancenausgleich durch optimale individuelle Förderung und solidarisches Miteinanderlernen, was bei realistischer Betrachtung Abbau von Chancenungleichheiten meint. Ziel ist nicht die utopische Vorstellung, alle Kinder könnten das gleiche Bildungsniveau erreichen. Vielmehr soll jeder Heranwachsende so gefördert werden, daß er die Voraussetzungen besitzt, bei seiner Lebensbewältigung die Chancen tatsächlich wahrzunehmen und sich weiterzuentwickeln. Dabei meint Weiterentwicklung nicht nur die durch Leistungsmessung feststellbaren Kenntnisse, sondern die der unverwechselbaren Persönlichkeit mit ihren Talenten, Be-

dürfnissen und Interessen. C. bedeutet dann nicht nur Zugangsc., sondern Längsschnittc. oder Langzeitabbau von Chancenungleichheit, die erst am Ende der Schulzeit ihre Früchte zeigen kann.
Literatur: 2.5

Charakter (griech. *charassein* einprägen, schärfen, ritzen; engl. *character*).
1) Die einem Menschen eigentümliche Natur. Das individuelle Gefüge der Erlebnis-, Verarbeitungs- und Reaktionsformen.
2) In ethischer Bedeutung die sittliche Verläßlichkeit einer Person, ihre Willensstärke bei der Einhaltung des als richtig Erkannten, auch gegen widrige innere und äußere Umstände. In der Psychologie wurde der Ch.-begriff weitgehend durch den Begriff Persönlichkeit ersetzt, die Lehre vom Ch. (Charakterologie) zur Persönlichkeitspsychologie weiterentwickelt.

Charta des Kindes. *Rechte des Kindes.*

Comenius Institut. Evangelische Arbeitsstelle für Erziehungswissenschaft. Ausgehend von der pädagogischen Mitverantwortung der Kirche sollen theoretische Erkenntnisse für praktische Lösungen gegenwärtiger Erziehungs- und Schulprobleme fruchtbar gemacht werden. Die Arbeit wird in Form von Studien, Tagungen, Konsultationen und Publikationen geleistet. Träger des C. I. sind die Evangelische Kirche in Deutschland, die Landeskirchen und die evangelischen Lehrer- und Erzieherverbände.
Anschriften: 10.0

computerunterstützter Unterricht (engl. *computer-assisted instruction*). Form der Einzel- bzw. Alleinarbeit, bei der die Lernprozesse vom Anwendungsprogramm des Computers gesteuert werden. C. U. ist eine Form des *programmierten Unterrichts.*

cultural lag. Aus dem Englischen übernommene Bezeichnung für den Entwicklungsrückstand eines gesellschaftlichen Teilsystems bzw. einer Teilgruppe hinter den als normal angesehenen Standards der gesellschaftlichen Ordnung. Auffälligstes Beispiel ist bis heute die wirtschaftliche und soziale Benachteiligung der Frau, obschon die Schülerinnen innerhalb des Schulwesens durchaus ihrem Anteil am Altersjahrgang gemäß vertreten sind. Die Bedingungen von Ausbildung, Studium und Arbeitswelt entsprechen jedoch immer noch nicht der Tatsache, daß von Frauen i. d. R. ein doppelter Lebensentwurf erwartet wird, nämlich der für die Rolle als Frau und Mutter einerseits sowie der als Berufsinhaberin andererseits.

Curriculum (lat. *curriculum* Lauf, Kreislauf; engl. *curriculum*). Der Begriff C. setzt sich nach der Auflösung des Bildungskanons der septem artes liberales (sieben freien Künste) seit dem 17. Jh. für die Auswahl und Anordnung sich jährlich wiederholender Lerninhalte in den Schulen durch. Im Zuge der Einführung einer deutschen Fachsprache wird der Begriff gegen Ende des 18. Jh. durch die Bezeichnung *Lehrplan* ersetzt. Der im anglo-amerikanischen Sprachbereich erhalten gebliebene Begriff C. wird Mitte der sechziger Jahre unseres Jahrhunderts vor allem durch *S. B. Robinsohns* Buch ›Bildungsreform als Revision des C.‹ wieder eingeführt, ist jetzt aber von dem Begriff Lehrplan und von dem Begriff *Unterrichtsentwurf* zu unterscheiden. Ein C. vermittelt gewissermaßen zwischen staatlichen Richtlinien und Lehrplänen einerseits und der Unterrichtsplanung andererseits.
Das C. ist der Vorentwurf für Lehr-Lern-Prozesse, der Aussagen über die angestrebten Ziele und Inhalte sowie über die Lernbedingungen, Medien, Methoden und Evaluationsverfahren macht. Dabei werden geschlossene C., die für die Durchführung präzise und verbindliche

Aussagen machen, von *offenen C.* unterschieden, die eine anregungsreiche, beispielgebende Rahmenvorgabe darstellen. Das C. kann auf die Gesamtheit oder auf Teile der angestrebten Lehr-Lern-Prozesse z. B. in bestimmten Schulformen, Schulstufen, Jahrgängen, Schulfächern oder Themenbereichen bezogen sein. Ein C. kommt in der Regel auf der Grundlage wissenschaftlicher Verfahren zustande, enthält Text- und Medienmaterial und ist auf eine ständige Überprüfung und Revision angelegt. Bei der Konstruktion von C. wirken sich unterschiedliche Ansätze der *Didaktik* und C.entwicklung aus.
Literatur: 1.2, 2.1.3

Curriculumforschung (engl. *curriculum research*). Gegenstand der C. sind die Prozesse der Auswahl, Begründung und Beschreibung von Zielen und Inhalten der Erziehung und des Unterrichts, der Entwicklung von Curriculumbausteinen, der *Dissemination, Implementation* und *Evaluation.* Untersucht wird ferner die Beteiligung von Wissenschaftlern, Lehrern, Eltern und Schülern an der Curriculumentwicklung. Dabei kann die C. heute auf vielfältige Erfahrungen mit der Rezeption angelsächsischer Curriculumtheorien und der Curriculumentwicklung in Deutschland seit etwa 1965 zurückgreifen.

Curriculum vitae (lat. Lebenslauf). Bildungsgang eines Menschen.

D

DAAD. *Deutscher Akademischer Austauschdienst.*

Dalton-Plan. Eine Schulkonzeption, die von *H. Parkhurst* unter dem Einfluß *M. Montessoris* und *J. Deweys* entwickelt und 1920 in einer High School in Dalton (Mass./USA) eingeführt wurde. Im Mittelpunkt der Arbeit nach dem D. P. steht die individualisierte Einzelarbeit im Sinne M. Montessoris und die Gemeinschaftsarbeit bei Projekten im Sinne J. Deweys. Merkmale der Konzeption sind: Auflösung der Jahrgangsklassen durch Einzel- und Gemeinschaftsarbeit, kein einheitliches Voranschreiten im Klassenunterricht, Aufteilung des Jahrespensums in Monats- und Wochenaufgaben je Fach, Aufteilung des Pensums in verbindliche Kernaufgaben und freiwillige Neigungsaufgaben, individualisierte Differenzierung der Kernaufgaben durch Einzelarbeit, Unterrichtsräume mit Arbeitsecken und einer Fülle von Arbeitsmitteln und Medien sowie Facharbeitsräume als Laboratorien, Lernkontrolle vorwiegend durch Selbstkontrolle in Schüler-Tabellen, ergänzt durch Aufzeichnungen des Lehrers und durch Testergebnisse, Lehrer als Organisator, Berater und Helfer.

Heute gibt es etwa 40 Schulen, die nach dem D. P. arbeiten. Eine Ergänzung erfuhr der D. P. durch den Winnetka-Plan von C. W. Washburne, den er als Schulrat in Winnetka (Illinois/USA) 1922 einführte. Im Winnetka-Plan tritt neben die individualisierte Einzelarbeit die tägliche Gruppenarbeit zur gegenseitigen Anregung und Hilfe sowie zur Bewältigung gemeinsamer Aufgaben.

darstellendes Spiel (Syn. **szenisches Spiel**). Oberbegriff für das breite Spektrum von szenischen Spielformen mit Darstellungscharakter in Abgrenzung zu anderen Spielformen und zum professionellen Theater. Der aus der Reformpädagogik der zwanziger Jahre stammende Begriff wurde wegen seiner Einseitigkeit von der neueren Spiel- und Theaterpädagogik abgelehnt und durch neue Begriffe wie z. B. szenisches Spiel ersetzt. Inzwischen wird der Oberbegriff d. S. verstärkt wieder verwendet und inhaltlich neu gefaßt.

Zu den verschiedenen Spielformen, in denen szenisch-kreatives Handeln heute im Rahmen von Fachunterricht, *Spielstunden*, Arbeitsgemeinschaften und therapeutischen Spielgruppen in der Schule von Bedeutung ist, gehören: Theaterspiele von Schülern nach vorgegebenen oder selbstgeschriebenen Textbüchern, Unterrichtsspiele z. B. zur Darstellung historischer Ereignisse, Puppenspiele, Pantomime, improvisierendes Spiel, Stegreifspiele, Schattenspiele, Clownspiele, Kabarett, Musical, Hörspiele u. ä. Ziel ist der theatralische, ästhetische und kreative Umgang mit der Sprache (z. B. eigene Textproduktion, Darstellung fremder Rollen und Texte, rhetorische Übungen), mit Geräuschen und Tönen (z. B. vom Lied zur Oper, Toncollagen), mit Material (z. B. Kostüme, Kulissen,

Requisiten, Masken, Figuren) und mit dem eigenen Körper (z. B. Tanz, Pantomime, Gymnastik, Bewegungsimprovisation). Unter soziologischen und psychoanalytischen Aspekten der Darstellung von *Rollen* sind auch *Rollenspiele, Planspiele* und *Psychodrama* einzubeziehen.
Literatur: 2.1.7, 2.8

Datenbanken für Pädagogen (engl. *data bank, data base*). Sammeln systematisch und speichern elektronisch Literaturnachweise, die nach vielfältigen Kriterien (Begriffe, Namen, Institutionen, Orte, Methoden usw.) miteinander verknüpft werden. Auf diese Weise wird eine sehr gezielte Literatursuche möglich. Die Abfrage erfolgt i. d. R. über ein Formular, auf dem die Fragestellung, möglichst treffende Suchbegriffe sowie der zeitliche Umfang, für den Literatur gesucht wird, anzugeben sind. Die Ergebnisse der Literatursuche werden in ausgedruckter Form oder auf Disketten geliefert. Es werden Gebühren erhoben, die sich nach dem Umfang der gewünschten Recherche und der Form ihrer Dokumentation richten. Wichtige Datenbanken: PEDI (Deutsches Institut für Internationale Pädagogische Forschung in Frankfurt/M), PSYTKOM (Kompendium psychologischer und pädagogischer Testverfahren), PSYNDEX (deutsche und englischsprachige Literatur aus deutschsprachigen Ländern für die Gebiete Psychologie, Pädagogik, Soziologie, Psychiatrie, Philosophie), SOLIS (Sozialwissenschaftliches Literaturinformationssystem) und FORIS (Forschungsinformationssystem Sozialwissenschaften).
Anfragen können u. a. gerichtet werden an das Deutsche Institut für Internationale Pädagogische Forschung (DIPF) und die Zentralstelle für Psychologische Information und Dokumentation.
Anschriften: 14.3

Dekan (lat. *decanus* Führer von zehn Mann; engl. *dean*). Leiter einer Universitätsfakultät und deren Vertreter nach außen.

Deliktsfähigkeit. Bis zur Vollendung des 7. Lebensjahrs besteht keine D., zwischen dem 7. und dem 18. Lebensjahr eine bedingte und nach Eintritt der *Volljährigkeit* die volle D. **1)** Im Zivilrecht setzt eine zum Schadensersatz verpflichtende unerlaubte Handlung i. d. R. Verschulden voraus. Schuldhaft handeln kann nur, wer deliktsfähig (zurechnungsfähig) ist.
2) Im Strafrecht ist D. gleichbedeutend mit Strafmündigkeit, die mit Vollendung des 14. Lebensjahres einsetzt. Bis zur Vollendung des 18. Lebensjahres kommt das Jugendstrafrecht zur Anwendung. Täter zwischen dem 18. und 21. Lebensjahr werden als sog. Heranwachsende unter bestimmten Voraussetzungen Jugendlichen gleichgesetzt.

Delinquenz (lat. *delinquere* sich vergehen, fehlen, etwas verschulden; engl. *delinquency*). Bezeichnet meist vergleichsweise einfache Rechtsbrüche durch Kinder und Jugendliche. Zur Erklärung werden sehr unterschiedliche Faktoren herangezogen, familiale Probleme, *Verwahrlosung*, Einflüsse durch Jugendbanden, Armut, aber auch materieller Überfluß in Verbindung mit seelischer Vereinsamung.

Denken (engl. *thinking*). Gedankliches Erfassen, Ordnen, Verstehen oder Gestalten der Wirklichkeit unter Verwendung von Begriffen, Modellvorstellungen oder idealen Bildern. D. befähigt zur Selbstreflexion ebenso wie zur geistigen Repräsentation der Wirklichkeit. Es nimmt seinen Ausgang bei Sinneseindrücken, gewinnt aber in der Begriffsbildung sein eigenes, nicht anschaubares Wesen. Eben deshalb vermag der Mensch sich etwas vorzustellen oder einen Plan aufzustellen, ohne daß ihm eine konkrete Wirklichkeit unmittelbar gegeben ist. Umgekehrt kann er gedanklich konstruierte Annahmen über Beziehungen und Verhältnisse in der Realität durch Erfahrung kontrollieren.

Deprivation (lat. *deprimere* herabdrükken, niederdrücken; engl. *deprivation*).
1) Entzug von oder Mangel an Liebe und Zuwendung. Der Begriff wird heute meist anstelle des Begriffs *Hospitalismus* verwendet.
2) Mangel an oder Entzug von anregungs- und abwechslungsreichen Umweltreizen. In beiden Begriffsverwendungen hängen die krankmachenden und entwicklungshemmenden Symptome von der Art und Dauer der D. ab.

Dequalifizierung (lat. *de* abwärts, herab, *qualitas* Beschaffenheit, Eigenschaft). Treffender wäre die Bezeichnung Entqualifizierung, weil der Begriff die Tatsache bezeichnen soll, daß durch technologische und arbeitsorganisatorische Veränderungen vorhandene berufliche Kenntnisse, Fähigkeiten und Erfahrungen für die Bewältigung von Arbeitsaufgaben ganz oder teilweise ihren Wert verlieren. Die Sicherheit der Arbeitsplätze kann dadurch wesentlich bedroht sein.

Design (lat. *designatio* Plan, Entwurf). Ursprünglich eine Versuchsanordnung in der empirischen Forschung, in der die Variablen, Stichproben und Instrumente beschrieben werden, die zur Hypothesenprüfung und Erkenntnisgewinnung beitragen sollen.
Im weitergehenden Sinne ein Forschungsplan, der über die Auswahl und den gezielten Einsatz bestimmter *Methoden* (z. B. Beobachtung, Experiment) hinaus das Gesamtgefüge und den Gesamtablauf aller Tätigkeiten beschreibt, die auf Erkenntnisgewinn über eine bestimmte pädagogische Wirklichkeit abzielen. Der Forschungsplan enthält die Beschreibung des Entstehungszusammenhangs (z. B. Findung von Thema und Ziel aus Problemen der Praxis), des Begründungszusammenhangs (z. B. Theorien über den Forschungsgegenstand; Vorstellungen über die beabsichtigten Methoden; Hypothesenbildung, Stichproben, Datengewinnungs- und Auswertungsverfahren) und des Verwendungszusammenhangs (z. B. Veröffentlichung oder Weitergabe der Ergebnisse, Umsetzung der Ergebnisse). Das D. hängt darüber hinaus vom wissenschaftlichen *Paradigma* eines Forschungsansatzes ab (z. B. (Handlungsforschung/Aktionsforschung, empirisch-analytische Forschung).
Literatur: 1.2, 1.5

deutsche Auslandsschulen. *Auslandsschulen.*

Deutsche Forschungsgemeinschaft (DFG). Selbstverwaltungsorganisation der deutschen Wissenschaft, die 1951 aus der Zusammenlegung der Notgemeinschaft der Deutschen Wissenschaft mit dem Forschungsrat entstand. Mitglieder sind die wissenschaftlichen Hochschulen in Deutschland, die Akademien der Wissenschaften, wissenschaftliche Verbände u. a. Forschungseinrichtungen. Die Aufgaben der DFG sind: Forschungsförderung durch finanzielle Unterstützung von Projekten, Förderung des wissenschaftlichen Nachwuchses, Beratung von Parlamenten und Regierungen in wissenschaftlichen Angelegenheiten, Koordination der Grundlagenforschung und Förderung der Beziehungen zu ausländischen wissenschaftlichen Einrichtungen.
Anschriften: 9.3

Deutsche Gesellschaft für Erziehungswissenschaft (DGfE). 1970 gegründete Einrichtung (e. V.) zur Förderung der wissenschaftlichen Pädagogik mit Sitz in Hamburg. Mitglied kann werden, wer sich durch wissenschaftliche Arbeiten so ausgewiesen hat, daß sich die Gesell-

schaft von seiner Mitarbeit Gewinn versprechen kann. Organe der DGfE sind neben Vorstand und Mitgliederversammlung wissenschaftliche Kommissionen und Arbeitsgruppen auf Zeit, die für die Betreuung thematischer Schwerpunkte eingerichtet werden: Kommissionen u. a. für Berufs- und Wirtschaftspädagogik, für Erwachsenenbildung, Historische Pädagogik, Schulpädagogik oder Sonderpädagogik; Arbeitsgemeinschaften auf Zeit für Friedenspädagogik, Frauenforschung sowie Pädagogik und Psychoanalyse.
Anschrift: 9.2

Deutscher Akademischer Austauschdienst (DAAD). Gemeinsame Einrichtung (e. V.) aller *Hochschulen* in Deutschland. Wesentlicher Zweck ist die Förderung der Beziehungen zu ausländischen Studenten und Hochschullehrern durch Organisation und Finanzierung von Austauschprogrammen. Den weitaus größten Teil der erforderlichen Mittel erhält der DAAD aus den Haushalten des Auswärtigen Amtes, des Bundesministeriums für Bildung, Wissenschaft, Forschung und Technologie sowie des Bundesministeriums für wirtschaftliche Zusammenarbeit. Auf Anfrage informiert der DAAD über seine Austauschprogramme.
Anschriften: 6.0

Deutscher Ausschuß für das Erziehungs- und Bildungswesen. 1953 aufgrund einer Vereinbarung zwischen dem Bundesinnenministerium und der KMK konstituiert. Die Satzung beauftragte den D. A., die Entwicklung des deutschen Erziehungs- und Bildungswesens zu beobachten und Empfehlungen für dessen Modernisierung vorzulegen. Bis zu seiner Auflösung im Jahre 1965 gehörten dem D. A. insgesamt 35 Mitglieder aus allen gesellschaftlichen Bereichen an, denen bei der Gestaltung des Erziehungs- und Bildungswesens besondere Kompetenzen und Verantwortlichkeiten zukamen: Vertreter der Städte und Gemeinden, der Kirchen, Gewerkschaften und Arbeitgeber, der Berufsverbände und der akademischen Pädagogik. Parlamentarier und Regierungsmitglieder waren nicht vertreten. Insgesamt wurden vom D. A. 29 Empfehlungen und Gutachten vorgelegt. Sie richteten sich an die interessierte Öffentlichkeit und hatten für die Politik der Regierungen und Parlamente keinerlei bindende Wirkung. Bekannt wurden vor allen der »Rahmenplan zur Umgestaltung und Vereinheitlichung des allgemeinbildenden öffentlichen Schulwesens« aus dem Jahr 1959 und die »Empfehlungen zum Aufbau der Hauptschule« aus dem Jahr 1964. Die darin unterbreiteten Vorschläge sind z. T. von der Bildungspolitik aufgegriffen und umgesetzt worden. 1965 wurde der D. A. aufgelöst. Seine Funktion wurde weitgehend vom *Deutschen Bildungsrat* übernommen.

Deutscher Bildungsrat. Nachdem der *Deutsche Ausschuß für das Erziehungs- und Bildungswesen* 1965 seine Arbeit eingestellt hatte, richteten die Bundesregierung und die Regierungen der (damals) elf Bundesländer den D. B. ein, der für die immer umfangreicher werdenden Aktivitäten der *Bildungspolitik* inhaltliche und prozeßorientierte Empfehlungen und grundlegende Informationen erarbeiten sollte. Erwartet wurden Bedarfs- und Entwicklungspläne sowie Vorschläge für die zukünftige Struktur des Bildungswesens und Empfehlungen zur langfristigen Planung. Der D. B. arbeitete in zwei Kommissionen, der Bildungs- und der Regierungskommission. Dadurch sollte das Zusammenwirken von wissenschaftlichem Sachverstand und politischen Instanzen im Interesse einer möglichst problemorientierten und realistischen Arbeit verstärkt werden. Gutachten, Empfehlungen und Stellungnahmen des D. B. hatten jedoch lediglich beratenden Charakter. Von den Empfehlungen des D. B. hat der *Strukturplan für das Bildungswesen* (1970), von den Gutachten ›Begabung und Lernen‹ (1969) die größe Beachtung gefunden. Aus Mangel an bildungspolitischem Konsens zwischen Bildungs- und Regierungskommission, aber auch zwischen den Regierungen des Bundes und der Länder wurde nach Ablauf der Amtszeit des zweiten Bildungsrates (1975) der D. B. aufgelöst. Eine vergleichbare bildungspolitische Beratungsinstanz besteht gegenwärtig nicht.

Deutscher Kinderschutzbund (DKSB). 1953 gegründeter Verein, der sich im wesentlichen durch präventive Maßnahmen für die Verwirklichung der im GG auch den Kindern gewährten *Grundrechte* und eine möglichst gesunde seelische, geistige und körperliche Entwicklung der *Kinder* einsetzt. Der DKSB ist in einen Bundesverband, in Landes- und Ortsverbände gegliedert. Seine Ziele verfolgt der DKSB durch Beratungsangebote, materielle und soziale Hilfestellung und Öffentlichkeitsarbeit.
Anschriften: 11.0

Deutscher Lehrerverband (DL). Dachverband verschiedener Lehrerorganisationen innerhalb des Deutschen Beamtenbundes: Bundesverband der Lehrer an beruflichen Schulen, Bundesverband der Lehrer an Wirtschaftsschulen, Deutscher Philologenverband, Verband deutscher Realschullehrer.
Anschriften: 7.2

Deutscher Volkshochschulverband. Dachverband (e. V.) aller deutschen *Volkshochschulen* und Träger von Volksbildungswerken; 1953 gegründet. Will die bildungspolitischen Anliegen der Volkshochschulen, soweit sie von übergreifender Bedeutung sind, koordinieren und gegenüber Öffentlichkeit und Politik vertreten.
Anschriften: 13.0

Deutsches Institut für Fernstudien an der Universität Tübingen (DIFF). Erforscht die Bedingungen und Möglichkeiten des Lernens und Lehrens im Bereich der *Weiterbildung* in unmittelbarer Verknüpfung mit der Entwicklung und Erprobung neuer Lehr-Lern-Konzepte. Dabei finden Anleitungen und Materialien für das mediengestützte Selbststudium (z. B. *Funkkolleg*) besondere Beachtung. Das DIFF arbeitet eng mit verschiedenen Trägern der Weiterbildung zusammen, den Hochschulen, Einrichtungen für die Lehrerfortbildung, den Volkshochschulen, den Gewerkschaften und Verbänden von Wirtschaft und Industrie.
Anschriften: 10.0

Deutsches Institut für Internationale Pädagogische Forschung (DIPF). 1951 von der hessischen Landesregierung zunächst unter dem Namen Hochschule für Internationale Pädagogische Forschung eingerichtete Stiftung. Das DIPF soll a) empirische Forschung im Bereich des Erziehungs- und Bildungswesens betreiben und fördern, b) seine Arbeitsergebnisse der KMK und wissenschaftlichen Einrichtungen zur Verfügung stellen und c) wissenschaftliche Forschung durch Dokumentations- und Recherchedienste unterstützen.
Hochschulmitglieder können die Dienste des DIPF gebührenfrei in Anspruch nehmen.
Anschriften: 10.0

Deutsches Institut für wissenschaftliche Pädagogik. 1922 durch den katholischen Verein zur Pflege wissenschaftlicher Pädagogik gegründet, 1938 aufgelöst und von 1946 bis 1979 in Münster ansässig. Betrieb und unterstützte wissenschaftliche Forschung und machte Angebote zur Lehrerfortbildung.

Deutsches Jugendinstitut (DJI). Vom Bundesministerium für Familie, Senioren, Frauen und Jugend geförderte For-

schungseinrichtung, die sich auf die Untersuchung verschiedenster Lebenslagen von Kindern und Jugendlichen und die Arbeitsweisen und Probleme der Einrichtungen im Bereich der Jugendhilfe und Jugendpolitik spezialisiert hat. Öffentlichkeit, Wissenschaft und Politik werden durch laufende Berichterstattung und Einzelstudien über die Ergebnisse der Arbeit informiert. Es ist wesentlich an der Erstellung der regelmäßigen *Jugendberichte* der Bundesregierung beteiligt. Darüber hinaus berät das DJI Träger von außerschulischen Bildungsmaßnahmen in Fragen der organisatorischen und inhaltlichen Gestaltung sowie der Finanzierung.
Anschriften: 10.0

Deutsches Studentenwerk (engl. *students' welfare service*). Dachorganisation (e. V.) der *Studentenwerke* an Hochschulstandorten in Deutschland.
Anschriften: 9.2

Deutsch-Französisches Jugendwerk (DFJW). Entstand 1963 aufgrund eines Vertrages zwischen der französischen und der deutschen Regierung. Die selbständigen Einrichtungen fördern und unterstützen finanziell Austausch und Zusammenarbeit von Jugendlichen in Schule, Ausbildung, Hochschule und Jugendarbeit der beiden Länder. Zu diesem Zwecke bietet das DFJW jährlich verschiedenste Programme an, die beim deutschen Büro des DFJW bestellt werden können.
Anschriften: 6.0

Devianz (lat. *devertere* abkehren, abwenden; engl. *deviation*). Auffällige Abweichung eines Individuums von sozialen *Normen*, moralischen Standards und üblichen Verhaltensweisen. Jeder Einzelfall ist in Abhängigkeit vom jeweiligen Lebenszusammenhang zu sehen.

DFG. *Deutsche Forschungsgemeinschaft.*

DFJW. *Deutsch-Französisches Jugendwerk.*

DGfE. *Deutsche Gesellschaft für Erziehungswissenschaft.*

Diagnose (griech. *diagignoskein* unterscheiden; engl. *diagnosis*). Der aus der Medizin und Psychologie übernommene Begriff wird in der Pädagogik für analytische Aussagen über eine Person verwendet, die aus Beobachtung oder Feststellung resultieren und sich auf Ursachen für das Zustandsbild (Ätiologie) sowie auf einen zukünftig prognostizierten Zustand beziehen. Die sich daraus ergebende Bestandsaufnahme, nämlich die D., wird meist als *Anamnese* bezeichnet. In der Pädagogik ist die D. die Summe der Erkenntnisbemühungen, die im Dienste pädagogischer Entscheidungen stehen.
Die D. in pädagogischen Handlungsfeldern kann sich nicht nur auf die individuellen Personenkennzeichen beschränken, sondern muß die Umweltmerkmale und die Charakteristika der Person-Umwelt-Interaktion mit einbeziehen. Eine professionelle D. wird i. d. R. unter bestimmten pädagogischen Fragestellungen (z. B. bei *Lernschwierigkeiten*, in Spracherwerbsprozessen oder bei der *Leistungsbeurteilung*) mit Methoden der Diagnostik bzw. der *pädagogischen Diagnostik* vorgenommen. Diagnostisches Beobachten, Entscheiden und Handeln findet aber auch im alltäglichen Unterrichtsgeschehen von Lehrern statt und macht die Erhöhung der diagnostischen Kompetenz durch Professionalisierung der Lehrerschaft auf diesem Gebiet notwendig.
Literatur: 2.1.4

Diagnostik (engl. *diagnostics*). Der aus der Medizin und Psychologie übernommene Begriff bezeichnet in der Pädagogik die Entwicklung und Anwendung geeigneter Methoden zur sachgemäßen Durchführung einer *Diagnose* und Be-

handlung auf der Grundlage pädagogischer Fragestellungen.
Mit der Herkunft des Begriffs verbinden sich für die Entwicklung der wissenschaftlichen D. in der Pädagogik Probleme. Die Orientierung am medizinischen Modell der D. führt dazu, die Ursachen für gestörtes bzw. angemessenes Lern- und Leistungsverhalten vorwiegend im Individuum zu suchen und zwischen normalem und nicht-normalem (krankhaftem, unangepaßtem, gestörtem) Verhalten zu unterscheiden. Im Gegensatz dazu werden im interaktionistischen Modell der D. abweichendes Verhalten und Leistungsminderungen als Ergebnis bestimmter Wechselwirkungen zwischen dem Individuum und seiner Umwelt verstanden. In diesem Modell bezieht sich die D. vorwiegend auf die Analyse der Bedingungen von Interaktionsproblemen, auf die Entstehung von Selbst- und Fremdbildern sowie auf Strategien zur pädagogischen Veränderung der Interaktion. Als Ergänzung hierzu versteht sich das ökologische Modell, das die individuelle Lebens- und Lernsituation zum Gegenstand der D. und der Intervention macht. Unter Berücksichtigung der in der Person und in der Umwelt liegenden Voraussetzungen ist dieses Modell auf die Verbesserung der individuellen Lern- und Interaktionssituation angelegt. Dabei setzt es in der Schule mit der Analyse der innerschulischen Bedingungen und der Wechselwirkung zwischen dem Individuum und diesen Konditionen an, die im Unterschied zu den außerschulischen Gegebenheiten durch pädagogische Maßnahmen noch am ehesten verbessert werden könnten.
In der Diskussion um die schulbezogene D. wurden vor allem Ansätze, die auf der Grundlage der klassischen Testtheorie Tests zur Schulreife-, Begabungs-, Intelligenz- und Leistungsmessung entwickelt haben, die Entscheidungen über die Aufnahme am Schulanfang, die Sonderschulüberweisung oder den Übergang in weiterführende Schulen stützen sollten, als Selektionsd. kritisiert. Als Antwort auf diese Kritik versucht die sog. Förderd., über standardisierte Tests hinaus eine Reihe neuer diagnostischer Verfahren und Erkenntnismöglichkeiten zu entwickeln, mit denen von einer anderen Sichtweise diagnostischen Handelns her Diagnose und Förderung unmittelbar miteinander verknüpft werden können. In dieser Richtung arbeitet auch die sog. Strukturd., die versucht, beim Einsatz z. B. mathematischer oder sprachlicher Unterrichtsmaterialien die inneren Denk- und Handlungspläne von Kindern zu rekonstruieren. Ziel ist das Verstehen von richtigen und falschen Lösungstrategien bei Schülern, um im diagnostischen Kommunikationsprozeß an die theoriegeleitete Diagnose die nächsten Förderschritte im Unterricht unmittelbar anschließen zu können.
In den letzten Jahren ist die Frage aufgeworfen worden, ob die D. sich als *pädagogische D.* zu einer Teildisziplin der Erziehungswissenschaft entwickeln, oder ob nur von einer D. in der Pädagogik gesprochen werden soll, die mit ihren unterschiedlichen Ausprägungen und Zwecken in pädagogischen Handlungsfeldern eingesetzt werden kann.
Literatur: 2.1.4

Dialektik (griech. *dialektos* Unterredung; lat. *dialecticus* Kenner; engl. *dialectic*). Weg der rein gedanklichen Erkenntnisgewinnung, wobei durch Argument und Gegenargument, Rede und Gegenrede, Feststellung und Widerspruch Ansichten immer eindeutiger entfaltet, Gegenpositionen klarer ausgebildet werden. Im so entstehenden Fluß des Gedankenganges wird der These eine Anti-These gegenübergestellt, die im Idealfall zu einer Synthese, einer neuen

Stufe der Erkenntnis führen kann, in der sich dann sowohl die ursprüngliche These wie die Anti-These aufheben. These könnte sein, daß nur die konsequente Einheitsschule einer demokratischen Gesellschaft angemessen sei, Gegenthese, daß gerade in der Demokratie Spielraum für Individualisierung und freie Gestaltung des Bildungsweges gegeben sein müsse, woraus dann im Dialog zwischen diesen Positionen als Synthese die Erkenntnis resultieren mag, daß eine hochgradig differenzierende, mit großen Freiheiten im Bereich des Lehrplans und der innerschulischen Selbstverwaltung ausgestattete Gesamtschule im Moment die beste Lösung sein könnte.
Literatur: 1.5

Dialog (griech. *dialogos* Zwiegespräch, Wechselrede; engl. *dialogue*). Verständigung zwischen Lehrenden und Lernenden im Gespräch.

Didacta. Name der internationalen Bildungsmesse des Deutschen Didacta-Verbandes e. V., die bis 1993 im Zweijahresrhythmus an wechselnden Standorten stattgefunden hat und seit 1995 alle zwei Jahre im Frühjahr in Düsseldorf veranstaltet wird. Sie gibt einen umfassenden Überblick über den Stand und die Trends auf dem Lehr-/Lernmittel- und Schulausstattungsmarkt. Gleichzeitig finden Tagungen und Kongresse statt. Andere Bildungsmessen sind die *Interschul* und die *World Didac*.
Anschriften: 14.4

Didaktik (griech. *didaskein*, aktiv: lehren, unterrichten; passiv: lernen, belehrt werden; auch: sich aneignen; *didaxis* Lehre, Unterricht; engl. *didactics*). **1)** D. ist im umfassenden Sinn der *allgemeinen D.* die Wissenschaft des Lehrens und Lernens in allen pädagogischen Handlungsfeldern (z. B. Schule, Volkshochschule, Jugendarbeit, Universität) und im schulpädagogischen Sinn die Theorie des Unterrichts.

2) Didaktisches Denken und Fragen hat sich zum ersten Mal im antiken Griechenland bei den Sophisten, bei Sokrates und Platon artikuliert, als tiefgreifende weltanschauliche, wirtschaftliche und soziale Veränderungsprozesse im 5. Jh. v. Chr. bewußtes und geplantes Erziehen und Unterrichten notwendig machten. Dieses Denken und Handeln hat im Lehrplan der sog. septem artes liberales (sieben freien Künste) institutionalisierte Formen angenommen und den Lehrplan des Abendlandes viele Jahrhunderte bestimmt.

Als pädagogischer Begriff wird die Bezeichnung Didactica (Lehrkunst) zum ersten Mal 1613 in einem Bericht über pädagogische Reformvorschläge von *W. Ratke* gebraucht und dann 1657 in der ›Didactica magna‹ (große Lehrkunst) von *J. A. Comenius* als Titel einer Unterrichtslehre verwendet. Comenius ging es darum, »allen Menschen alles zu lehren«. Im 19. Jh. wird die D. bei *J. F. Herbart, O. Willmann* und *W. Rein* wieder stärker auf den Unterricht bezogen und ihr Zusammenhang mit Pädagogik und Erziehung diskutiert. Der Einfluß Herbarts auf die weitere Entwicklung der D. wurde aber durch die starke Formalisierung seiner Unterrichtslehre in der Formalstufentheorie seiner Schüler so gebremst, daß erst in den letzten Jahren wieder der Blick auf sein didaktisches System vom erziehenden Unterricht frei geworden ist. Mit der Aktualisierung der Lehrkunstd. hat der Marburger Pädagoge C. Berg in den neunziger Jahren den Blick über *M. Wagenschein, A. Reichwein, O. Willmann* und *A. W. Diesterweg* zu den Klassikern der D. zurückgeführt, um Meisterwerke der Lehrkunst wieder stärker zugänglich zu machen.

In den letzten Jahrzehnten nach dem Zweiten Weltkrieg stand die schulpädagogisch orientierte D. vor der Aufga-

be, eine D. als Berufswissenschaft für Lehrerinnen und Lehrer überhaupt erst zu entwickeln. Bis Mitte der fünfziger Jahre standen der Lehrerschaft ›Allgemeine Unterrichslehren‹ mit praxisorientierten Unterrichtsgrundsätzen, Unterrichtsformen und Anregungen zur Verfügung. Sie waren nicht das Ergebnis empirischer Unterrichtsforschung, sondern resultierten weitgehend aus eigenen Erfahrungen. Parallel dazu wurde, repräsentativ für die geisteswissenschaftliche Pädagogik, *E. Wenigers* ›Theorie der Bildungsinhalte und des Lehrplans‹ veröffentlicht. Auf der Grundlage dieser D. im engeren Sinne wurde die wichtige Frage nach der Auswahl und Begründung von Bildungsinhalten diskutierbar. Aus diesem Zusammenhang heraus entstand 1958 *W. Klafkis* Veröffentlichung ›Didaktische Analyse als Kern der Unterrichtvorbereitung‹, die eine Reflexionsgrundlage für viele Lehrergenerationen wurde.
Seit den sechziger Jahren sind bis heute verschiedene didaktische Theorien und Modelle enstanden, die sich zum Teil aus der gegenseitigen Kritik weiterentwickelt und angenähert haben. Zu den wichtigsten gehören: a) die *bildungstheoretische D.*, die sich als Theorie der Bildungsinhalte zu einer umfassenderen kritisch-konstruktiven D. enfaltet hat (W. Klafki); b) die *lerntheoretische* bzw. lehrtheoretische *D.* (Berliner Modell; *P. Heimann, W. Schulz, G. Otto*), die sich als Theorie des Unterrichts versteht und im Hamburger Modell wissenschaftstheoretisch und konzeptionell verändert hat (W. Schulz); c) die *kommunikative* bzw. kritisch-kommunikative *D.* (K.-H. Schäfer/*K. Schaller*, R. Winkel); d) die *kybernetisch-informationstheoretische D.* (*H. Frank, F. v. Cube*). In diesem Zusammenhang müssen auch die Theorien der Curriculumentwicklung (*S. B. Robinson, J. Zimmer* u. v. a.), die Konzeption der psychologisch orientierten D. von *H. Aebli* und die Modelle der D. in der ehemaligen DDR, z. B. das von *L. Klingberg*, erwähnt werden.
In den letzten Jahren haben Konzepte der *Reformpädagogik* großen Einfluß auf die Schulpraxis gehabt. Es wird sich zeigen, welche Bedeutung diese für die Theorieentwicklung der D. haben.
Literatur: 1.9, 2.1.3

didaktische Analyse. Die Konzeption der d. A. des *Bildungsinhalts* als Kern der *Unterrichtsvorbereitung* des Lehrers wurde von *W. Klafki* seit 1958 entwickelt. Sie ergänzt die traditionelle fachwissenschaftliche *Sachanalyse* und die methodische Vorbereitung des Unterrichtsverlaufs, indem der Lehrer die in Lehrplänen, Curricula, Schulbüchern u. a. Medien vorgegebenen Unterrichtsinhalte auf ihren Bildungsgehalt bzw. -wert für den Bildungsprozeß der Schüler in seiner Lerngruppe reflektiert und legitimiert.
Als Hilfe zur Strukturierung der Reflexion hat Klafki fünf Grundfragen formuliert. 1. Zur exemplarischen Bedeutung: Welchen allgemeinen Sinn- und Sachzusammenhang vertritt und erschließt dieser Inhalt? 2. Zur Gegenwartsbedeutung: Welche Bedeutung hat dieser Inhalt bereits im geistigen Leben der Kinder? 3. Zur Zukunftsbedeutung: Welche Bedeutung hat dieser Inhalt für die Zukunft der Kinder? 4. Zur Sachstruktur: Welches ist die Struktur des Inhalts? 5. Zur Zugänglichkeit: Wie läßt sich dieser Inhalt am besten für die Kinder veranschaulichen? Die d. A. ist im Zusammenhang mit dem Begriff der *kategorialen Bildung* und der *bildungstheoretischen Didaktik* zu sehen. Inzwischen ist die Konzeption der d. A. von Klafki in sein erweitertes Modell zur Unterrichtsplanung und Unterrichtsanalyse im Sinne kritisch-konstruktiver Didaktik eingearbeitet worden.
Literatur: 1.9, 2.1.3

didaktische Reduktion. Eine Vorgehensweise im Sinne *exemplarischen Lehrens und Lernens*, durch reflexive Verfahren bei der Unterrichtsplanung, Lehrplanerstellung oder Curriculumentwicklung die Anzahl und die Komplexität der Lerninhalte einerseits zu vermindern und andererseits die fundamentalen und elementaren Aspekte so herauszuarbeiten, daß den Schülern bei Berücksichtigung ihrer Lernvoraussetzungen entsprechende und ökonomisch optimale Lernangebote gemacht werden können.
didaktisches Dreieck. Bildhafter Versuch, die Grundstruktur des Unterrichts als beziehungsvollen und aufeinander angewiesenen Zusammenhang von Schüler, Lehrer und Gegenstand anschaulich darzustellen. Die Figur des gleichseitigen Dreiecks wird meist wie folgt ausgelegt: Der Schüler setzt sich mit einem Gegenstand (Inhalt, Stoff) auseinander und der Lehrer hilft ihm aufgrund seiner Sachkenntnis bei diesem Aneignungprozeß. Dabei bleiben wichtige Fragen wie die der *didaktischen Analyse*, der Lehrer-Schüler-Interaktion und der Komplexität methodischer und medialer Vermittlungsmöglichkeiten unberücksichtigt.
didaktisches Modell. Von *H. Blankertz* eingeführter Begriff zur Kennzeichnung wissenschaftstheoretisch abgrenzbarer Theoriebildungen, deren Gegenstand die Analyse und Planung didaktischen Handelns in schulischen und außerschulischen Praxisfeldern ist. Zu solchen allgemein-didaktischen M. gehören z. B. die *bildungstheoretische Didaktik,* die *lerntheoretische* bzw. lehrtheoretische *Didaktik,* die *kybernetisch-informationstheoretische Didaktik* und die *kommunikative Didaktik.*
didaktische Spiele. *Lernspiele.*
didaktische Werkstatt. *Lernwerkstatt.*
Dienstaufsicht. Im Rahmen der staatlichen *Schulaufsicht* umfaßt die D. die Kontrolle der beruflichen Verpflichtungen von Schulleitern und Lehrern. Zuständig für die D. sind die Behörden der Schulaufsicht.
Dienstaufsichtsbeschwerde. Im Bereich des Bildungswesens (wie in anderen Bereichen der öffentlichen Verwaltung) kann von jedem volljährigen Schüler, Auszubildenden oder Studierenden ebenso wie von den gesetzlichen Vertretern der noch nicht volljährigen Schüler oder von den Mitgliedern des Lehrkörpers bei einer übergeordneten Behörde D. eingereicht werden, die den Zweck hat, die Korrektheit des Verhaltens (z. B.) eines Lehrers, Vorgesetzten oder Ausbilders überprüfen zu lassen. Für den Bereich der Grund- und Hauptschulen etwa wäre eine D. beim zuständigen Schulamt, für die betriebliche Berufsausbildung im dualen System bei der Zuständigen Stelle (Kammer) einzureichen.
Dienstpflichten (engl. *official duties*). Bei beamteten Lehrern oder Mitarbeitern umfassen die D. sämtliche Pflichten, die dem Dienstherren (öffentlicher Arbeitgeber) gegenüber zu erfüllen sind. Einzelregelungen dazu finden sich in den Beamtengesetzen oder werden in einem Arbeitsvertrag festgelegt. Zu den wichtigsten D. des Beamten gehören die unparteiische Amtsführung, die Beachtung des Gemeinwohls, das Eintreten für Demokratie und Grundrechte, die Zurückhaltung bei politischer Betätigung, die Bereitschaft zur vollen Hingabe im Amt, zur Beratung und Unterstützung der Vorgesetzten sowie zur Beachtung der Rechtmäßigkeit seines Handelns. Der letzte Punkt beinhaltet für die Lehrer, daß sie die Rechtsnormen aus GG, Landesverfassung, *Schulgesetz,* Erlassen und Verwaltungsvorschriften der Schulverwaltung in ihrer unterrichtlichen Arbeit zu beachten haben.
Literatur: 2.1.11

Dienstweg (engl. *official channels*). Will ein Beamter an eine übergeordnete Behörde oder an die Öffentlichkeit Informationen, die unmittelbar in Zusammenhang mit seinen Amtspflichten stehen, weitergeben, beispielsweise einen Verbesserungsvorschlag, so hat er sein Anliegen zuerst dem Leiter seiner Dienststelle bzw. Abteilung anzuzeigen. Im Falle einer Beschwerde gegen den unmittelbaren Vorgesetzten kann er sich direkt an die nächsthöhere Behörde wenden.

DIFF. *Deutsches Institut für Fernstudien an der Universität Tübingen.*

Differenzierung (lat. *differentia* Verschiedenheit, Unterschied; engl. *differentiation*). Allgemeine und umfassende Bezeichnung für alle Maßnahmen und Formen der D. von der äußeren D. des *Schulsystems* bis zur *inneren D.* und Individualisierung des Unterrichts. Sie bezieht sich auf organisatorische Maßnahmen zur Gruppierung der Schülerschaft nach bestimmten Kriterien (z. B. Alter, Leistung, Begabung, Interesse, Behinderung, Geschlecht) und/oder auf die didaktisch-methodische Gestaltung der Lehr- und Lernprozesse unter Berücksichtigung unterschiedlicher Lernvoraussetzungen.

D.maßnahmen sind häufig nicht pädagogisch und wissenschaftlich begründet, sondern durch gesellschafts- und bildungspolitische Einstellungen und vorwissenschaftliche Annahmen vom optimalen Lernen geprägt. Die Entwicklung bestimmter D.formen muß deshalb historisch betrachtet werden. Zu den traditionellen Formen gehört die seit dem 19. Jh. etablierte D. der Gesamtschülerschaft in *Jahrgangsklassen* und in die *Schularten Volksschule, Realschule* (*Mittelschule*) und *Gymnasium* (höhere Schule). D.formen haben wegen der mit ihnen verbundenen *Übergänge, Abschlüsse* und *Berechtigungen* große gesellschafts- und bildungspolitische Bedeutung.

Im Zuge der Bildungsreform werden seit etwa 1967 in der Fachliteratur die unterschiedlichen D.formen begrifflich nach äußerer und innerer D. systematisiert. Dieser Kategorisierung liegen meist organisatorische und räumliche Vorstellungen zur Gruppierung von Schülern zugrunde. An der dichotomen Kategorisierung innen versus außen wurde kritisiert, daß sie dem multidimensionalen Sachverhalt der D. nicht gerecht werde und einseitige bildungspolitische Schlußfolgerungen nahelege. Statt dessen wurde ein Begriffssystem vorgeschlagen, das sich an den drei institutionell unterscheidbaren D.ebenen Schulsystemd., Schuld. und Unterrichtsd. orientiert. Diese terminologische Unterscheidung konnte sich jedoch nur begrenzt durchsetzen.

Von äußerer D. wird gesprochen, wenn die Gesamtheit einer Schülergroßgruppe nach bestimmten D.kriterien in relativ homogene Lerngruppen längerfristig eingeteilt und räumlich getrennt voneinander unterrichtet wird. Dieser Lerngruppenorganisation entsprechen unter didaktischen Gesichtspunkten oft unterschiedliche Bildungsziele, Inhalte, Methoden und Einstellungen der Lehrerschaft. Leistung ist im Schulsystem der Bundesrepublik Deutschland das Hauptkriterium, nach dem sich auf der Ebene der institutionellen D. bzw. Schulsystemd. die Aufteilung der Schülerschaft eines Altersjahrgangs auf Sonder-, Haupt-, Real-, Gesamtschulen und Gymnasien ergibt. Neben dem D.konzept des *Team-Kleingruppen-Modells* sind Konzepte der *Fachleistungsd.* und der *Wahl-* bzw. *Wahlpflichtd.* konstitutive Merkmale der Unterrichtsorganisation an *Gesamtschulen*, teilweise auch an *Orientierungsstufen*, Haupt- und Realschulen sowie an den neuen integrierten Schularten, die in einigen Bundesländern nach der Wiedervereinigung eingerichtet worden sind. Im Kurssystem der *gymnasialen Oberstufe* ist der Unterricht auch primär nach Leistung differenziert, jedoch ist die Wahl der Fächer und entsprechender *Grund- und Leistungskurse* im Rahmen bestimmter Auflagen relativ frei. Konzepten äußerer D. liegt die Annahme zugrunde, daß Lernen in relativ homogenen Leistungsgruppen effektiver sei als in heterogenen, wobei die mit den selektiven Prüfverfahren verbundenen Sozialisationsprobleme meist übergangen werden und die pädagogischen Ziele des *sozialen Lernens* unberücksichtigt bleiben.

Innere D. (Binnend., Unterrichtsd.) wird dagegen als unterrichtsorganisatorische Maßnahme mit bestimmten pädagogisch-didaktischen Intentionen innerhalb einer heterogen zusammengesetzten, gemeinsam unterrichteten Lerngruppe angesehen. Wenn überhaupt, erfolgen Gruppierungen nach Leistungsstand oder Interessenschwerpunkten nur für zeitlich begrenzte Unterrichtsphasen, um die Förderung sozialen Lernens nicht zu behindern. In zunehmendem Maße überwiegen Formen der Individualisierung und der Kleingruppenarbeit in Stunden *freier Arbeit* und im *Wochenplanunterricht*. Entsprechende Konzepte der inneren D. finden vor allem in Reformschulen, in der Grundschule und in Integrationsklassen mit Behinderten Anwendung.

Literatur: 2.1.2, 2.1.5

DIPF. *Deutsches Institut für Internationale Pädagogische Forschung.*

Diplom (lat. *diploma* Handschreiben, Urkunde; engl. *diploma*). Urkunde über die Verleihung des D.grades einer Hochschule bzw. dieser Grad selbst (z. B. Dipl.-Ing., Dipl.-Psych.). Hinter dem Grad ist die verleihende Hochschulgattung anzugeben: *Universität*, *Pädagogische Hochschule*=(U), *Fachhochschule*=(FH), in einigen Ländern auch *Berufsakademie*=(BA).

Diplompädagoge. *Akademischer Grad*, der nach dem erfolgreichen Abschluß eines mindestens achtsemestrigen Studienganges oder eines viersemestrigen Aufbaustudiums der Pädagogik an einer Hochschule erworben wird. Neben den für alle Diplomstudiengänge grundlegenden erziehungswissenschaftlichen Studien sind eine Reihe von Spezialisierungen möglich: *Schulpädagogik, Sozialarbeit/Sozialpädagogik, Sonderpädagogik/Behindertenpädagogik, Erwachsenenbildung, Medienpädagogik* u. a.

Literatur: 1.11

Diplomhandelslehrer. *Akademischer Grad*, der nach einem mindestens achtsemestrigen Studium der Wirtschaftswissenschaften von einer Universität verliehen wird. Ein D. kann nach einem *Vorbereitungsdienst* als Studienrat in den öffentlichen Dienst übernommen werden.

Direktor (lat. *director* Lenker; engl. *director*). Amtsbezeichnung für die Leiter von Gymnasien und beruflichen Schulen.

Diskriminierung (lat. *discretio* Absonderung, Trennung, Unterscheidung; engl. *discrimination*). Allgemein die Fähigkeit zur Wahrnehmung von Unterschieden. In einem bildungs- oder sozialpolitischen Zusammenhang Bezeichnung für ausgrenzende, benachteiligende oder auch stigmatisierende Prozesse. Dabei sind oftmals weltanschauliche, nationale oder rassistische Motive ausschlaggebend.

Diskurs (lat. *discursus* Hin- und Herlaufen). Austausch von Argumenten zwischen Gesprächspartnern, nach Möglichkeit bis zu einem Ergebnis, dem alle Beteiligten allein aus Einsicht, nicht etwa durch Unterwerfung unter eine Autorität, zustimmen können.

Disponibilität (lat. *disponere* an verschiedenen Orten aufstellen). Die Fähigkeit, sich schnell und erfolgreich auf neue Situationen oder Aufgaben einstellen zu können.

Disposition (lat. *dispositio* Anordnung, Gliederung, Entwurf; engl. *disposition*).

1) Angeborene Anlage im Sinne körperlicher und seelischer Bereitschaft, sich in der Umwelt zweckmäßig zu verhalten und zu entwickeln.

2) Angeborene und/oder erworbene Bereitschaft und Fähigkeit einer Person, sich in bestimmten Lebenssituationen so und nicht anders zu verhalten.

Disputation (lat. *disputatio* wissenschaftliches Streitgespräch). Anstelle des Begriffs *Rigorosum* für den mündlichen Teil der Doktorprüfung gebräuchliche Bezeichnung.

Dissemination (lat. *disseminare* verbreiten; engl. *dissemination*). Der Begriff aus der *Curriculumforschung* und -entwicklung bezeichnet bestimmte Vorgänge und Probleme bei der Verbreitung eines fertigen *Curriculums*. Curriculum-Projekte, die Schulen und Lehrer in die Entwicklungsarbeit einbeziehen, können davon ausgehen, daß die Lehrer das mitbestimmte und/oder miterarbeitete Curriculum auch verwenden. Curriculum-Produkte, die in außerschulischen Institutionen wie z. B. Universitäten entwikkelt worden sind und von Lehrern privat oder über die Schule angekauft werden müssen, haben dann nur eine geringe Verbreitung, wenn sie nicht von Kultusministerien oder anderen Behörden unterstützt werden. Eine wichtige Frage der D. ist es, inwieweit sich das neu entwickelte Curriculum in den Kontext vorhandener *Lehr- und Lernmittel* einordnen läßt. Damit sind aber meist Innovationsbarrieren in der Curriculumentwicklung verbunden.

Dissertation (lat. *dissertatio* Erörterung; engl. *doctoral thesis*). Eigenständige wissenschaftliche Untersuchung bzw. Abhandlung als schriftlicher Teil der Doktorprüfung.

Disziplin (lat. *disciplina* Unterricht, Kenntnis, Wissen, Zucht; engl. *discipline*). Als Ordnungsbegriff Bezeichnung für eine Wissenschaft, eine Lehrdisziplin oder eine ihrer Untergliederungen. Im normativen Sinne eine Erwartung, die menschliches Verhalten unter systemspezifische Zwecke stellt (Unterrichtsd., Schuld., Betriebsd.). Die Einhaltung dieser Art von D. wird i. d. R. sanktioniert, d. h., vorbildliche D. belohnt, Abweichung von der Norm bestraft. Lehrer unterliegen dem *Disziplinarrecht* des Landes, Schüler den Erziehungs- und Ordnungsmaßnahmen, die nach dem Schulgesetz eines Landes und darauf fußenden Erlassen der obersten Schulaufsichtsbehörde möglich sind. Von dieser fremdbestimmten D. wird die Selbstd. unterschieden: Der Mensch entschließt sich durch persönliches Urteil zur Einhaltung einer bestimmten Lebensordnung, zur Übernahme und Erfüllung einer Aufgabe.

Disziplinschwierigkeiten in der Schule. *Unterrichtsstörungen.*

Disziplinarrecht. Lehrer u. ä. Funktionsträger im öffentlichen Dienst unterliegen dem D., dessen Zweck die Androhung von Sanktionen bei Dienstvergehen ist. Das D. dient folglich der Disziplinierung der Beamten. Wird eine schuldhafte Verletzung der *Dienstpflichten* nachgewiesen, so kann der Dienstvorgesetzte bzw. die oberste Dienstbehörde (z. B. das Kultusministerium) Disziplinarmaßnahmen verhängen. Darunter fallen Verweis, Geldbuße, Gehaltskürzung, Versetzung, Entfernung aus dem Dienst, Kürzung des Ruhegehalts und Aberkennung des Ruhegehalts. Das D. ist unter Juristen sehr umstritten, weil es zu einer Doppelbestrafung führen kann, wenn neben der Strafe, die ein

Gericht ausspricht, der Dienstherr eine weitere Strafe verhängt. Doppelbestrafungen aber sind im deutschen Rechtssystem grundsätzlich nicht zulässig. Deshalb empfehlen die Experten den Betroffenen die Hinzuziehung eines fachkundigen Rechtsbeistandes.
Literatur: 2.1.11

DJI. *Deutsches Jugendinstitut.*

DKSB. *Deutscher Kinderschutzbund.*

DL. *Deutscher Lehrerverband.*

Doktor (lat. *docere* lehren). **1)** Allgemein als Berufsbezeichnung für Ärzte verwendet.
2) Als *akademischer Grad* (Dr. mit dem Zusatz der *Fakultät*, z. B. phil. für philosophische Fakultät) nach dem Bestehen der *Promotion* verliehen.

Doktorand. Jemand, der sich an einer *wissenschaftlichen Hochschule* auf die Doktorprüfung vorbereitet, indem er eine *Dissertation* schreibt und dabei von einem Professor, dem sog. Doktorvater, betreut wird.

Doppelqualifikation. Abschluß eines Bildungsganges, bei dem zusammen mit dem Schulabschluß einer allgemeinbildenden Schule die Berechtigung zur Anrechnung eines Teiles der Schulzeit auf eine nachfolgende *Berufsausbildung* erworben wird. Die Einzelheiten regelt die *Anrechnungsverordnung.*

Dozent (lat. *docere* lehren, unterweisen). **1)** Jeder, der andere unterrichtet, kann sich D. nennen. Der Begriff ist keine geschützte Berufsbezeichnung.
2) Ein Hochschuld. wird vom zuständigen Ministerium eines Landes auf beschränkte Dauer zum Beamten ernannt. Voraussetzung dafür ist i. d. R. die Erfüllung der Einstellungsvoraussetzungen für Professoren.

dreigliedriges Schulsystem (Syn. **gegliedertes Schulsystem**). Das *Schulsystem* der Bundesrepublik Deutschland ist nach der Grundschule vertikal (senkrecht, säulenartig) durch die drei Schulformen *Hauptschule, Realschule, Gymnasium* gekennzeichnet und wird deshalb als d.Sch. bezeichnet. Zählt man die *Sonderschule* hinzu, wird von einem viergliedrigen Schulsystem gesprochen. Im Gegensatz zum d.Sch. werden in der integrierten *Gesamtschule* die Kinder gemeinsam unterrichtet und nicht nach Leistung auf die Schularten des gegliederten Schulsystems verteilt. Seit der Wiedervereinigung sind in verschiedenen Bundesländern im *Sekundarbereich I* neue integrierte Schularten eingeführt und durch eine das *Hamburger Abkommen* ergänzende Vereinbarung der KMK vom 3. 12. 1993 bestätigt worden.

Drop-out. Aus dem Englischen übernommene Bezeichnung für Personen, die eine Schullaufbahn, ein Studium, eine Fortbildungsmaßnahme, eine Lehre u. ä. vorzeitig abbrechen sowie für Kinder und Jugendliche, die aus dem Elternhaus oder einem Heim ausgerissen sind und sich herumtreiben.

duales System (engl. *dual system*). Vom *Deutschen Ausschuß für das Erziehungs- und Bildungswesen* in seinem Gutachten über das berufliche Ausbildungs- und Schulwesen (1964) geprägte Bezeichnung für die *Berufsausbildung* in den beiden Lernorten Ausbildungsbetrieb und *Berufsschule.* In den meisten Berufen kommt als dritter Lernort heute eine *überbetriebliche Ausbildungsstätte* hinzu. Die Ausbildung im Betrieb regelt das 1969 vom Bundestag verabschiedete *Berufsbildungsgesetz* (BBiG). Für den Unterricht in den Berufsschulen gelten die vom jeweiligen Kultusministerium eines Bundeslandes erlassenen Lehrpläne. Die Kosten der betrieblichen Ausbildung tragen die Unternehmen. Die Berufsschulen werden von den öffentlichen Schulträgern und den Ländern finanziert.
Literatur: 2.1.1, 2.4.2

Durchlässigkeit (engl. *free interchange*). Gradmesser dafür, welche Möglichkei-

ten ein *Schulsystem* bietet, einmal getroffene Schullaufbahnentscheidungen nach der Grundschule aufgrund von Ergebnissen der individuellen Lernentwicklung zu korrigieren.
Maßnahmen zur Erhöhung der D. im gegliederten Schulsystem sind die Schaffung von Übergangsmöglichkeiten an weiterführende *Schularten* auch zwischen dem 5. und 10. Schuljahr sowie die Einrichtung von *Aufbauschulen* und *Aufbaugymnasien* zur Erleichterung der *Übergänge* von Haupt- und Realschulabsolventen auf die nächsthöhere Schulart.
Maßnahmen zur Gewährleistung der D. sind im integrierten Schulsystem der *Gesamtschule* durch die Einrichtung eines flexiblen Kern-Kurs-Systems und die fachspezifische *Leistungsdifferenzierung* in Fächern wie Deutsch, Englisch und Mathematik gegeben.
Systemvergleichende Untersuchungen haben gezeigt, daß im gegliederten Schulsystem die Anzahl der Aufstiege in eine höhere Schulform äußerst gering ist, während die Abstiege durch *Sitzenbleiben* und Nichterreichen der *Abschlüsse* überwiegen. Im Unterschied dazu ist in integrierten Gesamtschulen die Aufstiegsmobilität größer als die Abstiegsmobilität, wozu die institutionalisierten Förder- und Stützmaßnahmen sowie die Flexibilität des Differenzierungssystems beitragen.
Durch den Ausbau des beruflichen Schulwesens und die Einrichtung von *Berufsaufbauschulen* gibt es vermehrt Möglichkeiten, zu qualifizierten Abschlüssen zu gelangen und die Zugangsberechtigung zur Hochschule zu erwerben.
Literatur: 2.1.1

Düsseldorfer Abkommen. Um angesichts der *Kulturhoheit der Länder* ein Mindestmaß an Einheitlichkeit im deutschen Schulwesen sicherzustellen, beschlossen die Ministerpräsidenten der Länder 1955 das D. A. Es definierte im wesentlichen die *Schularten* und ihre Bezeichnungen im Bereich der Sekundarstufe I und II. Da durch die Schulgesetzgebung in den fünf neuen Bundesländern weitere Schularten hinzugekommen sind, ist von der KMK 1994 eine Neuregelung vorgenommen worden.

Dyade (griech. *dyas* Zweiheit). In allgemeiner Bedeutung jede Zweiheit von Personen oder Sachen. Entwicklungs- und Sozialpsychologie bezeichnen damit eine besonders enge körperliche, emotionale und kommunikative Beziehung zwischen zwei Individuen (z. B. Mutter-Kind-D.).

E

Educandus (lat. *educandus* der zu Erziehende). Wie der Begriff Zögling eine veraltete Bezeichnung für das zu erziehende Kind.

Ego (lat. *ego* ich). *Ich.*

Egoismus (lat. *ego* ich; engl. *egoism*). Soziale Einstellung von Personen, die im Denken und Handeln die Wahrung eigener Interessen in den Mittelpunkt stellen.

Egozentrismus (lat. *ego* ich, *centrum* Mittelpunkt; engl. *egocentric attitude*).
1) Einstellungen, Denk- und Verhaltensweisen von Personen, die sich nur schwer in die Situation anderer hineinversetzen können und sich selbst zum Maß aller Beurteilungen von Verhaltensweisen und Dingen machen.
2) Alterstypische Erscheinungsform in der kognitiven und sozialen Entwicklung des kleinen Kindes, die darin zum Ausdruck kommt, daß es sich häufig als Mittelpunkt der Welt betrachtet. So hält sich z.B. ein dreijähriges Kind beim Verstecken die Augen zu in der Meinung, auch die anderen könnten es nun nicht mehr sehen. Der E. zeigt sich in der Wahrnehmung, im Denken, in der Sprache und im Handeln. Personen und Dinge werden nur in der Bedeutung für das eigene Ich gesehen. Es interessiert nur das, was es für die Befriedigung seiner unmittelbaren Bedürfnisse gebrauchen kann. In dieser Art egozentrischer Weltbewältigung versucht das kleine Kind, die große Vielfalt von Reizen und Eindrücken zu verarbeiten. Aufgrund der Widerstände, die es erfährt, prägen sich nach und nach sachlich richtige Gegenstandsvorstellungen aus, der E. wird so kontinuierlich abgebaut. Nach der kognitiven Entwicklungstheorie *J. Piagets* wird der E. in der Phase des Übergangs vom voroperativen Denken zur Stufe der konkreten Operationen allmählich überwunden.

Eidetik (griech. *eidos* das Bild). Umgangssprachlich auch als photographisches Gedächtnis bezeichnet. Insbesondere Kinder und junge Menschen sind in der Lage, Bilder von Ereignissen oder Personen weitgehend genau so wiederzugeben, wie sie sie zuvor wahrgenommen haben. Die Bilder erscheinen dem Eidetiker so klar, als befände er sich noch unmittelbar in der Situation.

Eignung (engl. *aptitude*). Summe der körperlichen Voraussetzungen, der *Einstellungen* und Motivationen, der *Kenntnisse* und *Fähigkeiten*, der Lernbereitschaft und Lernfähigkeit einer Person, die im Hinblick auf die Bewältigung konkreter Aufgabenstellungen (z.B. in der Berufsausbildung) erforderlich sind. *E.untersuchungen* mit Hilfe von *E.tests* oder anderen Instrumenten wollen i.d.R. Daten für bestimmte Leistungsbereiche einer Person erheben, von denen her auf das zukünftige Verhalten geschlossen werden kann. Je nach Interessenlage des Probanden oder des Prüfenden können solche Untersuchungen sich a) auf die Erhebung allgemeiner Persönlichkeitsmerkmale, b) die Messung konstitutiver Faktoren des Konstrukts *Intelligenz*

(Analogien bilden, Gesetzmäßigkeiten erkennen, Sprachkompetenz, räumliches Vorstellungsvermögen), c) auf Informationen über das sog. Allgemeinwissen sowie d) auf einzelne, für die Bewältigung von spezifischen Anforderungen besonders wichtige Fähigkeiten erstrecken (Konzentrationsfähigkeit, Merkfähigkeit, technisches Verständnis, Ausdauer). E.untersuchungen sollten nur von speziell ausgebildeten Fachleuten (Psychologen, Pädagogen) durchgeführt werden. Die durch sie gewonnenen Daten bedürfen einer vorsichtigen Interpretation, insbesondere im Hinblick auf die *Prognose. Schulpsychologische Dienste, Beratungslehrer* und die *Berufsberatung* informieren über E.untersuchungen und führen solche auf Wunsch auch selbst durch.
Literatur: 2.1.4, 2.4.1

Eignung der Ausbildungsstätte. Nach den Bestimmungen des *Berufsbildungsgesetzes* (BBiG) ist ein Betrieb nur dann als Ausbildungsstätte geeignet, wenn die in der *Ausbildungsordnung* vorgeschriebenen Kenntnisse, Fähigkeiten und beruflichen Erfahrungen in vollem Umfang vermittelt werden können, ein persönlich und fachlich geeigneter *Ausbilder* vorhanden ist und die Zahl der Auszubildenden in einem angemessenen Verhältnis zur Anzahl der im Betrieb beschäftigten Fachkräfte steht. Nach einer Empfehlung des Bundesausschusses für Berufsbildung sollten dabei folgende Verhältnisse beachtet werden: bei ein oder zwei Fachkräften nur ein Auszubildender, bei bis zu fünf Fachkräften zwei Auszubildende, bei bis zu acht Fachkräften drei Auszubildende, dann je weitere drei Fachkräfte ein Auszubildender. Die E. d. A. hat die *Zuständige Stelle* zu überwachen. Will ein Betrieb die Berufsausbildung erstmals durchführen, muß er sich vor Abschluß eines Berufsausbildungsvertrages die Eignung bestätigen lassen.

Eignung des Ausbildenden. In einem anerkannten *Ausbildungsberuf* darf nach den Bestimmungen des *Berufsbildungsgesetzes* (BBiG) nur ausbilden, wer persönlich und fachlich dafür geeignet ist. Persönlich ist nicht geeignet, wer schwer gegen geltendes Recht verstoßen hat und deshalb verurteilt worden ist. Die fachliche Eignung liegt vor, wenn der *Ausbilder* mindestens 24 Jahre alt ist, eine *Abschlußprüfung* in einer dem Ausbildungsberuf entsprechenden Fachrichtung oder eine mehrjährige Fachpraxis in diesem Beruf nachweisen kann sowie die Prüfung nach der *Ausbildereignungsverordnung* (AEVO) bestanden hat. Im Handwerk wird die Eignung mit Bestehen der *Meisterprüfung* erworben. Wer in seinem Betrieb ausbilden will, die Kriterien der Eignung aber nicht selbst erfüllt, muß einen entsprechend qualifizierten Mitarbeiter einstellen.

Eignungstest (engl. *ability test, prognostic test*). Psychologisches Meßverfahren zur Erhebung zuverlässiger und gültiger diagnostischer Informationen. Aus den Ergebnissen kann unter Beachtung bestimmter Bedingungen auf Qualität und Quantität zukünftigen Leistungsverhaltens (z. B. während einer Ausbildung, an einem Arbeitsplatz) geschlossen werden.

Eignungsuntersuchung. **1)** Auf ausdrücklichen Wunsch eines Ratsuchenden führt der psychologische Dienst der *Berufsberatung* E. als Entscheidungshilfen im *Berufswahlprozeß* durch. Dieser Dienst ist kostenlos.
2) Zahlreiche Ausbildungsbetriebe berücksichtigen bei der Auswahl ihrer zukünftigen Auszubildenden auch die Ergebnisse von E., die sie im Betrieb selbst durchführen. Dabei werden sehr unterschiedliche Verfahren eingesetzt, je nach Fachrichtung, in der eine Ausbildung stattfinden soll. Einfaches Abfragen von Alltagswissen kann ebenso wie eine Sammlung von Rechenaufgaben oder ei-

ne Drahtbiegeaufgabe dazugehören. Persönlichkeitstests oder das Durchleuchten des privaten Lebenshintergrundes dürfen in solchen E. nicht vorgenommen werden.

Eingangsstufe des Primarbereichs. Die E. d. P. gehört zu der Reformmaßnahme, die im *Strukturplan für das Bildungswesen* (1970) und im *Bildungsgesamtplan* (1973) vorgesehen war, um die Vorverlegung der Schulpflicht um ein Jahr mit dem Ziel der verbesserten Frühförderung aller Fünfjährigen und der Neugestaltung des Schulanfangs in Modellversuchen zu erproben. Sie war im Unterschied zur *Vorklasse* eine zweijährige pädagogische und organisatorische Einheit für Fünf- und Sechsjährige. Die E. war als Teil des Primarbereichs gedacht, der die bisherige Grundschule ablösen sollte und sich in eine Eingangs-, Grund- und ggf. Orientierungsstufe gliederte.

Im Mittelpunkt der pädagogischen Arbeit stand die individuelle Förderung des einzelnen Kindes, um vorschulische Benachteiligungen durch ein vielfältiges und differenziertes Lernangebot auszugleichen. In Formen spielerischen Lernens sollten die Kinder allmählich zu stärker aufgabenbezogenem Lernen hingeführt werden und dabei ihre Ich-, Sach- und Sozialkompetenz festigen, um auf die kognitiven, sozialen, emotionalen und motorischen Anforderungen schulischen Lernens vorbereitet zu sein. Die pädagogische Arbeit wurde von Erzieherinnen und Lehrerinnen gemeinsam getragen.

Nach der Beendigung von Modellversuchen mit E. d. P. sind einige Einrichtungen als Vorklassen der Grundschule weitergeführt worden. Die Verwirklichung des Reformvorhabens ist teilweise an der Finanzierung, teilweise aber auch an den Widerständen der Träger von Kindergärten gescheitert, die auf die Fünfjährigen nicht verzichten wollten.

Einheitsschule. Ein Schulsystem, das eine Verteilung der Kinder auf verschiedene Schulformen mit unterschiedlichen Zielen und Privilegien vermeiden will, und in dem alle Kinder, unabhängig von sozialer Herkunft, Konfessionszugehörigkeit, Weltanschauung, Geschlecht und Begabung die gleiche Schule besuchen. Organisatorisch soll die E. so gestaltet sein, daß die Bildungswege auf einer für alle Kinder gemeinsamen Grundstufe aufbauen, durchlässig bleiben und die Schulabschlußmöglichkeiten lange offen stehen. Pädagogisch gesehen, sollen alle Kinder und Jugendlichen in der gemeinsamen Schule die gleiche Bildung erhalten, die zwar durch die Bildungswege nach Begabung und Interesse differenziert wird, aber prinzipiell gleichwertig ist.

Schon *J. A. Comenius* wollte im 17. Jh. mit seinem Einheitsschulplan ein vierstufiges Schulsystem nach dem Grundsatz »alle alles lehren« aufbauen. Ziel des preußischen Schulgesetzentwurfs (1819) von *J. W. Süvern* war die Einführung einer allgemeinen öffentlichen Schule, die in einem aufeinander abgestimmten Stufensystem von der Einschulung bis zur Universität die Grundlage der gesamten Nationalerziehung bilden sollte. Schließlich führte die Auseinandersetzung vor dem Ende des Kaiserreichs um die E. mit der Einführung der Grundschule in der Weimarer Verfassung (1919) zu einem bildungspolitischen Kompromiß. Während der E.gedanke nach dem Zweiten Weltkrieg in der DDR zur Errichtung der zehnklassigen allgemeinbildenden polytechnischen Oberschule führte, kam er in der damaligen BRD 1970 im Stufenschulsystem des *Strukturplans für das Bildungswesen* des *Deutschen Bildungsrates* wieder zum Ausdruck. In der Diskussion um die integrierte *Gesamtschule* wurden viele Einwände vorgebracht, die denen gegen

die Einführung der gemeinsamen Grundschule um 1919 und gegen den Süvernschen Gesetzentwurf um 1819 gleichen. Die Umsetzung des E.gedankens ist gegenwärtig in mehreren europäischen Ländern in der Tendenz zur Vereinheitlichung des Pflichtschulbereichs bzw. Umstrukturierung der Sekundarstufe I (z.B. skandinavische Länder, Frankreich, Italien) zu beobachten.
Literatur: 1.10, 2.1.1

Einordnungsverhältnis. *Besonderes Gewaltverhältnis.*

Einschulung (engl. *starting school*). Für Kinder, die bis zum 30. Juni eines Jahres sechs Jahre alt werden, beginnt die *Schulpflicht* am 1. August. Die E. erfolgt zu Beginn des *Schuljahres* nach den großen Ferien im August bzw. September. Kinder, die noch nicht über die notwendige *Schulreife* (Schulfähigkeit, Schulbereitschaft) verfügen, können für ein Jahr vom Schulbesuch zurückgestellt werden und beispielsweise einen *Schulkindergarten* besuchen. Wird aufgrund entsprechender Untersuchungen von vornherein die Sonderschulbedürftigkeit eines Kindes festgestellt, muß es in die Sonderschule eingeschult werden. Kinder, die zwischen dem 1. Juli und dem 31. Dezember eines Jahres sechs Jahre alt werden, können auf Antrag der Erziehungsberechtigten vorzeitig in die Schule aufgenommen werden, wenn die Schulreife vorhanden ist. Die Kinder werden dann schulpflichtig. Über die Aufnahme entscheidet in der Regel der Schulleiter in Absprache mit dem Schularzt. Einzelheiten sind in den Schulgesetzen und Verordnungen der Länder geregelt.
Der Begriff E. umfaßt nicht nur die verwaltungsrechtlichen Regelungen, sondern auch die pädagogische Gestaltung des Übergangs in die Schule. Von der Einschreibung (je nach Bundesland von Januar bis Mai) bis zum ersten Schultag sollte der *Übergang* für Schulanfänger durch erste Hospitationen und einführende Elternabende in der Schule erleichtert werden.

Einschulungsdiagnostik. Neben den für die *Einschulung* eines Kindes festgelegten schulrechlichen Bestimmungen gibt es in der Bundesrepublik Deutschland keine einheitliche Regelung zu der Entscheidung, ob ein Kind eingeschult wird oder zurückgestellt werden muß. Grundlegend für die Beurteilung dieser Situation ist die seit etwa 1950 geführte Diskussion über das Problem der *Schulreife* bzw. der Schulfähigkeit und Schulbereitschaft. Durch die pädagogische Arbeit der Vorschuleinrichtungen und die Bereitschaft vieler Grundschullehrer zur förderorientierten Integration aller Schulanfänger hat sich das Problem der Selektion am Schulanfang in den letzten Jahren entschärft. Dennoch wird die Entscheidung über eine Zurückstellung oder Sonderschulüberweisung für einen kleinen Teil der Schulanfänger erwogen.
Für solche Entscheidungen werden in der Regel herangezogen: a) die Aussagen des Schularztes über den körperlichen Entwicklungsstand und die aktuelle gesundheitliche Befindlichkeit; b) die Beobachtungen der Pädagogen zum kognitiven Leistungsverhalten und zum sozialen Verhalten bei der Anmeldung; c) evtl. die Beobachtungsergebnisse der Klassenlehrerin während der ersten sechs Schulwochen; d) Befunde der Gespräche mit den Erziehungsberechtigten und evtl. mit Vorschulerzieherinnen über die bisherige Lernentwicklung sowie e) evtl. Befunde von Testverfahren (sog. Schulreifetests) und/oder der schulpsychologischen Beratung.
Der diagnostische Ausbildungsstand der Lehrerschaft und die E. bieten zur Zeit wenig Hilfen. Eine längere intensive Dauerbeobachtung zusammen mit einer zweiten Lehrkraft in alltäglichen Unter-

richtssituationen und die Dokumentation des Beobachteten (z.B. in Form eines Tagebuchs) können zu angemessenen Interpretationen führen, wenn bestimmte Kriterien beachtet werden. Einige Schulbehörden haben für solche Zwecke einen Beobachtungsbogen erarbeiten lassen. Für den Vorschulbereich liegen wissenschaftlich erprobte Beobachtungsbogen vor.

Einschulungstests hatten in den Jahren zwischen 1955 und 1975 ihre Blütezeit. Viele Zurückstellungen wurden vorwiegend mit der Einstufung aufgrund eines Gruppentests begründet. Da diese Tests weitgehend auf Normierung und einem überholten Schulreifekonzept beruhen, werden sie heute für unbrauchbar gehalten. Für die Entwicklung eigener Beobachtungsaufgaben sind aber manche Fragestellungen dieser Tests noch interessant. Aus der Kritik an den traditionellen Schulreifetests erschien 1976 das ›Mannheimer Schuleingangs-Diagnostikum, MSD‹ und ein Jahr später die ›Testbatterie für Entwicklungsrückständige Schulanfänger, TES‹. Ihr Ziel ist es, Lernvoraussetzungen differenziert zu erfassen, um daraus pädagogische Fördermaßnahmen ableiten zu können. Aber auch an diesen Tests ist die Kritik nicht vorbeigegangen. Eine Weiterentwicklung des Instrumentariums der E. zur Förderung der Kinder im differenzierenden *Anfangsunterricht* ist längst überfällig. Seit etwa 1980 stellen H. Nickel u.a. ein ökopsychologisches Schulreifemodell zur Diskussion, das von der Bedeutung der Wechselbeziehungen zwischen Schulanfänger, Schule und Umwelt ausgeht, um auf Zurückstellungen verzichten zu können und in optimaler Weise kindliches Lernen im Anfangsunterricht zu ermöglichen.

Literatur: 2.1.4, 2.1.8

Einstellung (engl. *mental set*). Einer der vielen gängigen Begriffe in Psychologie, Soziologie und Pädagogik, die je nach theoretischem Kontext, in dem sie Verwendung finden, mit sehr unterschiedlichen Inhalten versehen werden. Bedeutungen wie Haltung, grundlegendes Reaktionsmuster in bestimmten Situationen, vergleichsweise stabile Meinungen gegenüber Personen und sozialen Institutionen werden besonders häufig mit dem Begriff verknüpft.

Einstellungsverfahren. Das Anwerben, Auswählen und Einstellen von *Auszubildenden* bzw. *Lehrlingen* verläuft im Rahmen der Bedingungen, die Schule, Berufsberatung und Jugendarbeitsschutz heute setzen, i.d.R. in folgenden Schritten:

1. Ausbildungsbetriebe melden ihre freien Ausbildungsplätze dem zuständigen Arbeitsamt und zeigen die Plätze in der regionalen Presse an. Dabei teilen die Betriebe mit, welche Voraussetzungen sie von den Bewerbern erfüllt sehen wollen (Alter, Schulabschluß, körperliche Konstitution, Interessen usw.) und welche Bewerbungsunterlagen sie erwarten (Lebenslauf, Begründung der Bewerbung, letzte Zeugnisse). Bei der Meldung der Ausbildungsplätze und bei der Festlegung von Einstellungsvoraussetzungen sind die Betriebe frei.

2. Unter Berücksichtigung der Kriterien, die sich aus der *Ausbildungsordnung* und den betriebsinternen Anforderungen an die Auszubildenden ergeben, werden in einer ersten Auswahl die nach den vorliegenden Unterlagen geeignet erscheinenden Bewerber benannt. Ist die Anzahl dieser Bewerber größer als die Zahl der freien Plätze, führen Betriebe i.d.R. Auswahlverfahren durch, in denen berufsrelevante Vorkenntnisse und, falls möglich, auch die praktische Eignung festgestellt werden sollen. Eingesetzt werden dabei zumeist informelle Instrumente (Aufgabenblätter, Fragebögen u.ä.). Als dritter Teilschritt des Aus-

wahlprozesses schließen sich Einzel- oder Gruppengespräche mit den Bewerbern an, um die Persönlichkeit der jungen Menschen zumindest einmal im direkten Gedankenaustausch erlebt zu haben.
3. Ist über die Bewerbungen entschieden, wird der *Berufsausbildungsvertrag* mit den erforderlichen Anlagen (Ausbildungsordnung, Ausbildungsplan) vorbereitet.
4. Kommt der Vertrag durch die Unterschriften des Auszubildenden bzw. seines gesetzlichen Vertreters und des *Ausbildenden* zustande, muß sich der Ausbildende vor Beginn der Ausbildung eine Bescheinigung über die ärztliche Untersuchung gemäß § 32 des *Jugendarbeitsschutzgesetzes* (JArbSchG) vorlegen lassen und den Auszubildenden bzw. Lehrling bei der zuständigen *Berufsschule* zum Unterricht anmelden.

Einzelarbeit (Syn. **Alleinarbeit**). *Sozialform des Unterrichts*, die eine nicht direkt vom Lehrer gelenkte, selbständige oder selbsttätige Arbeit des einzelnen Schülers bezeichnet. Es wird die reproduktive E. der Wiederholung, Übung und Festigung des Gelernten von der produktiven E. unterschieden, in der neue Aufgaben von den Schülern selbständig bewältigt werden müssen. Im Rahmen der *Hausaufgaben* gibt es die vorbereitende E. z.B. bei Erkundungen, Sammelaufgaben oder Materialbearbeitungen, die nacharbeitende E. beim Üben und Wiederholen des im Unterricht erarbeiteten Lernstoffes oder die E. als Weiterarbeit, in der die im Unterricht begonnenen Aufgaben selbständig zu Ende geführt werden sollen. Produktive Formen der E. sind auch die *freie Arbeit* und der *Wochenplanunterricht*. Sie setzen beim Schüler Fähigkeiten zur selbständigen Planung und Zeiteinteilung, Arbeitstechniken zum selbständigen Wissens- und Kenntniserwerb und die Bereitschaft zur Erarbeitung neuer Lerninhalte voraus.
E. und *Stillarbeit* sind keine identischen Begriffe, doch gibt es semantische Überschneidungen.

Einzelfallhilfe. *Casework.*

Einzelfallstudie (engl. *single case analysis*). In einem genau definierten Zeitraum wiederholte, deshalb zumeist vergleichsweise konzentrierte und differenzierte Untersuchung einzelner Personen oder noch faßbarer sozialer Einheiten (Schule, Schulklasse, Familie). Die Überschaubarkeit des Forschungsgegenstandes erlaubt i.d.R. die Beobachtung einer Vielzahl von Faktoren bzw. Variablen, die für die Beantwortung der Fragestellungen in beschreibenden bzw. die Prüfung von Hypothesen in analytischen Untersuchungen wichtig sind. E. werden überwiegend im Interesse der Entdeckung besonders auffälliger Zusammenhänge zwischen einzelnen Faktoren des Untersuchungsgegenstandes durchgeführt. In diesem Falle sind sie besonders für die Formulierung von Hypothesen bedeutsam, die dann in Untersuchungen anhand von Stichproben überprüft werden können. E. bedienen sich (sehr oft in Kombination) verschiedenster Forschungsinstrumente: Fragebogen, teilnehmende Beobachtung mit Protokoll, Testverfahren usw.
Literatur: 1.5

Einzelunterricht. Der Begriff ist nicht zu verwechseln mit den Begriffen Alleinarbeit, *Einzelarbeit* oder *Stillarbeit*.
1) Vor dem Ausbau des öffentlichen Schulwesens und der Durchsetzung der allgemeinen *Schulpflicht* war der E. in Familien des gehobenen Bürgertums und in Adelskreisen üblich und wurde von einem Hauslehrer oder Hofmeister erteilt. Nach der Einführung der *Grundschule* in der Weimarer Verfassung von 1919 bedurfte der E. durch einen Hauslehrer der Genehmigung durch die

Schulbehörde und wurde nur in begründeten Ausnahmefällen erteilt.
2) In der Schule heute ist E. durch eine Lehrkraft im Rahmen des *Förderunterrichts* oder bei der *Integration* behinderter Kinder in Regelschulklassen von großer Bedeutung.
3) Im außerschulischen Bereich findet E. traditionell z.B. im Musikunterricht oder im Nachhilfeunterricht statt.

Einzelversetzungsplan. Für den betrieblichen Teil der *Berufsausbildung* sollte auf der Grundlage des *Ausbildungsrahmenplanes* ein E. erstellt werden, in dem festgehalten ist, in welchem Teil des Betriebes einem Auszubildenden welche Kenntnisse und Fähigkeiten vermittelt werden und durch wen diese Vermittlung an den verschiedenen Arbeitsplätzen erfolgt.

Elementarbereich (engl. *pre-school level*). Die Diskussion um die Bedeutung der *Vorschulerziehung* in den sechziger Jahren hat dazu geführt, daß der Aufbau des Bildungswesens in der Bundesrepublik Deutschland heute auch die Elementarerziehung einbezieht. Der Begriff E. wird seit dem *Strukturplan für das Bildungswesen* (1970) und dem *Bildungsgesamtplan* (1973) der Bund-Länder-Kommission für Bildungsplanung und Forschungsförderung verwendet und umfaßt alle Einrichtungen familienergänzender Erziehung und Bildung für Kinder nach Vollendung des dritten Lebensjahres bis zur *Einschulung*. Pädagogisches Ziel des E. soll es sein, den Drei- bis Fünfjährigen ein Bildungsangebot zu machen, das ihre kognitive, affektive und soziale Entwicklungsfähigkeit erhöht, milieubedingte Benachteiligungen auszugleichen sucht und einen gleitenden Übergang zum schulischen Lernen ermöglicht. Da aus verschiedenen Gründen nicht alle Kinder einen *Kindergarten* besuchen können, sollte das Bildungsangebot für Fünfjährige nach den damaligen Vorstellungen so ausgebaut werden, daß eine Nutzung von möglichst allen Kindern dieser Altersstufe in Frage kam. Dabei war es strittig, ob die Ziele einer modernen Elementarerziehung für Fünfjährige eher in der zweijährigen *Eingangsstufe des Primarbereichs*, in einer *Vorklasse* der Grundschule oder in einem Kindergarten zu erreichen sind. Zur Erprobung von Alternativlösungen sind in den siebziger Jahren Modellversuche durchgeführt worden.
Literatur: 2.1.1

Elementarisieren. Vereinfachung eines komplexen Lerninhalts, um ihn z.B. für Kinder jüngerer Altersstufen verständlich zu machen, ohne seine sachliche Richtigkeit aufzugeben.

Elite (engl. *elite*). Dazu gehören ganz allgemein alle, die in einer Gesellschaft die höchsten Rangplätze in der Hierarchie von Ansehen und Macht einnehmen. Die Kriterien dafür können aus Bildung, Amt, Beruf, Geldvermögen, politischem Einfluß oder gesellschaftlich hoch bewerteten Leistungsnachweisen abgeleitet sein. Innerhalb von Bildungswesen, Wissenschaft und Forschung jener Teil von Schülern, Studierenden, Lehrenden und Forschern, der aufgrund besonderer Befähigungen Spitzenleistungen bzw. herausragende Neuerungen erbringt. Für die Förderung dieser E. sind eine Reihe von Maßnahmen eingerichtet worden wie Überspringen von Klassen in der Schule, Teilnahme an Wettbewerben (z.B. Jugend forscht), Begabtenförderung bei verschiedenen Stiftungen.
Anschriften: 3.6

elterliche Sorge (Syn. **elterliche Gewalt**; engl. *parentage*). Was in früheren Fassungen des BGB unter elterliche Gewalt fiel, wird seit 1980 sehr bewußt als e.S. bezeichnet, um auf diese Weise die Pflicht der Eltern, im Interesse des

Kindeswohles zu handeln, stärker zu betonen. Zugleich sind die Rechte der Kinder gegenüber ihren Eltern ausgebaut worden. Das ist u.a. für die Berufswahlentscheidung von großer Bedeutung, wo sich die Kinder nicht mehr dem elterlichen Willen unterwerfen müssen. E.S. umfaßt im wesentlichen drei Bereiche: Die Personensorge konzentriert sich auf die Pflege, Beaufsichtigung, den Schutz, die Erziehung und Ausbildung der Kinder. Die Vermögenssorge verpflichtet die Eltern zur Wahrnehmung der finanziellen Interessen ihrer Kinder. Das gesetzliche Vertretungsrecht erlaubt es den Eltern, für ihre Kinder rechtsverbindliche Erklärungen abzugeben. Kommen die Eltern ihrer e.S. nicht nach oder mißbrauchen sie diese, dann kann ihnen die e.S. ganz oder teilweise durch ein *Vormundschaftsgericht* entzogen und ein *Vormund* bestellt werden. Werden dem Jugendamt oder dem Vormundschaftsgericht schwere Verstöße gegen die e.S. bekannt, müssen sie im Interesse des Kindes eingreifen.

Eltern (engl. *parents*). Die leibliche Mutter und der leibliche Vater eines Kindes haben nach den Bestimmungen des BGB das Recht und die Pflicht, für das minderjährige *Kind* zu sorgen (*elterliche Sorge*). Dabei sind sie durch das Gesetz gehalten, die wachsende Fähigkeit und das Bedürfnis des Kindes zu selbständigem Handeln zu berücksichtigen. Beide E.teile sind verpflichtet, ihre E.schaft in gegenseitigem Einvernehmen zum Wohle des Kindes auszuüben. Für die vielfältigen Rechtsverhältnisse zwischen E. und Kind finden sich im vierten Buch des BGB umfangreiche und sehr detaillierte familienrechtliche Regelungen.

Elternarbeit. Einrichtungen und Maßnahmen von Lehrern, Erziehern oder Sozialpädagogen für die Eltern oder Erziehungsberechtigten gemeinsam zu betreuender Kinder oder Jugendlicher mit dem Ziel einer Abstimmung und wechselseitigen Unterstützung der Erziehungs- und Bildungsangebote. Dazu gehören im Bereich der Schule u.a. die Mitbestimmung der Eltern, Elterninformation bei besonderen schulischen Unternehmungen, Elternsprechstunden, Elternbesuche im Unterricht, Hausbesuche bei den Eltern, Zusammenarbeit mit Eltern in Schulvereinen, Beratungsangebote in Krisen und bei Konflikten, Mitwirkung der Eltern in Arbeitsgemeinschaften, bei Exkursionen, Wanderungen und Schulfesten oder bei Unternehmungen der Schulsozialarbeit.

Elternbeirat (engl. *parents' council*). Gremium für die *Mitbestimmung* der Eltern bzw. Erziehungsberechtigten in der Schule. Versammlung aller Klassenelternsprecher einer Schule. Gesetzliche Grundlage ist das jeweilige Schulgesetz des Landes.

Elternmitwirkung. *Mitbestimmung.*

Elternrecht. Nach Artikel 6 des GG sind Pflege und Erziehung der Kinder das natürliche Recht der *Eltern* und ihre oberste Pflicht. Daraus ergibt sich für die *Schulgesetze* der Länder, daß darin den Eltern besondere Rechte zur Mitwirkung und *Mitbestimmung* bei der schulischen Erziehung ihrer Kinder eingeräumt werden. In den meisten Bundesländern sind dafür besondere Gesetze oder Rechtsverordnungen erlassen worden (Mitbestimmung; *Elternbeirat; Klassenpflegschaft; Gesamtelternbeirat; Schulkonferenz*).
Literatur: 2.1.11

Emanzipation (lat. *emancipatio* aus der väterlichen Vormundschaft entlassen; engl. *emancipation*). Allgemein jeder Akt der Befreiung aus dem Zustand der Abhängigkeit und Fremdbestimmung, sei es in Form der aktiven Verselbständigung, der von anderen gewährten Freiheit oder der politisch und rechtlich erkämpften Gleichberechtigung.

Insofern die Ziele von *Erziehung* und *Unterricht* auf die wachsende persönliche Urteilskraft, Verantwortungsbereitschaft, Handlungsfähigkeit, Selbstbestimmung und *Mündigkeit* der Kinder und Jugendlichen ausgerichtet sind, verstehen sie sich schlechthin als Beitrag zur E. der heranwachsenden Generation. Als normative Vorgabe für emanzipatorische pädagogische Arbeit finden die Menschenrechte heute weitgehende Anerkennung. In ihnen sind die Bedingungen für eine der Menschenwürde verpflichtete soziale, kulturelle, ökonomische und politische Ordnung formuliert.

Praktische *Pädagogik* und Erziehungswissenschaft stehen in einem Spannungsverhältnis zwischen diesen ethischen Ansprüchen an den Umgang mit Kindern und Jugendlichen und den tatsächlichen Gegebenheiten, wobei damit sowohl an die persönlich zu verantwortende Einsatzbereitschaft und Kompetenz der Erzieher als auch an die gesellschaftlichen Verhältnisse zu denken ist. Pädagogische Arbeit unter dem Anspruch der E. kann dazu beitragen, die Akzeptanz der Menschenrechte zu fördern und Fähigkeiten zu entwickeln, ihre Geltung immer erneut einzufordern und, soweit möglich, durchzusetzen. Damit sind der Bildungsarbeit durchaus konkrete Orientierungen gegeben: Soziale Benachteiligungen, Menschenrechtsverletzungen, Bedrohungen der bürgerlichen Freiheiten, Diskriminierungen, ideologische Indoktrination oder mangelndes ökologisches Bewußtsein sind Problemfelder, die im Erziehungs- und Unterrichtsalltag aufzuspüren, verständlich zu machen und einer kritisch-konstruktiven Bearbeitung zu öffnen sind. Unabdingbare Voraussetzung dafür aber ist, daß die pädagogische Arbeit selbst als beständiges Bemühen um E. erlebt werden kann. Da pädagogische Handlungsfelder in die herrschenden gesellschaftlichen Verhältnisse eingebunden sind und für deren Stabilisierung in Funktion genommen werden, unterliegt die Menschenwürde auch hier prinzipiell den gleichen Bedrohungen wie in Politik, Wirtschaft, Religion, Recht und anderen gesellschaftlichen Praxisfeldern. Soll also die Berufung auf das Prinzip der E. nicht leeres Gerede bleiben, wird sich Pädagogik in Praxis und Theorie immer wieder selbst auf ihre emanzipatorischen Kompetenzen hin zu befragen haben bzw. befragen lassen müssen.

Literatur: 1.9

emanzipatorische Pädagogik. *Pädagogik. Geisteswissenschaftliche Pädagogik.*

Emotion (lat. *emovere* hinausschaffen, wegschaffen, entfernen; engl. *emotion*). Allseits bekannte E. oder Gefühlszustände sind Freude, Trauer, Haß, Ärger oder Mitleid. Dabei handelt es sich i.d.R. um Prozesse tiefgreifender körperlicher und seelischer Veränderungen in Verbindung mit starken Erregungszuständen. E. sind zumeist begleitet von der Erfahrung, daß ein bestimmtes Ziel erreicht bzw. nicht erreicht werden konnte. In Lernprozessen wird die E. durch die Identifikation mit Modellpersonen zu einem zentralen Element. So sein zu wollen wie der subjektiv als besonders wichtig empfundene andere, motiviert zur Übernahme von Verhaltensweisen.

Empathie (griech. *en* in, *pathos* Leid, Leidenschaft; engl. *empathy*). Eine Grundqualifikation für soziales Handeln, nämlich die Fähigkeit eines Menschen, sich in die Erwartungen eines anderen Menschen einzufühlen, diese zu verstehen und auf sie einzugehen. In der Sprache des Interaktionismus ist »die Fähigkeit zur E. eine Antwort auf eine Rollen- und Interaktionskonstellation, in der Partner die Situation aus der Sicht ihres

Gegenübers wahrnehmen müssen, um Handeln entwerfen und kontrollieren zu können« (L. Krappmann). Die Fähigkeit wird dann aktualisiert, wenn bewußt oder unbewußt etwas nicht offen ausgesprochen wird. Um sich aufeinander einstellen zu können, müssen die Kommunikationspartner die Situation jeweils aus der Sicht des anderen betrachten, um auf diese Weise die zu erwartenden Reaktionen des Gegenübers vorweg zu erkennen und im eigenen kommunikativen Handeln zu berücksichtigen.
Literatur: 2.1.6

Empirie (griech. *empairia* die Erfahrung; engl. *empiricism*). Die systematische (d.h. die zuvor festgelegte und damit auch nachvollziehbare bzw. wiederholbare) Sammlung von Erfahrung zur Absicherung der Geltung von Aussagen über die Wirklichkeit. Voraussetzungen dafür sind: 1. Angaben über die Qualität der Aussagen, die mit Faktenwissen untermauert oder überprüft werden sollen: a) etwas differenziert beschreiben und ordnen; b) durch Beobachtungsdaten auf mögliche Zusammenhänge aufmerksam werden oder c) eine Vermutung, Hypothesen, Theorie über bestimmte Zusammenhänge in der Wirklichkeit auf ihre Richtigkeit prüfen, 2. die genaue Festlegung des Forschungsgegenstandes sowie der Personen oder Fakten, die ihn repräsentieren sollen, 3. die exakte Definition der Begriffe, mit denen der Forschungsgegenstand erfaßt werden soll, 4. die Angabe der Indikatoren, durch deren Beobachtung das Vorhandensein bestimmter Phänomene oder von Beziehungen zwischen ihnen festgestellt werden kann, 5. die Beschreibung der Forschungsoperationen, durch deren Vollzug bestimmte Daten gewonnen und in Beobachtungssätzen festgehalten werden sollen, 6. die Verfügbarkeit bewährter Forschungsinstrumente (Tests, Skalen, Fragebögen), die gültige Daten erwarten lassen sowie 7. die Auswahl passender *Forschungsmethoden* (*Beobachtung, Befragung, Inhaltsanalyse, Experiment* u.a.). Die Beachtung solcher Regeln macht dem Forschenden und dem Studierenden klar, daß die Genauigkeit von Aussagen über die Wirklichkeit mit dem Grad der bewußten und kontrollierten selektiven Wahrnehmung steigt. Das heißt umgekehrt: Je allgemeiner Erfahrungssätze sind, desto weniger ist ihre Geltung zu überprüfen und desto geringer ist folglich auch ihr Informationsgehalt. Empirische Wissenschaften versuchen, ihre Theorien möglichst weitgehend durch E. abzusichern. Im Idealfalle müßten dazu alle Aussagen in experimentellen Studien gewonnen werden, weil sich nur im Experiment alle Faktoren, die auf ein bestimmtes Phänomen Einfluß nehmen, kontrollieren lassen. Diese Versuchsanordnung ist für die meisten Forschungsfelder der Sozialwissenschaften aus verschiedenen Gründen (insbesondere aus moralischen Gründen) nicht möglich. Speziell in der *Pädagogik* gelingt die strenge empirische Absicherung von Aussagen über die Erziehungswirklichkeit angesichts der großen Komplexität von Bedingungen, in denen Erziehung und Unterricht ablaufen, und da viele Situationen aufgrund der Einmaligkeit und grundsätzlichen Freiheit der miteinander handelnden Personen nicht wiederholbar sind, nur in engen Grenzen bzw. als möglichst weitgehende empirische Absicherung ihrer Beschreibungen und Theorien zur Erziehungspraxis. Dennoch hat die empirische Forschung in der Pädagogik im Laufe der letzten Jahre beachtliche Fortschritte erzielt, die den Informationsgehalt ihrer Aussagen sehr verbessert haben.
Literatur: 1.5

empirisch-analytische Erziehungswissenschaft. Sie will Erziehungs-, Unterrichts- und Ausbildungsprozesse im Hinblick auf die mittels empirischer *Forschungsmethoden* beobachtbaren Merkmale möglichst genau beschreiben und ordnen (deskriptive Forschung) sowie die psychophysischen, sozialen, ökonomischen und ökologischen Abhängigkeiten dieser Prozesse aufklären, also konkrete Erziehungswirklichkeit erklären (analytische oder hypothesenüberprüfende Forschung). Ziel ist die Entwicklung von *Theorien*, deren Aussagen sich in der Konfrontation mit realen Daten (sog. Beobachtungssätzen) bewähren. Soweit sich erzieherisches Handeln im Hinblick auf seine Bedingungen, prozeßinternen Wechselwirkungen und Folgen für Individuum und Gesellschaft von diesem Forschungskonzept her erfassen läßt, arbeitet die *Pädagogik* als e.-a. E. heute also im Sinne anderer Sozialwissenschaften. Das gedankliche Grundmuster ihrer Arbeit sind Wenn-dann-Sätze. Sie haben vor Beginn der eigentlichen empirischen Forschungsarbeit den Charakter von Hypothesen: Das beobachtete Phänomen A hat – nach allem was wir wissen oder vermuten dürfen – seine Ursachen in den Faktoren x, y und z. Findet eine solche Hypothese in Beobachtungsergebnissen ihre Bestätigung, kann sie (bis zu ihrer Korrektur oder Widerlegung) Bestandteil einer gesicherten theoretischen Aussage werden. Solche theoretischen Sätze lassen sich dann auch praktisch anwenden und ergeben technische Prognosen: Damit eine bestimmte Wirkung erzieherischen Handelns eintritt, sollten – soweit möglich und erwünscht – nach dem Stand der Erkenntnisse folgende Voraussetzungen für Erziehung eingerichtet werden.

Die Vermittlung zwischen Theorie und Praxis kann dennoch nicht als bloßer Anwendungsfall der Theorie im Sinne einer pädagogischen Handlungsanweisung verstanden werden. Wissenschaftliche Erkenntnisse im Sinne dieser Konzeption sind keineswegs eine hinreichende Grundlage für pädagogisches Handeln. Denn weder Sinnfragen noch das Problem der Geltung pädagogischen Handelns finden innerhalb der e.-a. E. Beachtung. Sie beschränkt sich vielmehr im Kern auf die Entwicklung technischen Wissens. Wertorientierungen, politische Entscheidungen, Alltagserfahrungen oder auch persönliche Eindrücke sind als Bedingungen pädagogischer Praxis jedoch ebenso zu beachten wie die spezifischen situativen Gegebenheiten und die subjektgebundene Verarbeitung erzieherischer Maßnahmen durch deren Adressaten. Das heißt im Hinblick auf die wissenschaftliche Pädagogik: Da Erziehung grundsätzlich Sinnfragen aufwirft und einen soziopolitisch und kulturell vermittelten sowie subjektiv geprägten Prozeß darstellt, der aber i. d. R. experimentell nicht einfach isoliert oder wiederholt werden kann, ist eine möglichst vollständige Theoretisierung des Erziehungsprozesses nur in Verknüpfungen zwischen der e.-a. E. und der *geisteswissenschaftlichen,* der *materialistischen*, der *normativen* und der *phänomenologischen Pädagogik* zu leisten. Die verschiedenen Konzeptionen (Richtungen, Schulen) der Pädagogik arbeiten deshalb zurecht in vielfältiger Weise zusammen. Wichtige Beiträge für die Entwicklung der e.-a. E. haben *J. F. Herbart, F. E. Beneke, E. Meumann, A. Fischer, P. Petersen, W. Loch, H.Roth, K. Ingenkamp, H. Fend* und *H.-G. Rolff* geleistet. Die Wissenschaftslehre der e.-a. E. ist in der Gegenwart im wesentlichen durch *W. Brezinka* vorangetrieben worden.

Literatur: 1.5, 1.10

empirische Forschungsmethoden (engl. *empirical research instruments*). Im Unterschied zu den eher zufälligen und subjektiven Alltagserfahrungen sollen durch den Einsatz von e.F. Erfahrungsdaten in möglichst geordneter, nachprüfbarer und gültiger Weise gewonnen werden. In Abhängigkeit von den unterschiedlichen Zielen, denen e.F. dienen können, sind verschiedenartige Methoden entwickelt worden, die laufend überprüft und verbessert werden.

Von den Zielen empirischer Untersuchungen her lassen sich grob beschreibende Untersuchungen und prüfende Untersuchungen unterscheiden. Beschreibbar sind Entwicklungen von einzelnen Personen (*biographische Methode*) genauso wie die Verteilung zuvor definierter Merkmale (z.B. Testergebnisse, Zensuren, Krankheitstage) bei ausgewählten Personengruppen etwa durch Fragebogenerhebungen. Solche Darstellungen können für sich Ziel einer empirischen Studie sein. Neben den damit gewonnenen Daten über einen Wirklichkeitsausschnitt lassen sich auf diese Weise auch Annahmen über mögliche Zusammenhänge zwischen bestimmten Phänomenen und Prozessen gewinnen. In diesem Falle dient eine empirische Studie der Entwicklung von intersubjektiv überprüfbaren Hypothesen. Diese Prüfung der Gültigkeit von Hypothesen (Annahmen über bestimmte Ursache-Wirkungs-Zusammenhänge), die i.d.R. aus vorliegenden Theorien abgeleitet sind, erfolgt durch Konfrontation der aufgrund der Hypothese erwarteten Daten mit den konkret erhobenen Daten.

Neben den bereits genannten Verfahren wie der biographischen Methode, der *Befragung* (Interview oder schriftliche Befragung) und verschiedenen Meßverfahren (Skalen, auf denen die Ausprägung bestimmter Merkmale z.B. in Testpunkten festgehalten wird) sind im Bereich der *Pädagogik* häufig eingesetzte e.F. die *Beobachtung* (teilnehmende oder nicht-teilnehmende Beobachtung), das *Testen*, das *Experiment*, die *Inhaltsanalyse* und die *Soziometrie*. Für alle diese Methodengruppen liegen zahlreiche Variationen und Instrumentierungen vor.

Welche e.F. eingesetzt wird, hängt von der Entscheidung über die Art der beabsichtigten Untersuchung ab. Sollen z.B. zuerst Ideen für eine spätere hypothesenprüfende Untersuchung entwickelt werden, kann es sinnvoll sein, biographische Methoden oder Inhaltsanalysen einzusetzen, die möglichst vielfältige Daten über einen Gegenstandsbereich erbringen. Geht es dann um die Prüfung der Gültigkeit von Hypothesen, sind experimentelle Verfahren derzeit die exaktesten e.F. Angesichts des hohen Entwicklungsstandes der e.F. und der unterschiedlichsten Bedingungen, von denen ihr Einsatz abhängt, ist vor der Auswahl von e.F. das gründliche Studium entsprechender Fachliteratur unabdingbar.

Literatur: 1.5

Encounter-Gruppen. *Gesprächspsychotherapie.*

endogen (griech. *endon* innen, lat. *genus* Herkunft, Abstammung; engl. *endogenous*). Alle Äußerungen des Menschen, die aus der inneren Einheit seiner seelisch-körperlichen Individualität resultieren, werden als e. Prozesse bezeichnet. Darunter fallen keineswegs nur die genetisch festgelegten Verhaltensweisen und Entwicklungsabläufe. Vielmehr sind e. Vorgänge als Ergebnis vielfältiger Wechselwirkungen zwischen Anlage und Umwelt bei der Genese der Ich-Identität zu verstehen.

Enkulturation (engl. *enculturation*). Prozeß, in dem ein Individuum die spezielle kulturelle Tradition einer sozialen Einheit erlernt und verinnerlicht. Von besonderer Bedeutung ist dabei das Erlernen der Sprache als Medium des Selbst- und Weltverständnisses. E. wird vereinzelt als Teilprozeß der *Sozialisation* hervorgehoben.

Literatur: 1.8

entdeckendes Lernen (engl. *learning by discovery*). Seit der Reformpädagogik gibt es Unterrichtskonzepte, die im Sinne des e.L. aktive, intrinsisch motivierte, selbsttätige und selbstgesteuerte Prozesse des Denkens und Handelns der Schüler fördern wollen. Der Begriff selbst geht auf J.S. Bruner zurück, der sich damit in den sechziger Jahren gegen die damals in den USA dominanten behavioristischen Lerntheorien und ihre Auswirkungen in geschlossenen *Curricula* wandte. Unter e.L. versteht Bruner selbstgesteuerte Lernprozesse, bei denen der Lernende Informationen über Sachverhalte durch aktives Fragen und Beobachten sucht, dabei sein bereits erworbenes Wissen als Hilfe heranzieht und daraus im heuristischen Sinne über Hypothesenbildung und -überprüfung zu neuen Informationen kommt, unter Umständen ohne lenkende Hilfe von außen. Bruners Forderung zur Entwicklung von wirksamen Unterrichtskonzepten für e.L. löste in den USA die Kontroverse mit J.S. Ausubel aus, der die Ansicht vertritt, daß der junge Mensch nicht alles neu entdecken muß, weil die gesammelten Entdeckungen der menschlichen Kultur jeder neuen Generation im Laufe der Kindheit und Jugend übermittelt werden können. Inzwischen haben Unterrichtsforschung und -praxis gezeigt, daß Schüler ungelenkte Entdeckungsprozesse nicht selbständig steuern können und deshalb Verfahren ungelenkten Entdeckens nicht zu optimalen Lernergebnissen führen. Hingegen haben sich Verfahren zum gelenkten Entdecken als optimale Methode zur Förderung selbständigen Lernens erwiesen. Zu den Lenkungsmaßnahmen zählen unterschiedliche Möglichkeiten der Lernhilfe und der Vermittlung von Lernstrategien: z.B. Bereitstellen einer vorbereiteten Lernumgebung mit Lernmaterialien für *freie Arbeit* (z.B. *Montessori-Pädagogik*); Steuerung der Lernprozesse mit Hilfe der *genetischen Methode* (z.B. *M. Wagenschein*); Methoden problemorientierten Entdeckens und forschenden Problemlösens (z.B. M. Soostmeyer).
Literatur: 2.1.5

Entfremdung (engl. *alienation*). Können die an Arbeits- und Lernprozessen Beteiligten nicht oder nur vereinzelt auf deren Zielbestimmungen, Inhalte, Methoden und die Verwendung der Produkte Einfluß nehmen, so sind diese Prozesse von E. bedroht. Das ist im Raum der Schule immer dann der Fall, wenn nicht aus Interesse an der Sache oder im Wissen um die Bedeutung bestimmter Lehr- und Lernprozesse für weiterführende Qualifikationen, sondern zuerst der Noten und Zeugnisse wegen gearbeitet wird. Die Inhalte der Lehr- und Lernprozesse werden dann ebenso wie die geistige Arbeit der Lernenden zum bloßen Mittel für die Realisierung von formalen Erfolgen entfremdet.

Entlassung. Schüler oder Studierende werden i.d.R. dann entlassen, wenn sie das Ziel eines Bildungsganges erreicht haben, was in einem Abschlußzeugnis bescheinigt wird. Die E. aus der Schule ohne Abschlußzeugnis kann auch dann erfolgen, wenn ein Schüler seine Schulpflicht erfüllt hat. In diesem Falle wird lediglich ein Abgangszeugnis erteilt. Ferner kann die E. als eine der besonders restriktiven Ordnungsmaßnahmen (*Erziehungs- und Ordnungsmaßnahmen*) gegenüber einem Schüler ausgesprochen werden.

Entschuldigung (engl. *letter of excuse*). Aufgrund der gesetzlich festgelegten *Schulpflicht* haben die *Erziehungsberechtigten* ein Schulversäumnis spätestens drei Tage nach dessen Beginn der Schule, i.d.R. dem Klassenlehrer, anzuzeigen und zu begründen. Bei Auszubildenden, auch wenn diese bereits volljährig sind, hat der Ausbildende die

Pflicht, diese zum Besuch der Berufsschule anzuhalten. Ein Versäumnis muß auch in diesem Fall bis zur Vollendung des 18. Lebensjahres des Jugendlichen von den Erziehungsberechtigten innerhalb einer Woche mitgeteilt und begründet werden. Volljährige Schüler und Auszubildende haben ein Versäumnis selbst anzuzeigen und zu begründen.

Entschulung. Diese Forderung resultiert aus der Kritik an der Monopolstellung staatlicher Schulen und an Schulsystemen, die gesellschaftliche Ungleichheit reproduzieren. Bereits im 19. Jh. hatte der Ausbau des gegliederten *Schulsystems* in Verbindung mit dem selektiven Berechtigungswesen eine Überbürdungsdiskussion hervorgerufen. Vor dem Hintergrund reformpädagogischer Schulkritik erschienen um 1925 einige Veröffentlichungen mit den Titeln ›Das Ende der Schule‹ von M. Kuckei, ›Die Überwindung der Schule‹ von W. Paulsen und ›Entschulte Schule‹ von *G. Wyneken*. Die *Alternativschulen* der *Reformpädagogik* (z.B. *Landerziehungsheime*, freie *Waldorfschule*, Lebensgemeinschaftsschulen, Jena-Plan-Schule) sind Ausdruck der Schulkritik. Als in den sechziger Jahren einige Entwicklungsländer ihr Schulsystem verstärkt nach dem Vorbild westlicher Industrienationen ausbauten, wurde fundamentale Kritik angemeldet. In der Bundesrepublik wurden vor allem das lebensweltorientierte Konzept von P. Freire zur politischen Alphabetisierung, I. Illichs Konzept zur E. der Gesellschaft in Cuernavaca (Mexiko) und E. Reimers Vorschläge zur Abschaffung der Schule bekannt. Für *H. v. Hentig* bedeutet E. in Deutschland nicht Abschaffung, sondern Veränderung der Schule. Seine Position, die er in der *Laborschule Bielefeld* seit 1974 praktizierte, bezeichnet er abkürzend auch mit E. der Schule. Seine Alternative ist eine Schule als Erfahrungsraum, in der die Wiederherstellung offener und realer Erfahrungen möglich ist. Sie soll In-die-Stadt-hinein-Schule sein und die Gesellschaft wieder erziehlich machen, d.h. während Erkundungen an außerschulischen Lernorten soll die Erwachsenenwelt mit den Fragestellungen der Kinder und Jugendlichen konfrontiert werden und ihre erziehungswirksamen Kompetenzen in den Bildungsprozeß der heranwachsenden Generation wieder einbringen lernen. Mit der Öffnung der Schule und des Unterrichts hin zur gemeinwesenorientierten Schule werden in den neunziger Jahren viele Aspekte wieder aufgegriffen, die schon in den Reformschulen von konzeptioneller Bedeutung waren.

Entwicklungsalter (engl. *developmental age*). Ausprägung ausgewählter körperlicher, geistiger oder verhaltensbezogener Merkmale eines Kindes im Vergleich zu den entsprechenden Durchschnittswerten seiner Altersgenossen. Liegt z.B. das Längenwachstum eines Kindes im Alter von fünf Jahren deutlich über dem für diesen Jahrgang normalen Wert, dann spricht man von einer Beschleunigung des E. für dieses Merkmal (*Akzeleration*). Erreicht ein Kind dagegen bei einem Schulreifetest deutlich unterdurchschnittliche Werte, dann bezeichnet man diese Ausprägung des E. als verlangsamt (*Retardierung*).

Entwicklungspsychologie (engl. *developmental psychology*). Teildisziplin der Psychologie, deren Ziel die Beschreibung und Erklärung der Veränderungen von Wahrnehmungs-, Kommunikations- und Erkenntnisfähigkeit, Emotionen, Motivationen, Urteilskraft und Handlungskompetenzen im menschlichen Lebensablauf ist. Sie geht von der These aus, daß der individuelle Entwicklungsverlauf von vielfältigen Wechselwirkungen zwischen körperlichen, seelischen und sozialen Faktoren abhängt, die in

der Interaktion des Individuums mit seinen unterschiedlichen Umwelten Wachsen und Wandel des Ich beeinflussen.
Literatur: 2.9

Entwicklungsstufen (engl. *developmental levels*). In Orientierung an unterschiedlichen körperlichen oder seelischen Merkmalen (Gestalt, Bewegungsapparat, Sozialverhalten, Erkenntnisfähigkeit, moralisches Urteilsvermögen u.a.) vorgenommene Einteilung des menschlichen Lebenslaufes. Es liegen zahlreiche Konstruktionen bzw. Modelle dazu vor, die sich weitgehend in der folgenden Gliederung zusammenfassen lassen: Säuglingsalter von der Geburt bis zur Vollendung des ersten Lebensjahres, Kindheit vom ersten bis zum zwölften Lebensjahr, das Jugendalter vom zwölften bis zum 21. Lebensjahr, i.d.R. unterteilt in Vorpubertät, *Pubertät*, Nachpubertät und *Adoleszenz*, die Zeit der Reife (Erwachsenenalter) bis zum 65. Lebensjahr und das späte Lebensalter bis zum Tode.

Während das *Kind* seine Identität zuerst ausschließlich über die nächsten Bezugspersonen gewinnt, erweitern sich in den Stufen der Kindheit und Jugend das Feld der sozialen Beziehungen und die Möglichkeiten zur Selbsterfahrung im Umgang mit verschiedenartigen anderen Individuen und Gruppen. Die Identität differenziert sich dementsprechend. Die E. lassen sich also auch als Prozeß der Erweiterung von Selbstbewußtsein, Eigenständigkeit und moralischer Unabhängigkeit vorstellen, wobei der Weg zum Selbst immer über die anderen führt.
Literatur: 2.9

Enzyklopädie (griech. *enkyklios* Kreis, *paideia* Bildung; engl. *encyclopaedia*). **1)** Im antiken Griechenland bezeichnete das Wort E. das Universalwissen oder das propädeutische Wissen als Vorstufe zur höheren philosophischen Bildung. **2)** Name für Werke, in denen der Wissensstoff aller Disziplinen oder nur eines Fachgebietes systematisch geordnet und umfassend dargestellt wird. Als historisches Dokument der französischen Aufklärung gilt die in den Jahren 1751–1772 von d'Alembert und Diderot herausgegebene ›Encyclopédie ou dictionnaire raisonné des sciences, des arts et des métiers‹. In der *Pädagogik* ist die 1983–1986 erschienene ›Enzyklopädie Erziehungswissenschaft‹ zu nennen.
Literatur: 1.2

Enzyklopädismus. Auf den Begriff *Enzyklopädie* zurückgehende Bezeichnung für eine Ausprägung in der Theorie der *materialen Bildung*, nach der ein Mensch dann als gebildet gilt, wenn er über angehäuftes Wissen verfügt. In der *Didaktik* kommt der E. in der Auffassung zum Ausdruck, *Allgemeinbildung* könne inhaltlich durch einen umfassenden Kanon des Wissensstoffes im Lehrplan festgeschrieben werden.

Epochenunterricht (Syn. **Epochalunterricht**, **Periodenunterricht**). Ein abschnittweise erteilter Fachunterricht, der es ermöglicht, die Arbeit in einem Unterrichtsfach für längere Zeit auf einen bestimmten Themen- und Gegenstandsbereich zu konzentrieren und das Lernen damit zu intensivieren. Es können sich auch mehrere Fächer zur intensiven fächerübergreifenden Bearbeitung eines Themas in einem Projekt für eine Epoche zusammenschließen. I.d.R. werden im E. täglich etwa zwei Unterrichtsstunden und für eine Epoche etwa zwei bis maximal vier Wochen angesetzt.

Der E. hebt für die beteiligten Fächer die Zersplitterung des Lernens beim Springen von Fach zu Fach im 45-Minuten-Rhythmus auf. Er ermöglicht, daß durch die tägliche Arbeit an einem Themenbereich der Sinnzusammenhang der Arbeit und der strukturelle Zusammenhang der Inhalte deutlicher hervortreten. Der E.

geht auf *R. Steiner* zurück und ist ein konstitutiver Bestandteil des Unterrichts in der *Waldorfschule*. Er ist dort täglich in die ersten beiden Stunden des Hauptunterrichts integriert. Auch der handwerkliche, technische und künstlerische Unterricht, der in ganztägigen Waldorfschulen nach dem Mittagessen stattfindet, wird in Epochen durchgeführt.
Vor allem in der Grundschule bietet der Sachunterricht gute Möglichkeiten, E. in die *Wochenplanarbeit* zu integrieren.

Erfahrung (engl. *experience, learning*). **1)** Alle Erkenntnisse, die der Mensch aus der unmittelbaren Sinneswahrnehmung von konkreten bzw. einzelnen Gegebenheiten seiner Umwelt oder aus sich selbst gewinnt. Dabeisein, Miterleben und Praxis sind typische E.situationen. Insofern ist E. Erkenntnis über den Einzelfall, das Besondere.
2) Davon zu unterscheiden ist die Erkenntnis, die wir durch rein gedankliche Arbeit, also durch die Anwendung allgemeiner Begriffe, durch Regelwissen und Schlußfolgerungen daraus erlangen. So kann unmittelbar beobachtet, also erfahren werden, daß Säuglinge immer häufiger weinen und immer weniger lächeln, wenn die Zuwendung durch eine Bezugsperson deutlich geringer wird und sich schließlich auf wenige Minuten am Tage beschränkt. Werden nun durch rein gedankliches Folgern Weinen und fehlendes Lächeln des Säuglings als Anzeichen seiner Ängstlichkeit und seines Mißtrauens der Umwelt gegenüber gedeutet, so kann aus den eben skizzierten direkten E. die Annahme gebildet werden, daß zwischen der Regelmäßigkeit, Wärme und gleichbleibenden Qualität der Zuwendungen, die ein Säugling erfährt, und der Entwicklung des kindlichen Vertrauens bzw. Mißtrauens gegenüber der Umwelt ein Zusammenhang besteht. Die Konstruktion derartiger Annahmen wird auch als Theoriebildung auf der Grundlage von E. bezeichnet. Hinter den beobachteten Verhaltensweisen der Bezugsperson und denen des Säuglings werden Zusammenhänge vermutet. Deshalb sagen wir, der Säugling reagiere in bestimmter Weise. Ob jedoch solche Schlüsse aus Theorien richtig sind, kann wiederum nur durch E. überprüft werden. E.wissenschaft will durch den Einsatz *empirischer Forschungsmethoden* die mehr oder weniger zufälligen bzw. genauen Einzele. durch die systematische Erhebung von E.daten erweitern und objektivieren. Je mehr die Daten empirischer Forschung mit den aus der Theorie gefolgerten Daten übereinstimmen, desto zutreffender ist eine Hypothese. Einzele. können folglich zu mehr oder weniger richtigen Annahmen führen. Wissenschaftlich abgesicherte E. kann die Folgerungen aus Einzele. bestätigen, aber auch ganz oder teilweise korrigieren.
Literatur: 1.5

Erfolgskontrolle. *Klassenarbeit. Leistungsbeurteilung.*

Ergänzungsschulen. *Privatschulen*, die nicht als Ersatz für *öffentliche Schulen* gelten. Ihre *Zeugnisse* verleihen deshalb nicht die *Berechtigungen*, die mit entsprechenden Zeugnissen öffentlicher Schulen oder privater *Ersatzschulen* verbunden sind. Die Errichtung einer E. ist nicht genehmigungspflichtig; sie muß aber der Schulbehörde vor Aufnahme des Unterrichts angezeigt werden. Zu den E. gehören z. B. Musikkonservatorien, Kunstschulen, Dolmetscherschulen u. ä. Die Schulaufsichtsbehörde kann die Errichtung oder Fortführung einer E. untersagen, wenn *Schulträger*, Leiter, Lehrer oder Einrichtungen der Schule den Anforderungen nicht entsprechen, die zum Schutz der Schüler oder der Öffentlichkeit an sie zu stellen sind.
Freie Unterrichtseinrichtungen wie Fahrschulen, Tanzschulen u. ä. sind keine Schulen in diesem Sinne.

Ergonomie (lat. *ergo* auf Grund von, folglich; griech. *nomos* Gesetz; engl. *ergonomics*). Wissenschaftliche Analyse der Beziehungen zwischen Mensch, Maschine und Arbeitsplatzgestaltung, die in der Absicht erfolgt, die für den Menschen unter körperlichen, seelischen und sozialen Gesichtspunkten optimalste und wirtschaftlich zugleich effektivste Gestaltung von Arbeitsbedingungen herauszufinden.

Erkenntnis (lat. *cognitio* Kennenlernen, Erkennen; engl. *knowledge, understanding*). Oberstes Ziel von *Unterricht* und wissenschaftlicher Lehre ist die Befähigung der Schüler und Studierenden zur Wahrheitsfindung sowie zur systematischen Ordnung des erworbenen Wissens. Wahrheitsfindung wird nach der klassischen Unterscheidung von *I. Kant* als E. der Sinne, des Verstandes und der Vernunft möglich. Grundlage der E. ist die unmittelbare *Erfahrung*, die in der begrifflichen Vorstellung über Erfahrungsinhalte eine höhere Qualität gewinnt und ihre höchste Stufe in der Kraft der Vernunft erreicht, Eigenschaften von E.gegenständen und Zusammenhänge zwischen ihnen zu erdenken.

Im E.prozeß stehen sich das erkennende Subjekt und das zu erkennende Objekt gegenüber. Das Subjekt erarbeitet sich eine Anschauung, ein Bild oder einen Begriff vom Objekt. Objekte der E. können tatsächlich existierende Gegenstände in Natur, Kultur und Gesellschaft ebenso wie phantastische oder ideale Gegenstände (z.B. Zahlen, geometrische Gesetzmäßigkeiten, Regeln der Logik, ethische Normen usw.) sein. Unterricht und Lehre sollten schrittweise zur Einsicht in die Bedingungen der Möglichkeit von E. führen, E.instrumente vermitteln sowie den Willen und das Vermögen zur Überprüfung von Aussagen auf ihren Wahrheitsgehalt stärken. Wesentliche Voraussetzungen dafür sind die tatsächliche Beteiligung der Schüler und Studierenden an E.prozessen sowie der kritische Umgang der Lehrenden mit den Lehrstoffen.

Erklären (engl. *explanation of, reasoning*). Darstellung der Bedingungen und Ursachen, warum etwas sich so verhält, wie es sich beobachten läßt. Das geschieht i.d.R. dadurch, daß neue Phänomene als Spielarten von Bekanntem gedeutet werden, indem überprüfbare Beobachtungssätze über das zu erklärende Phänomen mit aus gesicherten *Hypothesen* abgeleiteten Aussagen verglichen werden. Der Grad an Übereinstimmung zwischen abgeleiteten Aussagen und Beobachtungssätzen entscheidet über die Qualität des E. Stimmen aus Hypothesen abgeleitete Aussagen und solche über Beobachtungsdaten kaum oder nicht überein, kann die Hypothese zur Erklärung nicht herangezogen werden. Dann müssen neue Hypothesen entworfen werden. Ab wann eine Erklärung als hinreichend akzeptiert wird, ist in den verschiedenen Wissenschaften von sehr unterschiedlichen Bedingungen abhängig. So können in den Naturwissenschaften vergleichsweise viel mehr Phänomene exakt erklärt werden als in den Sozialwissenschaften (einschließlich der *Pädagogik*).

Literatur: 1.5

Erkundung (Syn. **Erkundungsgang**, **Unterrichtsgang**; engl. *exploratory trip*). **1)** In der Schule ist die E. Teil des Unterrichts, der an außerschulischen Lernorten stattfindet und der sinnlich-anschaulichen, realen Begegnung z.B. mit der Tier- und Pflanzenwelt, mit geographischen Besonderheiten, mit Arbeitsabläufen und Menschen in Betrieben und Behörden, mit Verkehrs-, Versorgungs- und Entsorgungseinrichtungen, mit historischen Baudenkmälern oder Gegenständen in Museen dient. E. wollen dazu beitragen, daß die außerschulische Umwelt in Natur und Gesellschaft nicht nur über *Medien* vermittelt wird, sondern Lernerfahrungen handlungsorientiert und unmittelbar vor Ort gemacht werden können. Die konkrete Durchführung kann z.B. bei der E. des eigenen Wohnortes in Form einer Stadtrallye oder eines Stadtspiels erfolgen. E. sind funktionaler Bestandteil einer Unterrichtseinheit und können zur ersten Einführung in ein neues Unterrichtsthema, zur Erarbeitung bestimmter Themenkomplexe oder am Schluß einer Unterrichtseinheit zur Überprüfung des Erarbeiteten durchgeführt werden. Die meist langfristig geplanten E. müssen vom Lehrer, ggf. unter Einbeziehung der Schüler, entsprechend vorbereitet, durchgeführt und ausgewertet werden. In der Schule gibt es aber auch immer wieder Anlässe zu spontanen Unterrichtsgängen, z.B. wenn ein Zirkus im Ort ist. E. sind wie *Exkursionen* und *Schulfahrten* ein wichtiger Bestandteil des *sozialen Lernens* und der Selbsterfahrung in konkreten Lebenssituationen.

2) Im Hochschulbereich werden E. als eine Form praktischen und forschenden Lernens im Zuge der Hochschulreform seit etwa 1970 verstärkt durchgeführt. Sie finden vorwiegend zur Aufklärung von Praxisproblemen in Berufsfeldern verschiedener Studiengänge und zur Entwicklung von Fallstudien im Zusammenhang mit Projekten der Handlungsforschung statt. E. dienen heute z.B. dem problemorientierten Kennenlernen eines Betriebes, eines sozialen Feldes oder eines geographischen Raumes. Ausgangspunkt ist meist ein bestimmtes Erkenntnisinteresse, von dem aus Fragestellungen entwickelt werden, die während der E. zu systematischen Erhebungen führen und auch auf Veränderungsmöglichkeiten in Natur und Gesellschaft abzielen. Konstitutives Merkmal der E. ist die sorgfältige Planung, Organisation, Durchführung und Auswertung der einzelnen Schritte forschenden Lernens.

Literatur: 2.1.3, 2.1.5

Erlaß. Alle Verwaltungsvorschriften der für die Rechtsaufsicht von Schulen und Hochschulen zuständigen Behörden, welche die einheitliche Gestaltung und Durchführung gesetzlicher Bestimmungen regeln. So wird z.B. die Verwirklichung der im Schulgesetz festgelegten Bildungsziele für die einzelnen Schularten durch Bildungs- oder *Lehrpläne* näher bestimmt; die Durchführung eines Schuljahres an den öffentlichen Schulen regelt ein Organisationse. E. sind für die Lehrer bindend.

Ersatzschulen. *Privatschulen*, die nur mit vorheriger Genehmigung der Schulbehörde als Ersatz für öffentliche Schulen errichtet und betrieben werden dürfen. Lehr- und Erziehungsziele, Unterrichtsdurchführung und räumliche Gestaltung sowie die Ausbildung der Lehrer müssen den Anforderungen an öffentlichen Schulen entsprechen. Die privaten E. unterstehen der staatlichen Schulaufsicht. Sie erhalten das Recht, Abschlußprüfungen abzuhalten und mit den Abschlußzeugnissen Berechtigungen zu verleihen, die denen der öffentlichen Schulen gleichgestellt sind. Zu diesen E. gehören katholische und evangelische Schulen, die freien *Waldorfschulen, Landerziehungsheime* wie die Odenwaldschule und die im Verband Deutscher Privatschulen zusammengefaßten Schulen. Sie bezeichnen sich wegen ihrer relativen Ungebundenheit vom Staat und wegen ihrer besonderen religiösen, weltanschaulichen und/oder pädagogischen Ausrichtung auch als *freie Schulen.* Die Genehmigung für den Betrieb einer E. kann zurückgenommen werden, wenn die Voraussetzungen nicht mehr gegeben sind.

Literatur: 2.1.9

Ersatzunterricht. Wird von einem Schüler oder dessen Erziehungsberechtigten die Befreiung von der Teilnahme am Religionsunterricht beantragt, muß der Schüler am E. teilnehmen. Als E. gilt in der Regel das Fach Werte und Normen bzw. Ethikunterricht. Die Teilnahme ist verpflichtend; der E. wird wie andere Fächer beurteilt und ist versetzungserheblich.

Erstausbildung (engl. *initial vocational training*). *Berufsausbildung*, die zumeist unmittelbar auf den Abschluß einer allgemeinbildenden Schule folgt und zu einer beruflichen Abschlußprüfung führt, die eine selbständige Ausübung der beruflichen Tätigkeit erlaubt. Die berufliche E. kann nach den Bestimmungen des *Berufsbildungsgesetzes* (BBiG) in einem Ausbildungsbetrieb in Verbindung mit dem Besuch einer *Berufsschule* oder aber in beruflichen *Vollzeitschulen* (z.B. in einer *Berufsfachschule)* erfolgen.

Erst- und Nachuntersuchung. Nach den Bestimmungen des *Jugendarbeitsschutzgesetzes* (JArbSchG) darf ein Ausbildender mit der Berufsausbildung eines Jugendlichen nur dann beginnen, wenn der Jugendliche innerhalb der letzten 14 Monate von einem Arzt untersucht worden ist und darüber eine Bescheinigung vorliegt. Ein Jahr nach Beginn der Ausbildung ist eine Nachuntersuchung erforderlich, in der insbesondere zu prüfen ist, ob die Gesundheit des Jugendlichen durch die mit der Ausbildung verbundenen Arbeiten gefährdet ist.

Erstunterricht. *Anfangsunterricht.*

Erwachsenenbildung (engl. *adult education*). Ein vielfältiges Spektrum von Bildungsangeboten, das sich bewußt an *Erwachsene* richtet und deren allgemeine Bedürfnisse nach Erweiterung des geistigen Horizonts ebenso aufgreift wie gezielte Erwartungen im Hinblick auf berufsbezogene Zusatzqualifikationen.

Verglichen mit dem öffentlichen Schulwesen oder der Berufsausbildung sind folgende Merkmale hervorzuheben: die weitgehende Freiheit der E. von gesetzlichen Regelungen, die Unabhängigkeit bei der inhaltlichen und organisatorischen Gestaltung der Angebote, die freie Wahl ihrer Mitarbeiter sowie die umfassende Selbstverwaltung der meisten Träger der E.

Themen und Arbeitsweise der *Kurse, Seminare*, Vortrags- oder Reiseveranstaltungen orientieren sich zumeist am Bedarf der Teilnehmer. Nur dann, wenn Angebote aus öffentlichen Haushalten mitfinanziert werden, wie das im Bereich der beruflichen *Weiterbildung* oft der Fall ist, liegen verbindliche Ausbildungspläne und Prüfungsanforderungen vor. Ziele, Inhalte und *Methoden* der E. sind auch von den speziellen Interessen der Träger abhängig. Betriebe und Verbände der Wirtschaft und Industrie wollen aus Gründen der Wettbewerbsfähigkeit die Kenntnisse, Fähigkeiten und Fertigkeiten der Arbeitskräfte auf allen Ebenen der Unternehmen dem Stand der wissenschaftlich-technologischen Veränderungen anpassen oder auf neue Formen der Betriebsführung und Arbeitsorganisation vorbereiten. Auch Berufsverbände, Kirchen und Gewerkschaften als Träger der E. konzentrieren sich auf die Vertiefung und Aktualisierung der Qualifikationen ihrer Mitglieder und Funktionsträger. Staatliche Einrichtungen verfolgen überwiegend Ziele im Bereich der *politischen Bildung*. Die Bundesanstalt für Arbeit engagiert sich durch Maßnahmen der *Fortbildung*, Weiterbildung und *Umschulung* zur Verbesserung der Chancen für solche Erwerbstätige, deren Arbeitsplätze durch strukturelle Veränderungen auf dem Arbeitsmarkt bedroht sind. Ferner fördert sie Kurse zur beruflichen Eingliederung benachteiligter Bevölkerungsgruppen. Die größte Vielfalt und Offenheit der E. findet sich in den *Volkshochschulen*. Zu ihrer Klientel zählen junge Erwachsene ebenso wie Senioren. Ihr Angebot erstreckt sich auf alle Wissens- und Handlungsfelder, für die ein Weiterbildungsbedarf vorhanden ist: Gesellschaft, Politik, Geschichte, Wirtschaft und Recht, Erziehung und Familie, Kunst und Länderkunde, Wissenschaft und Technologie, Sprachen, Tanz, Sport, Spiel und Musik, künstlerisches Gestalten, Haushalt, Ernährung und Gesundheit, berufsvorbereitende und berufsbegleitende Fortbildung.

Die überwiegende Mehrheit der Lehrkräfte in der E. arbeitet nebenamtlich. Der Anteil der hauptamtlichen und durch ein Fachstudium qualifizierten Mitarbeiter nimmt jedoch zu. An einigen Hochschulen kann man das Diplom in Erziehungswissenschaft (*Diplompädagoge*) mit dem Schwerpunkt Erwachsenenbildung erwerben.

Literatur: 2.6

Anschriften: 13.0

Erzieher (engl. *educator, educationalist, teacher, tutor*). **1)** Allgemein alle, die als Mutter oder Vater, Lehrer, Sozialpädagoge, Ausbilder usw. an der *Erziehung* und *Ausbildung* von Kindern und Jugendlichen beteiligt sind.

2) Staatlich anerkannter E. Die Ausbildung dauert drei Jahre: zwei Jahre Besuch einer *Fachschule* für Sozialpädagogik, ein Jahr Berufspraktikum. Die Zugangsvoraussetzungen sind in den Bundesländern z.T. unterschiedlich. Gemeinsam aber ist allen Regelungen, daß ein mittlerer Bildungsabschluß und ein Vorpraktikum verlangt werden. E. arbeiten in *Kindergärten* und *Kindertagesstätten* (alte Berufsbezeichnung: Kindergärtnerin), in der *Heimerziehung*, in der *offenen Jugendarbeit* oder – zumeist mit einer Zusatzausbildung – in behindertenpädagogischen Einrichtungen.

Literatur: 1.11

erzieherischer Kinder- und Jugendschutz. Das *Kinder- und Jugendhilfegesetz* (KJHG) beauftragt die öffentlichen und freien Träger der *Jugendhilfe*, Angebote für den e.K.u.J. zu machen. Die Maßnahmen sollen junge Menschen befähigen, sich vor gefährlichen gesellschaftlichen Einflüssen zu schützen und sie zu Kritikfähigkeit, Entscheidungsfähigkeit und Eigenverantwortlichkeit führen. Darüber hinaus sollen Eltern und andere Erziehungsberechtigte besser befähigt werden, Kinder und Jugendliche vor schädigenden Einflüssen zu schützen.

Für die Bekämpfung kinder- und jugendgefährdender Einflüsse wurden eine Reihe spezieller Gesetze geschaffen: *Gesetz über die Verbreitung jugendgefährdender Schriften* (GjS), *Gesetz zum Schutze der Jugend in der Öffentlichkeit* (JÖSchG) und das *Jugendarbeitsschutzgesetz* (JArbSchG).

Erziehung (engl. *education*). Handlungen von *Eltern*, Lehrern, *Ausbildern* u.a. *Erziehern* bzw. Pädagogen, die in der bewußten Absicht erfolgen, durch den Einsatz bestimmter *E.mittel* und E.maßnahmen *Kenntnisse* und *Fähigkeiten, Einstellungen* und Wertorientierungen, Handlungswillen und Handlungsfähigkeit, also die individuelle *Mündigkeit* der *Kinder* oder *Jugendlichen* und ihre Kompetenz zur Teilnahme am gesellschaftlichen Leben möglichst dauerhaft zu verbessern. Weil E. in diesem Sinne zielorientiertes Handeln darstellt, wird auch verschiedentlich von intentionaler E. gesprochen und davon eine funktionale E. unterschieden.

Mit dem Begriff funktionale E. werden Veränderungen im Verhalten von Kindern, Jugendlichen oder auch Erwachsenen in Beziehung gebracht, die nicht aus besonderen erzieherischen Handlungen anderer erwachsen, sondern im Sinne von *Sozialisation* aus alltäglichen Erfahrungen im Umgang mit Personen, sozialen Instituionen usw. hervorgehen. In der Tat ist menschliches Verhalten weitgehend das Ergebnis aus unbewußt aufgebauten Reiz-Reaktionsmustern, aus Identifikationen mit erfolgreichen und zugleich für das eigene Wohl wichtigen Modellpersonen, aus vielfältigen Prozessen der *Rollenübernahme* und aus positiven Verstärkungen für richtiges und negativen Sanktionen für falsches Verhalten.

Die dazu von Psychologie und Soziologie erarbeiteten Erkenntnisse machen für die *Pädagogik* deutlich, daß E. im engeren Sinne immer nur als Versuch verstanden werden kann, im Kontext der Sozialisationsgeschichte eines Individuums ausgewählte Elemente in dessen Verhalten zu verändern, denn das Leben insgesamt formt den Aufbau der heranwachsenden Persönlichkeit unablässig und umfassend. Zugleich aber ist zu bedenken, daß trotz aller soziokulturellen Einflüsse Kinder und Jugendliche aufgrund ihrer Verstandeskräfte, ihrer unverwechselbaren *Identität* und der darauf gegründeten Urteile und Handlungen auf das Leben ebenso wie auf intentionale E. keineswegs nur reagieren, sondern sich aktiv damit auseinandersetzen, E. annehmen, modifizieren oder verwerfen und somit in der Begegnung mit den erziehenden Angeboten letztlich sich selbst verändern. Auf diesen besonderen Zug des E.handelns haben schon die Klassiker der E.theorie, *J.F. Herbart, F.D.E. Schleiermacher* und *W. Dilthey* hingewiesen.

Deshalb lassen sich Wirkungen von E. nur im größeren Kontext der Lebensumstände und unter Beachtung der Subjekthaftigkeit der zu Erziehenden angemessen – und das heißt wohl: i.d.R. äußerst zurückhaltend – verstehen und erklären. Sicher aber ist, daß E. um so erfolgreicher sein kann, je mehr sie auf die tatsächlich vorhandenen Kompetenzen, Bedürfnisse, Motive und Erfahrungen der Kinder und Jugendlichen eingeht. Welche konkreten Ziele der E. als richtig bzw. wertvoll anzusehen sind und das erzieherische Handeln leiten, läßt sich nur aus dem Zusammenspiel a) der Werte und *Normen* der Erzieher bzw. der sie umgebenden Kultur, b) des *pädagogischen Taktes* der Erzieher im Umgang mit den zu Erziehenden und c) der persönlichen Anerkennung und aktiven Aneignung der E.angebote durch die jungen Menschen selbst verstehen und als gültig erweisen.

Die neuere Theoriebildung zur E. ist wesentlich durch Arbeiten von *W. Fischer, K. Mollenhauer* und *J. Oelkers* bereichert worden. Wichtige Beiträge dazu haben darüber hinaus Soziologen eingebracht (D. Geulen, *K. Hurrelmann*, L. Krappmann u.a.).

Literatur: 1.8

Erziehungsbeihilfen. *Hilfe zur Erziehung.*

Erziehungsbeistandschaft. *Erziehungsmaßregeln.*

Erziehungsberatung (engl. *educational guidance*). Sie will Kindern und Jugendlichen, Eltern und anderen Erziehungsberechtigten bei der Aufklärung der Hintergründe für Verhaltensauffälligkeiten, Delinquenz, Beziehungsschwierigkeiten innerhalb der Familie und schweren Lernproblemen helfen und mit den Ratsuchenden gemeinsam Lösungen entwickeln und in Handlungsprozessen konkretisieren. Träger sind die Gemeinden oder *freie Träger der Jugendhilfe.* Auskünfte erteilen die *Jugendämter.* In der E. arbeiten Psychologen, Pädagogen, Sozialarbeiter, Mediziner u.a. Fachleute zusammen.

Literatur: 2.11

Erziehungsberechtigter (engl. *parent or (legal) guardian*). Wer das im GG primär den *Eltern* zugestandene Recht auf Erziehung und Pflege eines Kindes tatsächlich ausübt, gilt gesetzlich als E. Normalerweise sind die Eltern als Inhaber der *elterlichen Sorge* auch E. Wird ein Kind auf Entschluß des E. oder nach Verfügung des Jugendamtes bzw. Vormundschaftsgerichtes zeitweise oder für längere Dauer in einer außerfamilialen Einrichtung untergebracht (z. B. Internat einer Schule, Pflegefamilie, Heimerziehung), so gehen bestimmte Rechte des E. auf die in dieser Einrichtung verantwortlichen Personen über.

Erziehungsgeld (engl. *child benefit*). Nach dem Bundeserziehungsgeldgesetz erhalten Mutter oder Vater bis zu maximal 24 Monaten nach der Geburt eines Kindes E., wenn sie für diese Zeit aus dem Erwerbsleben ausscheiden (vgl. *Erziehungsurlaub*). 1994 wurden für die ersten sechs Monate je 600 Mark E. bezahlt. Ab dem 7. Monat wird die Höhe des E. einkommensabhängig berechnet. E. wird auch für Stief-, Adoptiv- und uneheliche Kinder bezahlt. Auskünfte erteilt das *Jugendamt*.

Erziehungshilfe. Nach den Bestimmungen des *Kinder- und Jugendhilfegesetzes* (KJHG) haben *Erziehungsberechtigte* Anspruch auf E., wenn eine dem Wohl des Kindes oder Jugendlichen entsprechende Erziehung nicht mehr gewährleistet ist. E. erfolgt durch *Beratung* und Unterstützung, durch soziale Gruppenarbeit, sozialpädagogische Hilfen für die Familie, Unterbringung in einer Tagesgruppe oder, wenn es die Umstände erforderlich machen, in einer Pflegefamilie. Auskünfte erteilt das *Jugendamt*.

Erziehungsmaßregeln (engl. *educational court orders*). Neben den *Zuchtmitteln* und der *Jugendstrafe* selbst gehören die E. zu den Maßnahmen, die *Jugendgerichte* verhängen können. Das *Jugendgerichtsgesetz* (JGG) unterscheidet drei Formen: **1)** Erziehungsbeistandschaft gemäß § 30 des *Kinder- und Jugendhilfegesetzes* (KJHG). Erziehungsbeistand und Betreuungshelfer sollen den jungen Menschen bei der Bewältigung von Entwicklungsproblemen und beim Aufbau einer Grundlage für eine selbständige Lebensführung unterstützen.
2) Weisungen: Gebote und Verbote, die Aufenthalt, Arbeit und Ausbildung, Umgang mit bestimmten Personen und erzieherisch als hilfreich angesehene soziale Dienste betreffen. Dabei sind die Grundrechte des Jugendlichen zu beachten.
3) Hilfe zur Erziehung gemäß § 27 des KJHG: Ist eine dem Wohl des Kindes oder Jugendlichen entsprechende Erziehung und Entwicklung im Verantwortungsbereich der Eltern bzw. der gesetzlichen Vertreter nicht gewährleistet, soll Hilfe durch Fachkräfte öffentlicher Erziehung in Heimen oder geeigneten Familien unterstützend bzw. stellvertretend geleistet werden. Dazu gehören auch besondere therapeutische Maßnahmen oder Eingliederungshilfen für Behinderte nach den Regelungen des *Bundessozialhilfegesetzes* (BSHG).
Literatur: 2.11

Erziehungsmittel (engl. *educational methods, corrective measures*). Alle Handlungen, Maßnahmen und Medien, die *Erzieher* (im weitesten Sinne) einleiten bzw. einsetzen, um bei Kindern und Jugendlichen Veränderungsprozesse anzustoßen, die der Verbesserung ihrer Urteilskraft, Selbständigkeit, Verantwortungsbereitschaft und Handlungsfähigkeit dienlich sein sollen. E. sind von Mitteln und Maßnahmen der Dressur oder der Verhaltensmodifikation zu unterscheiden. Dressur und Verhaltensmodifikation nämlich betrachten die zu beeinflussenden Individuen als Objekte, die in einem technischen Sinne fremden

Zwecken unterworfen werden sollen. E. aber werden von Subjekten angenommen oder verworfen, also letztlich von ihnen in Wirkungen umgesetzt.
Geduldige und um Verständigung bemühte Zuwendung, Belehrung, Beratung, Gespräch, Lob und Kritik, Gebot und Verbot, Ermahnung und Hilfestellungen sind E., die positive Identifikation ermöglichen und den Erziehenden in Pflicht und Verantwortung nehmen, ohne dabei die Würde der heranwachsenden Persönlichkeit unter dem Vorwand der Erziehung zu verletzten.

Erziehungsroman. *Bildungsroman.*

Erziehungssoziologie. *Pädagogische Soziologie.*

Erziehungsstil (Syn. **Unterrichtsstil**). Relativ stabil ausgeprägte Verhaltensmuster eines Erziehers oder Lehrers, die sich durch typische Erziehungs- und Unterrichtspraktiken charakterisieren lassen. Erste Versuche zur Entwicklung von Lehrertypologien gab es in Deutschland seit Ende der vierziger Jahre, sie gehen auf C. Caselmann, *E. Spranger* und J.P. Ruppert zurück. Für die weitere Entwicklung bahnbrechend war die sozialpsychologische Führungsstilforschung von *K. Lewin*, der als emigrierter Jude in den USA unter dem Eindruck der NS-Diktatur die Wirkungen des autoritären, libertären und demokratischen *Führungsstils* auf das Arbeits- und Sozialverhalten von Jugendlichen im Gruppenexperiment untersuchte. Die Befunde von Lewin wurden in der empirisch-pädagogischen E.forschung von *R.* und *A.-M. Tausch* in Deutschland bestätigt: 94% der Lehrer waren autokratisch/sehr autokratisch, nur 2% sozialintegrativ. R. und A.-M. Tausch, die zunächst den autokratischen (autoritärdirigierenden), den sozialintegrativen (demokratischen) und den Laisser-faire-Stil unterschieden, erweiterten später ihr Konzept durch folgende zwei Hauptdimensionen des Erzieher- und Lehrerverhaltens: emotionale Dimension (Wertschätzung, emotionale Wärme und Zuneigung – Geringschätzung, emotionale Kälte und Abneigung) und Lenkungsdimension (maximal starke Lenkung – minimale Lenkung, Autonomie gewähren, minimale Kontrolle). In der Weiterentwicklung der E.- und Unterrichtsstilkonzepte sind die lehrerzentrierten Beobachtungskategorien zur Analyse von Interaktionsprozessen zwischen Lehrer und Schüler von N.A. Flanders und die schülerzentrierten Interaktionskategorien von A.C. Wagner zu erwähnen. Auch zur Erforschung elterlicher E. liegen eine Reihe von Darstellungen vor, etwa von K.H. Stapf, H. Lukesch oder K.A. Schneewind und Th. Herrmann. Die Kritik an den typisierenden Analysen der Erziehungs- und Unterrichtsstilforschung mag angesichts der Komplexität erzieherischen und unterrichtlichen Handelns berechtigt sein. Die Forschungsergebnisse hinsichtlich der Merkmale und Verhaltensweisen sowie Typisierung und Dimensionierung haben aber zur Sensibilisierung von Eltern und Pädagogen beigetragen.
Literatur: 2.1.6, 2.9

Erziehungs- und Ordnungsmaßnahmen (Syn. **Schulstrafen**). Nach den Bestimmungen der *Schulgesetze* der Bundesländer kann die Schule E.u.O. gegen Schüler aussprechen, wenn trotz intensiver pädagogischer Bemühungen die Erfüllung der Schulpflicht und des Erziehungs- und Bildungsauftrages der Schule schwerwiegend gefährdet oder *Schulordnung* und Hausordnung vorsätzlich und grob verletzt werden. Je nach Schwere der Maßnahmen entscheiden Klassenlehrer, Schulleitung oder Klassenlehrerkonferenz, bei der i.d.R. der betroffene Schüler und seine Erziehungsberechtigten anzuhören sind. Zu den gesetzlich erlaubten Maßnahmen gehören Ermahnungen, Eintrag in das Klassenbuch, Nachsitzen, Überweisung in eine andere Klasse, Androhung des zeitweiligen Ausschlusses vom Unterricht (auch Verweis genannt), Ausschluß vom Unterricht, Androhung des Schulausschlusses und Ausschluß von der Schule. Die körperliche Züchtigung ist als E. u. O. verboten.

Erziehungsurlaub (engl. *paid leave for new parent*). Nach dem Bundeserziehungsgeldgesetz haben Mutter, Vater (oder andere Erziehungsberechtigte) nach der Geburt bzw. bei Adoption eines Kindes Anspruch auf maximal drei Jahre E. In den ersten zwei Jahren erhalten sie *Erziehungsgeld*, wenn sie während dieser 24 Monate keine oder nur eine geringfügige Erwerbstätigkeit ausüben. Während des E. kann der Arbeitgeber keine Kündigung aussprechen. Mutter und Vater können sich den E. aufteilen.

Erziehungswissenschaft. *Pädagogik.*

Erziehungsziele. Normative (als Richtschnur dienende) Aussagen über das Ergebnis von Erziehungsprozessen, wie es als wünschenswerter und auch erreichbarer Zustand für eine heranwachsende Persönlichkeit beschrieben werden kann. Erziehung wird hier als kriteriengeleitetes Handeln verstanden, bei dem sich die Art und Weise der erzieherischen Tätigkeit an den E. orientiert. E. sind in der Regel historisch, kulturell und gesellschaftlich bedingt und entsprechen den Erwartungen und Einstellungen von Erziehern (Eltern, Pädagogen, gesellschaftliche Gruppen). Auf der Ebene allgemeiner Ziele werden E., Bildungsziele und allgemeine *Lehr-* und *Lernziele* manchmal gleichgesetzt. Häufig werden Lehr- und Lernziele auf konkrete Inhalte des Unterrichts bezogen und den E. untergeordnet. Die E. geben dann den Zweck und den Sinn von *Erziehung, Bildung* und *Unterricht* an.
In der gegenwärtigen Situation der Bundesrepublik Deutschland wird als oberstes E. häufig die *Mündigkeit* der Person angestrebt. Eine Operationalisierung des Begriffs Mündigkeit müßte sich an den Grundrechten demokratischer Verfassungen orientieren. Mündigkeit wird nach *H. Roth* als Sozial-, Selbst- und Sachkompetenz verstanden. Sie ist auf pragmatische Handlungsfähigkeit und gleichzeitig auf moralisch verantwortbares Handeln in konkreten Lebenssituationen gerichtet. Die allgemeinen, übergeordneten Orientierungs- und Beurteilungskriterien für alle erzieherischen Maßnahmen könnten in der Sprache der *Bildungstheorie* auch heißen: Ziel der Erziehung ist die Befähigung zu vernünftiger Selbstbestimmung, Mitbestimmung, Solidarität und aktiver Mitgestaltung des voranzutreibenden Demokratisierungsprozesses. Diese Ziele wären, wie *W. Klafki* 1993 zeigte, weiter zu differenzieren. Relativ unabhängig von den in Verfassungen, Schulgesetzen, Lehrplänen oder pädagogischen Theorien vorgegebenen E. der Schule orientieren sich Kinder und Jugendliche während ihrer Sozialisation an Normen, Werten, Vorbildern und Handlungsmustern, die ihre Selbsterziehung prägen und oft den offiziellen E. zuwiderlaufen. Hier ist der Raum menschlicher Freiheit, in dem sich schulische E. und Bildungsziele zu bewähren haben.
Literatur: 1.9

Es (engl. *id*). Nach *S. Freud* die Gesamtheit der unbeschränkten bzw. unkontrollierten Energien sexueller und aggressiver Natur, die Teile des *Unbewußten* bilden und das bewußte Handeln so beeinflussen, daß Triebanspannung abgebaut und Befriedigung erreicht wird. Das Handeln folgt dann dem Lustprinzip. Bei der Geburt sind alle seelischen Prozesse Teil des Es. Im Laufe der Entwicklung werden Teile des Es in Ori-

entierung an den Anforderungen der Umwelt kontrolliert. Auf dieser Basis entsteht nach Freud das *Ich*.
Literatur: 2.9

Ethik (griech. *ethika* Sittenlehre, *ethos* Sitte, Brauch; engl. *ethics*). Teildisziplin der Philosophie, die das sittliche (moralische) Entscheiden und Handeln des einzelnen auf ihre Ursprünge, ihr Wesen, ihren Gehalt, also ihre Geltungsgründe und ihre Bedeutung für die soziale Gemeinschaft untersucht. Grundlage sittlichen Handelns ist die Gesinnung, das persönliche Gewissen, vor dem der einzelne sein Tun letztlich zu verantworten hat. Als praktische, auf das Handeln gerichtete Philosophie trägt die E. zur Formulierung gesellschaftlich konstitutiver Werte und Normen bei. E. unterscheidet sittlich wertvolles Handeln aus Gehorsam gegenüber einem Sittengesetz (Gesinnungs- oder Pflichte.), aus sittlicher Neigung (Neigungse.) oder aus sozialer Verantwortung (Soziale.). Wird ein Handeln von seinen Erfolgen her als richtig und wertvoll beurteilt, spricht man von Erfolgse.

europäische Förderprogramme. Die Europäische Union (EU) bietet für Schüler, Auszubildende und Studenten, für Lehrer und Mitarbeiter der Bildungsverwaltung, für Wissenschaftler und für Führungskräfte der Wirtschaft, für Frauen sowie für Behinderte eine Reihe von Förderprogrammen an, die personellen Austausch, Zusammenarbeit und Forschung finanziell unterstützen. Auskunft und Vermittlung über das *Bundesministerium für Bildung, Wissenschaft, Forschung und Technologie* (BMBWFT).
Anschriften: 2.1

Europäischer Jugendrat (CENYC; engl. *Council of European National Youth Comittees*). Arbeitsgemeinschaft der nationalen Landesjugendringe in den Mitgliedstaaten der Europäischen Union (EU).

europäische Schulen. Durch einen besonderen Vertrag zwischen den zwölf Mitgliedstaaten der Europäischen Union (EU) sind insgesamt neun mehrsprachige e. S. eingerichtet worden, in denen vor allem die Kinder von Bediensteten der EU unterrichtet werden. In Deutschland arbeiten e. S. in Karlsruhe und München.
Anschriften: 2.3

EURYDICE. Bildungsinformationsnetz der Europäischen Union (EU), das durch laufende Zusammenführung und Dokumentation von Daten aus dem Bildungswesen der Mitgliedstaaten politische Entscheidungsträger in Parlamenten und Regierungen unterstützen soll.

Eurythmie (engl. *eurythmics*). Eine von *R. Steiner* ab 1912 entwickelte Bewegungskunst und -therapie, die an *Waldorfschulen* ein Unterrichtsfach für alle Altersstufen ist. Bei der E. werden Laute, Wörter oder Texte sowie Instrumental- und Vokalmusik in Ausdrucksbewegungen von einzelnen Menschen oder Menschengruppen raumgreifend umgesetzt.

Evaluation (engl. *evaluation*). Gewinnung, Auswertung, Beurteilung und Interpretation von Informationen über die Wirkung von Lernprozessen, pädagogischen Maßnahmen, Schulversuchen und Curriculumprojekten. Die E. kann von einem Lehrer zur Überprüfung der Wirkungen seiner Lehrtätigkeit auf die Lernprozesse der Schüler in einfacher Weise durchgeführt werden, sie muß aber bei hochprofessionellen und methodologisch schwierigen Verfahren in großen Forschungsprojekten Aufgabe hauptberuflicher Evaluatoren sein.
Von formativer E. wird gesprochen, wenn die E. begleitend durchgeführt wird und die Ergebnisse unmittelbar in den Maßnahmenprozeß zur weiteren Optimierung wieder einfließen. Davon unterscheidet sich die summative E. am Ende einer Maßnahme, durch die eine

abschließende Bewertung vorgenommen werden kann.
Literatur: 1.2

exemplarisches Lehren und Lernen (lat. *exemplum* Beispiel, Muster, Modell). Das Prinzip des e.L.u.L. berührt eines der Grundprobleme der *Didaktik*, nämlich bezüglich der unendlichen Fülle aller denkbaren und empirisch feststellbaren Unterrichtsinhalte eine *didaktische Reduktion* vorzunehmen, die eine quantitative Begrenzung der Stofffülle und zugleich eine qualitative Strukturierung wesentlicher Bildungsinhalte mit sich bringt.

In der Zeit nach dem Zweiten Weltkrieg drehte sich die Diskussion in der Didaktik vor allem um das Exemplarische bzw. das exemplarische Prinzip (*M. Wagenschein, W. Flitner, J. Derbolav, H. Scheuerl, W. Klafki u.a.*). Im Gegensatz zur Idee enzyklopädisch verstandener *Allgemeinbildung* und wissenschaftlicher Vermehrung des Wissens in den Fächern sollte nicht die systematische und lückenlose Vollständigkeit lehrbaren Wissens angestrebt werden, sondern es sollten die Unterrichtsinhalte ausgewählt werden, die eine Durchdringung des Wesentlichen ermöglichen, stellvertretend für einen größeren Sinn- und Sachzusammenhang stehen und von denen aus über orientierendes Lernen die Wissenslücken geschlossen werden können. Für das Exemplarische wurden in den einzelnen Fächern unterschiedliche Begriffe verwendet: z.B. das Exemplarische im engeren Sinne (Naturwissenschaften), das Typische (Geographie), das Repräsentative, das Paradigmatische, die Inselbildung (Geschichte), die variable Struktur (Sprachlehre), das Klassische, die einfache ästhetische Form (Literatur, Bildende Kunst, Musik), das Symbolische, das Gleichnishafte (Religion), die einfache Zweckform (Technisches Werken, Sport).

Vor allem in der *bildungstheoretischen Didaktik* W. Klafkis wurden qualitativ bildungswirksame Inhalte als exemplarisch anerkannt, wenn sie Fundamentales oder Elementares aufzuschließen vermögen. Dabei wurden Bildungsinhalte dann als elementar angesehen, wenn sie im Besonderen das Allgemeine sichtbar werden lassen, und sie wurden dann als fundamental gewertet, wenn sie dem Schüler grundlegende Erfahrungen und Einsichten vermitteln.

Das Problem des Exemplarischen bestimmt bis heute z.B. in der Diskussion um bestimmte curriculare Ansätze, um die Inhalte der Allgemeinbildung oder um epochaltypische Schlüsselprobleme die Diskussion in der Didaktik.

Exkursion (lat. *excursio* Hinauslaufen, Ausflug; engl. *study trip*). Veranstaltungsform in Hochschule, Erwachsenenbildung und Schule, bei der die Lerngruppe *Lernorte* außerhalb der Institutionen, z.B. ein Biotop, ehemalige Erzlagerstätten, historische Bauwerke oder einen Industriebetrieb, unter fachlicher Leitung besucht. Mit der Durchführung einer E. ist meist keine intensive inhaltliche Vorbereitung verbunden, weil ihr nur eine orientierende Funktion zugeschrieben wird und die grundlegenden Informationen von Fachleuten vor Ort erwartet werden. In dieser traditionellen Form gehen E. über den rezeptiven Stil touristischer Besichtigungen kaum hinaus. Aus der Kritik daran wird heute eine gründliche Vor- und Nachbereitung der E. in Verbindung mit einer Lehrveranstaltung gefordert. Zur Vorbereitung gehört neben der Organisation die Klärung der Ziele und Inhalte, der Ergiebigkeit des E.ortes, der Arbeit am E.ort, der Arbeitsmittel, der Arbeitsverteilung und der Auswertung der E. (z.B. durch Protokoll, Bericht, Fotodokumentation, Ausstellung). Im Rahmen einer Lehrveranstaltung kann die E. dann z.B. der er-

sten Einführung in eine Thematik durch Realbegegnung, der Veranschaulichung erarbeiteter Lerngegenstände vor Ort, der Beobachtung von Arbeitsabläufen, der Begegnung mit Experten, der Sammlung von Material oder der Entwicklung von Fragestellungen für die weitere Arbeit dienen. Ist die Arbeit vor Ort konstitutiver Bestandteil der Erarbeitung einer bestimmten Thematik und mit einer intensiven Planung, Durchführung und Auswertung verbunden, wird heute anstelle des Begriffs E. meist der Begriff *Erkundung* verwendet.
Literatur: 2.1.3, 2.1.5

Exmatrikulation. Entlassung eines *Studenten* aus der Mitgliedschaft in einer *Hochschule* durch Streichung seines Namens aus der Liste der Studierenden. Die E. erfolgt i.d.R. auf Antrag des Studenten beim Wechsel der Hochschule oder nach Abschluß des Studiums, sie kann aber bei Vorliegen bestimmter Tatbestände auch als Zwangsmaßnahme vorgenommen werden.

exogen (lat. *ex* aus, heraus, nach, *genus* Herkunft, Abstammung; engl. *exogenous*). Äußere Bedingungen für bestimmte Einstellungs- und Verhaltensänderungen.

Experiment (lat. *experimentum* Versuch, Probe, Erfahrungsnachweis; engl. *experiment*). Beobachtet werden soll im E. der Einfluß eines Faktors (unabhängige *Variable*) auf ein bestimmtes Phänomen (abhängige Variable), wobei alle anderen Bedingungen kontrolliert werden, um den Ursache-Wirkungs-Zusammenhang zwischen der unabhängigen und der abhängigen Variablen möglichst exakt darstellen zu können. Dieses Forschungsverfahren ist typisch für naturwissenschaftliches Arbeiten, findet aber auch in den Sozialwissenschaften vereinzelt Verwendung. Innerhalb pädagogischer Forschung sind dem E. angesichts der Tatsache, daß sich Erziehung zwischen zwei Subjekten abspielt, die in der erzieherischen Interaktion zueinander Stellung beziehen, also keineswegs bloß reagieren, enge Grenzen gesetzt. Doch bestimmt die Anordnung des E. idealtypisch jede hypothesenprüfende *Empirie*.
Literatur: 1.5

Externenprüfung. Reguläre *Abschlüsse* können von außerschulischen Absolventen durch eine E. erworben werden. So kann z.B. ein zwanzigjähriger Berufstätiger den Realschulabschluß vor einer entsprechenden Prüfungskommission der *Schulverwaltung* nachholen. Die Anforderungen der E. richten sich nach denen der schulinternen Abschlußprüfungen. Auskunft erteilt das *Schulamt.*

extrafunktionale Qualifikationen. *Basisqualifikationen. Schlüsselqualifikationen.*

extrinsische Motivation (lat. *extra* außen, außerhalb, *motio* Bewegung; engl. *extrinsic motivation*). Leistungsanreize oder Verhaltensimpulse, die ihren Ursprung in positiven oder negativen Verstärkungen haben, die mit bestimmten Verhaltensweisen verbunden sind. Ein Schüler lernt, weil er primär an guten Noten, nicht so sehr am Lernprozeß oder an den Inhalten interessiert ist. Gegenteil: *intrinsische M.*

F

Fachakademie. Berufliche Bildungseinrichtung, die auf der Grundlage eines mittleren Bildungsabschlusses, einer geeigneten Berufsausbildung, einer mehrjährigen beruflichen Tätigkeit mit zusätzlicher Qualifikation (z. B. Meisterprüfung) auf den Eintritt in eine gehobene Berufslaufbahn vorbereitet. Als *Vollzeitschule* dauert die Ausbildung mindestens zwei Jahre.

Facharbeiterbrief (engl. *craft certificate*). Zeugnis einer Zuständigen Stelle nach bestandener *Abschlußprüfung* in einem anerkannten industriellen *Ausbildungsberuf.* Im Handwerk wird die Bezeichnung *Gesellenbrief* verwendet.

Fachaufsicht. Im Rahmen der staatlichen *Schulaufsicht* umfaßt die F. die Überwachung der Schulen im Hinblick auf die Erfüllung der Lehrpläne und aller damit im Zusammenhang stehenden Aufgaben, die Beratung und Förderung der Arbeit in den Schulen sowie die Weisungsbefugnis gegenüber Schulleiter und Lehrern.

Fachbereich (engl. *department*). Nach dem *Hochschulrahmengesetz* (HRG) organisatorische Grundeinheit einer Hochschule, vergleichbar der *Fakultät.* Organe sind der F.rat und der F.leiter oder -sprecher.

Fachdidaktik. Als Wissenschaft des Lehrens und Lernens in einem Unterrichtsfach oder Lernbereich ist F. mehr als eine Verknüpfung von allgemeiner Didaktik und Fachwissenschaft oder Fachstudium und Schulpraxis. Sie ist auch keine Abbilddidaktik in dem Sinne, daß die Fachwissenschaft die Lerninhalte bereitstellt, die dann unter entwicklungspsychologischen und methodischen Gesichtspunkten für den Unterricht aufbereitet werden. Vielmehr soll die F. eine wissenschaftliche Disziplin vom planvollen, institutionalisierten Lehren und Lernen spezieller gesellschaftlich relevanter Aufgaben-, Problem- und Sachbereiche sein oder werden.

Da die F. noch eine relativ junge Disziplin ist, bestehen in den einzelnen F. sehr unterschiedliche Auffassungen vom Gegenstand ihrer Forschung, Theoriebildung und Lehre. Erst seit den achtziger Jahren gibt es Versuche, fachübergreifende Kriterien für eine allgemeine Theorie der F. zu entwickeln. Die Gesamtproblematik zeigt sich auch in der Stellung der F. gegenüber den Fachwissenschaften in den verschiedenen Lehramtsstudiengängen, insbesondere in der F. für das gymnasiale Lehramt.

Literatur: 2.1.3

fächerübergreifender Unterricht. Form der Unterrichtsorganisation, durch die eine Überwindung der starren Grenzen des traditionellen Fachunterrichts angestrebt wird. Mit der Entstehung unseres heutigen Schulsystems ab etwa 1820 war eine Unterrichtsorganisation verbunden, die nicht nach pädagogischen, sondern nach bürokratischen und ökonomischen Gesichtpunkten den Schulmorgen in 45-Minuten-Einheiten gliederte und in einem differenzierten

Stundenplan Schulfächer und Fachlehrer zuordnete. Diese Unterrichtsorganisation der Stundenschule bestimmt auch heute noch weitgehend den Tagesablauf von Schülern und Lehrern. Dies hat zur Folge, daß sich die Schüler von Stunde zu Stunde auf andere Fächer und Fachlehrer und die Lehrer auf andere Schüler einstellen müssen. Die Lehr-Lern-Prozesse werden zerstückelt und soziale Beziehungen zwischen Lehrern und Schülern können kaum wachsen. Die Lehrer erwarten von den Schülern, daß sie von Stunde zu Stunde konzentriert mitarbeiten. Auf den physiologischen Körperrhythmus von Anspannung und Entspannung im Verlauf des Morgens kann solch eine bürokratische Unterrichtsorganisation keine Rücksicht nehmen. Hinzu kommt, daß vor allem Grundschulkindern eine solche Fachsystematik relativ fremd ist, weil sie ihre Welt noch eher ganzheitlich wahrnehmen. Fächerübergreifende Projekte, etwa zum Thema Umwelterziehung, bei denen die Zusammenarbeit von Lehrern mit unterschiedlichen Fachkompetenzen erforderlich ist, sind nur schwer zu realisieren.

Aus der Kritik an dieser Stundenschule sind seit der Reformpädagogik Schulkonzeptionen entstanden, die den Schultag und die Schulwoche zeitlich anders rhythmisieren und einen reflektierten Wechsel von Fachunterricht in der Jahrgangsgruppe und f. U. durch *freie Arbeit, Wochenplanarbeit* und *Projektunterricht* in jahrgangsübergreifenden Lerngruppen ermöglichen (z. B. *Montessori-, Freinet-Pädagogik* und der *Jena-Plan*). Auch die *Waldorfschule* hat seit ihrer Gründung im Jahre 1919 einen anderen Tagesrhythmus als die Regelschule. Gegen die Zersplitterung des Fachunterrichts führte sie den *Epochenunterricht* ein, der es ermöglicht, die strukturelle Verknüpfung von Lerninhalten und den Sinnzusammenhang der Arbeit zu erkennen. Alle diese Reformschulen sind heute noch in Funktion und haben vor allem zur inneren Schulreform von Grundschulen und Gesamtschulen beigetragen.

Folgende Formen f. U. finden eine immer größere Verbreitung: freie Arbeit, Wochenplanarbeit, Epochenunterricht, Projektunterricht, Projektwochen. In manchen Bundesländern ist die Durchführung einer bestimmten Anzahl fächerübergreifender Projekte bzw. Lehrplaneinheiten vorgeschrieben.

Literatur: 2.1.3, 2.1.5

fachgebundene Hochschulreife (engl. *specific certificate of higher education*). Bescheinigung über den erfolgreichen Abschluß des Prüfungsverfahrens nach der letzten Klasse eines beruflichen oder eines *Fachgymnasiums*. Die f. H. berechtigt zum Studium bestimmter Fächer an einer Hochschule.

Fachgymnasium (Syn. **berufliches Gymnasium**; engl. *specialized upper secondary school*). Gymnasium in Aufbauform, umfaßt also nur die Klassen 11 bis 13, setzt einen mittleren Bildungsabschluß als Eingangszertifikat voraus. Der Bildungsplan dieser Gymnasien hebt bestimmte fachliche Schwerpunkte (außer den bei allgemeinbildenden Gymnasien üblichen: alte und neue Sprachen, Naturwissenschaft und Mathematik) besonders hervor. Nach einem Beschluß der KMK aus dem Jahre 1988 können F. für folgende Gebiete eingerichtet werden: Wirtschaft, Technik, Hauswirtschaft, Landwirtschaft und Sozialpädagogik. Je nach belegten Fächern kann an einem F. die *allgemeine* oder eine *fachgebundene Hochschulreife* erworben werden.

Literatur: 2.1.1

Fachhochschule (**FH**; engl. *degree-granting college of higher education*). 1968 trafen die Länder der Bundesrepublik Deutschland eine Übereinkunft, welche die Ingenieurschulen und die höheren Fachschulen in F. überführte und dem Hochschulwesen zuordnete. Die F. bereiten durch praxisbezogene Lehre auf berufliche Tätigkeiten vor, in denen die Anwendung wissenschaftlicher Erkenntnisse und Methoden oder die Fähigkeit zur künstlerischen Gestaltung erforderlich ist. Im Rahmen ihres besonderen Bildungsauftrages nehmen die F. auch Forschungs- und Entwicklungsaufgaben wahr. Zulassungsvoraussetzung ist die *allgemeine* oder die *fachgebundene Hochschulreife* bzw. die in einem *Berufskolleg* erworbene *Fachhochschulreife*. F. verleihen den Diplomgrad mit dem Zusatz (FH). Sie sind i.d.R. jeweils auf bestimmte Ausbildungsbereiche spezialisiert (soziale Berufe, Technik, Wirtschaft, Verwaltung u.a.). Die meisten F. sind Einrichtungen der Länder. Daneben gibt es private (z.B. kirchliche) F. und F. des Bundes.

Fachklasse. Berufsschulklasse, in der nur *Auszubildende/Lehrlinge* bzw. Schüler eines Einzelberufes (z.B. KfZ-Mechaniker) oder einer Berufsgruppe (z.B. Fahrzeugtechnik) unterrichtet werden.

Fachkunde. Neben den allgemeinbildenden und den fachpraktischen Teilen im Lehrplan der *Berufsschule* alle Fächer, die der Vermittlung berufsfachlicher Kenntnisse und Fähigkeiten dienen. Das sind bei kaufmännischen Ausbildungsberufen z.B. allgemeine Wirtschaftslehre, Betriebslehre, Rechnungswesen oder bei Metallberufen Maschinen- und Werkstoffkunde.

Fachlehrer. Unterrichten aufgrund ihrer spezialisierten Ausbildung i.d.R. in ein bis drei Schulfächern in verschiedenen Schulklassen und Jahrgängen einer Schule. Häufig besteht für F. aufgrund wechselnder Klassen und einer großen Schülerzahl keine Möglichkeit, einzelne Schüler genauer kennenzulernen. Den Vorteilen der spezialisierten fachwissenschaftlichen und fachdidaktischen Qualifizierung stehen aus pädagogischer Sicht dann Nachteile gegenüber, wenn zuviele F. in einer Klasse unterrichten und keine sozialen Beziehungen zwischen Lehrer und Schüler aufgebaut werden können. Das F.prinzip war von jeher das ökonomische Organisationsprinzip an höheren Schulen (Gymnasien, Realschulen), während in der Volksschule das Klassenlehrerprinzip vorherrschte, was dem Volksschullehrer in abschätziger Weise den Namen Allroundlehrer einbrachte. In der Öffentlichkeit haben wissenschaftlich abgegrenzte Kompetenzen ein höheres Ansehen. Die Nachteile des zu sehr spezialisierten F.prinzips können durch die Reduzierung der F. aufgrund von Doppelqualifikationen oder durch soziale Organisationsformen, wie sie das *Team-Kleingruppen-Modell* aufweist, überwunden werden.

Fachleistungsdifferenzierung (engl. *setting*). Form der äußeren *Leistungsdifferenzierung* in Schulen des *Sekundarbereichs I*, wobei im Pflichtbereich zwischen Fächern mit Kernunterricht in heterogenen Jahrgangsklassen zur Vermittlung einer allgemeinen Grundbildung und Fächern mit F. in homogenen klassenübergreifenden Kursen auf verschiedenen abschlußbezogenen Anspruchsniveaus unterschieden wird. Dieses Kern-Kurs-System ist nicht zu verwechseln mit der *Differenzierung* im Kurssystem der *gymnasialen Oberstufe*.

Durch die Vereinbarung der KMK von 1982 über die wechselseitige Anerkennung von Gesamtschulabschlüssen wurde die F. als konstituierendes Merkmal der Unterrichtsorganisation in den meisten integrierten *Gesamtschulen* festgelegt. Die Entwicklung im *Schulsystem* nach der Wiedervereinigung machte 1993 eine neue ›Vereinbarung über die Schularten und Bildungsgänge im Sekundarbereich I‹ notwendig, in der für

die integrierten *Schularten* mit mehreren *Bildungsgängen* Aussagen zur Differenzierung gemacht werden, die Bedeutung für das Erreichen eines bestimmten *Abschlusses* haben. Einzelheiten zur F. werden in den Verordnungen der Länder geregelt.
Das Konzept der F. geht von der bis heute empirisch nicht eindeutig belegten Annahme aus, daß Schüler in Lerngruppen, die nach dem Kriterium der Fachleistung hinreichend homogenisiert sind, besser lernen als in heterogenen. Im Vergleich zum *dreigliedrigen Schulsystem* kann das Kurssystem dem Leistungsniveau der Schüler in einzelnen Fächern sowie der Leistungsentwicklung oder -schwankung im Laufe der Schuljahre durch mehr *Durchlässigkeit* und Aufstiegsmobilität besser Rechnung tragen. So kann ein Schüler in einem Fach (z.B. Mathematik) im leistungsstarken A-Kurs sein, während er in einem anderen Fach (z.B. Englisch) dem leistungsschwächeren B-Kurs angehört. Jedoch haben sich in den zurückliegenden Jahren bei der F. auch Probleme im Zusammenhang von sozialem Lernen, Leistungsüberprüfung, Kurszuweisung, Kurswechsel und Durchlässigkeit zwischen den Niveaukursen herausgestellt. Eine Antwort darauf war die Entwicklung und Praxis des *Team-Kleingruppen-Modells* an einigen Gesamtschulen.
Bei der F. werden zwei Grundmodelle mit verschiedenen Varianten unterschieden: **1)** ABC-Kurs-Modell (drei Niveaukurse, in den Anforderungen von A nach C abnehmend); FEGA-Kurs-Modell (in Berlin entwickelt; F = Fortgeschrittenenkurs, E = Erweiterungskurs, G = Grundkurs, A = Anschlußkurs). Beim FEGA-Modell wird in den Niveaukursen allen Schülern ein verbindliches Fundamentum vermittelt, wofür im Grundkurs die gesamte vorgesehene Stundenzahl zur Verfügung steht. In den Erweiterungs- und Fortgeschrittenenkursen haben die Schüler die Möglichkeit, das Fundamentum schneller zu absolvieren und entsprechend ihrem Leistungsvermögen Zusatzangebote (Addita) zu erarbeiten, die jedoch das nachfolgende Fundamentum nicht vorwegnehmen dürfen. Die leistungsschwächeren Schüler setzen sich im Anschlußkurs in kleineren Lerngruppen und mit mehr Lehrerhilfe mit dem Fundamentum auseinander. Ein Kurswechsel (Auf- oder Abstieg) findet i.d.R. am Ende eines Schulhalbjahres aufgrund entsprechender Kursnoten statt. In Liftkursen können potentielle Aufsteiger das dafür notwendige Zusatzpensum erarbeiten, während Schüler mit Lerndefiziten ihre Lücken in Stützkursen ausgleichen können, um dadurch den Abstieg in einen niedrigeren Kurs zu vermeiden. Das ABC-Kurs-Modell folgt einem ähnlichen Ablaufschema.
2) Als Alternative zum Kurssystem wird in einigen Gesamtschulen das Modell der flexiblen F. (Syn. bewegliche Unterrichtsdifferenzierung) praktiziert. In der ersten Phase jeder Unterrichtseinheit werden die Inhalte des Fundamentums in der heterogenen Großgruppe oder in den heterogenen Parallelklassen erarbeitet. Aufgrund der Ergebnisse eines Diagnosetests werden dann klassenübergreifend drei relativ homogene Leistungsgruppen gebildet, in denen entweder nur Zusatzinhalte (Addita) behandelt oder Lerndefizite beim Fundamentum durch methodische Abwandlungen ausgeglichen werden. Die nächste Unterrichtseinheit beginnt dann wieder in der heterogenen Großgruppe oder Parallelklasse.
Literatur: 2.1.2

fachliche Eignung (engl. *professional aptitude*). Für die Durchführung einer *Berufsausbildung* ist nach den Bestimmungen des *Berufsbildungsgesetzes* (BBiG) fachlich geeignet, wer die beruflichen Kenntnisse und Fertigkeiten für den *Beruf*, in dem ausgebildet werden soll und darüber hinaus berufs- und arbeitspädagogische Kenntnisse besitzt. Im Handwerk ist die f. E. mit der *Meisterprüfung* gegeben. In anderen Ausbildungsbereichen (Handel, Industrie u. a.) gelten folgende Kriterien: 24. Lebensjahr vollendet; Abschlußprüfung in einer dem Ausbildungsberuf entsprechenden Fachrichtung oder höherrangiges Examen (Techniker, Fachwirt, Diplom) sowie Nachweis berufs- und arbeitspädagogischer Kenntnisse, der durch eine besondere Prüfung vor einer Kammer erbracht werden kann *(Ausbildereignungsverordnung)*.

Fachoberschule. (engl. *technical secondary school*). Sie setzt einen mittleren Bildungsabschluß voraus, vermittelt allgemeinbildende, fachtheoretische und fachpraktische Inhalte und führt als Vollzeitschule in einem Jahr, als berufsbegleitende Teilzeitschule in maximal drei Jahren zur Fachhochschulreife.

Fachschaft. Gewähltes Gremium der Studenten eines *Fachbereichs*, Studienganges oder Einzelfaches, das die fachlichen Belange der Studenten (z. B. in Fragen des Lehrangebots oder der Hochschuldidaktik) gegenüber dem Fachbereichsrat und dem Leiter des Fachbereichs vertritt. Die einzelnen F. wählen jeweils Vorsitzende, die gemeinsam den F.rat einer Hochschule bilden.

Fachschule für Sozialpädagogik. Ausbildungsstätte für *Erzieher*. Zugangsvoraussetzungen sind i. d. R. ein mittlerer Bildungsabschluß und ein Vorpraktikum. F. f. S. werden als öffentliche Schulen oder in freier Trägerschaft (z. B. der Kirchen) geführt.

Fachschulen (engl. *technical schools*). Wer über eine abgeschlossene *Berufsausbildung* oder mehrjährige Berufserfahrung verfügt, kann eine F. besuchen, die zu einer vertieften beruflichen Fachbildung führt. Als Vollzeitschulen dauern die F. mindestens ein Jahr, in Teilzeitform je nach Abschluß entsprechend länger. Durch Zusatzunterricht können an einigen F. die Fachschulreife oder die Fachhochschulreife erworben werden. Bekannte F. sind die *Meisterschule* und die zweijährige Technikerschule. Die Lehrgänge werden mit einer Prüfung abgeschlossen (z. B. Technikerprüfung). Bei Erfolg wird ein Zeugnis erteilt. Die Abschlüsse der F. sind staatlich anerkannt.

Fachstufe. In der *Berufsausbildung* die auf die Grundbildung (1. und 2. Halbjahr) folgenden Ausbildungshalbjahre. Die F. wird in eine Stufe I (3. und 4. Halbjahr, Ausbildung auf der Breite einer Berufsgruppe) und eine F. II (5. bis 7. Halbjahr, Ausbildung für einen einzelnen Fachberuf) gegliedert.

Fachwirteprüfung. Wird von der *Industrie- und Handelskammer* (IHK) abgenommen. Voraussetzungen sind der Haupt- oder Realschulabschluß, eine abgeschlossene kaufmännische Berufsausbildung und eine mehrjährige einschlägige Berufspraxis.

I. d. R. geht der F. eine mehrjährige Fortbildung voraus, die sowohl in Vollzeit- als auch in Teilzeitform (neben bzw. nach der Berufsarbeit) an Fachschulen oder von außerschulischen Trägern (z. B. Volkshochschulen) angeboten wird. Die F. qualifiziert für die Übernahme von Leitungs- und Führungspositionen auf der mittleren Ebene von Unternehmen.

Fähigkeiten (engl. *abilities*). Psychische und physische Voraussetzungen für leistungsbezogenes Verhalten, die in bestimmten Lebenssituationen aktualisiert werden. Sie sind durch anlagebedingte *Dispositionen* beeinflußt und/oder werden in Sozialisations-, Lern- und Übungsprozessen erworben. Kompetenzen wie musikalische oder mathematische F. variieren in ihrer Stärke bzw. Höhe von Individuum zu Individuum.

In der Intelligenzforschung werden mit Hilfe der *Faktorenanalyse* psychologische F. erschlossen und in Fähigkeitsmodellen geordnet. In solchen Modellen wird eine begrenzte Anzahl von Grundf. wie z.B. sprachgebundenes Denken, zahlengebundenes Denken, anschauungsgebundenes Denken, Wahrnehmungsgeschwindigkeit, Konzentrationskraft, Einfallsreichtum u.ä. angenommen, denen alle anderen beobachtbaren F. zugeordnet werden können.

Faktorenanalyse (engl. *factor analysis)*. Mathematisch-statistisches Verfahren, durch das eine Vielzahl in Wechselbeziehung (Korrelation) miteinander stehender Größen (Variablen) auf eine geringe Anzahl unabhängiger Grundfaktoren zurückgeführt werden kann. Ziel der F. ist es, mit Hilfe einer begrenzten Anzahl von Faktoren die wechelseitige Abhängigkeit oder Unabhängigkeit einer größeren Menge beobachtbarer Daten zu beschreiben und zu interpretieren.

In der Intelligenzforschung dient die F. z.B. zur Erschließung psychologischer *Fähigkeiten* und der Konstruktion von Fähigkeitsmodellen. Die F. wurde 1904 von C. Spearman begründet und von L. Thurstone weiterentwickelt. Thurstone unterscheidet mindestens sechs wesentliche Grundfähigkeiten intelligenten Verhaltens: sprachliche Fähigkeiten, Rechenfertigkeit, räumliches Vorstellungsvermögen, schlußfolgerndes Denken, Flexibilität, Wahrnehmungsschnelligkeit. J.P. Guilford hat ein dreidimensionales Intelligenzfaktorenmodell entwikkelt, in dem Inhalte, Produkte und Operationen miteinander in Beziehung stehen und eine Kombination von 120 Fähigkeiten ergeben.

Fakultas (Syn. **Facultas docendi**; lat. *facultas* Fähigkeit, Erlaubnis). Lehrbefähigung bzw. Lehrerlaubnis an einer Hochschule.

Fakultät (lat. *facultas* Fähigkeit, Geschicklichkeit, Talent; engl. *faculty*). Organisatorische Grundeinheit der Universität, die i.d.R. eine Anzahl zusammengehöriger Wissenschaften vereinigt. Durch bestimmte F.organe (z.B. Dekan, F.rat) trägt sie dafür Sorge, daß ihre Angehörigen (Professoren, Dozenten, Assistenten, Studenten, Bedienstete besonderer Gruppen) ihre Aufgaben erfüllen können.

fakultativer Unterricht (lat. *facultas* Möglichkeit, Fähigkeit). Unterricht, dessen Besuch für die Schüler nicht verbindlich ist, ihnen aber die Möglichkeit gibt, Fächer, Kurse oder Arbeitsgemeinschaften nach ihren eigenen Interessen und Fähigkeiten frei zu wählen. Das Gegenteil des f.U. ist der verbindliche Pflichtunterricht.

Fallanalyse. 1) Methodisches Konzept handlungsorientierten Lernens. Vorgeben wird eine konkrete, möglichst lebensnahe Problemlage, für deren Lösung zuerst eine genaue Identifikation des Problems vorzunehmen ist, sodann sind Lösungsalternativen zu entwickeln und schließlich Entscheidungen über die vermutlich wirkungsvollsten Lösungsschritte zu treffen. Bereits vorhandene Kenntnisse und instrumentelle Fähigkeiten sollen aktiviert, neue Qualifikationen selbständig erworben und der Lösungsprozeß gemeinsam geplant und durchgeführt werden. Der Ablauf einer F. kann sich an den sechs Teilschritten der *Leittextmethode* orientieren.

2) F. als sozialwissenschaftliche Methode: *Einzelfallstudie.*

Fallstudie. *Einzelfallstudie.*

Familie (lat. *familia* gesamte Hausgenossenschaft; engl. *family*). Eine *Gruppe* von Personen, die durch unmittelbare leibliche Verwandtschaft oder Heirat miteinander verbunden sind. Ihr sozialer Kern ist immer die Mutter-Kind-Verbindung, in den meisten Kulturen er-

gänzt durch den Vater. Nach unserer Rechtsordnung ist ein Eheverhältnis zwischen Frau und Mann für die F. konstitutiv. Aber auch ein Elternteil mit einem oder mehreren Kindern bildet eine F. Für beide Formen gelten die gesetzlichen Regelungen über die *elterliche Sorge*, die Unterhaltspflicht der Eltern gegenüber den minderjährigen Kindern sowie die gesetzliche Erbfolge.
Soziologisch betrachtet ist das Wesentliche einer F. die gemeinsame Haushaltsführung, weil damit i.d.R. konstante soziale Kontakte nach vergleichsweise klar definierten Rollen in einem bestimmten Lebensraum (Wohnung) verbunden sind, die auf kollektiver Verantwortung für die Sicherung der Lebensgrundlagen, einem Bestand von gemeinsam akzeptierten Werten und Normen sowie besonders engen emotionalen Bindungen beruhen.
Pädagogisch ist die F. insbesondere als Ort der primären *Sozialisation* der Kinder und wegen ihrer begleitenden bzw. ergänzenden Funktionen im Zusammenhang mit allen gesellschaftlich organisierten Erziehungs-, Bildungs- und Ausbildungsprozessen von Bedeutung. Die Forschung belegt bis heute, daß für die Entwicklung von Selbstwertgefühl, Identität, Motivation und *Selbstkonzept* ebenso wie für alle Erfolge bzw. Mißerfolge innerhalb der Einrichtungen des öffentlichen Bildungswesens die Einflüsse der F. nach wie vor entscheidend sind.
Die gesellschaftliche Bedeutung der Familie wird aus der Fülle der gesetzlichen und sozialpolitischen Maßnahmen ersichtlich, mit denen die Funktionsfähigkeit der Familie gesichert bzw. unterstützt werden soll. Indikatoren dafür sind die Existenz eines besonderen Bundesministeriums für Familie und Senioren, eines Bundestagsauschusses für Familie und Senioren, einer sehr differenzierten Gesetzgebung zum Ehe- und Familienrecht und die Einrichtung besonderer *Familiengerichte*.
Geschichtlich lassen sich in Abhängigkeit von Sozial- und Wirtschaftsstruktur einer Gesellschaft sehr unterschiedliche Formen der F. nachweisen. Besondere Erwähnung findet die Großf., eine Gemeinschaft mehrerer Kernf. und deren engere Verwandtschaft, die gemeinsam Grund und Boden oder einen Betrieb bewirtschafteten. Mit der Industrialisierung bildete sich die Klein- oder Kernf. als Regelfall heraus. In ihr leben zwei Generationen zusammen. Traditionell sorgt der Vater durch Erwerbsarbeit für den Lebensunterhalt, wogegen die Mutter den familialen Haushalt führt und für die Betreuung und Erziehung der Kinder verantwortlich ist. In jüngster Zeit nimmt die Anzahl von allein erziehenden Müttern und Vätern beständig zu. Zudem leben immer mehr Frauen und Männer mit ihren Kindern in nichtehelichen Lebensgemeinschaften.
Angesichts der zunehmenden Verlagerung ursprünglich familiärer Aufgaben in gesellschaftliche Einrichtungen (Kleinkinderpflege und -erziehung, allgemeine Entwicklung kindlicher Interessen und Neigungen, Nahrungszubereitung und Ernährung, Krankenpflege, praktische Hilfen in Lebenskrisen, Fürsorge für die Alten) wird von einem Funktionswandel der F. gesprochen. Ökonomische, sozialfürsorgerische und hauswirtschaftliche Funktionen sind zurückgetreten, die emotionalen Beziehungen zwischen den F.mitgliedern und der gemeinsame Konsum in Alltag und Freizeit haben an Bedeutung gewonnen.
Literatur: 1.8, 2.10

Familiengericht. Die F. als Teil der Amtsgerichte wurden 1977 eingerichtet, um innerfamiliale Streitfälle, insbesondere die Ehescheidung und ihre Folgen in die Zuständigkeit eines Richters zu geben. Dadurch verspricht sich der Gesetzgeber mehr Sensibilität in der Behandlung der Fälle, was vor allem den betroffenen Kindern zugute kommen soll. Im Interesse der Kinder arbeiten die F. oft mit sachverständigen Psychologen, Medizinern oder auch Pädagogen und mit einem Jugendamt zusammen.

Familienname (engl. *surname, family name*). Äußerliches Kennzeichen für die familiale Lebensgemeinschaft. Bei der Eheschließung müssen sich die Ehegatten für einen ihrer Geburtsnamen als F. entscheiden. Es ist jedoch auch möglich, daß beide Ehegatten ihre Geburtsnamen behalten. Der Ehegatte, dessen Namen nicht der F. wird, kann seinen bisherigen Namen an den F. anfügen. Dieser Doppelname gilt jedoch nur für ihn. Vor dem Standesamt muß festgelegt werden, welchen F. gemeinsame Kinder haben werden. In einem eventuellen Streitfall entscheidet das Familiengericht.

Familientherapie (engl. *family therapy*). Wenn die Annahme naheliegt, daß die Ursachen einer *Neurose* primär in gestörten Beziehungen innerhalb der Familie des Patienten zu suchen sind, wird die ganze Familie in die *Psychotherapie* einbezogen.

Feedback (Syn. **Rückmeldung**). **1)** In der *Kybernetik* gibt das F. im Regelkreis zwischen einer bestimmten Eingabe (input) und dem erwarteten Ergebnis (output) Auskunft, ob der erreichte Ist-Wert auf der richtigen Linie des zielorientierten Steuerungsprozesses liegt. Bei Fehlern und Störeinflüssen sind so Korrekturen im Hinblick auf den vorgegebenen Soll-Wert möglich.

2) Im *programmierten Unterricht* ist das positive oder negative F. eine Information an den Lernenden, ob seine Antwort richtig oder falsch ist. Bei einer negativen Rückmeldung bekommt der Lernende eine neue Aufgabe zur Wiederholung oder Fehlerkorrektur, bei einer positiven Rückmeldung wird die Richtigkeit der Lösung bestätigt und i.d.R. mit einer weiterführenden Aufgabe verbunden.

3) In Kommunikations- und Interaktionszusammenhängen erfährt das Individuum durch das F., wie es auf den Kommunikationspartner wirkt und welchen Einfluß es auf die zwischenmenschlichen Beziehungen hat. In der Lehrer-Schüler-Interaktion bringt ein positives F. meist eine konstruktive Verstärkung des Verhaltens mit sich, während ein negatives F. häufig Beziehungsstörungen oder die Schwächung des Selbstwertgefühls zur Folge hat.

FEH. *Freiwillige Erziehungshilfe.*

Fehlleistung (engl. *Freudian slip*). Konstrukt aus der *Psychoanalyse*, wonach sich in einem unpassenden oder falschen Wort, das mit der vorgegebenen Absicht des Sprechers im Widerspruch steht und i.d.R. als peinlich empfunden wird, unbewußte und verdrängte Wünsche des Individuums zeigen.

Feinlernziel. *Lernziel.*

Feldforschung (engl. *field research, field experiment*). Beobachtungen menschlicher Verhaltensweisen innerhalb alltäglicher Lebenszusammenhänge, also außerhalb einer experimentellen oder speziell zum Zwecke der Forschung eingerichteten Situation. Z.B.: Teilnehmende Beobachtungen im Leben einer Jugendgruppe oder eines Vereins, *Unterrichtsbeobachtung.*

Literatur: 1.5

Ferienordnung. In den F. regeln die *Schulverwaltungen* der Länder die Verteilung der insgesamt 75 schulfreien Werktage auf ein Schuljahr. Dabei sind Rahmenvereinbarungen der KMK zu berücksichtigen: Grundsätzlich sollen Oster-, Pfingst-, Sommer-, Herbst- und Weihnachtsferien eingerichtet werden. Die Sommerferien dauern in allen Bundesländern sechs Wochen. Den zeitlichen Umfang der anderen Ferienabschnitte regeln die Länder. Darüber hinaus stellen einzelne Länder den Schulen sog. bewegliche Ferientage zur Verfügung, die nach den speziellen Bedürfnissen einer Region oder einer einzelnen Schule festgelegt werden können. Um Überfüllungen der Feriengebiete und der Verkehrswege zu vermeiden, legt die KMK die Zeiten für die Sommerferien in den einzelnen Ländern längerfristig fest.

Fernstudium (engl. *distance learning*). Lehre über Studienbriefe, Rundfunk oder Fernsehsendungen, die eine Teilnahme an *Studiengängen* und *Hochschulprüfungen* möglich macht, ohne bei den laufenden Lehrveranstaltungen in der Hochschule präsent sein zu müssen. Zumeist wird das Selbststudium durch kurze Kompaktseminare von wenigen Tagen Dauer begleitet. Fernstudienlehrgänge wurden insbesondere im Interesse der beruflichen *Weiterbildung* eingerichtet. Wichtigster Anbieter ist derzeit die Fernuniversität/Gesamthochschule in Hagen.

Fernuniversität Hagen (NRW). Nach dem Hochschulgesetz des Landes Nordrhein-Westfalen eine den traditionellen Universitäten vollkommen gleichgestellte Hochschule mit geistes-, sozial-, rechts- und wirtschaftswissenschaftlicher Fakultät. Ihre spezielle Zweckbestimung ist die Betreuung des *Fernstudiums*.

Fernunterricht (engl. *correspondence courses*). Über schriftliche Lehrmaterialien u.a. Medien vermitteln private Anbieter Kenntnisse und Fähigkeiten und geben über die Ergebnisse von Zwischen- oder Abschlußprüfungen i.d.R. auch auf dem Postweg Auskunft. F. ist folglich keine schulische Veranstaltung. Rechtliche Grundlage ist das Fernunterrichtsschutzgesetz aus dem Jahr 1976. Danach benötigen die Anbieter eine staatliche Zulassung durch die *Zentralstelle für den F.* (ZFU). Ohne diese Zulassung ist jeder F.vertrag ungültig. Die ZFU erteilt Auskunft über die Zulassung der Anbieter.
Anschriften: 13.0

Fernunterrichtsschutzgesetz. *Fernunterricht. Zentralstelle für Fernunterricht.*

Fertigkeiten (engl. *skills*). Inhaltlich bestimmbares Können wie z.B. Schreib-, Lese- und Rechenf. F. sind durch Üben soweit mechanisiert bzw. automatisiert, daß sie ohne Einschalten des Bewußtseins vollzogen werden können. F. entlasten den Menschen beim Handeln hinsichtlich der Konzentration auf den richtigen Vollzug und der Reflexion über eine entsprechende Ausführung. Der Begriff wird häufig in Verbindung mit den Ausdrücken *Kenntnisse, Fähigkeiten* und F. verwendet.

FH. *Fachhochschule.*

flexible Differenzierung. *Fachleistungsdifferenzierung.*

FORCE (Formation Continuée en Europe). Einrichtung der Europäischen Union (EU). Programm zur Förderung von Personalaustausch, Innovationsprojekten, Weiterbildungsmaßnahmen und Informationsaustausch zwischen den Trägern beruflicher Bildung.
Anschriften: 2.1

Förderdiagnostik. *Diagnostik. Pädagogische Diagnostik.*

Förderpädagogik. In einigen Bundesländern gebrauchte, synonyme Bezeichnung für Sonderpädagogik.

Förderschule. In einigen Bundesländern (z.B. Baden-Württemberg, Brandenburg, Hamburg, Sachsen) eingeführte Bezeichnung für die *Sonderschule.*

Förderstufe. 1) Bezeichnung im Land Hesssen für die *Orientierungsstufe*, die sich mit den Klassen 5 und 6 an die Grundschule anschließt. Die zweijährige F. soll den Übergang zu den weiterführenden Schulen Hauptschule, Realschule, Gymnasium oder Gesamtschule erleichtern.

2) Bezeichnung für die differenzierende F. in den Klassen 5 und 6 der *Regelschule* (im Land Thüringen) bzw. *Sekundarschule* (im Land Sachsen-Anhalt), an die sich ab Klassenstufe 7 eine Differenzierung in den Hauptschul- oder Realschulbildungsgang anschließt.

Förderungslehrgänge (engl. *pre-apprenticeship courses*). Die *Bundesanstalt für Arbeit* (BA) bietet über die Berufsberatung als *berufsvorbereitende Bildungsmaßnahme* F. an; Grundlagen für deren Finanzierung finden sich im *Arbeitsförderungsgesetz* (AFG). Nach einer Anordnung der BA werden amtsintern zwei Typen von F. unterschieden.

1. F. für Schulabgänger aus Sonder- und Hauptschulen, die eine Berufsausbildung mit großer Wahrscheinlichkeit erfolgreich abschließen könnten, aufgrund persönlicher Schwierigkeiten den Anforderungen einer Ausbildung aber noch nicht gewachsen sind. Durch gezielte persönliche Hilfen, Beratung, ergänzende Lernangebote und berufsorientierende Maßnahmen sollen Bereitschaft und Fähigkeit zur Aufnahme einer Berufsausbildung gestärkt werden. Die Kurse sind kostenlos und dauern ein Jahr.

2. F. für Behinderte, die aufgrund der Dauer von Rehabilitationsmaßnahmen nicht unmittelbar nach dem Schulabschluß eine Berufsausbildung aufnehmen können. Auch diese F. verfolgen das Ziel, die Jugendlichen soweit zu motivieren und zu unterstützen, daß sie eine Berufsausbildung mit Aussicht auf Erfolg aufnehmen können. Die Kurse sind kostenlos und dauern i.d.R. sechs Monate.

3. Eine weitere Zielgruppe von F. bilden Behinderte, die weder den Anforderungen einer Berufsausbildung unter den üblichen Bedingungen gewachsen sind, noch durch die Beschäftigung in einer *beschützenden Werkstatt* ihren Möglichkeiten gemäß gefördert werden könnten. F. dieser dritten Variante werden nur noch sehr vereinzelt durch die BA finanziert. Auskünfte erteilt die *Berufsberatung*.

Anschriften: 15.2

Förderunterricht. 1) In den meisten *Stundentafeln* für die *allgemeinbildenden Schulen* ist ein bestimmter Stundenanteil (etwa zwei Stunden) für F. vorgesehen. Dabei erhalten Schüler mit Lern- und Verhaltensschwierigkeiten, die durch Maßnahmen *innerer Differenzierung* im Regelunterricht nicht gemildert oder behoben werden können, in kleinen Gruppen zusätzliche Lernhilfen. Im Sinne äußerer Differenzierung kann der F. im Stundenplan der Woche zu einer bestimmten Zeit fest eingeplant sein und Schülern mit aktuellen Leistungsrückständen und Lerndefiziten vor allem vor Klassenarbeiten Gelegenheit zur voraus- oder nacharbeitenden Förderung geben. Möglich ist auch, den in der Stundentafel vorgesehenen Zeitanteil auf den Regelunterricht so zu verteilen, daß eine kontinuierliche Diagnose und Förderung der Lernentwicklung von Schülern durch die Kooperation von zwei Lehrkräften im Parallelunterricht (z.B. während der *Wochenplanarbeit* oder der *freien Arbeit*) erfolgen kann. Eine zusätzliche schulergänzende Art der Förderung ist die private Nachhilfe oder die Hausaufgabenhilfe. **2)** In den *Berufsschulen* verschiedener Bundesländer wird F. als Stützunterricht für Schüler mit *Lernschwierigkeiten* und als Erweiterungsunterricht für diejenigen Schüler angeboten, die über die im Lehrplan geforderten Kenntnisse und Fähigkeiten hinaus zusätzliche Qualifikationen erwerben wollen.

formale Bildung. Bildungstheorien sowie didaktische Theorien, in denen die f.B. ein zentraler Bezugspunkt ist, gehen vom Schüler als dem Subjekt von Erziehung und Unterricht aus. Sie fragen danach, welche Verhaltensweisen und Handlungskompetenzen zur Bewältigung gegenwärtiger und zukünftiger Lebenssituationen von Bedeutung sind. F.B. im traditionellen Sinne ist Kräftebildung, Verstandesbildung, Denkschulung. Als gebildet gilt, wer vom Standpunkt der *funktionalen Bildung* aus die in ihm angelegten und/oder erworbenen körperlichen, seelischen und geistigen *Dispositionen* entfaltet hat oder im Sinne der methodischen Bildung über instrumentelle Fertigkeiten und methodische Fähigkeiten für lebenslanges Lernen verfügt. Die Ausprägungen der f.B. unterscheiden sich von der *materialen Bildung* und der *kategorialen Bildung*.

Forschungsmethoden (engl. *methods of research*). Vorgehensweisen zur geordneten und überprüfbaren Gewinnung von Daten. Innerhalb der *Pädagogik* bzw. Erziehungswissenschaft lassen sich historische, beschreibende, hypothesengenerierende und hypothesenprüfende Forschungsschwerpunkte unterscheiden. Die historische Forschung gewinnt ihre Daten über die kritische Prüfung von Quellen auf ihre Authentizität und die systematische Interpretation der gefundenen Fakten. Auf diesem Wege sollen Tatsachen und Zusammenhänge zwischen Ereignissen aus der Vergangenheit belegt werden (*Hermeneutik*). In der beschreibenden und hypothesengenerierenden Forschung wird vorzugsweise mit *Beobachtungen, Befragungen* und mit der *biographischen Methode* gearbeitet. Das *Experiment* ist die typische F. für hypothesenprüfende Forschung.

Fortbildung (engl. *further training*). Der Begriff wird inzwischen mehr und mehr bedeutungsgleich mit *Weiterbildung* verwendet. Beide Begriffe stehen für alle Ausbildungsmaßnahmen, die auf eine erste berufliche Qualifizierung folgen. Der Besuch einer Fachschule fällt in diesem Verständnis ebenso unter F. wie die Teilnahme an speziellen Qualifizierungsmaßnahmen für Lehrer.

Frauenbildung. Trotz rechtlicher Gleichstellung der Frau, allgemeiner Durchsetzung von *Koedukation* und Öffnung praktisch aller Ausbildungswege und Berufe für Frauen, sind Lebensentwürfe und Chancen von Mädchen und Frauen noch immer weitgehend von männlichen Mustern her bestimmt. Im Zentrum steht dabei die volle Inanspruchnahme des Mannes durch die außerhäusliche Erwerbstätigkeit. Wogegen von Frauen weiterhin erwartet wird, daß sie die wesentlich komplexere Verbindung der Rollen Hausfrau, Mutter und Berufstätige bewältigen. I.d.R. lassen sich diese Rollen aufgrund fehlender gesellschaftlicher Regelungen und Einrichtungen jedoch nicht befriedigend miteinander vereinbaren, so daß Frauen nach wie vor beträchtliche Benachteiligungen hinzunehmen haben. F. zielt deshalb darauf ab, das Geschlechterverhältnis in zentralen gesellschaftlichen Lebenszusammenhängen zu thematisieren, so daß die Notwendigkeit geschlechtsspezifischer Lern- und Arbeitsbedingungen erkannt und eine Neubestimmung von männlichen und weiblichen Rollenmustern vorangetrieben werden kann. F. wendet sich also keineswegs nur an Frauen. Im Gegenteil, sie wird nur dann erfolgreich sein können, wenn insbesondere die Männer Einsicht in die Bedeutung der Kategorie Geschlecht für den individuellen Lebensablauf gewinnen und gemeinsam mit den Frauen Konzepte für die Überwindung bestehender Vorurteile und Einschränkungen entwikkeln.

freie Arbeit (Syn. **Freiarbeit**). Organisationsform des *offenen Unterrichts*, die häufig in Kombination mit Unterricht im Klassenverband und *Wochenplanarbeit* durchgeführt wird und Schülern Gelegenheit gibt, sich nach eigenen Interessen und Lernmöglichkeiten mit vielfältigen Themen, Inhalten, Gegenständen

und Problemen selbständig handelnd auseinanderzusetzen.
Voraussetzungen für f. A. sind ein festgelegter Zeitanteil im Stundenplan (etwa 3 bis 15 Stunden wöchentlich) und eine vielfältig ausgestattete Lernumgebung mit Arbeitsmaterialien und Platz für die Darbietung der Arbeitsergebnisse (Ausstellungstisch, Pinnwand, Arbeitsmappe u. ä.). In gewissen Abständen oder vor Beginn der freien Arbeitsphase stellen die Kinder ihre Vorhaben vor, sprechen Partner- oder Gruppenarbeiten ab und klären die Materiallage.
Sie können über den Zeitaufwand selbst entscheiden und ohne Zeitdruck oder Steuerung von außen eine Sache verfolgen. In der Zeit der Einführung in die Unterrichtsform müssen die Kinder erst schrittweise lernen, aus einem begrenzten Lernangebot der Lehrkraft nach eigenem Interesse eine Aufgabe auszuwählen und unter Beachtung abgesprochener Arbeitsregeln und Ordnungsprinzipien selbständig zu bearbeiten. Eine gemeinsame Planungsphase, in der alle Ideen für die f. A. der nächsten Zeit an der Pinnwand festgehalten werden, kann Kindern helfen, Anregungen aufzugreifen und eigene Vorschläge zu entwikkeln. Wochenplanarbeit bietet einen guten Einstieg in die f. A.
Der Begriff f. A. geht auf reformpädagogische Anregungen *M. Montessoris, C. Freinets* und *P. Petersens* zurück. Er hat aber in Montessorischulen, in der Freinetpädagogik und im Jena-Plan P. Petersens jeweils einen eigenständigen Bedeutungsrahmen.
Literatur: 2.1.5

freie Schulen (engl. *free schools, private schools*) **1)** *Privatschulen* in der freien Trägerschaft von Kirchen, Gesinnungskreisen, Verbänden und Vereinigungen, die in Zielsetzung und Ausübung ihrer pädagogischen Arbeit gegenüber dem Staat relativ ungebunden sind. Zu den f. S. gehören katholische und evangelische Schulen, die freien *Waldorfschulen, Landerziehungsheime* wie die *Odenwaldschule* und die im Verband Deutscher Privatschulen zusammengefaßten Schulen. Sie übernehmen wie die öffentlichen Schulen der staatlichen Trägerschaft öffentliche Bildungsaufgaben wahr, vertreten aber in freier Selbstverantwortung eine über die Möglichkeiten des staatlichen Schulwesens hinausgehende religiöse, weltanschauliche und/oder pädagogische Schulkonzeption. Die f. S. sind nach dem juristischen Sprachgebrauch der Ländergesetze Privatschulen, die als *Ersatzschulen* den öffentlichen Schulen im Rahmen der Gesetze gleichgestellt sind.
2) Als f. S. verstehen sich auch einige *Alternativschulen* in staatlicher Trägerschaft.
Literatur: 2.1.9; Anschriften: 7.1

freies Spiel. Eine Form des *Spiels*, bei der Kinder Inhalte und Objekte ihrer Tätigkeit und ihre Mitspieler selbst auswählen. Ihre Spielaktivitäten werden nicht durch ein bestimmtes Programm oder durch Aufforderungen von Erwachsenen in Gang gesetzt. Voraussetzung ist eine räumliche und soziale Lernumgebung, von der Anregungen und Herausforderungen ausgehen. Es werden z. B. freie Gestaltungsspiele mit Sand, Wasser, Bausteinen, Farben und Hingabespiele wie Murmelspiele, Kreiselspiele, Rollerfahren, Drachensteigen u. ä. unterschieden.

freies Unterrichtsgespräch. *Unterrichtsgespräch.*

freie Träger der Jugendhilfe (engl. *voluntary bodies for youth work*). Eingetragene Vereine oder Stiftungen, die ihre sozialpädagogische Arbeit weltanschaulich, fachlich, organisatorisch und wirtschaftlich im Rahmen der geltenden Gesetze, insbesondere des *Kinder- und Jugendhilfegesetzes* (KJHG) eigenver-

antwortlich durchführen. Sie unterhalten zahlreiche Einrichtungen (*Krippen, Kindergärten, Heime* u.a.) und bieten eine breite Palette von Diensten in den Bereichen *Freizeitpädagogik, politische Bildung, Beratung, Berufsförderung, Einzelfallhilfe, Schulsozialarbeit* usw. an. Organisiert sind die f.T.d.J. in den Spitzenverbänden der *freien Wohlfahrtspflege*.
Anschriften: 12.0

freie Waldorfschule. *Waldorfschule.*

freie Wohlfahrtspflege (engl. *voluntary welfare work*). Die öffentliche Sozialhilfe wird durch die f.W. ergänzt, die von Kirchen oder freien Organisationen getragen wird und soziale Dienste oder Angebote in den Bereichen *Jugendhilfe*, Familienhilfe, Behindertenhilfe und Altenhilfe umfaßt. Die Träger arbeiten im Rahmen der geltenden Gesetze (u.a. *Bundessozialhilfegesetz, Kinder- und Jugendhilfegesetz*), ziehen auch die gesetzlich den Hilfesuchenden zustehenden Mittel für ihre Einrichtungen und Arbeiten heran, sind in der Gestaltung ihrer Angebote aber frei. Die Träger der f.W. sind in sechs Verbänden organisisiert: Arbeiterwohlfahrt, Caritas, Deutscher Paritätischer Wohlfahrtsverband, Deutsches Rotes Kreuz, Diakonisches Werk und Zentralwohlfahrtsstelle der Juden. Diese Träger unterhalten zahlreiche Einrichtungen (vom Kindergarten bis zur Altenbegegnungsstätte), bieten verschiedenste soziale Dienste an (z.B. Einzelfallhilfe, Familientherapie, Schuldnerberatung), bilden für soziale Berufe aus und fördern die fachliche und soziale Kompetenz ihrer ehrenamtlichen Mitarbeiter. Mit den öffentlichen Jugend- und Sozialämtern arbeiten sie eng zusammen. Neben öffentlichen Mitteln setzt die f.W. für ihre Aufwendungen Spendengelder, Leistungsentgelte der Hilfesuchenden und Eigenmittel ein.
Literatur: 2.11

Freinet-Pädagogik. Von dem Franzosen *C. Freinet* nach dem Ersten Weltkrieg entwickelte reformpädagogische Konzeption, der die innere Schulreform der Gegenwart in Deutschland wichtige Impulse verdankt. Bereits als junger Volksschullehrer kritisierte er an dem aus dem 19. Jh. tradierten Schulkonzept die fehlende Lebensnähe, die Reduktion auf das Erlernen vorgegebener Wissensstoffe und die Einschränkung kindlicher Selbstentfaltungsmöglichkeiten. Von seiner kleinen Dorfschule in Bar-sur-Loup oberhalb von Cannes aus pflegte Freinet Kontakte zu führenden Reformpädagogen wie A. Ferriere, O. Decroly, *H. Lietz, P. Geheeb* oder *P. Petersen.* Besonders setzte er sich mit den pädagogischen Forderungen *G. Kerschensteiners, J. Deweys* und *M. Montessoris* auseinander. Als die Kritik der staatlichen Schulbehörden an seinen Reformvorstellungen zu stark wurde, eröffnete er 1934 nach dem Vorbild von H. Lietz und P. Geheeb mit seiner Frau Elise in Vence ein privates *Landerziehungsheim.* Zum Erfahrungsaustausch unter der reformfreudigen Lehrerschaft gründete er seit 1924 überregionale Lehrerkooperativen, die heute in über 30 Ländern bestehen und in der FINEM (Fédération Internationale de l'Ecole Moderne, Cannes) zusammengeschlossen sind.

Freinet entwickelte die Ecole moderne (moderne Schule), in der Gemeinde, Natur und Schule, d.h. Leben, Arbeit und Lernen miteinander verbunden sein sollten, damit sich Kinder in einer ganzheitlichen und demokratischen Schulatmosphäre voll entfalten können. Merkmale der F.-P. sind: Zeitstrukturierung durch Versammlung im Morgenkreis, Tages- und Wochenplanarbeit, freie Arbeit; Gestaltung des Klassenraums und der Ateliers mit Arbeitsmitteln (Lernkarteien für Lesen, Mathematik, Sachunter-

richt u. a., Experimentierkästen u. a., Arbeitsbibliothek); Vermittlung von Arbeitstechniken (Druckerei, freie Texte, Schulkorrespondenz, Klassenzeitung); Ersetzen des herkömmlichen Benotungssystems durch andere Formen der Beurteilung; Öffnung der Schule in die Gemeinde durch Erkundungen und Projekte; Selbstverwaltung der Schüler durch Klassenrat und Schulkooperative. In Deutschland wird die Freinet-Bewegung vorwiegend durch den Verein der Schuldrucker (in Süddeutschland) und die Pädagogik-Kooperative in Bremen vertreten, die auch die Zeitschrift ›Fragen und Versuchen‹ herausgibt.
Literatur: 2.1.9
Anschriften: 7.2

Freistellung. **1)** Von Schülern: *Beurlaubung vom Unterricht.*
2) Von Lehrern: Für Mitglieder der gewählten Personalvertretungen und für Schwerbehinderte sehen besondere Rechtsverordnungen der Bundesländer eine ganze oder teilweise F. von Unterrichtsverpflichtungen vor.
Da die Regelungen der Länder für die F. von Schülern und Lehrern im einzelnen voneinander abweichen, muß bei der jeweiligen Schulaufsichtsbehörde Auskunft eingeholt werden.

freiwillige Erziehungshilfe (FEH). Frühere Bezeichnung für den gesetzlichen Anspruch von Erziehungsberechtigten auf Hilfe bei Gefährdung der seelischen, geistigen oder körperlichen Entwicklung ihrer minderjährigen Kinder. Nach dem neuen *Kinder- und Jugendhilfegesetz* (KJHG) aus dem Jahre 1990 werden entsprechende Angebote der *Jugendhilfe* heute im Rahmen der verschiedenen *Hilfen zur Erziehung* eröffnet.

freiwilliges soziales Jahr (FSJ; engl. *year of voluntary work and community service*). Jugendliche, die vor der Entscheidung über die weitere Berufsausbildung einen sozialen Dienst für die Gemeinschaft leisten oder sich in helfenden, heilenden und therapeutischen Berufen erproben möchten, können ein FSJ in Einrichtungen der Jugendhilfe, in Krankenhäusern, Altenheimen oder Behinderteneinrichtungen leisten. Seit der Verabschiedung des *Gesetzes zur Förderung eines freiwilligen sozialen Jahres* (FSJG) im Jahre 1964 wird das FSJ aus Mitteln des *Bundesjugendplanes* gefördert. Die Jugendlichen erhalten freie Unterkunft, Verpflegung und ein monatliches Taschengeld. Zudem sind sie kranken-, unfall-, renten- und arbeitslosenversichert. Auf die Ausbildung bzw. das Studium in einem sozialen Beruf wird das FSJ i. d. R. als Praktikum angerechnet.

Freizeit (engl. *leisure*). Die nicht durch Schule, Studium, Erwerbsarbeit, berufsorientierte Weiterbildung oder andere, die soziale Sicherheit betreffende Aktivitäten besetzte Zeit. Abgesehen von der notwendigen Befriedigung körperlicher Bedürfnisse (Schlaf, Nahrungsaufnahme, Körperpflege) liegt die Gestaltung der F. prinzipiell im freien Ermessen des einzelnen. Das Angebot an ideellen und konsumorientierten Formen der F.gestaltung ist in den reichen industriellen Gesellschaften sehr differenziert. Die persönliche Kompetenz für eine bewußte Gestaltung der F. konkretisiert sich in der Auseinandersetzung mit bzw. der Auswahl aus diesen gesellschaftlichen Vorgaben für F.
Literatur: 2.8

Freizeitpädagogik (engl. *education of leisure*). Als wissenschaftliches Arbeitsgebiet der *Pädagogik* untersucht F. die Beziehungen zwischen den gesellschaftlichen Rahmenbedingungen für Freizeit und dem tatsächlich beobachtbaren Freizeitverhalten. So kann F. u. a. über die Art und Weise der Vermarktung von Freizeit und die Konsequenzen für Menschen in verschiedenen Entwicklungs-

stufen (Kinder, Jugendliche, Erwachsene, Senioren) und Lebenslagen Auskunft geben.
Als praktische Pädagogik will sie die Kompetenzen für eine selbstbestimmte, entlastende, erholsame und ökologisch verträgliche Freizeitgestaltung entwikkeln helfen. Dadurch sollen Gegengewichte zu Fremdbestimmung, Leistungsdruck, Streß und Einseitigkeiten beim Lernen und Arbeiten geschaffen werden. Freizeit, die durch Arbeitslosigkeit aufgezwungen wird, hat durch den Wegfall der Erwerbsarbeit i. d. R. keinen sinnstiftenden Gegenpol. F. muß in diesem Falle eher sozialpädagogische Ziele verfolgen, die dem Erhalt der Identität des Arbeitslosen und der gegebenenfalls mit betroffenen Familienangehörigen dienen.
Literatur: 2.8

Friedenserziehung (engl. *peace education*). Zielsetzung der F. ist, Kinder, Jugendliche und Erwachsene zu friedensorientiertem Handeln anzuleiten. F. stellt den Versuch der *Pädagogik* dar, zum Abbau von Gewalt in allen gesellschaftlichen Bereichen (z. B. Familie, Schule, Jugendgruppe, Berufsleben) beizutragen und selbstbestimmtes, demokratisches Handeln, soziale Gerechtigkeit und politische Freiheit im internationalen Zusammenhang sowie Erhalt und Wiederherstellung des Friedens zu fördern.
In der Friedenforschung sind die relevanten gesellschaftspolitischen Zusammenhänge in den letzten Jahren analysiert und Konzepte zur Friedensfähigkeit entwickelt worden. In der Schule kann die F. als Unterrichtsprinzip im Zusammenhang mit dem sozialen Lernen in allen Fächern zur Geltung gebracht werden. F. kann in curricularen Einheiten für verschiedene Fächer und in fächerübergreifenden Projekten eine wichtige Rolle spielen. Darüber hinaus muß sie vor allem auch in Einrichtungen der Kinder- und Jugendarbeit, der Verbände, Parteien, Kirchen und in der Erwachsenenbildung Gegenstand der Auseinandersetzung sein. Über die Rolle der F. im Unterricht gibt es kontroverse Auffassungen, die auch seinerzeit in der KMK bei der Diskussion parteipolitisch unterschiedlicher Entwürfe zum Ausdruck kam.

Fröbel-Spielgaben. *Spielgaben.*

Frontalunterricht (Syn. **Klassenunterricht**). *Sozialform des Unterrichts*, bei der ein Lehrer versucht, den Lernstoff an eine Schulklasse mit Hilfe sprachlicher Darbietung, Wandtafel, Schulbuch und Overheadprojektor unter Berücksichtigung methodischer Lernschritte an alle Schüler gleichzeitig und effektiv zu vermitteln. Dabei steuert und kontrolliert er mit Fragen und Impulsen den Fortgang des Lernprozesses. Die Schüler verhalten sich meist rezeptiv und abweichende Verhaltensweisen werden als Unaufmerksamkeit oder Disziplinlosigkeit gedeutet. Am Ende der Unterrichtsstunde sollen alle Schüler die Lehrziele erreicht haben.
Der F. wird in der Literatur häufig auf *J.A. Comenius* zurückgeführt. Eine negative Akzentuierung erfuhr er durch die Einführung der *Jahrgangsklasse* 1820 durch J. Schulze in Verbindung mit dem Zwang zur effektiven Vermittlung eines einheitlichen, lehrplangebundenen Stoffpensums an alle Schüler in Schulklassen, die seit der zweiten Hälfte des 19. Jh. überfüllt waren und bis Ende der sechziger Jahre unseres Jahrhunderts noch eine Stärke von bis zu sechzig Schülern hatten.
Der lehrerzentrierte F. in der negativen Ausprägung ist nicht zu verwechseln mit einer guten Lehrererzählung, einem interessanten Lehrervortrag oder Frontalinformationsphasen zur Einführung und Organisation von freier Arbeit, Wochenplanarbeit oder Projektunterricht.
Literatur: 2.1.3

Frustration (lat. *frustratio* Irreführung, Vereitelung, absichtliche Verzögerung; engl. *frustration*). Jede als Enttäuschung empfundene Unterbrechung einer Aktivität, deren Ziel die Erfüllung eines körperlichen oder seelischen Bedürfnisses ist.

Frustrationstoleranz (engl. *frustration tolerance*). Die erlernbare Fähigkeit zum längeren Ertragen einer *Frustration*, ohne daß der Versuch gemacht wird, die Ursache einer Frustration zu beseitigen oder auf anderen Wegen Befriedigung zu erhalten.

FSJ. *Freiwilliges soziales Jahr.*

FSJG. *Gesetz zur Förderung eines freiwilligen sozialen Jahres.*

Führungsstil (engl. *style of leadership*). Führung bedeutet jede Ausrichtung und Lenkung des Verhaltens von Individuen oder Gruppen. Sie kann sich auf das Wie ebenso wie auf die Bedingungen und Ziele des Verhaltens beziehen. Alltagserfahrung und Forschung belegen, daß Führung auf den Verhaltensprozeß, das Befinden der Beteiligten und die Ergebnisse des Verhaltens wesentlichen Einfluß nimmt. Um die Wirkungen unterschiedlicher Arten von Führung überprüfen zu können, konstruierte die Sozialpsychologie verschiedene Modelle von F. Unterschieden werden im allgemeinen der autoritäre F., der im Hinblick auf Ziele, Inhalte, Vorgehensweise und zeitliche Einteilung das Verhalten anderer genau vorschreibt und streng kontrolliert, der demokratische F., der um Vereinbarungen zwischen Führung und Geführten, um Mitwirkung und Selbststeuerung bemüht ist und der Laisser-faire F., der Anregungen, Unterstützung und Ordnung weitgehend vernachlässigt und die Handelnden vorwiegend sich selbst überläßt. *Erziehungsstil.*
Literatur: 2.9

Fulbright-Kommission. Von der amerikanischen und der deutschen Bundesregierung gemeinsam getragene Einrichtung, die den Austausch von Studenten, Wissenschaftlern, Lehrern sowie Angehörigen bestimmter Berufsgruppen im Rahmen von Sonderprogrammen fördert. Benannt nach dem amerikanischen Politiker J.W. Fulbright, der 1946 die Stipendien initiierte.
Anschriften: 6.0

Fundamentum (lat. *fundamentum* Grund, Grundlage). In Schulformen mit äußerer *Fachleistungsdifferenzierung* oder in Klassen mit *innerer Differenzierung* vermittelt das F. die für alle Schüler verbindlichen Lerninhalte und Lernziele (Grundwissen, Grundanforderungen). Für Schüler, die das F. schneller erarbeitet haben, werden Zusatzstoffe (*Addita*) angeboten. Zur Gewährleistung der *Durchlässigkeit* zwischen den Kursgruppen können zur Förderung der Schüler sog. *Stütz-* und *Liftkurse* eingerichtet werden.

Funkkolleg. Allgemein zugängliches Bildungsangebot im Medienverbund, in dessen Zentrum eine Abfolge von Rundfunksendungen steht, die durch schriftliche Materialien zum Selbststudium, Studienbegleitzirkel an Volkshochschulen (und bei anderen Trägern) und durch die Beurteilung und Bewertung von Prüfungsaufgaben ergänzt werden. Träger eines F. sind Rundfunkanstalten, die eine wissenschaftliche Leitung und einen Kreis von Autoren für die einzelnen Sendungen berufen. Die Studienbegleitbriefe und Prüfungsunterlagen werden vom *Deutschen Institut für Fernstudien an der Universität Tübingen* (DIFF) erstellt. Die erfolgreiche Teilnahme an einem F. kann von den zuständigen Landesministerien mit einem Zertifikat bescheinigt werden, das z.B. innerhalb eines Studienganges angerechnet wird. Für die Studienbegleitbriefe und die Teilnahme an den Begleitzirkeln ist eine Gebühr zu entrichten. Die bisher angebotenen F.

haben Themen aus den Bereichen Philosophie, Sozialwissenschaften, Anthropologie, Kulturwissenschaften und benachbarten Disziplinen behandelt. Auskunft über laufende oder geplante F. erteilt das F.-Zentralbüro in Frankfurt/M.
Anschriften: 3.11

funktionale Bildung. *Formale Bildung.*

funktionale Erziehung. Im Gegensatz zur *intentionalen* (beabsichtigten) *Erziehung* bezeichnet die f.E. die unbeabsichtigten und nicht systematisch durchgeführten erzieherischen Einwirkungen auf Kinder und Jugendliche durch die *Sozialisation.*

FWU. *Institut für Film und Bild in Wissenschaft und Unterricht.*

G

Ganztagsschule (Syn. **Tagesheimschule**; engl. *all-day school*). Schule, in der Schüler von 8 Uhr bis etwa 16 Uhr (maximal 17 Uhr) am Nachmittag leben und lernen. Es herrscht die Fünftagewoche vor; am Mittwochnachmittag ist i.d.R. schulfrei. Der Tagesablauf ist durch Unterricht, Pausen, gemeinsames Mittagessen, Freizeitgestaltung, Arbeitsgemeinschaften, Übungs- und Förderzeiten (anstelle von Hausaufgaben) strukturiert. Die G. ist als eine Lern- und Lebensstätte für Kinder und Jugendliche zu verstehen, in der Unterricht, Erziehung und Schulleben anregungsreich und vielfältig gestaltet werden können.

Im Unterschied zur *Halbtagsschule*, die weitgehend durch eine ökonomische Aufeinanderfolge von Unterrichtsstunden charakterisiert ist, kann sich die G. dem physiologischen Lebensrhythmus durch arbeitsintensive und entspannende Phasen besser anpassen. Das Zusammenleben aller Schüler außerhalb der Unterrichtszeit bietet gute Möglichkeiten zur Integration von Schülern unterschiedlicher sozialer Herkunft, zum sozialen Lernen, zur individuellen Förderung im Unterrichts- und Freizeitbereich und zum Abbau von Chancenungleichheit. Sie entlastet vor allem berufstätige und alleinerziehende Eltern von der Beaufsichtigung am Nachmittag und der Mithilfe bei Hausaufgaben. Allerdings schränkt die G. die frei verfügbare Zeit der Kinder und Jugendlichen an vier Nachmittagen ein.

Gastschüler. Sie nehmen für einen begrenzten Zeitraum regelmäßig am Unterricht teil (z.B. im Rahmen des Schüleraustausches mit einer ausländischen Schule), können jedoch als G. keinen Schulabschluß erreichen. Für die Teilnahme am Unterricht ist die Genehmigung der Schulleitung, in manchen Ländern auch die der zuständigen Schulaufsichtsbehörde erforderlich.

Gedächtnis (engl. *memory*). Fähigkeit zur Aktualisierung vergangener Erfahrungen, die sich als Zusammenwirken der Faktoren Lernen, Merken, Erinnern und Wiedererkennen vorstellen läßt. Je intensiver, ganzheitlicher und öfter Erfahrungen gemacht werden können, desto höher die G.leistung. Dabei ist auch die Möglichkeit zur Bildung von sog. G.hilfen (z.B. *Assoziationen*) von Bedeutung.

Gefühl. *Emotion.*

gegliedertes Schulsystem. *Dreigliedriges Schulsystem.*

Gehorsam (engl. *obedience*). Den Anweisungen eines anderen folgen, auf ihn hören. Geschieht dies aus Angst vor *Strafe* oder nach bereits vollzogener Strafe, so sind für eine derartige Verhaltensänderung die Bezeichnungen Unterwerfung oder Anpassung zutreffender. Im Sinne der normativen Orientierungen, die mit den Begriffen *Erziehung, Bildung* und *Emanzipation* gegeben sind, kann G. im pädagogischen Sinne nur dann vorliegen, wenn eine Anweisung, eine Bitte, ein Rat aus Einsicht und auf der Grundlage eines freien Entschlusses befolgt werden.

Gehorsamspflicht. Aus jedem vertraglich vereinbarten Arbeitsverhältnis erwächst für den Arbeitnehmer eine G. gegenüber seinem Arbeitgeber. Für Beamte und Angestellte im öffentlichen Dienst (Lehrer, Sozialpädagogen u. a.) gilt das in besonderer Weise. Dienstliche Anweisungen sind zu befolgen. Kommen gegen eine Anweisung rechtliche Bedenken auf, so können diese umgehend dem unmittelbaren Vorgesetzten, gegebenenfalls auch dem nächsthöheren Vorgesetzten vorgetragen werden. G. befreit folglich nicht von Mitverantwortung für eine rechtlich einwandfreie Arbeit.

geisteswissenschaftliche Pädagogik. Konzeption (Richtung, Schule) pädagogischer Forschung und Theoriebildung, deren Ziel das Verstehen von Ideen, Ordnungen, Abläufen, von Gestaltung und Veränderungen für bzw. von Erziehungsprozessen vor dem Hintergrund individueller und kultureller Einflüsse ist. Sie geht dabei von der Erkenntnis aus, daß Erziehung, Unterricht und Ausbildung Vorgänge darstellen, die sich unter Beachtung der Prinzipien naturwissenschaftlich orientierter Erklärungsversuche nur z. T. erschließen lassen, weil sie weder zeitunabhängig noch vollständig determiniert in immer gleicher Linearität verlaufen. Spezifisch für diese Vorgänge ist vielmehr, daß sie als Ausdruck menschlicher Sinnstiftung nur vom jeweiligen Gesamtzusammenhang einer geschichtlich-kulturellen Situation und aus den Lebenslagen der handelnden Personen heraus verstanden werden können. Die Ordnungen, Abläufe und Gestaltungen von Erziehungsprozessen lassen sich nicht, wie es für experimentelle Forschung Voraussetzung wäre, einfach wiederholen. Sie sind vielmehr in ihrer Besonderheit nur durch die Auslegung wichtiger Objektivationen (Erziehungslehren, pädagogische Theorien, Schulordnungen, Schulgesetze usw.) zu rekonstruieren. Auf diese Weise lassen sich für bestimmte Zeiträume einerseits Erkenntnisse über die Grundstrukturen von Erziehungsprozessen sowie über deren Ausprägungen in der jeweils aktuellen pädagogischen Praxis, andererseits aber auch Einblicke in die spezifische Art und Weise der theoretischen Aufarbeitung von Erziehungsprozessen einer Zeit gewinnen. Leitziel der g. P. ist die Differenzierung und auf methodische Quellenanalyse gestützte Absicherung des Verständnisses für die kulturellen (politischen, ökonomischen, sozialen, geistesgeschichtlichen usw.) und individuellen Bedingungen aktueller oder vergangener Erziehungs- und Unterrichtsprozesse, so daß die heute handelnden oder forschenden Pädagogen die Hintergründe und Zusammenhänge ihres Tuns bewußter beachten können.

Anregungen aus der sozialwissenschaftlichen Diskussion um Wertorientierung oder Wertfreiheit der Wissenschaften und Analysen zum Verhältnis von Erkenntnis und Interesse (*J. Habermas*) haben innerhalb der g. P. zu Korrekturen und Weiterentwicklungen geführt. Die Aufklärung der Interessenbindung pädagogischer Objektivationen und deren Erforschung wurde als Ideologiekritik in den Aufgabenkatalog der g. P. integriert. Pädagogik solle nicht dazu mißbraucht werden können, so die Entscheidung der jetzt auch als kritische Erziehungswissenschaft auftretenden g. P., der jeweils faktischen Erziehung durch Theoriebildung die Würde einer gültigen Erziehung zu verleihen. Im Gegenteil, g. P. bzw. kritische Erziehungswissenschaft müsse sich in radikaler Distanzierung zur etablierten Erziehungspraxis für eine Pädagogik engagieren, die im Sinne der Aufklärung konsequent für die *Emanzi-*

pation der zu Erziehenden eintritt. Aus diesem leitenden Interesse heraus taucht für die kritische Erziehungswissenschaft auch die Bezeichnung emanzipatorische Pädagogik auf.
Heute werden hermeneutische Analysen, sozialgeschichtliche Studien, ideologiekritische Untersuchungen und die Ergebnisse der *empirisch-analytischen Erziehungswissenschaft* in der Theoriebildung der g. P. berücksichtigt. Für Entstehung und Entwicklung der g. P. etwa seit der Wende zum 20. Jh. war der Philosoph *W. Dilthey* von hervorragender Bedeutung. Wichtige Vertreter bis in die sechziger Jahre hinein waren *H. Nohl, T. Litt, E. Spranger, O.-F. Bollnow* und *W. Flitner*. Die aktuelle wissenschaftstheoretische und methodische Weiterentwicklung der g. P. haben insbesondere *H. Blankertz, H.-H. Groothoff, W. Klafki, K. Mollenhauer, A. Flitner* und *U. Herrmann* vorangetrieben.
Literatur: 1.3, 1.5, 1.6, 1.10

geistige Behinderung (engl. *mental disability*). Schwere und dauerhafte Beeinträchtigung der Lernfähigkeit. Gemessen am Standardwert 100 des *Intelligenzquotienten* (IQ) für das entsprechende Lebensalter erreichen geistig Behinderte nur 60 oder weniger Punkte. Sinkt der IQ unter 20, spricht man von Imbezillen. Geistig behinderte Kinder werden in entsprechenden *Sonderschulen* gefördert. Für die berufliche Ausbildung und Eingliederung sind besondere Rehabilitationsmaßnahmen und *beschützende Werkstätten* eingerichtet.
Literatur: 2.2.2

gelenktes bzw. gebundenes Unterrichtsgespräch. *Unterrichtsgespräch.*

Gemeinnützige Gesellschaft Gesamtschule e.V. (GGG). 1969 gegründete Gesellschaft, deren Aufgabe es ist, die Errichtung neuer und die Zusammenarbeit bestehender *Gesamtschulen* zu fördern. Sie will insbesondere die Forschung unterstützen, die öffentliche Diskussion um die Gesamtschule versachlichen, Lehrer mit allen Fragen der Gesamtschule vertraut machen und zur Lehrerbildung beitragen sowie durch die Ergebnisse ihrer Arbeit Gesetzgebern, Kultusverwaltungen und Schulträgern Anregungen geben und Hilfe bei der Einrichtung und Organisation von Gesamtschulen leisten. Die GGG veranstaltet Bundeskongresse, Regionalkongresse und Fachtagungen. Sie gibt die Zeitschriften ›Gesamtschulkontakte‹ und ›Gesamtschul-Berichte‹ sowie eine Veröffentlichungsreihe heraus, in der Dokumente, Informationen und Arbeitsmaterialien über die Gesamtschulentwicklung zu finden sind.
Anschriften: 7.1

Gemeinschaftserziehung.
1) Gemeinsame schulische Erziehung von Jungen und Mädchen (*Koedukation*).
2) Erziehung zur sozialen Integration sowie zum Bewußtsein gemeinschaftlich verantwortlichen Handelns. In seiner Pädagogik des *Pragmatismus* begründete der Amerikaner *J. Dewey*, wann Demokratie »gemeinschaftliches Leben« ist und warum die Schule ein Modell sein muß, in dem Kinder und Jugendliche durch die praktische Vermittlung von Denkformen zur Bewältigung konkreter Probleme und damit zur Demokratie befähigt werden.

Gemeinschaftsschule (engl. *non-denominational school*). Die im GG für die Bundesrepublik Deutschland verankerte Rechtsform der öffentlichen Schule für Kinder aller Bekenntnisse und Weltanschauungen. In einigen Bundesländern wird sie auch als christliche G. bezeichnet. Die G. steht im Gegensatz zur *Bekenntnisschule*, die mehr und mehr in kirchliche Trägerschaften übergeht, um die Schüler ganz nach den Grundsätzen des christlichen Bekenntnisses unterrichten und erziehen zu können. Hingegen repräsentiert die G. vielfältige konfessionelle und weltanschauliche Gruppen. Ihr Ziel ist es, in Erziehung und Unterricht die Freiheit zum Bekennen religiöser und weltanschaulicher Überzeugungen zu achten, auf die Empfindungen Andersdenkender Rücksicht zu nehmen und die Beziehungen zu anderen Menschen nach den Grundsätzen der Gerechtigkeit, der Solidarität und der Toleranz zu gestalten.

Gemeinwesenarbeit (engl. *community work*). Neben der Einzelfallhilfe und der sozialen Gruppenarbeit dritte methodische Konzeption der *Sozialarbeit/Sozialpädagogik*. Grundlage ist die wachsende Einsicht in die politischen, sozialen und wirtschaftlichen Bedingungen für Benachteiligungen, Problemlagen und Konflikte. So wird z. B. Überschuldung auch als Folge einer Marktstrategie mancher Geschäfte und Banken betrachtet, die ohne soziale Verantwortlichkeit Kunden in den finanziellen Ruin treiben. Das Konzept folgt der Leitidee, die von sozialen Notlagen betroffenen Teile der Bevölkerung eines Lebensraumes zur gemeinsamen Analyse ihrer Situation und zu solidarischen Aktionen zu befähigen. Zu diesem Zwecke werden die vorhandenen sozialen Hilfen koordiniert, mit Hilfe von Öffentlichkeitsarbeit wird auf die gesellschaftliche Bedingtheit zahlreicher Notlagen aufmerksam gemacht und mit den Betroffenen gemeinsam werden Lösungswege erarbeitet und beschritten.

Literatur: 2.11

Genehmigung von Schulbüchern. Schulbücher oder ähnliche Druckerzeugnisse, die in das Verzeichnis der Lernmittel aufgenommen werden sollen, die ein Schulträger den Schülern leihweise oder zum Verbleib zur Verfügung stellt, bedürfen zuvor einer Genehmigung durch das zuständige Kultus- oder Schulministerium. Ausnahmen bestehen für eine Reihe von Büchern für berufliche Schulen und Sonderschulen. Davon unbeschadet können Lehrer Bücher u. a. Materialien nach freiem Ermessen, aber immer unter Beachtung ihrer pädagogischen Verantwortung im Unterricht einsetzen.

Die Schulbuchverlage reichen die jeweiligen Bücher in Verbindung mit einer Reihe von zusätzlichen Informationen (z. B. für welche Schulart, welche Klassenstufe) für das Genehmigungsverfahren beim Ministerium ein. Kriterien für das Zulassungsverfahren sind u. a.: Übereinstimmung mit GG, Landesverfassung, Schulgesetz und Lehrplan, zeitgemäße didaktisch-methodische Aufbereitung des Inhalts sowie Berücksichtigung gesicherter Erkenntnisse der Fachwissenschaft. Über die Genehmigung bzw. Nichtgenehmigung wird schriftlich informiert. Die Genehmigung kann von bestimmten Bedingungen abhängig gemacht werden. Nicht genehmigte Bücher können nach Überarbeitung erneut zur Prüfung vorgelegt werden. Die genehmigten Schulbücher werden regelmäßig im Amtsblatt des Ministeriums bekanntgemacht.

Literatur: 2.1.11

Generation (lat. *genus* Geburt, Familie, Klasse; engl. *generation*). **1)** Eine Anzahl von Personen, die einer bestimmten Linie verwandtschaftlicher Abstammungen angehören (z. B. Urgroßvater, Vater als erstgeborener Sohn, Sohn als Erstgeborener).

2) Gesamtheit der innerhalb eines bestimmten Zeitraumes geborenen Gesellschaftsmitglieder bzw. Personen, die zu einem bestimmten Zeitpunkt der gleichen Altersgruppe angehören (Kinder, Schulkinder, Jugendliche, Erwachsene, Alte). Die Zeiträume, in denen G. unterschieden werden, lassen sich variabel festlegen.

genetische Methode (Syn. **genetischer Unterricht)** (griech. *genesis* Entstehung, Entwicklung; engl. *genetic method*). Ausgehend von Fragen der Schüler, die sich aus der sinnlichen Wahrnehmung eines Phänomens ergeben, wird die Beantwortung nicht durch Belehrung und Vermittlung von Lehrerwissen herbeigeführt, sondern im eigenen Nachdenken, Versuchen, Entdecken und im Gespräch mit dem Lehrer gesucht, um zum Verstehen des Phänomens zu gelangen.
M. Wagenschein hat mit seinem Buch ›Verstehen lehren – genetisch, sokratisch, exemplarisch‹ wichtige Anregungen zur g. M. gegeben und die Frage zu klären versucht, auf welche exemplarischen Themenkreise sich die naturwissenschaftliche Didaktik angesichts der zunehmenden Stoffülle beschränken kann und muß. In der Geschichte der Didaktik ist das genetische Prinzip wiederholt Thema gewesen, so z. B. als fruchtbarer Moment im Bildungsprozeß (F. Copei), als originale Begegnung mit Menschen und Gegenständen (*H. Roth*) oder als Kulturstufentheorie (*J. F. Herbart* u. a., Waldorfpädagogik).
Literatur: 2.1.3

Genie (lat. *genius* Erzeuger; engl. *genius*). Der außergewöhnlich befähigte, in hervorragender Weise kreativ-schöpferische Mensch, der Neues hervorbringt, sei es in der Kunst, der Literatur, der Technik oder in den Bereichen Philosophie und Wissenschaft. Die Vorstellung von einer genetischen Bedingtheit der Genialität ist zwar weit verbreitet, läßt sich jedoch wissenschaftlich nicht überprüfen.

genitale Phase (lat. *genus* Geburt, natürliches Geschlecht; engl. *genital stage*). Nach der psychoanalytischen Entwicklungstheorie letzte Stufe der psychosexuellen Entwicklung, in der sexuelle Bedürfnisse nun auf das etwa gleichaltrige andere Geschlecht gerichtet werden, der *Ödipus-Komplex* also in einem positiven Sinne aufgelöst werden konnte. Diese Phase wird deshalb auch als psychosexuelle Voraussetzung für den Eintritt in das Erwachsenenalter angesehen.
Literatur: 2.9

Georg-Eckert-Institut für internationale Schulbuchforschung. Fördert und beobachtet durch internationale und interdisziplinäre Forschungsarbeit die Einhaltung von zwischenstaatlich vereinbarten Grundsätzen zur Gestaltung von Schulbüchern (insbesondere in den Fächern Geschichte, Politik und Erdkunde) unter Beachtung der Prinzipien Objektivität, freie Urteilsbildung und Völkerverständigung.
Anschrift: 10.0

Gerontologie. *Altenbildung. Alternsforschung.*

Gesamtelternbeirat. Versammlung der Vorsitzenden und stellvertretenden Vorsitzenden der *Elternbeiräte* aller Schulen im Zuständigkeitsbereich eines Schulträgers (z. B. einer Stadt). Der G. berät Angelegenheiten, die die Eltern aller Schüler öffentlicher Schulen betreffen, erarbeitet Vorschläge an den Schulträger und die Schulverwaltung zur Weiterentwicklung des Schulwesens und unterstützt Anliegen einzelner Elternvertretungen, wenn diese von allgemeinem Interesse für Unterricht, Erziehung und Schulleben sind. Aufgrund der Kulturhoheit der Bundesländer bestehen jeweils besondere rechtliche Regelungen.

Gesamthochschule (engl. *comprehensive university*). Reformhochschule, erstmals 1971 in Kassel eingeführt. G. vereinigen in sich die traditionelle *Universität*, die Technische Universität, *Pädagogische Hochschule* und *Fachhochschule*. Je nach Studiengang ist *Abitur, fachgebundene Hochschulreife* oder *Fachhochschulreife* Zulassungsvoraussetzung. In Forschung, Lehre und Studium bemühen sich die verschiedenen Fachbereiche und Studiengänge um weitgehende Integration und Wahlfreiheit der Studierenden. G. nehmen Hochschulprüfungen und Staatsexamina sowohl auf dem Niveau wissenschaftlicher Hochschulen als auch auf Fachhochschulniveau ab. Sie verleihen alle akademischen Grade.

Gesamtschule (engl. *comprehensive school*). Schulkonzeption, die durch ihre Organisation im Sekundarbereich I die Trennung der Schülerschaft in die traditionellen Schularten *Hauptschule, Realschule* und *Gymnasium* aufhebt. Sie umfaßt die Jahrgänge 5 bzw. (in Berlin und Brandenburg) 7 bis 10, häufig auch die *gymnasiale Oberstufe*, seltener die *Grundschule*. Über die Hälfte der G. sind *Ganztagsschulen*. Es werden zwei Grundformen unterschieden: **1)** In kooperativen bzw. additiven G. sind die Schulformen Hauptschule, Realschule und Gymnasium als Schulzweige in einem Schulzentrum räumlich, organisatorisch und pädagogisch zusammengefaßt. Durch die Möglichkeit zur engen curricularen und personellen Kooperation ist ein Wechsel von Schülern zwischen den Schulzweigen und abschlußbezogenen Bildungsgängen leichter möglich und damit eine größere *Durchlässigkeit* als im gegliederten *Schulsystem* gegeben. In den einzelnen Zweigen können die üblichen *Abschlüsse* des Sekundarbereichs I erworben werden.

2) In integrierten G. sind die Schularten des gegliederten Schulsystems völlig aufgehoben. G. in integrierter Form bilden eine pädagogische und organisatorische Einheit und umfassen die drei Bildungsgänge des Sekundarbereichs I. Die Entwicklung der integrierten G. geht in der Bundesrepublik Deutschland auf die Bildungsreformdiskussion der sechziger Jahre zurück. Vor dem Hintergrund international vergleichender Untersuchungen sollten G. im bildungsökonomischen Interesse zur besseren Qualifizierung aller Jugendlichen durch Revision des *Curriculums* und durch Ausschöpfen der Begabungsreserven beitragen. Zu den gesellschaftspolitischen Forderungen gehörten die Realisierung von mehr *Chancengleichheit*, die soziale *Integration* von Kindern unterschiedlicher Herkunft und eine stärkere Demokratisierung im Schulwesen. Zur Erprobung dieser Zielvorstellungen empfahl der *Deutsche Bildungsrat* 1969 die Einrichtung von *Schulversuchen* mit G. Bei der Entwicklung einer entsprechenden Schulkonzeption nahm die G.bewegung nicht die wiederholt geführte Diskussion über die *Einheitsschule* auf, sondern orientierte sich in Absetzung von der sozialistischen Einheitsschule der DDR an den Konzeptionen z.B. der Comprehensive schools in Großbritannien und der neunjährigen Grundschule Schwedens. Grundlegend für die pädagogische und organisatorische Konzeption der ersten integrierten G., die 1968 gegründet wurden und sich als demokratische Leistungsschulen verstanden, wurde die Übernahme des Systems der äußeren *Fachleistungsdifferenzierung* (engl. setting-system) und der *Wahldifferenzierung* im Sekundarbereich I. Aus der Kritik der wissenschaftlichen Begleitforschung an den Sozialisationseffekten großer Schulsysteme und der technokratischen Handhabung der Fachleistungsdifferenzierung haben G.neugründungen seit 1975 Konsequenzen gezogen. Im *Team-Kleingruppen-Modell* sind an die Stelle äußerer Fachleistungsdifferenzierung kommunikative Formen der *inneren Differenzierung* getreten. Zur pädagogischen Profilierung des Unterrichts in G. hat seit den achtziger Jahren die Rezeption reformpädagogischer Erfahrungen z.B. mit der Kombination von Fachunterricht, *freier Arbeit, Wochen-*

planarbeit, Epochenunterricht und *Projektunterricht* beigetragen. Da die Mehrzahl aller G. als Ganztagsschulen eingerichtet wurden, kommt den *Arbeitsgemeinschaften* und den Spiel- und Freizeitangeboten große sozialerzieherische Bedeutung zu. Über die ursprünglichen Ziele der G.bewegung hinaus stellen sich heute viele G. den Aufgaben multikultureller Erziehung und der Integration von behinderten und nicht behinderten Schülern.
Die quantitative Entwicklung der G. seit 1968 ist in den einzelnen Bundesländern sehr unterschiedlich verlaufen. Erst 1982 wurde die Auseinandersetzung um die bundesweite Anerkennung der Abschlüsse an integrierten G. durch eine Rahmenvereinbarung der KMK beigelegt. Nachdem seit der Wiedervereinigung in den neuen Bundesländern integrative Schularten eingeführt wurden, die Haupt- und Realschule zusammenfassen bzw. integrierte Gesamtschulen sind, mußte die KMK 1993 in der ›Vereinbarung über die Schularten und Bildungsgänge im Sekundarbereich I‹ auch die Frage der Differenzierung und der Abschlüsse neu regeln. Insgesamt zeigt sich der Trend, daß in den Bundesländern, in denen der Elternwille berücksichtigt wird und die G. den Schulen des gegliederten Systems gesetzlich gleichgestellt sind, die G.neugründungen erheblich zunehmen, während in Bayern und Baden-Württemberg nach dem Auslaufen der Schulversuche lediglich je zwei G. als Schulen besonderer Art weitergeführt werden. Nach den Daten des Bundesministeriums für Bildung und Wissenschaft gab es 1992 in den alten Bundesländern (einschließlich Berlin-Ost) 455 und in den neuen Bundesländern (vorwiegend Land Brandenburg, ohne Berlin-Ost) 317 integrierte Gesamtschulen/freie Waldorfschulen.
Literatur: 2.1.1, 2.1.2, 2.1.8

Gesamtunterricht (engl. *interdisciplinary teaching*). Aus der *Reformpädagogik* stammender Begriff, der von *B. Otto* und vom Leipziger Lehrerverein für einen ungefächerten Unterricht in unterschiedlicher Weise verwendet wurde.
1) Freier G.: B. Otto führte in seiner 1906 gegründeten privaten Hauslehrerschule in Berlin-Lichterfelde eine tägliche Fragestunde für den freien »geistigen Verkehr« unter Kindern und Erwachsenen ein, die ihren Ursprung in den Tischgesprächen bei den Mahlzeiten hatte. Aus seinem 1907 veröffentlichten Reformprogramm ›Deutsche Erziehung und Hauslehrerbestrebungen‹ geht hervor, daß B. Otto und A. Schulz unabhängig voneinander für diese Gesprächsstunden in Abgrenzung zum Einzel- und zum Fachunterricht die Bezeichnung G. verwendeten. Als der Leipziger Lehrerverein ebenfalls den Begriff G. einführte, benutzte B. Otto zur Präzisierung seiner Position die Bezeichnung freier G. für die Kommunikationsform des freien Gesprächs, zu dem sich in seiner Schule die altersheterogene »Gesamtheit der Schulgemeinschaft« versammelte, um sich der »Welt in ihrer Gesamtheit« zu öffnen, eigene Fragen und Probleme aufzuwerfen und diese im gemeinsamen Gespräch oder im anschließenden Fachunterricht zu klären und zu beantworten. J. Kretschmann und O. Haase griffen die Idee des freien G. (d.h. des freien *Unterrichtsgesprächs*) auf, aus dem die Anlässe und Themen für fächerübergreifende Vorhaben (*Projekte*) hervorgingen, die durch Training, d.h. durch fachbezogene Kurse zum Erwerb von speziellen Kenntnissen und Fertigkeiten, unterstützt und ergänzt wurden.
2) Gebundener G.: Aus der Kritik am systematischen Aufbau des Fachunterrichts und am beziehungslosen Nebeneinander von unterschiedlichen Fachinhalten im Stundenplan erprobten die Ar-

beitsgemeinschaften des Leipziger Lehrervereins etwa ab 1905 Formen fächerübergreifenden bzw. fachunabhängigen Unterrichts, bei dem die lebensbezogenen und kindgemäßen Lerninhalte um eine Sacheinheit, z. B. beim Thema »Der Wald«, konzentriert angeordnet wurden. Auch in anderen Teilen Deutschlands wurden ähnliche G.konzeptionen entwickelt (z. B. von W. Albert und F. Seitz in Süddeutschland, F. Gansberg und H. Scharrelmann in Bremen, W. Lamszus in Hamburg). Die G.bewegung führte 1921 in den preußischen ›Richtlinien zur Aufstellung von Lehrplänen für die Grundschule‹ zur obligatorischen Einführung des gebundenen G. im ersten Schuljahr und darüber hinaus im heimatkundlichen Anschauungsunterricht bzw. in der Heimatkunde. Diese neue Konzentration der Bildungsinhalte bestimmte die meisten Lehrpläne der folgenden Jahrzehnte, bis etwa ab Mitte der sechziger Jahre mit der Abkehr von der volkstümlichen Bildung und der Heimatkunde in den Volksschulen auch die Überwindung des G. gefordert wurde. Vor dem Hintergrund der Bildungsreformdiskussion war die Kritik vor allem auf die Beliebigkeit der Auswahl und Konzentration von Lerninhalten gerichtet. Unter dem Einfluß wissenschaftsorientierter, curricularer Ansätze trat dann in den neuen Lehrplänen ab 1969 an die Stelle des G. die Eigengesetzlichkeit der Fächer mit ihren spezifischen Fragestellungen, Strukturen, Verfahren und Begriffen in den Vordergrund. In der gegenwärtigen Diskussion wird der Begriff G. nur noch im historischen Bezug verwendet. Gleichwohl haben das freie Unterrichtsgespräch, der fächerübergreifende Unterricht, Lernen in Projekten und Kursen oder die Frage nach der Konzentration der Lerninhalte in Lehrplänen nicht an Aktualität verloren.
Literatur: 2.1.8

Gesamtversetzungplan. Betriebe, die eine größere Zahl von *Auszubildenden* betreuen, sollen auf der Grundlage von *Ausbildungsrahmenplan* und betrieblichem *Ausbildungsplan* einen G. erstellen, aus dem im Überblick ersichtlich wird, an welchen betrieblichen Lernorten die einzelnen Auszubildenden für bestimmte Zeitabschnitte jeweils sind.

Geschäftsfähigkeit (engl. *legal capacity*). Gesetzliche Erlaubnis zur verbindlichen Durchführung von Rechtsgeschäften. G. wird in Deutschland an drei Altersstufen gebunden. Bis zur Vollendung des 6. Lebensjahres besteht Geschäftsunfähigkeit, zwischen dem 7. und dem 17. Lebensjahr beschränkte G. und ab dem 18. Lebensjahr, also mit Eintritt der *Volljährigkeit*, volle G.

Geschlechtserziehung (engl. *sex education*). Identität, Bildungs- und Berufschancen sowie Lebensräume und -weisen sind nach wie vor stark von geschlechtsspezifischer Sozialisation abhängig. G. will über die kulturelle, gesellschaftliche und politische Vermittlung des individuellen und sozialen Umgangs mit dem Geschlecht aufklären und zu einer bewußten, befriedigenden und verantwortungsvollen Gestaltung der eigenen Geschlechtlichkeit und den daraus erwachsenden Aufgaben hinführen. G. versteht sich folglich sowohl als bewußte Jungenbildung wie als Mädchenbildung. Sie ist zentraler Teil sozialen Lernens und politischer Bildung. Sie kann den Werten und Normen, die sich aus Menschenrechten und Verfassungsauftrag ergeben, nur gerecht werden, wenn sie die vielfältigen Formen der Ungleichheit zwischen Frauen und Männern aufzeigt und auf ihre Wurzeln zurückführt, die Schüler und Schülerinnen zur Mitwirkung bei der Überwindung von Benachteiligungen befähigt und entschieden gegen Diskriminierung und Ausbeutung der Mädchen und Frauen eintritt.

Gesellenbrief (engl. *craft certificate*). Traditionelle Bezeichnung für das Gesellenprüfungszeugnis. Wird nach bestandener *Gesellenprüfung* vor dem Prüfungsausschuß einer Handwerkskammer ausgehändigt.

Gesellenprüfung (engl. *apprentices' final examination*). Nach der *Handwerksordnung* (HwO) wird die *Berufsausbildung* in einem anerkannten *Ausbildungsberuf* (Handwerk) mit der G. abgeschlossen. Dabei ist der Nachweis zu erbringen, daß der *Lehrling* die nach dem Ausbildungsplan erforderlichen Kenntnisse, Fähigkeiten und Fertigkeiten sowie die im Berufsschulunterricht geforderten theoretischen und praktischen Kenntnisse erbringen kann. Die Prüfung findet vor einem Prüfungsausschuß der *Handwerkskammer* statt, kann zweimal wiederholt werden und ist für den Prüfling kostenlos.

gesetzlicher Vertreter. *Elterliche Sorge.*

Gesetz über die Verbreitung jugendgefährdender Schriften (**GjS**; engl. *Act Concerning the Distribution of Publications Harmful to Young Persons*). Das zuletzt 1985 verschärfte GjS verbietet die Werbung für und den Verkauf von Schriften u.a. Darstellungen, die Kinder und Jugendliche zur Mißachtung einer menschenwürdigen Sexualität, zu Gewalt, Verrohung, Verbrechen und Rassenhaß anhalten oder Ausbeutung und Krieg verherrlichen, sofern solche Schriften auf Antrag einer Jugendbehörde (z.B. eines Jugendamtes) von der Bundesprüfstelle für *jugendgefährdende Schriften* auf eine entsprechende Liste gesetzt worden sind. Für den Fall der Zuwiderhandlung werden Strafen angedroht.

Gesetz zum Schutze der Jugend in der Öffentlichkeit (JÖSchG). *Jugendschutzgesetz.*

Gesetz zur Förderung eines freiwilligen sozialen Jahres (FSJG). 1964 vom Deutschen Bundestag verabschiedet. Das FSJG regelt, unter welchen Voraussetzungen ein *freiwilliges soziales Jahr* aus Mitteln des Bundeshaushaltes gefördert werden kann. Die Förderung umfaßt freie Unterkunft und Verpflegung, Arbeitskleidung, Fahrtkosten und Taschengeld. Sie ist bei den Trägern des freiwilligen sozialen Jahres (Wohlfahrtsverbänden, Kirchen, Gebietskörperschaften) zu beantragen. Ein freiwilliges soziales Jahr kann z.B. in Kliniken, Altenpflegeheimen, aber auch bei der häuslichen Betreuung von Behinderten abgeleistet werden.

Gesprächspsychotherapie (Syn. **nichtdirektive Therapie**; engl. *therapeutic dialogue, nondirective therapy*). Therapeutischer Ansatz, der 1942 von *C.R. Rogers* in Amerika entwickelt und seit 1960 durch das Ehepaar *A.-M.* und *R. Tausch* in der Bundesrepublik verbreitet und weiterentwickelt worden ist. Auf der Grundlage seiner humanistischen Persönlichkeitstheorie ging Rogers davon aus, daß die G. im Menschen Kräfte freisetzt, die zu einer reiferen Einschätzung seines Selbstbildes führen können. Voraussetzung dafür ist die Interaktionssituation zwischen Therapeut und Klient, die bei nichtdirektivem und akzeptierend-wertschätzendem Verhalten des Therapeuten im Klienten die sog. Selbstexploration fördert, die zu seiner Persönlichkeitsentwicklung beiträgt. 1977 weitete Rogers die G. auf gruppentherapeutische Verfahren (sog. Encounter-Gruppen) aus. Im Mittelpunkt der personenzentrierten Gruppengespräche stehen Einfühlungsvermögen, emotionale Wärme und Akzeptanz der anderen Gruppenmitglieder. Neben der professionellen Anwendung der G. in der Einzel- und Gruppenpsychotherapie sind die grundsätzlichen Prinzipien des klientenzentrierten, nichtdirektiven Gesprächs in der Ausbildung von Pädagogen und in

der pädagogischen Praxis von großer Bedeutung.
Literatur: 2.1.6

GEW. *Gewerkschaft Erziehung und Wissenschaft.*

Gewerbeaufsichtsamt. Im Bereich der *Berufsausbildung* Kontrollbehörde für die Einhaltung aller gesetzlichen Arbeitsschutzbestimmungen: des *Jugendarbeitsschutzgesetzes* (JArbSchG), des Mutterschutzgesetzes (MuSchG) und des Kündigungsschutzgesetzes(KSchG).

Gewerkschaft Erziehung und Wissenschaft (GEW). Teilgewerkschaft im Deutschen Gewerkschaftsbund (DGB). Sie will die beruflichen, wirtschaftlichen, sozialen und rechtlichen Interessen von Lehrern aller Schularten und Schulstufen, Wissenschaftlern, Sozialarbeitern/Sozialpädagogen u.a. pädagogischen Berufen vertreten und durch ihre verschiedenen Dienste und Einrichtungen an der Förderung von Erziehung, Bildung, Ausbildung, Jugendhilfe und Wissenschaft mitwirken. Die GEW ist in Landesverbände gegliedert. Der Bundesvorstand gibt die Zeitschrift ›Bildung und Wissenschaft‹ heraus.
Anschriften: 3.12

Gewissen (engl. *conscience*). Erlebbar wird das G. als innerer Appell, eine Erfahrung in bestimmter Weise zu beurteilen oder eine zu treffende Entscheidung in Orientierung an Regeln und Normen vorzunehmen. Ein schlechtes G. zeigt an, daß man gegen eine innere Gewißheit gehandelt hat. Grundlage des G. sind folglich der jeweils in der Entwicklung erreichte Grad an Wissen, Moral und Urteilskraft.
Das G. entwickelt sich durch die Auseinandersetzung mit der Umwelt und deren Wertorientierungen und Normen. Die neuere Entwicklungspsychologie (*J.P. Piaget, L. Kohlberg* u.a.) glaubt sechs Stadien der Entwicklung der moralischen Urteilsfähigkeit unterscheiden zu können: Orientierung am Wohlgefallen der unmittelbaren Bezugspersonen; Orientierung am eigenen Nutzen; Orientierung an den Konventionen der Bezugsgruppen; Anerkennung von Autoritäten und allgemeinen sozialen Ordnungen; Orientierung an der Gesetzmäßigkeit des Handelns und schließlich Orientierung an allgemeinen ethischen Prinzipien.
Literatur: 1.9, 2.9

GG. *Grundgesetz.*

GGG. *Gemeinnützige Gesellschaft Gesamtschule e. V.*

GjS. *Gesetz über die Verbreitung jugendgefährdender Schriften.*

Glockseeschule Hannover. *Alternativschule*, die als ehemaliger staatlicher Schulversuch in der Trägerschaft der Stadt Hannover auf eine Initiative von Eltern, Lehrern und Wissenschaftlern zurückgeht, die der Free-School-Bewegung und der antiautoritären Pädagogik um 1970 nahestand. Sie begann mit dem Schuljahr 1972/73 als einzügiger Grundschulversuch in der Glockseestraße und wurde zum Schuljahresbeginn 1974/75 um die Klassen 5 und 6 erweitert. Heute ist die G.H. eine ganztägige Gesamtschule mit den Klassen 1 bis 10, in der alle Abschlüsse der Sekundarstufe I erworben werden können.
Die pädagogische Konzeption der G.H. ist durch eine Lernorganisation gekennzeichnet, in der Kinder nach dem Prinzip räumlicher, zeitlicher und inhaltlicher Offenheit lernen sollen, ihre Erfahrungsmöglichkeiten und Verhaltensweisen selbst zu regulieren. Der herkömmliche Fachunterricht wird durch themenbezogene Projekte und andere Lernangebote ersetzt, in die in den ersten Klassen auch das Erlernen der sog. Kulturtechniken integriert ist. Die Projekte und Lernangebote werden in enger Zusammenarbeit von Lehrerteams und Schülern mit dem Anspruch geplant, klassen- und damit

jahrgangsübergreifende Lernsituationen für die Kinder zu schaffen. Über die kognitive und soziale Lernentwicklung informieren Berichte der Lehrkräfte; Zensuren gibt es erst am Ende des Sekundarbereichs I. Die Zensuren und Abschlüsse bringen in den Abschlußklassen einen mehr oder weniger festen Stundenplan mit sich, der die Schule in einen latenten Widerspruch mit ihrer ursprünglichen Konzeption führt.

Goethe-Institut zur Pflege deutscher Sprache und Kultur im Ausland. Diese Kulturinstitute dienen der Pflege der deutschen Sprache und der internationalen kulturellen Zusammenarbeit. Schwerpunkte der Arbeit in diesem Rahmen sind: Aus- und Fortbildung ausländischer Deutschlehrer, Entwicklung von Lehrmaterialien, Organisation von landeskundlichen und literarischen Veranstaltungen und Mithilfe bei der Entwicklung von Lehrplänen für den Deutschunterricht. Die G. arbeiten im Auftrag des Auswärtigen Amtes der Bundesregierung. Sie sind ein wesentlicher Träger der auswärtigen Kulturpolitik.

Anschriften: 3.2

Graduiertenförderung (engl. *scholarship for graduates*). Stipendium, das Studierenden mit überdurchschnittlichem Hochschulabschluß die Fortsetzung bzw. Vertiefung ihrer wissenschaftlichen Ausbildung ermöglicht. Die *Deutsche Forschungsgemeinschaft* (DFG), Studienstiftungen und die Länder haben dafür eigene Programme eingerichtet.

Anschriften: 3.6

Graduierung (engl. *graduation*). Bescheinigung über einen erfolgreichen Studienabschluß. Dies kann in Deutschland sowohl in Form eines Zeugnisses über das Bestehen eines Staatsexamens als auch durch Zeugnisse über akademische Grade wie Diplom oder Magister (M. A.) erfolgen.

großer Befähigungsnachweis. Wird erworben mit dem Bestehen einer *Meisterprüfung* im Handwerk und berechtigt zum selbständigen Führen eines Handwerksbetriebes, zur Ausbildung in einem anerkannten Ausbildungsberuf und zum Führen des Meistertitels.

Grundausbildungslehrgänge (engl. *basic training courses*). Jugendlichen, die aufgrund fehlender geeigneter Ausbildungsplätze in Betrieben und beruflichen Vollzeitschulen oder aber wegen persönlicher Schwächen eine *Berufsausbildung* noch nicht aufnehmen können, dienen G. zur Überbrückung und Motivation. Sie vermitteln theoretische und praktische Grundkenntnisse und -fähigkeiten in mehreren *Berufsfeldern*, dauern ein Jahr und werden zumeist durch sozialpädagogische Angebote unterstützt. Der Besuch ist kostenlos. Angeboten werden sie von verschiedenen freien Trägern, u. a. vom Internationalen Bund für Sozialarbeit (IB). Auskunft erteilt die *Berufsberatung*.

Grundgesetz (GG; engl. *Basic Law*). Der Auftrag der westlichen Besatzungsmächte im besiegten Deutschen Reich, die Gründung der Bundesrepublik Deutschland vorzubereiten, war an die Ministerpräsidenten der Länder gerichtet; diese bildeten aus Abgeordneten der Länderparlamente und beratenden Abgeordneten der Stadt Berlin den Parlamentarischen Rat, der am 1. 9. 1948 zum ersten Mal zusammentrat und den Entwurf für ein GG am 8. 5. 1949 verabschiedete. Das GG wurde dann von den drei westlichen Besatzungsmächten mit gewissen Vorbehalten am 12. 5. 1949 genehmigt. Es sollte dem staatlichen Leben in den drei westlichen Zonen des besiegten Deutschlands für eine Übergangszeit eine neue Ordnung geben. Inzwischen dient das GG als Verfassung

für Deutschland. Im Einigungsvertrag zwischen der Bundesrepublik Deutschland und der Deutschen Demokratischen Republik vom 12. 9. 1990 ist eine abschließende Regelung in bezug auf Deutschland vereinbart worden.
Für Erziehung, Unterricht, Schulwesen, Berufsausbildung, Hochschulen, Bildungsplanung und Bildungspolitik sind im GG eine Reihe wesentlicher normativer Vorgaben und administrativer Regelungen enthalten: Artikel 5 sichert die Freiheit von Kunst und Wissenschaft. Artikel 6 stellt Ehe, Familie und nichteheliche Kinder unter den besonderen Schutz der staatlichen Ordnung. Artikel 7 bestimmt die Aufsicht des Staates über das gesamte Schulwesen. Artikel 12 sichert die Freiheit der Berufswahl. Artikel 30 weist die Kulturhoheit den Bundesländern zu. Artikel 75 räumt dem Bund das Recht ein, u. a. für das Hochschulwesen Rahmenvorschriften zu erlassen (Hochschulrahmengesetz). Artikel 91 a) und b) geben dem Bund beim Hochschulbau, bei der Bildungsplanung und der Wissenschaftsförderung ein Mitwirkungsrecht.
Für jede öffentliche Erziehungs- und Unterrichtsarbeit sind die in den Grundrechten (Artikel 1 bis 19) enthaltenen Postulate wesentliche Orientierung und Norm.

Grundrechte (engl. *basic rights*). Unantastbare und unveräußerliche Rechte, die jedem Individuum unabhängig von Alter, Geschlecht, Weltanschauung Rasse oder Nationalität zustehen. Inhaltlich sind sie für Deutschland in den Artikeln 1 bis 19 des GG festgehalten: Menschenwürde, freie Entfaltung der Persönlichkeit, Gleichheit vor dem Gesetz, Glaubens- und Bekenntnisfreiheit, Meinungsfreiheit, Freiheit von Kunst und Wissenschaft, Schutz von Ehe und Familie, Versammlungsfreiheit, Vereinigungsfreiheit, Briefgeheimnis, Freizügigkeit, Freiheit der Berufswahl, Unverletzlichkeit der Wohnung und des Eigentums. Diese Grundrechte entsprechen weitgehend den *Menschenrechten*, die im GG als unverletzlich und unveräußerlich bezeichnet werden und die Grundlage jeder menschlichen Gemeinschaft, von Frieden und Gerechtigkeit darstellen. In diesem verbindlichen Anspruch stellen sie auch für jegliche pädagogische Arbeit oberste Normen dar.

Grundschuldidaktik. Der Begriff wird meist als Sammelbezeichnung für die Fach- und Lernbereichsdidaktiken der Grundschule verwendet. Er kann aber auch den fachübergreifenden Versuch der Entwicklung einer allgemeinen Theorie meinen. Beide Aspekte des Begriffs betonen die primarstufenspezifische *Didaktik* als Theorie des Lehrens und Lernens in der Grundschule. Dabei ist noch offen, ob sie sich als Teil einer umfassenderen *Grundschulpädagogik* oder als eigenständige Didaktikdisziplin versteht. Als relativ junge Spezialisierung haften ihr die gleichen Probleme an wie der *Fachdidaktik* generell. Zu beachten ist die Entwicklung der einzelnen Fachdidaktiken, die sich als Wissenschaften vom Unterricht in den Schulfächern bzw. Lernbereichen verstehen. Mit der Betonung des Prinzips der *Wissenschaftsorientierung* in der Grundschule war ab 1970 zunächst eine stärkere Fachgebundenheit der Lehrpläne und der Grundschulpraxis verbunden, die sich auch auf die schulstufenübergreifenden Fachdidaktiken in der Lehrerbildung auswirkten. Inzwischen werden in den neueren Lehrplänen und in der Schulpraxis Kind-, Gesellschafts-, Umwelt- und Wissenschaftsorientierung in einem ausgewogenen Verhältnis berücksichtigt. Im Zuge dieses Prozesses haben sich der Sachunterricht aus der volkstümlichen Heimatkunde, die grundschulspezifische Mathematik aus dem traditionellen Re-

chen- und Raumlehreunterricht und der Deutschunterricht einschließlich Schriftspracherwerb und Literatur so entwikkelt, daß diese Bereiche spezialisierter als früher an den Universitäten in Lehre und Forschung vertreten sein müssen. Einige Bundesländer haben dieser Entwicklung Rechnung getragen, indem sie z.B. Lehrstühle für die Didaktik des Sachunterrichts oder für G. bzw. Grundschulpädagogik mit dem Schwerpunkt Mathematik, Deutsch, Sachunterricht und Kunst/Technik eingerichtet haben. Diese Didaktik-Lehrstühle sind meist mit der allgemeinen Grundschulpädagogik in einem Institut für Grundschulpädagogik zusammengeschlossen. In anderen (westlichen) Bundesländern liegt die grundschulspezifische Schwerpunktbildung noch ganz in den Händen der Fachdidaktiken.
Literatur: 2.1.1, 2.1.5, 2.1.8

Grundschule (engl. *primary school*). *Schulart* im Primarbereich des allgemeinbildenden *Schulsystems*, deren Besuch für alle schulplichtigen Kinder i.d.R. nach Vollendung des 6. Lebensjahres verbindlich ist. In den neuen Bundesländern ersetzt die G. seit 1991 die dreijährige Unterstufe der zehnklassigen allgemeinbildenden polytechnischen Oberschule. Die G. umfaßt die Schuljahrgänge 1 bis 4 (in Berlin und Brandenburg 1 bis 6).

Schulpflichtige, aber noch nicht schulfähige Kinder können einen *Schulkindergarten* oder eine *Vorklasse* besuchen. Für Kinder mit besonderen Behinderungen gibt es entsprechende *Sonderschulen* (Förderschulen). An die G. schließen die verschiedenen Schularten des *Sekundarbereichs I* an.

Als eine für alle Kinder gemeinsame Gesamtschule erhielt die G. als Unterstufe der *Volksschule* ihre Rechtsgrundlage erstmals durch die Weimarer Verfassung 1919 und das Reichsgrundschulgesetz 1920. Mit ihrer Gründung wurden die Vorklassen, Vorschulen und Progymnasien formell aufgelöst, in denen vorwiegend obere Schichten ihre Kinder auf den Besuch des Gymnasiums vorbereiten ließen. Damit wurde zugleich der *Übergang* von der G. in die Schulformen des mittleren und höheren Schulwesens zum pädagogischen und bildungspolitischen Problem. Seit der Einführung der *Hauptschule* in den sechziger Jahren hat die organisatorische Eigenständigkeit der G. auch zu einem grundschulspezifischen Profil geführt.

In den ersten vierzig bis fünfzig Jahren ihres Bestehens war die Konzeption der G. über den aus der Reformpädagogik stammenden gebundenen *Gesamtunterricht* hinaus eher durch traditionelle Strukturen geprägt. Die in der Bildungsreformdiskussion geübte Kritik an der tradierten Konzeption der G. fand auf dem Grundschulkongreß 1969, von dem wesentliche Reforminitiativen ausgingen, ihren Höhepunkt. Chancengleichheit für alle Kinder, Förderung statt Auslese, Wissenschaftsorientierung und Lehrplanrevision, Sachunterricht statt Heimatkunde, kleinere Klassen u.a. waren die wichtigsten Forderungen. Eine wichtige Voraussetzung für die Öffnung des Unterrichts war in den meisten Bundesländern die Abschaffung der Zensurenzeugnisse in den ersten beiden bzw. drei Schuljahren. Die verstärkte Orientierung an den Reformpädagogen *C. Freinet, M. Montessori* und *P. Petersen* brachte eine veränderte Klassenraumgestaltung (z.B. durch Arbeitsecken) und Zeitrhythmisierung durch freie Arbeit, Wochenplanarbeit und Projektunterricht mit sich. Diese Lernbedingungen machten es auch möglich, die Integration von Behinderten und nicht Behinderten voranzutreiben. In den letzten Jahren nehmen die G. vermehrt auch sozialpädagogische Aufgaben durch Einrichtung einer

vollen *Halbtagsgrundschule* wahr. Mit der Zunahme von Ausländer- und Aussiedlerkindern in der G. kommt die Herausforderung zur *interkulturellen Erziehung* hinzu. Das neue pädagogische Profil der G. stellt an die Lehrerausbildung und die Fort- und Weiterbildung hohe Anforderungen.
Literatur: 2.1.1, 2.1.5, 2.1.8, 2.1.9

Grundschulpädagogik. Eigenständige erziehungswissenschaftliche Teildisziplin, die sich seit den sechziger Jahren aufgrund zunehmender Professionalisierung der pädagogischen Arbeit und aufgrund notwendiger Spezialisierung in Forschung und Lehre aus der Schulpädagogik entwickelt hat. In einigen westlichen und vor allem in den neuen Bundesländern sind Lehrstühle für G. eingerichtet worden, die meist zusammen mit den Lehrstühlen für *Grundschuldidaktik* zu den Schwerpunkten Mathematik, Deutsch, Sachunterricht und Kunst/Technik in einem Institut für G. zusammengeschlossen sind. Sie spezialisiert sich auf Erziehung und Unterricht in der *Grundschule* einschließlich ihres anthropologischen und gesellschaftlich-historischen Bedingungsfeldes. Zu ihren Gegenstandsbereichen in Lehre und Forschung gehören: Geschichte und Theorie der Grundschule, allgemeine Grundschuldidaktik, Schulorganisation und Grundschulmodelle im internationalen Vergleich, pädagogische Diagnostik der Grundschule, Theorie der Lebens-, Lern- und Erziehungsbedingungen des Grundschulkindes, Professionalisierung des Grundschullehrerberufs in der Aus-, Fort- und Weiterbildung.
Literatur: 2.1.1, 2.1.8

Grund- und Leistungskurse (engl. *basic and extension courses*). In der *gymnasialen Oberstufe* wird zwischen G. u. L. unterschieden. Im 11. Jahrgang werden die Schüler in die Wahlmöglichkeiten des Kurssystems eingeführt, aber noch im Klassenverband unterrichtet. Die letzten beiden Schuljahre werden in vier Halbjahresabschnitte (Semester) aufgeteilt. Zu Semesterbeginn stellt sich der Schüler aus dem Angebot der G. u. L. einen individuellen Stundenplan zusammen. G. werden mit zwei bis drei und L. mit fünf bis sechs Wochenstunden unterrichtet. Während in den G. die allgemeine Grundbildung gesichert wird, sollen die L. ein vertieftes wissenschaftspropädeutisches Verständnis und erweiterte Spezialkenntnisse vermitteln. Die in den L. gewählten Fächer dienen der individuellen Schwerpunktbildung und sind innerhalb bestimmter Grenzen frei wählbar und kombinierbar. Dabei ist darauf zu achten, daß jedes der drei Aufgabenfelder Sprache, Literatur, Kunst; Gesellschaftswissenschaften; Mathematik, Naturwissenschaften, Technik angemessen berücksichtigt wird. Auch müssen zwei der Fächer Deutsch, Fremdsprache, Mathematik in den Kursjahrgängen 12 und 13 bis zum Abitur durchgehend belegt werden. Die Abiturprüfung wird in beiden L.fächern und in zwei G.fächern abgelegt. Mit diesen Prüfungsfächern müssen die drei genannten Aufgabenfelder abgedeckt sein.

Gruppe (engl. *social group*). Zwei oder mehr Personen, die aufgrund gemeinsamer Interessen, Aufgaben oder anderer Voraussetzungen regelmäßig miteinander kommunizieren, dabei gemeinsame Werte und Normen und eine bestimmte Rollenverteilung beachten. Eine G. nimmt auf das Verhalten der einzelnen G.mitglieder Einfluß, ist aber mehr als die Summe der Einzelverhalten. Die Normen und Rollen in der G. verlangen ein unterschiedliches Maß an Anpassung. Durch das Wir-Gefühl in der G. und das Zusammenwirken der G.mitglieder verleiht sie umgekehrt Sicherheit und Stärke.

Unterschieden werden Primärg. (sog. natürliche G. wie die Familie) von Sekundärg. (gesellschaftlich zugewiesene G. wie z.B. eine Schulklasse), formelle (organisierte) von informellen G. (spontane, freiwillige) sowie Klein- und Großg. Für die Ausbildung der altersgemäßen sozialen Identität junger Menschen ist die Zugehörigkeit zu G. von großer Bedeutung (peer groups).
Literatur: 2.10

Gruppenarbeit (engl. *group work*). Aktive Tätigkeit von Kleingruppen, die nach *H. Gaudig* in den Phasen Arbeitsplanung, -verteilung, -durchführung und -vereinigung verläuft. Funktion und Durchführung der G. hängen von der Konzeption des Unterrichts ab. So hat sie im *Gruppenunterricht*, im *Projektunterricht* oder im *Team-Kleingruppen-Modell* jeweils eine andere Bedeutung. Als *soziale G.* ist sie eine Methode der *Sozialarbeit/Sozialpädagogik.*
Literatur: 2.1.3, 2.1.5, 2.11

Gruppendynamik (engl. *group dynamics*). In der zweiten Hälfte der dreißiger Jahre von dem deutschen Psychologen *K. Lewin* in den USA eingeführte experimentelle Kleingruppenforschung, die sich mit den Entstehungs-, Veränderungs- und Strukturbedingungen unbewußter und bewußter Prozesse in und zwischen sozialen Gruppen beschäftigte. Insbesondere interessierte die Erforschung von Möglichkeiten zur Veränderung von Gruppenstrukturen und Verhaltensweisen der Gruppenmitglieder z.B. in Familien, Schulklassen, Arbeitsgruppen und Wohngemeinschaften. In Deutschland fanden nach dem Zweiten Weltkrieg vor allem die sozialpsychologischen Forschungsergebnisse über *Führungs-* und *Erziehungsstile* von K. Lewin, R. Lippitt und R.K. White sowie die Methoden des *Soziogramms* und des *Psychodramas* von J.L. Moreno weite Verbreitung. Zur Umsetzung der Forschungsergebnisse in gruppendynamischen Seminaren wurden für das Verhaltenstraining von Lehrern, Ausbildern und Gruppenleitern spezielle Programme (sog. Sensitivity-Training) entwickelt. Von entscheidender Bedeutung ist heute die Frage der normativen Ausrichtung der Methoden und Techniken der G., wenn es darum geht, die zwischenmenschlichen Beziehungen zu verbessern, dem einzelnen zur Ich-Identität zu verhelfen oder im demokratischen Interesse die Kritik- und Mitbestimmungsfähigkeit zu fördern.
Literatur: 2.1.6, 2.11

Gruppenpädagogik (engl. *social group work*). Der Begriff G. wurde auf der Grundlage der amerikanischen Kleingruppenforschung (K. Lewin, R. Lippitt, R.K. White) nach dem Zweiten Weltkrieg in der Bundesrepublik Deutschland durch die von Amerikanern gegründete ›Arbeitsstätte für G.‹ im Wiesbadener Haus Schwalbach verbreitet. Mit Hilfe der G. sollte die demokratische Umerziehung der deutschen Jugend vorgenommen werden. Der Erziehung im Netzwerk sozialer Beziehungen innerhalb von Gruppen wurde größere Wirksamkeit beigemessen als der Erziehung des einzelnen mit Hilfe von Büchern und Filmen. Zur Anleitung und Gestaltung der Interaktionsprozesse in der Gruppe wurden Gruppenleiter inhaltlich und methodisch besonders ausgebildet. In den folgenden Jahrzehnten wurde die G. auch auf andere pädagogische Bereiche (z.B. Kindergarten, Jugendarbeit, Sozialarbeit, Erwachsenenbildung) ausgedehnt und entwickelte sich zu einer sozialpädagogischen Theorie aller Phänomene der Erziehung innerhalb von Gruppen. In den letzten Jahren fanden R. Cohns Verfahren zur *themenzentrierten Interaktion* und T. Gordons gruppenbezogene Anwendung der klientenorientierten *Gesprächspsychothe-*

rapie von *C.R. Rogers* in der G. Beachtung.
Literatur: 2.1.6, 2.11

Gruppentherapie (engl. *group therapy*). Von J.L. Moreno eingeführter Begriff für psychotherapeutische Methoden, bei denen Gruppen von fünf bis fünfzehn Personen von einem oder mehreren Therapeuten unter Anwendung von Prinzipien der *Gruppendynamik* behandelt werden. Die sozialen Kontakte untereinander und die Einflußnahme der Gruppe einschließlich des Therapeuten eröffnen im Unterschied zur Einzeltherapie eine Vielzahl therapeutischer Möglichkeiten. Zu den in der Pädagogik bekanntesten Methoden gehören: *Psychodrama* (J.L. Moreno), *themenzentrierte Interaktion* (R. Cohn), Kommunikationstherapie (P. Watzlawick), Encounter-Gruppen-Therapie (C.R. Rogers) und Sensitivity-Trainings-Gruppen (K. Lewin).
Literatur: 2.1.4, 2.1.6, 2.9

Gruppenunterricht (engl. *teaching of groups*). *Sozialform des Unterrichts*, bei der ein Klassenverband für eine begrenzte Zeit in Kleingruppen aufgeteilt wird, um eine bestimmte Thematik zu bearbeiten. Im vorwiegend lehrerbezogenen Fachunterricht wird der G. aus drei Phasen bestehen: Einstiegsphase, Gruppenarbeit, Ergebnisauswertung. In der Einstiegsphase stellt i.d.R. der Lehrer das neue Thema der Klasse vor, gibt eine eindeutige Beschreibung der Arbeitsaufträge für die Gruppen, stellt die Lernmittel (Medien) bereit und bespricht den Zeitrahmen. Nach der Einteilung der Schüler in Gruppen von drei bis sechs Kindern beginnt die Gruppenarbeit. Wenn alle Teilgruppen das gleiche Thema bearbeiten (z.B. bei Experimenten im Physikunterricht), wird von aufgaben-, themen- oder arbeitsgleicher, konkurrenzorientierter Gruppenarbeit gesprochen. Haben die Teilgruppen zur Bearbeitung eines gemeinsamen Großthemas jeweils verschiedene Aufgaben übernommen (z.B. beim Thema Ostsee in der Geographie), wird das Verfahren als aufgabendifferenzierte oder arbeitsteilige, kooperative Gruppenarbeit bezeichnet. Nach der Gruppenarbeit werden die Ergebnisse im Plenum vorgestellt und ggf. anschaulich präsentiert. Zum Abschluß kann der gesamte Arbeitsverlauf in der Phase des *Metaunterrichts* noch einmal reflektiert werden, um Konsequenzen für die zukünftige Arbeit zu ziehen.
Obwohl dem G. immer wieder eine große Bedeutung für die Erziehung zur Selbsttätigkeit, Selbständigkeit, Kooperationsfähigkeit und Hilfsbereitschaft beigemessen wird, hat er im Vergleich zum gesamten übrigen Schulunterricht nur einen Anteil von etwa 5% bis 10%.
Literatur: 2.1.3

gymnasiale Oberstufe. Sekundarstufe II (Schuljahrgänge 11 bis 13) an einem *Gymnasium* oder einer *Gesamtschule*. Voraussetzung für den Zugang ist die Berechtigung zum Besuch der g.O., die am Ende der Sekundarstufe I unter bestimmten Bedingungen erworben werden kann, die von der KMK 1993 in der ›Vereinbarung über die Schularten und Bildungsgänge im Sekundarbereich I‹ festgelegt wurden. Nach erfolgreicher Abiturprüfung wird das Zeugnis der allgemeinen Hochschulreife vergeben.
Die KMK beschloß 1972 in der ›Vereinbarung zur Neugestaltung der gymnasialen Oberstufe in der Sekundarstufe II‹ eine Reform, in der die Individualisierung und Spezialisierung des Lernens in den Mittelpunkt rückte. Wichtig wurde der Umgang mit wissenschaftlichen Erkenntnissen und Methoden (*Wissenschaftspropädeutik*). An die Stelle von Haupt- und Nebenfächern trat ein differenziertes Kurssystem, in dem Grund- und Leistungskurse unterschieden werden, die zur individuellen Schwerpunkt-

setzung innerhalb bestimmter Grenzen frei wählbar und kombinierbar sind. Das 11. Schuljahr dient der Einführung. Im 12. und 13. Schuljahr wird der Klassenverband aufgelöst. Der Unterricht findet ab Klasse 12 in Kursen statt. Die Schulfächer werden den drei Aufgabenfeldern Sprache, Literatur, Kunst; Gesellschaftswissenschaften; Mathematik, Naturwissenschaften, Technik zugeordnet. Hinzu kommen Religion (evangelische oder katholische Religionslehre) bzw. Ethik (Werte und Normen; Länderregelungen beachten) und Sport. Klagen über eine nicht ausreichende *Allgemeinbildung* der Abiturienten aufgrund der zu starken Spezialisierungsmöglichkeiten führten 1988 zu einer Revision, die die Wahlfreiheit der Schüler wieder einschränkte. Nach dem Beschluß der KMK zu g. O. (Fassung vom 11. 4. 1988) gibt es folgende Pflichtfächer: Deutsch, Literatur/Kunst, eine Fremdsprache, Geschichte, Mathematik und Naturwissenschaften. Zwei der Fächer Deutsch, Fremdsprache, Mathematik müssen während der vier Semester im 12. und 13. Schuljahr bis zum Abitur durchgehend belegt werden. Die Leistungen werden in den Jahrgängen 12 und 13 (Kursstufe) durch das Punktsystem 1 bis 15 bewertet und können in die Notenskala 6 bis 1 umgerechnet werden. Die Gesamtpunktzahl ergibt die Durchschnittsnote im Abitur-Zeugnis (vgl. KMK-Beschluß vom 13. 12. 1973 in der Fassung vom 21. 12. 1988).
Literatur: 2.1.1

Gymnasium (griech. *gymnazein* üben; lat. *gymnasium*). Weiterführende Schulart, die an die Klasse 4 bzw. 6 der *Grundschule* oder an die schulformunabhängige *Orientierungsstufe* anschließt. Das G. umfaßt die Sekundarstufe I und die *gymnasiale Oberstufe* (Klasse 11 bis 13, Sekundarstufe II). Die Schulbesuchsdauer beträgt i. d. R. neun (Klassen 5 bis 13) bzw. sieben Jahre (Klassen 7 bis 13). Die Lehrpläne sind auf eine umfassende *Allgemeinbildung* und auf das Studium an einer *wissenschaftlichen Hochschule* ausgerichtet. Der erfolgreiche Besuch der 10. Klasse ist Voraussetzung für den Besuch der gymnasialen Oberstufe, die zum *Abitur* (Hochschulreife) führt. Am Ende der Klasse 10 können die *Abschlüsse* der Sekundarstufe I und nach der 12. Klasse die Fachhochschulreife erworben werden. Der Besuch eines *Aufbaugymnasiums* (Gymnasium in Aufbauform) setzt einen Realschulabschluß voraus.
Der Begriff G. geht auf die griechische Antike zurück und bezeichnete den Versammlungsplatz für athletische Wettkämpfe der Jugend und für Bildungsgespräche mit den Philosophen. In der langen Geschichte europäischer Bildung seit der Antike (z. B. artes liberales und studia humaniora) erfuhr das G. heutiger Prägung seine institutionelle Grundlegung durch den Ausbau des humanistischen G., die Gymnasiallehrerausbildung, die staatliche Schulaufsicht und die Einführung des Abiturs (1834) mit der Berechtigung zum Universitätsstudium in der ersten Hälfte des 19. Jh. Von konzeptioneller Bedeutung war der auf Idealismus und Neuhumanismus beruhende Reformgedanke *W. v. Humboldts*, daß das G. nicht eine Stätte spezialisierter Berufsbildung, sondern eine Einrichtung umfassender allgemeiner Menschenbildung sein sollte. Im Zuge der Industrialisierung kamen in der zweiten Hälfte des 19. Jh. mit dem Realgymnasium und der naturwissenschaftlich orientierten Oberrealschule zwei weitere Gymnasialschultypen hinzu, deren Abiturprüfung im Jahre 1900 als gleichwertig anerkannt wurde und die Berechtigung zum Studium an einer Universität oder Technischen Hochschule verlieh. Im Jahre 1924 wurde als vierter Typ die

kulturkundlich orientierte Deutsche Oberschule gegründet, die in der Zeit des Nationalsozialismus die Bezeichnung Oberschule bekam. Nach dem Zweiten Weltkrieg führte die Kritik an der Vielzahl der Typen von G. zu Rahmenvereinbarungen und Abkommen der KMK (z.B. *Düsseldorfer Abkommen* 1955, *Hamburger Abkommen* 1964 bzw. 1971), in denen die Strukturen und Bezeichnungen des *Schulsystems* der Bundesrepublik Deutschland vereinheitlicht wurden. Den aus der Bildungsreformdiskussion und dem *Strukturplan für das Bildungswesen* des *Deutschen Bildungsrates* 1970 stammenden Impulsen wurde in den Beschlüssen der KMK zur Neugestaltung der gymnasialen Oberstufe in der Sekundarstufe II von 1972 und in der revidierten Fassung von 1987 Rechnung getragen. Neben dem G. als Schulform des gegliederten Schulsystems führen auch *Gesamtschulen* mit gymnasialer Oberstufe zum Abitur. Mit der Einrichtung der *Kollegschule* wurde in Nordrhein-Westfalen der Versuch unternommen, die Integration von Berufs- und Allgemeinbildung zu erproben. Auf eine stärkere beruflich-praktische Bildung ist auch das *berufliche G.* in Baden-Württemberg ausgerichtet. Nach der Wiedervereinigung wurde die zehnklassige allgemeinbildende polytechnische Oberschule (OS, 1. bis 10. Klasse) und die zweijährige erweiterte Oberschule (EOS, 11. und 12. Klasse) des sozialistischen Schulwesens der DDR aufgehoben und in den fünf neuen Bundesländern neben anderen Schulformen das G. wieder eingeführt. Einzelheiten sind den Schulgesetzen der Länder zu entnehmen.
Literatur: 2.1.1, 2.1.8

Gymnasium in Aufbauform. *Aufbaugymnasium.*

H

Habilitation (lat. *habilitare* fähig machen). Nachweis zum Erwerb der Lehrbefugnis (venia legendi) an einer *wissenschaftlichen Hochschule.* Zulassungsvoraussetzung sind *Promotion* und eine mehrjährige wissenschaftliche Tätigkeit. Als schriftliche Prüfungsleistung ist eine H.schrift, als mündliche ein wissenschaftlicher Vortrag zu erbringen. Statt einer H.schrift können auch diverse wissenschaftliche Publikationen eingereicht werden. Nach der H. kann dem Doktorgrad die Abkürzung habil. angefügt werden. Wenn sich der Habilitierte zu kontinuierlicher Durchführung von Lehrveranstaltungen an der habilitierenden Fakultät entschließt, wird ihm i. d. R. auf Antrag der akademische Grad Privatdozent verliehen.

Halbtagsgrundschule. Der Unterricht nach Stundenplan kann bei unterschiedlichem Unterrichtsanfang, -ende oder bei -ausfall zu Problemen bei der Kinderbetreuung führen. Mit der Zunahme der Berufstätigkeit von Frauen und der Veränderung von Familienstrukturen (Eineltern-, Witwen-, Scheidungsfamilien) wurde die Forderung nach festen, verläßlichen Unterrichts- und Öffnungszeiten in der Grundschule verstärkt erhoben. Daraus resultierten zwei Modelle der H.: **1)** Beim Betreuungsmodell bleibt die H. weitgehend traditionelle Unterrichts-Stundenschule nach Stundenplan, garantiert aber feste Schulzeiten zwischen 7.30 und 13 Uhr und betreut die Kinder bei Unterrichtsausfall. Bei zusätzlichem Bedarf an Betreuungszeit für Kinder von halbtags berufstätigen Eltern kann die H. auch zwischen 7 und 14 Uhr geöffnet haben; Frühstück und Mittagessen sowie Freizeitgestaltung und Hausaufgabenbetreuung können eingeschlossen sein. Manche Kinder besuchen anschließend einen Hort. Werden für die Betreuungszeit zusätzlich Erzieherinnen oder Honorarkräfte eingestellt, teilen sich Schulträger und Land/Gemeinde die Kosten.

2) Die volle oder ganze H. unterscheidet sich von dem Betreuungsmodell konzeptionell durch eine andere Organisation und Gestaltung der zur Verfügung stehenden Zeit. Dazu haben die bestehenden H. oft eigenständige pädagogische Konzepte entwickelt, die zur Öffnung des traditionellen Unterrichts und damit zur Aufhebung des gefächerten Stundenplans und zu einer neuen Rhythmisierung des Tages- und Wochenablaufs führen: Wochenanfangs- und Wochenschlußfeier, Gleitzeiten am Beginn des Vormittags, Morgenkreis (Versammlung zur Besinnung, zum Gespräch, zur Tagesplanung u. ä.), gemeinsames Frühstück, Phasen mit freier Arbeit, Wochenplanarbeit und fachbezogenen Einführungen, jahrgangs- und fächerübergreifende Aktivitäten (Projekte, Arbeitsgemeinschaften), Schulgartenarbeit, Spielpausen, Freizeitgestaltung, Hausaufgabenhilfe, gleitender Schulschluß. Klassenräume, Schulgebäude, Schulhof und Schulgelände werden zu

einer auch behindertengerechten Lernumgebung umgestaltet, in der selbsttätiges und gemeinsames Lernen durch Arbeiten, Spielen und Kommunizieren möglich ist. An die Stelle von Klassenarbeiten und Zensurenzeugnissen treten Verfahren der Lerndiagnose und Entwicklungsberichte. Diese konzeptionelle Veränderung der Arbeit in der H. bringt für die Lehrer höhere Tätigkeits- und Qualifikationsanforderungen mit sich und macht eine intensivere Zusammenarbeit in allen Bereichen der Schulgestaltung notwendig.
Literatur: 2.1.1, 2.1.8

Halbtagsschule (engl. *half-day school*). Im Unterschied zu *Ganztagsschulen* wird in der H. nur vormittags Unterricht erteilt, wobei die zur Verfügung stehende Zeit i. d. R. nach Stundenplan in fachbezogene Unterrichtsstunden und Pausen eingeteilt ist. Sieht man von dem uneinheitlichen Ausbau des Schulwesens und Abbau der Stadt-Land-Differenzen im 19./20. Jh. ab, setzte sich die H. erst nach dem Ersten Weltkrieg allmählich gegen den Ganztagsunterricht durch. Gegenwärtig ist die H. im Schulsystem der Bundesrepublik Deutschland eher die Regel. Die Betreuung der Kinder und Jugendlichen am Nachmittag ist eine Aufgabe der Familie, des Horts und der offenen Kinder- und Jugendarbeit. Jedoch wirkt die Schule durch Hausaufgaben auf die Nachmittagsgestaltung ein.

Halo-Effekt (Syn. **Hof-Effekt**). Bezeichnung für eine Fehlerkomponente bei der Beurteilung von Leistungen oder Persönlichkeitsmerkmalen, die durch Ausstrahlung eines Einzeleindrucks auf andere bedingt ist. So wird z. B. der gute Gesamteindruck eines Menschen auf eine weniger gute Eigenschaft übertragen und bessert diese in der Beurteilung auf. Um einen solchen Ausstrahlungseffekt handelt es sich auch, wenn bei faktisch gleicher Schulleistung ein Kind aus der oberen Sozialschicht besser beurteilt wird als ein Arbeiterkind. Der Gesamteindruck oder die Vorkenntnisse von einem Menschen beeinflussen folglich unbewußt die Beurteilung seiner sonstigen Fähigkeiten und führen zu Benachteiligungen oder Bevorzugungen.

Hamburger Abkommen. Abkommen der Ministerpräsidenten der (damals) elf Bundesländer aus dem Jahre 1964. Es ersetzte die Vereinbarungen des *Düsseldorfes Abkommens*. Im einzelnen wurden zu folgenden Sachverhalten vereinheitlichende Regelungen getroffen: Beginn und Dauer des Schuljahres, Einschulungsalter, Dauer der Vollzeitschulpflicht, Feriendauer und Ferienordnung, Bezeichnungen der Schularten auf allen Stufen des Schulwesens, Beginn des Fremdsprachenunterrichts an Hauptschulen, Realschulen und Gymnasien, Notenbezeichnungen, Lehramtsprüfungen, gegenseitige Anerkennung der Abschlußzeugnisse.

Hamburger Modell der Didaktik. *Lerntheoretische Didaktik.*

Handelsschule. Veraltete Bezeichnung für die zweijährige kaufmännische *Berufsfachschule*. Erteilt wird berufsbezogener und allgemeinbildender Unterricht. Ziel ist der Erwerb der Fachschulreife. Wird nach dem Besuch der H. eine kaufmännische Berufsausbildung aufgenommen, kann die Ausbildungszeit um ein Jahr verkürzt werden.

Handlungsforschung. *Aktionsforschung.*

handlungsorientierter Unterricht. Konzept des Lehrens und Lernens, das sich gegen den lehrerzentrierten Frontalunterricht, gegen die belehrende Vermittlung einseitig kognitiven Wissens und gegen die rezeptive, passive Schülersituation im herkömmlichen Unterricht wendet mit dem Ziel, die *Selbsttätigkeit*, Selbständigkeit und Kooperationsfähigkeit der Kinder und Jugendlichen in der aktiven Auseinandersetzung mit Menschen, Sachen, Problemen und Zukunftsideen zu fördern. Begründet wird die Notwendigkeit der Handlungsorientierung mit der veränderten Lebenswelt, insbesondere mit dem Rückgang der Primärerfahrung bei der Aneignung von Kultur, dem Konsumdenken, dem Verlust ganzheitlich-sinnlicher Naturerfahrung etc.

In der Literatur, z. B. bei H. Gudjons, W. Jank und H. Meyer, werden als Merkmale des h. U. genannt: Lebens- und Situationsbezug der Themen und Fachinhalte, Beteiligung der Schüler bei der Planung und Berücksichtigung ihrer Interessen, Einbeziehung aller Sinne und selbsttätiger Handlungsformen, soziales Lernen und Öffnung der Schule nach außen.

Bei der Konzeptuierung und Umsetzung knüpft der h. U. an Erfahrungen der *Reformpädagogik* und der Bildungsreform der siebziger Jahre an.

Literatur: 2.1.2, 2.1.3, 2.1.5, 2.1.9

Handwerkskammer (engl. *chamber of crafts*). Nach dem geltenden Recht ist Deutschland in Kammerbezirke eingeteilt, in denen die selbständigen Handwerker Pflichtmitglieder einer H. sind. Die H. sind Körperschaften des öffentlichen Rechts, sie regeln also unter staatlicher Aufsicht ihre Arbeit weitgehend in eigener Zuständigkeit, z. B. durch Satzungen oder Verordnungen. Im Rahmen der Berufsausbildung sind sie als *Zuständige Stelle* für die Durchführung der Berufsausbildung im Handwerk und die Abnahme der *Gesellen-* und *Meisterprüfungen* verantwortlich. Regelungen dazu finden sich in der *Handwerksordnung* (HwO).

Handwerksordnung (HwO). Das Gesetz zur Ordnung im Handwerk enthält nach Inkrafttreten des *Berufsbildungsgesetzes* (BBiG) im Jahre 1969 wichtige Bestimmungen für die *Berufsausbildung* in einem Handwerksbetrieb. Die rechtlichen Vorschriften für ein Berufsausbildungsverhältnis im Handwerk finden sich allerdings jetzt auch im Berufsbildungsgesetz.

Hardware. Im Bereich technischer *Medien* bezeichnet das englische Wort H. im Unterschied zur *Software* die Medienträger, also die Geräte und Anlagen wie z. B. Dia-, Overhead-, Filmprojektor, Video-Set, Computer, Sprachlabor.

Hauptschule. *Schulart* der Sekundarstufe I im allgemeinbildenden *Schulsystem*, die an die Klasse 4 bzw. 6 der *Grundschule* oder an die schulformunabhängige *Orientierungsstufe* anschließt. Die H. umfaßt die Klassen 5 bis 9 bzw. 7 bis 9, je nach Regelung der Länder auch die Klasse 10. Da in Berlin, Brandenburg, Bremen und Nordrhein-Westfalen die allgemeinbildende Schulpflicht auf zehn Jahre verlängert wurde, umfaßt die H. dort auch die 10. Klasse. In anderen Ländern wird ein freiwilliges 10. Schuljahr angeboten.

Neben den allgemeinen Bildungs- und Erziehungszielen soll den Schülern im hauptschulbezogenen Bildungsgang eine grundlegende allgemeine Bildung vermittelt werden, die sie entsprechend ihren Leistungen und Neigungen befähigt, nach Maßgabe des erreichten *Abschlusses* ihren Bildungweg in einer *Berufsausbildung* oder in berufs- bzw. studienbezogenen Bildungsgängen der Sekundarstufe II fortzusetzen. In den meisten Bundesländern ist ein *Betriebspraktikum* vorgesehen, das Hilfe bei der *Berufswahl* geben kann.

Die H. ist aus der Kritik an der Oberstufe der *Volksschule* hervorgegangen, die noch in den sechziger Jahren auf der Grundlage eines statischen Verständnisses von *Begabung* auf die Vermittlung einer *volkstümlichen Bildung* abzielte. Auf der Basis dieser Kritik legte der *Deutsche Ausschuß für das Erziehungs- und Bildungswesen* in seinen Empfehlungen 1959 und 1964 das Modell einer H. im dreigliedrigen Schulsystem vor. Der Begriff H. wurde 1964 im *Hamburger Abkommen* der KMK bundeseinheitlich offiziell eingeführt und ersetzte den Begriff Volksschuloberstufe. Die ›Empfehlungen zur H.‹ der KMK von 1969 unterstreichen noch einmal die Zielvorstellung, daß die H. zu einer modernen weiterführenden Schule der Sekundarstufe I entwickelt werden soll, die eine Hinführung der Schüler zur Wirtschafts- und Arbeitswelt gewährleistet. Trotz neuer Zielformulierungen und der Ausgestaltung mit den Fächern Englisch, *Arbeitslehre* und Mathematik (statt Rechnen) konnte die H. seitdem neben Realschule, Gymnasium und Gesamtschule (in einigen Ländern) bis heute kein eigenständiges Profil entwickeln. Der Anteil von Schülern nimmt an der H. im Vergleich zu den anderen weiterführenden Schulformen des Sekundarbereichs I ständig ab, während der Anteil von Kindern ausländischer Eltern vor allem in den Großstädten beständig steigt. Diese Entwicklung hat der H. den Ruf einer Restschule eingebracht. Die Erwartungen, die in den sechziger Jahren in den alten Bundesländern mit der Einführung der H. verknüpft wurden, haben sich nicht erfüllt. Nach der Wiedervereinigung haben einige der neuen (Sachsen, Sachsen-Anhalt, Thüringen) und der alten (Hamburg, Hessen, Rheinland-Pfalz, Saarland) Bundesländer als Konsequenz aus der H.misere H. und Realschule in einer neuen Schulform zusammengefaßt und damit einem Zwei-Säulen-Modell Vorschub geleistet, das dem Gymnasium mit seinem studienqualifizierenden Bildungsgang unter den Eltern eine bevorzugte Stellung einräumt. Von den neuen Bundesländern hat einzig das Land Mecklenburg-Vorpommern die H. beibehalten, während Brandenburg die H. in die Gesamtschule integrierte. Diese Entwicklung im Schulsystem machte im Dezember 1993 eine neue ›Vereinbarung über die Schularten und Bildungsgänge im Sekundarbereich I‹ der KMK notwendig, die zwar weitere integrierte Schularten zuläßt, aber an der dreigliedrigen Struktur von H.-, Realschul- und gymnasialem Bildungsgang festhält. Weiterführende Reformvorschläge, wie die des *Deutschen Bildungsrates* und der BLK in den siebziger Jahren zur Einführung einer horizontal gegliederten integrierten Sekundarstufe I, wie fast überall in Europa üblich, sind noch nicht zum Zuge gekommen.

Literatur: 2.1.1, 2.1.8

Hausaufgaben (Syn. **Schularbeiten**). Alle im Unterricht gestellten Aufgaben, die Schüler in der unterrichtsfreien Zeit erledigen sollen. Je nach Familiensituation machen die Schüler ihre H. in der Familienwohnung, im Hort, in Einrichtungen der H.hilfe (z.B. Ausländerkinder), bei einem Nachhilfelehrer oder bei kompetenteren Mitschülern. Außer den von der Schule gestellten H. nehmen manche Schüler Nachhilfen, Vorhilfen oder Zusatzübungen in Anspruch, um die schulischen Anforderungen bei Klassenarbeiten oder Schultests erfüllen zu können. H. werden oft als Bindeglied zwischen Schule und Elternhaus betrachtet, durch das Eltern konkrete Informationen über Lerninhalte und Leistungsanforderungen erhalten. In Ganztagsschulen sind die H. in Form von Wiederholungs- und Übungsaufgaben weitgehend in den Unterricht integriert.

Unter didaktischen und lernpsychologischen Gesichtspunkten sollen H. den vorausgegangenen Unterricht nachbereiten oder den folgenden vorbereiten. Sie sollen im ersten Fall vor allem der Übung, Festigung, Anwendung und Übertragung des Gelernten dienen und die Schüler zu selbständigem, eigenverantwortlichem Arbeiten führen. Im

zweiten Fall sollen die Schüler in Einzel- oder Gruppenarbeit Material beschaffen, Erkundungen durchführen oder längerfristige Beobachtungen festhalten.
Die H.praxis in der Schule ist in den einzelnen Bundesländern teils durch Schulgesetze und Rechtsverordnungen, teils durch Richtlinien und Erlasse geregelt. Dabei enthalten die Bestimmungen meist Sollforderungen und Anleitungen (z.B. Umfang, Schwierigkeitgrad und Differenzierung der H.; H.stellung und Überprüfung; Richtwerte für H.zeiten; Benotung u.ä.) bzw. Vorschriften, die sich auf Probleme einer unangemessenen H.praxis beziehen.
Die schulische und außerschulische H.praxis ist seit Mitte der fünfziger Jahre häufiger empirisch untersucht worden. Dabei spielten Fragen nach der Effektivität der H. und den mit ihnen verbundenen Sozialisationseffekten eine große Rolle. Als Konsequenz sind in der Literatur eine Reihe von Empfehlungen zur Gestaltung von H. zusammengestellt und didaktisch begründet worden.
Literatur: 2.1.3

Hausunterricht. Schüler, die aufgrund einer Krankheit für längere Zeit die Schule nicht oder nicht regelmäßig besuchen können, erhalten auf Antrag der Erziehungsberechtigten, der bei der Schulleitung einzureichen ist, kostenlosen H. Je nach Alter des Kindes bzw. Jugendlichen erstreckt sich der H. auf sechs bis zwölf Wochenstunden. Er findet am Aufenthaltsort des Schülers statt, für den Fall eines längeren Krankenhausaufenthaltes auch im Krankenhaus (Krankenhausunterricht). Dort kann der H. als Gruppenunterricht erteilt werden, wenn keine ärztlichen Bedenken bestehen. Der H. wird von Lehrern in Orientierung an den Zielen und Inhalten des Lehrplans der Schulart erteilt, die der Schüler vor Eintritt des H. besucht hat oder deren Besuch beabsichtigt ist (z.B. Realschule nach Abschluß der Grundschule).

Heilpädagogik. *Behindertenpädagogik.*

Heimatkunde. Der Begriff H. wurde erstmals 1816 von *C.W. Harnisch* und 1844 von F.A. Finger für einen neu konzipierten Lernbereich der Volksschule verwendet, in dem die Inhalte verschiedener Realien integrativ verflochten waren. Gegen dieses aufklärerisch-liberale Reformkonzept einer Weltkunde, in der Heimat die Ganzheit des geographischen Lebensraumes bedeutete, erhoben sich bald politische Widerstände, die zu ihrem Verbot führten.
Im Zuge der Industrialisierung und der Zivilisationskritik (Landflucht, Verstädterung, Arbeiterproletariat, sozialistische Tendenzen) wurde der Heimatgedanke in der Volksschulpolitik des Wilhelminischen Obrigkeitsstaates etwa ab 1871 aufgegriffen und zum Kern einer affirmativen religiösen und nationalen Gesinnungsbildung umfunktioniert. H. war in der Zeit bis zum Ende des Kaiserreichs kein eigenständiges Unterrichtsfach, sondern ein alle Fächer der Volksschule durchziehendes Unterrichtsprinzip.
Mit der Einführung der Grundschule in der Weimarer Verfassung (1919) wurde H. 1921 als Schulfach in die Richtlinien und Lehrpläne der Reichsländer aufgenommen und gab der Weimarer Grundschule bis 1933 ein relativ einheitliches Profil. Intentionen einer gesinnungsbildenden Heimaterziehung und H. fanden kaum Niederschlag, wohl aber Grundprinzipien der *Reformpädagogik.*
In der Schule des Nationalsozialismus (1933–1945) wurde eine völkische H. und Heimaterziehung das Fundament der Volksschulbildung und der nationalpolitischen Volkserziehung.
Nach dem Zweiten Weltkrieg war die H. im Schulwesen der DDR in den Schul-

jahren 1 bis 4 der zehnjährigen Oberschule Teil des Deutschunterrichts. Sie sollte dazu beitragen, bei den Kindern Einstellungen, Überzeugungen und Verhaltensweisen im Sinne des Marxismus-Leninismus und der Moral der sozialistischen Arbeiterklasse zu bewirken.
In der BRD knüpften die neuen Lehrpläne inhaltlich an die H. der Weimarer Grundschule an. Im Zuge der Bildungsreformdiskussion der sechziger Jahre richtete sich die Kritik auch auf die Konzeption der H., insbesondere auf ihren affirmativen gesinnungs- und gemütsbildenden Charakter, die *volkstümliche Bildung*, die Diskrepanz zwischen der konkreten Erfahrungswirklichkeit des Kindes und der heilen handwerklich-bäuerlichen Idylle im H.unterricht, auf das didaktische Dogma »vom Nahen zum Entfernten« sowie auf die Vernachlässigung physikalischer, chemischer und technischer Themen.
Diese Kritik an der H. führte ab 1969 zu ihrer Ablösung durch den wissenschaftsorientierten *Sachunterricht*. Noch bevor die Konzeptionsentwicklung dieses neuen Faches richtig in Gang gekommen war, nannte das Land Bayern 1974 den Lehrplan für Sachunterricht wieder in Heimat- und Sachkunde um. Der Wiederaufnahme des Begriffs Heimat und der Kombination des Sachunterrichts mit H. folgten weitere Länder, nach der Wiedervereinigung auch die neuen Bundesländer außer Brandenburg. Die heterogene Konzeptionsentwicklung der siebziger Jahre veranlaßte die KMK 1980 zu einer umfangreichen Stellungnahme. Schüler, Umwelt, Wissenschaft und Gesellschaft sollten zukünftig in den Lehrplänen die zentralen Bezugspunkte sein, wobei Bewährtes der traditionellen H. und des neuen Sachunterrichts aufgearbeitet und genutzt werden sollte.
Etwa seit den achtziger Jahren erfuhr die Diskussion um den Begriff Heimat in den Medien und den unterschiedlichen gesellschaftlichen, kulturellen und politischen Gruppierungen eine Wiederbelebung. Angesichts des ideologischen Mißbrauchs in der deutschen Geschichte wird die grundsätzliche Frage gestellt, ob die Grundschulpädagogik nicht auf den Heimatbegriff und die H. verzichten sollte, weil damit die anstehenden Fragen und Probleme im Nahraum der Lebenswelt des Kindes, der Umwelterziehung, der Dritten Welt, der multikulturellen Gesellschaft und der Mobilität innerhalb Europas im Hinblick auf die Entwicklung von Ich-Identität und Weltoffenheit heute nicht mehr gefaßt werden können.
Literatur: 2.1.8

Heimaufsicht. Nach den Bestimmungen des *Kinder- und Jugendhilfegesetzes* (KJHG) braucht jeder, der eine Einrichtung eröffnen will, in der Kinder oder Jugendliche ganztägig oder für einen Teil des Tages betreut werden, eine Erlaubnis, damit der Schutz von Kindern und Jugendlichen sichergestellt ist. Zuständig dafür sind in der Regel die Landesjugendämter (überörtlicher Träger der Jugendhilfe), die zusammen mit dem Jugendamt und einem zentralen Träger der Jugendhilfe die örtliche Prüfung vornehmen. Schullandheime, Schülerheime unter Schulaufsicht, Jugendherbergen, Jugendbildungseinrichtungen und Jugendfreizeitstätten sind von dieser Regelung ausgenommen. Wenn Mängel angezeigt und nicht beseitigt werden, kann die Erlaubnis entzogen werden.

Heimerzieher. *Erzieher.*

Heimerziehung (engl. *residential care*). Nach den Bestimmungen des *Kinder- und Jugendhilfegesetzes* (KJHG) *Hilfe zur Erziehung* über Tag und Nacht, die durch eine Verbindung von Alltagsleben (z. B. Schule, Freizeit, Berufsausbildung) und pädagogischen und therapeutischen Angeboten die Kinder und Jugendlichen in ihrer Gesamtentwicklung unterstützen und fördern soll. Die in der H. tätigen Personen vertreten die Personensorgeberechtigten in der Ausübung der *elterlichen Sorge*, es sei denn, das *Vormundschaftsgericht* hat etwas anderes angeordnet. Die H. will a) die Rückkehr des Kindes in die eigene Familie ermöglichen, b) auf die Erziehung in einer anderen Familie vorbereiten (*Pflegeeltern*) oder c) die Jugendlichen bis zur Verselbständigung begleiten. Für die Kostenübernahme ist das Jugendamt zuständig.

Die vollständige Herausnahme eines Kindes aus der Familie kann eine Reihe von Problemen mit sich bringen. Durch den Ausbau anderer Formen der Hilfe zur Erziehung (z. B. Erziehungsberatung, sozialpädagogische Familienhilfe) ist die Anzahl der Kinder und Jugendlichen in H. anteilig deutlich zurückgegangen.

Literatur: 2.11

heimlicher Lehrplan (engl. *hidden curriculum*). Der Begriff h. L. bezeichnet die unbeabsichtigten sozialen Lernerfahrungen von Schülern, die zwar nicht den beabsichtigten Erziehungs- und Bildungszielen sowie curricularen Inhalten und Methoden des offiziellen *Lehrplans* entsprechen, aber dennoch die schulische Sozialisation der Kinder und Jugendlichen prägend beeinflussen. So kann die Zensurengebung bei Klassenarbeiten und Zeugnissen das Konkurrenzdenken der Schüler untereinander fördern, das solidarische soziale Lernen jedoch stören. Die Zensierungspraxis kann bei den positiv Ausgelesenen ein positives Selbstkonzept bewirken, sie aber auch von anerkennenden Fremdbewertungen abhängig machen. Auf der anderen Seite besteht die Gefahr, daß negativ beurteilte Schüler auf die Dauer jegliche Erfolgszuversicht verlieren und mit Schulangst und Schulunlust auf weitere Leistungsanforderungen reagieren. Mit den Wirkungen des Beurteilungswesens auf Schüler gerät die Schule selbst in Widerspruch zu den offiziellen Zielen der optimalen individuellen Förderung aller Schüler.

Literatur: 1.8

Heimschulen (engl. *boarding schools*). Die Schulgesetze der Länder lassen die Einrichtung von H. zu, wenn besondere Belange der Schüler dies erforderlich machen. H. verbinden Unterricht und Heimleben in einer übergreifenden pädagogischen Konzeption. Das Wohnen außerhalb der Familie in einem Schülerheim bietet Anlässe zum sozialen Lernen in Arbeitsgemeinschaften und zu Unternehmungen in verschiedenen Fachbereichen (Kunst, Musik, Theater, Sport u. a.). Darüber hinaus lassen sich Fördermaßnahmen in H. besonders gut organisieren. Für H. erläßt die Schulverwaltung spezielle Schulordnungen. Die Eltern treten einen Teil ihrer *elterlichen Sorge* an die Heimpädagogen ab. I. d. R. muß von den Erziehungsberechtigten Heimgeld entrichtet werden.

Heimvolkshochschule. *Volkshochschulen* in Verbindung mit einem Wohnheim bzw. Internat, in dem Teilnehmer an mehrtägigen Kursen wohnen können.

Heranwachsende (engl. *rising generation*). **1)** Allgemein werden junge Erwachsene, sofern sie die soziale und wirtschaftliche Selbständigkeit vom Elternhaus noch nicht erreicht haben, als H. bezeichnet. In ähnlicher Bedeutung wird diese Phase der Entwicklung auch *Adoleszenz* genannt.

2) Nach Auffassung des *Jugendgerichtsgesetzes* können *Volljährige*, die 18, aber noch nicht 21 Jahre alt sind, ein Strafverfahren unter Beachtung ihrer besonderen Entwicklungslage erwarten. In diesem Sinne werden sie dann als H. behandelt. Das Strafmaß richtet sich jedoch nach den Vorschriften des allgemeinen Strafgesetzbuches.

Hermeneutik (griech. *hermeneutike techne* Kunst der Textauslegung). Unter H. versteht man nicht nur die Kunstfertigkeit, sondern auch die Theorie des sinngemäßen Auslegens von sprachlichen und nichtsprachlichen Sinnstrukturen (Texte, Musik, Bilder, historische Prozesse, Gesten u.a.). Im Sprachgebrauch der Sozial- und Geisteswissenschaften wird der Terminus auf drei Ebenen bezogen. Er bezeichnet einerseits den lebenspraktischen Vollzug naturwüchsigen Verstehens und methodisch fundierten Auslegens, andererseits werden auch die aus dieser Praxis resultierenden differenzierten und kodifizierten Regeln damit charakterisiert. Unter den Begriff einer allgemeinen und philosophischen H. subsumiert man schließlich alle Versuche, die erkenntnistheoretischen und anthropologischen Bedingungen des Verstehens zu analysieren. Die Tatsache des bereits durch eigene subjektive Erfahrung präsenten Wissens um das, was Objekt vertieften Verstehens sein soll, bezeichnet man gemeinhin als hermeneutischen Zirkelschluß. Das Subjekt und sein kultureller Kontext sind also notwendige Bedingungen sowohl für die Gestaltung eines Sinnträgers wie für seine Auslegung. Das hat immer wieder die Frage nach der Objektivität der H. aufgeworfen. Je bewußter die geschichtlichen Bedingungen für Sinnkonstruktion und für das Vorverständnis des interpretierenden Subjekts erkannt und aufgedeckt werden, desto höher kann der Geltungsanspruch der Aussagen sein, die durch H. gewonnen werden. Mit den Bedingungen für die Entstehung von Sinnträgern, insbesondere von Texten der verschiedensten Art (Literatur, Philosophie, Erziehungslehren, Mythologien, Rechtstexten usw.), mit deren gesellschaftlichen Wandlungen und Wirkungen und ihrer aktuellen Bedeutung befassen sich die Geistes- und Sozialwissenschaften, die die menschlichen Lebensordnungen in Politik, Wirtschaft, Erziehung, Unterricht, Religion, Kunst, Kommunikation usw. zu ihrem Gegenstand haben. Die H. ist folglich ein den Geistes- und Sozialwissenschaften eigenes Erkenntnisverfahren. Wollen die Naturwissenschaften Ursache-Wirkungs-Zusammenhänge in der Natur erklären, so wollen die Geistes- und Sozialwissenschaften die kulturellen Objektivationen des Menschen in seiner Geschichte verstehen und dadurch das jeweilige Selbstverständnis einer Gesellschaft im geschichtlichen Ablauf immer erneut vertiefen. Auf diesem Wege soll Orientierungswissen für eine möglichst bewußte und somit auch zu verantwortende Gestaltung des kulturellen Prozesses gewonnen werden.

Für die Entwicklung der H. innerhalb der Pädagogik sind *F.D.E. Schleiermacher, W. Dilthey, H.-G. Gadamer, J. Habermas* und neuerdings *W. Klafki* von besonderer Bedeutung.

Literatur: 1.5

Heuristik (griech. *heuriskein* finden, entdecken; engl. *heuristics*). Lehre von den Methoden zur Auffindung neuer wissenschaftlicher Erkenntnisse. Die heuristische Methode ist ein Vorgehen zur Lösung von Problemen durch systematisches Erproben. Sie wird dann eingesetzt, wenn noch keine bewährten Methoden zur Verfügung stehen. Von heuristischer Funktion wird gesprochen, wenn ein Instrumentarium geeignet ist, einen Erkenntnisprozeß zu fördern. So haben z.B. Lernzieltaxonomien die heuristische Funktion, vernachlässigte Lernzieldimensionen und Prüfungsaufgaben zu entdecken.

Hilfe zur Erziehung. Nach den Bestimmungen des *Kinder- und Jugendhilfegesetzes* (KJHG) tritt H.z.E. durch die öffentliche *Jugendhilfe* immer dann ein, wenn eine dem Wohl des Kindes oder

des Jugendlichen entsprechende Erziehung nicht mehr gewährleistet ist. H. z. E. kann freiwillig in Anspruch genommen werden, sie kann aber auch durch ein *Vormundschaftsgericht* angeordnet werden. Je nach dem erzieherischen Bedarf wird H. z. E. in sehr unterschiedlicher Weise angeboten als: *Erziehungsberatung, soziale Gruppenarbeit,* Erziehungsbeistandschaft, sozialpädagogische Familienhilfe, Vollzeitpflege, *Heimerziehung, Jugendgerichtshilfe* und *Amtsvormundschaft.* Bis 1990 als Jugendfürsorge bezeichnet.
Literatur: 2.11

Hitzefrei. Die oberste Schulaufsichtsbehörde eines Bundeslandes regelt durch Bekanntmachung oder Erlaß, unter welchen Bedingungen an besonders heißen Schultagen der Unterricht ausfallen darf. I. d. R. gilt als Richtwert eine Außentemperatur von 25 °C um 10 Uhr. Der Schulleiter kann in solchen Fällen entscheiden, den Unterricht nach der 4. Stunde zu beenden.

Hochschulassistent (Syn. **wissenschaftlicher Assistent**). Gruppe des wissenschaftlichen und künstlerischen Nachwuchses einer *Hochschule.* Die zu erbringenden wissenschaftlichen Dienstleistungen in Forschung und Lehre sollen zugleich die eigene wissenschaftliche Qualifikation weiterentwickeln. Darüber hinaus ist dem H. genügend Zeit für selbständiges wissenschaftliches Arbeiten zu geben, das u. a. zur *Habilitation* führen kann. Voraussetzung für die Einstellung ist i. d. R. eine Promotion oder eine besonders gute 2. Staatsprüfung.

Hochschuldidaktik. Sie analysiert wissenschaftliche Lehr- und Lernprozesse unter Berücksichtigung ihrer inhaltlichen, organisatorischen (z. B. Verbund von Lernorten, Hochschul-Stundenplan), personellen, formellen (z. B. Studienordnungen), methodischen und materiellen (z. B. Arbeitsplätze in Laboratorien und Bibliotheken) Bedingungen und entwikkelt auf der Grundlage ihrer Forschungen Empfehlungen für wirkungsvollere Lehr-, Lern- und Prüfungsverfahren.
Literatur: 2.7

Hochschule (engl. *institution of higher education*). Nach den Bestimmungen des *Hochschulrahmengesetzes* (HRG) sowie der Landesgesetze über die H. fallen folgende Bildungseinrichtungen unter diese Bezeichnung: *Universitäten, Gesamthochschulen, Technische Hochschulen, Pädagogische Hochschulen, Kunst- und Musikhochschulen, Fachhochschulen* sowie vergleichbare öffentliche und private Einrichtungen, die nach Landesrecht staatlich anerkannt sind. Die H. dienen der Pflege und Entwicklung der Wissenschaften und der Künste durch Forschung, Lehre und Studium. Sie bereiten auf Berufe vor, die die Anwendung wissenschaftlicher Erkenntnisse und Methoden oder die Fähigkeit zu künstlerischer Gestaltung erfordern. Eintrittsvoraussetzung für den Besuch einer H. ist die *allgemeine* oder *fachgebundene Hochschulreife.* Der Träger einer H. und die H. selbst haben sicherzustellen, daß die Mitglieder der H., Lehrende und eingeschriebene Studenten, die durch § 5 des GG verbürgte Freiheit von Kunst und Wissenschaft, Forschung, Lehre und Studium ungehindert wahrnehmen können. Studiengebühren werden nicht erhoben.
Literatur: 2.7

Hochschulen der Bundeswehr. *Bundeswehrhochschulen.*

Hochschulgesetze. Aufgrund der *Kulturhoheit der Länder* haben sich alle 16 Bundesländer ihre eigenen H. gegeben. Der Bund kann dazu lediglich Rahmenvorschriften erlassen, was durch das *Hochschulrahmengesetz* (HRG) aus dem Jahre 1987 erfolgt ist. H. enthalten Bestimmungen über die Aufgaben der Hochschulen, ihre Rechtsstellung, über die Rechte und Pflichten der Mitglieder einer Hochschule, die Organisation und die Gremien der Selbstverwaltung, über die Zugangsvoraussetzungen zum Studium, das Studium selbst und die Durchführung von Prüfungen sowie über das wissenschaftliche und künstlerische Personal, seine Einstellungsvoraussetzungen, Aufgaben und Rechte.

hochschulinternes Fernsehen. *Unterrichtsmitschau.*

Hochschulprüfung (engl. *academic examination*). Im Rahmen der *akademischen Selbstverwaltung* führen Hochschulen H. in eigener Zuständigkeit durch, die zu *akademischen Graden* (z.B. Diplom, Doktorgrad) führen. Im Unterschied dazu finden *Staatsexamen* an der Hochschule unter staatlicher Aufsicht statt.

Hochschulrahmengesetz (HRG; engl. *University Outline Law*). Das 1976 vom Deutschen Bundestag verabschiedete Gesetz enthält Regelungen über die Aufgaben der Hochschulen, die Zulassung zum Studium, die Pflichten und Rechte der Mitglieder der Hochschulen, die Organisation sowie die Verwaltung. Ursprüngliche Ziele des Gesetzes waren die Reform der Hochschulen, die Sicherung verbindlicher Prinzipien und Standards für alle Bundesländer und die Verkürzung der Studienzeiten. Bis zum Jahre 1980 hatten alle Bundesländer ihre Landeshochschulgesetze dem H. anzupassen. Durch eine Änderung des H. im Jahre 1987 sind den einzelnen Ländern und Hochschulen tradierte Freiheiten zurückgegeben worden, die einen Teil der beabsichtigten übergreifenden Reformen unterbunden haben.

Hochschulreife. *Abitur.*

Hochschulrektorenkonferenz (HRK). 1990 benannte sich die 1949 gegründete Westdeutsche Rektorenkonferenz in Konferenz der Rektoren und Präsidenten der Hochschulen in der Bundesrepublik Deutschland – Hochschulrektorenkonferenz um. Der HRK gehören alle staatlichen oder staatlich anerkannten *Universitäten, Hochschulen* und *Fachhochschulen* und ein Teil der kirchlichen Hochschulen an. Die HRK dient der Meinungsbildung und Koordination der Interessen zwischen den Hochschulen, sie berät politische Gremien und fördert die Zusammenarbeit der Hochschulen mit anderen wissenschaftlichen Einrichtungen und mit Hochschulen im Ausland.

Anschrift: 9.2

Hof-Effekt. *Halo-Effekt.*

Honorarprofessor. Auf Vorschlag eines Fachbereiches und mit Zustimmung des *Senats* einer Hochschule kann der Ministerpräsident eines Bundeslandes aufgrund besonderer wissenschaftlicher Leistungen Personen, die hauptberuflich außerhalb der Hochschule tätig sind, den Titel H. verleihen und ihnen damit zugleich die Genehmigung zur Lehre an der Hochschule erteilen. H. können wie die ordentlichen Professoren Prüfungen abnehmen.

Hort (engl. *day care centre*). Einrichtung der *Jugendhilfe*, die der leiblichen, erzieherischen, sozialen und seelischen Betreuung von Schulkindern (zumeist erwerbstätiger Eltern) im Alter zwischen 6 und 15 Jahren dient. Der Besuch ist freiwillig. Es werden Gebühren erhoben.

Hospitalismus (lat. *hospitale* Gastzimmer, Krankenhaus; engl. *hospitalism*). Von R. Spitz 1945 geprägter Begriff zur Kennzeichnung seelischer und körperlicher Schäden und Entwicklungsrückstände bei Kindern, die in der frühen Kindheit durch Krankenhaus- oder Heimaufenthalt längere Zeit von ihrer Mutter oder einer anderen Bezugsperson getrennt waren. Um die notwendigen emotionalen Beziehungen zu garantieren und dem H. vorzubeugen, sind zahlreiche Kinder- und Entbindungskliniken zu ei-

ner gemeinsamen Aufnahme von Kind und Mutter übergegangen.
Anstelle des Begriffs H. wird heute meist der Begriff *Deprivation* verwendet.

Hospitation (lat. *hospes* Gastfreund, Fremder; engl. *sitting in on a class*). **1)** Eine eher passive Teilnahme an Veranstaltungen einer pädagogischen Einrichtung. Für den Hospitanten als Zuhörer und Beobachter hat die H. in der Regel den Zweck, einen Einblick in den pädagogischen Alltag z. B. einer Schulklasse oder eines Kindergartens zu erhalten.
2) Eine durch bestimmte Beobachtungsaufgaben gekennzeichnete aktive Teilnahme am Unterricht, die auch Unterrichtsbesuch oder *Unterrichtsh.* genannt wird. Vom Unterrichtsbesuch wird meist gesprochen, wenn die Begutachtung eines Lehrers durch die Schulaufsicht durchgeführt wird.

HRG. *Hochschulrahmengesetz.*

Human Engineering. Zweig der angewandten Betriebspsychologie, mit dem Ziel, die optimale Kombination von Arbeitsplatzgestaltung, Maschinenausstattung und Arbeitsprozessen in Relation zu den Kenntnissen, Fähigkeiten, dem Lern- und Arbeitsvermögen sowie den Wertorientierungen der Arbeitskräfte zu konzipieren.

Humanität (lat. *humanitas* Menschlichkeit; engl. *humanity, humanitarianism*). Die geistig-sittlichen Eigenschaften des Menschen, die ihn über seine biologischen Lebensfunktionen hinaus als Wesen mit intellektuellen, ästhetischen, ethischen und sozialen Kräften auszeichnen. Als Bildungsauftrag bedeutet das Aufklärung des Verstandes, Entfaltung von Mitgefühl und Mitmenschlichkeit, Stärkung von Verantwortungsbereitschaft und Solidarität. Jeder einzelne ist aufgefordert, der allgemeinen Menschlichkeit eine persönliche Gestalt zu verleihen und sich zugleich dafür einzusetzen, für alle Menschen die Bedingungen zur Entfaltung ihrer Gesittung zu sichern, ohne Rücksicht auf ihr Geschlecht, ihre Weltanschauung, ihre Rasse- und Volkszugehörigkeit. Bildung im Sinne der H. ist Erziehung zum Frieden, zur Konfliktbewältigung, zur Toleranz, zum Einsatz für Gleichberechtigung, gegen soziales Elend, Diskriminierung, Folter, Völkerhetze und Kriegstreiberei.

Humankapital (engl. *human capital*). Die Summe aller im Produktionsprozeß wertschaffenden Kenntnisse, Fähigkeiten, Fertigkeiten und Einstellungen der Erwerbstätigen, die aus gesellschaftlichen Aufwendungen in Erziehung, Bildung, Aus- und Weiterbildung sowie persönlichen Anstrengungen erwachsen sind. Zusammen mit a) den Arbeitsmitteln (Werkzeuge, Maschinen, Anlagen), b) der für die Produktion notwendigen Infrastruktur (Informationssysteme, Verkehrsverbindungen), c) der Arbeitsorganisation sowie d) den Rohstoffen und der Energie ist das H. wesentlicher Faktor der gesamtgesellschaftlichen Produktivkraft. Mit zunehmender Beschleunigung des technologischen Wandels steigt die Bedeutung der Erneuerung des H. Daraus erwachsen zahlreiche Anstrengungen im Bereich der *Weiterbildung.*
Literatur: 2.5

HwO. *Handwerksordnung.*

Hyperaktivität (griech. *hyper* übermäßig; lat. *actio* Bewegung). Auffällig häufige und im Wachzustand kaum unterbrochene Abfolge von Bewegungen, die auf den Betrachter überwiegend wie ruheloses Herumzappeln wirkt. Die Identifikation von H. hängt u. a. von den jeweiligen Toleranzgrenzen der Umwelt ab. Ob es sich bei H. um ein Krankheitssymptom handelt, ist nur schwer und ausschließlich durch Fachleute zu diagnostizieren. Die Ursachen können in gestörten Beziehungen ebenso liegen wie in körperlichen oder seelischen Erkrankungen.

I

IAB. *Institut für Arbeitsmarkt- und Berufsforschung der Bundesanstalt für Arbeit.*

Ich (lat. *ego*; engl. *ego*). **1)** Allgemein die bewußte Wahrnehmung von sich selbst in Abgrenzung zu anderen. Ausdruck findet dieses I.bewußtsein in dem jeweils tatsächlich verfügbaren bzw. artikulierbaren Orientierungswissen über die eigene Person in einem Ausschnitt der Wirklichkeit. Insofern nur ein sehr kleiner Teil des menschlichen Seelenlebens, das zudem von umfangreichen inneren und äußeren Faktoren beeinflußt wird, von denen das I. nichts weiß. Das I. konstituiert sich in Sozialisations- und Erziehungsprozessen als Selbsterfahrung über den Austausch mit anderen. Im Erinnern wird diese Selbsterfahrung als *Identität* bewußt.

2) Nach *S. Freud* jener Teil der *Persönlichkeit*, der um einen lebensfähigen Ausgleich zwischen den Realitätsanforderungen, den unbewußten libidinösen und aggressiven Bestrebungen des *Es* und den verinnerlichten Verboten der Moral (*Über-I.*) bemüht ist. Auch in diesem Verständnis also steht das I. in besonderer Nähe zur aktuellen Lebenswirklichkeit einer Person.

Literatur: 2.9

Ich-Kompetenz (lat. *competentia* Eignung). Im Rahmen der Erziehung zur *Autonomie* des Individuums die Fähigkeit, sich selbstbestimmt, selbständig und unabhängig zu verhalten. Erziehung und Unterricht sollen in diesem Sinne Heranwachsende befähigen, nicht nur allein, sondern auch in Zusammenarbeit mit anderen eigene Bedürfnisse und Interessen zur Geltung zu bringen, sich die eigenen Gefühle bewußt zu machen, schöpferisches Verhalten und Ausdrucksfreude zu entwickeln, Selbstsicherheit im Vertrauen auf die eigenen Fähigkeiten zu gewinnen und Selbständigkeit im Handeln zu zeigen. I. steht in enger Wechselbeziehung zur Sozial- und Sachkompetenz eines Menschen.

Idealtypus. Gedankliches Konstrukt, in dem die Merkmale beobachtbarer verwandter Einzelphänomene möglichst vollständig zusammengetragen und geordnet werden. So läßt sich z. B. aus den unterschiedlichen Lehrerrollen in Schulen, Hochschulen und Einrichtungen der Erwachsenenbildung usw. der I. des Lehrers entwickeln. Der I. bildet folglich Wirklichkeit nicht ab. Vielmehr dient er in der Gegenüberstellung mit Einzelerfahrungen dazu, die jeweils besonderen Erscheinungsformen eines Phänomens in seiner kulturellen Besonderheit oder geschichtlichen Ausprägung deutlich werden zu lassen.

Literatur: 1.5

Identifikation (lat. *idem* derselbe, der gleiche, *identitas* Wesenseinheit, *facere* machen; engl. *identification*). Allgemein das Erkennen der spezifischen Merkmale eines Menschen oder eines Gegenstandes. In psychologischem Verständnis das Nacheifern bzw. Nachahmen des Verhaltens einer Person, zu der eine starke emotionale Beziehung besteht. Durch das Bemühen um Gleichsetzung mit dem I.subjekt sollten dessen Eigenschaften in die eigene Person hineingenommen werden.

Identität (lat. *idem* derselbe, der gleiche, *identitas* Wesenseinheit; engl. *identity*). **1)** Vollständige Übereinstimmung in allen Einzelheiten.

2) Die innere Gewißheit des Subjekts, daß es trotz wechselnder Lebenssituationen und -phasen und immer neuer Orientierungen in der Außenwelt ein und dieselbe Person bleibt. Wesentliche Bedingungen für die Entwicklung von I. sind die körperlichen, emotionalen und kognitiven Austauschprozesse zwischen dem heranwachsenden Kind und seiner sozialen Umgebung. I. ist deshalb auch vorstellbar als eine Art Bewußtheit der über die Bezugspersonen erfahrenen Tatsache, daß »ich ein Ich bin im Kreise der vielen anderen«. Folglich ist auch die Qualität der Selbst-Gewißheit abhängig von der Art und Weise der *Interaktionen* zwischen dem Subjekt und seiner sozio-emotionalen Umwelt. In den Interaktionen werden die Möglichkeiten zu Distanz von den anderen ebenso wie zu Selbstdarstellung und Selbstbewußtsein definiert.

Literatur: 1.8

Ideologie (gr. *idéa* Idee, *logos* Wort, Sinn, Vernunft; engl. *ideology*). Ursprünglich in der Bedeutung von Ideenlehre gebraucht. Nach marxistischem Verständnis der gedankliche Überbau bestimmter ökonomischer Verhältnisse, der von der jeweils herrschenden Klasse zur Legitimation der bestehenden Verhältnisse als angeblich objektive und gültige Lehre vertreten wird. Durch I.kritik soll diese Verschleierung aufgedeckt und der Zusammenhang von gesellschaftlichen Interessen und Ideen deutlich werden. In der Vielfalt der Definitionen findet auch gegenwärtig das Verständnis von I. als Rechtfertigungslehre für die Inanspruchnahme von Menschen für die nicht offen formulierten Zwecke anderer besondere Beachtung.

Literatur: 1.5

Imitationslernen (Syn. **Beobachtungslernen**, **Modellernen**; lat. *imitatio* Nachahmung; engl. *imitative learning, identificatory learning, observational learning*). Das I. wird in der *Verhaltenstherapie* und in der *Verhaltensmodifikation* angewendet, um unangemessene Verhaltensweisen zu verändern oder das vorhandene Verhaltensrepertoire zu erweitern. Dabei macht man sich die Erfahrung zunutze, daß Menschen und Tiere durch bloßes Beobachten oder Nachahmen lernen. In der Verhaltenstherapie beispielsweise wird dem Patienten ein Film gezeigt, in dem eine Person (Modell) die von ihm zu lernende Verhaltensweise praktiziert. Auf diese Weise soll der Patient in die Lage versetzt werden, ein entsprechendes Verhalten ausführen zu können. Anwendungsbereiche des I. sind: Spracherwerb, Veränderung sozialen Verhaltens, Aufbau motorischer Fertigkeiten, Eliminieren von Angstreaktionen durch Gegenkonditionierung u. a.

Literatur: 2.9

Immatrikulation (engl. *enrolment*). Aufnahme in eine *Hochschule* durch Einschreibung in das Verzeichnis ihrer Studenten, i. d. R. für einen bestimmten Studiengang.

Implementation (lat. *implere* anfüllen, erfüllen). Maßnahmen zur Einführung und Umsetzung von neuen *Lehrplänen, Curricula, Ausbildungsordnungen* u. ä. Voraussetzung ist die Konkretisierung der beabsichtigten Maßnahmen bis auf die Ebene genau beschriebener Handlungen, Ziele, Inhalte und Methoden. Die Kontrolle des I.prozesses ist Aufgabe der *Evaluation.*

Individualisierung (lat. *individuus* ungeteilt, unzertrennlich; engl. *individual-*

izing). Orientierung an der Lernbiographie und Leistungsfähigkeit eines einzelnen Kindes oder Jugendlichen bei der Gestaltung von Lehr-Lern-Prozessen. Die I. des Unterrichts wird aufgrund zunehmender Differenzierungprozesse in multikulturellen demokratischen Industriegesellschaften und aufgrund zunehmender Individualisierungprozesse in der Sozialisation deutscher Kinder immer stärker gefordert. Ihr stehen aber die traditionellen, auf Einheitlichkeit, Vergleichbarkeit und Kontrollierbarkeit ausgerichteten Unterrichtskonzepte des herkömmlichen Schulsystems entgegen. Totalitäre Staaten oder monokulturell und nationalistisch ausgerichtete Gesellschaften stehen der I. meist ablehnend gegenüber. Dies belegt das Verbot von reformpädagogischen Konzeptionen und Schulen (z. B. *M. Montessoris*) im Dritten Reich oder in der Deutschen Demokratischen Republik. Nach dem Zweiten Weltkrieg kamen in der Bundesrepublik Deutschland parallel zur Bildungsreformdiskussion seit Mitte der sechziger Jahre konzeptionell unterschiedliche I.konzepte wieder stärker in die Diskussion. Hierzu gehören auf der einen Seite die Einzelarbeit im programmierten Unterricht und im computerunterstützten Unterricht, auf der anderen Seite die Freisetzung individueller Bedürfnisse und Interessen im Konzept der antiautoritären Erziehungsbewegung. Zu nennen sind auch Reformschulen, die den Aufruf nach optimaler individueller Förderung und Abbau von Chancenungleichheit durch eine Verknüpfung von I. und *sozialem Lernen* zu realisieren versuchen (z. B. *Team-Kleingruppen-Modell*). In den vergangenen Jahren ist vor allem das I.konzept M. Montessoris, das in Montessori-Schulen in den Stunden der Freiarbeit mit Montessori-Material praktiziert wird, für die innere Reform der Grundschule von Bedeutung gewesen. Aus der Erfahrung, daß bei einer totalen I. des Unterrichts die Leistungsentwicklung in der Schülerschaft auf Kosten gemeinschaftlichen, sozialen Lernens immer weiter auseinander klafft, wird heute eine Kombination von individualisiertem Lernen, projektartigem Lernen, Klassenunterricht und gemeinsamem Schulleben bevorzugt. Wenn im Stundenplan spezielle Zeiten für *freie Arbeit* und *Wochenplanarbeit* sowie eine entsprechend vorbereitete Lernumgebung zur Verfügung stehen, kann dem Wandel im Verständnis der Kindheit entsprochen werden.
Literatur: 2.1.3, 2.1.5, 2.1.9

Individualität (lat. *individuum* Einzelding, Einzelwesen, *individuus* unteilbar; engl. *individuality*). Die Gesamtheit aller Merkmale, die die Einzigartigkeit eines Menschen (eines Wesens) im Vergleich zu allen anderen ausmacht. Für den Menschen ist sie als jeweiliger Entwicklungsstand der Persönlichkeit das Resultat aus dem Ineinanderwirken von Wahrnehmung des Selbst in seiner Umwelt sowie Verarbeitung dieser Wahrnehmung nach persönlichen Motiven und erlernten kulturellen Mustern im Rahmen vorgebener natürlicher, materialer und sozialer Bedingungen.

Individuum (lat. *individuum* Einzelding, Einzelwesen, *individuus* unteilbar; engl. *individual*). Jedes Einzelwesen (Mensch, Tier, Pflanze). Im Feld der Erziehung wird der Begriff zumeist in einem wertbezogenen Sinne zur Bezeichnung der Einmaligkeit des einzelnen in der Vielzahl aller Menschen verwandt.

Indoktrination (lat. *indere* hineintun, einführen, einflößen; engl. *indoctrination*). Die gezielte Beeinflussung der Meinungsbildung anderer unter Ausnutzung von Abhängigkeiten, autoritärer Macht und Kontrolle der Informationsmöglichkeiten. Im pädagogischen Arbeitsfeld widerspricht sie grundsätzlich dem Auftrag, die Würde der Persönlichkeit nachdrücklich zu schützen und die *Emanzipation* junger Menschen zu unterstützen.

Industrie- und Handelskammer (IHK). *Zuständige Stelle. Kammer.*

Information (lat. *informare* bilden, unterrichten; engl. *information*). Mitteilung oder Nachricht über Phänomene, Sachverhalte, Situationen, Prozesse u. a., die unter Verwendung verschiedener Bedeutungs- und Sinnträger (Wörter, Sätze, Gesten, Symbole, Zahlen u. a.) von einem Absender an einen Empfänger übermittelt werden und direkt oder indirekt eine kommunikative Interaktion herstellen. Voraussetzung ist, daß Absender und Empfänger die verwendeten Symbole weitgehend im gleichen Sinne verstehen. Je weniger dies der Fall ist, desto mehr läßt der I.gehalt einer Mitteilung nach. Die Kommunikation kommt kaum zustande, ist gestört oder mißlingt.

Informationsrecht. Die gewählten Vertreter der Eltern, Schüler und Auszubildenden haben gegenüber der Schul- bzw. Betriebsleitung ein I. in allen sie unmittelbar betreffenden Angelegenheiten. Rechtliche Grundlage sind im Raum der Schule die gesetzlichen Bestimmungen zur Mitwirkung und *Mitbestimmung* der Eltern und Schüler, für die Berufsausbildung das Betriebsverfassungsgesetz (*Jugendvertretung*).

informationstheoretisch-kybernetische Didaktik. *Kybernetisch-informationstheoretische Didaktik.*

Informationstheorie (engl. *information theory*). Mathematische Theorie, die als Grundlage der Nachrichtenübertragungstechnik und der automatischen Nachrichtenverarbeitung nach Vorarbeiten anderer 1949 von C.E. Shannon und W. Weaver entwickelt wurde. Voraussetzung war die Einführung der statistischen Maßeinheit bit (engl. Abkürzung für binary digit Zweierzahl, Zweierschritt) zur quantitativen Messung und Codierung (Verschlüsselung) der Information. Die I. hat die Erforschung der Gesetzmäßigkeiten, Bedingungen und Störungen bei der Codierung, Übertragung und Decodierung von Nachrichten und Signalen auf dem Weg vom Sender zum Empfänger zum Gegenstand. Sie stellt die Grundlage für die *Kybernetik* und damit für die *kybernetisch-informationstheoretische Didaktik* dar.

Informations- und Motivationslehrgänge. Angebot im Rahmen der *berufsvorbereitenden Bildungsmaßnahmen* der *Bundesanstalt für Arbeit* (BA), das sich an Jugendliche richtet, deren Integration in *Ausbildung* oder Erwerbsarbeit bedroht oder bereits unterbrochen ist. In den I. u. M. wird versucht, die Jugendlichen zur Aufnahme einer Arbeitnehmertätigkeit oder Ausbildung zu bewegen bzw. für den Verbleib in Arbeit oder Ausbildung zu stärken. Die Kurse sind kostenlos und dauern zwischen einem und drei Monaten. Auskunft erteilt die *Berufsberatung*.

informelle Tests. Im Unterschied zu formellen *Schultests*, die Experten erstellen, werden i. T. von Lehrern selbst entwickelt. Sie sind auf den konkreten Unterricht bezogen und sollen die notwendigen Informationen über die Lernvoraussetzungen und den Stand des Lernprozesses der Schüler liefern. I. T. unterscheiden sich von den herkömmlichen Klassenarbeiten durch testtheoretisch begründete Verfahren bei der Testkonstruktion, -durchführung und -auswertung.

Literatur: 2.1.4

Inhaltsanalyse (engl. *content analysis*). In der Pädagogik Verfahren der Überschreibung (Transkription) von Texten, also qualitativen Informationen, in ein Kategorienschema, das eine quantitative Betrachtung des Textes erlaubt und auf diese Weise eine objektivere Textanalyse ermöglichen soll. Im Zentrum der I.

steht die Definition der zu zählenden Einheiten (Worte, Sätze, versprachlichte Bilder u.a.) und deren Zuordnung zu bestimmten Gruppen bzw. Kategorien (z.B. Adjektive, Substantive, Fremdworte, Lob, Tadel usw.). Aus den so gewonnenen Einsichten in die Eigenschaften eines Textes kann auf die Einstellungen und Motive des Autors geschlossen werden.
Literatur: 1.5

Initiation (lat. *initiare* einführen, einweihen; engl. *initiation)*. Prozeß der Neuaufnahme eines einzelnen in gesellschaftliche Gruppen und Institutionen, verbunden mit Gebräuchen und Sitten, durch die der neue Status verliehen wird. Typische Beispiele sind *Kommunion, Konfirmation* und Jugendweihe.

innere Differenzierung (Syn. **Binnendifferenzierung**, **Unterrichtsdifferenzierung**). Form der *Differenzierung*, die von der Berücksichtigung individueller Voraussetzungen und Lernmöglichkeiten der Schüler ausgeht und diese durch unterrichtsorganisatorische und pädagogisch-didaktische Maßnahmen innerhalb einer heterogen zusammengesetzten, gemeinsam unterrichteten Lerngruppe im fachlichen und sozialen Lernen optimal fördern will. Sie wendet sich vom *Frontalunterricht* in der *Jahrgangsklasse* ab, der versucht, alle Schüler mit den gleichen Inhalten, Methoden, Medien und Lernzeiten zum Erreichen der Lehrplanziele zu führen. Mit i.D. ist auch die zeitweise oder ständige Gruppierung der Schüler eines Klassenverbandes nach Leistungsniveau im Sinne der *Fachleistungsdifferenzierung* nicht zu vereinbaren, da dies zu Stigmatisierungen führen und pädagogischen Zielen des sozialen Lernens widersprechen könnte. I.D. bezieht sich auf didaktisch-methodische Aspekte (Ziele, Inhalte, Methoden, Medien, Lehrhilfen, Lernzeiten) des Lehrens und Lernens in der heterogenen Jahrgangsklasse oder in einer jahrgangsübergreifenden Stammgruppe.
Die interindividuelle Verschiedenheit der Schüler (z.B. Vorerfahrungen, Interessen, Lernfähigkeit, Lernstil, Lerntempo, Selbständigkeit, Kooperationsverhalten, Konzentrationsfähigkeit, Erfolgszuversicht u.v.a.) ist so groß, daß es für den Lehrer kaum möglich ist, allein durch vorgeplanten Unterricht die optimale Passung zwischen Lernanforderungen und Lernvoraussetzungen zu erreichen. Will er sie dennoch anstreben, werden sich Planung und Durchführung von Unterricht auf die methodisch und medial variantenreiche Gestaltung von Lernsituationen konzentrieren müssen. Eine dementsprechende Ausstattung des Klassenraumes als vorbereitete Lernumgebung ist notwendig. Systematische Beobachtungen und Aufzeichnungen zur individuellen Lernentwicklung sowie entsprechende Formen der Rückmeldung an Schüler und Eltern kommen hinzu. Die gegenwärtige Öffnung von Schule und Unterricht durch eine Kombination von Klassenunterricht, freier Arbeit, Wochenplanarbeit und Projektunterricht sowie Beispiele aus der Freinet-Pädagogik, aus Montessori- oder Jena-Plan-Schulen sowie der Arbeit nach dem *Team-Kleingruppen-Modell* in einigen Gesamtschulen weisen Wege hierzu auf. Über die methodischen Aspekte der i.D. hinaus kommt heute auch dem zieldifferenten Lernen bei der Integration von Behinderten und Nichtbehinderten große Bedeutung zu.
Literatur: 2.1.3, 2.1.5, 2.1.8, 2.2.5

innere Schulangelegenheiten. Alle Maßnahmen, Regelungen und Mittel, die nicht die äußeren Rahmenbedingungen (*äußere Schulangelegenheiten*), sondern die gesetzlich festgelegten Aufgaben der Schulen, Kindern und Jugendlichen Unterricht zu erteilen und an ihrer Erzie-

hung mitzuwirken, unmittelbar betreffen: die Aufstellung der Lehrpläne, die Zulassung der Schulbücher, die Regelungen bezüglich Bewertungen und Zeugnissen, Versetzungen und Berechtigungen, die Organisation der Schularbeit im Ablauf eines Schuljahres, die Bildung von Klassen, die Einrichtung besonderer unterrichtlicher Maßnahmen (z. B. Förderkurse) sowie die Ausbildung, Auswahl und Anstellung der Lehrer.
Literatur: 2.1.11

Innovation (lat. *inovare* erneuern; engl. *innovation*). Aus dem englischen Sprachbereich übernommene Bezeichnung für jegliche Art von Erneuerungsprozessen im Bildungs- und Ausbildungswesen. Je nach Schwerpunkt kann man von curricularer, methodischer, institutioneller oder auch sozialer I. sprechen. Der Begriff I. wurde vor allem durch den Deutschen Bildungsrat populär, der 1970 in seinem *Strukturplan für das Bildungswesen* das Innovieren neben dem Lehren, Erziehen, Beurteilen und Beraten zu den wichtigsten Aufgaben des Lehrerberufs zählte.

Inobhutnahme. Maßnahme zum Schutz von Kindern oder Jugendlichen. Auf ausdrücklichen Wunsch eines Kindes oder Jugendlichen bzw. wenn eine dringende Gefahr für das Wohl des Kindes oder Jugendlichen es erforderlich macht, kann das *Jugendamt* Kinder und Jugendliche vorläufig bei geeigneten Personen, in einem Heim oder einer betreuten Wohngruppe unterbringen. Dem Kind oder Jugendlichen muß unverzüglich Gelegenheit gegeben werden, eine Person seines Vertrauens zu benachrichtigen. Nach den Bestimmungen des *Kinder- und Jugendhilfegesetzes* (KJHG) übt während der I. das Jugendamt das Recht der Beaufsichtigung, Erziehung und Aufenthaltsbestimmung aus. Die *Erziehungsberechtigten* sind umgehend über die I. zu informieren. Widersprechen die Erziehungsberechtigten der I., ist das Kind oder der Jugendliche entweder sofort zu übergeben, oder aber es wird eine Entscheidung des *Vormundschaftsgerichts* herbeigeführt.

Instinkt (engl. *instinct*). Ein angeborenes Verhaltensmuster bzw. eine Verhaltensbereitschaft, die durch bestimmte Reize ausgelöst wird.

Institut für Arbeitsmarkt- und Berufsforschung der Bundesanstalt für Arbeit (IAB; engl. *Institute for Employment Research*). Nach den Bestimmungen des *Arbeitsförderungsgesetzes* (AFG) gehört es zu den Aufgaben der *Bundesanstalt für Arbeit* (BA) in Nürnberg, Umfang und Art der Beschäftigung sowie Lage und Entwicklung des Arbeitsmarktes, der Berufe und der beruflichen Bildungsmöglichkeiten laufend zu beobachten und zu untersuchen. Zu diesem Zwecke wurde 1967 das IAB eingerichtet. Seine Arbeitsergebnisse dienen primär der rechtzeitigen Beratung der Arbeitsmarkt-, Bildungs- und Sozialpolitik. Darüber hinaus betreibt das IAB in seinem Arbeitsfeld sozialwissenschaftliche Grundlagenforschung. Die Forschungsergebnisse werden in verschiedenen Schriftenreihen und in der Zeitschrift ›Mitteilungen aus der Arbeitsmarkt- und Berufsforschung‹ laufend veröffentlicht.
Anschrift: 15.1

Institut für Bildungsforschung in der Max-Planck-Gesellschaft. *Max-Planck-Gesellschaft zur Förderung der Wissenschaften.*

Institut für die Pädagogik der Naturwissenschaften (IPN). 1966 an der Universität Kiel gegründetes überregionales Forschungsinstitut, dessen Aufgabe die interdisziplinäre Grundlagenforschung in der Pädagogik und Didaktik des naturwissenschaftlichen Unterrichts in allen Bildungsbereichen ist. Es entwickelt und erprobt naturwissenschaftliche Curricu-

la, didaktische Konzepte und Medien und vermittelt seine Erkenntnisse auf Kongressen, Fachtagungen und Symposien im In- und Ausland. Das IPN informiert über seine Arbeit in den ›IPN-Blättern‹ und hat verlagseigene Reihen: IPN-Schriftenreihe, IPN-Materialien. Das Institut wird im Rahmen der Vereinbarung des Bundes und der Länder zur gemeinsamen Forschungsförderung finanziert.
Anschrift: 10.0

Institut für Film und Bild in Wissenschaft und Unterricht (FWU). 1950 gegründete Einrichtung der Bundesländer zur Herstellung von *Medien* (Diareihen, Arbeitstransparentreihen, Kassettentonbändern, Videobandkassetten, 8-mm und 16-mm-Filmen) für Institutionen der Bildung, Erziehung und Wissenschaft. Einen Überblick über das lieferbare Medienangebot gibt ein Gesamtkatalog. Der Verleih der Medien des FWU erfolgt durch die *Bildstellen* der Länder, Kreise und Städte.
Anschrift: 14.4

Integration (lat. *integratio* Erneuerung, Wiederherstellung eines Ganzen; engl. *integration*). **1)** Allgemein: Soziale Prozesse der Eingliederung von Menschen in gesellschaftliche Systeme, z.B. von Einzelpersonen in Gruppen, von Gruppen in ein Gesellschaftssystem oder Vereinigung von Gesellschaftssystemen. In der Pädagogik wird der Begriff in verschiedenen Zusammenhängen definiert verwendet.

2) Bei der Analyse der gesellschaftlichen Rolle des *Schulsystems* wurden drei Funktionen der Reproduktion der Gesellschaft herausgestellt: Qualifikationsfunktion (Lehre und Unterricht), Selektionsfunktion (Prüfungen, Berechtigungen) und Legitimationsfunktion (systemstabilisierende Normen, Werte, Rollenerwartungen). In der Verschränkung dieser drei Aspekte ist das Schulsystem ein Instrument der gesellschaftlichen I. von Kindern und Jugendlichen in das bestehende Gesellschaftssystem. Über die offiziellen und beabsichtigten I.prozesse hinaus spielen latente Lernprozesse bei den Schülern eine Rolle, die als *heimlicher Lehrplan* bezeichnet werden.

3) Das Prinzip der sozialen I. ist ein Kennzeichen moderner demokratischer Industriegesellschaften. Die Schulkritik sieht dieses Prinzip wegen der institutionellen und sozialen Auslese im traditionellen gegliederten Schulsystem nicht gewährleistet. Die integrierte *Gesamtschule* will durch den Abbau von Chancenungleichheit und durch optimale individuelle Förderung aller Schüler zur sozialen I. beitragen. Gleichzeitig wird mit dem Ziel des emanzipatorischen *sozialen Lernens* neben der Entwicklung kognitiv-intellektueller Kompetenzen auch die Förderung sozialer Fähigkeiten zur Entwicklung individueller und sozialer *Identität* als Voraussetzung für soziale I. betont. Der I.gedanke bezieht sich in gleicher Weise auf die I. von Ausländer-, Aussiedler- und Flüchtlingskindern an deutschen Schulen.

4) Die I. von Behinderten und Nichtbehinderten in Regelschulen führte seit den achtziger Jahren vermehrt zum gemeinsamen Lernen in I.klassen, so daß eine Aufnahme in die Sonderschule nicht notwendig wurde. Das bedeutet: Reduzierung der Klassenfrequenz, Zwei-Lehrer-System (Grundschullehrer, Erzieher oder Sonderschullehrer), offene Lernformen und zieldifferentes Lernen, Raumgestaltung und veränderte räumliche Bedingungen, Abschaffung des Ziffernzeugnisses und Einführung des individuellen Entwicklungsberichtes, Fortbildung und Ausbildung der Lehrerschaft und Kooperation mit therapeutischem, psychologischem und medizinischem Fachpersonal.

5) In der *Didaktik* wird der Begriff I. im Zusammenhang einer Annäherung von wichtigen didaktischen Modellen zu einer integrativen Didaktik verwendet. Ähnlich ist auch die I. verschiedener *Fachdidaktiken* in eine Bereichs-, Stufen- bzw. Grundschuldidaktik oder in ein I.fach wie z.B. beim Fach *Sachunterricht* zu sehen.
Literatur: 2.1.2, 2.1.8, 2.2.5

integrierte Gesamtschule (IGS). *Gesamtschule.*

Intelligenz (lat. *intelligentia* Einsicht, Erkenntnisvermögen, Verstand; engl. *intelligence*). Es gibt keine allgemein anerkannte wissenschaftliche Definition des Begriffs I., wohl aber Gemeinsamkeiten, die in den meisten Definitionen wiederkehren. Im allgemeinen Sinne ist I. die Anpassungsleistung eines Organismus an seine Umwelt und deren Veränderungen durch Lernen; im engeren Sinne die Fähigkeit des Menschen zur gedanklichen Erfassung und Strukturierung einer neuen Aufgabenstellung und deren zielgerichteter Lösung durch Aktualisierung und Umstrukturierung bereits vorhandener Kenntnisse und Fähigkeiten (Transfer), jedoch nicht durch bloßes Ausprobieren und daraus resultierende Erfahrungen. Welche und wieviele Faktoren zum intelligenten Verhalten gehören, hängt von den zugrundeliegenden I.theorien ab.
Literatur: 1.7, 2.9

Intelligenzquotient (IQ; engl. *intelligence quotient, IQ*)**.** Von W. Stern 1912 eingeführtes Maß zur Darstellung der geistigen Leistungsfähigkeit eines Menschen in Form eines Quotienten, der nach der Formel Intelligenzalter (IA) geteilt durch Lebensalter (LA) mal 100 errechnet wird. Danach gibt ein Wert von 100 das durchschnittliche Intelligenzniveau an. Der Wert des Intelligenzalters ergibt sich aus den in einem *Intelligenztest* erbrachten Leistungen im Vergleich zu den durchschnittlich von einer bestimmten Altersgruppe gezeigten Testleistungen. Löst ein Kind z.B. zusätzlich zur durchschnittlichen Anzahl seiner Altersgruppe weitere Aufgaben aus einer höheren Altersstufe, dann liegt sein IA über dem LA und der IQ über 100, d.h. über dem Durchschnitt. Empirische Untersuchungen zu den nach W. Stern errechneten IQ-Werten haben ergeben, daß sie bei Kindern verschiedener Altersstufen nicht vergleichbar sind und unterschiedliche Interpretationen zulassen.
Heute wird deshalb ein anderes Verfahren praktiziert, das zu einem Meßwert führt, der ein Abweichungsmaß vom Mittelwert der Normalverteilung angibt. Nicht mehr das Durchschnittskind einer Altersgruppe stellt die Bezugsgröße dar, sondern die Stellung der Leistung eines Kindes in der normalen Verteilung der Leistungen seiner Altersgruppe. Bei der Normalverteilung der Leistungen wird für die Altersnorm von einem Wert von 100 ausgegangen. Die Leistung eines Kindes wird dann durch die Abweichung von dieser Norm nach oben oder unten bestimmt. Der sog. Abweichungs-IQ behält zwar noch den Namen IQ bei, ist aber kein Quotient mehr.

Intelligenztest (engl. *intelligence test*). Standardisiertes Verfahren zur Messung einer (je nach Test) unterschiedlich großen Anzahl von Intelligenzfaktoren wie Sprachkompetenz, Abstraktionsfähigkeit, Merkfähigkeit, logisches Denken, räumliches Vorstellungsvermögen oder mathematische Kombinatorik. Der erste Versuch, *Intelligenz* als einen Komplex von Faktoren mit Hilfe von altersspezifischen Aufgaben zu messen, geht auf A. Binet zurück. Heute liegen eine Fülle von I. vor, die sich in Definition, Auswertung und Intelligenztheorie unterscheiden. Wurden die Ergebnisse der I. früher durch den *Intelligenzquotienten*

(IQ) im Sinne W. Sterns zum Ausdruck gebracht, geschieht dies heute mit Hilfe des sog. Abweichungs-IQ. Die meisten I. dürfen nur von geprüften Fachleuten durchgeführt, ausgewertet und interpretiert werden. Trotzdem ist angesichts der Geschichte der Intelligenzforschung darauf zu achten, auf welchem intelligenztheoretischen Hintergrund und zu welchem Zweck (z. B. Auslese-, Plazierungs-, Förderungsentscheidung) ein I. durchgeführt wird.
Literatur: 2.1.4, 2.9

intentionale Erziehung (lat. *intendere* anstreben, auf etwas richten). Im Gegensatz zur *funktionalen* (unbeabsichtigten) *Erziehung* bezeichnet die i. E. die geplanten und systematisch durchgeführten erzieherischen Einwirkungen auf Kinder, Jugendliche und Erwachsene.

Intentionen (Syn. **Intentionalität**, lat. *intendere* anstreben, auf etwas richten). Pädagogische Absichten, die im Unterricht verwirklicht werden sollen. In einem Ordnungssystem können aus analytischen Gründen drei Dimensionen unterschieden werden: pragmatisch-dynamische, auf Handeln bezogene I., kognitiv-aktive, auf Denken bezogene I. und pathisch-affektive, auf Fühlen bezogene I. In der Unterrichtswirklichkeit kommen die drei Dimensionen aber immer nur vermischt vor. Die I. sind in der *lerntheoretischen Didaktik* neben Themen/Inhalten, Methoden und Medien eines der vier Strukturelemente des Unterrichts. Unter dem Gesichtspunkt der *Interdependenz* aller Hauptfaktoren des Unterrichts muß entschieden werden, welche Absichten (also I.) mit welchen Themen (Inhalten, Gegenständen) unter Verwendung welcher Methoden (Verfahren) und Medien verwirklicht werden sollen (Unterrichtsplanung) oder verwirklicht worden sind (Unterrichtsanalyse).

Interaktion (lat. *inter* zwischen, unter, *actio* Ausführung, Handlung; engl. *interaction*). Wechselseitig beeinflußtes Denken, Fühlen und Handeln zwischen mindestens zwei Personen. Bezeichnet auch die Wechselwirkungen zwischen körperlichen und seelischen Prozessen.

Interdependenz (lat. *inter* zwischen, *dependere* abhängen; engl. *interdependence*). Gegenseitige Abhängigkeit von Variablen. In der I.analyse wird versucht, die Gesetzmäßigkeiten zwischen den Variablen zu überprüfen und zu klären. In der *lerntheoretischen Didaktik* wird mit dem Begriff die gegenseitige Abhängigkeit der Strukturelemente des Unterrichts (Intentionen, Themen, Methoden und Medien) gekennzeichnet.

Interdisziplinarität. (lat. *inter* zwischen, *disciplina* Lehre, Unterricht). Mit der ständigen Differenzierung und Spezialisierung in den Erziehungswissenschaften ist zwar einerseits wissenschaftlicher Fortschritt und vertieftes Wissen in einem Spezialgebiet, andererseits aber auch der Verlust fachübergreifender Bearbeitung pädagogischer Fragestellungen und der ganzheitlichen Zusammenschau wissenschaftlicher Erkenntnisse verbunden. In diesem Dilemma wird immer wieder I. gefordert und auch praktiziert. So etwa in verschiedenen Forschungsinstituten (z. B. Max-Planck-Institut), Fachbereichen/Fakultäten (Pädagogik, pädagogische Psychologie, pädagogische Soziologie) oder Forschungsprojekten (zu Umweltproblemen, Friedensproblemen). Über einen begrenzten Zeitraum ist die I. in Forschungsprojekten z. B. zu Lehr-Lern-Prozessen in einer Schulform oder Schulstufe geradezu gefordert.

Interesse (lat. *interesse* dabeisein, an etwas teilnehmen; engl. *interest*). **1)** Eine längerwährende Einstellung, erlebbar als Gefühl bzw. Gedanke, daß bestimmte Personen, Gegenstände oder Aktivitäten mit besonderer Aufmerksamkeit wahrgenommen werden. In diesem Sinne auch zu verstehen als eine Art der *Motivation*, die das Verhalten auf das Erreichen ausgewählter Ziele ausrichtet. Resultat der *Interaktionen* zwischen dem Ich und seiner Umwelt, also von Sozialisations-, Lern-, Erziehungs- und Unterrichtsprozessen gestaltet und durch sie zu verändern.

2) Die pädagogische Bedeutung des Begriffs hat *J.F. Herbart* ausführlich reflektiert. Herbart definierte I. als Selbsttätigkeit, folgte insoweit dem Aspekt der Motivation. Da aber nicht jedwede Selbsttätigkeit der Schüler akzeptiert werden könne, solle der Unterricht die Fragen und Gedanken der Kinder »aufs Rechte lenken«, damit sich deren I. »vielseitig gleichschwebend« ausbilden könne. Freier Wille, Spontaneität und Phantasie sind nach Herbart unabdingbare Voraussetzungen für selbstbestimmte, über bloßes Reproduzieren angelernten Wissens hinausgehende Lernarbeit. Deshalb soll der Lehrer Sachverhalte und Situationen den Schülern zwar nachdrücklich und in der erforderlichen Ordnung, dennoch aber so offen verhandelbar vorstellen, daß die Kinder ihr Verhältnis dazu schließlich selbst bestimmen können. Damit ist auch gefordert, die vordergründigen I. der Kinder in ihrer Abhängigkeit von äußeren Einflüssen zu relativieren und zu korrigieren. Schüleri. werden nur dann in einem pädagogisch verantwortbaren Sinne angemessen berücksichtigt, wenn zugleich die sittlichen, geistigen und sozialen Horizonte beachtet werden, in denen die Heranwachsenden reflektiert und verantwortungsbewußt handeln sollen.

Literatur: 1.8, 1.9

interkulturelle Erziehung (Syn. **multikulturelle Erziehung**). I.E. meint die gemeinsame Erziehung von Kindern und Jugendlichen aus verschiedenen Kulturen. Die Bundesrepublik Deutschland hat sich in weiten Teilen zu einer multikulturellen Gesellschaft entwickelt, in der vor allem in den Ballungsräumen eine Vielzahl von Menschen unterschiedlicher Kulturen nebeneinander oder zusammen leben. Trotz des Anwerbestopps für ausländische Arbeitnehmer aus Staaten außerhalb der Europäischen Union (EU) im Jahre 1973 hat sich der Anteil ausländischer Kinder durch Familiennachzug und Geburten in Kindergärten, Kindertagesstätten und Schulen erheblich erhöht. Hinzu kommen seit den letzten Jahren Aussiedler-, Asylanten- und Flüchtlingskinder. Dies führt häufig zu Konflikten zwischen den verschiedenen Bevölkerungsgruppen.

Das Konzept der i.E. wendet sich an ausländische und an deutsche Kinder und Jugendliche gleichermaßen und hat zum Ziel, die *Integration* ausländischer Schüler in die vorschulischen und schulischen Bildungsprozesse zu unterstützen und dabei die soziale und kulturelle Eigenständigkeit zu fördern. Eine solche Zielsetzung unterscheidet sich von früheren Positionen innerhalb der *Ausländerpädagogik*, die im Sinne kompensatorischer Erziehung von der einseitigen Anpassung der Ausländer (Assimilation) an die deutsche Kultur ausging und Integration durch die Vermittlung der deutschen Sprache und Kultur erreichen wollte. Inzwischen ist diese Position der Einsicht gewichen, daß Migration im Leben der betroffenen Menschen ein Einschnitt ist, bei dem die Persönlichkeitsentwicklung durch die Wahrung der kulturellen und religiösen Identität gefördert werden muß. Integrationsprozesse können aus dieser Sicht nur gelingen, wenn i.E. die Herkunftskultur, wie sie in Sprache, Brauchtum und Religion zum Ausdruck kommt, und die im Aufnahmeland sich entwickelnde Migrantenkultur einbezieht. Eine wichtige Voraussetzung ist Toleranz und wechselseitige Verständigungsbereitschaft. Dabei muß die

heimische Bevölkerung lernen, daß sich monokulturelle und nationale Konzepte von Schule und Erziehung im europäischen und internationalen Rahmen überlebt haben. Das bedeutet, daß die Einbeziehung verschiedener Kulturen und Mehrsprachigkeit generell zu den zukunftsorientierten Aufgaben der Schule gehören müssen. Eine zentrale Rolle spielen Elternarbeit und Bildungspolitik.
Seit den siebziger Jahren sind eine Reihe von Modellversuchen und Forschungsprojekten zur i. E. durchgeführt worden, deren Erfahrungen und Ergebnisse eine wichtige Hilfe sein können.
Literatur: 2.3

Internalisierung (lat. *internatus* im Innern des Hauses; engl. *internalization*). Derart tiefe Verinnerlichung äußerer Werte und Normen, daß sie zum Bestandteil des eigenen *Selbstkonzeptes* werden und ihre ursprüngliche Herkunft gar nicht mehr bewußt ist. Insofern wesentlicher Teilprozeß der kulturellen Integration der nachwachsenden Generationen.

Internat (lat. *internus* inwendig). **1)** Im allgemeinen Sprachgebrauch höhere Schule mit angeschlossenem Wohnheim. Das Schulrecht verwendet den Begriff in diesem speziellen Sinn nicht (vgl. *Heimschulen*).
2) Wohnheim einer Schule.

Inter Nationes. 1952 gegründete gemeinnützige Vereinigung mit der Aufgabe, den Dialog zwischen Deutschland und dem Ausland auf allen Gebieten des kulturellen Lebens, insbesondere beim Informations- und Bildungswesen, anzuregen. Zu diesem Zwecke fördert das Auswärtige Amt im Rahmen seiner auswärtigen Kulturpolitik Sprachkurse sowie die Vorbereitung, Herausgabe, Herstellung und Verbreitung von Büchern, Zeitschriften und audiovisuellen Medien durch I.N.
Anschrift: 3.5

Interschul. Name der internationalen Bildungsmesse des Verbandes der Schulbuchverlage, die seit 1960 im Zweijahresrhythmus in Dortmund stattfand und jetzt jährlich an wechselnden Standorten (Dortmund 1994, Hannover 1995, Stuttgart 1996) veranstaltet wird. Sie gibt einen umfassenden Überblick über den Stand und die Trends auf dem Lehr-/Lernmittel- und Schulausstattungsmarkt. Gleichzeitig werden Tagungen und Kongresse durchgeführt. Andere Bildungsmessen sind die *Didacta* in Düsseldorf und die *World Didac* in Basel/Schweiz.
Anschrift: 14.4

intrinsische Motivation (lat. *intrinsecus* inwendig, im Inneren, *motivum* Beweggrund; engl. *intrinsic motivation*). Leistungsanreize oder Verhaltensimpulse, die ihren Ursprung im zufriedenstellenden Erleben bestimmter Verhaltensweisen haben. Umgangssprachlich ausgedrückt: Eine Sache um ihrer selbst willen tun. Gegenteil: *extrinsische M.*

IPN. *Institut für die Pädagogik der Naturwissenschaften.*

IQ. *Intelligenzquotient.*

J

Jahrgangsklassen. Die quantitative Einteilung der Schülerschaft eines Altersjahrganges in J. geht auf die Ökonomisierung und Rationalisierung des Schulwesens nach der Einführung der allgemeinen *Schulpflicht* und den Ausbau des Berechtigungswesens im 19. Jh. zurück. Nach dem Scheitern des Süvernschen Gesetzentwurfs im Jahre 1819 wurde im Zusammenhang mit der Absonderung des höheren vom niederen Schulwesen und der bürokratischen Vereinheitlichung der Gymnasien unter der Leitung von J. Schulze in Preußen 1820 die J. eingeführt. Vorbild war die Einziehung von Rekrutenjahrgängen zum Militär und nicht, wie oft dargestellt, die Pädagogik von *J.A. Comenius*. Die J. verdrängte das auf *A.H. Francke* zurückgehende System der Fachklassen, in dem die Schüler jeweils nach erbrachter fachspezifischer Leistung Klassen mit unterschiedlichem Leistungsniveau angehören konnten.

Das von der Fiktion der Alters- und Leistungsgleichheit ausgehende System der homogenen J. hat bis heute trotz der Forderung nach *innerer Differenzierung* des Unterrichts zu hohen Sitzenbleiberquoten geführt. Aus der Kritik an der J. hat *P. Petersen* im Jena-Plan das Konzept einer altersheterogenen Gruppierung der Schüler in *Stammgruppen* entwickelt, das in den *Jena-Plan-Schulen* seit 1924 praktiziert wird.

JArbSchG. *Jugendarbeitsschutzgesetz.*

Jena-Plan. Von *P. Petersen* entwickelte und heute noch praktizierte Schulkonzeption, die Ergebnisse der *Reformpädagogik* aufgriff und auf eine Erneuerung der durch *Jahrgangsklassen* und *Frontalunterricht* gekennzeichneten deutschen Schule abzielte. Altersheterogene *Stammgruppen*, in denen zwei bis drei Jahrgänge zusammengefaßt sind, sollen ein anregungsreiches Lernklima schaffen. An die Stelle der traditionellen Fächerung treten fachbezogene Niveaukurse, projektartige Gruppenarbeit und freies Arbeiten. Der Wochenarbeitsplan gibt den Schülern Gelegenheit zur Mitgestaltung. Bildungsgrundformen zur Gestaltung pädagogischer Situationen sind das Gespräch (Kreisgespräch, Vortrag u. a.), das Spiel (freies Spiel, Lernspiel u. a.), die Arbeit (Gruppenarbeit, Kurse, gestaltendes Schaffen u. a.), die Feier (Wochenanfangs-, Wochenschlußfeier u. a.). Der Klassenraum soll einer Wohnstube gleichen, in der sich die Schüler frei bewegen können. An die Stelle von Zensuren und Zensurenzeugnissen treten Besprechungen der Lernergebnisse und am Ende des Schuljahres die sog. Charakteristik (ein Lernentwicklungsbericht). Im täglichen Vollzug von verantwortlicher Tätigkeit des einzelnen und im Miteinander der Gruppen soll ein erzieherisch wirksames *Schulleben* entstehen, das Ausdruck einer Lebensgemeinschaftsschule der Schüler, Lehrer und Eltern ist. P. Petersen gründete zur Erprobung des J.-P. 1924 an der Universität Jena eine

sog. Übungsschule, die er bis zu ihrer Schließung durch die DDR-Behörden im Jahre 1950 wissenschaftlich begleitete. Nach der Wiedervereinigung wurde 1990 in Jena eine neue J.-P.-Schule eröffnet. Insgesamt gibt es in den alten Bundesländern zwölf und den neuen drei J.-P.-Schulen, die teilweise auch Peter-Petersen-Schulen heißen. In den Niederlanden orientieren sich etwa 250 Schulen an der Konzeption des J.-P.
Literatur: 2.1.9

JGG. *Jugendgerichtsgesetz.*

JÖSchG. *Gesetz zum Schutz der Jugend in der Öffentlichkeit.*

Jugend (engl. *youth*). Zeit des Übergangs zwischen Kindheit und Erwachsenenalter, die zwar immer mit dem Eintritt der Geschlechtsreifung und dem Gestaltwandel des kindlichen Körpers einsetzt, deren Dauer, Verlauf und Funktionalisierung jedoch ebenso wie ihr persönliches Erleben und ihre gesellschaftliche Bedeutung von kulturspezifischen Regelungen und Einrichtungen abhängen, die den jungen Menschen auf die schrittweise Übernahme der Rechte und Verantwortlichkeiten eines Vollmitgliedes einer Gesellschaft vorbereiten sollen. Je differenzierter und anspruchsvoller die Anforderungen, Entscheidungs- und Handlungsspielräume sind, die eine Kultur dem einzelnen bzw. sozialen Verbänden in ihren zentralen Praxisfeldern eröffnet (Regeneration und Erziehung der Nachkommen, Politik, Recht, öffentliche Ordnung und Verteidigung, Wissenschaft und Technologie, Arbeit, Kommunikation, Kunst, Ausbildung), desto ausgedehnter und inhaltlich genauer bestimmt ist die gesellschaftliche Ausgrenzung von J. als Zeit des Erlernens und Einübens von allgemeinen und praxisspezifischen Kompetenzen sowie der Entwicklung moralischer Orientierungen, die zur selbständigen und eigenverantwortlichen Übernahme bestimmter *Rollen* der Erwachsenen (als Erwerbstätige, politische Bürger, Eltern, Konsumenten usw.) führen. Da innerhalb der kulturspezifischen Praxisfelder derartige Ausgrenzungen von unterschiedlicher Dauer und Gestaltung sind, läßt sich auch kein exakterer Begriff der J. bilden. So setzt die geschlechtliche Reifung bei Mädchen heute bereits ab dem 10. Lebensjahr ein, definiert die Rechtsprechung den Beginn der J.zeit mit der Vollendung des 14. Lebensjahres, setzt die Gesellschaft den Achtzehnjährigen in volle Geschäftsfähigkeit, rechtliche Selbständigkeit und alle Freiheiten des politischen Bürgers ein, betrachtet ihn in allen für die gesellschaftliche Ordnung wesentlichen Hinsichten also als Erwachsenen, rechnet andererseits unter bestimmten Voraussetzungen junge Erwachsene die 18, aber noch nicht 21 Jahre alt sind, im Strafrecht noch zu den Jugendlichen und gewährt jungen Menschen, die auf Unterhalt durch ihre Eltern angewiesen sind, selbst bis zur Vollendung des 27. Lebensjahres Anspruch auf Kindergeld. Aus diesen vielfältigen Ungleichzeitigkeiten können Orientierungs- und Selbstbestimmungsprobleme erwachsen, die ungelöst zu heftigen Krisen und Konflikten führen können. Schule, Ausbildung, Jugendhilfe und Jugendgerichte sind deshalb gehalten, die besonderen Anforderungen und Gefährdungen in dieser Lebensphase zu berücksichtigen.

Ähnlich wie im Falle der Kindheit hat sich auch für die J.zeit eine zeitliche Untergliederung eingebürgert: die *Vorpubertät* unmittelbar vor dem Beginn der eigentlichen Geschlechtsreifung, dann die *Pubertät* im zeitlichen Spielraum zwischen dem 10. und dem 15. Lebensjahr und bei Mädchen zumeist früher als bei Jungen, gefolgt von der *Adoleszenz*, der Altersphase der *Heranwachsenden*. Angesichts der zeitlichen Ausdehnung

der J. durch längere Ausbildungszeiten wird neuerdings auch noch von einer *Postadoleszenz* gesprochen.
Literatur: 2.9, 2.10, 3.4

Jugendamt (engl. *youth welfare office*). Träger der öffentlichen *Jugendhilfe* sind nach dem *Kinder- und Jugendhilfegesetz* (KJHG) Kreise, kreisfreie Städte sowie übergeordnete regionale Träger (z. B. Regierungsbezirke oder das Land). Zu diesem Zwecke werden J. und Landesj. eingerichtet, die Teil der Verwaltung der jeweiligen Gebietskörperschaft sind. Die Aufgaben des J. werden durch einen *Jugendhilfeausschuß* näher bestimmt und von der Verwaltung des J. wahrgenommen. Im Ausschuß sind die öffentlichen und die freien Träger der Jugendhilfe vertreten. Die hauptamtlichen Mitarbeiter der J. sollen nach Ausbildung und Persönlichkeit für die besonderen Aufgaben des J. geeignet sein. I. d. R. sind es *Sozialarbeiter/Sozialpädagogen*.

Jugendarbeit (engl. *youth work*). Nach dem *Kinder- und Jugendhilfegesetz* (KJHG) aus dem Jahre 1990 ist J. Teil der *Jugendhilfe*, zusammen mit *Jugendsozialarbeit* und *erzieherischem Kinder- und Jugendschutz*. J. wird angeboten von Verbänden, Gruppen und Initiativen der *Jugend*, von anderen freien und von öffentlichen Trägern. Sie soll an den Interessen der jungen Menschen ansetzen, von ihnen mitbestimmt und mitverwaltet werden. Zu ihren Schwerpunkten gehören allgemeine außerschulische Jugendbildung (z. B. Musik, Politik, Sport, Technik), arbeitswelt-, schul- und familienbezogene J., internationale J., Erholung und Jugendberatung. Ihre Angebote sind grundsätzlich freiwilliger Natur.
Literatur: 2.11

Jugendarbeitslosigkeit (engl. *youth unemployment*). Nach der Statistik der *Bundesanstalt für Arbeit* (BA) fallen unter die J. Arbeitslose bis unter 20 Jahren. Aufgrund der Bevölkerungsentwicklung ist die J. seit etwa 1989 insgesamt rückläufig. Im April 1991 waren in ganz Deutschland 88 000 Jugendliche arbeitslos gemeldet, 3,5% aller Arbeitslosen, im April 1994 87 000, 2,2% aller Arbeitslosen. Bestimmte Teilgruppen der Jugendlichen sind jedoch weiterhin in überdurchschnittlich hohem Maße von J. bedroht: Sonderschüler, Hauptschüler ohne Abschlußzeugnis, Behinderte, junge Ausländer und sozial benachteiligte Jugendliche. Die Forschung zeigt, daß diese jungen Menschen keineswegs besondere Defizite im Hinblick auf Arbeitsbereitschaft und Motivation aufweisen. Für die Entwicklung des Selbstbewußtseins, der sozialen Identität und der Integration des jungen Menschen in den gesellschaftlichen Gesamtprozeß (wirtschaftliche Unabhängigkeit, Gründung einer Familie, Teilnahme am kulturellen und politischen Leben) stellt J. eine ernste Bedrohung dar. Deshalb bieten die Bundesanstalt für Arbeit (*Förderlehrgänge*), die beruflichen Schulen (*Berufsvorbereitungsjahr*) und die Jugendhilfe (*Jugendberufshilfe*) zahlreiche Hilfen an. Auskünfte darüber erteilen Berufsberatung und Jugendamt.

Jugendarbeitsschutzgesetz (**JArbSchG;** engl. *Protection of Young Persons at Work Act*). Bundesgesetz aus dem Jahre 1976. Regelt den Arbeitsschutz für die Beschäftigung von noch nicht volljährigen *Jugendlichen*. Die wichtigsten Bestimmungen: Kinder unter 14 Jahren und Vollzeitschulpflichtige dürfen grundsätzlich nicht beschäftigt werden. Ausnahmen für Hilfen in der Familie sowie bei künstlerischen und sportlichen Veranstaltungen sind im JArbSchG geregelt. Die Arbeitszeit für Jugendliche ist auf 40 Wochenstunden begrenzt. Auszubildende müssen zur Teilnahme am Berufsschulunterricht innerhalb der Arbeitszeit freigestellt werden. Schulzeit zählt als zu vergütende

Arbeitszeit. Nachtruhe besteht zwischen 20 und 6 Uhr, wobei für einzelne Branchen ab dem 16. Lebensjahr Ausnahmen möglich sind. Jugendliche dürfen nicht mehr als fünf Tage in der Woche arbeiten. Für die unter sechzehnjährigen Jugendlichen besteht Anspruch auf Jahresurlaub im Umfang von 30 Arbeitstagen, bis zur Vollendung des 17. Lebensjahres auf 27 Tage, danach mindestens auf 25 Tage. Verstöße gegen das JArbSchG werden vom *Gewerbeaufsichtsamt* verfolgt.

Jugendarrest. Obschon bei Juristen und Pädagogen inzwischen sehr umstritten, sieht das *Jugendgerichtsgesetz* (JGG) den J. noch immer als sog. Zuchtmittel vor, das von einem *Jugendgericht* verhängt werden kann, wenn das Gericht der Ansicht ist, daß eine Verwarnung oder bestimmte Auflagen angesichts der Schwere einer begangenen Straftat nicht mehr ausreichend sind. Ob als Freizeit-, Kurz- oder maximal vierwöchiger Dauerarrest, in jedem Fall soll J. unter Berücksichtigung der individuellen Voraussetzungen des Jugendlichen angemessen gestaltet werden. J. gilt nicht als *Jugendstrafe*.

Jugendaufbauwerk. Etwa ein Jahr nach dem Ende des 2. Weltkrieges in den westlichen Besatzungszonen Deutschlands gebildete Einrichtungen für heimat- und familienlose Jugendliche, die ihnen eine Bleibe, Gemeinschaft, persönliche Beratung sowie schulische und/oder berufliche Ausbildung vermitteln sollten. Bis in die Mitte der sechziger Jahre wurden diese Dienste auch jugendlichen Flüchtlingen aus der DDR angeboten. Die rund 500 Einrichtungen (zumeist von freien Trägern der Jugendhilfe) kümmern sich heute insbesondere um die kulturelle, soziale und berufliche Integration junger Aussiedler und Einwanderer.

Jugendbericht (engl. *National Youth Report*). Nach den Bestimmungen des *Kinder- und Jugendhilfegesetzes* (KJHG) hat die Bundesregierung in jeder Legislaturperiode dem Deutschen Bundestag und dem Bundesrat einen Bericht über die Lage junger Menschen und die Bestrebungen und Leistungen der *Jugendhilfe* vorzulegen. Das Gesetz verpflichtet die Regierung, mit der Berichterstattung eine unabhängige Kommission von sieben Sachverständigen zu beauftragen. Der erste J. wurde 1965 vorgelegt.

Jugendberufshilfe. Wesentlicher Teil der *Jugendsozialarbeit*, die sich an Jugendliche richtet, die bei ihrer gesellschaftlichen und beruflichen Eingliederung besonders benachteiligt sind. Dazu gehören heute mehr und mehr jugendliche Aussiedler, Einwanderer, Ausländer und Asylanten. Die J. unterstützt berufliche Orientierung, *Berufswahl* und *Berufsausbildung*, hilft bei besonderen Lern- und Leistungsbeeinträchtigungen und bietet deutsche Sprachkurse an. Die öffentlichen und freien Träger der *Jugendhilfe* als Veranstalter von Maßnahmen der J. erhalten für ihre Arbeit Mittel aus dem *Bundesjugendplan*, den *Landesjugendplänen*, von der *Bundesanstalt für Arbeit* (BA) und aus besonderen Förderprogrammen des öffentlichen Haushalts. Auskünfte dazu erteilen das *Jugendamt*, die freien Träger der Jugendhilfe und die *Berufsberatung*.

Jugendbewegung (engl. *youth movement*). Im Laufe des 19. Jh. entstand in kritischer Auseinandersetzung mit den zahlreichen Veränderungen, die die Industrialisierung den tradierten Lebensformen abverlangte, eine besondere Jugendkultur. Die Kulturkritik der Philosophie in der Tradition von F. Nietzsche und A. Schopenhauer trug dazu ebenso bei wie die erstarkende Gewerkschaftsbewegung, die vehement gegen die unmenschliche Ausbeutung des Industrieproletariats kämpfte. Die Aktivitäten der

um die Jahrhundertwende gebildeten bürgerlichen Wandervogelbewegung wandten sich insbesondere gegen die intellektuellen, technologischen und organisatorischen Zwänge der industriellen Zivilisation (alkohol- und nikotinfreies Gruppenleben, Wandern in möglichst unberührter Natur, Sozialerziehung in freier Selbstbestimmung, Pflege des tradierten Kulturgutes). Die vielen Gruppierungen und Strömungen der J. schlossen sich nie zu einer gemeinsamen Organisation zusammen und enthielten sich bewußt jeder politischen Aktivität. Das änderte sich auch nicht nach dem großen Treffen 1913 auf dem Hohen Meißner, bei dem sich alle unter einem gemeinsamen Manifest zur Freideutschen Jugend zusammenfanden. Als Leitziel setzten sich die Teilnehmer ein Leben aus eigener Bestimmung, in eigener Verantwortung und mit innerer Wahrhaftigkeit. Auf die *Reformpädagogik* haben Gedankengut und Lebensweise der bürgerlichen J. nachhaltigen Einfluß genommen.
Im Gegensatz zur bürgerlichen J. verstand sich die proletarische J. von Beginn an als politische Bewegung, die gegen die materielle und kulturelle Verelendung sowie die politische Ohnmacht der Arbeitermassen den Kampf um geistige, soziale und politische Emanzipation aufnahm.
Literatur: 1.11

Jugendfürsorge. *Hilfe zur Erziehung.*

jugendgefährdende Schriften. Nach den Bestimmungen des *Gesetzes über die Verbreitung jugendgefährdender Schriften* entscheidet die beim Bundesministerium für Familie, Senioren, Frauen und Jugend eingerichtete Bundesprüfstelle für j.S. auf Antrag einer Jugendbehörde, ob eine Schrift, ein Bild, Film oder andere Darstellung in die Liste der j.S. aufgenommen werden soll. Kriterien dafür sind die Mißachtung von Sittlichkeit und Menschenwürde, insbesondere im Bereich der Sexualität, die Verherrlichung von Gewalt, Rassenhaß und Krieg und die Aufforderung zu strafbaren Handlungen. Wird eine Schrift usw. auf die Liste gesetzt (als gefährdende angezeigt und damit indiziert), unterliegt sie besonderen Werbebeschränkungen und darf an *Kinder* und *Jugendliche* nicht verkauft werden.

Jugendgericht (engl. *juvenile court*). Nach den Bestimmungen des *Jugendgerichtsgesetzes* (JGG) entscheiden J. über Verfehlungen von *Jugendlichen* und – unter besonderen Voraussetzungen – von *Heranwachsenden.* J. sind der Strafrichter als *Jugendrichter*, das Jugendschöffengericht (Jugendrichter und zwei Jugendschöffen) und die Jugendkammer (drei Richter und zwei Jugendschöffen). In ihren Verfahren und bei der Zuerkennung einer Maßnahme oder *Strafe* folgen die J. zuerst erzieherischen Überlegungen, damit dem jungen Menschen geholfen werden kann, an der Verbesserung seiner Einstellungen und Verhaltensweisen zu arbeiten. Dabei wird das J. durch die *Jugendgerichtshilfe* unterstützt. Verfahren vor den J. sind im Interesse der Jugendlichen nicht öffentlich.

Jugendgerichtsgesetz (**JGG;** engl. *Juvenile Court Act*). Im Interesse einer stärkeren Berücksichtigung des Erziehungsgedankens in Strafverfahren gegen *Jugendliche* und *Heranwachsende* wurde das J. als Sonderform des Strafrechts erlassen. Es regelt Maßnahmen bei Verfehlungen Jugendlicher, die Arbeit der *Jugendgerichte* sowie der *Jugendgerichtshilfe.*

Jugendgerichtshilfe. Nach den Bestimmungen des *Kinder- und Jugendhilfegesetzes* (KJHG) und des *Jugendgerichtsgesetzes* (JGG) ist ein Vertreter des *Jugendamtes* oder eines freien Trägers der *Jugendhilfe* bei jedem Verfahren vor einem *Jugendgericht* zu beteiligen. Er soll durch die Erkundung und Darstellung von Entwicklung, Lebensgeschichte und aktueller psycho-sozialer Lage des angeklagten Jugendlichen den Entstehungszusammenhang einer Verfehlung aufklären helfen, den Jugendlichen während des Verfahrens betreuen und beraten sowie bei der eventuellen Entscheidung des Gerichts über Weisungen, *Erziehungsmaßregeln, Zuchtmittel* oder eine *Jugendstrafe* insbesondere den Gedanken der erzieherischen Lebenshilfe für den jungen Menschen vertreten. Wird eine Strafe auf *Bewährung* ausgesprochen, so hat die J. eng mit dem *Bewährungshelfer* zusammenzuarbeiten.

Jugendgesetze. *Jugendrecht.*

Jugendgesundheitspflege. Auf der Grundlage von Regelungen im 5. Buch des Sozialgesetzbuches (soziale Entschädigung bei Gesundheitsschäden) bieten die Träger der gesetzlichen Krankenversicherungen Kindern und Jugendlichen kostenlos Maßnahmen zur Früherkennung von Krankheiten und zur gesundheitlichen Kontrolle von Auszubildenden an, die für letztere im *Jugendarbeitsschutzgesetz* (JArbSchG) vorgeschrieben sind.

Jugendhilfe (engl. *child and youth welfare*). J. soll einen Beitrag zur Sicherung des Rechtes jedes jungen Menschen auf Förderung seiner Entwicklung und Erziehung leisten (vgl. § 1 des *Kinder- und Jugendhilfegesetzes*). Darin unterstützt sie die Eltern und öffentlichen Träger der Erziehung, z. B. die Schulen. J. umfaßt Angebote der *Jugendarbeit*, der *Jugendsozialarbeit* und des *erzieherischen Kinder- und Jugendschutzes*, Angebote zur Förderung der Familienerziehung und der Kinder in *Kindergärten* und *Horten,* Angebote des besonderen Schutzes für Kinder und Jugendliche, soweit ihre Erziehung in Familie oder einer anderen Einrichtung gefährdet ist, Beistand vor den Vormundschafts- und Familiengerichten, Beratung in Fragen der *Annahme als Kind*, Übernahme von *Amtspflegschaften* u. v. a. m. Träger dieser Leistungen sind öffentliche Stellen (z. B. *Jugendamt*) und eine Vielzahl freier Träger der J. (Kirchen, Wohlfahrtsverbände, *Jugendverbände* u. a.).
Literatur: 2.11

Jugendhilfeausschuß (engl. *youth services committee*). Nach den Bestimmungen des *Kinder- und Jugendhilfegesetzes* (KJHG) berät und beschließt der J. über die Aufgaben der *Jugendhilfe*, deren Wahrnehmung durch das *Jugendamt* und die freien Träger der Jugendhilfe. J. arbeiten auf kommunaler und auf Landesebene (Landesj.). Dem J. gehören mit 3/5 der Stimmen Vertreter der öffentlichen Jugendhilfe und mit 2/5 Vertreter der freien Jugendhilfe an.

Jugendkammer. *Jugendgericht.*

Jugendkriminalität (engl. *juvenile delinquency*). Sozialwissenschaft, Statistik und Sozialarbeit verstehen darunter das strafrechtlich relevante *abweichende Verhalten* junger Menschen, die 14, aber noch nicht 18 Jahre alt sind. Im Bundeszentralregister werden darüber hinaus auch die strafgerichtlichen Verurteilungen der *Heranwachsenden* erfaßt. Die Zahl der Fälle ist seit Jahren steigend, ebenso ihr Anteil an der Gesamtkriminalität in Deutschland. Der Begriff wird mehr und mehr durch den der Jugenddelinquenz ersetzt, um deutlich zu machen, daß vielen *Jugendlichen* bewußte kriminelle Absichten und ein Wissen um die Schwere ihres Fehlverhaltens aufgrund der psycho-sozialen Entwicklungsprobleme der Jugendphase im Sinne des Strafrechtes für Erwachsene noch nicht zugeschrieben werden können. *Jugendgerichte* und Jugendstrafvollzug sind bemüht, erzieherischen Überlegungen vor Strafe und Sühne im Interesse der Stärkung des moralischen Bewußtseins der jungen Menschen sowie ihrer sozia-

len Absicherung und Integration besondere Beachtung zu schenken.
Literatur: 2.10

Jugendleiter (engl. *voluntary youth leader*). I.d.R. ehrenamtlich tätige Gruppenleiter in der Arbeit der *Jugendverbände*, Kirchen oder freien Träger der *Jugendhilfe*. Eine geregelte Ausbildung ist weder möglich noch erforderlich. Insofern stellt der Begriff auch keine anerkannte Berufsbezeichnung dar.

Jugendlicher. 1) Allgemein der Mensch in seiner Entwicklung etwa zwischen dem 12. und dem 20. Lebensjahr.
2) In pädagogischer Sicht der junge Mensch auf dem Weg in eine selbständige Lebensführung als Erwachsener. Diese Phase ist heute durch jahrelange Ausbildungszeiten, die materielle, emotionale und soziale Abhängigkeiten von Eltern und gesellschaftlichen Einrichtungen mit sich bringen, gekennzeichnet.
3) Nach dem Jugendstrafrecht ein junger Mensch, der 14, aber noch nicht 18 Jahre alt ist.

Jugendoffizier. Schulen können bei der Bundeswehr für die Behandlung friedenspolitischer Themen speziell geschulte J. als externe Experten einladen. Zu ihren Aufgaben gehört u.a. die Weitergabe von Informationsschriften sowie die Vermittlung von Besuchen bei Einrichtungen der Bundeswehr.

Jugendpflege. Laut *Kinder- und Jugendhilfegesetz* (KJHG) zusammen mit der *Jugendfürsorge* Aufgabe der *Jugendhilfe*, die unter dem Oberbegriff *Jugendarbeit* im § 11 des KJHG differenziert beschrieben ist. Schwerpunkt ihrer Arbeit ist die Unterstützung von Erziehung und Bildung junger Menschen durch offene Angebote in den Bereichen Beratung, politische Bildung, internationale Verständigung, Sport, Freizeit, Kunst und Kultur sowie Berufsfindung. Besondere Beachtung sollen dabei die Bedürfnisse von Benachteiligung bedrohter Gruppen finden (Arbeitslose, Arme, Ausländer, Aussiedler, Asylanten).

Jugendrecht (engl. *youth legislation*). Sammelbezeichnung für alle gesetzlichen Bestimmungen *Kinder* und *Jugendliche* betreffend, die sich in zahlreichen allgemeinen Gesetzen (BGB, Strafgesetzbuch, *Bundessozialhilfegesetz, Arbeitsförderungsgesetz, Schulgesetz*) sowie in besonderen Jugendgesetzen finden: *Kinder- und Jugendhilfegesetz* (KJHG), *Gesetz zum Schutz der Jugend in der Öffentlichkeit* (JÖSchG), *Jugendarbeitsschutzgesetz* (JArbSchG), *Jugendgerichtsgesetz* (JGG), *Gesetz über die Verbreitung jugendgefährdender Schriften* (GjS), *Bundesausbildungsförderungsgesetz* (BAföG). Die Fülle und Vielfalt dieser gesetzlichen Regelungen ist ein Indikator für die hohe gesellschaftliche Bedeutung, die einer möglichst eindeutigen Regelung von *Berechtigungen*, Ansprüchen, Verantwortlichkeiten, Rechten und Pflichten der *Minderjährigen* sowie der mit ihrer Erziehung, Bildung und gesetzlichen Vertretung befaßten Erwachsenen heute beigemessen wird (*elterliche Sorge*).

Jugendreligion (engl. *youth religion*). Etwa seit 1970 gewinnen besonders unter Jugendlichen und jungen Erwachsenen straff organisierte Gruppen bzw. Sekten und Verbände an Zulauf, die sich Religionsgemeinschaft nennen, von denen viele bei genauerer Betrachtung aber richtiger als Wirtschaftsunternehmen anzusehen sind, die ihre Mitglieder und deren persönlichen Besitz i.d.R. rücksichtslos ausbeuten und dafür Formen und Rituale von Gemeinschaftsleben bieten, das durch die Negation von etablierten Normen persönliche Befreiung und Weisheit verspricht. Ihre Faszination auf junge Menschen ist auch Indikator für psycho-soziale Defizite in vielen

Lebenszusammenhängen der heutigen Gesellschaft.
Literatur: 2.10

Jugendrichter (engl. *juvenile court magistrate*). Über strafbare Handlungen *Jugendlicher* entscheiden nach den Bestimmungen des *Jugendgerichtsgesetzes* (JGG) J., die dabei gegenüber dem allgemeinen Strafrecht Sonderregelungen berücksichtigen sollen, die dem Erziehungsgedanken im Strafverfahren gegen einen Jugendlichen oder *Heranwachsenden* besonderes Gewicht geben (vgl. auch *Jugendgericht*).

Jugendring. Freiwilliger Zusammenschluß der *Jugendverbände* auf örtlicher oder regionaler Ebene. Zumeist in der Rechtsform eines eingetragenen Vereins. Zweck ist die Vertretung gemeinsamer Interessen gegenüber Öffentlichkeit und Politik. Die J. wirken in den *Jugendhilfeausschüssen* der Gemeinden und Städte mit.

Jugendschöffengericht. *Jugendgericht.*

Jugendschutz. *Erzieherischer Kinder- und Jugendschutz.*

Jugendschutzgesetz (**JÖSchG**; engl. *Act Concerning the Protection of Young People in Public*). Vollständiger Titel: Gesetz zum Schutze der Jugend in der Öffentlichkeit. *Kinder* und *Jugendliche* sollen angesichts ihrer noch nicht hinreichend entwickelten Urteils- und Entscheidungsfähigkeit vor solchen Angeboten öffentlicher Veranstalter und Gewerbetreibender geschützt werden, die sie in ihrer geistigen, ethischen, körperlichen, sozialen und emotionalen Entwicklung gefährden. In diesem Sinne verbietet das J. jungen Menschen bis zu 16 Jahren den Aufenthalt in Gaststätten, Bars u. ä. Orten. Ausnahmen sind im Gesetz geregelt. Bis zum 16. Lebensjahr ist auch das Rauchen und das Trinken von Alkohol in der Öffentlichkeit, der Besuch von öffentlichen Tanzveranstaltungen und Spielhallen untersagt. Begrenzungen sind auch für Filmveranstaltungen und den Verleih von Videofilmen gegeben. Das J. richtet sich an die jeweiligen Anbieter bzw. Veranstalter. Es droht bei Zuwiderhandlung Strafe oder Geldbuße an.

Jugendsozialarbeit (engl. *social work for young people*). Nach den Bestimmungen des *Kinder- und Jugendhilfegesetzes* (KJHG) Angebote und Maßnahmen der *Jugendhilfe*, die sich um den Ausgleich sozialer Benachteiligungen oder die Überwindung individueller Beeinträchtigungen bemühen. Schwerpunkte der J. sind die schulische und berufliche Ausbildung, die Eingliederung der Jugendlichen in Arbeit und die Anleitung zu selbständiger Lebensführung. Öffentliche und freie Träger der Jugendhilfe arbeiten dabei eng mit der Schulverwaltung, den Arbeitsämtern der Bundesanstalt für Arbeit (BA) sowie Trägern betrieblicher und außerbetrieblicher Berufsausbildung zusammen.
Literatur: 2.11

Jugendstrafanstalt (engl. *youth prison*). Dient dem Vollzug einer *Jugendstrafe* in strenger räumlicher Trennung von den Strafvollzugsanstalten für Erwachsene. Die Gründe der Absonderung ergeben sich aus dem besonderen erzieherischen Auftrag der J., der im Rahmen des allgemeinen Strafvollzugs vielfältigen Erschwernissen ausgesetzt wäre.

Jugendstrafe (engl. *committal order*). Nach dem *Jugendgerichtsgesetz* (JGG) besteht J. in einem nach erzieherischen Prinzipien gestalteten Freiheitsentzug in einer Jugendstrafanstalt. J. soll nur dann ausgesprochen werden, wenn schwächere Anordnungen des *Jugendgerichts* (*Erziehungsmaßregeln, Zuchtmittel*, Strafe auf *Bewährung*) keine Wirkung versprechen oder der Schwere der Straftat wegen nicht in Betracht kommen. Die Strafdauer liegt zwischen sechs Monaten und fünf Jahren, in schweren Fällen be-

trägt sie maximal zehn Jahre. Eine J. auf unbestimmte Dauer wird verhängt, wenn die Erfolge erzieherischer Maßnahmen abgewartet werden sollen. Nach Ablauf der Mindeststrafe wird geprüft, ob eine Entlassung auf Bewährung möglich ist.
Der Vollzug einer J. (Jugendstrafvollzug) soll vorrangig der *Resozialisierung* des verurteilten Jugendlichen und seiner erzieherischen Förderung dienen. Deshalb muß er in besonderen Jugendstrafanstalten durchgeführt werden und vergleichsweise offene Formen mit erzieherischen Maßnahmen wie beruflicher Ausbildung, Arbeit, Unterricht und Sport sowie mit Angeboten der Freizeitpädagogik verbinden. Für drogenabhängige Jugendliche sollen besondere Beratungs-, Hilfs- und Entwöhnungsmaßnahmen vorhanden sein.

Jugendstrafrecht (engl. *penal law relating to young offenders*). Für die Verurteilung von Straftätern, die zum Zeitpunkt der Straftat das 21. Lebensjahr noch nicht vollendet hatten, gilt das allgemeine Strafrecht nur, soweit nicht Sondervorschriften im *Jugendgerichtsgesetz* (JGG) zu berücksichtigen sind. Danach sind *Jugendliche*, die zur Tatzeit 14, aber noch nicht 18 Jahre alt waren, nur unter Berücksichtigung ihrer sittlichen und geistigen Entwicklung und ihrer Einsichts- und Entscheidungsfähigkeit verantwortlich zu machen. Heranwachsende, die zur Tatzeit bereits 18, aber noch nicht 21 Jahre alt waren, sind i.d.R. voll verantwortlich. Im Einzelfall kann das Gericht entscheiden, ob angesichts der sittlichen und geistigen Reife eines Heranwachsenden die Vorschriften des J. Anwendung finden. Kinder bis zur Vollendung des 14. Lebensjahres sind strafrechtlich nicht verantwortlich.

Jugendstrafvollzug. *Jugendstrafe.*

Jugend- und Auszubildendenversammlung. Nach den Bestimmungen des *Betriebsverfassungsgesetzes* (BetrVG) stellt die J. u. A. ein Organ der *Mitbestimmung* in Betrieben der privaten Wirtschaft dar. Sie versammelt alle jugendlichen Arbeitnehmer des Betriebes während der Arbeitszeit und kann vor oder nach jeder Betriebsversammlung einberufen werden. Der Betriebsrat und die Unternehmensleitung sind dazu einzuladen und haben Recht auf Rede und Mitsprache.

Jugend- und Auszubildendenvertretung (engl. *youth delegation*). Nach dem *Betriebsverfassungsgesetz* (BetrVG) ist in Betrieben, in denen mindestens fünf Arbeitnehmer beschäftigt sind, die das 18. Lebensjahr noch nicht vollendet haben, eine J. u. A. zu wählen, die die Interessen der jugendlichen Arbeitnehmer über den *Betriebsrat* gegenüber der Geschäftsleitung vertritt. Zu allen Sitzungen des Betriebsrates kann die J. u. A. einen Vertreter entsenden.

Jugendverbände (engl. *youth organizations*). Freiwillige Zusammenschlüsse junger Menschen zwischen 6 und 25 Jahren mit eigener Satzung und organisatorischen Einheiten auf verschiedenen Ebenen (z.B. Ort, Land, Bund), die für ihre Mitglieder, oft auch für andere Kinder und Jugendliche, Angebote der *Jugendarbeit* organisieren und durchführen. Sie gehören zu den freien Trägern der Jugendhilfe und können aus Mitteln der öffentlichen Jugendhilfe gefördert werden. Nach ihren Zielen lassen sich die meisten J. den Kirchen, Gewerkschaften, politischen Parteien oder Sportverbänden zuordnen (Verband Christlicher Pfadfinderinnen und Pfadfinder, Gewerkschaftsjugend, Jungsozialisten, Jugend des Deutschen Alpenvereins u. a.).

Jugendwohlfahrtsausschuß. Mit dem Inkrafttreten des neuen *Kinder- und Jugendhilfegesetzes* (KJHG) übernahm der *Jugendhilfeausschuß* die bis 1990 nach dem Jugendwohlfahrtsgesetz dem J. übertragenen Aufgaben.

Jugendwohlfahrtsgesetz (JWG). *Kinder- und Jugendhilfegesetz.*

Jungarbeiter. Arbeitnehmer im Alter zwischen 15. und vollendetem 18. Lebensjahr, die sich in keinem Berufsausbildungsverhältnis befinden. J. sind berufsschulpflichtig, es sei denn, sie haben ihre *Teilzeitschulpflicht* durch den Besuch einer einjährigen Vollzeitschule (z. B. Berufsfachschule) abgegolten.

K

Kammer (engl. *chamber*). Regionale Selbstverwaltungseinrichtung der Betriebe von Wirtschaftsbereichen (Industrie- und Handelsk., Handwerksk., Landwirtschaftsk. usw.) oder Berufsständen (Ärztek., Rechtsanwaltsk.), die nach dem *Berufsbildungsgesetz* (BBiG) als *Zuständige Stelle* die Durchführung der Berufsausbildung vom Abschluß des Ausbildungsvertrages bis zur Abschlußprüfung regelt. Sie überwacht die Berufsausbildung, berät Ausbilder und Auszubildende, erläßt die Prüfungsordnung für die Abschlußprüfung und führt diese Prüfung durch. Für diese Aufgaben errichtet jede K. einen *Berufsbildungsausschuß* und bestellt einen besonderen *Ausbildungsberater*. Darüber hinaus betreut die K. wirtschaftliche, rechtliche und soziale Angelegenheiten, die alle Mitglieder betreffen.

Kasuistik (lat. *casus* Fall, Zwischenfall, Zufall; engl. *casuistry*). Die philosophische Lehre vom Verhalten in Gewissenskonflikten. Unter Bezugnahme auf ein System von Geboten soll der Wert einer Handlung im Vergleich zu einer anderen beurteilt werden können, um zu einer begründeten Entscheidung zu gelangen.

Katamnese (griech. *katamnesis* Erinnerung, Rückblick; engl. *catamnesis*). Abschließender Bericht über den Verlauf einer Krankheitsgeschichte.

Katechese (griech. *katechesis* Unterricht). Mündliche Unterweisung in einem christlichen Glaubensinhalt (z.B. Bibelstelle, Gebot).

kategoriale Bildung. Mit der Theorie von der k.B. versuchte *W. Klafki*, die Einseitigkeit der materialen und der formalen Bildungstheorien zu überwinden bzw. die Trennung von objektbezogener, *materialer* und subjektbezogener, *formaler Bildung* durch eine dialektische Verknüpfung aufzuheben. Klafki spricht von einem Vorgang der doppelseitigen Erschließung. In der Auseinandersetzung mit der Welt eignet sich der Mensch grundlegende inhaltliche Einsichten und Kenntnisse über die Wirklichkeit (materialer, objektbezogener Aspekt) an und erwirbt zugleich Fähigkeiten des Erkennens, Erlebens, Verstehens und Handelns (formaler, subjektbezogener Aspekt).

Kenntnisse (engl. *knowledge*). Das in Lernvorgängen erworbene Wissen über Sachverhalte und soziale Zusammenhänge. K. bedürfen zur beständigen Verfügbarkeit im Denken, Sprechen und Handeln der häufigen *Übung* und Wiederholung. Der Begriff wird oft in Verbindung mit den Bezeichnungen *Fähigkeiten* und *Fertigkeiten* verwendet.

Kern-Kurs-System. *Fachleistungsdifferenzierung.*

Kind (engl. *child, infant*). Der Mensch in seiner Entwicklung zwischen Geburt und *Pubertät*. Gebräuchliche Einteilung: Säugling, Kleink., Kindergartenk., Schulk. Die altersspezifischen Einstellungen und Verhaltensweisen in diesen Abschnitten, die Art und Weise, wie sich das K. mit der Welt auseinandersetzt, der Grad seines Selbstvertrauens, seine Neugier, sein Verhalten in Konflikten usw. sind das Ergebnis von Wechselwirkungen zwischen körperlichen und seelischen Entwicklungsprozessen und den Erfahrungen, die das K. bei der Befriedigung seiner Bedürfnisse und der Erprobung seiner wachsenden Kräfte im Umgang mit seiner sozialen und materialen Umwelt macht. Die Ausbildung der kindlichen Persönlichkeit geschieht also im ständigen Austausch mit der Lebenswelt, nicht im Sinne einer Entfaltung im Keim bereits vorhandener *Anlagen*. Das K. erlebt sich in den Reaktionen der anderen als angenommenes oder abgelehntes, geliebtes oder ungeliebtes, erfolgreiches oder versagendes Wesen. Kindsein konstituiert sich folglich soziokulturell, ist ein gesellschaftlich vermittelter Lebenszusammenhang. Darin ist die unabweisbare pädagogische Verantwortung von Eltern, Schule und Gesellschaft für die Lage und das Befinden der K. begründet. Mitte des 18. Jh. setzte in Literatur, Kunst, praktischer Pädagogik und Wissenschaft ein breites Interesse am K. ein (u.a. *J.-J. Rousseau,* ›Emile oder Über die Erziehung‹, 1762; *J.H. Campe,* ›Robinson der Jüngere, zur angenehmen und nützlichen Unterhaltung für Kinder‹, 2 Teile, 1779/80, ›Die Entdeckung Amerikas‹, 3 Teile, 1781/82). Um die Wende vom 19. zum 20. Jh. erreichte dieses Interesse einen Höhepunkt (u.a. W. Preyer, ›Die Seele des Kindes‹, 1882; *E. Key,* ›Das Jahrhundert des Kindes‹, dt. 1902). Bilder vom Wesen des K. wurden von unterschiedlichsten Aspekten her konstruiert. Natürlichkeit, Reinheit, Unschuld, Ursprünglichkeit und Erlösung verbinden sich in einer Mythologisierung der K. als Heilsbringer, als Träger der Erneuerung. Umgekehrt entlarven Darstellungen von der Bedrohung der K. durch die industrielle kapitalistische Massengesellschaft (Kinderarbeit, Armut, Krankheit, Wohnungselend) solche Projektionen als bürgerliche Kindertümelei, die den Blick auf die Wirklichkeit der K. verstellt. Der Zerfall von Kindheit steht für den Ruin der etablierten Kultur. In den unterschiedlichen Bildern vom K. spiegeln sich also Selbstverständnis und Selbstkritik der Erwachsenen im Horizont ihrer Interessen und Hoffnungen. Gegenwärtige Konzepte vom K. sind von Rücksichtnahmen auf die Eigenständigkeit dieser Lebensphase geprägt. Die wachsende Sensibilität für die Ansprüche der K. ist jedoch längst umfassend vermarktet worden. Das Leben der K. hat dadurch einerseits an Sicherheit und Qualität gewonnen, wird zugleich jedoch zunehmend funktionalisiert und organisiert. Die sozialen und ökologischen Belastungen für die K. nehmen zu. Der alltägliche Lebenszusammenhang wird durch Kurse, angeleitetes Spiel, Training, organisierte Freizeit, Schülerhilfen und schließlich durch die Schule selbst weitgehend bestimmt. Andererseits erwachsen den K. aus materiellen Einschränkungen, räumlicher Enge und sozialer Kälte tiefgreifende Belastungen. Die Lage der K. muß folglich differenziert betrachtet werden. Dabei sollten die näheren sozialen und emotionalen Beziehungen besondere Beachtung finden, weil sie als Gegengewicht zu Vermarktung und Rationalisierung an Bedeutung gewonnen haben und auch materielle Benachteiligungen teilweise ausgleichen können.

Literatur: 1.9, 3.4

Kinderarbeit (engl. *child labour*). Nach den Bestimmungen des *Jugendarbeitsschutzgesetzes* (JArbSchG) ist eine Beschäftigung von noch nicht Vierzehnjährigen oder vollzeitschulpflichtigen Jugendlichen grundsätzlich verboten. Ausnahmen sind mit Einverständnis der zuständigen Aufsichtsbehörde unter Erfül-

lung bestimmter Auflagen möglich bei Musikaufführungen, Rundfunkaufnahmen u.ä. Veranstaltungen für Kinder über 3 Jahre, bei Theatervorstellungen für Kinder über sechs Jahre. Ferner dürfen Kinder ab dem 13. Lebensjahr bis zu drei Stunden täglich für leichte Arbeiten in der Landwirtschaft oder in Familienbetrieben herangezogen werden. Kinder dürfen nicht zwischen 18 und 8 Uhr, nicht vor dem Schulunterricht und nicht während des Schulunterrichts beschäftigt werden.
Wachsende Armut zwingt inzwischen auch in Deutschland immer mehr Kinder zur K. Da die zuständigen Aufsichtsbehörden für eine wirksame Kontrolle völlig ungenügend ausgerüstet sind, bleibt K. in den meisten Fällen unentdeckt. In den ärmsten Ländern der sog. Dritten Welt stellt K. einen notwendigen Beitrag zum täglichen Überleben dar. Die von den Vereinten Nationen verabschiedete *Konvention über die Rechte des Kindes* ist auch in dieser Hinsicht weit von ihrer Zielsetzung entfernt.

Kinderfunk (engl. *children's programme*). Selbständiges Programmressort des Hörfunks, das sich mit speziellen Sendungen an Kinder unter 14 Jahren wendet. Pädagogisch aufbereitete Märchen und Kinderbücher, Musik, Spiel- und Quizsendungen sollen unterhaltende, bildende und informierende Programmangebote für die kleineren Kinder sein. Die Sendungen bieten aber auch Eltern und Erziehern Orientierungs- und Erziehungshilfen. Für die älteren Kinder dieser Altersgruppe sind auch die *Schulfunksendungen* von Interesse. Der K. wird zunehmend durch das Fernsehen verdrängt.

Kindergarten. Innerhalb des Bildungswesens wird der K. zwar dem *Elementarbereich* zugeordnet, er ist jedoch keine Einrichtung des Schulwesens, sondern gehört rechtlich in den Bereich der *Jugendhilfe*. K. werden von drei- bis sechsjährigen Kindern auf freiwilliger Basis besucht. In spielerischer Form soll die Selbständigkeit der Kinder gefördert, sollen soziale Kompetenzen und elementare Sachkenntnisse entwickelt werden. Die Öffnungszeiten verteilen sich auf etwa drei bis vier Stunden am Vormittag. Werden die Kinder ganztägig betreut, etwa weil beide Elternteile erwerbstätig sind, wird der K. als Kindertagesstätte geführt. Beide Einrichtungen werden mehrheitlich von *freien Trägern der Jugendhilfe* (z.B. Kirchen), teilweise von Gemeinden, Betrieben oder Elternvereinen unterhalten. Für den Besuch von K. oder Kindertagesstätten ist eine Gebühr zu entrichten. Das Personal bilden i.d.R. Erzieherinnen und *Erzieher*, die nach einem mittleren Bildungsabschluß eine dreijährige Fachschulausbildung durchlaufen haben.
Literatur: 2.11

Kindergeld (engl. *children's allowance*). Nach dem Bundeskindergeldgesetz (BKGG) wird K. zur Verminderung der sich aus der Pflege und Erziehung von Kindern ergebenden finanziellen Mehrbelastungen gezahlt. Die Höhe des monatlichen K. steigt vom ersten bis zum vierten (und jedem weiteren) Kind. Als Kinder gelten dabei eheliche, für ehelich erklärte, adoptierte und nichteheliche Kinder, aber auch Stiefkinder und Pflegekinder, die in den Haushalt der bezugsberechtigten Person aufgenommen sind. K. wird über das 16. Lebensjahr hinaus bis zum 27. Lebensjahr gezahlt, wenn sich die Kinder in Ausbildung befinden. K. ist beim *Arbeitsamt* des Wohnsitzes zu beantragen.

Kinderheim (engl. *children's home*). Einrichtung für die inhaltlich und zeitlich umfassende Betreuung und Erziehung von Kindern oder Jugendlichen, für deren Wohl vorübergehend oder auf längere Zeit in der Herkunftsfamilie nicht

hinlänglich gesorgt werden kann. Durch die Verbindung von Alltagsleben, pädagogischen und besonderen therapeutischen Hilfen soll das Kind oder der Jugendliche entsprechend seinen Möglichkeiten möglichst allseitig gefördert werden. Ein K. darf nach den Bestimmungen des *Kinder- und Jugendhilfegesetzes* (KJHG) nur mit Erlaubnis des *Jugendamtes* geführt werden. Ziel der Arbeit ist die Rückkehr des Kindes oder Jugendlichen in die Familie, wenn sich dort die Erziehungsbedingungen wieder verbessert haben. Ist das nicht möglich, werden Kinder und Jugendliche auf den Eintritt in eine andere Familie, eine familienähnliche Einrichtung oder andere Formen des betreuten, aber möglichst selbständigen Lebens vorbereitet.
Literatur: 2.11

Kinderkrippe. *Krippe.*

Kinderladen. In den sechziger und siebziger Jahren richteten zumeist studentische Eltern als Alternative zu den bestehenden *Kindergärten* K. ein, in denen die Kinder nach Grundsätzen der sog. *antiautoritären* und repressionsfreien *Erziehung* gefördert werden sollten. Da K. mehrheitlich in leerstehenden Ladengeschäften eingerichtet wurden, erhielten sie auf diese Weise ihren Namen. Heute existieren solche K. nicht mehr.

Kinderschutz (engl. *protection of children*). Angebote an Familien und Kinder, die in akuten Fällen von *Kindesmißhandlung* oder *Kindesvernachlässigung* Beratung und Hilfe suchen. Insbesondere in Großstädten haben sich *Kinderschutzzentren* dieser Aufgabe angenommen, die von Familien in den erwähnten Notlagen freiwillig aufgesucht werden können. K. will zudem durch familienunterstützende und freizeitpädagogische Maßnahmen das Lebensfeld von Kindern präventiv so weit sichern und förderlich gestalten helfen, daß leibliche, seelische oder soziale Schädigungen vermieden werden. Rechtliche Grundlage für den K. ist das *Kinder- und Jugendhilfegesetz* (KJHG). Die verschiedenen Träger des K. haben sich im *Deutschen Kinderschutzbund* (DKSB) zusammengeschlossen.
Anschriften: 11.0

Kinderspielplatz. *Spielplatz.*

Kindertagesstätte. *Kindergarten.*

Kinder- und Jugendhilfegesetz (**KJHG**; engl. *Child and Youth Welfare Act*). Das 1990 vom Deutschen Bundestag verabschiedete KJHG löste das Jugendwohlfahrtsgesetz aus dem Jahre 1922 ab. Sein leitendes Interesse ist die umfassende Förderung der Entwicklung und Erziehung von *Kindern* und *Jugendlichen.* Zu diesem Zwecke werden eine Fülle von Leistungen und Angeboten der *Jugendhilfe* definiert, die die Erziehung in der *Familie* unterstützen und ergänzen, nicht erst dann, wenn diese Erziehung gefährdet ist, sondern auch familienbegleitend und vorbeugend. Bei ernsthaften Gefährdungen kennt das KJHG aber auch die Trennung der Kinder von ihren *Eltern.* Die im Gesetz vorgesehen Angebote und Maßnahmen werden von freien und öffentlichen Trägern der Jugendhilfe durchgeführt. Zuständige Stelle im öffentlichen Bereich ist das *Jugendamt.*
Literatur: 2.11

Kinder- und Jugendpsychotherapie (engl. *child and adolescent psychotherapy*). Spezialdisziplin der *Psychiatrie* für die psychologische und psychotherapeutische Behandlung von Kindern, Jugendlichen und Heranwachsenden, die unter psychischen Problemen oder psychosomatischen Störungen leiden. Die Behandlungsmethoden der K. u. J. setzen auf die Freisetzung von positiven Entwicklungskräften bei den Patienten und vor allem auf die Veränderung entwicklungshemmender familiärer, schulischer und sozialer Umwelteinflüsse. Sie beginnen deshalb in erster Linie bei den

Bezugspersonen (Eltern, Lehrer) und dem sozialen Bezugsfeld (Familie, Schule, Peer-group) und erst in zweiter Linie beim Kind oder Jugendlichen selbst.
Zu den Beeinträchtigungen und Erkrankungen zählen Suizidgefährdung, Drogenabhängigkeit, Pubertätsmagersucht, psychosomatische Störungen u. a. Wichtige Therapieformen sind u. a. analytische *Psychotherapie, Psychagogik, Spieltherapie, Verhaltenstherapie, Gesprächspsychotherapie, Familientherapie*. Anlaufstellen für entsprechende Behandlungen sind kinder- und jugendpsychiatrische Kliniken, heilpädagogische Heime, Erziehungs- und Familienberatungsstellen, schulpsychologische und sonderpädagogische Dienste und Drogenberatungsstellen.
Literatur: 2.11, 3.6, 3.7, 3.8
Anschriften: 12.0
Kinderzulage (engl. *child benefit*). Wer nach den Bestimmungen der gesetzlichen Unfallversicherung eine Rente bezieht, erhält für jedes Kind bis zur Vollendung des 18. Lebensjahres (in Sonderfällen auch bis zum 25. Lebensjahr) eine zehnprozentige K.
Kindesentziehung. Das Strafgesetzbuch definiert K. als Straftatbestand. K. liegt dann vor, wenn ein *Minderjähriger* dem Personensorgeberechtigten, i. d. R. Mutter oder Vater, gewaltsam entzogen wird. Eine eventuelle Einwilligung des Kindes ist aufgrund des im GG garantierten Erziehungsrechts unerheblich.
Kindesmißhandlung (engl. *cruelty to children, child abuse*). **1)** In umfassendster Bedeutung jede Form von körperlicher oder seelischer Gewaltanwendung gegen Kinder, durch die ihre gesunde Entwicklung und persönliche Würde nachhaltig beschädigt werden. Dazu gehört als besonders schwerwiegende Form der *sexuelle Mißbrauch* von Kindern.
2) Das Strafgesetzbuch unterscheidet zwischen Mißhandlung von Schutzbefohlenen, sexuellem Mißbrauch von Kindern und Kindesvernachlässigung. K. stellt eine Form von Körperverletzung dar. Alle Handlungen, die das Wohlbefinden und die Unversehrtheit des kindlichen Körpers gefährden, den Gesundheitszustand beeinträchtigen oder gar zu Krankheit und Tod führen, sind Delikte, die angezeigt werden müssen und durch die Staatsanwaltschaft zu verfolgen sind. Da nach wie vor Gewaltanwendung in der Erziehung weitverbreitet und auch gesellschaftlich akzeptiert ist, und der familiale Lebensraum nach außen relativ abgeschlossen ist, gibt es eine hohe Dunkelziffer. Um so wichtiger ist es, daß professionelle Erzieher die Signale und Symptome mißhandelter Kinder erkennen und wissen, welche Beratungsstellen anzusprechen sind.
Anschriften: 3.14
Kindesvernachlässigung. Form der *Kindesmißhandlung*, die in der Unterlassung der aus der *elterlichen Sorge* erwachsenden Pflicht besteht, dem Kind ein Mindestmaß an körperlicher Pflege, Hygiene und Schutz zu gewähren sowie seine fundamentalen Bedürfnisse nach Zuwendung und Kommunikation zu beachten. Nach den Bestimmungen des BGB kann K. durchaus zum Straftatbestand werden, wobei allerdings rechtlich gesehen der Nachweis schuldhaften Handelns der Sorgeberechtigten sehr schwierig ist.
Kindheit. *Kind.*
KJHG. *Kinder- und Jugendhilfegesetz.*
Klasse. *Schulklasse.*
Klassenarbeit (Syn. **Lernkontrolle**; engl. *(written class test)*. Schriftliche Form der *Leistungsbeurteilung* im Unterricht, die in schulrechtlichen Bestimmungen gefordert wird. Durch die K. soll der Schüler unter Aufsicht in selbständiger Einzelarbeit und ohne fremde

Hilfe die Ergebnisse seines Lernens in den einzelnen Schulfächern nachweisen. Eine Gruppenarbeit ist als Grundlage für die *Leistungsbewertung* nur dann geeignet, wenn die individuellen Beiträge deutlich abgrenzbar und bewertbar sind. Aus pädagogischen Gründen kann es vor allem zur Förderung schwächerer Schüler angebracht sein, Gemeinschaftsarbeiten zu ermöglichen und einheitlich zu beurteilen. Diese Bewertungen dürfen aber bei Festsetzung der Zeugnisnote nicht den Ausschlag geben.

Die Anzahl der zu zensierenden schriftlichen K. pro Schuljahr, zu denen auch *Schultests* gehören können, ist in Rechtsverordnungen und Erlassen der Kultusministerien festgelegt. Um eine Häufung von K. vor den Zeugnisterminen zu vermeiden, sollen sie gleichmäßig über das Schuljahr verteilt werden. Ebenso soll an einem Tag nicht mehr als eine Arbeit geschrieben werden.

K. haben verschiedene Funktionen: Sie sollen in erster Linie den Schüler selbst sowie Eltern und Lehrer über den jeweiligen Lernstand und die Lernentwicklung informieren. Ihre diagnostische Auswertung dient dem Lehrer als Erfolgskontrolle seines Unterrichts und gibt zugleich Hinweise auf etwaige qualitative Veränderungen unterrichtlicher Maßnahmen und auf Differenzierungsmöglichkeiten. Die im Verlauf eines Schuljahres bzw. Schulhalbjahres geschriebenen K. bilden mit ihrer Bewertung die Grundlage für die *Zensurengebung* in den *Zeugnissen* und damit für die Entscheidung bei Kurszuweisungen, *Versetzungen, Übergängen, Abschlüssen* und der Vergabe von *Berechtigungen.* Sie berühren damit die Rechtsstellung des Schülers im Zusammenhang mit der Zuweisungs- und Selektionsfunktion der Schule.

Aufgrund dieser rechtlichen Bedeutung für die Schullaufbahn eines Schülers wird die Leistungsbewertung bei K. ebenso kontrovers diskutiert wie die Konsequenzen, die mit dem gesellschaftlichen und dem pädagogischen *Leistungsbegriff* verbunden sind. In der *pädagogischen Diagnostik* wird die Frage erörtert, ob K. überhaupt die pädagogischen Funktionen der Diagnose und Förderung schulischer Leistungen erfüllen können und ob bei Übergangs- und Abschlußentscheidungen nicht objektive Beurteilungsverfahren geeigneter seien als das subjektive Lehrerurteil.

Literatur: 2.1.4

Klassenfahrten. *Schulfahrten.*

Klassenlehrer (Syn. **Klassenleiter**; engl. *class* oder *form teacher, form master/mistress*). Der mit der Leitung einer Schulklasse oder Lerngruppe beauftragte Lehrer bzw. Tutor, der als Vertrauensperson für alle Angelegenheiten der Klasse zuständig ist. Seine Aufgabe ist es, den Schulbesuch zu kontrollieren, Schülerbegleitbögen zu führen, Zeugnisse zu schreiben und für Schüler und Eltern ein persönlicher Berater in allen Schulangelegenheiten zu sein. Neben seiner Funktion als K. ist er auch *Fachlehrer* in anderen Schulklassen und Jahrgängen. Vor allem in Schulen, in denen der Fachunterricht mit häufig wechselnden Fachlehrern dominiert, ist der K. für die Schüler eine wichtige Bezugsperson. Über die organisatorischen und beratenden Aufgaben hinaus kommt ihm eine große sozialerzieherische Bedeutung zu. Es hängt oft wesentlich von ihm ab, ob das Schulleben (z.B. Feste, Feiern, Klassenfahrten u.a.) gepflegt, der Klassenraum als Lernumgebung gestaltet, Arbeitsergebnisse des Unterrichts präsentiert und die Beziehungen der Schüler untereinander gefördert werden. Während früher das K.prinzip dem Volksschullehrer den negativen Ruf eines Allroundlehrers eingebracht hatte, ist es heute erwiesen, daß es für die Gestaltung einer pädagogisch-erzieherischen Atmosphäre in allen Schularten günstig ist, wenn der K. möglichst viele seiner Fächer und Stunden in einer Klasse vertritt.

Klassenpflegschaft. In einigen Bundesländern Gremium für die Zusammenarbeit von Eltern, Schülern, Lehrern und Schulleitung auf der Ebene der einzelnen Klasse. Mitglieder sind folglich der gewählte Elternvertreter, der Klassensprecher der Schüler, der Klassenlehrer und der Schulleiter. Die K. kann lediglich beraten und den nächsthöheren Gremien der Mitbestimmung, wie z. B. dem *Elternbeirat*, Vorschläge unterbreiten.
Literatur: 2.1.11

Klassenunterricht. *Frontalunterricht.*

Klient (lat. *cliens* Schutzbefohlener; engl. *client*). Eine Person, die sich im Feld pädagogischer Praxis einem Berater (z. B. in der Erziehungsberatung), einem Sozialpädagogen (z. B. in in der Schuldnerberatung) oder einem Psychotherapeuten (z. B. in in der Familientherapie) anvertraut und Schutz, Beistand oder Heilung sucht.

KMK. *Ständige Konferenz der Kultusminister der Länder in der Bundesrepublik Deutschland.*

Koedukation (lat. *cum* mit, in Wortverbindungen *co* oder *con, educare* erziehen; engl. *coeducation*). Unterricht und schulische Erziehung für beide Geschlechter gemeinsam. Öffentliche Schulen sind grundsätzlich koedukative Einrichtungen. Dabei dürfen einzelne Fächer oder Teile des Lehrplans durchaus für die Geschlechter getrennt unterrichtet werden. Privatschulen können ausschließlich für Jungen oder Mädchen eingerichtet werden.

Kognition (lat. *cognitio* Erkennen, Erkenntnis; engl. *cognition*). Der Begriff ist aus der Kritik von E. C. Tolman und U. Neisser an der behavioristischen Auffassung vom Lernen hervorgegangen und stammt aus der K.psychologie, die Lernen als einen Prozeß versteht, der im Bewußtsein Erfahrungs- und Erkenntniszusammenhänge bewirkt, von denen Erwartungen und Pläne ausgehen, die das weitere Lernverhalten des Menschen leiten. K. ist ein hypothetisches Konstrukt, bei dem der Prozeß des Kognizierens von dem Produkt dieses Vorgangs zu unterscheiden ist. Der Vorgang des Gewahrwerdens und Erkennens bezieht sich dann auf das sinnliche Wahrnehmen, auf das erinnernde und vorausschauende Vorstellen, das Denken und Problemlösen, die Begriffsbildung und Versprachlichung; das Ergebnis dieses Erkenntnisprozesses im Bewußtsein ist dann die Sinneserfahrung, die Vorstellung von Wahrgenommenem, das Gedächtnis und die Erinnerung, das Denken und die Sprache, die Erwartung und Planung. K. ist Prozeß und Ergebnis der Informationsverarbeitung und Handlungssteuerung auf der Grundlage von Wissen, Werten und Erkenntnis.

kognitive Lernziele (lat. *cognoscere* erkennen, wahrnehmen; engl. *cognitive objectives*). Sie beziehen sich im Unterschied zu *affektiven* und *psychomotorischen Lernzielen* auf Wahrnehmen, Denken, Wissen, Kenntnisse, Problemlösung und intellektuelle Fähigkeiten. Beispiel aus dem Fremdsprachenunterricht: Das neue Vokabular eines Textes kennenlernen. In jedem menschlichen Verhalten sind kognitive, affektive und psychomotorische Aspekte miteinander verflochten. Sie werden aber aus analytischen Zwecken unterschieden, um alle denkbaren und empirisch auffindbaren *Lernziele* bei der Unterrichtsplanung oder Curriculumentwicklung *Lernzieltaxonomien* zuordnen zu können.

Kolleg (lat. *collegium* privates Seminar, Vorlesung; engl. 1) *college*, 2) *lecture*). **1)** Institut zur Erlangung der Hochschulreife, das als *Vollzeitschule* des *zweiten Bildungsweges* für berufserfahrene Er-

wachsene i.d.R. in sechs Semestern zur *allgemeinen Hochschulreife* führt. Voraussetzung für die Aufnahme ist die Vollendung des 19. Lebensjahres, ein mittlerer Schulabschluß oder ein gleichwertiger Bildungsstand, eine abgeschlossene Berufsausbildung oder eine mindestens dreijährige Berufstätigkeit.
2) Veranstaltungsform an einer Hochschule, die i.d.R. aus einer Vorlesung mit einem Diskussionsteil besteht.
Kolleg für Aussiedler. Einrichtung für Studienbewerber aus osteuropäischen Ländern mit entsprechenden Vorbildungsnachweisen. Vermittelt wird die Eignung zur Aufnahme eines Studiums an deutschen *wissenschaftlichen Hochschulen* und *Fachhochschulen*. Der Besuch des K.f.A. dauert i.d.R. maximal zwei Jahre. Die Eignung wird durch eine Prüfung festgestellt.
kollegiale Schulleitung. In einigen Bundesländern ist z.B. in *Gesamtschulen* und *Schulzentren* anstelle eines Schulleiters eine k.S. vorgesehen, die die Leitung der Schule auf kooperativer Basis wahrnimmt. Je nach Größe der Schule besteht sie aus drei bis fünf Personen. Die Verteilung und Wahrnehmung der Aufgaben regelt eine Geschäftsordnung. Neben dem Schulleiter gibt es i.d.R. einen Organisationsleiter und einen didaktischen Leiter. Einzelheiten bestimmen die jeweiligen *Schulgesetze*.
Kollegschule. Modellversuch des Landes Nordrhein-Westfalen zur Integration von allgemeinen und beruflichen Bildungsgängen in der Sekundarstufe II. Der Schulversuch geht auf Vorschläge des *Deutschen Bildungsrates* im *Strukturplan für das Bildungswesen* zurück. Die K. bietet schulpflichtigen Jugendlichen nach der Sekundarstufe I alle vollzeit- und teilzeitschulischen Bildungsgänge an. Ziel ist das Erreichen der Fachhochschulreife oder der allgemeinen Hochschulreife, verbunden mit dem Abschluß in einem anerkannten *Ausbildungsberuf*.
Literatur: 2.1.1
Kollektivstrafe. Bestrafung einer Gruppe oder Klasse, ohne daß ein individuelles Fehlverhalten festgestellt werden kann. Im Bereich öffentlicher Erziehungs- und Unterrichtseinrichtungen ist diese Strafform deshalb prinzipiell verboten.
Kolloquium (lat. *colloquium* Besprechung, Gespräch; engl. *colloquium*).
1) Wissenschaftliche Diskussion zwischen Hochschullehrern und Studierenden, z.B. Examensk. zur Vorbereitung auf die Prüfung.
2) Prüfung in Gesprächsform.
Kommunikation (lat. *communicatio* Mitteilung, Unterredung; engl. *communication*). In Abgrenzung zur *Interaktion* meint K. den sozialen Prozeß der Verständigung von Menschen über eine Mitteilung mit dem Medium der Sprache, der Mimik und Gestik oder anderer vereinbarter Signal- und Zeichensysteme, auch mit Hilfe von technischen Einrichtungen.
In der mathematisch-quantitativ ausgerichteten *Informationstheorie* von C.E. Shannon und W. Weaver (1949) wird der technische Prozeß des K.austausches anhand folgender Faktoren beschrieben: Sender (Initiator) – Information (inhaltlich bestimmte Nachricht) – Kommunikationsart oder Kanal (z.B. die Sprache) – Empfänger (Rezipient) – Effekt (nach dem Empfang der Information), z.B. *Feedback* vom Empfänger zum Sender.
Ergebnisse der K.forschung haben sich seit den siebziger Jahren verstärkt in der Erziehungswissenschaft und ihren pädagogischen Handlungsfeldern niedergeschlagen, so z.B. Befunde zur Massenk. in der *Medienpädagogik* oder der K.theorie in der *kommunikativen Didak-*

tik. Verschiedene K.theorien, z. B. die von P. Watzlawick und *D. Baacke*, haben eine Reihe von Axiomen menschlicher K. herausgearbeitet, die Unterrichts- und Erziehungsprozessen zugrunde liegen.
Literatur: 2.1.6

kommunikative Didaktik (Syn. **kritisch-kommunikative Didaktik**). Ein Modell der *Didaktik*, das vom Wissenschaftsverständnis der kritischen Theorie der Frankfurter Schule (*J. Habermas*) und der darauf aufbauenden kritischen *Erziehungswissenschaft* (*H.-J. Gamm, K. Mollenhauer*, K.-H. Schäfer/*K. Schaller*, R. Winkel) ausgeht. Oberstes Leitziel der k. D. ist *Emanzipation.* Sie betrachtet sich als kritisch, weil sie zur Demokratisierung und Humanisierung aller Lebensbereiche beitragen möchte und die bestehenden gesellschaftlichen Hindernisse durch ideologiekritische Fragestellungen aufdecken will. Sie nennt sich kommunikativ, da Unterricht ein kommunikativer Prozeß ist, der nach den Prinzipien des rationalen *Diskurses* und der symmetrischen *Kommunikation* gestaltet werden soll. Ferner sollen nach Auffassung der k. D. Lehren und Lernen stärker von Mitbestimmung geprägt, schülerorientierter, kooperativer, transparenter, störungsärmer gestaltet und damit generell kommunikativer werden.

Die k. D. versteht sich als Theorie schulischen Lehrens und Lernens im Sinne einer systematischen, nachprüfbaren und unterstützenden Analyse und Planung von Unterricht. Sie will die Komplexität des realen Unterrichts deskriptiv-empirisch erfassen, die Strukturen von Unterrichtsprozessen hermeneutisch erschließen und sich für eine permanente Verbesserung des Unterrichts einsetzen. Unterricht wird als ein interdependentes Geflecht von Vermittlungen (Methoden, Medien u. a.), Inhalten, Beziehungen und Störfaktoren gesehen. Dabei wird der Beziehungsdimension (Lehrer – Schüler, Schüler – Schüler) im Vergleich zur Inhaltsdimension vermehrt Gewicht beigemessen. Die k. D. sieht sich in gewisser Nähe zu den beiden klassischen Modellen der weiterentwickelten *bildungstheoretischen* und *lerntheoretischen Didaktik.*
Literatur: 2.1.3

kommunikative Kompetenz (lat. *communicare* eine Mitteilung machen, sich verständigen, *competentia* Zusammentreffen). Fähigkeit, in Kommunikationsprozessen die eigenen Absichten, Bedürfnisse und Interessen angemessen darzustellen sowie die des Gegenüber wahrzunehmen und sich auf einen dialogischen Lernprozeß einzulassen. Bei der Erziehung hat der kommunikative Dialog seinen Zweck in der Verständigung zwischen Lehrenden und Lernenden über Sinn-Orientierung und über die Handlungsziele, die erreicht werden sollen.

Als ein Mittel zum Erwerb von k. K. gelten verschiedene Formen des *Rollenspiels.*

Kommunion (lat. *communio* Gemeinschaft). Feierliche Einführung junger Menschen in die katholische Kirche durch Teilnahme am Sakrament des Abendmahls.

Kompensation (lat. *compensare* ausgleichen; engl. *compensation*). **1)** Ausgleich, Ersatz oder Entschädigung für eine Schwäche oder einen Schaden durch bestimmte Mittel.

2) Von *A. Adler* in die Psychoanalyse eingeführter Begriff für die Verarbeitung an sich selbst festgestellter körperlicher, psychischer oder geistiger Mängel durch Ersatzmaßnahmen. Dabei kann es auch vorkommen, daß eine durch Minderwertigkeitsgefühle oder -komplexe veranlaßte Überbetonung einer Ersatzhandlung (Überk.) auf die soziale Umgebung nicht die gewollte Wirkung hat und eventuell lächerlich wirkt.

kompensatorische Erziehung (lat. *compensare* ausgleichen, ersetzen; engl. *compensatory education*). Fördermaßnahmen, um meist soziokulturell bedingte sprachliche und intellektuelle Benachteiligungen von Kindern und Jugendlichen auszugleichen. Die Ursprünge der k.E. liegen Mitte der sechziger Jahre in den USA und haben ihre Gründe in der Bildungsdiskussion nach dem Sputnik-Schock 1957, in der Bürgerrechtsbewegung nach der gesetzlichen Aufhebung der Trennung von Schwarzen und Weißen (1964) und in den Unruhen der Slum-Bevölkerung (Schulabbrecher, Halbanalphabeten). Mit dem sog. Head-Start-Programm und der Fernsehserie Sesame-Street sollten Bildungsrückstände aufgeholt und darüber hinaus auch die Gesundheitsfürsorge und die Versorgung mit warmen Mahlzeiten verbessert werden. Wegen der mangelnden Langzeitwirkung der Förderprogramme verstärkte sich ab 1970 die Kritik an der k.E. In der Bundesrepublik fiel die Übernahme von amerikanischen Programmen z.B. zum Sprachtraining und zur Intelligenzförderung während der Bildungsreformdiskussion um 1970 auf fruchtbaren Boden. Durch die Kritik an der k.E., Kinder aus der Unterschicht an die Normen der Mittelschicht anpassen zu wollen, wurde um 1972/73 mit dem von E. Schwartz geprägten Begriff der freisetzenden Erziehung eine reflektiertere Betrachtungsweise in Gang gesetzt, die auf soziale Integration, Abbau von Chancenungleichheit durch individuelle Förderung und Identitätsentwicklung gerichtet war.

Kompetenz (lat. *competens* geeignet, zuständig; engl. *competence*). Fähigkeit einer Person, Anforderungen in bestimmten Bereichen zu entsprechen. Soziale K. bezieht sich auf den Umgang mit Menschen und bedeutet, in sozialen, gesellschaftlichen und politischen Bereichen urteils- und handlungsfähig zu sein. Ich- bzw. Selbstk. bezeichnet die Fähigkeit, für sich selbst verantwortlich handeln zu können. Sachk. kennzeichnet die Leistungsfähigkeit und damit die Zuständigkeit für bestimmte Sachbereiche.

Konditionierung (lat. *condicio* Verabredung, Bedingung, Voraussetzung; engl. *conditioning*). Aus experimentellen *Lerntheorien* des *Behaviorismus* stammende Bezeichnung für Lernvorgänge, bei denen ein bestimmtes Verhalten mit einem bestimmten Reiz so verknüpft ist, daß es mit großer Wahrscheinlichkeit bei wiederholtem Auftreten desselben Reizes wieder oder sogar verstärkt ausgelöst wird. Das erlernte Verhalten ist also bedingt durch die Erfahrung mit einem bestimmten Reiz.

Der Begriff der klassischen K. (classical conditioning) geht auf den russischen Experimentalphysiologen *I.P. Pawlow* zurück. In Tierexperimenten bot Pawlow einem Hund Futter (natürlicher, unbedingter Reiz) an, worauf dieser mit dem natürlichen, unbedingten Reflex der Speichelabsonderung reagierte. Nachdem bei den folgenden Futtergaben gleichzeitig ein Glockenton (neutraler Reiz) erklungen war, erfolgte die Speichelabsonderung des Hundes bereits bei Erklingen des Tones. Der Glockenton wurde so zu einem bedingten, konditionierten Reiz und der darauf erfolgte Speichelfluß zur bedingten, konditionierten Reaktion.

Bei der von *B.F. Skinner* untersuchten operanten K. (operant conditioning) wird unmittelbar nach einer bestimmten Reaktion auf einen Reiz ein positiv oder negativ verstärkender Reiz dargeboten. Damit erhöht sich die Wahrscheinlichkeit des Auftretens oder der Vermeidung von gezeigten Reaktionen. Bei Tierversuchen in der sog. Skinner-Box konnte sich das Tier durch Betätigung eines Hebels (Operation im Sinne einer Handlung) Futter verschaffen und erlernte so durch die Belohnung (positiver Verstärker) die Betätigung des Apparates. Beim sog. operanten K. wird also ein erwünschtes Verhalten umgehend verstärkt, so daß es sich aufgrund der Belohnung stabilisiert. Umgekehrt kann Strafandrohung für ein unerwünschtes Verhalten ein konditioniertes Vermeidungsverhalten verstärken. In ähnlicher Weise wurde von E. Thorndike Lernen durch Verknüpfung einer Reaktion mit einer positiven Verstärkung als instrumentelle K. (instrumental conditioning) bezeichnet.

Bei der semantischen K. (semantic conditioning) stellen bestimmte Wörter einen bedingten Reiz dar, der die Assoziation bedeutungs- oder sinnverwandter Wörter auslöst. Eine andere Variante ist die verbale K. (verbal conditioning), bei der es im Gespräch um die Verstärkung eines Verhaltens durch die positive Zustimmung des Zuhörers geht.

Die von Pawlow, Skinner u. a. in Tierexperimenten gewonnenen Reiz-Reaktions-Theorien zur Erklärung von konditionierten Lernvorgängen wurden weitgehend auch auf den Menschen übertragen. Die Erkenntnisse finden in Behandlungsmethoden der *Verhaltenstherapie* und der *Verhaltensmodifikation* ihre Anwendung. Jedoch können die Prinzipien der K. nicht jegliches Lernen beim Menschen erklären. Forschungsarbeiten haben gezeigt, daß menschliches Lernen wesentlich durch kognitive Prozesse und Strukturen bedingt ist.

Literatur: 2.9

Konferenzmethode (lat. *conferre* zusammentragen). Über die offene und möglichst aspektreiche Erörterung eines Problems in kleinen *Gruppen* sollen verschiedene Ansichten eines Problems erörtert, Lösungswissen zusammengetragen, alternative Lösungswege gefunden sowie konkrete Lösungen in die Wege geleitet und nach Möglichkeit auch umgesetzt werden. Die K. macht sich die synergetischen Effekte von Gruppenprozessen zunutze. Sie ähnelt darin dem *Brainstorming*.

Konfessionsschule. *Bekenntnisschule.*

Konfirmation (lat. *confirmatio* Befestigung, Ermutigung). Jugendliche (zumeist im 14. Lebensjahr) werden innerhalb der evangelischen Kirche durch die K. in die Gemeinde aufgenommen und mit allen Rechten und Pflichten eines Gemeindemitgliedes ausgestattet (z. B. Teilnahme am Abendmahl). Der K. geht ein zweijähriger kirchlicher Unterricht voraus. Die theologische Begründung ist sehr umstritten. Mehrheitlich wird die K. heute als eine Art *Initiation* verstanden.

Konflikt (lat. *confligere* zusammenschlagen, zusammenstoßen; engl. *conflict*). Gleichzeitiges Auftreten von zwei oder mehreren nicht miteinander zu vereinbarenden Reaktionen auf einen Impuls. Der Begriff bezeichnet sowohl den individuellen innerlichen Widerstreit (Haß – Liebe) als auch intersubjektive Unverträglichkeiten (erwartetes gegen gezeigtes Verhalten). K. lassen sich unter Berücksichtigung der Kriterien Begehren und Abweisen differenzieren. Werden zwei Ziele verfolgt, die sich wechselseitig ausschließen, kann von einem K. auf der Ebene des Begehrens gesprochen werden. Ergeben sich in ein und derselben Situation Ziele, die begehrt und solche, die abgelehnt werden, liegt nach dieser Sprachregelung ein K. zwischen Begehren und Abweisen vor.

Konkurrenz (lat. *concurrere* angreifen, aneinandergeraten; engl. *competition*). Leistungsbezogener Wettbewerb. Ziel bzw. Folge ist die Bildung einer Rangreihe: Erster, Zweiter, Dritter usw. Da der Schule u.a. die Funktionen von Auslese und *Allokation* übertragen wurden, bestimmt K. Einstellungen und Verhaltensweisen von Schülern nachhaltig. Die daraus erwachsende Rivalität zwischen den Schülern erschwert schulische Bemühungen um Kooperationsfähigkeit und Solidarität.

Konstrukt (lat. *constructio* Zusammenfügung, Verbindung; engl. *construct*). Die gedankliche Zusammenfügung von Bedeutungen zu einem Begriff. Insofern Voraussetzung für jede bewußte Erfahrung. Im Rahmen empirischer Forschung sind K. so zu definieren, daß die Prozesse, die zu bestimmten Daten führen und die Merkmale dieser Daten selbst möglichst eindeutig festgelegt sind. So kann z.B. Schulerfolg bestimmt werden als Erwerb des Abschlußzertifikates nach einem Schulbesuch ohne Sitzenbleiben und dem Bestehen der erforderlichen Abschlußprüfung. Davon unterscheiden ließen sich dann eingeschränkte Schulerfolge, also solche, die etwa nach zweimaliger Wiederholung von Klassenstufen erreicht werden.

Kontaktstudium. Das K. dient der wissenschaftlichen Reflexion, Überprüfung und Vertiefung berufspraktischer Erfahrungen. Die Veranstaltungen des K. sollen insbesondere berufspraktische Bezüge berücksichtigen und so angeboten werden, daß sie neben einer Berufstätigkeit bzw. in Kompaktform während des Urlaubs oder in Zeiten beruflicher Freistellung besucht werden können.

Konvention über die Rechte des Kindes (engl. *Convention on the Rights of the Child*). Nach neunjährigen Beratungen von der Generalversammlung der Vereinten Nationen im November 1989 verabschiedet. Sie trat am 2. Februar 1990 in Kraft und wurde von der Bundesrepublik Deutschland am 6. März desselben Jahres ratifiziert. Damit wurden die persönlichen, kulturellen, sozialen und politischen Rechte von *Minderjährigen* erstmals in verbindlicher Form in einem internationalen Beschluß festgelegt. Grundlagen der Konvention sind die allgemeine Erklärung der Menschenrechte, die Erklärung der Vollversammlung über die *Rechte des Kindes* vom 20. 11. 1959 und die Charta der Vereinten Nationen. Eine der zentralen Bestimmungen verpflichtet Gesetzgebung und öffentliche Verwaltung, alle ihre Beschlüsse und Maßnahmen immer auch am Wohl der Kinder im Sinne der ausgeführten Bestimmungen zu orientieren. Nachdrücklich wird jede Diskriminierung untersagt. Der Staat ist in all seinen Verantwortungsbereichen verpflichtet, Leben, Gesundheit, Freiheit, Würde, Sicherheit, Erziehung und individuelle Entfaltung der kindlichen Persönlichkeit zu schützen und zu fördern. Die Verantwortlichkeit der Eltern hat sich an den zunehmenden Fähigkeiten der Kinder zu selbständigem Urteil und selbstbestimmter Lebensführung zu orientieren.

Konzentration. *Aufmerksamkeit.*

Kooperationsformen des Unterrichts. *Sozialformen des Unterrichts.*

kooperative Gesamtschule (KGS). *Gesamtschule.*

körperliche Züchtigung. *Prügelstrafe. Erziehungs- und Ordnungsmaßnahmen.*

Krabbelstube. *Krippe.*

Krankenhausunterricht. *Hausunterricht.*

Kreativität (lat. *creare* erschaffen, hervorbringen, *vis* Kraft, Stärke; engl. *creativity*). Während früher mit dem Begriff in erster Linie herausragende Fähigkeiten des schöpferischen Menschen (Künstler, Wissenschaftler) verbunden wurden, hat sich der Bedeutungsumfang unter dem Einfluß der psychologischen K.forschung in Richtung alltäglicher, technischer, politischer und wirtschaftlicher Bereiche erweitert. Zu den kreativen Fähigkeiten gehören produktives und divergentes Denken, wie es in ideenreichen, originellen Problemlösungen zum Ausdruck kommt. Über die kognitiv-intellektuellen Aspekte hinaus zählen aber auch emotionales Engagement, soziale Kooperation, produktive Phantasie und ästhetische Gestaltung zu den Merkmalen kreativen Handelns. Dabei wird heute davon ausgegangen, daß alle Menschen zu kreativen Leistungen fähig sind. Das wirft die Frage auf, wie solche Fähigkeiten gefördert und die Merkmale des K.begriffs pädagogisch konkretisiert werden können. Möglichkeiten werden in der Verstärkung offener, erfahrungsbezogener und handlungsorientierter Unterrichtskonzepte gesehen, die Schülern vielfältige Gelegenheiten zu Selbständigkeit, Selbsttätigkeit, Kooperation, entdeckendem Lernen, problemlösendem Denken und ästhetisch-künstlerischen Aktivitäten geben. Als kreativitätshemmend gelten schulische Strukturen, die Schüler vorwiegend zu rezeptivem Lernen zwingen und durch Leistungsdruck, Selektionszwang und Disziplinierung gekennzeichnet sind.

Kriminalität (engl. *delinquency*). Jeder unter Strafandrohung gestellte Bruch der in einer Gesellschaft bzw. einem Staat rechtlich festgeschriebenen Ordnung.

Krippe (engl. *day nursery*). Tageseinrichtung zur Betreuung und gemeinsamen Erziehung von Kindern bis zum 3. Lebensjahr. I.d.R. geben berufstätige Mütter, insbesondere alleinerziehende Frauen, ihr Kind in eine K. Immer öfter aber wird der Besuch einer K. auch für Kinder gewünscht, die anderenfalls ohne regelmäßige Kontakte zu anderen Kindern aufwüchsen. Träger von K. sind Gemeinden, Kirchen, Wohlfahrtsverbände u.a. Institutionen. Früher wurden Kinderk. für Säuglinge bis zur Vollendung des 1. Lebensjahres und Krabbelstuben für Kinder bis zu drei Jahren unterschieden.

kritische Erziehungswissenschaft. *Pädagogik. Geisteswissenschaftliche Pädagogik.*

kritisch-kommunikative Didaktik. *Kommunikative Didaktik.*

Kultur (lat. *cultura* Bearbeitung, Besorgung, Pflege; engl. *culture*). In der Aneignung und Gestaltung der Natur nach ihren Zielen erschaffen sich die Menschen K. Weltanschauungen, Erklärungen für Entstehung und Vergänglichkeit der Natur, Sinngebungen für die täglichen Lebensverrichtungen und die soziale Ordnung, Prinzipien und Normen für richtiges Verhalten, für die Gestaltung der Lebensräume (Öffentlichkeit, Politik, Geselligkeit, Religion, Wirtschaft, Familie usw.) und der Lebenssituationen von sozialer Bedeutung (Ernährung, Pflege, Erziehung, Initiation, Heirat, Arbeit, Kampf, Sterben) sind ebenso wie alle Werke bzw. Produkte (Wohnstätten, Waffen, Arbeitsgeräte, Münzen, Kultgegenstände, Instrumente, Kommunikationsmittel, Kleidung, Schmuck, Einrichtungen usw.) als Objektivationen des kulturellen Prozesses anzusehen. Der Begriff umfaßt also die Gesamtheit der typischen Lebensformen einer Gemeinschaft, einschließlich der sie tragenden geistigen Haltungen. In diesem Sinne kann von der K. einer Gruppe, einer Familie, einer Schule, eines Betriebes usw. gesprochen werden, sofern jeweils spezifische Wertordnungen und Handlungsmuster ausgebildet worden sind. Die unabdingbare Voraussetzung der Entwicklung menschlicher K. ist die Sprache.

Der Begriff Zivilisation wird in Abgrenzung dazu in einem engeren Sinne als Summe der Kenntnisse, Fähigkeiten und technischen Hilfsmittel zur Bewältigung der alltäglichen Lebensanforderungen verstanden, die im Laufe von Generationen als überlieferte Handlungskompetenz erworben wurde.

Kulturhoheit der Länder (engl. *Cultural Sovereignty of the States*). Aufgrund der Verteilung der staatlichen Verantwortlichkeiten und Zuständigkeiten durch das GG sind allein die Bundesländer für die Schulgesetzgebung und die Schulverwaltung zuständig. Der Deutsche Bundestag und das Bundesministerium für Bildung, Wissenschaft, Forschung und Technologie haben gemäß Artikel 91 b GG lediglich im Bereich der Bildungsplanung sowie der betrieblichen Berufsausbildung Kompetenzen. Die K. räumt den Ländern bei der Gestaltung des Bildungswesens weitgehende inhaltliche und organisatorische Freiheiten ein, so daß zwischen den 16 Ländern z.T. erhebliche Unterschiede bestehen. Zur Sicherung einer einheitlichen Grundstruktur des Bildungswesens und Abklärung der Bezeichnungen für die Schularten haben die Ministerpräsidenten der Länder verschiedene Abkommen getroffen. Ähnlichen Zielen dient auch die *Ständige Konferenz der Kultusminister der Länder in der Bundesrepublik Deutschland* (KMK).
Literatur: 2.1.11

Kulturtechniken. Durch Erziehung, Unterricht und Sozialisation erworbene Kenntnisse, Fähigkeiten und Fertigkeiten, die zum Erhalt und zur Verbreitung, aber auch zum weiteren Erwerb von Kultur notwendig sind. Dazu gehören die elementaren K. wie Sprechen, Lesen, Schreiben und Rechnen, aber in einem erweiterten Sinne auch K. wie Telefonieren und Umgang mit neuen Medien, Autofahren.

Kultusministerium (engl. *Ministry of Education and Culture*). Oberste Schulaufsichtsbehörde eines Bundeslandes. Die Zuständigkeitsbereiche und mit ihnen die genauen Bezeichnungen weichen in den 16 Ländern voneinander ab. I.d.R. aber hat das K. folgende Aufgaben zu erfüllen: Gestaltung des gesamten Schulwesens durch den Erlaß von Bildungsplänen, Schulordnungen u.a. grundsätzlichen Regelungen, Zulassung der Schulbücher, schulrechtliche Aufsicht und Verwaltung des Schulwesens, Erlaß von Prüfungsordnungen, Leitung von Lehramtsprüfungen, Personalplanung, Lehrereinstellung, Lehrerfortbildung, Verteilung der Haushaltsmittel und Schulplanung.
Anschriften: 4.1

Kündigung des Ausbildungsverhältnisses. Die Bedingungen der K.d.A. sind in die Niederschrift des *Berufsausbildungsvertrages* aufzunehmen. Während der *Probezeit* ist eine K.d.A. durch beide Vertragsparteien jederzeit und ohne besondere Begründung möglich. Nach Ablauf der Probezeit ist eine fristlose Kündigung nur bei Vorliegen schwerwiegender Gründe möglich, die gesetzlich geregelt sind. Der Auszubildende kann unabhängig davon kündigen, wenn er die Berufsausbildung aufgeben oder eine andere beginnen möchte. Die K.d.A. muß schriftlich erfolgen.

Kunst- und Musikhochschulen. Eigenständige Hochschulen, die durch Lehre, freie Kunstausübung, wissenschaftliche Forschung und Nachwuchsförderung der Kunst dienen. In den Bereichen Musik, darstellende sowie bildende Kunst bereiten sie auf künstlerische und kunstpädagogische Berufe vor. Voraussetzungen für die Aufnahme eines Studiums an einer K.u.M. sind die allgemeine oder fachgebundene Hochschulreife und der Nachweis der künstlerischen Eignung. Ein Studiengang kann durch eine Hochschulprüfung (Diplom) oder eine staatliche Prüfung (i.d.R. für ein Lehramt) abgeschlossen werden.

Kuratorium der deutschen Wirtschaft für Berufsbildung. Bildungspolitisches Forum der Spitzenverbände der Wirtschaft. Mitglieder sind der Bundesverband der Deutschen Industrie, die Bun-

desvereinigung der Deutschen Arbeitgeberverbände, der Deutsche Industrie- und Handelstag, der Zentralverband des Deutschen Handwerks, der Bundesverband des Deutschen Groß- und Einzelhandels, der Bundesverband der freien Berufe und der Deutsche Bauernverband. Das K. erarbeitet gemeinsame bildungspolitische Positionen und Reformvorschläge, insbesondere im Bereich der Berufsausbildung und vertritt diese gegenüber der Öffentlichkeit, den Parteien, Parlamenten, Regierungen und Verbänden.
Anschriften: 15.1

Kurs (lat. *cursus* Lauf, Lehrgang, Vortragsreihe; engl. *course*). Inhaltlich-thematisch relativ abgeschlossene, methodisch lehrgangsartige Form des Lehrens und Lernens, die in den konzeptionellen Rahmen pädagogischer Institutionen unterschiedlich eingebunden ist. Der K. dominiert in der Erwachsenenbildung z.B. als Volkshochschulk., in der Lehrerfortbildung als einwöchiger Zentralk. in einem Lehrerfortbildungsheim oder als halbtägiger Regionalk. in einer Schule. In Schulkonzeptionen der Reformpädagogik wie z.B. im *Jena-Plan* dient er der völligen Ersetzung des Systems der *Jahrgangsklasse* in der Kombination von Niveauk., projektartiger Gruppenarbeit und freier Arbeit. In der Regelschule werden neben dem dominierenden Fachunterricht im Rahmen des *Förderunterrichts* Förderk. für einen begrenzten Zeitraum eingerichtet, um Lerndefizite von Schülern zu beheben. Förderk. gibt es aber auch für Ausländerkinder in Grund- und Hauptschulen. Diese K. sind nicht zu verwechseln mit wahlfreien *Arbeitsgemeinschaften*, in denen Schüler Themen nach ihrem Interesse bearbeiten.
Von zentraler Bedeutung im gegenwärtigen *Schulsystem* ist der K. im Kern-K.-System integrierter Schularten und im K.system der gymnasialen Oberstufe. Im Kern-K.-System der Orientierungsstufe, der Hauptschule, der integrierten Haupt- und Realschule und der integrierten *Gesamtschule* hat der K. die Funktion, die Probleme der Heterogenität der Schülerschaft durch *Fachleistungsdifferenzierung* bewältigen zu helfen. Ziel des K.unterrichts ist, durch eine relative Homogenisierung der Schülerschaft einzelne Schüler nach dem Kriterium der Leistung einerseits zu fördern und andererseits schulart- und schulabschlußbezogen zu selektieren. Hinzu kommen vor allem in den integrierten Gesamtschulen ab Klasse 7 bzw. 9 die Wahlpflichtk. Mit der meist technokratisch gehandhabten K.zuweisung sind Sozialisationseffekte verbunden, die den pädagogischen Zielen der individuellen Förderung, des sozialen Lernens und des Abbaus von Konkurrenz entgegenstehen. Pädagogische Alternativen zum Kern-K.-System bieten Konzeptionen der *inneren Differenzierung* wie z.B. im *Team-Kleingruppen-Modell* u.a. Reformschulen.
Im K.system der *gymnasialen Oberstufe* haben die Schüler bei Beachtung bestimmter Einschränkungen eine freie Fächerwahl und müssen sich dabei zwischen *Grund- und Leistungsk.* mit unterschiedlichem Stundenanteil und Leistungsniveau entscheiden.
Literatur: 2.1.8

Kurzzeitgedächtnis (engl. *short-term memory*). Dient der kurzfristigen Speicherung von Informationen, welche dem Bewußtsein nur vorübergehend verfügbar sind (z.B. nur für wenige Minuten) und dann vergessen werden. Dieses schnelle Vergessen sowie die begrenzte Menge der erinnerten Daten unterscheidet das K. vom sog. *Langzeitgedächtnis*.

Kybernetik (griech. *kybernetike techne* Kunst des Steuerns; engl. *cybernetics*). Von dem Mathematiker N. Wiener 1947 geprägter Begriff für die Wissenschaft von den Steuerungs- und Regelungsvorgängen in technischen und organismischen Systemen. Grundlegend für die K. sind die *Informationstheorie* und das Regelkreis-Modell. Als typisches Beispiel für ein automatisiertes, selbstregulierendes System ist das thermostatgesteuerte Heizungssystem zu nennen. Die Erkenntnisse der K. finden in der *kybernetisch-informationstheoretischen Didaktik* ihre Anwendung.

kybernetisch-informationstheoretische Didaktik. Theorie des Lehrens und Lernens, die auf den Grundlagen der *Kybernetik*, der *Informationstheorie* und der behavioristischen *Lerntheorie* Lernen als einen Vorgang versteht, bei dem im Sinne des sog. Regelkreismodells ein Adressat unter ständiger Korrektur zu einem vorgegebenen Verhaltensziel gesteuert wird. Sie wurde in den sechziger Jahren von H. Frank, *F.v. Cube* und K. Weltner entwickelt. Die Prinzipen und Erkenntnisse der k.-i. D. finden vor allem im *programmierten Unterricht* und im *computerunterstützten Unterricht* Anwendung.
Literatur: 2.1.3

L

Label(l)ing Approach. Sozialpsychologische Theorie, nach der ein auffälliges bzw. abweichendes Verhalten im wesentlichen durch die Reaktionen der anderen ausgeprägt, stabilisiert und schließlich auch vom Betroffenen als Abweichung erlebt wird. Das soziale Umfeld etikettiert bestimmte Verhaltensweisen als Anomalie, Behinderung, Asozialität, Kriminalität usw. Dem davon betroffenen Subjekt haftet diese Kennzeichnung an. Andere nehmen es entsprechend wahr. Das Subjekt nähert sich schrittweise den Fremdeinschätzungen an. Es macht sich die soziale Wahrnehmung zu eigen.
Literatur: 1.5

Laborschule Bielefeld. Seit 1974 bestehende Einrichtung der Universität Bielefeld. Als staatlicher *Schulversuch* umfaßt die L. mit elf Jahrgängen und etwa 660 Schülern die Primarstufe mit einem Vorschuljahr und die Sekundarstufe I. Sie ist eine integrierte *Gesamtschule* und *Ganztagsschule*, die als *Angebotsschule* jährlich 60 Schüler aufnimmt. Die Jahrgänge 0–10 sind nach bestimmten Prinzipien in drei Blöcke eingeteilt, die von stabilen, überschaubaren *Stammgruppen* und unspezialisiertem Unterricht zu komplexen, offenen Formen und spezialisierten Lernangeboten überleiten. An die L. schließt das *Oberstufen-Kolleg* an.
Die Grundkonzeption der beiden Bielefelder Schulprojekte wurde von *H.v. Hentig* entwickelt. Nach seiner Auffassung erzieht die traditionelle Lernschule nicht zu Selbst- und Mitbestimmung. Wichtig sei deshalb eine *Entschulung* der Schule, um Leben und Lernen wieder stärker zu verbinden. Die Schule müsse ein Erfahrungsraum werden, in dem Schüler nicht Objekte der Belehrung seien, sondern Subjekte selbstbestimmten Lernens sein könnten. Zur Ermöglichung offener und realer Erfahrungen soll sie über die Schule als Erfahrungsraum hinaus auch In-die-Stadt-hinein-Schule sein und die Umwelt selbst zum Lernort machen.
Es gehört zum Forschungsauftrag der L., entsprechende Reformkonzepte zu entwickeln, zu erproben und zu evaluieren, damit die gewonnenen Erkenntnisse auch auf andere Schulen übertragen werden können.
Literatur: 2.1.2, 2.1.9

Laienspiel (engl. *amateur performance*). Aus der *Jugendbewegung* stammender und von M. Luserke 1912 geprägter Begriff für eine Spielform, die zur Wiederbelebung des alten Volkstheaters durch nichtprofessionelle Schauspieler beitragen sollte. In der Schule war das L. Bestandteil der musischen Bildung und Erziehung. Der historisch bedingte Ausdruck wird heute in der Schule durch die Begriffe *darstellendes Spiel* oder szenisches Spiel ersetzt.

Laisser-faire. Aus der französischen Aussage »Laßt nur machen!« übernommene Charakterisierung für einen pädagogischen Führungs-, Erziehungs- und Unterrichtsstil, in dem der verantwortliche Pädagoge zu wenig lenkt, ordnet, korrigiert und kontrolliert.

Landerziehungsheim (Syn.: **Landschulheim**). Schule in freier Trägerschaft einer Stiftung oder eines gemeinnützigen Vereins. Als Internatsschulen in ländlicher Umgebung stammen sie zum größten Teil aus der Zeit der *Reformpädagogik* und vertreten einen spezifischen pädagogischen Ansatz. Im Jahre 1993 gab es in der Bundesrepublik Deutschland 18 L. mit etwa 2500 Internatsschülern und 1350 Tagesschülern. Sie sind in der Vereinigung Deutscher L. zusammengeschlossen.

Die L.bewegung ging von der New School in Abbotsholme aus, einem 1889 von C. Reddie in England eingerichteten L. Zu den bekannten und heute noch bestehenden Gründungen nach 1900 gehören Schondorf am Ammersee (1905), die *Odenwaldschule* (1910) und Salem am Bodensee (1920).

Literatur: 2.1.9

Anschriften: 7.1

Landesausschuß für Berufsbildung. Nach den Bestimmungen des *Berufsbildungsgesetzes* (BBiG) wird bei jeder Landesregierung ein L. f. B. eingerichtet. Er setzt sich paritätisch zusammen aus Beauftragten der Arbeitgeber, der Arbeitnehmer und der obersten Landesbehörden. Die Mitglieder werden auf maximal vier Jahre von der jeweiligen Landesregierung berufen. Arbeitgeberverbände und Gewerkschaften haben für ihre Beauftragten ein Vorschlagsrecht. Der L. f. B. soll die Landesregierung in allen Fragen der *Berufsausbildung* beraten. Dabei soll er insbesondere die Berufsausbildung im Lernort Betrieb (nach dem BBiG) und in den beruflichen Schulen (nach dem Schulgesetz) koordinieren.

Landesberufsschulen. Im Rahmen ihrer Kulturhoheit können auch die Bundesländer selbst Schulträger von Berufsschulen sein. Sie errichten dann L. Vereinzelt bestehen L. für Berufe mit sehr wenigen Auszubildenden, die dann in einer L. im *Blockunterricht* unterwiesen werden. I. d. R. sind L. mit einem Wohnheim verbunden, weil die Schüler aus einem größeren Einzugsbereich für den Blockunterricht zusammenkommen.

Landeselternbeirat. Die Schulgesetze der Bundesländer sehen die Mitwirkung und *Mitbestimmung* der Eltern innerhalb des Schulwesens auch auf Landesebene vor. Zu diesem Zwecke wird der L. gebildet, der sich aus gewählten Elternvertretern aller Schularten des Landes zusammensetzt. Der L. berät das Kultusministerium in allen grundsätzlichen Fragen des Erziehungs- und Unterrichtswesens, insbesondere bei der Gestaltung der Bildungspläne. Umgekehrt ist das Kultusministerium dem L. vor der Regelung allgemeiner schulpolitischer Fragen berichtspflichtig. Stellungnahmen des L. haben jedoch keine aufschiebende oder aufhebende Wirkung.

Landesjugendamt (engl. *land youth office*). Nach den Bestimmungen des *Kinder- und Jugendhilfegesetzes* (KJHG) können mehrere örtliche und überörtliche Träger der *öffentlichen Jugendhilfe* ein L. errichten, das Jugendhilfe übergreifend plant und organisiert, die *Jugendämter* und freien Träger der Jugendhilfe berät und fördert sowie Fortbildungsangebote unterbreitet. Das L. ist den Jugendämtern gegenüber nicht weisungsberechtigt.

Landesjugendhilfeausschuß. Der L. berät und beschließt über die Aufgaben und finanziellen Aufwendungen des *Landesjugendamtes*. Wie der *Jugendhilfeausschuß* auf der Ebene des einzelnen *Jugendamtes*, erörtert der L. die Problemlagen junger Menschen und ihrer Familien, um daraus Anregungen und Vorschläge für die *Jugendhilfe* zu entwickeln. Dem L. gehören Vertreter der

Träger öffentlicher und freier Jugendhilfe an.

Landesjugendplan (engl. *land youth plan*). Jedes Jahr verabschieden die Landesparlamente einen L. zur Förderung der *Jugendhilfe*, insbesondere der *Jugendarbeit* der freien und öffentlichen Träger. Verwaltet werden die Mittel i. d. R. durch das jeweilige Sozialministerium.

Landesjugendring. Freiwilliger Zusammenschluß von *Jugendverbänden* auf Landesebene zur Vertretung der gemeinsamen Interessen gegenüber Öffentlichkeit und Politik (Landtag, Landesregierung, Parteien, Gewerkschaften usw.). Der L. arbeitet im *Landesjugendhilfeausschuß* mit.

Landesschulbeirat. In den meisten der 16 Bundesländer beruft das Kultusministerium einen L., um wichtige Vorhaben (z. B. die Novellierung des Schulgesetzes oder die Reform des Lehrplans) mit Vertretern aller unmittelbar betroffenen Gruppen sowie besonders interessierter Institutionen und Verbände zu beraten. Mitglieder sind folglich i. d. R. Vertreter der Schüler, der Eltern, der Lehrer aller Schularten, der Hochschulen, der Kommunen, der Kirchen, der Gewerkschaften und der Wirtschaft.

Landeszentralen für politische Bildung. *Bundeszentrale für politische Bildung.*

Landschulheim. *Landerziehungsheim.*

Langzeitgedächtnis (engl. *long-term memory*). Die Fähigkeit zur Wiederherstellung einer Assoziation, zur Beschreibung einer Situation, zur Wiedergabe von Erlerntem oder zur richtigen Reaktion auf einen bestimmten Reiz, lange Zeit, nachdem diese Eindrücke erstmals gemacht worden sind. Das sehr langsame Vergessen und die vergleichsweise große Menge der erinnerten Daten unterscheidet das L. vom *Kurzzeitgedächtnis.*

Latenzperiode (lat. *latere* verborgen halten; engl. *latency period*). Zeitspanne etwa zwischen dem 6. und 10. Lebensjahr, die durch einen Stillstand der Sexualentwicklung gekennzeichnet ist. Das Verhalten des Kindes und seine Beziehungen zur Umwelt sind im Vergleich zur vorangehenden und zur nachfolgenden Phase (*Adoleszenz*) wenig von sexuellen Antrieben geleitet. Dagegen treten Gefühle wie Scham und Ekel auf, die später für die Kontrolle des Sexualtriebes von Bedeutung sind.

Lateralität (Syn. **Seitigkeit**; lat. *lateralis* seitlich). Bei paarig angelegten Sinnesorganen (Augen, Ohren) oder Gliedern (Beine/Füße, Hände) der bevorzugte Gebrauch einer Seite (z. B. Rechtsäugigkeit, *Linkshändigkeit*) aufgrund einer überwiegenden Aktivität in der linken oder rechten Hirnhemisphäre. Ob die funktionelle Bevorzugung einer Seite angeboren ist und durch Üben verstärkt oder verändert werden kann, ist eine offene Forschungsfrage.

Latinum. Für das Studium bestimmter Disziplinen (Theologie, Rhetorik, Geschichte, Medizin u. a.) verlangen die Universitäten den Nachweis lateinischer Sprachkenntnisse. Bis in die sechziger Jahre war das große L. erreicht, wenn man mindestens fünf Jahre mit Erfolg am Lateinunterricht teilgenommen hatte, das kleine L. dagegen bereits nach drei Jahren. Heute bestehen sehr unterschiedliche Bestimmungen. Auskunft erteilen die Prüfungsämter der Universiäten und Hochschulen.

Legasthenie. *Lese-Rechtschreib-Schwierigkeiten.*

Lehralgorithmus. *Algorithmus.*

Lehramt (engl. *teaching profession*). Jede in einer gesellschaftlichen Institution (Schule, Hochschule, Stätte der Erwachsenenbildung, Kirche usw.) eingerichtete Position, die der Vermittlung bestimmter Kenntnisse, Fähigkeiten und

Fertigkeiten dient. Die Übernahme eines L. im Bereich des öffentlichen Dienstes (des Bundes, der Länder oder Gemeinden) setzt das Absolvieren formalisierter Ausbildungsgänge und das Bestehen von *Lehramtsprüfungen* voraus.

Lehramtsprüfungen. L. sind Staatsprüfungen. Als 1. Staatsprüfung schließen sie das Studium an einer Hochschule bzw. Universität ab. Die Dauer des Studiums ist in einer staatlichen Prüfungsordnung festgelegt. Die 2. Staatsprüfung setzt die erfolgreiche Teilnahme an einem staatlich organisierten *Vorbereitungsdienst* voraus. In beiden Teilprüfungen sind schriftliche und mündliche, in der 2. Staatsprüfung auch unterrichtspraktische Leistungen zu erbringen. L. werden in einzelnen Bundesländern für bestimmte Schularten (Grundschule, Realschule usw.), in anderen für Schulstufen (Primarstufe, Sekundarstufe I oder II) abgenommen.

Lehrbeauftragter. *Hochschulen* haben das Recht, zur Ergänzung ihres Lehrangebots an entsprechend qualifizierte Personen Lehraufträge zu erteilen. Ein L. wird auf Vorschlag des Fachbereichs von der Hochschulleitung durch Abschluß eines Vertrages bestellt. Der Vertrag regelt die Dauer des Lehrauftrages (i. d. R. ein Semester), die Anzahl der Semesterwochenstunden und die Vergütung. Die Mitwirkung bei der Abnahme von Prüfungen ist gesondert geregelt.

Lehre (engl. *apprenticeship*). **1)** Die *Berufsausbildung* im Handwerk wird nach der *Handwerksordnung* (HwO) weiterhin als L. bezeichnet.

2) Unterricht an *Hochschulen,* der in enger Verbindung zur Forschung stattfinden und den Studenten fachliche und methodische Kenntnisse und Fähigkeiten vermitteln soll, die sie auf selbständige wissenschaftliche und berufliche Tätigkeiten vorbereiten.

Literatur: 2.7

Lehrer. *Fachlehrer. Klassenlehrer.*

Lehrerbildung (engl. *teacher training*). L. erfolgt in zwei Teilschritten oder Phasen: Studium an einer wissenschaftlichen Hochschule und anschließender *Vorbereitungsdienst* an einem staatlichen Studienseminar, in den grundsätzlich jeder erfolgreiche Absolvent eines lehramtsbezogenen Studienganges übernommen werden muß.

Das Studium umfaßt die Elemente Fachwissenschaft, *Fachdidaktik, Pädagogik, Schulpädagogik* und Schulpraxis, i. d. R. auch Psychologie, Soziologie oder Politikwissenschaft. Dabei sollen fachbezogene, didaktisch-methodische, erzieherische und soziale Kompetenzen entwickelt werden, die verantwortliches berufliches Handeln auf der Grundlage wissenschaftlicher Erkenntnisse, systematischer Weiterbildung und kritisch-konstruktiver Distanz zur jeweiligen Schulpraxis möglich machen.

Studienziel ist also der Nachweis einer wissenschaftlichen, noch nicht einer schulpädagogischen Qualifikation. Diese soll während des Vorbereitungsdienstes erworben werden, weswegen in dieser Phase Hospitationen im Unterricht bewährter Lehrer, eigene Unterrichtspraxis sowie deren Reflexion im Mittelpunkt stehen. Die erfolgreiche Teilnahme an den beiden Phasen der L. wird nach Ablegen der 1. (nach dem Studium) und der 2. Staatsprüfung (nach dem Vorbereitungsdienst) durch Zertifikate bescheinigt. Mit dem Erwerb dieser Zertifikate ist kein Anspruch auf Übernahme in den öffentlichen Schuldienst verbunden.

Lehrerdeputat. *Arbeitszeit der Lehrer.*

Lehrerfortbildung (engl. *teachers' advanced training*). Dient der Aktualisierung, Ergänzung und Erweiterung beruflicher Kompetenzen des Lehrers. Im Zentrum stehen fachdidaktische und erzieherische Angebote, aber auch bil-

dungspolitische, gesellschaftstheoretische, organisatorische und soziale Themen werden behandelt.
Im Rahmen der pädagogischen Freiheit und Verantwortung wird von den Lehrern die Teilnahme an Veranstaltungen der L. erwartet, in einzelnen Schulgesetzen sogar ausdrücklich angesprochen. L. findet als staatliches Angebot in besonderen L.einrichtungen (z.B. L.akademien) oder innerhalb der einzelnen Schulen selbst statt (schulinterne L.). Daneben gibt es Veranstaltungen freier Träger (z.B. von Lehrerverbänden, Gewerkschaften, Kirchen und von privaten Anbietern). Für die Teilnahme an Veranstaltungen der L. kann die Schulverwaltung auf Antrag eine befristete Befreiung von den Dienstpflichten gewähren. Die Kosten für den Besuch staatlicher L. werden von der Schulverwaltung übernommen.

Lehrerkonferenzen. Arten, Zusammensetzung und Aufgaben der L. sind in den *Schulgesetzen* der Bundesländer und in ergänzenden Erlassen (Konferenzordnungen) der obersten Schulaufsichtsbehörde geregelt. Die L. beraten und beschließen über alle Maßnahmen, die für die gemeinsame Unterrichts- und Erziehungsarbeit an einer Schule von Bedeutung sind. Sie dienen darüber hinaus dem Erfahrungsaustausch, dem Zusammenwirken und der wechselseitigen Unterstützung der Lehrer. Bei allen Beschlüssen sind die geltenden Rechtsvorschriften und die *pädagogische Freiheit* des einzelnen Lehrers zu beachten. Personalfragen und soziale Belange einzelner Lehrer dürfen in den L. nicht behandelt werden.
I.d.R. werden folgende Arten von L. unterschieden: Die Gesamtl., die Klassenl., die Fachl., die Schulstufen- oder Jahrgangsstufenl. und die Abteilungsl., falls eine Schule in Abteilungen untergliedert ist.
Die Gesamtl. und die Jahrgangsstufenl. leitet der Schulleiter, die Klassenl. der Klassenlehrer, die anderen Konferenzen ein aus dem Kreis der Mitglieder gewählter Lehrer. Die Teilnahme an den L. gehört zu den *Dienstpflichten* des Lehrers.
Literatur: 2.1.11

Lehrerverbände. Im Rahmen der im GG und im Beamtenrechtsrahmengesetz verbürgten Koalitionsfreiheit dürfen sich Lehrer zur Wahrung und Förderung ihrer Arbeitsbedingungen zu Gewerkschaften und Verbänden zusammenschließen. Damit ist ausdrücklich das Recht auf Arbeitskämpfe zur Durchsetzung ihrer Ziele verbunden.
Die L. sind mehrheitlich Zusammenschlüsse der Lehrerschaft einer Schulart bzw. Schulstufe (Philologenverband-Gymnasium, Realschullehrerverband, Verband Deutscher Sonderschulen, Verbände der Lehrer an beruflichen Schulen). Die größten L., die *Gewerkschaft Erziehung und Wissenschaft* (GEW) und der Verband Bildung und Erziehung (VBE) sind schulartübergreifend und vertreten auch die Interessen anderer pädagogischer Berufsgruppen.
Anschriften: 7.2

Lehrerweiterbildung (engl. *in-service further training for teachers*). Neben der Lehrerfortbildung von einer L. zu sprechen ist dann sinnvoll, wenn damit Bildungsangebote bezeichnet werden, die Lehrer über die normale Ausbildung hinaus für spezielle Aufgaben qualifizieren. Die erfolgreiche Teilnahme wird durch ein Zertifikat bescheinigt, das zu einer Verbesserung der beruflichen Stellung führen kann. Typisches Beispiel: *Kontaktstudium* zum Erwerb der Qualifikation als Beratungslehrer.

Lehrgang (engl. *course, course of instruction*). **1)** Allgemeine Bezeichnung für eine festgelegte Anordnung von Lerninhalten zur Vermittlung bestimmter Lehr- und Lernziele. Der L. wird i.d.R. über einen bestimmten Zeitraum hinweg vorausgeplant und ohne wesentliche Veränderungen für unterschiedliche Teilnehmer wiederholt durchgeführt. Die einzelnen Teilinhalte und Lernschritte werden vom L.ziel abgeleitet und so angeordnet, daß jeder Teil auf dem vorausgehenden aufbaut und die Voraussetzung für den nächsten Lernschritt darstellt. Beim L. besteht meist ein deutliches Informations- und Kompetenzgefälle zwischen Lehrenden und Lernenden.

2) Im schulischen Bereich ist der L. eine der *methodischen Großformen des Unterrichts* zur schrittweisen Vermittlung bestimmter Lehrplaninhalte (z.B. Lese- und Schreibl. in der Grundschule), meist als Abfolge von themenbezogenen Unterrichtseinheiten. Bei der Anordnung von Lerninhalten wird i.d.R. die Kombination von sachlogischen, wissenschaftlich-systematischen und adressatenorientierten, entwicklungsbezogenen Gesichtspunkten berücksichtigt. Im traditionellen Unterrichtskonzept überwiegt die lehrgangsartige, lehrerzentrierte Unterweisung großer Jahrgangsklassen, die kaum durch Partner- oder Gruppenarbeit aufgelockert wird. In der Kombination mit anderen Großformen wie *Projektunterricht* und *Erkundungen* hat der methodisch gut geplante L. im reformierten Unterrichtskonzept seine eigenständige Bedeutung. So kann z.B. der Schüler in der *freien Arbeit* oder im *Wochenplanunterricht* das lehrgangsorientierte Pensum selbstbestimmt und konzentriert erarbeiten.

Literatur: 2.1.3, 2.1.5, 2.1.9

Lehrgespräch. 1) Form des *Unterrichtsgesprächs* in der Schule.

2) Freigesetzt von den unmittelbaren Anforderungen eines Arbeitsplatzes, vermitteln Ausbilder den Auszubildenden komplexere fachliche Zusammenhänge. Dabei wird unter Einsatz von *Medien*, Informationsmaterialien und im Rückgriff auf die Vorerfahrungen der Auszubildenden versucht, in fragend-entwickelndem Vorgehen neue fachliche Kenntnisse zu erarbeiten. Die Durchführung eines L. setzt eine gründliche Vorbereitung durch den Ausbilder voraus.

Lehr-Lern-Forschung. Wissenschaftlicher Arbeitsbereich, der alle planmäßig herbeigeführten und unabsichtlich sich ergebenden Lehr-Lern-Situationen in schulischen und außerschulischen Einrichtungen zum Gegenstand seiner Forschung macht, wobei in der Praxis vor allem Untersuchungen im Schulunterricht durchgeführt werden. Der Begriff schließt die *Unterrichtsforschung* mit ein. Die L.-L.-F. geht innerhalb der Erziehungswissenschaften von dem Interesse aus, bei der didaktischen Theoriebildung nicht länger vorwiegend auf Aussagen der allgemeinen *Lerntheorien* angewiesen zu sein, sondern die didaktischen Prozesse des Lehrens und Lernens unter den jeweiligen Bedingungen unmittelbar empirisch zu untersuchen. Im Vordergrund der L.-L.-F. standen Ende der siebziger Jahre kognitive und sozialpsychologische Probleme der Instruktion und Interaktion im Unterricht, die mit empirisch-analytischen Methoden vorwiegend durch die kognitions-, lern- und sozialpsychologische Forschung untersucht wurden. Gegenstände waren z.B. Lernmotivation, Textverständnis, Lernzeit, Selbstkonzept, Interaktion, Selbststeuerung, Unterrichtsklima, kognitive Strukturen, Lehrstoffhierarchie. Die Diskussion um die Dominanz der unterrichtsbezogenen Forschungsgegenstände und des kognitiven Lehr- und Lernbegriffs führte dazu, stärker als bisher auch das Lehren und Lernen in außerschulischen Institutionen (z.B. Sozialarbeit, Erwachsenenbildung, Hochschule) und in nur schwach institu-

tionalisierten Bereichen der Freizeit, der Bürgerinitiativen oder der Altenbildung zu thematisieren. Um die biographische Dimension persönlichkeitsverändernden Lernens von Jugendlichen und Erwachsenen erfaßbar zu machen, wird heute die Herausarbeitung eines ganzheitlich-biographischen Lernbegriffs und die Einbeziehung qualitativer Forschungsmethoden in die L.-L.-F. angestrebt.
Literatur: 1.2, 1.5, 1.8

Lehrling (engl. *apprentice*). Nach wie vor gesetzliche Bezeichnung für die *Auszubildenden* in einem Handwerksberuf.

Lehrlingswart. Vorsitzender eines Ausschusses innerhalb einer Handwerkerinnung, dessen Ziel die Förderung der Berufsausbildung ist. Von besonderer Bedeutung für seine Arbeit ist die Kooperation mit der Berufsschule, z.B. dann, wenn das 1. Lehrjahr in Vollzeitform an einer Berufsfachschule durchgeführt werden soll.

Lehrmittel (engl. *teaching aid, teaching materials*). Sie werden i.d.R. von der L.industrie hergestellt, vom *Schulträger* angeschafft und vom Lehrer bei der Unterrichtsgestaltung als Hilfsmittel zur Veranschaulichung eingesetzt. Beispiele für L. sind: Wand-, Haft-, Bildtafeln, Präparate, Experimentiergeräte, Modelle, Karten, Globen, Sandkästen, Lehrbücher. Manchmal werden auch audiovisuelle *Medien* zur Gruppe der L. gezählt. Die Bildungsmessen *Didacta, Interschul* und *World Didac* geben einen umfassenden Überblick über alle L.
Literatur: 2.1.3
Anschriften: 3.17

Lehrplan (Syn. **Richtlinien, Rahmenrichtlinien;** engl. *curriculum, syllabus*). Als Verwaltungsvorschrift oder Rechtsverordnung vom Kultusministerium eines Bundeslandes erlassene Bestimmung, die der pädagogischen Arbeit in Schule und Unterricht einen verbindlichen Rahmen gibt. Der L. ist auf bestimmte Schularten, Schulstufen, Lernbereiche und/oder Schulfächer bezogen. Er enthält i.d.R. Aussagen über allgemeine Bildungsziele, Erziehungsgrundsätze, didaktisch-methodische Konzepte sowie über konkretere Ziele, Themen, Inhalte und Vorschläge für den Unterricht in den einzelnen Lernbereichen bzw. Fächern. Im Rahmen der amtlichen Ziel-, Inhalts- und Zeitvorgaben in der Stundentafel gibt der L. den Lehrerinnen und Lehrern aufgrund ihrer *pädagogischen Freiheit* die Möglichkeit, Unterricht und Schulleben in der konkreten Situation vor Ort eigenverantwortlich zu gestalten. Dieser breite Spielraum der Lehrerschaft wird in einigen Bundesländern durch die Begriffe Richtlinien oder Rahmenrichtlinien zum Ausdruck gebracht.
Der L. repräsentiert meist die Kontinuität kultureller und wissenschaftlicher Entwicklungen, ist Ausdruck einer bestimmten historisch-gesellschaftlichen Situation und läßt bildungspolitische Konstellationen in einem Bundesland erkennen. Weltanschauliche und politische Auseinandersetzungen gab es in den zurückliegenden Jahren häufig durch konkrete L.inhalte in den Bereichen Gemeinschaftskunde, Friedenserziehung, Geschichte, Sexualkunde und Deutsch. Angesichts unterschiedlicher und miteinander konkurrierender Weltanschauungen ist der Staat in der pluralistischen Gesellschaft zur weltanschaulichen und parteipolitischen Neutralität verpflichtet. Der L. ist deshalb an die Werteordnung der Verfassung und die freiheitlich-demokratische Grundordnung gebunden. Da der L. den gemeinsamen Rahmen für alle betroffenen Schulen eines Bundeslandes abgibt, haben seine Ziele und Inhalte normative Wirkung bei Zeugnissen und Abschlüssen sowie bei der Genehmigung von

Schulbüchern. Gesellschaftliche und wissenschaftliche Entwicklungen sowie innovative *Curricula* und Medien erfordern jeweils nach einigen Jahren eine Überarbeitung des L.
Literatur: 1.2, 1.9, 1.10, 2.1.1, 2.1.11

Lehrplankommission. Sie besteht aus staatlich berufenen Mitgliedern, zu denen i.d.R. praktizierende Lehrer, Wissenschaftler und Verwaltungsbeamte gehören. Ihre Aufgabe ist die Erstellung eines *Lehrplans.* Wichtig für die Zusammensetzung der L. ist, daß die Mitglieder unterschiedliche Fachaspekte kompetent vertreten und schulpraktische, wissenschaftliche und bildungspolitische Belange ausgewogen berücksichtigt sind. Da in der Praxis die personelle Zusammensetzung der L. häufig lediglich den ministeriellen Vorgaben entspricht und dadurch innovative Planungsarbeit eingeschränkt ist, wird für die Lehrplanerstellung mehr Transparenz gefordert, die durch eine gesetzlich abgesicherte Verfahrensordnung erreicht werden könnte.

Lehrstuhl (engl. *chair*). Im Landeshaushaltsplan vorgesehene Stelle für einen Universitätsprofessor, die i.d.R. von einem *Ordinarius* bekleidet wird.

lehrtheoretische Didaktik. *Lerntheoretische Didaktik.*

Lehr- und Lernmittel (Syn. **Bildungsmittel**, **Unterrichtsmittel**; engl. *teaching and learning aid).* Traditionelle Sammelbezeichnung für alle Hilfsmittel zur Verwirklichung pädagogischer Ziele und zur Unterstützung von Lehr- und Lernprozessen. Zur genaueren Kennzeichnung bestimmter didaktischer Funktionen wurden verschiedene Begriffe wie *Arbeitsmittel*, Anschauungs-, Selbstbildungs- oder Übungsmittel verwendet. Seit den sechziger Jahren ist die didaktisch weiter gefaßte Sammelbezeichnung *Medien* bzw. Unterrichtsmedien hinzugekommen. In verwaltungsrechtlichen Veröffentlichungen (z.B. Schulgesetzen, Lehrplänen) und in der Literatur werden häufig die traditionellen Bezeichnungen Lehrmittel, Lernmittel, Arbeitsmittel usw. beibehalten, aber auch die neuen Begriffe wie Medien, Unterrichtsmedien, audiovisuelle Medien, neue Medien (z.B. Computer) u.a. in manchmal synonymer Weise verwendet. Einen Überblick bietet die Lehrmittelindustrie im Warenverzeichnis der Kataloge zu den internationalen Bildungsmessen *Didacta, Interschul* und *World Didac.*
Literatur: 2.1.3
Anschriften: 3.17

Lehrwerkstatt (engl. *training workshop*). Einrichtung der innerbetrieblichen *Berufsausbildung*, in der über längere Zeiträume fachpraktische und fachtheoretische Inhalte lehrgangsmäßig vermittelt und geübt werden. Spezifisch ist die Trennung von der laufenden Produktion sowie die Betreuung der Auszubildenden durch speziell qualifizierte hauptamtliche Ausbilder.

Lehrziel. *Lernziel.*

Leistung (engl. *performance, achievement*). Grad, in dem ein Individuum ein Problem oder eine Aufgabe erfolgreich bewältigt; auch Grad der Aneignung von bestimmten Inhalten, Fähigkeiten, Fertigkeiten, Kenntnissen, Erkenntnissen und Einstellungen. L. kommt als Ergebnis oder im Vollzug von Tätigkeiten und Handlungen zum Ausdruck, z.B. beim Lernen in der Schule, bei der Produktion von Gütern, der Bereitstellung von Dienstleistungen oder als gesellschaftlicher Beitrag. Im Hinblick auf ein spezielles Betätigungsfeld hängt der Grad der L. von den Beurteilungsnormen ab, die sich ein Individuum selbst setzt oder die von der Gesellschaft an das Individuum herangetragen werden.

Leistungsbegriff. Das Problem der *Leistung* in der Schule wird seit Ende der

sechziger Jahre in der Pädagogik und in der bildungspolitisch interessierten Öffentlichkeit neu und z. T. kontrovers diskutiert. Dabei ist zwischen dem gesellschaftlichen und dem pädagogischen L. zu unterscheiden.
Der gesellschaftliche L. und damit das individualistische Leistungsprinzip hat in seiner tradierten und noch heute wirksamen Form seit 1820 die Konzeption und die Funktion des Schul- und Berechtigungswesens bestimmt. Der Nachweis individuell erbrachter Schulleistung und der erfolgreiche Abschluß einer Schullaufbahn wurden zur Voraussetzung für den Zugang zu bestimmten Berufslaufbahnen und damit zugleich zu gesellschaftlichen, wirtschaftlichen und politischen Positionen. Dies im 19. Jh. gesellschaftspolitisch durchgesetzt zu haben, wird als Emanzipation des Bildungs- und Besitzbürgertums gegenüber den damaligen Standesprivilegien des Adels bezeichnet. Das gesellschaftliche Leistungs-, Wettbewerbs- und Selektionsprinzip auf die Schule zu übertragen, hatte jedoch pädagogische und konzeptionelle Folgen, die mit den Selektionsprozeduren im Gymnasium begannen und sich nach dem Ausbau des gegliederten Schulsystems bis in die Grundschule und das berufliche Ausbildungswesen fortsetzten. Aufgrund der Anerkennung des Leistungsprinzips wurden die Sozialisationseffekte und sozialschichtspezifischen Auswirkungen dieses Systems bis in die sechziger Jahre des 20. Jh. kaum hinterfragt.
Im Zuge der politischen Demokratisierung wurde in den siebziger Jahren eine Neubestimmung des L. durch das pädagogische Leistungsprinzip z. B. von *W. Klafki* und *H.v. Hentig* als notwendig angesehen, da das Leben in einer freiheitlich-demokratischen Gesellschaft nur befördert werden könne, wenn das anerkannte Erziehungsziel der individuellen Mündigkeit nicht in Widerspruch zu den konzeptionellen Strukturen der Schule gerate. Schule müsse eine demokratische Leistungsschule sein und zur Selbst- und Mitbestimmung beitragen. In einer solchen Schule führt der Weg vom vorwiegend individualistischen, konkurrenzorientierten Lernen zum solidarischen und sozialen Lernen, vom primär ergebnisorientierten Lernen zum prozeß- und problemorientierten Lernen, vom Schüler als Objekt belehrenden Unterrichts zum mitbestimmenden Subjekt des eigenen Lernprozesses, von der objektivierten Leistungsmessung zur förderorientierten Lerndiagnose. Eine erfolgreiche Revision des bisher vorherrschenden Leistungsverständnisses setzt die Bewußtmachung und Überwindung der Widersprüche zwischen den demokratischen Erziehungszielen und der tradierten Schulkonzeption voraus.
Literatur: 1.9, 1.10, 2.1.2

Leistungsbeurteilung (Syn. **Leistungsmessung**; engl. *achievement report*). Lern- bzw. Erfolgskontrolle bei Lernprozessen. Der Begriff Leistungsmessung wird für methodisch anspruchsvolle, objektivierte Verfahren benutzt, z. B. beim Einsatz informeller *Schultests*. Damit bei der Verwendung des Begriffs L. nicht nur an die Funktion der *Zensurengebung* gedacht wird, wird das Verfahren der L. heute in Leistungsfeststellung und *Leistungsbewertung* unterteilt.
Der Prozeß der L. beginnt bereits bei der Unterrichtsplanung, und zwar mit der Beschreibung der Ziele und Inhalte, deren Erarbeitung später kontrolliert werden soll. Bei der Feststellung des Lernerfolges kann überprüft werden, ob der Schüler in seinem individuellen Lernprozeß in bezug auf die Anforderungen des Unterrichts Lernfortschritte gemacht hat (individueller, personenbezogener Beurteilungsmaßstab), ob er die Lernzie-

le und Lerninhalte des Lehrplans erreicht hat (kriteriumsorientierter, ziel- und sachbezogener Beurteilungsmaßstab), oder wo der Schüler im Vergleich zur Leistungsbandbreite innerhalb einer Lerngruppe steht (sozialbezogener, vergleichsorientierter Beurteilungsmaßstab). Bei der Entscheidung über geeignete Prüfverfahren zur Feststellung der Lernergebnisse ist zwischen objektiven (*z. B. Schultests*) und subjektiven Verfahren (*z. B. Klassenarbeiten*, Beobachtungen) zu unterscheiden. Die Ergebnisse der Leistungsfeststellungen haben zunächst didaktische Funktion und können dazu beitragen, falsch gelaufene Lernprozesse zu korrigieren, Lerndefizite auszugleichen, Lernfortschritte zu bestätigen, Lehrbedingungen zu optimieren oder folgende Lernschritte differenziert zu planen. Die Ergebnisse geben dem Lehrer Auskunft über den Erfolg oder Mißerfolg seines Unterrichts. Der Schritt von der Leistungsfeststellung zur Leistungsbewertung setzt eine Bewertungsnorm voraus. Für die zensurenfreie Beurteilung ist der individuelle Maßstab Grundlage der verbalen Rückmeldung über die erbrachte Leistung an den Schüler. Der Leistungsbewertung mit *Zensuren* liegen die amtlichen Notendefinitionen und ihr anforderungsorientierter, kriteriumsbezogener Beurteilungsmaßstab zugrunde. Es ist dann zu entscheiden, auf welcher der sechs Anforderungsebenen eine Leistung einzustufen ist.
Literatur: 2.1.4

Leistungsbewertung. Im Unterschied zur *Leistungsbeurteilung* geht es bei diesem Begriff um die schulrechtlich geforderte Benotung von Schülerleistungen. Die Bewertung von *Klassenarbeiten* u. a. Leistungsnachweisen während des Schuljahres hat in erster Linie den pädagogischen Zweck, Schüler, Lehrer und Eltern über Leistungsstärken und -schwächen zu informieren, damit Konsequenzen für die Förderung des Schülers und die Unterrichtsgestaltung daraus gezogen werden können. Allerdings kann die Bewertung einer Einzelleistung auch Auswirkungen auf die Entscheidung über *Versetzungen* und *Abschlüsse* haben. Die Bewertung der Schülerleistung in *Zeugnissen* ist bei *Abschlußprüfungen* und Abschlußzeugnissen auch mit der Zuerkennung von *Berechtigungen* verbunden. Grundlage der L. sind schriftliche, mündliche und praktische Leistungsnachweise. Der Leistungsstand des Schülers wird in Halbjahres-, Jahres- oder Abschlußzeugnissen durch Angaben für die einzelnen Fächer ausgewiesen.
Literatur: 2.1.4

Leistungsdifferenzierung. Formen der äußeren *Differenzierung* an einzelnen Schulen bzw. der Schuldifferenzierung, bei denen die Schüler nach dem Kriterium der Leistung gruppiert werden. Zu unterscheiden sind hierbei die Modelle der *Fachleistungsdifferenzierung* (*Setting*) und der Niveaudifferenzierung, bei dem die Schüler nach fachübergreifendem Leistungsniveau in homogene Lerngruppen (*Streaming*) eingeteilt werden.

Leistungskurse. *Grund- und Leistungskurse.*

Leistungsmessung. *Leistungsbeurteilung.*

Leistungsmotivation (lat. *movere* bewegen, Antrieb; engl. *achievement motivation*). Ein in der soziokulturellen Umwelt erlerntes und relativ stabiles Persönlichkeitsmerkmal, das in aktivierenden oder hemmenden Einstellungen und Verhaltensweisen zum Ausdruck kommt. Die L. des Kindes aktualisiert sich in der situationsbezogenen individuellen Auseinandersetzung mit den normativen Leistungsanforderungen der Eltern und/oder der Schule. Je nach Erwartungshaltung reagiert das Individuum

mit Hoffnung auf Erfolg oder mit Furcht vor Mißerfolg und ist dementsprechend zur Leistungserbringung motiviert oder nicht motiviert.
Die Entwicklung der L. ist in starkem Maße von dem Erziehungsstil und den Erziehungspraktiken in der Familie abhängig und führt schon im Vorschulalter zu individuell unterschiedlichen Ausprägungen. Günstig wirkt sich aus, wenn sich kleine Kinder bereits vom ersten Lebensjahr an als Verursacher von Erfolgen erleben (Kausalattribuierung). Kinder, denen von ihren Eltern früh selbständiges Verhalten und eigene Entscheidungen zugemutet werden, sind später eher zur Leistung motiviert als zu stark behütete Kinder. Dem *Anfangsunterricht* kommt bei Schülern mit unentwickelter L. eine wichtige kompensatorische Aufgabe zu. Als negativ erweisen sich Schulkonzeptionen, bei denen Schüler ohne ausgeprägte L. durch Leistungskonkurrenz, Notendruck und Mißerfolgserlebnisse gehemmt werden, während Erfolgsorientierte durch weitere Lernerfolge in ihrer Leistungsfähigkeit kontinuierlich gefördert werden. Günstiger erweisen sich pädagogische Konzeptionen, bei denen alle Schüler eine Chance bekommen, durch sach- und problembezogene Aufgabenstellungen das eigene Können zu erfahren und so zum Weiterlernen um der Sache willen intrinsisch motiviert werden. Den zensurenfreien Jahrgängen in der Grundschule wird hierbei eine große Bedeutung beigemessen.

Leistungsprinzip. *Leistungsbegriff.*

Leittextmethode. Organisationsform für betriebliche oder schulische Ausbildungs- und Unterrichtsprozesse, die den Auszubildenden und Schülern eine weitgehende Selbststeuerung ihrer Arbeiten möglich macht. Zu diesem Zweck verbindet die L. sog. Leittexte mit einer vorbereiteten Lernumgebung und dem Angebot an die Auszubildenden bzw. Schüler, Arbeitsformen und Arbeitszeiten frei zu wählen. In den Leittexten werden Aufgabenstellungen, erläuternde Informationen dazu, Hinweise auf Arbeitshilfen sowie Kriterien für die Kontrolle der Arbeitsschritte vorgegeben. Auszubildende und Schüler sollen sich diese Vorgaben selbständig aneignen, das Ziel des Arbeitsprozesses und die dahin führenden Schritte möglichst exakt bezeichnen, die vorgebenen Teilaufgaben lösen, dafür erforderliche Zusatzinformationen aus bereitgestellten Unterlagen entnehmen und die Ergebnisse ihrer Arbeit wiederum selbständig dokumentieren und überprüfen. Ausbilder und Lehrer erstellen die Leittexte oder wählen entsprechende Materialien aus, bereiten die Lernumgebung vor und begleiten den selbstgesteuerten Arbeitsprozeß durch Anregungen, Rückfragen, Beratung und Teilnahme an der Erfolgskontrolle.

Lektion (lat. *lectio* Lesen, Vorlesen; engl. *lesson*). Inhaltlich-thematisch relativ abgeschlossene Lerneinheit in einem Lehr- oder Übungsbuch, in einer Unterrichtsstunde oder Vorlesung.

Lektor (lat. *lector* Leser, Vorleser; engl. *lecturer, reader*). **1)** Nicht habilitierter Hochschullehrer für praktische Übungen und Einführungskurse.
2) Angestellter oder freier Mitarbeiter eines Verlags, der eingehende Manuskripte begutachtet und für die Veröffentlichung bearbeitet. L. können ferner für Organisation und Gestaltung bestimmter Teile des Verlagsprogramms verantwortlich sein.

Lernbehinderung (Syn. **Lernbeeinträchtigung**; engl. *educationally handicap*). L. wird festgestellt, wenn ein Kind oder Jugendlicher schwer, in verschiedenen Lernfeldern und langdauernd in seinem schulischen oder berufsbezogenen Lernen beeinträchtigt ist, in seinen

Leistungen deutlich unter den Normen seiner Altersgruppe bleibt und deshalb besonderer Hilfen bedarf. In diesem Sinne wird L. funktional im Hinblick auf bestimmte Aufgabenstellungen verstanden. Die frühere Annahme, ursächlich für die Leistungsrückstände sei im medizinischen Sinne Schwachsinn oder eine irreparable Intelligenzschädigung, gilt heute als falsch. Vielmehr geht die *Behindertenpädagogik* davon aus, daß jede L. individuell unterschiedliche Ursachen hat, wobei physische, psychische und soziale Faktoren ineinandergreifen. Das beobachtbare Bild von L. stellt also immer eine sekundäre, lebensgeschichtlich entwickelte Behinderung dar. Pädagogisch wichtig ist an diesem neuen Verständnis von L., daß damit der Gedanke, möglichst frühzeitig zu fördern, Lernbeeinträchtigungen und soziale Benachteiligungen zu mildern und individuelle Hilfen anzubieten, an Bedeutung gewonnen hat. Die Umbenennung der *Sonderschule* für Lernbehinderte in *Förderschule* ist ebenso wie die verstärkte Kooperation zwischen Grundschulen und Förderschulen bildungspolitischer Ausdruck dieser Sichtweise.
Literatur: 2.2.2

Lernen (engl. *learning*). Nach E.R. Hilgard und G.H. Bower ist L. eine Veränderung im Erleben und Verhalten eines Individuums, die durch wiederholte Erfahrungen in der Interaktion mit der Umwelt zustande kommt. Vorausgesetzt wird, daß diese Veränderung des Verhaltensrepertoires nicht auf neurophysiologische Reifungsvorgänge oder vorübergehende Zustände des Organismus (z.B. Ermüdung, Erkrankung) zurückgeführt werden kann. Lernvorgänge selbst sind nicht unmittelbar beobachtbar, sondern können nur aus dem Vergleich der Reaktionen des Lernenden auf Umweltsituationen geschlossen werden. Veränderung ist der generelle Indikator für L. in allen *Lerntheorien*. Dabei kann Veränderung Erlernen oder Verlernen bzw. Anpassung oder Fehlanpassung bedeuten. Erfahrungen, auf die sich das L. bezieht, sind an Wahrnehmungen und Informationen aus der Umwelt und an deren Verarbeitung durch das Individuum gebunden. L. als Prozeß der Erfahrungsbildung in der Auseinandersetzung mit der Umwelt bezieht sich auf Kognitionen, Emotionen und Verhalten. Hierzu gehören z.B. auch die Entstehung und Veränderung von Ängsten, Einstellungen, Fähigkeiten zum Problemlösen und Sprachkompetenzen. Die verschiedenen Lerntheorien unterscheiden sich in der Beschreibung und Erklärung der Bedingungen und Faktoren, unter denen Veränderungen und Erfahrungen möglich werden.
Literatur: 2.9

Lernen durch Versuch und Irrtum (engl. *learning by trial and error, trial and error learning*). Diese Art des Lernens kennzeichnet das Verhalten von Lebewesen, in unbekannten Situationen durch eine Vielzahl von erfolglosen und erfolgreichen Bemühungen allmählich zum dauerhaften Erfolg zu kommen. Die Bezeichnung wurde 1898 und 1911 in Veröffentlichungen von dem amerikanischen Psychologen E.L. Thorndike auf der Grundlage von Versuchen zur *Konditionierung* und *Verstärkung* des Verhaltens bei Tieren benutzt, um den Wissenserwerb durch aktives Probieren vom Lernen durch Einsicht, d.h. vom spontanen Erfassen der Problemlösung, abzugrenzen.
Literatur: 2.9

Lernentwicklungsbericht. Form des zensurenfreien *Zeugnisses* für einen Schüler im 5. bis 8. bzw. 10. Jahrgang an *Gesamtschulen*. Die Ersetzung von zensierten Klassenarbeiten durch Verfahren der Lerndiagnose und von Zensuren-

zeugnissen durch L. ist für die betreffenden Gesamtschulen eine wichtige Voraussetzung für die Pädagogisierung der Lern- und Sozialisationsprozesse der Schüler. Die Ergebnisse der Lerndiagnose (Beobachten, Beschreiben, Dokumentieren, Besprechen, Beraten, Fördern) sind die Grundlage des L. Der L. enthält z.B. in einer Schule, die nach dem *Team-Kleingruppen-Modell* strukturiert ist, zwei Teile.
Im allgemeinen Teil beschreibt das Lehrerteam für alle Schüler seiner Großgruppe (75 bis 80 Schüler) in gleicher Weise die allgemeinen Lernbedingungen, die fachübergreifenden Unterrichtsphasen, den Unterricht in den einzelnen Fächern und die allgemeinen Schwerpunkte der Lernbeobachtung und Förderung. In diesem Teil informiert die Schule über das Leben und Lernen in einem Schulhalbjahr, die meisten Kapitel werden als Gesprächsangebot an Eltern und Schüler während des Schulhalbjahres ausgegeben.
Im individuellen Teil des L. wird der Lernprozeß des einzelnen Schülers von seinem Tutor auf der Grundlage der Lerndiagnosemitteilungen der Fachlehrer beschrieben und durch einen Rückmeldebericht des Schülers ergänzt. Dafür haben die Lehrer bestimmte Ziele und Kriterien entwickelt.
Vom 9. Jahrgang an ist die Schule wieder zur Erteilung eines Zensurenzeugnisses verpflichtet. Zensurenzeugnisse und L. widersprechen sich in vieler Hinsicht. Deshalb besteht zwischen Lehrern, Schülern und Eltern ein kontinuierlicher Dialog über Noten und Abschlüsse. Der L. wird in dieser Form seit 1975 praktiziert.
Literatur: 2.1.4, 2.1.8

Lernkartei (engl. *learning card file or index*). Lehr- und Lernmittel zur Förderung selbständigen Lernens im Unterricht. L. sind Bestandteil der vorbereiteten Lernumgebung im Klassenraum und erleichtern freie Arbeit, Wochenplanarbeit, Lernen in Projekten und Phasen der Übung und Wiederholung im Klassenunterricht. L. gibt es im Lehrmittelhandel für verschiedene fachbezogene und fächerübergreifende Inhaltsbereiche. Sie werden aber auch von Lehrern selbst und zusammen mit Schülern hergestellt; sie entstehen manchmal im Unterrichtszusammenhang und wachsen dann allmählich an. Unterschieden werden Arbeits-, Übungs- und Ideenkarteien. Wichtig ist die Gestaltung mit vielfältigen und abwechslungsreichen Bild-, Grafik- und Textteilen, mit Arbeitsaufträgen und Aufgabenstellungen zum selbständigen Umgang, mit Möglichkeiten zur Differenzierung und zur Selbstkontrolle sowie mit Hinweisen auf weiteres Arbeitsmaterial und Anregungen zur eigenen Weiterentwicklung der Kartei.
Es gibt L., bei denen die Karten systematisch aufgebaut sind und nacheinander bearbeitet werden sollen (beispielsweise Übungskarteien). Andere L. sind zur Bearbeitung verschiedener Themen gedacht. Sie enthalten z.B. Anregungen zum freien Experimentieren oder Vergleichsmodelle zur Aufarbeitung und Erkundung des eigenen Wohnortes (Arbeitskarteien). Wichtig ist bei der Arbeit mit Karteien, daß die Schüler in den Umgang mit ihnen eingeführt werden und so die in ihnen enthaltenen Lernmöglichkeiten erkennen und nutzen lernen.
Literatur: 2.1.5

Lernkontrolle. *Klassenarbeit. Leistungsbeurteilung.*

Lernmittel (engl. *learning aids*). Sie werden i.d.R. von der Lehr- und Lernmittelindustrie hergestellt, meist von Eltern oder im Rahmen der *Lernmittelfreiheit* angeschafft und in der Schule oder bei Hausaufgaben von den Schülern benutzt. Beispiele für L. sind: Schulbü-

cher (Fibel, Lese-, Sprach-, Sach-, Mathematikbuch u. a.), Atlanten, Nachschlagewerke, aber auch Arbeitsblätter, Lernkarteien, didaktische Materialien (z. B. Montessori-Sammlung). Eine Unterscheidung zu *Arbeitsmitteln* oder Unterrichtsmedien ist nicht immer eindeutig zu treffen. Über die L. geben die Bildungsmessen *Didacta, Interschul* und *World Didac* einen umfassenden Überblick.
Literatur: 2.1.3
Anschriften: 14.4

Lernmittelfreiheit (engl. *free provision of teaching materials*). In allen Ländern der Bundesrepublik Deutschland gelten-der Grundsatz, Schülern an öffentlichen Schulen *Lernmittel* (z. B. Schulbücher) und manchmal auch Lernmaterial (z. B. Hefte) ganz oder teilweise kostenfrei vom Schulträger oder vom Land zur Verfügung zu stellen. In einigen Bundesländern werden Einkommensgrenzen oder die Kinderzahl berücksichtigt, oder es bestehen sog. zumutbare Kostenbeteiligungen der Erziehungsberechtigten. Die L. soll sicherstellen, daß kein Schüler aufgrund der sozialen Lage seiner Eltern in seiner Schullaufbahn benachteiligt wird. Finanzierung und Handhabung der L. werden in entsprechenden verwaltungsrechtlichen Bestimmungen festgelegt und sind in den einzelnen Bundesländern unterschiedlich geregelt.
Literatur: 2.1.11

Lernorte. 1) L. sind nach den 1974 vom Deutschen Bildungsrat gemachten Vorschlägen zur Reform des Sekundarbereichs II und der beruflichen Bildung im dualen System: Arbeitsplatz (Betrieb), Berufsschule, Lehrwerkstatt und Studio (zur Förderung kreativen, ästhetischen und sozialen Lernens). Die Lernangebote dieser Einrichtungen, die sich durch ihre spezifische pädagogisch-didaktische Funktion bei der Vermittlung allgemeiner und beruflicher Qualifikationen voneinander unterscheiden, sollen vom Lernprozeß der Jugendlichen aus geplant, organisiert und aufeinander bezogen werden. In der weiteren Diskussion hierzu werden primäre L., die speziell zum Lernen eingerichtet werden (z. B. Berufsschule), von sekundären L. unterschieden, in denen sich auch Lernen vollzieht, die aber vorrangig andere Aufgaben erfüllen (z. B. Jugendwohnheim, Sportzentrum).
2) Im allgemeinbildenden Schulwesen geht die Idee, Lernen vor Ort außerhalb der Schule zu praktizieren, auf die Reformpädagogik zurück. So spricht z. B. *J. Dewey* von »schools without walls« (Schulen ohne Mauern). L. außerhalb der Schule, die nicht für Lernzwecke eingerichtet oder vorgesehen sind, die aber zum Zweck des Lernens im Rahmen von Projekten, Exkursionen oder Erkundungen eine wichtige Funktion haben, sind z. B. Supermarkt, Bauernhof, Betrieb, Kläranlage, Talsperre, Wald, Moor, Kiesgrube. Hiervon unterscheidet C. Salzmann mit einem neuen Begriff Lernstandorte oder Lernzentren, die unter didaktisch-methodischen Gesichtspunkten adressatengerecht für aktive Erkundungs- und Lernprozesse eingerichtet werden und auf Dauer zur Verfügung stehen. Hierzu gehören z. B.: Naturparks, Lehrpfade, Museen, Planetarien, Einrichtungen für Umwelterziehung. Zur Erledigung von Arbeitsaufgaben ist der Erwerb von Techniken des Beobachtens, Protokollierens, Dokumentierens (Fotos, Videos) und Interviews wichtig. Die Einbeziehung außerschulischer L. und Lernstandorte bekommt heute im Zusammenhang mit der Öffnung von Schule und Unterricht eine zunehmend größere Bedeutung.
Literatur: 1) 2.4.2, 2.4.3; 2) 2.1.5

Lernschwierigkeiten (Syn. **Lernstörungen**; engl. *learning difficulties*). Im

Unterschied zu *Lernbehinderungen* treten L. vorübergehend auf und können durch entsprechende Fördermaßnahmen behoben werden. L. liegen meist im Bereich der Schulleistung. Häufig zeigen sich zusammen mit wiederholten Mißerfolgen unerwünschte Nebenwirkungen im Verhalten, Erleben und in der Persönlichkeitsentwicklung. Hierzu gehören z. B. mangelndes Selbstvertrauen, Verlust der Lernmotivation, Schulangst, Aggressivität, Schweigsamkeit oder Fernbleiben vom Unterricht. Solche *Verhaltensauffälligkeiten* ziehen meist Beziehungsstörungen in Form von *Stigmatisierungen* durch Mitschüler, Lehrer und Eltern nach sich, die nur noch durch eine gezielte Lern- und Verhaltenstherapie gemildert oder behoben werden können.
Der Begriff L. umfaßt ein Bündel von Phänomenen, deren Ursachen einer genauen Analyse bedürfen. Naive wie auch wissenschaftliche Erklärungsversuche suchten die Ursachen früher vorwiegend in der Person des Kindes und fanden sie in seiner mangelnden Begabung, Intelligenz oder Anstrengungsbereitschaft. Die Diskussion um das Problem der Legasthenie und der Lese-Rechtschreibschwierigkeiten ist Ausdruck dieser Entwicklung. Erst die Spracherwerbsforschung seit etwa 1980 macht beispielhaft deutlich, daß nur eine professionelle Fehleranalyse Aussagen zuläßt, ob die Ursachen in falsch erworbenen Lernstrategien des Schülers, biologischen Faktoren einer Lernbehinderung, unqualifizierten Lehrprozessen oder außerschulischen Sozialisationsbedingungen zu suchen sind. In schweren Fällen von L. ist eine Anamnese der sozialen, psychischen, schulischen und biologischen Faktoren notwendig. Meist reicht aber eine vorübergehende Förderung des Schülers aus.
Literatur: 2.1.4, 2.2.2, 2.2.3

Lernspiele (Syn. **didaktische Spiele**; engl. *learning games*). Mit didaktischer Absicht gestaltete *Lern-* und *Arbeitsmittel*, die der äußeren Form nach einem Gesellschaftsspiel gleichen, aber inhaltlich-thematisch auf die Erreichung bestimmter Lernziele und Lerninhalte gerichtet sind. L. wie Leselotto, Rechendomino, Puzzle, Memory, Quartett, Würfelspiel u. a. sollen im spielerischen Gebrauch Wissen und Kenntnisse vermitteln, wiederholen und üben. Motivation und Spielfreude gehen auch vom gemeinsamen Spielen mit anderen Schülern aus. L. unterscheiden sich vom wirklichen *Spiel* vor allem dadurch, daß sie nicht zweckfrei betrieben werden. Daraus resultiert die häufig geäußerte Kritik, mit der Verknüpfung der Begriffe Lernen und Spiel werde das Spielen für didaktisch-methodische Zwecke instrumentalisiert. Hinzu kommt die Kritik, daß der Einsatz von L. für das produktive Erlernen sachbezogener Inhalte von den Schülern nicht ernst genommen werde und wenig effektiv sei. Die Forschung konnte jedoch nachweisen, daß bei freier Wahl der Spiele und der Spielpartner im Gebrauch der L. Merkmale des Spiels erhalten bleiben und L. bei entsprechender Einbeziehung in einen thematischen Kontext des Unterrichts durchaus als lerneffektiv erfahren werden.
Literatur: 2.1.7

Lernstatt. Organisationsform betrieblicher Berufsausbildung und Weiterbildung. Zumeist ein offenes und auf Selbstbestimmung hin konzipiertes Angebot im Rahmen der Arbeitszeit. Aus Anlaß einer betrieblichen Aufgaben- oder Problemstellung treffen Mitarbeiter oder Auszubildende regelmäßig zur gemeinsamen Lösungsfindung zusammen, zumeist einmal wöchentlich für zwei Stunden. Ziel der auf diese Weise eingerichteten L. ist die Erweiterung fachli-

cher, sozialer oder methodischer Kompetenzen. *Moderatoren* strukturieren den Gruppenprozeß. Experten können zur Beratung oder zur Ergänzung bzw. Erweiterung der Fachkompetenzen hinzugezogen werden. Arbeiten mehrere Lerngruppen in einem Betrieb, so werden deren Aktivitäten über eine L.zentrale koordiniert und in den Arbeitsprozeß überführt.
Literatur: 2.4.2

Lernstörungen. *Lernschwierigkeiten.*

lerntheoretische Didaktik (Syn. **lehrtheoretische Didaktik**). Diese in den sechziger Jahren von *P. Heimann, G. Otto* und *W. Schulz* in Berlin entworfene *Didaktik* entstand in Auseinandersetzung mit der *bildungstheoretischen Didaktik.* Ausgehend von einem positivistischen Wissenschaftsverständnis, lehnte sie den traditionellen Bildungsbegriff wegen seiner ideologischen Unbestimmtheit als zentrale Leitkategorie für didaktisches Handeln ab und versuchte in einer Theorie des Unterrichts alle Faktoren des Lernens und Lehrens empirisch-analytisch zu erfassen. Das sog. Berliner Modell der lerntheoretischen Didaktik wurde um 1980 von W. Schulz zum sog. Hamburger Modell der lehrtheoretischen Didaktik weiterentwickelt. **1)** Berliner Modell: Auf der Grundlage empirischer Beobachtung und wertfreier Beschreibung der Unterrichtspraxis werden mit Hilfe der Strukturanalyse sechs grundlegende Faktorenfelder ermittelt, die jeden Unterricht kennzeichnen und in einem Verhältnis der Wechselwirkung zueinander stehen (Prinzip der Interdependenz). Dabei werden vier Entscheidungsfelder mit den Faktoren Intentionen, Themen, Methoden, Medien und zwei Bedingungsfelder mit den Faktoren anthropogene und soziokulturelle Voraussetzungen unterschieden. Auf einer weiteren Reflexionsebene soll die Faktorenanalyse durch Normenkritik vorgegebener Zielbestimmungen, Faktenbeurteilung wissenschaftlicher Sachaussagen und Formenanalyse bevorzugter Unterrichtsmethoden und Medien die Kriterien aufdecken und beschreiben, die Einfluß auf Entscheidungen haben können oder schon gehabt haben.
Die so gewonnene Theorie des Unterrichts der l. D. sagt für die *Unterrichtsanalyse* und für die *Unterrichtsplanung* nur aus, über welche Unterrichtsfaktoren prinzipiell Entscheidungen herbeigeführt werden müssen und wodurch diese Entscheidungen beeinflußt werden. Als empirische Wissenschaft vom Unterricht gibt sie aber nicht an, nach welchen Kriterien solche Entscheidungen herbeigeführt werden und wie diese lauten sollen. Obwohl das Berliner Modell der Didaktik nicht unmittelbar für die konkrete *Unterrichtsvorbereitung* geeignet ist, hat es in der Lehrerausbildung weite Verbreitung gefunden.
2) Hamburger Modell: Aus der Didaktikdiskussion der siebziger Jahre zieht W. Schulz Konsequenzen und verzichtet im Unterschied zum Berliner Modell auf das Postulat der Wertfreiheit. Leitende Zielvorstellung wird für ihn die Erziehung zur Kompetenz, Autonomie und Solidarität sowie die Beteiligung der Schüler an der Unterrichtsplanung. Er unterscheidet vier Planungsebenen, geordnet nach der zeitlichen Abfolge und dem Grad der Konkretheit: die Perspektivplanung über einen längeren Zeitraum, die Umrißplanung für einzelne Unterrichtseinheiten, die Prozeßplanung von Unterrichtsschritten und die Planungskorrektur während der Unterrichtsdurchführung. W. Schulz greift die Begrifflichkeit des Berliner Modells wieder auf und ergänzt sie. So kombiniert er auf der Ebene der Perspektivplanung Intentionalität (Kompetenz, Autonomie, Solidarität) und Thematik (Sach-, Gefühls- und Sozialerfahrung) in einer

zweidimensionalen Matrix zur Bestimmung von Richtzielen emanzipatorisch relevanten, professionellen didaktischen Handelns. Die Perspektivplanung gibt der Umrißplanung, die für Schulz das Kernstück der Unterrichtsplanung in der Alltagspraxis ist, eine allgemeine Orientierungsgrundlage. Die sechs interdependenten Entscheidungs- und Bedingungsfelder des Berliner Modells werden auf vier reduziert, neu geordnet und ergänzt: a)Unterrichtsziele: Intentionen und Themen; b) Ausgangslage der Lernenden (früher anthropogene und soziokulturelle Voraussetzungen) und der Lehrenden; c) Vermittlungsvariablen wie Methoden, Medien, schulorganisatorische Hilfen; d) Erfolgskontrolle: Selbstkontrolle der Schüler und Lehrer.
Das Hamburger Modell der l.D von W. Schulz geht damit von den gleichen wissenschaftstheoretischen und methodologischen Grundpositionen aus wie die bildungstheoretische, kritisch-konstruktive Didaktik *W. Klafkis*.
Literatur: 2.1.3

Lerntheorien (engl. *learning theories*). Unterschiedliche Versuche, Kenntnisse über Bedingungen und Prozesse des *Lernens* zu gewinnen, zu beschreiben und zu erklären. Die klassischen behavioristischen L. aus der ersten Hälfte dieses Jahrhunderts sind Reiz-Reaktions-Theorien, die von den äußeren Bedingungen des Lernens ausgehen und Verhaltensänderung als Reaktion auf bestimmte Umweltreize zurückführen. Schwerpunkte der Ansätze sind z.B. bei *I.P. Pawlow* die klassische *Konditionierung*, bei E.L. Thorndike das *Lernen durch Versuch und Irrtum* oder bei *B.F. Skinner* die operante Konditionierung. Seit den sechziger Jahren rücken kognitive L. vermehrt die inneren Prozesse der Informationsaufnahme und -verarbeitung in den Mittelpunkt des Erkenntnisinteresses. Lernen wird verstanden als Aneignung, Verarbeitung und Anwendung von Informationen (*Kognition*, Emotion, Handlung). Schwerpunkte dieser Ansätze sind z.B. bei J.S. Bruner die Theorie entdeckenden Lernens, bei D.P. Ausubel die Theorie sinnvollen Lernens, bei *J. Piaget* die Theorie der kognitiven Entwicklung und bei U. Neisser die Aneignungstheorie. A. Bandura schließlich versteht Lernen als soziale Interaktion und entwickelt eine sozial-kognitive L., in der die Wirkung personaler Vorbilder, die Selbstregulierung des Menschen und der Anteil sprachlicher Prozesse thematisiert werden.
Die L. sind für das Lernen in pädagogischen Handlungsfeldern von unterschiedlicher Bedeutung. Um an die Bedürfnisse der Pädagogen und der Didaktik näher heranzukommen, hat sich in der Bundesrepublik Deutschland in den letzten Jahren die empirische *Lehr-Lern-Forschung* entwickelt. Aber auch ihre Ergebnisse und Aussagen befreien den praktizierenden Pädagogen nicht von der Aufgabe, die Konsequenzen lerntheoretischer Befunde im Zusammenhang seiner didaktisch-methodischen Entscheidungen originär zu reflektieren.
Literatur: 2.9

Lernwerkstatt (Syn. **didaktische Werkstatt**, **pädagogische Werkstatt**). Einrichtung in Bereichen der Lehrerbildung (Schulen, Fortbildungsinstitutionen, Hochschulen u.ä.), die eine sorgfältig vorbereitete Lernumgebung bietet, in der freies und selbständiges Arbeiten allein oder mit anderen zu Anregungen für die innere Schulreform führt. L. sind ein offener Lernort, an dem Darbietungen von Kundigen gegeben und entgegen genommen werden können, an dem entdeckendes, selbstbestimmtes und handlungsorientiertes Lernen stattfindet, und wo in Gesprächen die vielen Ideen kreativ weiterentwickelt werden können.

Zur Ausgestaltung der L. gehören verschiedene Arbeitsbereiche zum Schreiben und Drucken, Experimentieren und künstlerischen Gestalten, für Mathematik, Naturerkundung, Zeitdarstellungen usw.
L. machen Angebote für Universitätsseminare, Lehrerfortbildungsgruppen und Schulklassen, sie veranstalten Workshops und Tagungen, bieten Tage der offenen Tür und Beratung an und sind im Hochschulbereich auch ein Ort der Handlungsforschung.
Die L.bewegung in der Bundesrepublik bekam ihre ersten Anregungen von den englischen und amerikanischen Teachers' centers der sechziger und siebziger Jahre. Wichtige Impulse gingen von den ersten L. an der Gesamthochschule Kassel und an der TU Berlin aus, die Anfang der achtziger Jahre gegründet worden sind. 1994 gab es in der Bundesrepublik bereits 140 unterschiedlich gestaltete L.
Literatur: 2.1.5
Lernziel (Syn. **Lehrziel**; engl. *learning objective, learning aim*). Beschreibung eines angestrebten Ziels, das im Unterricht oder bei vergleichbaren Lernsituationen erreicht werden soll. Der L.begriff ersetzte nach dem Erscheinen von R. Magers Buch ›Lernziele und Programmierter Unterricht‹ 1965 weitgehend die bis dahin gebräuchlichen Begriffe Unterrichtsziel und Bildungsziel, die aus der Sicht ihrer Kritiker lediglich den Gegenstand oder Inhalt des Unterrichts relativ vage benannten. L.beschreibungen sollten so präzise und konkret wie möglich nicht nur Aussagen über den Lerninhalt, sondern vor allem auch über das beobachtbare Endverhalten und die Bedingungen, unter denen der Schüler das Verhalten zeigt, machen. Mit dem L.begriff sollte der Blick auf den Schüler und sein Lernergebnis gerichtet werden, wobei offenblieb, ob der Schüler an der Zielsetzung zu beteiligen sei. Da i.d.R. die Ziele von den Lehrenden festgelegt werden, ersetzten manche didaktischen Konzepte den L.begriff durch den Begriff Lehrziel. Inzwischen wird bei der Unterrichtsplanung häufig wieder für die Bildungsabsichten von Lehrenden der Begriff *Unterrichtsziel* (statt Lehrziel) und für die Beteiligung von Lernenden an der Planung der Begriff Handlungsziel (statt L.) der Schüler verwendet.
Zielsetzungen werden je nach Grad der Allgemeinheit oder Konkretheit mehr oder weniger eindeutig und präzise formuliert. In der Tradition des lernzielorientierten Unterrichts werden auf den verschiedenen Ebenen sog. Richtziele (sehr allgemein), Grobziele (relativ konkret) und Feinziele (eindeutig, präzise) unterschieden. In manchen Didaktikkonzepten wird bei der Perspektivplanung von allgemeinen Richtzielen oder Bildungszielen, bei der Umrißplanung für Unterrichtseinheiten von Unterrichtszielen und bei Unterrichtsentwürfen für Einzelstunden vom Stundenziel gesprochen.
Literatur: 2.1.3, 2.1.5
Lernzieltaxonomie (engl. *taxonomy of educational objectives*). Ordnungssystem zur Findung, Klassifizierung und Hierarchisierung von *Lernzielen* bei der Entwicklung eines *Curriculums* und von Prüfungsaufgaben für lernzielorientierte bzw. kriteriumsbezogene *Schultests*. Psychologische L. unterscheiden sich von inhaltlich-thematischen Taxonomien, die kulturelle Elemente eines Curriculums systematisieren. Die psychologischen Taxonomien von B.S. Bloom, D.R. Krathwohl, B.B. Masia, R.H. Dave und J.P. Guilford aus den fünfziger bis siebziger Jahren sind eine Klassifikation psychischer Funktionen, denen Lernziele mit Verhaltensbeschreibungen zugeordnet werden können. Die ›Ta-

xonomy of Education Objectives‹ von B.S. Bloom u.a. bezieht sich also nur auf die psychologischen Verhaltensaspekte der Lernziele eines Curriculums oder Tests. Sie ist ein fächerübergreifendes Klassifikationsinstrument, das die spezifischen Fachinhalte, also den Inhaltsaspekt der Lernziele, ausklammert. Aus analytischen Gründen ist Blooms Taxonomie in drei mehrdimensionale Teilbereiche aufgeteilt, und zwar in den kognitiven (z.B. Wahrnehmen, Denken, Problemlösen), affektiven (z.B. Einstellungen, Werthaltungen) und psychomotorischen Bereich (Steuerung von körperlichen Funktionen). Innerhalb der einzelnen Teile sind die psychologischen Funktionen nach dem Prinzip der Komplexität in dem Sinne hierarchisiert, daß die niedrigere Klasse jeweils Element der höheren ist. Außer dieser bekanntesten gibt es eine Reihe anderer L. (z.B. die von R.M. Gagne zu Lernarten).
Als Hilfsmittel in Form eines Bezugssystems für Entscheidungsprozesse bei der Curriculumentwicklung bietet die L. Kriterien für die Auswahl und Anordnung von Bildungszielen, Unterrichtsthemen, Lernverfahren und Evaluationsmethoden, sie gibt die Möglichkeit zur Entdeckung bisher vernachlässigter oder neuer Aufgaben, entbindet aber nicht von der Entscheidung über Lernziele. Ferner kann die kognitive Taxonomie von B.S. Bloom zum Erkenntnisgewinn beitragen, wenn sie in einer mehrdimensionalen Lernzielmatrix mit einer Inhaltstaxonomie verbunden wird. Hierzu lieferte D. Lemke 1981 zwei- und dreidimensionale Suchraster für Lernziele im Unterricht.
Literatur: 1.2

Lese-Rechtschreib-Schwierigkeiten (Syn. **Legasthenie**). Der Begriff Legasthenie wurde 1916 von dem Neurologen P. Ranschburg zur Bezeichnung von Störungen beim Erlernen des Lesens und Schreibens eingeführt. Hatte P. Ranschburg den Begriff bei Lese-Rechtschreib-Schwächen von Kindern aller Intelligenzgrade gebraucht, so verwendete M. Lindner 1951 den Begriff Legasthenie nur noch für Kinder mit mindestens durchschnittlicher Intelligenz. Diese sog. Diskrepanzdefinition führte um 1970 dazu, daß als Legastheniker anerkannte Schüler eine besondere Förderung erfuhren und ihre Schwächen bei der Leistungsbeurteilung des Lesens und Rechtschreibens berücksichtigt werden konnten. Legastheniker waren nach dem damaligen Erkenntnisstand solche Kinder, die in einem standardisierten Lese-Rechtschreib-Test einen niedrigen Prozentrang und im Intelligenztest einen mindestens durchschnittlichen IQ erreichten. Die 1975 einsetzende fundamentale Kritik an dieser Definition von Legasthenie, an der Auswahl des diagnostischen Instrumentariums, an der Auslese förderbarer Kinder durch die Festlegung von Ober- bzw. Untergrenzen für Testergebnisse und an der fehlenden Effektivität der auf dieser Diagnostik beruhenden Therapie veranlaßte die KMK 1978 zu der Empfehlung an die Bundesländer, den Ausdruck Legasthenie nicht mehr zu verwenden und entsprechende Erlasse aufzuheben bzw. zu ändern.
Dies führte zur Verwendung des Begriffs L.-R.-S. und zur völligen Neuorientierung der empirischen Forschung, die nun bei den Spracherwerbsprozessen ansetzte und neben den Lernbeeinträchtigungen der Schüler die lese- und schreibmethodischen Qualifikationen der Lehrkräfte sowie die außerschulischen Lernbedingungen mit einbezog. Nach dem gegenwärtigen Stand der Theoriebildung müssen Kinder sich beim Schriftspracherwerb die alphabetische Struktur unserer Schrift aneignen und durchlaufen dabei einen Entwicklungsprozeß mit cha-

rakteristischen Stufen. Es wird vermutet, daß dieser kognitive Aneignungsprozeß bei Kindern mit L.-R.-S. langsamer verläuft, und es kann sein, daß sie sich dabei auf einzelnen Stufen unerkannte falsche Lernstrategien angewöhnen, die unter schulischen Anforderungen zu Fehlern führen. Eine erhebliche Senkung des Anteils von Kindern mit L.-R.-S. wird von einer Verbesserung des Anfangsunterrichts erwartet, die sich auf die schriftmethodische Vermittlung, die Diagnose von Lernschwierigkeiten und die Gestaltung differenzierter Fördermaßnahmen bezieht. Verfestigen sich die L.-R.-S. zum Schulversagen, sind psychotherapeutische Maßnahmen angebracht.
Literatur: 2.1.4, 2.1.8, 2.2.2, 2.2.3

Libido (lat. *libido* Begierde, sexuelle Lust; engl. *libido*). In der *Psychoanalyse S. Freuds* Bezeichnung für die Energie aller Triebe, die mit liebendem Verlangen zu tun haben. Als seelische Energie wird sie getrennt von der bloßen körperlichen Triebbefriedigung. Erfahrbar wird ihre Dynamik in der Umwandlung des Geschlechtstriebes in Hinblick auf die Liebesobjekte (sog. Verschiebung), die Ziele (*Sublimierung*) sowie die Quellen sexueller Erregungen (sog. erogene Zonen). In anderen Konzepten der Psychoanalyse (z.B. bei *C.G. Jung*) wird L. vorgestellt als allgemeine Energiequelle für menschliche Bestrebungen.

Liftkurse. In Schulkonzeptionen mit äußerer *Fachleistungsdifferenzierung* (z.B. in einigen Gesamtschulen) gibt es meist am Ende eines Schulhalbjahres aufgrund der bisherigen Kursnoten Gelegenheit zum Kurswechsel (Auf- oder Abstieg). Sog. L. bieten potentiellen Aufsteigern das dafür notwendige Zusatzpensum an, damit sie am Beginn des neuen Halb- oder Schuljahres den Einstieg in den höheren Niveaukurs leichter bewältigen.

Linkshändigkeit (engl. *left-handedness*). Bevorzugter Gebrauch und meist auch Leistungsüberlegenheit der linken Hand im Vergleich zum Gebrauch der rechten Hand z.B. beim Schreiben. Sie kommt bei etwa 10% der Bevölkerung vor. Die Dominanz der linken Hand tritt oft mit der Dominanz auch anderer paarig angelegter Organe (Augen, Beine/Füße) zusammen auf. Der Grad der Rechts- oder Linkshändigkeit kann mit dem 1971 entwickelten Hand-Dominanz-Test (H-D-T) von H.-J. Steingrüber diagnostiziert werden. Eindeutigen Linkshändern soll die Rechtshändigkeit auf keinen Fall aufgezwungen werden, da dies zu psychischen und auch körperlichen Störungen führen kann. Ob die funktionelle Bevorzugung der linken oder der rechten Hand angeboren ist und durch Üben verstärkt oder verändert werden kann, ist eine offene Forschungsfrage.

Lizentiat (**Lic.;** lat. *licentia* Erlaubnis, Freiheit). *Akademischer Grad*, den eine Hochschule nach Bestehen einer Hochschulprüfung verleiht. In Deutschland nur an kirchlichen Hochschulen und an der Universität Konstanz üblich.

Lob (engl. *good mark*). Positive Vestärkung eines erwünschten bzw. als richtig, wertvoll oder vorbildlich beurteilten Verhaltens durch Beifall, öffentliche Zustimmung oder auch die Aufforderung zur Wiederholung. In Form von bestätigender Zuwendung und Zärtlichkeit schon in der frühen Kindheit eine Handlungsweise der kindlichen Bezugspersonen, die für die Ausbildung von Vertrauen, Identität und Selbstbewußtsein von großer Bedeutung ist.

Logopädie (griech. *logos* Reden, *paideia* Bildung; engl. *speech therapy*). Lehre von den Ursachen für Sprachstörungen sowie von Heil- und Übungsverfahren zu deren Minderung oder Überwindung.

M

M. A. *Magister Artium.*
Mädchenbildung. *Geschlechtserziehung.*
magische Phase (engl. *magic thinking*). Jeder Entwicklungsabschnitt oder -stand eines Menschen, in dem er seine Lebensbedingungen und die dabei gemachten Beobachtungen auf das Wirken übernatürlicher Kräfte zurückführt. Dabei kommt dem Glauben, es bestünden zwischen intensiven persönlichen Wünschen und der realen Welt eine geheimnisvolle Verbindung, besondere Bedeutung zu. Derartige Erklärungsmuster lassen sich bei vielen Menschen beobachten, besonders häufig bei Kindern im Vorschulalter sowie bei seelisch Kranken, die nicht in der Lage sind, den Wunschcharakter ihrer Vorstellungen zu erkennen. Das Daumendrücken z. B. ist Ausdruck alltäglichen magischen Denkens und Beispiel für eine durch Verstandeskräfte jederzeit relativierbare Form.
Magister Artium (**M. A.;** lat. Lehrer der Künste; engl. *Master of Arts*). *Akademischer Grad*, der nach bestandener Hochschulprüfung verliehen wird, hauptsächlich in Fächern aus dem Bereich der Geistes- und Sozialwissenschaften. Der M. A. kann wie der Diplom-Grad hinter dem Namen geführt werden.
Mailbox. Elektronischer Briefkasten, in dem unter Zuhilfenahme eines PC über eine Telefonleitung Informationen an einen Adressaten abgespeichert werden, die dieser dann in der M. abrufen, d. h. in seinem PC lesen und speichern kann.
Manpower-Ansatz. Methodisches Konzept in *Bildungsplanung* und *Bildungsökonomie*, das unter Berücksichtigung der absehbaren Entwicklungen in den Bereichen Produktivität, Märkte und Konsumverhalten den zukünftigen Bedarf an spezifisch qualifizierten Arbeitskräften (z. B. mit Berufsausbildung im dualen System, auf Meister- und Technikerebene, mit Hochschulabschluß) für die Gesamtwirtschaft oder einzelne Wirtschaftszweige zu prognostizieren versucht. Für bildungspolitische Entscheidungen ist der Vergleich dieser Prognosen mit denen aus dem *Social-demand-Ansatz* wichtig.
Literatur: 2.5
Masturbation (Syn. **Onanie**; lat. *manus* Hand, *stuprare* schänden). Sexuelle Selbstbefriedigung durch vor allem manuelle Stimulation der primären Geschlechtsorgane.
materiale Bildung. Bildungstheorien und didaktische Theorien, in denen die m. B. ein zentraler Bezugspunkt ist, fragen danach, welche Inhalte bzw. Sachen aus der Fülle des Wissens über die Wirklichkeit ausgewählt werden sollen bzw. für die Schüler von Bedeutung sind. Aus der Sicht des bildungstheoretischen Objektivismus gilt derjenige als gebildet, der im enzyklopädischen Sinne ein umfangreiches und vielfältiges Wissen erworben hat. Nach einer anderen Richtung der m. B. ist derjenige gebildet, der mit dem klassischen Bildungskanon vertraut und daran sittlich gereift ist. Die

Ausprägungen der m. B. unterscheiden sich von der *formalen Bildung* und der *kategorialen Bildung*.

materialistische Pädagogik (lat. *materia* Stoff, Quelle). Theorie, mit der die individuelle Entwicklungsgeschichte der Subjekte (im Sinne ihrer Erziehungsgeschichte), die Ziele, Funktionen, Methoden und Strukturen von Unterricht, Schule und Berufsbildung sowie die Aufgaben und Arbeitsweisen der übergeordneten Systeme Bildungspolitik und Bildungsrecht aus der Dynamik der Wechselwirkungen zwischen den tatsächlich gegebenen sozioökonomischen und soziopolitischen Bedingungen und den gesellschaftlichen Auseinandersetzungen um die Gestaltung derselben erklärt werden. Die m. P. geht von der These aus, daß Erziehung Ausdruck der gesellschaftlichen Organisation der Arbeits- und Reproduktionsprozesse, der damit unmittelbar zusammenhängenden sozialen Strukturen einer Gesellschaft sowie deren politisch-rechtlicher Praxis und Ideologie ist. Und dies im doppelten Sinne: Einerseits schaffen sich die Menschen durch Arbeit ihre Lebenswelt und mit ihr die Bedingungen für ihre Bewußtseinslage. So gesehen bestimmt das Sein das Bewußtsein. Andererseits gewinnen die Menschen aus ihrer wachsenden Einsicht in die gesellschaftliche Vermittlung von Identität, Politik und Kultur ein Potential an Selbstreflexivität, das Motive, Wertorientierungen und Handlungskompetenzen hervorbringt und dazu befähigt, diese mit den tatsächlich gegebenen Möglichkeiten zur Mitgestaltung der Lebenswelt, also auch der Erziehungsprozesse, zu vergleichen. Vor diesem Hintergrund wird das Bewußtsein zum bestimmenden Moment für das Sein.

So kann dann Erziehung gezielt zum Instrument der Absicherung bestehender Machtpositionen werden, aber auch zur Veränderung der sozioökonomischen Verhältnisse und ihrer ideologischen Rechtfertigungen eingesetzt werden.

M. P. erforscht im Kern also die Zusammenhänge zwischen Arbeit, Politik, Ideologie sowie Sozialisations- und Erziehungsprozessen in unterschiedlichen Gruppen und Instanzen (Familie, Betrieb, Schule usw.), die ihre jeweilige gesellschaftliche Aufgabenstellung zwar aus ihrer Funktionalität für die Sicherung oder Modifikation sozioökonomischer Verhältnisse beziehen, doch von den in den Erziehungsprozessen bewußt handelnden Subjekten gerade aus der Einsicht in diese Funktionalisierung auch gegen die bestehenden Verhältnisse gewendet werden können.

Die Vielfalt der sich in den Entwicklungsprozessen zeigenden individuellen Fähigkeiten, Begabungen und Lebensentwürfe darf nach Ansicht der m. P. nicht als Ursache der Arbeitsteilung sowie der damit verbundenen unterschiedlichen Lebenschancen betrachtet werden, vielmehr resultiert diese Vielfalt erst aus der Arbeitsteilung und der Funktionalisierung des Erziehungs- und Bildungswesens für die mit der Arbeitsteilung einhergehenden soziopolitischen Verhältnisse. Oder anders formuliert: Die These, wonach die angeblich natürlichen Unterschiede zwischen den Menschen Grund für soziale Ungleichheit sind, stellt die tatsächlichen Abhängigkeiten geradezu auf den Kopf.

Daraus leitet sich auch das emanzipatorische Erkenntnisinteresse der m. P. ab. Die gesellschaftlichen Rahmenbedingungen für Erziehungs- und Bildungsprozesse werden im Hinblick auf die aus ihnen resultierenden Beschränkungen für die Entfaltung individuellen Vermögens sowie gesamtgesellschaftlicher Humanität analysiert. Aus den daraus gewonnenen Erkenntnissen erwächst zwar keine Norm oder Handlungsanleitung für Veränderungsprozesse. Es wird jedoch das Bewußtsein geschaffen für eine konsequent politische Pädagogik im Interesse derjenigen, die der politischen Inanspruchnahme von Erziehung und Bildung durch die etablierte Macht ihre Ohnmacht schulden. Da Pädagogik als Wissenschaft selbst in den dialektischen Zusammenhang von Funktionalisierung und Veränderung eingebunden ist, hat sie sich, so die Forderung der m. P., über die sozialen Bedingungen ihrer Arbeit sowie die daraus erwachsenden Einflüsse auf Lehre und Forschung laufend selbstkritisch aufzuklären.

Die Grundlegung der materialistischen Denkweise in neuerer Zeit erfolgte durch die philosophischen und sozialhistorischen Arbeiten von *K. Marx* und F. Engels. Es finden sich u. a. aber auch bei *C.-A. Helvetius* in Frankreich, bei *F. E. Beneke* und *F. D. E. Schleiermacher* innerhalb der deutschen Pädagogik Ansätze materialistischer Theoriebildung zum Erziehungsprozeß. In der ersten Hälfte des 20. Jh. hat *S. Bernfeld*, in der Gegenwart haben *H.-J. Gamm, J. Gröll, H. J. Heydorn* und *W. Schmied-Kowarzik* Beiträge für eine m. P. vorgelegt.

Literatur: 1.6

Max-Planck-Gesellschaft zur Förderung der Wissenschaften. Die 1948 gegründete Max-Planck-Gesellschaft zur Förderung der Wissenschaften ist eine unabhängige, selbstverwaltete Organisation, die eigenständige wissenschaftliche Institute, Forschungsstellen und zeitlich befristete Projektgruppen unterhält. Sie betreibt in allen Wissenschaftsgebieten Grundlagenforschung und fördert die Heranbildung des wissenschaftlichen Nachwuchses. Derzeit unterhält sie etwa 60 Forschungseinrichtungen. Die Finanzierung der Forschungsarbeiten und der Förderprogramme erfolgt sowohl aus den Haushalten der Bundesländer als auch des Bundes.

1963 wurde das Max-Planck-Institut für Bildungsforschung in Berlin eingerichtet. Es betreibt interdisziplinäre Grundlagenforschung in allen Bereichen des Bildungswesens. Zu diesem Zwecke ist das Institut in die Abteilungen Pädagogik/Psychologie, Soziologie, Ökonomie und Rechtswissenschaft gegliedert.

Anschrift: 10.0

Medien (lat. *medium* Mitte, Vermittler; engl. *medium*). **1)** Im Bereich der öffentlichen und privaten Kommunikation zusammenfassende Bezeichnung für alle visuellen, auditiven und audiovisuellen Kommunikationsmittel wie z. B. Presse, Funk, Film und Fernsehen.

2) In der *lerntheoretischen Didaktik* durch *P. Heimann* 1962 eingeführter Faktor der Analyse und Planung von Unterricht, der mit den Elementar-Strukturen Intentionen, Themen und Methoden in einem Interdependenzverhältnis steht. Nach Heimann muß bei jedem Unterricht entschieden werden, »welche Absichten an welchen Inhalten unter Verwendung welcher Methoden und M. verwirklicht werden sollen (Planung) oder verwirklicht worden sind (Unterrichtsanalyse)«.

3) Seit den sechziger Jahren kamen zu den traditionellen Begriffen wie Bildungs-, Unterrichts- oder *Lehr- und Lernmittel* die neuen Begriffe M., Unterrichtsm., audiovisuelle M. u. a. hinzu und traten weitgehend an ihre Stelle. Mit der Technisierung der M. wurden neue Begrifflichkeiten wie *Hardware* für Geräte und *Software* für Programme eingeführt. Seit etwa 1984 werden Bildung und Ausbildung durch sog. neue M. und Technologien wie Computer, Videotext, Datenabrufsysteme u. a. zu Innovationen herausgefordert.

M. im Unterricht sind Kommunikationsmittel, die zur Unterstützung und Optimierung von Lehr- und Lernprozessen eingesetzt werden. Sie sind in E.

Dales Theorie der Unterrichtsm. Repräsentanten von Realsituationen in Natur und Gesellschaft. Dale unterscheidet drei Gruppen von vermittelbaren Erfahrungsmöglichkeiten, die er in einem sog. Erfahrungskegel (cone of experience) vom Konkreten zum Abstrakten hin stufenweise angeordnet hat: a) Ersatz von konkreten Handlungen in Realsituationen (z. B. Erkundungen, Praktika, Rollenspiele); b) Abbildungen von Realsituationen (z. B. Ausstellungen, Filme, Schulfunk); c) visuelle und sprachliche Symbole (z. B. Verkehrszeichen, Umgangssprache, formalisierte Sprache wie Mathematik).

Es gibt eine Reihe von Ordnungsversuchen, in denen sämtliche Lehr- und Lernmittel bzw. M. von der Wandtafel bis zum Computer-Lehrsystem nach Kategorien und Funktionen klassifiziert worden sind. Eine solche Übersicht ist auch in den Katalogen der Bildungsmessen *Didacta, Interschul* und *World Didac* zu finden.

Medienbank. Medieninformationssystem, das dem Benutzer ermöglicht, aus einer großen Anzahl archivierter und katalogisierter audiovisueller Medien (z. B. Video-Kassetten, Dias, Filme) gezielt und schnell auszuwählen. Als Beispiel sind die *Bildstellen* des *Instituts für Film und Bild in Wissenschaft und Unterricht* (FWU) zu nennen. Eine M. für Ausbildungsmedien im beruflichen Bereich wird seit 1974 beim *Bundesinstitut für Berufsbildung* (BiBB) entwickelt.
Anschriften: 14.4

Mediendidaktik. Spezialisierter Teilbereich der *allgemeinen Didaktik*, der sich seit der Einführung von technischen Geräten zur Wiedergabe von gespeicherten Lernprogrammen entwickelt hat. Die M. befaßt sich vorwiegend mit didaktisch-methodischen Aspekten der Entwicklung, Verwendung und Erforschung von *Medien* in Schule, Jugendarbeit, Erwachsenenbildung und Hochschule. Dabei stehen Fragen nach der Gestaltung und Optimierung von Lehr-Lern-Prozessen mit Hilfe von Medien, den notwendigen Lernvoraussetzungen, den wahrnehmungspsychologischen Bedingungen und den technischen, organisatorischen und personellen Voraussetzungen beim Einsatz von Selbstlerngeräten (Hardware) und Selbstlernprogrammen (Software) im Mittelpunkt. Bei der Weiterentwicklung der M. spielen unterschiedliche Konzeptionen eine Rolle, die von der Unterrichtstechnologie bis zur emanzipatorischen *Medienpädagogik* reichen. Die Erkenntnisse der M. sind auch für die praktische Arbeit in pädagogischen Institutionen, Verlagen, Rundfunk- und Fernsehanstalten von Bedeutung.

Medienkunde. Vermittelt einen systematischen Überblick über die Vielfalt vor allem technischer *Medien.* Sie führt in die Handhabung der Geräte und Lehranlagen (Hardware) wie z. B. Filmprojektor, Sprachlaboranlagen, Computer ein und vermittelt auch Kenntnisse über den Umgang mit entsprechenden Programmen (Software). Sie bietet Einblick in die Entstehung von Medienangeboten und regt zu eigenen Produktionen (z. B. Videos, Drehbücher) an. Gegenstand der M. ist die Reflexion der Medien, nicht die didaktisch-methodische Relevanz des Medieneinsatzes im Lehr- und Lernprozeß.

Medienpädagogik. Teildisziplin der Erziehungswissenschaft, die sich mit den Wirkungen der *Medien* auf die Sozialisations- und Lernprozesse von Kindern, Jugendlichen und Erwachsenen und mit den Möglichkeiten der Erziehung zu einem aufgeklärten Rezeptions-, Informations- und Kommunikationsverhalten beschäftigt. Die Bandbreite des pädagogischen Gegenstandsbereichs reicht von den publizistischen Massenmedien (z. B. Zeitung, Fernsehen) als Instrumente öffentlicher Kommunikation und Manipulation bis hin zu neuen Unterrichtsmedien (z.B. Computer/-programme), die als didaktisch aufbereitete Instrumente schulische Lernprozesse optimieren sollen. Sie erforscht weniger mediale Lernprozesse in traditionellen Institutionen (z.B. Schule), sondern untersucht unter übergreifenden Aspekten die Verflochtenheit aller Kommunikations- und Medienphänomene im gesellschaftlichen Alltag. Ihr Ziel ist die Analyse von Formen, Inhalten und Methoden der Medien, die kritische Aufklärung über ihre Funktionen und Wirkungen, die qualitative Verbesserung bei der Neugestaltung von Medien, die Befähigung zur kritischen Mediennutzung und zur medialen Eigenproduktion. Unter den Ansätzen der M. werden besonders hervorgehoben: a) die normative M., deren Ziel die Bewahrung der Kinder und Jugendlichen vor den schädlichen Einflüssen z.B. des Fernsehens und der Computerspiele ist; b) die funktionale, technologische M., die auf der Grundlage vorgegebener Ziele und Inhalte die fördernden und störenden Wirkfaktoren der Medien identifizieren will, um durch effektive Lernprogramme und Geräte den Lernerfolg von Lernenden zu optimieren; c) die emanzipatorische M., deren Ziel die kritische Aufklärung, Nutzung und Eigenproduktion von Medien in einem von Lehrenden und Lernenden offen gestalteten Lernprozeß ist.

Literatur: 2.1.3, 2.8

Medienverbundsystem (engl. *multimedia system*). Kombination verschiedenartiger Medien, die unterschiedliche didaktische Funktionen erfüllen und eine einheitliche und wiederholbare Lehr- und Lernsituation schaffen. Die M. sind heute so weit entwickelt, daß sie das Selbstlernen ermöglichen. Beispiele für Multi-Media-Systeme in der Erwachsenenbildung sind die *Telekollegs* zur Vermittlung der Fachschul- und der Fachhochschulreife, die *Funkkollegs* zur Weiterbildung von Lehrern, das *Fernstudium* oder das M. zur Elternbildung und zum Fremdsprachenerwerb, das von Volkshochschulen genutzt wird. M. für den Unterricht mit Schülern gibt es durch die Kombination von Schulfunk- oder Schulfernsehsendungen, schriftlichem Begleitmaterial, Folien, Dias u.a. Der Einsatz des M. in der Schule setzt die Einübung in den Gebrauch der verschiedenartigen Bestandteile voraus und verändert die traditionellen Lehrer- und Schülerrollen.

Mediothek (engl. *audio-visual library*). Sammlung audiovisueller Medien in Bildungseinrichtungen (z.B. Schulen, Bibliotheken), in denen Software (Dias, Filme, Videos, Tonbänder, Schallplatten u.ä.) und Hardware (Diaprojektoren, Filmprojektoren, Video-Sets, Tonbandgeräte, Schallplattenapparate, Overheadprojektoren u.ä.) aufbewahrt, katalogisiert und zur Nutzung bereitgestellt werden.

Mehrfachbehinderung (engl. *multihandicap*). Häufung von Schädigungen oder funktionellen Störungen, die sich in ihren Wirkungen zumeist noch wechselseitig verstärken. So kann z.B. eine Körperbehinderung durch einen Stigmatisierungsprozeß zu Störungen im Bereich der Kommunikation führen, die dann schwere psychische Belastungen bis hin zur Depression verursachen. Oder eine Lernbehinderung kann sich durch ein vom Schüler beständig erlebtes Versagen mit schweren Verhaltensstörungen verbinden.

Literatur: 2.2.2

Meinungsfreiheit des Schülers. Das Recht auf freie Meinungsäußerung gehört zu den besonders wichtigen Grundrechten des Schülers. Es darf in keinem Falle durch staatliche Maßnahmen rechts-

widrig behindert werden. Die demokratische Schule ist durch das GG gehalten, den Prozeß der freien Meinungsbildung und des Austausches von Meinungen im Unterricht nach Kräften zu fördern. Deshalb ist es der Schule und dem einzelnen Lehrer verwehrt, ihre Ansichten als einzig zutreffende hinzustellen.
Die M. d. S. findet in den Gesetzen sowie den Regeln des Schullebens ihre Grenzen. So darf ein Schüler keineswegs immer seine Meinung frei äußern, vielmehr ist auf die Mitschüler und Lehrer Rücksicht zu nehmen. Von besonderer Bedeutung für die Grenzen der M. d. S. sind die Menschenrechte sowie die im GG enthaltenen Normen für die freiheitlich-demokratische Grundordnung.

Meisterprüfung (engl. *examination for the title of master*). Die M. im Handwerk kann nur in einem in der Anlage zur *Handwerksordnung* (HwO) zugelassenen Gewerbe abgelegt werden. M. sind aber auch in Industrie, Land- und Hauswirtschaft möglich. Voraussetzungen sind i. d. R. die bestandene Abschlußprüfung in einem anerkannten Ausbildungsberuf bzw. die Gesellenprüfung sowie eine mindestens dreijährige Tätigkeit im erlernten Beruf. Auf die M. kann man sich durch den Besuch einer Meisterschule vorbereiten. Die M. wird von einem staatlichen Prüfungsausschuß bei der zuständigen *Kammer* abgenommen. Geprüft werden Fachpraxis, Fachtheorie, Betriebswirtschaftslehre, Recht und Betriebspädagogik. Nur wer die M. abgelegt hat, darf die Bezeichnung Meister führen und ein Handwerk selbständig ausüben. Die M. berechtigt auch zur Berufsausbildung in einem anerkannten Ausbildungsberuf.

Mentor. 1) In der griechischen Mythologie Freund des Odysseus, der während dessen Reisen die Erziehung seines Sohnes Telemach übernahm.
2) Lehrer, der Studierende während eines Schulpraktikums oder Referendare im Vorbereitungsdienst bei ihrer Unterrichtstätigkeit berät.

Messen (engl. *measurement, surveying*). Empirische Forschung erhebt mittels verschiedener *Forschungsmethoden* und Instrumente (z. B. Fragebogen) Daten (z. B. Kreuze an bestimmten Stellen des Fragebogens). Solche Daten über größere soziale Einheiten (z. B. Schüler eines Jahrganges) sollen durch M. in bestimmte Ordnungen gebracht werden (z. B. Kategorisierung der Schüler nach zwei Merkmalsausprägungen oder Einstufung der Schüler in Punkte- und Zensurenskalen usw.). Voraussetzung des M. ist folglich eine möglichst genaue Definition der qualitativen (z. B. Nationalität, politische Einstellung) oder der quantitativen (z. B. Leistung, Zeitaufwand für die Lösung einer Aufgabe) Merkmale, über deren Verteilung innerhalb bestimmter, vorher festgelegter Ordnungen Aussagen gemacht werden sollen.
Literatur: 1.5

Metakommunikation (griech. *meta* nach, hinterher; lat. *communicare* etwas mitteilen, sich beraten). Der Begriff wurde 1967 von P. Watzlawick eingeführt und bedeutet *Kommunikation* über Kommunikation. Sie vollzieht sich meist unbewußt, wenn über vergangene Inhalts- oder Beziehungsgespräche Informationen untereinander ausgetauscht werden. In der Kommunikationstheorie ist M. ein Verfahren, um Beziehungskonflikte bewußt zu machen und zu behandeln. Angewendet auf Unterrichts- und Erziehungsprozesse, gibt die M. Möglichkeiten, Vorgänge in der Schulklasse wie Disziplinkonflikte, Unterrichtsstile, Außenseiterprobleme u. ä. zu diskutieren und nach Veränderungen zu suchen. M. kann sich aber auch vorwiegend auf den Inhalts- und den Organisationsaspekt von Unterricht beziehen (*Metaunterricht*).

Metaunterricht. Unterricht über den Unterricht. Während des Unterrichts verlaufen die Lehr- und Lernprozesse meist unbewußt. Der M. dient dem Zweck, den abgelaufenen Unterricht noch einmal nachzuvollziehen, um sich bestimmte Funktionen und Strukturen von Inhalten, Organisationsaspekten, Verhaltensweisen u.a. bewußtzumachen. Der M. ist dazu da, die Interaktion aller am Unterricht Beteiligten so zu verdichten, daß eine Diskussion über die vermittelten Lerninhalte und die lebensbezogenen Alternativen möglich wird.

Methoden (griech. *methodos* Vorgehen, Verfahren; engl. *methods*). Lange Zeit galten M. der Erziehung und des Unterrichts vorwiegend dem planmäßigen Vorgehen des Lehrers bei der Erarbeitung vorgegebener Inhalte und Ziele. In der *bildungstheoretischen Didaktik*, die sich mit dem Bildungsgehalt auseinandersetzte, wurden die Ziel- und Inhaltsfragen von den M. unterschieden und deren Abhängigkeit von den Ziel- und Inhaltsentscheidungen betont. Die *lerntheoretische Didaktik* des Berliner Modells betrachtete in den sechziger Jahren die M. aufgrund der Interdependenz der Faktoren Intentionalität, Thematik, Methodik und Medien als gleichrangig, um die wechselseitige Beeinflussung aller für den Unterricht konstitutiven Faktoren herauszuheben. Beide Positionen haben sich in den siebziger Jahren so weit angenähert, daß sie die These von der Vorrangigkeit der Zielentscheidungen und die These von der Interdependenz gegenseitig anerkennen. Seit den achtziger Jahren wird unter dem Primat demokratischer Erziehungs- und Bildungsziele wie Selbstbestimmungs-, Mitbestimmungs- und Solidaritätsfähigkeit verstärkt die Frage nach angemessenen M. neu diskutiert. Erziehung und Unterricht werden als Dialog zwischen Lehrenden und Lernenden aufgefaßt, in dem die Verständigung über Ziele, Lernausgangsbedingungen, Themen, M. und Medien einen wichtigen Rang einnimmt. Unterricht auch als zielorientierten Prozeß der Sozialerziehung zu verstehen, in dem die Interaktion zwischen Lehrenden und Lernenden und der Lernenden untereinander von Bedeutung ist, hat weitere Relevanz für M.entscheidungen. Unter Unterrichtsm. versteht *W. Klafki* alle Formen zielorientierten Lehrens und Lernens, die auf Themen und soziale Kompetenz gerichtet sind und die unterschiedlichen Lernausgangsbedingungen der Schüler berücksichtigen.

Die M.probleme sind auch auf andere Handlungsfelder der *allgemeinen Didaktik* zu übertragen. Davon sind aber z.B. die M. der *Sozialarbeit* und die erziehungswissenschaftlichen *Forschungsm.* zu unterscheiden.

Literatur: 1.2, 2.1.3

Methodendifferenzierung. *Innere Differenzierung.*

Methodik (eng. *methodology*). Zusammenfassende Lehre oder Theorie von den *Methoden*, die zur Erreichung bestimmter Ziele in Erziehung und Unterricht zur Verfügung stehen. Neben einer allgemeinen M. der Erziehung und des Unterrichts werden in den einzelnen Teildisziplinen der Erziehungswissenschaft (z.B. Sozialpädagogik, Erwachsenenbildung, Freizeitpädagogik) und in den Fach-, Bereichs- und Stufendidaktiken entsprechende speziellere M. entwickelt, zu denen auch die schulbezogene Unterrichtsm. gehört. Die M. befaßt sich mit der empirischen Überprüfung, theoretischen Begründung und Weiterentwicklung von Methoden.

methodische Großformen des Unterrichts. Formen des Lehrens und Lernens, die sich in Zielsetzung, Gestaltung und Strukturierung durch typische Merkmale voneinander unterscheiden. Zu den Großformen gehören: Lehrgang,

Kurs, Trainingsprogramm, Lektion, Unterrichtseinheit, Projekt, Vorhaben, Projektwoche, Workshop, Praktikum, Exkursion u.ä. Die Unterschiede liegen z.B. in dem Grad ihrer Offenheit oder Geschlossenheit in bezug auf die Lenkung durch Lehrer oder die Selbsttätigkeit der Schüler, aber auch in dem Anteil praktischen, kognitiven, sozialen oder ganzheitlichen Lernens.

Microteaching. Lehren in kleinen Schritten ist ein praxisorientiertes Verhaltenstraining in der Aus- und Fortbildung von Lehrern. Im Unterschied zu herkömmlichen Hospitationen oder Lehrproben wird beim M. die komplexe Lehr- und Unterrichtssituation auf wenige Faktoren reduziert, um entscheidende Verhaltensfertigkeiten (z.B. die Stundeneröffnung oder Formen der Lehrerfrage und Impulsgebung) einzuüben. Der Lehrende wird dabei in einer kurzen Unterrichtssequenz von etwa 5 bis 15 Minuten mit nur 4 bis 8 Schülern von einer Videokamera aufgenommen. Die Aufzeichnung kann nun wiederholt betrachtet, analysiert und beurteilt werden (Feedback). In einem Wiederholungsversuch mit einer anderen Schülergruppe können die Trainingswirkungen unter kontrollierten Bedingungen festgestellt werden.

Milieu (frz. *milieu* Umwelt; engl. *environment*). Soziale Umwelt eines Individuums, die das Erleben und Verhalten sowie die Entwicklung des Menschen beeinflußt. Nach milieutheoretischer Auffassung werden die psychischen Verhaltensweisen und die geistigen Fähigkeiten im wesentlichen durch die umweltbedingten Lernvorgänge geprägt.

Minderjährige (engl. *person under age*). Kinder und Jugendliche bis zur *Volljährigkeit*, die in Deutschland mit der Vollendung des 18. Lebensjahres eintritt. Sie haben nach dem BGB durchaus eine Reihe von Rechten und Pflichten, sind jedoch noch nicht voll geschäftsfähig. Die rechtliche Selbständigkeit soll mit wachsender sozialer Reife, Verantwortlichkeit und Mündigkeit des jungen Menschen zunehmen. Rechtsbeschränkung will dem Schutz der M. dienen. Bis zur Vollendung des 7. Lebensjahres sind sie voll geschäftsunfähig, danach bedingt geschäftsfähig und strafmündig, mit Eintritt des 14. Lebensjahres religionsmündig, und eine Eheschließung kann frühestens ab dem 16. Lebensjahr erfolgen. Dem strafrechtlichen Schutz der M. dienen besondere Bestimmungen im Strafgesetzbuch und das *Jugendgerichtsgesetz*.

Missio canonica (lat. *missio* Entsendung, *canonicus* nach kirchlichem Recht). In der katholischen Kirche die Berufung in das Amt des Religionslehrers und offizielle Beauftragung zur Verkündigung der katholischen Religion. Voraussetzung sind bestimmte Qualifikationen, die während des Studiums oder in besonderen Weiterbildungsmaßnahmen erworben werden können.

Mitbestimmung (engl. *co-determination*). **1)** Im Bereich des Schulwesens: Landesrechtlich festgelegte Möglichkeiten zur Mitwirkung und M. von Eltern und Schülern (Schülermitverantwortung, SMV) bei der Gestaltung von Schulleben und Unterricht durch gewählte Vertreter. M. findet auf verschiedenen organisatorischen Ebenen statt: Schulklasse, Schule, Schulträger, Bundesland. Sie beschränkt sich i.d.R. auf Rechte wie Informations-, Anhörungs- und Vorschlagsrecht. Tatsächlich mitentscheiden oder gar Entscheidungen verhindern können Eltern und Schüler nur in seltenen Ausnahmefällen. Da die rechtlichen Grundlagen für die M. in den einzelnen Bundesländern sehr unterschiedlich sind, ist das jeweils geltende *Schulrecht* zu beachten. Darüber informieren Broschüren, die kostenlos bei den Kultusministerien erhältlich sind.

2) Im Bereich der betrieblichen Berufsausbildung: Nach den Bestimmungen des *Betriebsverfassungsgesetzes* (BetrVG) steht dem Betriebsrat im Zusammenhang mit der betrieblichen Berufsausbildung insbesondere bei folgenden Punkten ein M.recht zu: bei der Durchführung von Maßnahmen der betrieblichen Ausbildung, bei der Bestellung von Ausbildern sowie der Überwachung ihrer persönlichen und fachlichen Eignung, bei der Einstellung von Auszubildenden und bei der Kontrolle der Vorschriften des Jugendarbeitsschutzgesetzes (JArbSchG).
Anschriften: 3.2

Mittelpunktschule (Syn. **Nachbarschaftsschule**). Hauptschule, Realschule, Gymnasium oder Gesamtschule, die durch Zusammenlegung kleinerer Einzelschulen an zentralem Standort entstanden ist. Eine M., die mehrere Schulformen umfaßt, wird meist als Schulzentrum bezeichnet.

Mittelschule. 1) Veraltete Bezeichnung für alle mittleren Schulformen, die 1964 im *Hamburger Abkommen* durch den Begriff *Realschule* ersetzt wurde.
2) Seit der Wiedervereinigung gibt es im Land Sachsen nach der vierjährigen Grundschule neben dem Gymnasium die M. Sie ist eine differenzierte Schulform mit den Klassen 5 bis 10, die eine allgemeine und berufsvorbereitende Bildung vermittelt. Die Klassenstufen 5 und 6 bilden eine pädagogische Einheit und haben orientierende Funktion. Ab Klassenstufe 7 findet eine abschlußbezogene *Differenzierung* statt. Die Schüler können in der M. den Hauptschulabschluß oder den qualifizierenden Hauptschulabschluß nach der 9. Klasse und den Realschulabschluß nach der 10. Klasse erwerben. Voraussetzung für den Erwerb des qualifizierenden Hauptschulabschlusses und des Realschulabschlusses ist das Bestehen einer Abschlußprüfung.

mobile Jugendarbeit (engl. *detached youth work*). Bemüht sich, durch Arbeitslosigkeit, Armut, häusliche Verwahrlosung, Drogenmißbrauch oder andere Gefährdungen und Benachteiligungen bedrohte Jugendliche direkt in ihrem alltäglichen Lebenszusammenhang zu erreichen und durch Gesprächsangebote, Beratung, Vermittlungsdienste oder Beistand (z.B. in Konflikten mit Schule, Arbeitgeber oder Polizei) eine Verschärfung der Ausgrenzung dieser Jugendlichen und ihr Abgleiten in die Kriminalität zu verhindern. M.J. geht zu den Jugendlichen, bezieht das engere soziale Umfeld der Jugendlichen in ihre Arbeit ein und distanziert sich von jeder Aufsichts- oder Kontrollfunktion. Durchgeführt wird m.J. von freien und öffentlichen Trägern der *Jugendhilfe*.

Mobilität (lat. *mobilitas* Beweglichkeit; engl. *mobility*). In Gesellschaften oder sozialen Gruppen sind Rolle und Status einer Person nicht auf Dauer festgelegt, sondern können z.B. durch den Erwerb von Zeugnissen, Leistung oder wirtschaftlichen Erfolg verändert werden. Sozialer Auf- oder Abstieg wird als vertikale M., ein Wechsel der Position ohne Veränderung des Status als horizontale M. bezeichnet.

Modellernen. *Imitationslernen.*

Modellschule. Schule, die aufgrund ihrer besonderen pädagogischen und organisatorischen Prägung i.d.R. eine Weiterentwicklung oder Alternative zu vergleichbaren Schulen des Regelschulsystems darstellt und ein Modell (Muster) für die Orientierung anderer Schulen sein kann. M. sind häufig Versuchsschulen im Rahmen eines staatlichen *Schulversuchs* (z.B. das *Team-Kleingruppen-Modell* der integrierten *Gesamtschule* in Göttingen-Geismar). Nach dem Auslaufen des Schulversuchs bekommen sie häufig den Status einer *Angebotsschule*, deren Abschlüsse von der

KMK anerkannt werden. Auch Reformschulen in öffentlicher oder freier Trägerschaft haben oft den Charakter einer M. (z. B. Jena-Plan-Schulen, Montessori-Schulen).
Literatur: 2.1.9

Modellversuche (engl. *pilot projects*). In allen Bereichen des Bildungswesens können M. als Entscheidungshilfen zur Klärung bildungspolitischer Fragen eingerichtet werden. M. geben der Bildungsforschung Gelegenheit, Reformvorhaben und Innovationprozesse zu erproben, bevor sie als Regeleinrichtung eingeführt werden. Sie bedürfen deshalb einer wissenschaftlichen Begleitung, die die Auswertung vornimmt. M. werden häufig von der *Bund-Länder-Kommission für Bildungsplanung und Forschungsförderung* (BLK) unterstützt. Werden M. im Schulwesen durchgeführt, wird auch von *Schulversuchen* gesprochen.

Moderator (lat. Lenker; engl. *moderator*). Leiter eines Gesprächs- oder Lernprozesses in Gruppen. Er soll unter Berücksichtigung der situativen Bedingungen (Raum, Zeit, Gruppengröße, Zusammensetzung der Gruppe, soziales Klima usw.) durch Fragen, Impulse, Zusammenfassungen, persönliche Stellungnahmen, Spielregeln oder den Einsatz von Medien einen Interaktionsprozeß so gestalten, daß sich jeder einzelne Teilnehmer möglichst erfolgreich und in persönlich zufriedenstellender Weise in den Gruppenprozeß einbringen kann. Sachkompetenz, Sensibilität für die verbalen und nonverbalen Botschaften der Teilnehmer, Selbstkontrolle sowie attraktive und anregungsreiche Gesprächsführung sind dafür die wesentlichen Voraussetzungen.

Monoberufe. (griech. *monos* einzig). Berufe, die unter Berücksichtigung ihrer Anwendungsbereiche, Aufgaben, Arbeitsorte und der für ihre Ausübung erforderlichen Kenntnisse und Fähigkeiten durch einen vergleichsweise hohen Grad an Einengung oder Spezialisierung gekennzeichnet sind. Die Ausbildung in M. ist auf wenige Berufstätigkeiten ausgerichtet, eine Übertragung der berufsspezifischen Qualifikationen in andere Berufe kaum oder nur vereinzelt möglich. Typische M. sind u. a. Frisör, Bäcker, Brauer und Mälzer, Optikschleifer.

Montessori-Pädagogik. *M. Montessori* entwickelte nach ihrem Studium als junge Ärztin aus der praktischen Erfahrung mit geistig behinderten und gesunden Kindern in Rom seit 1898 die Grundprinzipien ihrer pädagogischen Konzeption. Sie griff das Sinnesmaterial der französischen Ärzte J. Itard und E. Seguin auf und schuf eine vorbereitete Umgebung, in der Kinder frei von äußerem Druck ihrer Entwicklung gemäß lernen konnten. Durch Beobachtung entdeckte sie das Phänomen der Polarisation der Aufmerksamkeit, einer konzentrierten Tätigkeit in der wahlfreien Auseinandersetzung mit der didaktifizierten Umwelt. Ihre pädagogischen Erfolge erfuhren bald darauf internationale Anerkennung. Bereits 1909 führte sie ihren ersten internationalen Ausbildungskurs durch, an dem etwa 100 Lehrer teilnahmen. Sie bereiste viele Länder der Erde, gründete sog. M.-Schulen und hielt Diplom-Kurse ab, in denen sie ihr theoretisches Konzept darstellte und Anweisungen für den Umgang mit dem M.-Material gab. Die meisten ihrer Schriften gingen aus solchen Veranstaltungen hervor oder sind Mitschriften dieser Ausbildungsvorträge. In den Jahren zwischen 1933 und 1945 waren die M.-Schriften in Deutschland und Italien verboten und die M.-Schulen geschlossen. M. Montessori gelang die Flucht über Spanien nach Indien, von wo sie 1945 nach Europa (Holland) zurückkehrte.

Im Mittelpunkt der Pädagogik M. Montessoris steht das Kind, nicht eine Erziehungsmethode. Grundlage ihres anthropologischen Menschenbildes ist die Annahme, daß in jedem Kind ein innerer Bauplan zur Persönlichkeitsentwicklung angelegt ist, der sich in der tätigen Auseinandersetzung mit der Umwelt entfaltet. Dabei spielen sensible Perioden (Phase 3 bis 6 Jahre, Kinderhaus; Phase 7 bis 10/12 Jahre, Grundschule) eine Rolle, in denen das Kind alterstypische Lernbereitschaften zeigt, die durch angemessene Lernangebote befriedigt werden müssen, wenn sie nicht unerfüllt vergehen sollen. Für M. Montessori gilt der Grundsatz: Achtung vor der Freiheit des Kindes und seinen spontanen Äußerungen. Die Entwicklung seiner Persönlichkeit ist nicht ein Problem pädagogischer Lehrkunst, sondern ein Problem der Freiheit des Kindes, über die freie Selbsttätigkeit zur Selbständigkeit zu gelangen nach dem Grundsatz indirekter Erziehung: »Hilf mir, es selbst zu tun!«

M. Montessoris Bemühen galt der Beobachtung von Kindern, um mögliche Inhalte ihres Interesses für lernaktive Angebote zu ermitteln und entsprechende didaktische Arbeitsmaterialien als Mittel zur Selbstbildung zu entwickeln. Das M.-Material ist in fünf grundlegende Bereiche gegliedert: Übungen des täglichen Lebens, Sinnesübungen, Sprache, Mathematik und kosmische Erziehung (d.h. Kultur- und Sachunterricht). Das Material reduziert die komplexe Wirklichkeit, ermöglicht jeweils eine bestimmte Lernaktivität, ist ästhetisch ansprechend, fordert zum handelnden Umgang auf und enthält die Möglichkeit zur Fehlerkontrolle. In der vorbereiteten Umgebung bestimmt das Kind in der *Freiarbeit*, die z.B. in Grundschulen täglich zwei bis drei Stunden dauert und in der altersheterogenen, meist drei Altersjahrgänge umfassenden Lerngruppe stattfindet, mit welchem Material, ob allein oder mit anderen zusammen und wie lange es an einer Sache arbeiten will. Dabei wird zwischen kurzen Übungen und der großen Arbeit, die sich auch über Tage hinziehen kann, unterschieden. In den Umgang mit einem Material führen Erzieher bzw. Lehrer in sog. Lektionen ein. Ansonsten ist ihre Rolle eher auf die Vorbereitung der Lernumgebung, auf die Beobachtung der Lernprozesse und auf eine indirekte Erziehung gerichtet. Sie sollen vor allem nicht in den Aktivitätszyklus des Kindes eingreifen. Darüber hinaus sollen sie in einführenden Stunden oder bei Erkundungen gute Erzähler und Gesprächspartner sein. Ziel der M.-P. ist der verantwortlich handelnde Mensch. Im Mittelpunkt der pädagogischen Arbeit steht deshalb vom 6. Lebensjahr an die ökologisch und friedenspädagogisch orientierte kosmische Erziehung, für die M. Montessori einen universalen Lehrplan entwickelt hat.

Die Arbeit nach den Prinzipien der M.-P. bedarf bei Erziehern und Lehrern einer zusätzlichen Ausbildung in Diplom-Lehrgängen.

Literatur: 2.1.9

Anschrift: 7.1

Moral (lat. *moralis* die Sitten betreffend, ethisch; engl. *morals*, *morality*). In Interaktion mit seiner Umwelt erlernt und entwickelt das Individuum Sittlichkeit und Empfinden für Recht und Unrecht, Wert und Unwert. Je ausschließlicher und einfacher die Bindung an Bezugspersonen ist, desto enger schließen sich die M.vorstellungen des heranwachsenden Kindes an die der Bezugspersonen an. Mit zunehmender Differenzierung des Feldes der Bezugspersonen, -gruppen und -instanzen (Religion, Philosophie, Politik, Literatur, Medien) erweitern sich auch die sittlichen Orientierun-

gen und verstärken sich die Möglichkeiten für eine eigenständige M. Das Wissen um die sozialen und kulturellen Wurzeln der eigenen M. und Einsicht in die Bedingungen anderer moralischer Normen sind wesentliche Voraussetzungen für eine Sittlichkeit, die sich an den Prinzipien Toleranz, Friedfertigkeit und Solidarität orientiert.
Die Entwicklung der M. bei Kindern machte bereits in den dreißiger Jahren *J. Piaget* zum Gegenstand umfangreicher empirischer Studien. Piaget ordnete seine Beobachtungen zwei Typen kindlicher Moral zu, einer heteronomen (fremdbestimmten) und einer autonomen (selbstbestimmten) M., die in der Entwicklung aufeinander folgen. Als schulpädagogische Konsequenz forderte Piaget eine aktive Schule, in der das Kind über Kooperationserfahrungen, rationale Konfliktlösungen sowie die Erfahrung von Gleichheit und Solidarität seine individuelle M. zunehmend autonom entfalten und stabilisieren kann. *L. Kohlberg* schloß mit seinen theoretischen und empirischen Arbeiten an Piaget an. Jedes Individuum bildet im Laufe seiner Entwicklung bestimmte Denkstrukturen für die Lösung moralischer Probleme aus, die Kohlberg in einer Abfolge der drei Niveaus präkonventionell, konventionell und postkonventionell (jeweils in zwei Stufen unterteilt) darstellte. Auf dem präkonventionellen Niveau werden Lösungen moralischer Konflikte aus einer konkret-individualistischen und egozentrischen Perspektive haraus gesucht. Gut ist, was Nutzen bzw. Erfolge bringt. Der Blickwinkel weitet sich auf dem konventionellen Niveau. Jetzt bezieht der Mensch die Sichtweise anderer und den Fortbestand der sozialen Ordnungen in seine moralischen Überlegungen ein. Auf dem postkonventionellen Niveau werden moralische Entscheidungen dann durch Bezugnahme auf Prinzipien, die bestehenden sozialen Ordnungen vorgegeben sind, und schließlich unter Beachtung moralischer Grundsätze (Gerechtigkeit, Gleichheit, Wahrheit u.a.) getroffen. Die unterschiedlichen Perspektiven und Begründungszusammenhänge, die im Laufe der Entwicklung des moralischen Urteilsvermögens auftreten, hat Kohlberg über sog. moralische Dilemmata erhoben, hypothetische Geschichten, für die Lösungen zu finden waren.
Literatur: 1.8, 1.9

Morgenkreis. *Unterrichtsgespräch.*

Motivation im Unterricht (lat. *movere* bewegen). Aktivierung der Lern- und Handlungsbereitschaft von Schülern im Wechselspiel zwischen pädagogischen Anregungen im Unterricht und persönlichen Einstellungen (z.B. dem Leistungsmotiv). Der Motivationsprozeß wird nach traditioneller Auslegung im wesentlichen von zwei Komponenten bedingt: von der inneren (intrinsischen primären) M. der Schüler und/oder von der äußeren (extrinsischen sekundären) Situation des Unterrichts. Dabei sind zwei Befunde der Motivationsforschung besonders zu beachten: 1. Die bereits in der frühen Kindheit unter bestimmten Sozialisationsbedingungen entwickelte intrinsische *Leistungsmotivation* ist ein relativ stabiles emotionales Persönlichkeitsmerkmal, das sich in der situativen Auseinandersetzung mit den Anforderungen der Schule aktualisiert. Sie kommt laut H. Heckhausen vor allem in der unterschiedlich entwickelten Hoffnung auf Erfolg oder Furcht vor Mißerfolg zum Ausdruck, die bereits am Schulanfang das Verhalten eines Kindes mitbestimmen kann. 2. Vor dem Hintergrund unterschiedlich entwickelter Leistungsmotivation der Schüler hemmt bzw. fördert auch die Unterrichtskonzeption selbst eine positive Entwicklung schulischer Lern- und Leistungsbereitschaft. So hängt es oft vom zugrunde

liegenden *Leistungsbegriff* ab, ob ein Kind aus Neugier, aus Lernfreude, aus Zuneigung zum Lehrer lernt oder um Anerkennung zu bekommen, der Strafe zu entgehen oder belohnt zu werden. Die häufigen Klagen über Schulmüdigkeit, Lernunlust, Aggressivität u.a. zeigen, wie schwer es für Lehrer ist, eine angemessene Leistungsmotivation durch Unterricht aufzubauen oder zu erhalten.
In der neueren Fachliteratur wird die Unterscheidung zwischen intrinsischer und extrinsischer M. weitgehend fallengelassen. Von der Öffnung des Unterrichts wird erwartet, daß Schüler bei einer selbst- und mitverantworteten Unterrichtsgestaltung z.B. durch Freiarbeit, Wochenplanarbeit oder Projektarbeit Erfahrungen machen, die sie längerfristig befähigen, Ich-Identität zu entwickeln und zum Subjekt ihres Lernprozesses zu werden.
Literatur: 2.9

Motorik (lat. *motor* Beweger; engl. *motor functions*). Zusammenspiel aller Bewegungsfaktoren im menschlichen Organismus, zu denen Rumpf, Glieder, Hände, Finger und Stoffmenge (Molar) sowie die Fähigkeiten gehören, die in der Schnelligkeit, Gelenkigkeit, Genauigkeit, Stärke, Koordination und dem Stoßvermögen zum Ausdruck kommen. Es werden unterschieden: Grobm. (z.B. Körper- und Gliederstärke, Bewegungskoordination, Reaktionsschnelligkeit), Feinm. (Geschicklichkeit der Finger, Mimik), willkürliche (bewußt beeinflußbare) und unwillkürliche M. (z.B. Reflexe) sowie Senso- bzw. Psychom. (Koordination von motorischen und psychischen Vorgängen). Die Heranreifung körperlicher Faktoren der Bewegungsabläufe steht in engem Zusammenhang mit der Entwicklung psychisch-geistiger Faktoren wie Wahrnehmen, Fühlen, Denken und Sprechen. Die Organisation jeder Bewegung aller Organismen ist mit dem Psychischen verbunden und von Erfahrung, Übung und Temperament abhängig. Dies ist an der psychomotorischen Ausdrucks- und Leistungsbewegung zu erkennen. Die Erforschung der M. erfolgt unter Beachtung der anatomischen und physiologischen Vorgänge durch Verhaltens- und Erlebnisbeobachtung. Die Bewegungserziehung im Vor- und Grundschulalter ist für die Entwicklung der M. und der Psychom. von großer Bedeutung.
Literatur: 2.9

multikulturelle Erziehung. *Interkulturelle Erziehung.*

Multiple-choice-response-system. *Auswahl-Antwort-System.*

Mündel (engl. *ward*). Unter *Vormundschaft* stehende Minderjährige.

Mündigkeit (engl. *majority*). **1)** Im rechtlichen Sinne die uneingeschränkte Geschäfts- und Deliktsfähigkeit, die in Deutschland mit der Vollendung des 18. Lebensjahres eintritt.
2) Bei dem gegenwärtigen Konzept von *Erziehung* einer der vielfach verwendeten Wertbegriffe, in den sowohl anthropologische Ansichten (der Mensch als spontanes, selbstreflexives und vernunftbegabtes Wesen) wie auch politische Optionen (Menschenrechte; freiheitliches, soziales und demokratisches Gemeinwesen) Eingang gefunden haben. M. vor diesem Hintergrund meint Möglichkeit und Verpflichtung zu eigenem Urteil und selbstverantwortlichem Handeln. Freiheit und Schuld des Individuums sind ohne M. nicht denkbar. Wollen Erzieher und Lehrer die M. von Kindern und Jugendlichen befördern, müssen sie folglich Interessen wecken, Wissen vermitteln, im Diskurs die moralische Kompetenz entwickeln helfen, Handlungsfähigkeit und Urteilsvermögen fördern und schließlich die Ansichten der jungen Menschen respektieren.
Literatur: 1.9

Museumspädagogik. Fachrichtung der Erziehungswissenschaft, deren Gegenstand das Bildungsangebot für Kinder, Jugendliche und Erwachsene im Museum ist. Museumspädagogen entwickeln didaktisch-methodische Konzepte für die Gestaltung von Ausstellungsräumen, für erläuternde Schautafeln und Texte, für Filme und Dias, Kataloge u.a. Begleitmaterialien.
Sammeln, Bewahren, Erforschen und Ausstellen gehören traditionell zu den Aufgaben eines Museums. In den letzten zwanzig Jahren hat die KMK in ihren Emfehlungen mehrfach den Bildungsauftrag und die Öffentlichkeitsarbeit der Museen herausgestellt. Vor allem größere Museen in der Bundesrepublik verfolgen eigenständige didaktisch-methodische Konzeptionen, mit denen die Besucher an die Objekte, Texte und Aktionen herangeführt werden. In diesem Zusammenhang haben sich Museen unter pädagogischen Gesichtspunkten auch vermehrt Kindern und Jugendlichen zugewandt. Dies kommt in Sonderausstellungen zu Themen wie ›Waschen früher und heute‹ oder im Sinne experimenteller Archäologie ›Von der Aussaat zum Verzehr in der Frühgeschichte‹ zum Ausdruck. In angegliederten Aktionsräumen und auf Freiflächen können junge Museumsbesucher unter Anleitung von Museumspädagogen wie früher Wäsche waschen oder wie in der Steinzeit Brot backen. Arbeitsmaterialien (Suchbögen, Bildhefte, Arbeitsmappen) stehen meist zur Verfügung. Daneben gibt es spezielle Führungen für Kinder und Schulklassen. Einen besonderen Stellenwert haben Freilichtmuseen. In Kunstmuseen kommen angeleitete Malaktionen der Erschließung von Gemälden entgegen.
Für die Kooperation von Schule und Museum ist es bei Sonderausstellungen wichtig, daß die Lehrer ihren Unterricht rechtzeitig thematisch darauf einstellen und die Museumspädagogen über die Lernvoraussetzungen der Schüler und die Intentionen der Lehrer informiert sind. Darüber hinaus hat die Schule ein eigenes museumspädagogisches Interesse, nämlich das Museum als außerschulischen *Lernort* dann zu nutzen, wenn die Thematik des Unterrichtszusammenhangs seine Einbeziehung notwendig macht oder wünschenswert erscheinen läßt. Manche Museen haben für bestimmte Standardthemen des Lehrplans ausleihbare Museumskoffer mit Repliken zusammengestellt, die dem handelnden Lernen der Kinder entgegenkommen. Von ihnen geht oft die Motivation aus, im Museum mehr darüber zu erfahren. Im Sinne *genetischen Unterrichts* kann sich dann ereignen, was im herkömmlichen Unterricht so schwer zu erreichen ist, daß Schüler sich aus eigenem Antrieb für den Entstehungszusammenhang eines musealen Gegenstandes interessieren.
Literatur: 2.8

Musikhochschule. *Kunst- und Musikhochschulen.*

Musikschulen. Als privates Unternehmen, Verein oder im Rahmen einer Volkshochschule geführte Schulen, die Einzelunterricht für eine Vielzahl von Instrumenten, musikalische Früherziehung, Singen im Chor, Spiel im Ensemble, aber auch musikwissenschaftliche Kurse zur Vorbereitung der Aufnahmeprüfung an einer Musikhochschule anbieten. Für den Besuch der Kurse ist Unterrichtsgeld zu entrichten. Qualifikation der Lehrkräfte, Unterrichtsinhalte und -formen sowie die Durchführung von Prüfungen sind nicht gesetzlich geregelt.

Musiktherapie. Wird bei der Behandlung seelischer Erkrankungen, im Rahmen der *Psychotherapie* und auch bei der pädagogischen Betreuung behinder-

ter Kinder oder Jugendlicher eingesetzt. Die Musik ist dabei Ausdrucks- und Kommunikationsmittel. Musiziert wird mit den eigenen Händen oder Füßen, mit Schlaginstrumenten, Flöten oder anderen, einfach erschließbaren Instrumenten. Oft wird Musik mit Bewegung, Sprache, Spiel oder Malen verbunden.
Musiktherapeuten erhalten ihre Ausbildung i.d.R. über ein Diplom-Aufbaustudium. Sie arbeiten überwiegend in psychiatrischen Kliniken oder Rehabilitationseinrichtungen.

Muße (engl. *leisure*). Selbstbestimmte Gestaltung freier Zeit ohne jeglichen Druck. Zeit der Besinnung auf sich selbst.

Mütterschule. Überwiegend Einrichtungen von Kirchen u.a. Trägern der *freien Wohlfahrtspflege*. Schwerpunkt ihrer Arbeit sind Information, Beratung und praktische Kurse zur Vorbereitung auf die Geburt sowie zur Pflege, Ernährung und Förderung der Neugeborenen. Darüber hinaus bieten M. in vielfachen Formen Anregung und Unterstützung bei der Kleinkindererziehung.

N

Nachbarschaftsschule. *Mittelpunktschule.*

Nachsitzen (engl. *be kept in*)**.** Nach den Schulgesetzen der meisten Bundesländer kann N. als Erziehungs- und Ordnungsmaßnahme im Umfang von bis zu zwei Unterrichtsstunden vom Klassenlehrer, von bis zu vier Unterrichtsstunden vom Schulleiter angeordnet werden.

Narzißmus (engl. *narcissism*). In Anlehnung an den griechischen Mythos von Narkissos, dem Sohn des Flußgottes, der sich in sein eigenes Spiegelbild verliebte, jede Form exzessiver und dadurch auffälliger Selbstliebe, die sich zumeist durch Hervorheben der eigenen Person und Herabminderung anderer Ausdruck verschafft. In psychoanalytischer Sicht eine Frühphase in der kindlichen Sexualentwicklung, in der das Kind seinen eigenen Körper als Sexualobjekt erlebt.

NC. *Numerus clausus.*

Neigungsdifferenzierung. *Wahlpflichtdifferenzierung.*

Neurose (griech. *neuron* Nervenzelle; engl. *neurosis*). Psychische Störungen, die sich auf motorische, sensorische, vegetative oder emotionale Funktionen auswirken. Da keine organischen Ursachen feststellbar sind, werden seelische Konflikte und Widerstände als Ursprünge einer N. angenommen.

nichtdirektive Therapie. *Gesprächspsychotherapie.*

Nichtschülerprüfung. *Schulfremdenprüfung.*

Nichtversetzung. *Versetzung. Sitzenbleiben.*

Niveaudifferenzierung. *Fachleistungsdifferenzierung. Grund- und Leistungskurse.*

Norm (lat. *norma* Maßstab, Richtschnur, Regel, Vorschrift). Im Bereich der Pädagogik im ursprünglichen lateinischen Wortsinne jede Handlungsvorschrift, der erzieherisches oder unterrichtliches Denken und Tun folgen sollen. Solche N. werden vielfach aus weltanschaulichen (z.B. christlichen) Lehrmeinungen abgeleitet oder verstehen sich als Prinzipien, deren Beachtung durch den Pädagogen dazu beitragen kann, daß der heranwachsende junge Mensch sein Denken, Wollen und Handeln bestimmten Sollensforderungen (i.S. von Normen) aus eigenem Entschluß unterstellt.

Literatur: 1.6

normative Pädagogik (lat. *norma* Richtschnur, Regel). **1)** Systeme erzieherischer und/oder unterrichtlicher Handlungsvorschriften, die übergeordneten weltanschaulichen oder politischen Lehrmeinungen folgen (z.B. Regeln für die christliche Erziehung, den sozialistischen Unterricht). N.P. versteht sich in diesem Sinne als praktische Erziehungslehre im Dienst vorgegebener Lebensziele. Die Kinder bzw. Schüler werden auf die Anerkennung und Übernahme dieser Ziele hin erzogen und unterrichtet.

2) Als Konzeption der *Pädagogik* philosophisch begründete Theorie von den aus der apriorischen Erkenntnis gewonnenen Voraussetzungen und Prinzipien pädagogischer Wissenschaft und pädagogischen Handelns (Syn. transzendental-kritische Pädagogik). Entwickelt werden sollen die Gründe für die Geltung pädagogischer Begriffe. Daraus ergibt sich dann folgende Fragestellung: Welche Normen müssen für Erziehung in Theorie und Praxis gefordert werden, wenn sich Erziehung von Sozialisation, Konditionierung, Fürsorge, Pflege, Dressur oder auch Training unterscheiden soll? Da Selbstbestimmung, freies Wollen und verantwortliches Handeln leitende Ideen der Erziehung sind, muß Erziehung den zu Erziehenden konsequent als ein Subjekt respektieren, das sich letztlich immer nur selbst unter die regelnde Kraft bestimmter Sollensforderungen stellen und entsprechend verändern kann. Dabei ist ihm der Pädagoge eine Art Ich-Entwicklungshelfer, indem er im Dialog mit dem jungen Menschen dessen Urteilskraft, sein moralisches Empfinden und seine Handlungsfähigkeit fördert. Davon ausgehend, glaubt n.P. Erziehungslehren und konkrete pädagogische Maßnahmen (z.B. Strafe) auf ihre Geltung hin prüfen zu können.

Auf der Grundlage der kritischen Philosophie *I. Kants* und deren Fortführung durch *H. Cohen, P. Natorp* u.a. haben *A. Petzelt, W. Fischer*, M. Heitger und *J. Schurr* zu diesem Konzept einer pädagogischen Wissenschaft wesentliche Beiträge geliefert.

Literatur: 1.5, 1.6, 1.10

Normenbücher. Veröffentlichungen der Ständigen Konferenz der Kultusminister der Länder in der Bundesrepublik Deutschland (KMK) zur Vereinheitlichung der Abiturprüfung, deren Durchführung in der ›Vereinbarung über die Anwendung einheitlicher Prüfungsanforderungen in der Abiturprüfung in der neugestalteten gymnasialen Oberstufe‹ am 6. 2. 1975 beschlossen wurde. Die KMK berief sich dabei auf die Bedeutung, die der Notendurchschnitt bei der Vergabe von Studienplätzen durch den *Numerus clausus* hat. Bis 1976 erschienen fünfzehn N. für die einzelnen Fächer. Sie enthielten neben dem Abdruck der KMK-Vereinbarung von 1975 aufgabenspezifische Anforderungen, obligatorische Lernziele, Lernzielkontrollebenen und Bewertungsschlüssel. Die N. sollten nach einer Erprobung in Schulen in einer revidierten Fassung neu erscheinen. An dem KMK-Beschluß und den N. wurde von Bildungspolitikern, Erziehungswissenschaftlern und Journalisten heftige Kritik geübt. In einer neuen ›Vereinbarung über einheitliche Prüfungsanforderungen in der Abiturprüfung‹ von 1979 wurden die N. nur noch als »Grundlage der fachspezifischen Anforderungen in der Abiturprüfung« angesehen. Auf der Basis dieses KMK-Beschlusses von 1979 in der Fassung vom 1. 12. 1989 bringen die einzelnen Bundesländer in Verbindung mit den Lehrplänen und den Verordnungen über die Abschlüsse in der gymnasialen Oberstufe, im Fachgymnasium, im Abendgymnasium und im Kolleg für die einzelnen Fächer einheitliche Prüfungsanforderungen in der Abiturprüfung heraus, die der Funktion von N. auf Landesebene gleichkommen. Sie sind im jeweiligen Kultusministerium und/oder in einem Fachverlag zu beziehen.

Noten. *Zensuren.*

Notengebung. *Zensurengebung.*

Numerus clausus (**NC**; lat. *numerus* Zahl, Zugeteiltes; *claudere* abschließen, beendigen). Zulassungsbeschränkung für einen Studiengang. Darf nur gesetzlich festgelegt werden, wenn unter Ausschöpfung aller Ausbildungskapazitäten an den Hochschulen die Anzahl der Studienplätze weit unter der Anzahl der

Bewerbungen liegt. In Deutschland werden die Studienplätze in Fächern, für die ein NC besteht, über die *Zentralstelle für die Vergabe von Studienplätzen* (ZVS) zugewiesen.
Anschrift: 3.10

O

Oberschulamt. In einigen der Bundesländer, in denen die Schulverwaltung auf drei Ebenen angesiedelt ist (z. B. Bayern, Baden-Württemberg, Hessen, Niedersachsen), Bezeichnung für die mittlere Instanz (Ministerium, O., Schulamt).

Oberstudiendirektor. Amtsbezeichnung für den Leiter eines allgemeinbildenden oder beruflichen Gymnasiums.

Oberstufen-Kolleg. Zentrale Einrichtung der Universität Bielefeld für Ausbildung und Forschung, die sich an die *Laborschule* anschließt. Als staatliche Versuchsschule integriert das O.-K. mit vier Jahrgängen die studienbezogenen Ausbildungsgänge der Sekundarstufe II und die Eingangssemester des Hochschulbereichs. Es ist eine Ganztagsschule mit einem differenzierten Kurssystem. Als Curriculum-Werkstätte sollen Curriculumeinheiten, neue Lehr- und Lernformen, Beratungsmodelle, Bewertungsverfahren und Mitbestimmungsmöglichkeiten entwickelt und erprobt werden, die auch auf andere Schulen und Hochschulen übertragbar sind. Die Konzeption wurde von *H. v. Hentig* entwickelt und gemeinsam mit einer Planungsgruppe in der ersten Hälfte der siebziger Jahre konkretisiert. Das 1974 eröffnete Schulprojekt erreichte 1978 seinen Endausbau. Untersucht wird der Übergang von der Schule an die Hochschule zwischen dem 11. und neuen 14. Jahrgang an einer heterogen zusammengesetzen Kollegiatenpopulation. Am Ende der vierjährigen Ausbildung kann eine Doppelqualifikation erreicht werden, die aus der allgemeinen Hochschulreife und der Berechtigung besteht, die Ausbildung im Hochschulbereich in einem höheren Studiensemester fortzusetzen.

Objektivität (lat. *objectum* das Entgegengestellte; engl. *objectivity*). **1)** Im Gegensatz zur *Subjektivität* die strenge Sachlichkeit, Vorurteilslosigkeit und Orientierung an der Sache, an Daten und Fakten.

2) Kriterium jeder wissenschaftlichen Untersuchungsmethode und der daraus stammenden Ergebnisse, das dann erfüllt ist, wenn anderen der gedankliche oder materiale Nachvollzug bzw. die Wiederholung nach den gleichen Verfahrensregeln ermöglicht wird.

3) Als Testgütekriterium ist O. gegeben, wenn die Ergebnisse eines Tests unabhängig vom Untersucher sind und mehrere Auswerter unabhängig voneinander zu gleichen Ergebnissen kommen.

Odenwaldschule. Im Jahre 1910 von *P. Geheeb* in Ober-Hambach bei Heppenheim a. d. Bergstraße gegründetes *Landerziehungsheim.* Heute ist das aus der reformpädagogischen Bewegung stammende Internat eine anerkannte Ersatzschule in der Trägerschaft eines gemeinnützigen Vereins. Als integrierte Gesamtschule mit besonderer pädagogischer Prägung versteht sie sich als eine Lebens- und Arbeitsgemeinschaft von Kindern, Jugendlichen und Erwachsenen. Von den etwa 330 Jungen und Mädchen sind 270 Internatschüler, die

aus allen Teilen der Bundesrepublik Deutschland und aus dem Ausland kommen. Die O. ist zugleich die Grundschule des Dorfes Ober-Hambach. Auf den Kindergarten und die Grundschule baut die gemeinsame Mittelstufe und die Oberstufe auf, die aus einer Fachoberschule und einer gymnasialen Oberstufe besteht. In den Klassen 7 bis 10 erhalten alle Schüler eine handwerklich-technische Grundausbildung, die in der Oberstufe unter bestimmten Voraussetzungen zum Berufsabschluß durch eine sog. Gesellenprüfung führen kann. Bei der Erziehung zur Selbstverantwortung und zur Toleranz spielen das gesamte Schulleben und die institutionalisierten Schülervertretungen (z.B. das Parlament) eine zentrale Rolle. Die Lehrer sind gleichzeitig Erzieher ihrer Schüler, die gemeinsam in kleinen Wohngruppen von 6 bis 10 Jungen und Mädchen verschiedenen Alters eine Heimfamilie bilden. Von der O. sind viele Anregungen für Reformen im In- und Ausland ausgegangen.
Literatur: 2.1.9

Ödipus-Komplex (engl. *Oedipus complex*). Der Name leitet sich von der griechischen Mythologie her, wonach Ödipus unwissentlich seinen ihm unbekannten Vater tötete und seine Mutter heiratete. Der Ö. entsteht nach *S. Freud* in der frühen genitalen Phase aus einer übermäßigen und libidinösen Bindung des Sohnes an die Mutter und Eifersucht gegenüber dem Vater. Dem entspricht bei Töchtern der von *C.G. Jung* so benannte Elektrakomplex. Je eindeutiger, zugleich aber auch verständnis- und liebevoller die Eltern reagieren, desto geringer ist die Gefahr, daß krankhafte Ängste und Schuldgefühle entstehen und verdrängt werden. Dann kann sich das Kind eher mit den Werten der Eltern identifizieren, es lernt seine Wünsche selbstbestimmt zu kontrollieren und kann schrittweise aus der unmittelbaren Abhängigkeit von Mutter oder Vater in erweiterte soziale Beziehungen eintreten.
Literatur: 2.9

OECD. *Organization for Economic Cooperation and Development.*

offene Jugendarbeit (engl. *open activities for young people*). Angebote der *Jugendarbeit* öffentlicher *Jugendhilfe* und der freien Träger, die sich nach dem Grundsatz freiwilliger Teilnahme an alle interessierten Kinder und Jugendlichen richten. Die Aktivitäten umfassen die Bereiche Sport, Kunst, politische Bildung, Gesundheit, Reisen u.a. mehr.

offener Unterricht (engl. *open education, informal teaching*). Konzept einer Unterrichtskultur, das auf den Vorbildern der *Reformpädagogik* (*Jena-Plan* von *P. Petersen, Montessori-Pädagogik, Freinet-Pädagogik*), den Anregungen der praktischen Philosophie der angelsächsischen open education und den Erfahrungen der englischen Primary schools aufbaut. Das Konzept will den sog. lernzielorientierten und lehrerzentrierten Unterricht öffnen, um Schülern durch selbständiges und kooperatives, problemorientiertes und handlungsbezogenes, mitbestimmendes und mitverantwortetes Lernen Gelegenheit zu geben, Fähigkeiten für das Leben in einer von Wissenschaft und Demokratie geleiteten offenen Gesellschaft zu erwerben. Die Öffnung bezieht sich auf die Methode des Unterrichts, auf die Themen und Inhalte sowie auf die Öffnung der Schule gegenüber der außerschulischen Lebenswelt.
Organisationsformen des o.U. sind gemeinsamer Unterricht (Morgenkreis, Planungsgespräch, lehrgangsartige Phasen, Wochenschlußfeier u.a.), Tagesplan-/*Wochenplanarbeit, freie Arbeit, Projektunterricht*, Lernen vor Ort. Folgende Bedingungen haben im o.U. besondere Bedeutung: ein vielfältig ausge-

statteter Klassenraum (vorbereitete Lernumgebung); ein gut vorbereitetes, differenziertes Lernangebot mit Einstiegshilfen und Kontrollmöglichkeiten; eine dem Lebensrhythmus des Kindes angepaßte Zeitstrukturierung des Schulmorgens mit Ritualen, Fixpunkten und Phasen für arbeitsintensives Lernen und Entspannung; die kontinuierliche Entwicklung von Fähigkeiten der Schüler zum selbständigen und eigenverantwortlichen Lernen; Fähigkeiten der Lehrerschaft zur Beobachtung, Beschreibung, Diagnose und Förderung der Lernentwicklung von Schülern und zum Schreiben von entsprechenden Berichten. Förderlich für die Öffnung des Unterrichts ist Lehrerkooperation im Team.
Andere Begriffe, die Öffnung signalisieren, sind z. B. praktisches Lernen, handlungsorientiertes Lernen, erfahrungsbezogenes Lernen.
Literatur: 2.1.5, 2.1.8, 2.1.9

offenes Curriculum (engl. *open curriculum*). *Curricula* vermitteln zwischen staatlichen Lehrplänen und der Unterrichtsplanung. Im Unterschied zu geschlossenen C., die für die Durchführung von Unterricht präzise Aussagen machen und Ziele, Inhalte, Lernvoraussetzungen, Methoden, Medien und Evaluationsverfahren genau vorschreiben, sind o. C. didaktisch-methodische Handlungsentwürfe für die jeweiligen Lernsituationen im Unterricht. Die Offenheit bezieht sich auch auf den Aufbau und die Darstellungsweise der C.-Materialien. Als eines der wenigen Beispiele ist das o. C. ›Soziales Lernen‹ für den Elementarbereich zu nennen, dessen 28 didaktische Einheiten in den siebziger Jahren vom Deutschen Jugendinstitut in München entwickelt worden sind. Die zu den einzelnen Themen aufbereiteten Situations- und Sachanalysen, Qualifikationsbeschreibungen, Vorschläge für die Durchführung von Projekten und Kursen sowie Hinweise für die Material- und Medienbeschaffung sollen Lehrer und Erzieher entlasten und Anregungen für ihre eigene Arbeit geben, es sind keine Durchführungsvorschriften.
Literatur: 1.2

öffentliche Jugendhilfe (engl. *statutory agency of child and youth services*). Der Teil der *Jugendhilfe,* der von Behörden der Gebietskörperschaften (öffentliche Einrichtungen wie Gemeinden, Kreise, Länder) gestaltet wird. Sie arbeitet mit den zahlreichen freien Trägern der Jugendhilfe eng zusammen.

öffentliche Schule. Schule, die in der Trägerschaft einer Gebietskörperschaft des öffentlichen Rechts steht. Solche Schulträger sind ein Bundesland, eine Gemeinde, ein Kreis oder ein von den Gemeinden oder Kreisen gebildeter Schulverband. Alle anderen Schulen sind *Privatschulen* in freier Trägerschaft.

Off-the-job-training. Aus dem Englischen übernommene Bezeichnung für alle Formen der *Berufsausbildung*, die nicht in unmittelbarer Verbindung mit einem Arbeitsplatz bzw. dem Produktionsprozeß erfolgen. Darunter fallen zuerst alle Arten der schulischen Berufsausbildung, aber auch der betriebliche Unterricht oder der Besuch eines Kurses in einer überbetrieblichen *Ausbildungsstätte.*

O.i.B. *Orientierung in Berufsfeldern.*

Onanie. *Masturbation.*

On-the-job training. Aus dem Englischen übernommene Bezeichnung für alle Formen der *Berufsausbildung*, die unmittelbar am Arbeitsplatz bzw. in direkter Verbindung mit dem Produktionsprozeß erfolgen. Das Training wird zumeist nach der *Vier-Stufen-Methode* durchgeführt.

Ontogenese (griech. *ons* das Seiende, *genesis* Werden). Im Gegensatz zur *Phylogenese* die Entwicklung des Einzelwesens von der Befruchtung der Eizelle bis zum geschlechtsreifen Zustand.

operationalisiertes Lernziel. Beschreibung eines *Lernziels*, die drei Kriterien entsprechen muß: Sie muß eine beobachtbare Verhaltensweise des Schülers beschreiben, die dieser am Ende des Lernprozesses erreicht haben soll. Sie muß die Bedingungen nennen, unter denen die beabsichtigte Verhaltensänderung kontrolliert werden soll. Sie muß den Bewertungsmaßstab angeben, der Auskunft darüber gibt, ob und in welchem Maße der Schüler das Lernziel erreicht hat. Beispiel: Der Schüler soll aus einer gegebenen Aufzählung von Ursachen, die zum Ersten Weltkrieg geführt haben können, wenigstens drei richtige heraussuchen und eine Begründung dafür geben können. Die Operationalisierung eines Lernziels, d.h. die Umformulierung einer unklaren Zielangabe in eine eindeutige, beobachtbare Verhaltensbeschreibung, wird dann für notwendig erachtet, wenn die Lernergebnisse mit Hilfe eines lernzielorientierten bzw. kriteriumsbezogenen *Schultests* überprüft werden sollen.

Literatur: 2.1.3

orale Phase (lat. *os* Mund, Zugang; engl. *oral stage*). In der *Psychoanalyse* erste Phase der sexuellen Entwicklung, in der das Kind auf die Erfahrungen konzentriert ist, die ihm der Kontakt zur Außenwelt über die Mundzone ermöglicht. Nach dieser Theorie kann ein Übermaß an Entsagung ebenso wie an Befriedigung eine Person auch später auf den Mund als Quelle von Stimulationen festlegen. Die Psychoanalyse spricht dann von einem krankhaften oralen Charakter.

Literatur: 2.9

Ordinarius (lat. *ordinatio* Bestellung in ein Amt; engl. *professor holding a chair*). Inhaber einer planmäßigen Professur der höchsten Besoldungsgruppe an einer wissenschaftlichen Hochschule. Auch Lehrstuhlinhaber genannt.

Ordnungsmaßnahmen. *Erziehungs- und Ordnungsmaßnahmen.*

Ordnungsmittel. Vor Inkrafttreten des Berufsbildungsgesetzes (BBiG) Bezeichnung für die *Ausbildungsordnung.*

Ordnungswidrigkeit. 1) Allgemein jeder Verstoß gegen geltendes Recht, für den als Rechtsfolge die Ahndung mit einer Geldbuße zugelassen ist.

2) Im Geltungsbereich der Schulgesetze sind O. insbesondere Verstöße gegen die Erfüllung der Schulpflicht, im Geltungsbereich des Berufsbildungsgesetzes (BBiG) das Fehlen eines schriftlichen Berufsausbildungsvertrages, die Übertragung ausbildungsfremder Aufgaben an den Auszubildenden sowie das Fehlen der Eignung des ausbildenden Betriebes oder des Ausbilders.

Organization for Economic Cooperation and Development (OECD). Diese Organisation für wirtschaftliche Zusammenarbeit und Entwicklung koordiniert die Bereiche Wirtschaftspolitik und Entwicklungshilfe ihrer Mitgliedstaaten. Sie hat u.a. auch Vorschläge zur Vereinheitlichung der pädagogischen Begriffssprache in den Bildungssystemen der Mitgliedstaaten gemacht (z.B. Elementar-, Primar-, Sekundarbereich). Wichtig sind ihre international vergleichenden Studien zur Bildungsbeteiligung von Jugendlichen.

Orientierung in Berufsfeldern (O.i.B.). Schulische *Berufsorientierung* bzw. Berufswahlvorbereitung an den Hauptschulen in Baden-Württemberg. In den Fächern Technik, Hauswirtschaft und Wirtschaftslehre werden in Klasse 8 Unterrichtsphasen mit Betriebs- bzw. Berufserkundungen und einem abschließenden *Betriebspraktikum* kombiniert. Zwei Unterrichtseinheiten werden von der *Berufsberatung* des Arbeitsamtes durchgeführt. In den meisten anderen

Bundesländern werden die gleichen Ziele durch die Berufsorientierung im Rahmen des Faches Arbeitslehre verfolgt.

Orientierungsstufe. Organisationsform für den 5. und 6. Jahrgang, die 1970 vom Deutschen Bildungsrat im Strukturplan vorgeschlagen wurde, um den punktuellen Übergang von der Grundschule in den Sekundarbereich I durch einen gleitenden Übergang pädagogisch neu zu gestalten. Dabei ließ er offen, ob die O. der Grundschule oder einer Schulform des Sekundarbereichs I angegliedert oder schulformunabhängig sein sollte. In jedem Falle aber sollten die Schüler schulformübergreifend zusammengefaßt werden. Mit der O. waren folgende Zielsetzungen verbunden: a) Erkennen der eigenen Lernmöglichkeiten und Interessengebiete zur Vorbereitung der späteren Wahl eines geeigneten Ausbildungsweges; b) Orientierung der Schüler und Eltern über die neuen Anforderungen des Sekundarbereichs; c) Abbau von Chancenungleichheiten durch mehr Durchlässigkeit, soziale Integration und optimale Förderung individueller Fähigkeiten; d) größere Prognosesicherheit durch intensive Beobachtung und Beratung bei der Schullaufbahnentscheidung. Mit diesen Zielen sollte die Entscheidung über die Zuweisung zu verschiedenen Bildungsgängen nicht allein im Interesse einer größeren Prognosesicherheit hinausgeschoben werden. Vielmehr ging es um ein grundsätzlich verändertes Konzept einer integrierten Sekundarschule. Bereits 1973 wurden im Bildungsgesamtplan der Bund-Länder-Kommission für Bildungsplanung und Forschungsförderung (BLK) und in der Vereinbarung der KMK von 1974 die bildungspolitisch kontroversen Auffassungen deutlich, die zu unterschiedlichen Realisierungen in den Bundesländern führten. In Berlin und Brandenburg ist die Orientierung Aufgabe der sechsjährigen Grundschule. In Bremen und Niedersachsen gibt es die schulformunabhängige O., in Hamburg und Rheinland-Pfalz ist die schulformunabhängige neben der schulformabhängigen O. zugelassen. In den übrigen Bundesländern gibt es die O. gar nicht oder sie ist, auch als Förder-, Beobachtungs-, Erprobungs- oder Eingangsstufe bezeichnet, in die jeweiligen Schulformen des Sekundarbereichs integriert. Hier muß die grundsätzliche Übergangsentscheidung nach wie vor schon am Ende des 4. Schuljahres der Grundschule getroffen werden. Dabei ist je nach Bundesland zu unterscheiden, ob die Wahl der Schulform ausschließlich von den Eltern getroffen wird oder vom Lehrerurteil und seiner Empfehlung abhängig ist. Sieht man von der sechsjährigen Grundschule oder der schulformunabhängigen O. in den genannten Ländern und von den Gesamtschulen ab, dann bleiben die oft beschriebenen Übergangsprobleme weitgehend erhalten.
Literatur: 2.1.8

Overachievement. Leistungen, die deutlich über dem Niveau liegen, das aufgrund allgemeiner Eindrücke von einer Person erwartet wurde. Unter einem Overachiever wird auch eine Person verstanden, die sich Leistungen abverlangt, die ihre Fähigkeiten übersteigen.

P

Pädagogik (Syn. **Erziehungswissenschaft**; griech. *pais* Knabe, Kind, *agein* führen, *paidagogike techne* Knabenführungskunst; engl. *pedagogy, educational theory*). **1)** Die Wissenschaft der *Erziehung* bearbeitet im wesentlichen vier Aufgaben. 1. Beschreibung von Erziehungs-, Unterrichts- und Ausbildungsprozessen in Gegenwart und Vergangenheit. 2. Interpretation der Programme für und der Theorien über Erziehung im Feld ihrer weltanschaulichen, wissenschaftlichen, politischen und sozialen Bedingungen. Verständlich gemacht werden sollen die Werte, Normen und Interessen, von denen her die Ziele, Formen, Maßnahmen und Methoden der Erziehung entwickelt und begründet werden bzw. worden sind. 3. Erklärung der organisatorischen und der zwischenmenschlichen Gestaltung von Erziehungsprozessen und der beobachtbaren Wirkungen von Erziehung. Gewonnen werden soll ein Wissen, mit dessen Hilfe die Voraussetzungen für erfolgreiche Erziehung beschrieben und kontrolliert werden können. 4. Klärung der pädagogischen Grundbegriffe und bildungstheoretische Analyse der gesellschaftlichen Entwicklungen, um eine reflektierte, öffentlich kontrollierbare und verantwortungsbewußte Gestaltung der pädagogischen Prozesse zu ermöglichen.

2) Als selbständige Disziplin wird P. seit 1783 betrieben. Damals richtete der preußische Staat an der Universität in Halle/Saale den ersten Pädagogiklehrstuhl ein. Die Entstehung einer selbständigen P. und ihre weitere Entwicklung sind eng verzahnt mit Prozessen in Politik, Wirtschaft, Religion und Wissenschaft sowie deren Reflexion in Philosophie, Gesellschaftstheorie, Literatur und Kunst.

So waren die radikale Kritik der Aufklärungsphilosophie an überlieferten Dogmen und ihr Streben nach einer vernunftgeleiteten und freien Gestaltung des Lebens zusammen mit dem Interesse der absolutistischen Staaten, durch eine aufgeklärte, sprich rationale, kalkulier- und steuerbare Politik die Modernisierung von Rechtswesen, Verwaltung, Volkswirtschaft und Militär in die Wege zu leiten, die geistesgeschichtlichen und politischen Wurzeln für die Selbständigkeit der P. Denn wenn der Mensch von Natur aus vernunftbegabt und gut ist, und wenn alles, was der Mensch ist, was er erkennt, was er will und dann auch vermag, letztlich das Ergebnis seiner Erziehung ist, so die zentralen Thesen der Aufklärungsp., gewinnen Erziehung und *Bildung* für die Überwindung geistlicher und geistiger Bevormundung ebenso wie für die Beseitigung rückständiger Lebens- und Arbeitsformen hohe Bedeutung. Durch Erziehung und Bildung lassen sich nach Überzeugung der Aufklärungsp. sowohl das Individuum wie die Gesellschaft zum Besseren führen. Gefordert wurde eine von Theologie und dogmatischer Ethik freie P., die zur Vervollkommnung des einzelnen wie des Gemeinwesens beitragen sollte.

Die P. ist damit seit ihrer Entstehung mit dem Problem konfrontiert, wie sich die Vervollkommnung der Subjekte mit der gesellschaftlichen Inanspruchnahme von Erziehungs-, Bildungs- und Ausbildungsprozessen vereinbaren läßt. Deshalb hat die P. für sich zu klären, auf welche Weise sie auf die Gestaltung dieses Spannungsverhältnisses Einfluß nehmen will und mit den Möglichkeiten wissenschaftlicher Forschung und Theoriebildung überhaupt kann.

Im Laufe ihrer Geschichte haben sich Teile der pädagogischen Theorie und Praxis an ganz bestimmte weltanschauliche oder pragmatische Programme angelehnt. Daraus sind mehr oder weniger geschlossene pädagogische Schulen im Sinne von Überzeugungsgemeinschaften hervorgegangen, so u. a. *Montessori-P.*, *Freinet-P.* und *Waldorfschulen.*

Eine weitere Differenzierung der P. ergab sich aus der Anlehnung an erkenntnistheoretische und forschungsmethodische Positionen in Philosophie und Sozialwissenschaften. Die Konzeptionen bzw. Richtungen der P. unterscheiden sich zum einen in der Gewichtung der unter 1) genannten vier Aufgaben, die P. zu bearbeiten hat, und sie bestimmen zum anderen das Verhältnis der P. zur gesellschaftlichen Erziehungspraxis in sehr spezifischer Weise zwischen den Positionen engagiert und mitverantwortlich bis zu distanziert und wertungsfrei.

3) Auf der Grundlage der in Theologie, Philosophie und Geschichtswissenschaft entwickelten *Hermeneutik* (*F. D. E. Schleiermacher, W. Dilthey*) sucht die *geisteswissenschaftliche P.* über die systematische Interpretation grundlegender pädagogischer Objektivationen (Erziehungslehren, Bildungsprogramme, Schulpläne, Gesetze usw.) den für die jeweils aktuelle pädagogische Praxis Verantwortlichen ein möglichst genaues Bild von den historisch-gesellschaftlichen Bedingungen ihres Denkens und Handelns zu vermitteln. Der Erziehungswirklichkeit soll durch die Auslegung zugrundeliegender Ansichten, Theorien, Ziele, Ordnungen, Maßnahmen usw. ein vertieftes Selbstverständnis ermöglicht werden. Auf diese Weise kann die geisteswissenschaftliche P. zwar das Verständnis dafür erweitern, warum sich Erziehung in Theorie und Praxis so darstellt, wie sie es jeweils tut. Zukunftsweisende Orientierungen aber sind im Prinzip nicht möglich.

Im Gegensatz zu dieser historischen Relativierung fragt die transzendentalphilosophische oder *normative P.* unter Bezugnahme auf die Philosophie *I. Kants* nach den aller Erfahrung und Beurteilung von empirischer Erziehung vorausgehenden, rein aus dem Erkenntnisvermögen selbst zu gewinnenden und insofern apriorischen Prinzipien, von denen her Erziehung im Unterschied zu Fürsorge, Pflege, Dressur oder Training ihre Geltung überhaupt erst gewinnen kann. Sie versteht ihre grundsätzlichen Aussagen als Normen, an denen sich die Geltung pädagogischen Denkens und Handelns zu erweisen hat.

Einen sinnweisenden Anspruch erhebt auch die *phänomenologische P.* Sie will das Wesentliche pädagogischer Prozesse und Gegenstände durch Reduktion auf das, was in der geistigen Anschauung von diesen Prozessen und Gegenständen gegeben ist, erkennen. Nicht das zufällige Verständnis der Phänomene in subjektiven und gesellschaftlichen Grenzen interessiert, vielmehr soll hinter den, möglicherweise auch gegen die subjektiven Deutungen erzieherischen Handelns das Wesen der Phänomene freigelegt werden.

Ein viertes Konzept der P. stützt sich auf die materialistische Gesellschaftstheorie (*K. Marx*). Erziehungsprozesse werden von der *materialistischen P.* im Bedingungsfeld der gesellschaftlichen Organisation von Arbeit und den damit unmittelbar zusammenhängenden sozialen Strukturen und Herrschaftsverhältnissen analysiert. Durch den Nachweis der Funktionalisierung von Erziehung sollen die Grundlagen für eine systemüberwindende Erneuerung pädagogischer Theorie und Praxis gewonnen werden. Auch die materialistische P. verfolgt also eine aktive Einflußnahme auf den gesellschaftlichen Erziehungsprozeß.

4) Den vier skizzierten Konzeptionen der P. ist vorgehalten worden, daß sie der Beschreibung und Analyse sozialer Bedingungen, unter denen Erziehungs-, Unterrichts- und Ausbildungsprozesse tatsächlich ablaufen und der Untersuchung von Ursache-Wirkungszusammenhängen in pädagogischen Verhältnissen nicht die gleiche Aufmerksamkeit geschenkt haben wie der Interpretation oder der Konstruktion bildungstheoretischer Entwürfe, der Begriffskritik und der globalen Formulierung von Erziehungstheorien. Und speziell an die Adresse der geisteswissenschaftlichen P. erging der Vorwurf, sie habe die Interessenbindung pädagogischer Theorien nicht aufgeklärt, sich in ihren Interpretationen auf geistesgeschichtliche und psychologische Aspekte beschränkt und die politische Vereinnahmung der Erziehung auf diese Weise verschleiert. So wurde der jeweils faktischen Erziehung die Würde einer gültigen Erziehung zugewiesen. Nach diesem fundamentalen Zweifel an der weiteren Tragfähigkeit des traditionellen geisteswissenschaftlichen Konzepts integrierten eine Reihe von Vertretern der geisteswissenschaftlichen P. (*W. Klafki, K. Mollenhauer, H. Blankertz* u. a.) ideologiekritische Analysen und sozialgeschichtliche Studien in ihre Arbeit. Als kritisch-konstruktive Erziehungswissenschaft (auch emanzipatorische Pädagogik genannt) signalisiert diese Konzeption ihr Engagement für eine P., die im Sinne der Aufklärung konsequent für die *Emanzipation* der zu Erziehenden eintritt.

5) Das erfahrungswissenschaftliche Defizit der P. wurde erst dann nachhaltig korrigiert, als das Wissenschaftsverständnis der P. durch die Hinwendung zur empirischen Forschung (*Empirie*) etwa ab Mitte der sechziger Jahre eine weitere Veränderung erfuhr. Neue Kriterien für die Überprüfbarkeit wissenschaftlicher pädagogischer Aussagen wurden aus Psychologie und Soziologie gewonnen. Das erklärende und auch das konstruktive, also handlungsanleitende Potential der P. ist dadurch wesentlich verbessert worden. Die neue Bezeichnung Erziehungswissenschaft sollte die Erweiterung des pädagogischen Wissenschaftsverständnisses um methodische Grundsätze aus stärker empirisch ausgerichteten Wissenschaften anzeigen. An dem Aufgabenverständnis der P. bis hin zu der Entscheidung, sich auf der Grundlage transzendentalkritischer, phänomenologischer, gesellschaftstheoretischer und sozialisationstheoretischer Erkenntnisse in Mitverantwortung für die Gestaltung der gesellschaftlichen Erziehungsprozesse zu sehen, änderte sich dadurch freilich nichts.

6) Den radikalen Bruch mit dem Konzept der P. als Wissenschaft von und für die Erziehung verfolgte dagegen in den siebziger Jahren die *empirisch-analytische Erziehungswissenschaft*, die sich als wertfreie Sozialwissenschaft versteht, folglich alle Normen, Orientierungen, Beurteilungen und Empfehlungen für die Gestaltung des pädagogischen Prozesses aus dem wissenschaftlichen Aussagenzusammenhang der P. eliminiert. In konsequenter Anwendung dieser Entscheidung können dann nur noch solche Aussagen wissenschaftliche Geltung beanspruchen, die experimentellen oder zumindest daran orientierten Überprüfungensverfahren standhalten. Dabei will und kann diese P. den Anspruch und das Wesen von Erziehung nicht mehr erkennen. Sie engt sich ein auf die Bereitstellung von Kenntnissen, die in einem technischen Sinne die Kontrolle von Lernprozessen optimieren.

7) In ihrer heutigen Praxis beachtet die P. in Abhängigkeit von den Problemen, um deren Aufklärung und Lösung sie sich bemüht, die Standards der unterschiedlichsten wissenschaftlichen Konzeptionen. Das gelingt keineswegs widerspruchsfrei. P. ist, wie andere Wissenschaften heute auch, kein harmonischer und in sich geschlossener Arbeitszusammenhang, in den hermeneutische, philosophische, phänomenologische, ideologiekritische, materialistische und empirische Erkenntnisprozesse bruchlos integriert werden können. Im Gegenteil, die methodische und fachliche Differenzierung und damit auch die Uneinheitlichkeit der P. nach innen und außen sind inzwischen weit fortgeschritten. Gewachsen ist jedoch zugleich die Klarheit über die jeweils spezifischen Erkenntnismöglichkeiten und Grenzen der verschiedenen Konzepte und die Bereitschaft zu wechselseitiger Ergänzung und Korrektur.

8) In den letzten 100 Jahren wurde erzieherische Arbeit mehr und mehr institutionalisiert, was zugleich zur Herausbildung neuer pädagogischer Berufe führte. Richtete P. in Theorie und Praxis ihr Interesse zuerst ausschließlich auf Kinder bzw. Schüler, weswegen die P. auch vornehmlich als Berufswissenschaft der Lehrer verstanden wurde, so sind heute praktisch alle Altersstufen der Bevölkerung Adressaten pädagogischer Programme und Maßnahmen. Entsprechend ist auch die fachliche Differenzierung der P. als Wissenschaft vorangeschritten. In Orientierung an Altersstufen lassen sich Kleinkindp., *Vorschulp.*, *Schulp.*, *Berufsp.*, *Erwachsenenbildung* und *Altenbildung* unterscheiden. Unter dem Gesichtspunkt spezifischer Aufgabenfelder haben sich neben der Schulp. und der Berufsp. die *Sozialp.* und die *Behindertenp.* (auch Sonderp.) herausgebildet. In diesen Teildisziplinen der P. führte die Konzentration auf bestimmte Problembereiche zu weiteren fachlichen Untergliederungen (*Friedenserziehung, Freizeitp., Geschlechtserziehung, interkulturelle Erziehung, Mediendidaktik, Museumsp. u. a.*).

Literatur: 1.5, 1.6,

pädagogische Diagnostik (engl. *educational diagnostics*). **1)** Praktische Ausübung diagnostischer Tätigkeiten zur systematischen und kontrollierten Gewinnung von Informationen über Lehr-Lern-Prozesse in pädagogischen Handlungsfeldern, die auf der Grundlage präziser Fragestellungen pädagogische Entscheidungen unterstützen.

2) Teildisziplin der Pädagogik/Erziehungswissenschaft, die durch Forschung und Theoriebildung die Anwendung diagnostischer Methoden in pädagogischen Handlungsfeldern weiterentwickelt.

Der Begriff p. D. wurde von *K. Ingenkamp* auf dem Grundschulkongreß 1969 im Sinne des Educational measurement und in Anlehnung an die medizinische und die psychologische *Diagnostik* in die pädagogische Fachsprache eingeführt. Ziel war die Professionalisierung der Pädagogen als Diagnostiker im Handlungsfeld von Erziehung und Unterricht und die Loslösung von der Dominanz außerschulischer Psychodiagnostik. bzw. psychologischer Betreuung. Zu den Funktionen der p. D. gehören: Förderung individueller Lernprozesse, Verbesserung des Unterrichts, Intensivierung der Beratung von Schülern, Eltern und Lehrern, Pädagogisierung und

Objektivierung der Entscheidungen bei Kurszuweisungen, Übergängen und Abschlüssen. In seinem Buch ›Pädagogische Diagnostik in Deutschland 1885–1932‹ hat Ingenkamp inzwischen belegt, daß der Begriff bereits 1910 von A. Spitzner benutzt worden ist. Als pädagogisch-diagnostische Gegenposition zur sog. Selektionsdiagnostik und zur Psychodiagnostik hat sich die Förderdiagnostik entwickelt, die auf eine konsequente individuelle Diagnose, Betreuung und Unterstützung ausgerichtet ist. Nach Auffassung von E.W. Kleber können in der Pädagogik je nach spezifischer Fragestellung unterschiedliche Formen der Diagnostik verwendet werden. Er nennt sein Buch deshalb ›Diagnostik in pädagogischen Handlungsfeldern‹ und hält eine p.D. als eigenständige Teildisziplin der Pädagogik nicht für sinnvoll.
Die Aufgaben der p.D. stehen heute vor dem Hintergrund der traditionellen Strukturen des Schul- und Berechtigungswesens und der innovativen Bemühungen des demokratisierten Bildungswesens in einem bildungspolitischen Spannungsverhältnis. Es dominieren die traditionellen Formen der Leistungsfeststellung durch mündliche Prüfungen und Klassenarbeiten und der Leistungsbewertung durch Punkte und Zensuren, vor allem bei Kurszuweisungen, Jahres-, Übergangs- und Abschlußzeugnissen. In Verbindung damit werden häufig Prüfungsangst, Leistungsmotivation, Konzentrationsfähigkeit, soziale Beziehungsprobleme u.a. zum diagnostischen Gegenstand. Reformbemühungen zur Optimierung individuellen Lernens stellen dagegen eher Verfahren der Beobachtung, Dokumentation, Interpretation und Diagnose von Lehr-Lern-Prozessen (z.B. beim Spracherwerb), individuelle Formen der Feststellung fachlicher Lernerfolge (z.B. eigenständige Textproduktion), zensurenfreie Rückmeldeverfahren (z.B. Entwicklungberichte) und dialogische Beratungsgespräche in den Mittelpunkt. Von allgemeiner positionsübergreifender Bedeutung muß die Frage nach einer angemessenen Kombination von subjektiven (z.B. Lehrerurteil) und objektiven Beurteilungsverfahren (z.B. standardisierten Tests) bzw. von subjektiv-individuellen und überregional-vergleichbaren Anforderungsprogrammen sein.
Das Beharrungsvermögen der leicht handhabbaren, aber immer wieder nachgewiesenen Fragwürdigkeit der Zensurengebung und die fehlende Professionalisierung der Lehrerschaft haben bisher die Weiterentwicklung einer didaktisch orientierten p.D. stark behindert. Nach Auffassung von K. Ingenkamp muß die p.D. zwischen Psychodiagnostik und allgemeiner Pädagogik ihren eigenen wissenschaftlichen Weg finden und darf angesichts der diagnostischen Möglichkeiten der Computertechnologie nicht länger im Programmatischen steckenbleiben.
Literatur: 2.1.4

pädagogische Freiheit des Lehrers. Die meisten Schulgesetze der Bundesländer übertragen dem Lehrer die unmittelbare Verantwortung für Erziehung und Unterricht der Schüler. Verantwortung erfordert notwendig einen Handlungs- und Entscheidungsspielraum. Dieser ist für den Lehrer insbesondere in didaktisch-methodischen Fragen, bei der Schülerbeurteilung, im erzieherischen Handeln sowie in seiner Mitwirkung an der Gestaltung des Schullebens gegeben. Die p.F. hat der Lehrer im Rahmen der geltenden Gesetze, unter Beachtung der Bildungspläne u.a. Anordnungen der Schulverwaltung wahrzunehmen.
Literatur: 2.1.11

Pädagogische Hochschule (**PH**; engl. *College of Education*). Wissenschaftliche Hochschule, die im wesentlichen

Studiengänge für Lehrämter an Grund- und Hauptschulen, Realschulen und Sonderschulen anbietet, daneben aber auch andere pädagogische Studiengänge eingerichtet hat, die mit einem Diplom, dem Magister Artium oder der Promotion zum Dr. päd. abschließen. Im Bereich der Erziehungswissenschaft und der Didaktik der Fächer entsprechen ihre Aufgaben und Rechte denen der Universität. In den letzten 20 Jahren sind die PH in den meisten Bundesländern in die Universitäten integriert worden. Derzeit bestehen eigenständige PH nur noch in Baden-Württemberg.
Literatur: 1.13

pädagogische Psychologie (engl. *educational psychology*). Arbeitsbereich der Psychologie, der sich schwerpunktmäßig mit der Übertragung psychologischer Theorien auf pädagogische Handlungsfelder befaßt. Leitende Interessen der p. P. sind die Analyse von Lernbeeinträchtigungen sowie die Entwicklung und Erprobung von Lehr-Lernkonzepten, die eine Verbesserung von Lernprozessen erwarten lassen. Zu den wesentlichen Bezugstheorien gehören Wahrnehmungs-, Kognitions-, Lern- und Motivationstheorien.
Im deutschsprachigen Raum sind wichtige Beiträge zur p. P. u. a. von *H. Aebli, K. Ingenkamp, H. Roth* und *R. Tausch* geleistet worden.
Literatur: 2.9

pädagogischer Bezug. Von *H. Nohl* gebildeter Begriff, mit dem die Besonderheiten des pädagogischen Verhältnisses zwischen einem Erwachsenen und einem Kind oder Jugendlichen in systematischer Ordnung erfaßt werden sollen. Das Konstrukt enthält beschreibende und normative Teile. Eher beschreibend sind die Aussagen über das zwischen einem Erzieher bzw. Lehrer und den Kindern bzw. Schülern bestehende Gefälle an Einsicht, Umsicht, Voraussicht, Kenntnissen, Fähigkeiten, Urteilskraft und Handlungsfähigkeit sowie der Hinweis auf die Vorläufigkeit des p. B. Das Gefälle muß aber zugleich als normative Kategorie verstanden werden. Der Pädagoge soll sich durch die genannten Merkmale auszeichnen. Primär normativer Art ist die Forderung nach Anerkennung der Persönlichkeit des Kindes und seiner Individualität bei gleichzeitig umfassenden erzieherischen und bildenden Bemühungen um das Kind sowie der Appell an die Verantwortlichkeit des Erziehers für das Kind.
Literatur: 1.6

pädagogischer Takt. Der von *J. F. Herbart* gebildete Begriff will die Komplexität der Anforderungen beim erzieherischen Handeln fassen. Im Unterschied zu Experimenten oder technischen Versuchsanordnungen mit Personen oder Objekten, die kontrollier- und wiederholbar sind, ist die pädagogische Situation durch die Nichtwiederholbarkeit der Interaktionen zwischen zwei Subjekten gekennzeichnet, in denen die individuellen Sinngebungsprozesse nicht stillgestellt werden können. Folglich kann Wissenschaft in der pädagogischen Situation nicht schlicht angewendet, können die Ergebnisse bestimmter Maßnahmen nicht einfach abgewartet und erfaßt werden, kann der Prozeß nicht abgestellt werden, bis möglicherweise eine andere Maßnahme gefunden ist. Vielmehr muß sich die Handlungskompetenz des Erziehers, sein p. T. darin erweisen, daß er wissenschaftlichen Sachverstand, wissenschaftlich geübte Beobachtungsgabe und Sensibilität für mögliche Ursache-Wirkungszusammenhänge in Interaktionsprozessen mit Intuition, rascher Auffassungsgabe und der Fähigkeit zu entschlossenem und zugleich reflektiertem Handeln verbindet. Das Studium einschlägiger Wissenschaften, laufende Reflexion des eigenen Tuns, Kritik

durch Dritte u.a. Formen der bewußten und kontrollierten Gestaltung des eigenen pädagogischen Handelns sind im Sinne des Herbartschen Begriffes vom p.T. deshalb dringend geboten.
Literatur: 1.6

pädagogische Soziologie (Syn. **Bildungssoziologie**, **Erziehungssoziologie**; engl. *educational sociology*). Arbeitsbereich der *Soziologie*, der sich einerseits auf die Beschreibung und Analyse der gesellschaftlichen Bedingungen für Ziele, Strukturen, Maßnahmen und Verläufe von Sozialisations-, Erziehungs- und Unterrichtsprozessen in den unterschiedlichen Sozialisationsinstanzen (Familie, Kindergarten, Schule, Betrieb, Medien usw.) konzentriert, umgekehrt aber auch die Bedeutung dieser Prozesse für soziale Entwicklungen bzw. Veränderungen in der Gesellschaft untersucht. Eine der zentralen Fragestellungen der p.S. verfolgt die Aufklärung der Zusammenhänge zwischen Persönlichkeitsmerkmalen wie sozialer Schichtenzugehörigkeit, konkreter Lebenslage (Stadt-Land, Familienstruktur, Kommunikations- und Interaktionsmuster im Alltag), Geschlecht und Nationalität und den damit verbundenen Schul- und Ausbildungssituationen. Auf diese Weise läßt sich z.B. die Funktion der Sozialisationsinstanzen und der staatlichen Bildungspolitik für die gesellschaftliche Bedingtheit von sozialer Ungleichheit erkennen. Ein weiterer Schwerpunkt der Forschung befaßt sich mit den Auswirkungen gesellschaftlicher Veränderungen bei Werten, Normen, Lebensformen, Arbeitsverteilung und -organisation, Information und Konsum auf Kindheit und Jugendzeit. Wichtige Beiträge zur p.S. sind u.a. von *H. Bertram, H. Fend, D. Geulen, K. Hurrelmann* und *D. Ulich* geleistet worden.
Literatur: 2.10

pädagogische Tatsachenforschung. Ein von E. Müller-Petersen und *P. Petersen* entwickeltes Verfahren zur Beobachtung und Protokollierung des Unterrichts für die Erforschung des *Jena-Plans* an der Universitäts-Übungsschule in Jena. Im Unterschied zur heutigen hypothesengeleiteten Unterrichtsforschung ging es Petersen nicht um das Experiment, sondern um die Tatsachenbeschreibung im natürlichen und miterlebten Unterricht. Ziel der Protokollierung war die subjektive Beschreibung pädagogischer Situationen zur Gesamterfassung des Unterrichts, die dann der nachträglichen hermeneutischen Deutung und Theoriebildung diente. Durch den subjektiven Charakter des Verfahrens waren die Ergebnisse der p.T. nicht intersubjektiv überprüfbar. Diesen empirischen Ansatz entwickelte der Petersenschüler *F. Winnefeld* weiter.

pädagogische Werkstatt. *Lernwerkstatt.*

PAL. *Prüfungsaufgaben- und Lehrmittelentwicklungsstelle.*

Paneluntersuchung. Um mögliche Veränderungen in den Ansichten oder Einstellungen zu erfassen, werden bestimmte Untersuchungsgruppen zu mindestens zwei verschiedenen Zeitpunkten wiederholt befragt. Die P. ist eine typische Variante der Längsschnittanalysen.
Literatur: 1.5

Paradigma (griech. *paradeigma* Muster, Vorbild). Grundkonzeption für die Erarbeitung und Bewertung wissenschaftlicher Erkenntnisse. Elemente eines P. sind ein bestimmtes Verständnis von Wirklichkeit, ein besonderes Erkenntnisinteresse, ein typisches Forschungsverfahren sowie eine spezifische Bestimmung des Verhältnisses von Theorie und Praxis. So geht das empirische P. z.B. im Kern von einer geordneten, nach bestimmten Ursache-Wirkungszusammenhängen sich immer wieder gleichartig vollziehenden Wirklichkeit aus. Ziel empirischer Forschung ist Gesetzeswissen, aus dem sich Prognosen und Handlungsanweisungen für die Praxis gewinnen lassen. Typische Forschungspraktiken sind Experiment und Messen. Dagegen definiert das geisteswissenschaftliche P. seine Wirklichkeit als sinnstiftende Interaktion von Individuen im Rahmen ihres historischen Lebenszusammenhanges. Ziel der Forschung ist die verstehende Rekonstruktion der in den Objektivationen enthaltenen Sinngebungen für kulturelles Handeln. Das typische Forschungsverfahren ist dementsprechend die Textauslegung (Hermeneutik), wozu heute selbstverständlich auch die Interpretation von Ergebnissen statistischer Analysen und empirischer Untersuchungen gehört.

Paralleltest. Bestehen von einem standardisierten Test zwei oder mehrere Formen mit unterschiedlichen, aber gleichwertigen Aufgaben, dann werden sie als P. bezeichnet. Parallele Formen von *Schultests* haben den Vorteil, daß zwei P. in einem festgelegten zeitlichen Abstand in der gleichen Lerngruppe durchgeführt werden können, um die Lehr- und Lerneffekte zu messen. Sie können aber auch z. B. zeitlich versetzt in unterschiedlichen Lerngruppen durchgeführt werden, ohne daß die Mitteilung der Ergebnisse von der ersten an die zweite Gruppe Einfluß auf deren Ergebnis haben kann.

Partnerarbeit. *Sozialform des Unterrichts* bzw. *Unterrichtsform*, bei der zwei Schüler in meist kürzeren Unterrichtsphasen zusammenarbeiten. Sie soll die kognitive Leistungsfähigkeit und die soziale Kompetenz der Schüler fördern. Durch sie können die Schüler von der *Einzelarbeit* (Alleinarbeit) über die gemeinsame Partnertätigkeit zur *Gruppenarbeit* geführt werden. Im Verbund mit anderen Unterrichtsformen ist sie eine eigenständige Sozialform, die durch arbeitsteiliges und kooperatives Handeln auf gegenseitige Ergänzung angelegt ist und damit auch die Effizenz beim gemeinsamen Üben und Wiederholen, beim Sammeln von Materialien, bei Befragungen außerhalb der Schule, bei gemeinsamen Experimenten oder kreativen Leistungen (z. B. Anfertigen von Collagen, Wandzeitungen) steigert. Die P. kann auch der gezielten Förderung einzelner Schüler oder der Integration von sog. Außenseitern dienen. Abzulehnen sind hingegen wettkampfartige Formen der P., bei denen der Lösungsvergleich Leistungsdruck und Konkurrenzdenken verschärft.

Literatur: 2.1.3

Pausengestaltung. In den schulrechtlichen Bestimmungen ist festgelegt, daß zwischen den Unterrichtsstunden von i. d. R. 45 Minuten Dauer, zwischen neunzigminütigen Blockstunden oder zwischen anderen ausgewiesenen Zeitspannen im Unterricht ausreichende Pausen liegen müssen. Sie dienen den Schülern zur Entspannung und Abwechslung. Diesen Zweck können sie dann nicht erfüllen, wenn die Pausenzeit lediglich zum Toben oder zum Austragen von sozialen Konflikten genutzt wird, so daß die Schüler danach körperlich und psychisch erschöpft wieder in den Unterricht kommen. Einer P., die der Erholung und Muße dient, kommt deshalb eine große Bedeutung zu.

Bei einer organisatorischen Trennung von Unterricht und Pause geht es darum, den Übergang zwischen Unterricht, Frühstück, Getränke- und Geräteausgabe (z. B. Seile, Bälle, Schläger) geordnet zu organisieren. Durch eine anregungsreiche Umgebung in den Räumen, auf dem Hof oder im Schulgartengelände können vielfältige Möglichkeiten zum Ausruhen, Bewegen, Spielen, Basteln, Lesen, Singen, Erzählen u. v. a. m. angeboten werden. Fließende Übergänge zwischen den Unterrichts- und Pausenphasen verstär-

ken die Möglichkeiten, die aktive Pause für selbstbestimmte Tätigkeiten zu nutzen und mit Freude zu erleben. In manchen Schulen organisieren Lehrer nicht nur die Pausenaufsicht, sondern machen im Rahmen ihres Stundendeputats in der Pausenzeit offene Freizeitangebote.
Literatur: 2.1.5

Peer-group. Aus dem Englischen übernommene Bezeichnung für eine *Gruppe* gleichaltriger Kinder oder Jugendlicher. Die Beteiligung an solchen Gruppen ist nach der neueren Forschung für den Erwerb alterstypischer Einstellungen und Verhaltensweisen junger Menschen sowie die Ablösung von der Familie wichtig. Damit gewinnen P.-g. Bedeutung für die Entwicklung von Selbstbewußtsein, sozialer Identität und Kompetenz.

Performanz (lat. *perferre* durchführen; engl. *performance*). Art und Weise, in der sich ein Mensch angesichts einer konkreten Aufgabenstellung verhält und Lösungen sucht, die den Bedingungszusammenhang, aus dem die Aufgabe erwächst, beeinflussen. Beobachtungsdimensionen dabei können z.B. sein: Umstände ertragen versus Umstände aufgabenorientiert verbessern; Alleinarbeit versus Teamarbeit.

Periodenunterricht. *Epochenunterricht.*

Personalakte (engl. *personnel index*). Enthält die schriftlich niedergelegten Informationen über den beruflichen Werdegang eines Bediensteten (Lehrer, Sozialarbeiter, Professor u.a.) sowie alle Dokumente über dienstliche Vorgänge zwischen der Behörde und dem Bediensteten (z.B. Abordnung an eine andere Dienststelle, Genehmigung eines Kurantrages). Der Bedienstete hat ein Recht auf Einsicht in seine P. Ansonsten unterliegen P. dem Amtsgeheimnis.

Personalisation. Formung der individuellen Persönlichkeit durch die Wahrnehmung, Interpretation, Bewertung und Veränderung des *Ich*, seiner Motive, Einstellungen und Eigenschaften im Umgang mit den kulturellen und sozialen Gegebenheiten des Lebens. In aktiver Auseinandersetzung mit den übergreifenden und lebensnotwendigen Sozialisations- und Enkulturationsprozessen arbeitet der einzelne an der Gestaltung seiner unverwechselbaren Individualität. P. ist Ausdruck der menschlichen Spontaneität.
Als Subjekt ist der einzelne Mensch also nie bloßes Produkt seiner Anlagen und Lebensumstände.
Literatur: 1.8

Personalrat (engl. *representation of staff*). Auf der Grundlage des Bundespersonalvertretungsgesetzes bzw. der Personalvertretungsgesetze der Länder wählen Beamte, Angestellte und Arbeiter in Betrieben und Behörden staatlicher Gebietskörperschaften (Gemeinde, Land, Bund) einen P., der die beruflichen, sozialen und personellen Interessen aller Bediensteten, aber auch einzelner Mitarbeiter gegenüber der Leitung der Dienststelle vertritt. In den meisten für die Gestaltung der Arbeit wichtigen Angelegenheiten (Arbeitszeit, Urlaub, Sozialleistungen) steht dem P. ein Mitbestimmungsrecht zu.

Personensorge. Ist wesentlicher Bestandteil der *elterlichen Sorge*. Sie umfaßt insbesondere das Recht der Namengebung, der Bestimmung des Aufenthaltes des Kindes, der Bestimmung und Sorge für Verpflegung, Kleidung, Wohnung, Erziehung und Ausbildung, aber auch das Züchtigungsrecht. Einschränkungen der P. und deren Übertragung an Dritte kann nur ein *Vormundschaftsgericht* beschließen.

Persönlichkeit (lat. *persona* Charakter, Mensch nach Rang und Stand; engl. *personality*). Summe aller Merkmale und Verhaltensweisen, die den einzelnen Menschen zu einer unverwechselbaren Individualität werden lassen. Dabei ist das lebenslang wirksame Bedingungsfeld jeder P. sowohl soziokultureller wie physischer und psychischer Natur.

Peter-Petersen-Schule. *Jena-Plan.*

PETRA. **1)** Inzwischen innerhalb der Berufspädagogik verbreitete Abkürzung für die projekt- und transferorientierte Ausbildung in Betrieben. Sie verbindet die Erarbeitung berufsfachlicher Kenntnisse und Fertigkeiten mit der Einübung von arbeitsplatzübergreifenden Schlüsselqualifikationen. Hergestellt werden soll ein verwendungsfähiges Produkt (z.B. ein Werkzeug), wobei die dafür erforderliche Information, Planung, Durchführung, Kontrolle und Bewertung möglichst durch die Auszubildenden selbst gesteuert werden soll. In der systematischen Übertragung der neuen Qualifikationen auf veränderte oder neue Aufgabenstellungen soll die Transferfähigkeit entwickelt werden. P. wird i.d.R. durch den Einsatz der Leittextmethode unterstützt.

2) Engl. *Partnership in Education and Training in Europe*. Förderprogramm der Europäischen Union zur Verbesserung der *Berufsausbildung* durch internationale Partnerschaften, wechselseitige Besuche und Weiterbildungsangebote.

Pflegeeltern (Syn. **Pflegefamilie**; engl. *foster-parents*). Kinder und Jugendliche können auf ausdrücklichen Wunsch der leiblichen Eltern im Rahmen der *Hilfe zur Erziehung* oder aufgrund eines Beschlusses des Vormundschaftsgerichts auf eine bestimmte Dauer bei P. untergebracht werden. Die Vermittlung und die Beaufsichtigung der Pflege erfolgt i.d.R. durch das Jugendamt. Teile der *elterlichen Sorge* können nur auf ausdrückliche Anordnung des Gerichts an die P. übertragen werden.

Pflegefamilie. *Vollzeitpflege.*

Pflegekind (engl. *foster-child*). Minderjährige, die auf Dauer oder für einen Teil des Tages außerhalb der Herkunftsfamilie in Familienpflege betreut werden. Dazu gehören Kinder bei *Tagesmüttern* ebenso wie solche bei *Pflegeeltern*. In jedem Falle muß nach den Bestimmungen des *Kinder- und Jugendhilfegesetzes* (KJHG) die Genehmigung des Jugendamtes eingeholt werden. Ausgenommen von dieser Auflage sind Verwandte und kurzfristige Gasteltern, z.B. im Rahmen eines Ferienaufenthaltes. Minderjährige in Heimerziehung sind keine P.

Pflegschaft (engl. *guardianship*). **1)** Im Unterschied zur *Vormundschaft*, die der rechtlichen und fürsorgerischen Vertretung einer Person in allen Angelegenheiten dient, kann P. von einem Vormundschaftsgericht für die Besorgung einzelner Angelegenheiten angeordnet werden. Für nichteheliche Kinder wird zur Sicherung der Unterhaltsansprüche häufig eine P. beantragt. Minderjährige Mütter nichtehelicher Kinder erhalten die Hilfen aus der P. automatisch.

2) Elterngremien zur Mitbestimmung bzw. Mitwirkung in der Schule existieren in einigen Bundesländern als Klassenp. und Schulp. Die Schulp. wird in manchen Bundesländern als Schulelternbeirat bezeichnet.

Pflichtfächer (engl. *compulsory subjects*). In den *Stundentafeln* der schulrechtlichen Verordnungen oder Erlasse zu den einzelnen Schularten wird i.d.R. zwischen Pflicht-, Wahlpflicht- und Wahlbereich unterschieden. Die im Pflichtbereich aufgeführten Fächer sind P., die der Schüler nicht abwählen kann. Aus der Fächergruppe des Wahlpflichtbereichs muß der Schüler ein Fach oder mehrere Fächer nach seinen Interessen, Fähigkeiten oder Ausbildungswünschen auswählen; er darf also nicht alle *Wahlpflichtfächer* abwählen. Hingegen sind die Lernangebote des *Wahlbereichs* meist fakultative Veranstaltungen. Al-

lerdings ist darauf zu achten, ob die schulrechtlichen Bestimmungen des jeweiligen Bundeslandes den Begriff Wahlbereich tatsächlich im Sinne eines wahlfreien zusätzlichen Angebots verstehen oder ob die Wahlfreiheit durch das Abdecken von Aufgabenfeldern für den zukünftigen Bildungsweg eingeschränkt ist (vgl. z. B. die Bestimmungen zur *gymnasialen Oberstufe*).
Literatur: 2.1.11

PH. *Pädagogische Hochschule.*

phallische Phase (lat. *phallus* männliches Glied; engl. *phallic stage*). In der *Psychoanalyse* nach der oralen und der analen Phase die dritte Entwicklungsphase des Kindes, etwa zwischen dem 3. und 7. Lebensjahr. Das Kind ist in seinen sexuellen Wünschen konzentriert auf die eigenen Geschlechtsorgane. In diesem Entwicklungsabschnitt siedelt die Psychoanalyse auch den *Ödipus-Komplex* an, weil Junge und Mädchen sich intensiv in Konkurrenz mit dem gleichgeschlechtlichen Elternteil um die Liebe des gegengeschlechtlichen Elternteils fühlen. Das Verbot derartiger Bedürfnisse führt in der p. P. zu verschiedenen Formen der Selbstbefriedigung. Dagegen richtet sich in der späteren genitalen Phase das sexuelle Bedürfnis auf den gegengeschlechtlichen gleichaltrigen Partner.
Literatur: 2.9

phänomenologische Pädagogik (griech. *phainomenon* Erscheinung). Während die geisteswissenschaftliche Pädagogik Erziehung im Zusammenhang ihrer historischen Bedingungen verstehen will, sucht die p. P. den *Idealtypus* der Erziehung über die möglichst reine, von Zufälligkeiten befreite und auf das Wesentliche der Phänomene konzentrierte Anschauung von der Entwicklung der menschlichen Subjekthaftigkeit im Zusammenhang ihres erzieherischen Bedingungsfeldes zu erkennen. Der zu Erziehende wird dabei als Subjekt seiner Persönlichkeitsgestaltung und sinngebende Instanz verstanden. Da aber die subjektive Auslegung der Bedeutung erlebter Erziehung ebenso wie die Sinngebung für beabsichtigte Erziehung durch soziokulturelle Einflüsse gleichsam fremdbestimmt ist, lassen sich, so die These der p. P., der wahre Sinn der Erziehung und die Bewertung dieser erzieherischen Einflüsse durch den zu Erziehenden selbst weder durch die Quellenkritik der geisteswissenschaftlichen Pädagogik noch durch bloße Beobachtung oder Befragung im Sinne empirischer Forschung erkennen und in einer Theorie verallgemeinern. Vielmehr soll über den systematischen Aufbau der erzieherischen Erscheinungen in den Vorstellungsgehalten der phänomenologischen Theorie das Wesen pädagogischer Handlungen erkannt werden. Dieser Prozeß der Sinnzuweisung auf der Grundlage phänomenologischer Analyse muß sich, will er nicht dem Zufall ausgeliefert sein, immer erneut Rechenschaft darüber ablegen, welche Phänomene denn eigentlich gegeben sind, was sie meinen und beabsichtigen. Für eine schrittweise Reduktion der pädagogischen Phänomene auf das Wesentliche sind nach Ansicht der p. P. biographische Dokumente (Tagebücher, Briefe, Bilder, Fotographien usw.) sowohl von und über die Erziehenden als auch von und über die zu Erziehenden von zentraler Bedeutung. Aus der gedanklichen Bündelung vieler Einzelinformationen, der Trennung des Wesentlichen vom eher Zufälligen, aus der begrifflichen Fassung des Kerns eines bestimmten Phänomens im Unterschied zu anderen sollen die aufgrund dieser Analyse in der Vorstellung als wesentlich erkannten Qualitäten der erzieherischen Prozesse darstellbar werden. Durch die Vorstellung des Wesens von Erziehung schließlich kann p. P.

dann zur Orientierungshilfe für die pädagogische Praxis werden.
Auf der Grundlage der Arbeiten des Philosophen E. Husserl haben *O. F. Bollnow, J. Dolch, W. Loch* und C. Rittelmeyer die p. P. in Deutschland entwickelt.
Literatur: 1.5, 1.6

Phantasie (griech. *phantasia* Vorstellung, Erscheinung; engl. *imagination, fantasy*). Vorstellungstätigkeit, durch die bildhafte Inhalte in das Bewußtsein treten und sich mit aus der Erfahrung stammendem Material verbinden. Die P.vorstellungen kombinieren aus dem Gedächtnis hervortretende, abgewandelte Erinnerungsbilder und damit einhergehende angenehme oder unangenehme Gefühle zu neuartigen schöpferischen Imaginationen. Die P.tätigkeit ist immer an Bildhaftes gebunden, doch produziert sie keine realitätsgerechte Erinnerung oder eine neue Erfahrung, die mit Denken und Handeln verbunden ist, sondern sie reproduziert lediglich zufällig aufgenommene Bilder. Dabei besteht die Gefahr der Verengung, indem das schöpferische Vorstellungsvermögen sprunghaft verworrene Tagträume, Träume oder Halluzinationen produziert.
Vor allem das Kind verfügt über ein Vermögen, über das historisch und real Gegebene hinaus eine Scheinwelt seiner selbst und seiner P.gestalten zu entwerfen. Seine P.tätigkeit ist dabei vorwiegend reproduktiv und greift durch die Anschauungsfixierung auf das in der Sozialisation bisher gebotene bildhafte Anschauungsmaterial zurück. Die Kindheitsforschung sieht heute die Gefahr, daß die Anschauungswelt der phantastischen Reproduktion der Kinder fast ausschließlich durch die Angebote der Spielzeugindustrie und der Medien (Fernsehen, Kassetten, Comics) genährt wird, die als Realitätsersatz für die fehlende produktive, konkret-operative und kreative Tätigkeit in der Lebenswirklichkeit fungiert.
In der Pädagogik wird die Notwendigkeit gesehen, die Kinder aus dem Verhaftetsein in einer irrealen P.welt herauszuführen und ihre Fähigkeit zu P. und *Kreativität* in der Erziehung zu einer kreativen P. realitätsgerecht neu zu gestalten. Eine Chance dafür ist aber nur dann gegeben, wenn die Bedingungen verändert werden, die zur Gettoisierung der Kindheit in der Kleinfamilie und Schule geführt haben.

Philologenverband. *Lehrerverbände.*

Philosophie der Erziehung (engl. *philosophy of education*). Im Zentrum unterschiedlicher Konzepte der P. d. E. stehen Fragen nach den Bedingungen erzieherischen Denkens und Handelns, nach dem Sinn erzieherischen Tuns und den Voraussetzungen für Erkenntnisse und Urteile über Erziehungsprozesse.
Die Frage nach den Möglichkeiten erzieherischen Handelns führt zur gedanklichen Erarbeitung der Wesensmerkmale des Menschen als eines auf Erziehung verwiesenen, durch Erziehung veränderbaren und dennoch immer zugleich durch Spontaneität sowie die Verpflichtung zur Freiheit und Mündigkeit ausgezeichneten Subjekts. Ohne diese Einheit von körperlichen und sozialen Festlegungen (Anlagen und Sozialisation) einerseits und persönlicher Eigenständigkeit andererseits kann Erziehung getrennt von sozialer Vereinnahmung nicht gedacht werden.
Die Frage nach dem Sinn erzieherischen Tuns ist im Kern die Suche nach Gründen, von denen her erzieherisches und bildendes Handeln ihre Geltung gewinnen können. Insbesondere dieser Aspekt der P. d. E. ist für jeden Erzieher und Lehrer von großer praktischer Bedeutung. Im Grenzfall nämlich geht es um die Prüfung der Frage, ob Erziehung und Unterricht in der Funktionalisierung für

fremde Interessen aufgehen oder der Mündigkeit der zu Erziehenden dienlich sind. Die Frage nach den Voraussetzungen für Erkenntnisse über erzieherisches Tun zielt, ganz ähnlich wie in anderen Wissenschaften, auf die Entdeckung und Definition von Regeln, unter deren Beachtung geordnetes und nachprüfbares Wissen zusammengetragen werden und zur Entwicklung von Erziehungstheorien führen kann. *O. F. Bollnow, W. Brezinka, J. Derbolav, W. Fischer* und *H.-J. Gamm* haben in neuerer Zeit wichtige Arbeiten zur P. d. E. beigesteuert.
Literatur: 1.6, 1.7, 1.9

Phobie (griech. *phobos* Furcht; engl. *phobia*). Erscheinungsform der Neurose, die sich in heftigen Angstzuständen vor bestimmten Situationen oder Objekten und entsprechenden Vermeidungsreaktionen zeigt.

Phylogenese (griech. *phyle* Stamm, *genesis* Werden; engl. *phylogenesis*). Entwicklungsgeschichte einer bestimmten Art, Klasse von Lebewesen. Auch Stammesgeschichte.

Planspiel (engl. *simulation*). Spielform, die zur Gruppe der Simulationsspiele gehört. Ein komplexer Konflikt der gesellschaftlichen Wirklichkeit wird modellartig nachgebildet und in der handelnden Auseinandersetzung der einzelnen Interessengruppen bis zur Entscheidung durchgespielt. Das P. ist im Grunde eine Methode, um komplexe gesellschaftliche Handlungsfelder durch Rekonstruktion oder Antizipation der Realsituation im Modell so zu reduzieren, daß ihre Strukturen und Funktionen bewußt gemacht werden können. Dabei werden durch die Übernahme unterschiedlicher Rollen in der simulierten Interaktion die Interessengegensätze gesellschaftlicher Gruppen bei der Entscheidungsfindung erarbeitet.
Das P. verläuft i. d. R. in drei Phasen. Zuerst wird die simulierte Realsituation dargestellt, die eine Lösung verlangt. Den Teilnehmern werden Grundinformationen und Regeln für das Rollenhandeln im beabsichtigten Lösungsprozeß vorgegeben. Die Verteilung der Rollen und die Zeitplanung zur Vorbereitung der Interessengruppen wird vorgenommen. Die Durchführung beginnt zu einem verabredeten Zeitpunkt und kann sich über mehrere Sitzungen erstrecken. Die Rollenträger sollen relativ selbständig interagieren und entscheiden. Jedoch kann der Spielleiter durch neue Eingaben die Entscheidungssituation und den Lösungsprozeß beeinflussen. Im allgemeinen soll sich seine Funktion auf die beratende Unterstützung der Gruppen beschränken. Die Lösungsschritte, Entscheidungen und Ergebnisse der Durchführung werden schriftlich festgehalten. Die Dokumentation ist die Grundlage für die Auswertungsphase, in der eine gemeinsame rückschauende Spielkritik erfolgt.
Literatur: 2.1.3, 2.8

Plowdon Report. Amtlicher Schulbericht, der 1967 vom englischen Erziehungsministerium unter dem Titel ›Children and their Primary Schools‹ herausgegeben und nach der Kommissionsvorsitzenden Lady B. Plowdon benannt wurde. Amtliche Schulberichte haben im Schulwesen Großbritanniens Tradition und sind von richtungweisender Bedeutung. Der P. R. basiert auf nationalen Erhebungen und wissenschaftlichen Untersuchungen z. B. zum Problem des Zusammenhangs zwischen Sozialschicht und Schulerfolg, zu den Übergängen zwischen Elementar-, Primar- und Sekundarbereich, zur Altersstrukturierung des Primarbereichs und zu curricularen und methodischen Fragen. Der P. R. hat die Entwicklung der englischen Primary schools maßgeblich beeinflußt und zu einer Bewußtseinsveränderung in der Lehrerschaft beigetragen. In der

Bundesrepublik Deutschland wurden seit den siebziger Jahren der P.R. und die Pädagogik der Primary schools immer wieder herangezogen, wenn es um die Legitimation von Konzepten kindorientierten und offenen Unterrichts ging.

politische Bildung. Alle in Schulen, Jugendarbeit, Hochschulen und Erwachsenenbildung lernzielorientiert und methodisch angelegten Formen der Entfaltung bzw. Erweiterung des Erkenntnis- und Urteilsvermögens über politische Tatbestände und Prozesse. Leitziele sind die an demokratischen Normen (z.B. den Menschenrechten, den Grundrechten, den politischen Normen des Grundgesetzes) orientierte Beteiligungsbereitschaft und -fähigkeit von Kindern, Jugendlichen und Erwachsenen.

Im Schulunterricht sind die Fächer Politik/Gemeinschaftskunde, Arbeitslehre, Geschichte und Ethik von besonderer Bedeutung für die p.B.

Die Jugendarbeit hat ebenfalls den gesetzlichen Auftrag zur p.B. Volkshochschulen, Gewerkschaften, Kirchen u.a. Verbände bieten insbesondere für Erwachsene entsprechende Lehrveranstaltungen an.

Wichtige Voraussetzungen für p.B. sind die Mitbestimmungsrechte von Schülern, Eltern, Studierenden, Auszubildenden und Lehrern bzw. Hochschullehrern bei der inhaltlichen, personellen und organisatorischen Gestaltung ihrer Lern- und Arbeitsfelder.

Literatur: 3.3

Anschriften: 4.3

polytechnische Bildung (griech. *polys* viel, vielfältig). Konzept einer möglichst allseitigen Ausbildung kreativ-künstlerischer, praktischer, kognitiver, methodischer und sozialer Kompetenzen. Diesem Leitziel entspricht eine enge inhaltliche, personale und räumliche Verbindung von Lernen und Arbeiten, Schule, Werkstätten und Leben, Ausbildung und Beruf, Theorie und Praxis. Teile dieses umfassenden bildungstheoretischen Programms sind in den Lernbereich *Arbeitslehre* bzw. *Arbeit-Wirtschaft-Technik* eingeflossen.

Postadoleszenz (lat. *post* nach, *adolescere* heranwachsen). Durch eine ständige Verlängerung der Zeiten, die Jugendliche bzw. Heranwachsende in Berufsausbildung oder Studium verbringen, hat sich der Anteil der Jugendlichen vergrößert, der erst in der zweiten Hälfte der zwanziger Jahre den vollen beruflichen und sozialen Status von Erwachsenen erreicht. Diese Verlängerung der *Jugend* wird verschiedentlich als P. bezeichnet.

Pragmatismus (griech. *pragma* Handeln, Tatsache, Wirklichkeit; engl. *pragmatism*). Von dem amerikanischen Philosophen und Mathematiker C.S. Peirce Ende des 19. Jh. begründete handlungstheoretische Auffassung von Wissenschaft, die danach fragt, was wissenschaftliche Theorien für praktische, sachbezogene, soziale und sprachliche Handlungsprozesse in konkreten geschichtlichen Erfahrungsfeldern bedeuten. Darauf begründete *J. Dewey* in Amerika seine Pädagogik des P., die von der Bedeutung des Handelns und der Erfahrung ausgeht. Demokratie ist für Dewey gemeinschaftliches Leben und Schule soll als Modell den Grund dafür legen. Erziehung und Unterricht bewirken seiner Ansicht nach in den Interaktionsprozessen und in der handelnden Auseinandersetzung mit Natur, Gesellschaft und Kultur beim Schüler einen kontinuierlichen Erfahrungsaufbau, der im Verlauf des Erziehungsprozesses zur Ich-Identität hinführt. Die Theorie des *Projektunterrichts* von J. Dewey und *W.H. Kilpatrick* zeigt die pädagogische Umsetzung der Philosophie des P.

Literatur: 2.1.5

Prägung (engl. *fixation*). Endgültige und nicht mehr auslöschbare bzw. umkehrbare Festlegung von Verhaltensweisen als Reaktionen auf bestimmte Reize. Bei Tieren besonders deutlich zu beobachten als Fixierung des Jungtieres (z. B. auf das Muttertier oder auch auf den zuerst wahrgenommenen menschlichen Pfleger). Beim Menschen in dieser engen Bedeutung nicht vorhanden. Hier im Sinne von früher und dauerhafter Festlegung auf Verhaltensmuster zu verstehen, die sich in den Interaktionsprozessen mit der ersten Umwelt als besonders erfolgreich erwiesen haben.

Praktikum (griech. *praxis* Tat, Beschäftigung, *praktike techne* Lehre vom aktiven Tun und Handeln; engl. *practical studies*). In den pädagogischen Lehramts- und Diplomstudiengängen werden P. in mehreren Formen und mit unterschiedlichen Zielsetzungen durchgeführt. In den Lehramtstudiengängen gibt es i. d. R. drei P.: Das außerschulische P. (Sozial- bzw. Betriebsp.) soll den Studierenden einen exemplarischen Zugang zur Lebensumwelt von Kindern und Jugendlichen und/oder zur Lebens- und Berufswelt ihrer Eltern ermöglichen. Durch das sog. große Schulp. (allgemeines Schulp.) können sie das Berufsfeld des Lehrers unter pädagogischen und fächerübergreifenden Gesichtspunkten kennenlernen und ihre Eignung für den Lehrerberuf durch Unterrichten erproben. Im Fachp. geht es schließlich darum, das Berufsfeld des Lehrers in einem der gewählten Studienfächer unter fachspezifischen Gesichtspunkten zu erschließen.

In den Diplomstudiengängen findet je ein P. im Grund- und im Hauptstudium statt. Sie dienen der Heranführung der Studierenden an die Felder ihrer späteren Berufstätigkeit. Je nach Schwerpunkt des Diplomstudienganges finden die P. z. B. in Einrichtungen der Eltern- und Familienberatung, der Familienbildung und Familienhilfe, der außerschulischen Jugendarbeit, der Randgruppen- und Ausländerarbeit, der Erwachsenenbildung oder der Freizeit- und Kulturarbeit statt. Das zweite P. dient u. a. auch der forschungsorientierten Erkundung.

Die P. werden meist vorbereitet und ausgewertet. Einzelheiten sind in den Prüfungs-, Studien- und Praktikumsordnungen geregelt.

Primarbereich (Syn. **Primarstufe**; engl. *primary stage of education*). In Anlehnung an die Vorschläge der OECD zur Vereinheitlichung der Begrifflichkeit im Bildungswesen der Mitgliedstaaten bezeichnete 1970 der Deutsche Bildungsrat im *Strukturplan* den für alle Schüler gemeinsamen ersten Schulabschnitt als P. Der Begriff sollte nicht nur den seit 1919 eingeführten Begriff Grundschule ablösen, sondern mit einem neuen Organisationsplan auch ein neues Schul- und Erziehungskonzept durchsetzen. Der P. sollte mit der Einschulung der Fünfjährigen die jeweils zweijährige *Eingangsstufe*, Grundstufe und ggf. *die Orientierungsstufe* umfassen.

Der Bildungsgesamtplan der BLK von 1973 hat das im Strukturplan vorgeschlagene Konzept zur Neugliederung des P. nicht übernommen. Er hielt am Konzept der traditionellen vierjährigen Grundschule fest, führte aber auch den Begriff P. ein. Zur Frage der Eingangsstufe des P. sollten Modellversuche durchgeführt werden.

Für die Schuljahrgänge 1 bis 4 bzw. 6 (Berlin, Brandenburg) hat sich mittlerweile die Bezeichnung P. durchgesetzt; die Institution des P. heißt *Grundschule*. Ihr kann ein *Hort*, eine *Vorklasse* oder ein *Schulkindergarten* angegliedert sein. Da die Schulpflicht mit Vollendung des sechsten Lebensjahres beginnt, verbleiben die Fünfjährigen im *Elementarbereich*.

In der DDR sind die Entwicklungen vor der Wiedervereinigung wesentlich an-

ders verlaufen. Seit dem 1. 7. 1991 entsprechen die schulstrukturellen Verhältnisse weitgehend denen der alten Bundesländer.
Literatur: 2.1.1, 2.1.8

Primärgruppe. *Gruppe.*

Privatdozent. Teilgruppe im wissenschaftlichen und künstlerischen Personal einer Hochschule. Im Rahmen ihres (i.d.R. auf sechs Jahre beschränkten) Dienstverhältnisses nehmen sie ihre Aufgaben in Forschung und Lehre selbständig wahr. Die Einstellungsvoraussetzungen entsprechen denen von Professoren.

Privatschulen (engl. *private schools, public schools*). Alle nicht öffentlichen Schulen in der freien Trägerschaft von Kirchen, privaten Vereinigungen und Einzelpersonen. Sie haben eine Bezeichnung zu führen, die eine Verwechslung mit *öffentlichen Schulen* ausschließt. Aus dem Untertitel der Schule muß hervorgehen, ob es sich um eine *Ersatzschule* oder um eine *Ergänzungsschule* handelt. Ersatzschulen (z.B. freie Waldorfschulen) sind den öffentlichen Schulen gleichgestellt. Sie bedürfen der Genehmigung des Staates und unterstehen den Landesgesetzen. Ergänzungsschulen (z.B. Musikschulen) sind kein Ersatz für öffentliche Schulen. Sie können deshalb mit ihren Zeugnissen auch nicht die Berechtigungen verleihen, die mit entsprechenden Zeugnissen öffentlicher Schulen verbunden sind.
Literatur: 2.1.9
Anschrift: 7.1

Probezeit (engl. *probation*). Jede Berufsausbildung nach den Bestimmungen des Berufsbildungsgesetzes (BBiG) beginnt mit einer P. Ihre Dauer (ein bis drei Monate) muß im Berufsausbildungsvertrag genau festgelegt sein. Während der P. kann das Berufsausbildungsverhältnis von beiden Vertragsparteien jederzeit ohne Einhaltung einer Frist und auch ohne besondere Begründung gekündigt werden.

Professionalisierung (lat. *professio* Gewerbe, Geschäft). Herausbildung eines bestimmten Berufsbildes durch die Festschreibung von Tätigkeitsmerkmalen und Kompetenzen, Ausbildungszeiten und -inhalten sowie Prüfungsordnungen. Kriterien für einen professionalisierten Beruf, der nicht auch von einem Laien ausgeübt werden kann, sind in erster Linie eine Spezialausbildung und ein monopolisiertes Tätigkeitsfeld, wie es z.B. bei Ärzten angenommen wird. Bei pädagogischen Berufen besteht bei der Beurteilung des Grades der P. ein Unterschied zwischen Kindergärtnern bzw. Erziehern, Grundschul- und Gymnasiallehrern. Der fachwissenschaftlichen Ausbildung eines Gymnasiallehrers wird ein höherer P.grad beigemessen als der didaktischen und pädagogisch-diagnostischen Profession eines Beratungslehrers in der Hauptschule. In diesem Problemzusammenhang bedeutet der Begriff P. a) in der Ausbildung jemanden zum Beruf optimal befähigen, b) den Grad der P. durch die Qualität der Ausbildung so zu steigern, daß der Verdacht gar nicht erst aufkommen kann, der Beruf könne auch von einem gebildeten Laien ausgeübt werden.

Professor (lat. *professor* öffentlicher Lehrer; engl. *professor*). Nach den Bestimmungen des Hochschulrahmengesetzes (HRG) gehören die P. zum hauptberuflichen wissenschaftlichen und künstlerischen Personal der Hochschulen. Sie nehmen ihre Aufgaben in Wissenschaft und Kunst, Forschung und Lehre selbständig wahr. Sie haben sich auch an Aufgaben der Studienreform und Studienberatung zu beteiligen, an der Verwaltung der Hochschule mitzuwirken und Prüfungen abzunehmen. P. sind verpflichtet, im Rahmen der für ihr Dienstverhältnis geltenden Regelungen

Lehrveranstaltungen ihrer Fächer in allen Studiengängen abzuhalten. Einstellungsvoraussetzungen für P. sind ein abgeschlossenes Hochschulstudium, pädagogische Erfahrungen, Promotion und zusätzliche wissenschaftliche oder künstlerische Leistungen, die i.d.R. durch eine Habilitation nachgewiesen werden.

Prognose (griech. *prognosis* Vorkenntnis; engl. *forecast*). Voraussage aufgrund vorliegender Erkenntnisse, daß eine Entwicklung mit einer gewissen Wahrscheinlichkeit einen bestimmten Verlauf nehmen wird. Je genauer bzw. vollkommener die Vorkenntnisse und die Kontrolle der Bedingungen sind, unter denen ein Prozeß bisher abgelaufen ist, desto exakter ist die P.

programmierter Unterricht (Syn. **programmierte Instruktion**, **programmiertes Lernen**; engl. *programmed instruction, programmed learning*). Form des Selbstunterrichts bzw. Selbstlernverfahren mit Hilfe von objektivierten Lehr-Lern-Programmen, die die unmittelbare Mitwirkung eines Lehrers ersetzen. Solche Lehrsysteme können aus einem programmierten Lehrbuch, einer Video- oder Tonbandkassette und/oder einem Computerprogramm bestehen. Das Lehr-Lern-Programm ist in kleine Lerneinheiten und Lernschritte unterteilt und gibt dem Lernenden durch häufige Kontrollen Schritt für Schritt Rückmeldungen (*Feedback*) über den Lernerfolg, die zusammen mit den Lernhilfen zum Weiterlernen motivieren und zum Lernerfolg führen können. Der Lernende kann Lernort, -zeit und -tempo selbst bestimmen und ist damit relativ autonom.

Der p.U. ist eine Unterrichtstechnik, die auf S.L. Pressey zurückgeht, der in den zwanziger Jahren bereits die ersten Lehrprogramme und Lernmaschinen entwickelte. In den sechziger Jahren fanden die Modelle des linearen Programms von *B.F. Skinner* und des verzweigten Programms von N.A. Crowder in Deutschland große Beachtung. Voraussetzung für die Entwicklung solcher Selbstlernprogramme und Lernmaschinen waren die theoretischen Grundlagen der Informationstheorie und der Kybernetik.

Literatur: 2.1.3

Projektion (lat. *proiectum* das nach vorn Hingeworfene; engl. *projection*). In der *Psychoanalyse* ein *Abwehrmechanismus*, bei dem eine Person unbewußt eigene Gefühle oder Wünsche anderen zuschreibt, weil sie sich selbst diese aufgrund innerer Widerstände nicht bewußt machen und erlauben kann.

projektorientierter Unterricht. Eine reduzierte Form des *Projektunterrichts*, bei der unter gegebenen Schulbedingungen oder noch fehlenden Erfahrungen der Schüler nur einzelne Merkmale des idealen Projektmodells realisiert werden können.

Von p.U. kann dann gesprochen werden, wenn versucht wird, Probleme und Arbeitsanlässe aus der Lebenswelt der Schüler aufzugreifen, die Schüler an der Planung zur Realisierung und Auswertung zu beteiligen, die Durchführung teilweise mit Erkundungen an außerschulischen Lernorten zu verbinden und die Arbeitsergebnisse in geeigneter Weise zu präsentieren.

Literatur: 2.1.5

Projektstudium (Syn. **projektorientiertes Studium**). Didaktisches Konzept zur inneren Reform des Hochschulstudiums. Es ist aus der Kritik an den Ausbildungsinhalten, die i.d.R. aus dem Kanon überlieferter Fachsystematiken der Einzelwissenschaften stammen, und an den Lehr-Lern-Verfahren, die vorwiegend auf die Rezeption vorgegebener Wissensbestände ausgerichtet sind, hervorgegangen. Das Konzept des P. fordert mehr Gesellschaftsbezug, Interdisziplinarität, Methodenpluralismus, Berufs-

praxisbezug, problemorientiertes Vorgehen, forschendes Lernen und Beteiligung an den Entscheidungsprozessen in Lehrveranstaltungen.
Als didaktisches Reformkonzept wurde das P. seit etwa 1970 im Zusammenhang mit einigen Hochschulneugründungen (Bremen, Kassel, Oldenburg) und in einigen Studiengängen an älteren Universitäten (z.B. Berlin, Frankfurt, Hamburg, Münster) eingeführt und erprobt. Zahlreiche Berichte geben Auskunft nicht nur über die Schwierigkeiten bei der Einführung des P., sondern auch über seine hochschuldidaktische Bedeutung.

Projektunterricht (Syn. **Projektmethode, Vorhabengestaltung**). Gemeinsam ist diesen Begriffen das Lernen in Projekten, wie es sich als Alternative zum lehrgangsartigen, lehrerzentrierten, am fachlichen Lehrbuch orientierten Lernen seit etwa 1900 aus den reformpädagogischen Strömungen Europas und Amerikas entwickelt hat. Die Projektidee zu verstehen, macht den Nachvollzug historischer Beispiele notwendig.
Für die deutsche Diskussion ist bis heute die theoretische Grundlegung der Projektmethode durch die Vertreter des amerikanischen *Pragmatismus J. Dewey* und *W.H. Kilpatrick* Anfang des Jahrhunderts von Bedeutung. Den Zusammenhang von Demokratisierung der Gesellschaft und entsprechendem Lernen in der Schule sahen sie in der Projektmethode verwirklicht, durch die problemorientiertes Denken, praktisches Tun und realitätsbezogenes Erfassen der Wirklichkeit miteinander verbunden werden sollen, um die Trennung von Leben und Lernen sowie Denken und Handeln aufzuheben. Aus der deutschen *Reformpädagogik* hervorgegangen, ist das Lernen in Projekten unter dem Begriff Vorhabengestaltung vor allem um 1930 von J. Kretschmann, O. Haase und *A. Reichwein* praktisch erprobt und theoretisch begründet worden. Nach der empirischen Wende in der Pädagogik um 1960 war die Kontinuität dieser Entwicklung zunächst unterbrochen, bis die Studentenbewegung Ende der sechziger Jahre die Projektidee mit der Forderung des Projektstudiums wieder aufgriff. In der Literatur bisher weniger beachtet wurden die in den siebziger Jahren entwickelten Curricula ›Soziales Lernen‹ von *J. Zimmer* und ›Stücke zu einem mehrperspektivischen Unterricht‹ von *K. Giel* und *G. G. Hiller*, in denen Lernen in Projekten und Kursen das grundlegende Vermittlungsverfahren ist. Etwa zur gleichen Zeit hat W. Nestle einen didaktischen Plan entwickelt, der in eine Abfolge von fächerübergreifenden Projekten und gefächerten Kursen gegliedert ist. Seit den achtziger Jahren sind eine Reihe von Veröffentlichungen erschienen, die durch reformgeschichtliche Darstellungen, begriffliche Klärungen, methodische Handlungsanweisungen und Beispiele aus der Praxis die Projektarbeit in schulischen und außerschulischen Einrichtungen fördern wollen.
Aus den verschiedenen Merkmalskatalogen in der Literatur lassen sich folgende Kriterien für den P. zusammenfassen: 1. Ausgangspunkte für Projekte sind i.d.R. situative Anlässe und konkrete Aufgabenstellungen aus der Lebenswirklichkeit der Schüler (Situations-, Sach-, Gesellschafts- und Schülerorientierung). 2. Zielsetzung ist die gemeinsame und konkrete Bearbeitung der Probleme und Aufgaben in der Realität (Produkt- und Handlungsorientierung). 3. Die Organisation der Zielsetzung, Planung, Ausführung und Überprüfung der Projektarbeit wird gemeinsam von Lehrern und Schülern getragen (Selbstorganisation und Mitverantwortung). 4. Anstelle ausschließlich fachimmanenter Lehrgänge werden

problemorientierte, fächerübergreifende, integrative Lern- und Arbeitsprozesse bevorzugt (Interdisziplinarität, Lehrerkooperation/Teamarbeit, außerschulische Kompetenzen). 5. Kognitive, soziale, affektive und motorische Anforderungen und Leistungen werden verknüpft (ganzheitliches Erleben der Realität und vernetztes Denken in komplexen Zusammenhängen). 6. Praktische Anwendungen und Problemlösungen werden erprobt, um den individuellen Sinn und die soziale Bedeutung des Lernens zu erkennen (Sinn und Bedeutung des Handelns). 7. Die Beendigung des Projektes kann ein Auslaufen, Scheitern, Zurückschauen oder festliches Verabschieden durch eine Veröffentlichung, Ausstellung, Aufführung oder Aktion sein (Metainteraktion, Produkt- und Werkbetrachtung).

Ähnlich wie beim *Epochenunterricht*, hat sich der P. neben dem lehrgangsbezogenen Unterricht eher in Reformschulen als in Regelschulen etablieren können. Traditionelle schulorganisatorische Strukturen, fehlende Kooperationserfahrungen der Lehrerschaft und Zwänge des Beurteilungswesens werden als Hindernisse genannt. Positive Beispiele aus *projektorientiertem Unterricht* und aus *Projektwochen* zeigen, daß Kinder und Jugendliche heute neben systematisch aufgebautem Lernen in Lehrgängen auch Lernen in Projekten erfahren sollten.

Literatur: 2.1.5, 2.1.9

Projektwoche (Syn. **Projekttage**). Eine bis zu zwei Wochen dauernde Zeiteinheit, in der Schüler, Lehrer und meist auch Eltern eines Jahrgangs, einer Schulstufe oder einer ganzen Schule eine Projektarbeit durchführen. Im Unterschied zum *Projektunterricht*, der relativ spontan aus lebensbezogenen Anlässen erwachsen kann, erfordert die P. eine genaue Vorplanung und eine Umorganisation des Schulbetriebes. Die Gesamtkonferenz entscheidet vorab über Termin, Dauer und Themenstellung. Eine Vorbereitungsgruppe übernimmt die genaue organisatorische und inhaltliche Planung. Über Informationsblätter und Anschlagbretter werden die zur Wahl stehenden Rahmenthemen der Arbeitsgruppen veröffentlicht. Die Themen sollen einen gesellschaftsbezogenen Problembezug haben, zu interdisziplinärer Zusammenarbeit herausfordern und eine Verknüpfung von Kopf- und Handarbeit ermöglichen. Erst jetzt setzt in der P. für die einzelnen Gruppen die Arbeit im Sinne eines Projektbegriffs mit den Phasen Zielsetzung, Planung, Ausführung und Beurteilung ein. Am Ende der P. werden die Ergebnisse der Arbeitsgruppen vorgestellt und ausgewertet.

Literatur: 2.1.3, 2.1.5

Promotion (lat. *promotio* Beförderung; engl. *procedure for gaining a doctor's degree*). Prüfungsverfahren zur Erlangung eines Doktorgrades an einer wissenschaftlichen Hochschule. Nachgewiesen werden soll die Befähigung zu selbständigem wissenschaftlichen Arbeiten. Die schriftliche Prüfung ist in Form einer Hausarbeit (Dissertation), die mündliche durch ein Kolloquium (Rigorosum, Disputation) zu erbringen. Die Einzelheiten des Verfahrens sind in der P.ordnung der jeweiligen Hochschule geregelt.

Propädeutik (griech. *propaideuein* vorher unterrichten; engl. *propaedeutics*). Einführung in Kenntnisse, Arbeitsweisen und Haltungen, die auf ein Studium oder einen Fachunterricht vorbereiten. Im 19. Jh. und nach dem Zweiten Weltkrieg bereitete die philosophische P. in den Abschlußklassen der Gymnasien an Textbeispielen und durch Problemerörterungen auf das philosophische Denken und damit auf das Philosophiestudium vor.

Im übertragenen Sinne spielt der Begriff P. im Zusammenhang mit der *Wissenschaftsorientierung* nach 1970 eine Rolle. So wurde dem *Sachunterricht* der Grundschule in den Lehrplänen von sechs Bundesländern zwischen 1969 und 1975 die fachpropädeutische Aufgabe zugewiesen, für den späteren Fachunterricht der weiterführenden Schulen grundlegende fachbezogene Kenntnisse, Arbeits- und Verhaltensweisen zu vermitteln. Auch in der Diskussion über den Mathematik- und Literaturunterricht der Grundschule wurde von der Fachp. oder von fachpropädeutischen Ansätzen und Funktionen der Didaktik gesprochen.
Im Unterricht der *gymnasialen Oberstufe* und der *Kollegschule* des Sekundarbereichs II wird die Einführung in Vorkenntnisse und Arbeitsweisen einer Wissenschaft als *Wissenschaftsp.* bezeichnet.

Prüfungsangst (engl. *examination anxiety, examination phobia*). Spezielle Erscheinungsform der *Angst* bzw. der *Schulangst.* P. ist situativ bedingt aus der Wechselwirkung zwischen der subjektiven Angstbereitschaft des Prüflings und der objektiven aktuellen Prüfungssituation mit ihren unkalkulierbaren Faktoren (z.B. Prüfer, Prüfungsstoff, Prüfungsvorgeschichte, Konsequenzen der Prüfung). Die Angstbereitschaft resultiert meist aus unbewußten oder bewußten Erlebnissen, die bis in die frühkindliche Lebensgeschichte zurückreichen können. Es kann sich um eine normale P. handeln, die sich aus den realen Gefahrenmomenten des Prüfungsumfeldes ergibt, es kann aber auch schon eine neurotische Angst vorliegen, die das Resultat wiederholter und vielleicht verdrängter Gefahrenmomente ist.
Unter den vielfältigen Symptomen der P. sind zu nennen: schneller Herzschlag, Bluthochdruck, erhöhte Körpertemperatur, trockener Mund, Schweißbildung an den Innenhänden, aber auch Konzentrationsunfähigkeit, Gedankenblockierung, Vergeßlichkeit, Neigung zu Zweifeln bis hin zu Fluchtreaktionen oder Suizidversuchen.
Hilfen zum Abbau von P. sind offene Gespräche zwischen den Beteiligten, Simulationsspiele und in schweren Fällen eine Psychotherapie.

Prüfungsaufgaben- und Lehrmittelentwicklungsstelle (PAL). Entwickelt für anerkannte Ausbildungsberufe im gewerblich-technischen Bereich und für die im Berufsbildungsgesetz (BBiG) vorgeschriebenen *Zwischen-* und *Abschlußprüfungen* Lehr-Lernmittel und Prüfungsaufgaben. I. d. R. setzen alle Industrie- und Handelskammern in Deutschland die Aufgabenstellungen der PAL bei ihren Prüfungen ein. Sie können aber auch davon abweichende Prüfungsaufgaben stellen.

Prüfungsausschuß der Kammern. In den anerkannten Ausbildungsberufen sind nach den Bestimmungen des Berufsbildungsgesetzes (BBiG) *Abschlußprüfungen* vor einem P. d. K. durchzuführen. Für jeden Ausbildungsberuf wird bei der Zuständigen Stelle ein P. eingerichtet. Das Verfahren für die Bildung eines P. kann der Berufsbildungsausschuß der Zuständigen Stelle festlegen. Das BBiG bestimmt, daß dem Ausschuß mindestens drei fachlich und berufspädagogisch geeignete Mitglieder angehören müssen. Arbeitgeber und Arbeitnehmer sind in einem P. zu gleichen Teilen vertreten. Mitwirken muß mindestens ein Lehrer einer beruflichen Schule. Der P. d. K. ist für die inhaltliche und organisatorische Vorbereitung der Prüfung, für die Abnahme der Prüfung, die Festlegung der Bewertung und die Erteilung der Zeugnisse zuständig.

Prüfungsordnung (engl. *examination regulation*). Regelt die Voraussetzungen für die Zulassung zu einer Prüfung, die

Prüfungsfächer und die in einer Prüfung zu erbringenden Leistungen, die Art und Weise der Leistungsnachweise (schriftlich, mündlich und/oder praktisch), die Organisation und Durchführung der Prüfung sowie die Grundsätze der Leistungsbewertung. P. für Schulen (z.B. für die Realschulabschlußprüfung oder das *Abitur*) und für sämtliche *Staatsexamen* (z.B. für ein Lehramt) werden vom zuständigen Ministerium erlassen. Für *Hochschulprüfungen* erarbeitet die Hochschule im Rahmen ihrer akademischen Selbstverwaltung die P., die jedoch der Genehmigung des zuständigen Ministeriums bedarf.

Prügelstrafe. Jede Form der Disziplinierung von Kindern und Jugendlichen durch Zufügung von körperlichen Schmerzen ist pädagogisch unsinnig und im Raum der Schule rechtlich zweifelsfrei verboten. Schon eine Ohrfeige erfüllt den Tatbestand der Körperverletzung im Amt und kann von den Erziehungsberechtigten angezeigt werden.

Psychagogik (griech. *psyche* Seele, *agein* führen). Behandlungsverfahren in Bereichen psychotherapeutisch orientierter Einrichtungen (z.B. *Kinder- und Jugendpsychotherapie*), das von Psychagogen durchgeführt wird. Die Ausbildung zum Psychagogen geschieht i.d.R. durch eine mehrjährige Weiterbildung mit Lehranalyse und praktisch-therapeutischer Ausbildung für pädagogisch-psychologisch Vorgebildete (Erzieher, Sozialarbeiter, Lehrer, Psychologen). Ihre Berufstätigkeit üben Psychagogen in Einrichtungen der Pädagogik und der Psychiatrie aus, ohne im eigentlichen Sinne Psychotherapie zu betreiben. Vielmehr liegt ihr Aufgabenfeld in einem Zwischenbereich, in dem vielfältige erzieherische, fürsorgerische und seelsorgerische Anforderungen gestellt werden. Sie arbeiten z.B. in Erziehungsberatungsstellen, Kinder- und Schulkindergärten, Krankenhäusern, Altenheimen und auch in psychiatrischen Einrichtungen. Dabei geht es vorwiegend darum, die psychagogische Betreuung von Beeinträchtigten oder Erkrankten präventiv zu übernehmen. Ziel ist sozusagen Seelenführung im Sinne einer Orientierung bzw. Umorientierung der Person auf eine ausgeglichenere und harmonischere Lebensführung hin. Psychagogen arbeiten mit Methoden zur Entspannung, Gesprächsführung und Verhaltensmodifikation, um durch Selbsterkenntnis der Person die angestrebte Harmonisierung zu erreichen.

Psychiatrie (engl. *psychiatry*). Teilgebiet der Klinischen Medizin, das sich mit seelischen Störungen und Erkrankungen (Psychosen, Neurosen usw.) befaßt. Eine Spezialdisziplin innerhalb der P. ist die *Kinder- und Jugendpsychotherapie*.

Psychoanalyse (griech. *psyche* Atem, Seele, *analysis* Auflösung; engl. *psychoanalysis*). Von *S. Freud* entwickelte Form der *Psychotherapie*. Zentrale analytische Absicht ist das Aufdecken und Verstehen unbewußter Motivationen, die ihre Wurzeln in sexuellen Energien haben. Die P. verläuft i.d.R. als jahrelanger Prozeß zwischen dem Patienten und dem Analytiker, in dem es immer wieder zu Übertragungen von Gefühlen auf den Analytiker kommt, die eigentlich anderen Personen, zumeist Mutter oder Vater, gelten. Durch die Auflösung der Übertragung kann es zur Ablösung des Patienten von der beherrschenden Person kommen.

Die P. geht als Theorie der menschlichen Persönlichkeit und ihrer Entwicklung von der Annahme aus, daß das Seelenleben von unbewußten Triebkräften aus dem *Es* bewegt wird, deren Ausgestaltung und Heftigkeit im wesentlichen von der mehr oder weniger geglückten Verarbeitung sexueller Wünsche unter Beachtung der kulturellen Normen (*Reali-*

tätsprinzip) abhängt. Auf diese Weise entwickelt sich das Ego bzw. *Ich*, das als eine Art Ausgleichsmechanismus zwischen den Triebkräften des Es und den verinnerlichten Verboten des *Über-Ich* vorgestellt wird. Die sexuelle Lust (*Libido*) wird im Entwicklungsprozeß verschiedenen erogenen Zonen (Mund, After, Geschlechtsteile) zugewiesen (orale, anale und phallische Phase). Bei der Verarbeitung und sozial akzeptierten Integration des persönlichen Umgangs mit der Libido werden starke und lebenslang wirksame seelische Prozesse angenommen: *Verdrängung*, *Ödipus-Komplex, Identifikation, Rationalisierung, Regression, Übertragung.* Neurosen werden als Ausdruck unerkannter, weil inzwischen unbewußter Fehlentwicklungen derartiger Prozesse verstanden. In neurotischen Symptomen sucht sich die durch einen inneren Widerstand unterdrückte sexuelle Energie Ersatzbefriedigung.
Literatur: 2.9

Psychodrama (engl. *psychodrama*). Von dem amerikanischen Soziologen J.L. Moreno entwickelte Form psychotherapeutischer Gruppenarbeit. Der Patient wird aufgefordet, vor dem Therapeuten und anderen Patienten bestimmte Szenen seines Lebens zu spielen. Im Gespräch sollen dann die persönlichen oder sozialen Krisen und Konflikte des Patienten aufgedeckt werden. Wie andere Formen der *Psychotherapie*, so darf auch das P. nur von qualifizierten Therapeuten durchgeführt werden.

Psychodynamik (engl. *dynamic psychology*). Aspekte und Theorien psychologischer Forschung, die sich auf die Motivationsfaktoren menschlichen Verhaltens, insbesondere auf die unbewußten Triebkräfte konzentrieren. Die wichtigsten Beiträge kommen aus der psychoanalytischen Psychologie.

Psychologie (griech. *psyche* Seele, *logos* Wort, Lehre; engl. *psychology*). Wissenschaft vom menschlichen Verhalten, speziell von den als Bedingungen des Verhaltens angenommenen seelischen Vorgängen im Menschen. Diese versucht die P. im wesentlichen auf drei Forschungswegen zu erkennen: durch Selbstbeobachtung, Betrachtung anderer in verschiedensten Lebenssituationen und in experimentellen Studien. Aus dem sehr umfangreichen Arbeitsfeld der P. sind die *Entwicklungsp.* und Lernp. für die Pädagogik von besonderer Bedeutung.
Literatur: 2.9

Psychomotorik. *Motorik.*

psychomotorische Lernziele (engl. *psychomotor learning objectives*). Sie beziehen sich im Unterschied zu *kognitiven* und *affektiven Lernzielen* auf psychomotorische Fähigkeiten und Fertigkeiten. Da die Organisation der *Motorik* immer mit dem Psychischen verbunden ist, werden beide Bereiche zusammen betrachtet, obwohl es bei den p.L. im wesentlichen um die Bewegungsfaktoren im menschlichen Verhalten geht. In jedem konkreten menschlichen Verhalten sind kognitive, affektive und psychomotorische Aspekte miteinander verflochten. Sie werden aber aus analytischen Zwecken unterschieden, um alle denkbaren und empirisch auffindbaren *Lernziele* mit ihren Schwerpunkten den drei Dimensionen in *Lernzieltaxonomien* zuordnen zu können.

Psychotherapie (griech. *psyche* Seele; *therapeia* Pflege, Heilung; engl. *psychotherapy*). Seelenheilkunde, insbesondere zur Behandlung von *Neurosen* und psychosomatischen Erkrankungen. Wendet unterschiedliche Verfahren an, u.a. *Psychoanalyse, Gruppentherapie*. In jedem Falle bedarf es einer speziellen Qualifikation und Zulassung des Therapeuten.

Pubertät (lat. *pubertas* Geschlechtsreife, Mannbarkeit; engl. *puberty*). Entwicklungsphase, in der die Geschlechtsorgane vollständig heranreifen und die sog. sekundären Geschlechtsmerkmale (Haarwuchs an den Geschlechtsorganen, in den Achselhöhlen und beim Mann im Brust- und Gesichtsbereich, Entwicklung der Brüste bei der Frau) sich ausbilden. Der Eintritt der P. variiert zwischen den Individuen sehr. Die geschlechtliche Reifung kommt derzeit bei Mädchen etwa im 13., bei Jungen etwa im 14. Lebensjahr zu ihrem Abschluß. Welche Erfahrungen die Jugendlichen mit ihrer geschlechtlichen Reifung machen, wann und auf welche Weise sie die Phase der Kindheit verlassen, ist kulturabhängig (vgl. *Jugend*).
Literatur: 2.9

Punkte-System. In der *gymnasialen Oberstufe* wird bei der *Leistungsbewertung* nach Punkten ein 15-Punkte-System zugrundegelegt, dem die *Noten* wie folgt zugeordnet werden:
15/14/13 Punkte: sehr gut (1), 12/11/10 Punkte: gut (2), 9/8/7 Punkte: befriedigend (3), 6/5/4 Punkte: ausreichend (4), 3/2/1 Punkte: mangelhaft (5), 0 Punkte: ungenügend (6).

Puppenspiel (engl. *puppet theatre, puppet play*). **1)** Figurenspiel mit Handpuppen, Marionetten, Stabfiguren und Masken für Kinder und Erwachsene. Viele Inhalte des P. haben eine lange Tradition und gehen auf Märchen, Fabeln, Legenden, Sagen, Volksstücke und Bibelstoffe zurück. Ihre Funktion ist Unterhaltung, Anregung der Phantasie, Entwicklung von Kreativität und Darstellung allgemeinmenschlicher Problemlösungen.
Für das Figurenspiel ist die Gestaltung der Puppen von Bedeutung. Figuren des Kasperletheaters (Kasper, Gretel, Räuber, Großmutter, Polizist u.a.) sind typisiert. Sie stellen eine bestimmte Eigenschaft des menschlichen Wesens dar und erzeugen im Zuschauer eine bestimmte Erwartungshaltung (Spaß und Humor oder Furcht und Schrecken). Im Unterschied hierzu bieten die sog. offenen Figuren wesentlich mehr darstellerische Möglichkeiten, setzen aber beim Zuschauer ein höheres Einfühlungsvermögen und eine größere Bereitschaft zur Aufnahme und Verarbeitung sprachlicher Dialoge voraus.
Außer geschlossenem P., in dem die Kinder nur Zuschauer bleiben, und offenem P., bei dem sie das Spiel verbal selbst lenken, gibt es verschiedene Zwischenformen mit unterschiedlicher didaktischer Zielsetzung.
2) Im Unterschied hierzu greift das realitätsbezogene Figurenspiel im Kindergarten oder in der Grundschule Inhalte und Lebenssituationen aus der Wirklichkeit des Kindes auf, um ihm durch dargestellte Problem- und Konfliktlösungen einen direkten Transfer auf die eigene Umwelt zu ermöglichen. Die Erzieherin oder Lehrerin spricht also mit Hilfe der Figuren Probleme und Konflikte an, die die Kinder unmittelbar betreffen. Im Vergleich zum problembezogenen *Rollenspiel* hat das P. den Vorteil, daß die Figuren als Medium zwischen Problem und Kind stehen. Indem die Probleme und Konflikte über die Puppe sprachlich zum Ausdruck gebracht werden müssen, eignet sich das P. besonders zum Abbau von Sprachbarrieren und Sprechangst. Es hat jedoch wegen seiner pädagogischen Intentionalität und meist didaktisch-methodischen Gestaltung eine andere Qualität als das freie Spiel des Kindes mit seiner Puppe.
3) *Freies Spiel* des Kindes mit Spielzeugpuppen, Teddybären oder anderen Kuscheltieren. Als Partner des Kindes kann die Puppe eine Ersatzfunktion für andere Bezugspersonen (z.B. Eltern, Geschwister) haben; sie kann aber auch ein Spielgefährte sein, der durch seine

Kuscheligkeit Geborgenheit und Wärme vermittelt. Eine besondere Funktion bekommt das freie P., wenn die Puppe für das Kind die Rolle des zweiten Ich einnimmt. Das Kind überträgt dann eigene Probleme auf die Puppe und läßt sie im Spiel Konflikte mit anderen Personen oder Tieren lösen. Die Puppe übernimmt die Rolle des Kindes, während sich das Kind selbst schon in eine geklärte fiktive Position versetzt, die sein Ich wieder ins Gleichgewicht bringen kann.
Literatur: 2.1.7

Pygmalion-Effekt. Von R. Rosenthal und L. Jacobson untersuchter Effekt, daß Schülerverhalten gemäß einem Bild, das sich Lehrer vom Schüler machen oder das ihnen von außen vorgegeben worden ist, verändert werden kann; so wie sich in der griech. Mythologie der Frauenverächter Pygmalion, König von Kypros, schließlich in das von ihm selbst erschaffene Bildnis einer Frau verliebte.
Es besteht also eine gewisse Wahrscheinlichkeit, daß positive oder negative Vorurteile des Lehrers den Schulerfolg von Schülern beeinflussen, obwohl eine objektive Diagnose der Lernvoraussetzungen eine solche Veränderung nicht hätte erwarten lassen.

Q

Qualifikation (lat. *qualitas* Beschaffenheit, *facere* machen; engl. *qualification*). Allgemein die Gesamtheit der Kenntnisse, Fähigkeiten und Fertigkeiten, die für die Bewältigung konkreter Anforderungen in Alltag und Beruf erforderlich sind. Q. und Arbeit hängen dementsprechend eng zusammen. Je differenzierter die gesellschaftlich aufgetragenen Arbeiten werden, desto umfassender müssen die spezifischen Q. werden.
Die Beziehungen des Q.begriffs zu den Begriffen *Kompetenz* und *Bildung* müssen durch Definition möglichst genau bestimmt werden, weil Merkmale wie Wissen, Können, Dispositionen, Selbständigkeit, Handlungsfähigkeit und Handlungsbereitschaft, Urteilskraft, Kritikfähigkeit usw. mit allen drei Begriffen verknüpft sind. Eine Möglichkeit der begrifflichen Trennung hat J. Kade vorgelegt. Als Kriterium der Unterscheidung führte er das Maß an Selbst- bzw. Fremdbestimmung ein, das sich mit den Konzepten von Bildung, Kompetenz und Q. verbindet. Kompetenz sichert dem Individuum eine breite Palette an Möglichkeiten zum selbstbestimmten Handeln in wechselnden Situationen von Alltag und Beruf. Bildung intendiert ganz generell und umfassend individuelle Freiheit, Mündigkeit, Mut und Handlungsfähigkeit auf der Grundlage differenzierten Wissens, methodischer und sozialer Fähigkeiten sowie autonomer moralischer Urteilskraft. Q. dagegen gewinnt ihren Sinn erst vom Verwertungsprozeß her. Für den, der die qualifizierte Arbeitskraft einsetzt, zählt die Effektivität, mit der Q. in Produktionsprozesse umgesetzt werden können. Vom Subjekt her gesehen ist Q. umgekehrt Voraussetzung für eine erfolgreiche Erwerbstätigkeit, weil der Entwicklungsstand der persönlichen Q. die Arbeitsmarktchancen wesentlich beeinflußt.

qualitative Forschung. Konzept oder Paradigma empirischer Forschung, das sich im Hinblick auf das Verständnis sozialer Wirklichkeit, das leitende Erkenntnisinteresse, das Verhältnis von Theorie zu Erfahrung und von Forscher zu Beforschtem sowie im Hinblick auf Forschungsprozeß, Forschungsmethoden und -techniken von der quantitativen empirischen Forschung abgrenzt.
Q. F. untersucht die Deutungs- und Handlungsmuster von Menschen in ihren verschiedenen Lebenszusammenhängen (vgl. Lamnek). Sie geht davon aus, daß in der lebendigen Auseinandersetzung der Subjekte mit ihrer Umwelt Wirklichkeit als Gegenstand der Sozialforschung überhaupt erst entsteht.
Deshalb können sowohl die individuellen wie die kollektiven Prozesse dieser Konstituierung von sozialer Wirklichkeit im Empfinden, Fühlen, Denken und den Aktionen der Menschen nur dann angemessen erfaßt und verstanden werden, wenn die Beforschten nicht wie in der quantitativen Forschung Objekte standardisierter Befragungs- oder Beobachtungsverfahren werden, in denen ihre

Wirklichkeit in den Grenzen vorgängiger Theorien und verfügbarer Techniken zugeschnitten worden ist, sondern in der Kommunikation mit dem Forscher als Subjekte an der Rekonstruktion und Analyse sozialer Wirklichkeit teilnehmen. Q. F. verläuft deshalb als offene Kommunikation zwischen Forscher und Beforschtem, in deren Verlauf soziale Wirklichkeit interaktiv rekonstruiert und verstehend erklärt wird. Q. F. bevorzugt folglich Forschungsmethoden und -techniken wie Gruppendiskussion, teilnehmende Beobachtung, offene Befragung, narratives und halbstandardisiertes Interview, weil sie den Verständigungsprozeß zwischen Forscher und Beforschten unterstützen. Aber auch Methoden aus der Biographieforschung, der Phänomenologie und der Hermeneutik finden in der q. F. Berücksichtigung.
Literatur: 1.5

Qualitätszirkel (engl. *quality circle*). Kreis von Mitarbeitern eines Betriebes, in dem Möglichkeiten zur Verbesserung der Arbeitsbedingungen und Leistungen erörtert, Maßnahmen vorgeschlagen und die Auswirkungen von Neuerungen überprüft werden. Die Arbeit mit Q. geht von der Annahme aus, daß Mitbestimmung und Mitverantwortung wesentliche Voraussetzungen für eine effektive und möglichst fehlerfreie Nutzung von Produktionsmitteln darstellen. Deshalb wirken in einem Q. alle Gruppen, die an einem bestimmten Produktionsabschnitt direkt beteiligt sind, gleichberechtigt mit.

quantitative Forschung. Konzept oder Paradigma empirischer Forschung, dessen Erkenntnisinteresse darauf gerichtet ist, objektiv beobachtbare Phänomene als Wirkungen bestimmter Ursachen zu erfassen, auf dieser Grundlage möglichst weitgehend verallgemeinerbare Aussagen über Kausalbeziehungen, also Theorien zu gewinnen, die für die Erklärung neuer Beobachtungen herangezogen werden können und dabei immer wieder neu auf ihre Gültigkeit hin überprüft werden. Bei der Beobachtung und Beschreibung von Wirklichkeit ebenso wie bei der Überprüfung von Theorien werden nur quantifizierbare (= meßbare) Daten zugelassen. Die soziale Wirklichkeit wird dadurch im Interesse der intersubjektiven Überprüfbarkeit der Daten distanziert zum Objekt der Forschung gemacht. Die Daten über die Beforschten sollen nur in den vorab definierten Grenzen bestimmter Kriterien, Items, Fragen oder Skalen festgehalten werden. Subjektive und situative Einflüsse auf die erhobenen Daten interessieren die q. F. nur als Randbedingungen, die im Interesse der Wiederholbarkeit des Forschungsprozesses möglichst exakt kontrolliert werden müssen.
Q. F. folgt also dem naturwissenschaftlichen Forschungsparadigma. Dagegen wenden die Vertreter der *qualitativen Forschung* ein, daß soziales Verhalten nur dann angemessen verstanden und erklärt werden kann, wenn die subjektive, interaktive und kulturelle Einbindung bei der Produktion von Meinungen, Antworten, Urteilen usw. berücksichtigt wird. Diese Bedingungen aber lassen sich vielfach nicht distanziert beobachten, sondern setzen die Verständigung zwischen Forscher und Beforschten voraus.
Literatur: 1.5

R

Rahmenlehrplan für Berufsschulen. Aufgrund einer Vereinbarung zwischen der Bundesregierung und den Bundesländern werden die R. von der Konferenz der Kultusminister mit den betrieblichen *Ausbildungsrahmenplänen* für staatlich anerkannte *Ausbildungsberufe* inhaltlich und zeitlich abgestimmt und als Vorgaben für die Berufsschullehrpläne der Länder beschlossen.
Es heißt ausdrücklich, daß eine abweichende zeitliche Gliederung des Unterrichts zulässig ist, wenn schulorganisatorische oder regionale Gegebenheiten dies erforderlich machen.

Rahmenrichtlinien. *Lehrplan.*

Randgruppe (engl. *marginal group*). Gruppe, die durch ihre unzureichende Integration in Kultur und Sozialstruktur einer Gesellschaft oder einer kleineren sozialen Einheit (z. B. Schule, Betrieb) auffällig wird. Die Gründe dafür können sehr verschiedenartig sein. Oft sind gesellschaftliche Krisen (z. B. Arbeitslosigkeit) für das Entstehen von R. verantwortlich. Die Mitglieder von R. sind i. d. R. *Stigmatisierungen* ausgesetzt, die eine Reintegration erschweren.

Rationalisierung (lat. *ratio* Rechnung, Berechnung, Vernunft; engl. *rationalization*). Nach der *Psychoanalyse* ein *Abwehrmechanismus*, durch den eine Person aufgrund von Schuldgefühlen Verhaltensweisen durch vorgeschobene, moralisch akzeptable Gründe zu rechtfertigen sucht.

Realitätsprinzip (lat. *realis* sachlich, wirklich, *principium* Anfang, Grundlage; engl. *reality principle*). These der *Psychoanalyse*, wonach das *Ich* einer Person darum bemüht ist, für die aus dem *Es* erwachsenden Lustbestrebungen (*Libido*) Ausdrucksformen zu finden, die den tatsächlich gegebenen Lebensumständen gerecht werden und deshalb persönlich und sozial akzeptiert sind.

Realschule. Weiterführende Schulart, die an die Grundschule oder die schulformunabhängige Orientierungsstufe anschließt. Die R. umfaßt die Klassen 5 bis 10 bzw. 7 bis 10 der Sekundarstufe I. Sie vermittelt eine erweiterte allgemeine Bildung und führt zu Abschlüssen, die es ermöglichen, den Bildungsweg in berufsqualifizierenden und studienbezogenen Bildungsgängen fortzusetzen. Die R. verdankt ihr Ansehen vor allem der Tatsache, daß sie Zugangsvoraussetzungen für mittlere und gehobene Berufslaufbahnen bietet und weiterführende schulische Abschlußwege eröffnet. Im Vergleich zur Orientierungsstufe, Hauptschule oder Gesamtschule ist sie nicht in bildungspolitische Auseinandersetzungen hineingezogen worden. Obwohl die R. in den letzten Jahrzehnten zwischen Hauptschule und Gymnasium bzw. Gesamtschule eine relativ stabile Position eingenommen hat, gibt es kaum empirische Untersuchungen oder Aussagen über eine innere Schulreform dieser Schulart.

Im Zuge der systembildenden Differenzierung des heutigen *Schulsystems* im 19. Jh. hatte die R. zwischen dem humanistischen Gymnasium und der Elementarschule (Volksschule) im Jahre 1832 mit der Vergabe von Berechtigungen für mittlere Laufbahnen ihre staatliche Anerkennung gefunden. In den ›Allgemeinen Bestimmungen‹ von 1872 wurden alle sechsklassigen Schulen mit mittleren Abschlußberechtigungen unter der Bezeichnung Mittelschule zusammengefaßt. Durch den sog. Mittelschulerlaß von 1910, die Bestimmungen über die Mittelschulen in Preußen von 1925 und die Vereinbarungen über die mittlere Reife von 1931 festigte das mittlere Schulwesen seinen Ausbauprozeß. Im Düsseldorfer Abkommen der KMK von 1955 wurden noch alle mittleren Schulformen als Mittelschulen bezeichnet, erst das Hamburger Abkommen von 1964 führte zur Vereinheitlichung der Bezeichnungen in allen Bundesländern den Begriff R. ein. In den neuen Bundesländern ist die R. nur in Brandenburg und Mecklenburg-Vorpommern eine eigenständige Schulform. Nach der Wiedervereinigung wurde sie in einigen Länden mit der Hauptschule in einer neuen integrierten Schulart pädagogisch und organisatorisch zusammengefaßt, die Mittelschule (Sachsen), Sekundarschule (Saarland, Sachsen-Anhalt), Regelschule (Thüringen), integrierte Haupt- und Realschule (Hamburg), verbundene Haupt- und Realschule (Hessen) und Regionalschule (Rheinland-Pfalz) heißen. In diesen Schularten mit zwei Bildungsgängen gibt es ab Klasse 7 eine *Differenzierung*, die auf die *Abschlüsse* nach der 9. und nach der 10. Jahrgangsstufe ausgerichtet ist. Am Ende der Klasse 10 kann der mittlere Bildungsabschluß erworben werden, der in der Mehrzahl der Länder als Realschulabschluß, in Brandenburg und Nordrhein-Westfalen als Fachoberschulreife, in Rheinland-Pfalz als qualifizierter Sekundarabschluß I und im Saarland als mittlerer Bildungsabschluß bezeichnet wird. Die Berechtigung zum Besuch der gymnasialen Oberstufe ist an besondere Leistungen in einigen Fächern gebunden. Einzelheiten regeln die Verordnungen der Länder.

Literatur: 2.1.1, 2.1.8

Rechte des Kindes (Syn. **Charta des Kindes**; engl. *Rights of the Child*). Da Kinder in Ermangelung körperlicher und geistiger Reife besonderer Sicherheiten sowie der Fürsorge und Erziehung bedürfen, verabschiedete die Vollversammlung der Vereinten Nationen am 20. 11. 1959 eine Erklärung der R. d. K. Auf der Grundlage der allgemeinen Erklärung der Menschenrechte wurden die R. d. K. als Voraussetzung für eine glückliche Kindheit zu seinem Wohl und zum Wohl der Gesellschaft ausführlich dargestellt und Eltern, Lehrern und Erziehern, nationalen Regierungen, örtlichen Behörden und freiwilligen Organisationen der Jugendhilfe als Orientierungsrahmen und Verpflichtung vorgegeben. Zehn Grundsätze wurden formuliert: Verbot jeder Art von Diskriminierung; Entwicklung unter den Bedingungen von Freiheit, Würde und Chancengleichheit; Anrecht auf eigenen Namen und Staatsangehörigkeit; Sicherung von Ernährung, Wohnung, Erholung und medizinischer Betreuung; besondere Fürsorge für Behinderte; Schutz der Familienerziehung bzw. gegebenenfalls Einrichtung familienersetzender Maßnahmen; Anrecht auf unentgeltlichen Schulunterricht; Gelegenheit zu Spiel und Erholung; Schutz vor Vernachlässigung, Grausamkeit und Ausbeutung; Erziehung im Geist der Verständigung, der Duldsamkeit, der Freundschaft zwischen den Völkern, des Friedens und der allgemeinen Brüderlichkeit.

In der 54 Artikel umfassenden *Konvention über die Rechte des Kindes* aus dem Jahr 1989 hat die Vollversammlung der Vereinten Nationen die R.d.K. weiter konkretisiert.

Rechtsaufsicht. Im Rahmen der staatlichen Schulaufsicht umfaßt die R. die Kontrolle der Gesetzmäßigkeit der Schularbeit (Einhaltung der Lehrpläne, der Versetzungsordnung, der Aufsichtspflicht u.a.). Die Schulaufsichtsbehörden verfügen gegenüber den Schulen über ein Weisungsrecht.

Rechtsfähigkeit (engl. *legal responsibility*). In der Rechtsordnung der Bundesrepublik Deutschland ist jede Person von der Geburt bis zum Tod Träger von Rechten und Pflichten. Von dieser grundsätzlich allen gegebenen R. ist die rechtliche Handlungsfähigkeit (Geschäftsfähigkeit und *Deliktsfähigkeit*) zu unterscheiden.

Rechtsverordnungen. *Verordnungen.*

Redundanz (lat. *redundantia* Überfluß, Weitschweifigkeit; engl. *redundancy*).

1) Weitschweifigkeit in der Rede, Wiederholung bereits gemachter Aussagen, Überladung einer Darstellung mit überflüssigen Elementen.

2) In der *Informationstheorie* stellt sich die Frage, wie groß die Anzahl der Informationen sein muß, um eine Nachricht zu verstehen. Die über eine notwendige Information hinausgehende Überinformation oder Zusatzinformation wird als R. bezeichnet.

In der *kybernetisch-informationstheoretischen Didaktik* ist die R. ein wichtiges didaktisches Mittel, um durch einen gewissen Informationsüberschuß den Lernerfolg bei unterschiedlich leistungsfähigen Adressaten zu sichern.

Referendariat. *Vorbereitungsdienst.*

Reformpädagogik. Lange Zeit galt die historische R. als eine von unterschiedlichen Strömungen getragene epochemachende Bewegung zwischen 1890 und 1933, an deren Vorbildern sich die heutige Schulreform orientieren könne. Die neuere historische Forschung belegt jedoch, daß es eine in sich abgeschlossene, historisch unterscheidbare Epoche der R. nicht gegeben hat. Vielmehr standen ihre maßgeblichen Repräsentanten in der Tradition pädagogischen Denkens (*J.A. Comenius, J.-J. Rousseau, J.H. Pestalozzi*) und haben in Einzelfällen auch über die Unterbrechungen durch den Nationalsozialismus hinaus bis in das erste Jahrzehnt nach dem Zweiten Weltkrieg weiter gewirkt.

Das Neue der R. in dieser Zeit zwischen 1890 und 1933 war vor allem vor dem Ersten Weltkrieg die Anwendung pädagogischer Reflexion auf die historisch-gesellschaftliche Situation, aus der eine Vielfalt unterschiedlicher Ansätze zur Erneuerung der Schule und der Erziehung hervorgingen. Anlässe waren der um 1900 abgeschlossene Aufbau eines verschulten, bürokratisierten, selektiven Schulsystems im wilhelminischen Obrigkeitsstaat und der mit der Industrialisierung, Verstädterung und Mobilität einhergehende gesellschaftliche, technische, ökonomische und kulturelle Umbruch. Mit der Modernität reformpädagogischen Denkens und Handelns verbanden sich Vorstellungen von einer entbürokratisierten Schule, von freiheitlich demokratischen Lebensverhältnissen und liberalen, kindorientierten Bildungsidealen.

Die verkehrstechnische und massenmediale Entwicklung ermöglichte durch Besuche, Tagungen und Publikationen einen intensiven Erfahrungs- und Gedankenaustausch, an dem z.B. *G. Kerschensteiner, P. Petersen, H. Lietz, P. Geheeb, K. Hahn, C. Freinet, M. Montessori, J. Dewey* und verschiedene Lehrervereine intensiv beteiligt waren. Die Modernisierung der Erziehungsreflexion im internationalen Zusammen-

hang gab die Chance, das nationalstaatlich eingegrenzte Denken zu überwinden. Zu den wichtigsten Ansätzen der R. zählen die Pädagogik vom Kinde aus, die Arbeitsschul-, Einheitsschul-, Volkshochschul-, Kunsterziehungs- und Jugendbewegung sowie die Lebensgemeinschaftsschulen der Hamburger und Bremer Schulreformer, die Hauslehrerschule *B. Ottos*, die Landerziehungsheime (seit 1898), die Waldorfschulen (seit 1919), die Jena-Plan-Schule P. Petersens (1924), die Montessori-Schulen (seit 1907) und auch die von *A. Reichwein* 1933 übernommene Dorfschule in Tiefensee. Vor allem die zuletzt genannten Schulgründungen haben mit ihren schulkonzeptionellen Besonderheiten das reformpädagogische Denken in der Bundesrepublik beeinflußt.
Es wird behauptet, daß die gegenwärtige reformpädagogische Diskussion vor allem im Grundschulbereich ohne die R. nicht möglich gewesen wäre. Darin wird aber zugleich die Gefahr gesehen, daß sich die heutige pädagogische Reflexion nicht aus der Umklammerung ihrer Orientierung an der historischen R. befreien kann, um sich, wie damals um 1900, den gesellschaftlich-historischen Problemen im Jahre 2000 zu stellen und sie originär zu bewältigen. Der Eindruck einer breiten reformpädagogischen Bewegung damals wie heute darf nicht darüber hinwegtäuschen, daß das tradierte staatliche Schulsystem mit seinen Strukturen und Merkmalen bis heute nicht grundsätzlich verändert worden ist.
Literatur: 2.1.9

Regelkreis. *Kybernetisch-informationstheoretische Didaktik.*

Regelschulen. 1) Alle Schularten, die im Schulgesetz eines Bundeslandes vorhanden sind und nicht den Status einer *Angebotsschule*, eines *Schulversuchs* oder einer *Privatschule* haben. Zu ihnen gehören meist die traditionellen Schulformen Grundschule, Hauptschule, Realschule, Gymnasium und Sonderschule. Die Gesamtschulen wurden seit 1968 zunächst als Versuchsschulen eingerichtet. Sie erhielten nach der Schulversuchsphase in einigen Bundesländern den Status gleichberechtigter R., in anderen den einer Angebotsschule. Zur Errichtung von R. durch den Schulträger besteht eine generelle Verpflichtung, wenn ein flächendeckendes Bedürfnis auf Dauer z.B. durch die Entwicklung von Neubaugebieten und sog. Trabantenstädten vorhanden ist. Die Bevölkerungsentwicklung und das Bedürfnis nach bestimmten *Schularten* (z.B. nach Hauptschulen) kann sich aber auch so entwickeln, daß die Frage entsteht, welche Schularten vom Schulträger anzubieten sind oder fortgeführt werden dürfen. Einzelheiten der Entwicklung im Schulwesen sind den Vereinbarungen der KMK, den Schulgesetzen bzw. Schulverfassungen und Verordnungen der Bundesländer zu entnehmen.
2) Im Bundesland Thüringen ist R. die Bezeichnung für eine Schulart, die nach der Grundschule neben dem Gymnasium existiert und die Klassenstufen 5 bis 9 bzw. 10 umfaßt. Die Schulart integriert den Haupt- und den Realschulbildungsgang und führt nach der 9. Klasse zum Hauptschul- (Berufsreife) und nach der 10. Klasse zum Realschulabschluß (mittlere Reife).
Literatur: 2.1.1

Regelstudienzeit (engl. *standard period of study*). Wird nach den Bestimmungen des *Hochschulrahmengesetzes* (HRG) in den Prüfungsordnungen der Hochschulen festgelegt. Innerhalb der R. soll ein erster berufsqualifizierender Abschluß erreicht werden. Daraus folgt, daß die R. für die Gestaltung der Studienordnung, für die Sicherstellung des entsprechenden Lehrangebots, für die Organisation der Prüfung sowie die Ermittlung der erforderlichen Ausbildungskapazitäten an den Hochschulen maßgebend ist.

Regression (lat. *regressio* Rückkehr; engl. *regression*). In der psychoanalytischen Theorie einer der *Abwehrmechanismen*, durch den eine Person versucht, Angstzustände oder Konflikte durch Rückwendung in frühere Entwicklungsphasen und die damals erfolgreichen Lösungswege zu überwinden.

Rehabilitation (lat. *re* zurück, *habilitare* befähigen; engl. *rehabilitation*). Maßnahmen zur Eingliederung bzw. Wiedereingliederung von Behinderten in Gesellschaft, Beruf und Arbeit. Dabei werden vier Schwerpunkte unterschieden: medizinische R., schulische R., berufliche und soziale R. Für den Erfolg einer R. ist eine möglichst frühzeitige und individualisierende Förderung wesentliche Voraussetzung.

Reifeprüfung. *Abitur.*

Reifung (engl. *maturation*). Prozeß von Wachstum und Entwicklung, wie er für alle Individuen typisch ist. Die Frage, zu welchen Anteilen in diesem Prozeß der Einfluß von genetischen oder ererbten Faktoren und Umweltbedingungen wirksam wird, ist einerseits vergeblich, da nicht zu beantworten, und andererseits wird eine solche Fragestellung den vielfältigen Wechselwirkungen zwischen genetischen Potentialen und Impulsen aus der Umgebung eines Individuums nicht gerecht. Fest steht allerdings, daß Erbe und Lernen die zentralen Bedingungen der R. darstellen.

Im Verlauf der R. findet eine Differenzierung des Organismus statt. Das Nervensystem wird sensibler, die Gliedmaßen werden funktionstüchtiger, die Fähigkeit zur Abstimmung der verschiedenen psychomotorischen und kognitiven Kräfte nimmt zu, damit zugleich die ichbestimmte Einflußnahme auf die R.

Rektor (lat. *rector* Lenker, Leiter; engl. *headmaster, principal*). **1)** Öffentliche Grund-, Haupt-, Real- und Sonderschulen werden vom einem R. geleitet, im Unterschied zu den Gymnasien und beruflichen Schulen, deren Leiter ein *Direktor* ist. Der R. ist zugleich Lehrer an seiner Schule. Er führt und verwaltet die Schule, hat in der Lehrerkonferenz den Vorsitz und vertritt die Schule nach außen. In Erfüllung seiner Aufgaben ist er den Lehrern seiner Schule gegenüber weisungsberechtigt. Er ist für die Einhaltung der Lehrpläne und aller sonstigen Erlasse der Schulaufsicht verantwortlich. Der R. wird von der Schulverwaltung eingesetzt. Dabei wirken Lehrer, Schüler und Eltern mit. Nähere Regelungen dazu finden sich in den Schulgesetzen der Länder.

2) In den Hochschulen ist der R. ein Organ der Selbstverwaltung. Er vertritt die Hochschule nach außen, leitet das Rektoramt und ist Vorsitzender des Senats und seiner Ausschüsse. Er wird nach den Bestimmungen des Hochschulrahmengesetzes (HRG) aus dem Kreis der Professoren für mindestens zwei Jahre gewählt und vom Ministerpräsidenten des Landes ernannt. Der R. einer Hochschule ist nicht Vorgesetzter der übrigen Hochschullehrer.

Repression (lat. *repressor* Unterdrücker; engl. *repression*). Jede Handlungsweise in der Absicht, die Urteilskraft und Handlungsfreiheit einer abhängigen oder schwächeren Person unter Androhung oder Einsatz von Gewalt zu unterbinden und sie einer fremden Willensentscheidung zu unterwerfen. Die Rede von einer repressiven Erziehung ist von diesem Wortverständnis her ein Widerspruch in sich, denn der Begriff *Erziehung* fordert zur *Emanzipation* der zu Erziehenden auf. Sog. repressive Erziehung sollte folglich als Dressur oder *Konditionierung* bezeichnet werden.

Reproduktion (lat. *re* zurück, wieder, *producere* vorführen; engl. *reproduc-*

tion). Allgemein die Wiedererzeugung von Bewußtseinsinhalten oder Gegenständen (z.B. von Bildern). Im Bereich der Pädagogik Beitrag von Erziehungs- und Unterrichtsprozessen zur Erneuerung der Sozialstruktur einer Gesellschaft sowie der Arbeitskraft innerhalb gesellschaftlicher Teilgruppen durch *Sozialisation, Qualifikation,* Selektion und *Allokation.* So dient die Hauptschule z.B. in Verbindung mit dem dualen System im wesentlichen zur R. der Facharbeiterschaft, während Gymnasium und Hochschule die R. der Führungskräfte zu besorgen haben.

Resozialisierung (lat. *re* zurück, in den früheren Zustand bringen, *societas* Gemeinschaft; engl. *rehabilitation*). Maßnahmen mit dem Ziel, im Sozialisationsprozeß erworbene abweichende Einstellungen und Verhaltensweisen, die zu Bestrafung geführt haben, durch gezielte Eingriffe so zu korrigieren, daß die Wiedereingliederung in die Gesellschaft möglich wird.

Retardierung (Syn. **Retardation**; lat. *retardatio* Verzögerung; engl. *retardation*). Verzögerung, Verlangsamung in der Entwicklung (z.B. der *Intelligenz*) eines Kindes im Vergleich zu anderen Kindern. Aussagen über den Grad der R. werden meist mit Hilfe von Intelligenztests gewonnen; ein Intelligenzquotient (IQ) um 70 deutet auf R. hin. Hat das Zurückbleiben des Kindes äußere Ursachen (z.B. Ernährungsmangel, ungünstige familiäre oder soziale Verhältnisse), können entwicklungsfördernde Maßnahmen helfen.

Rhetorik (griech. *rhetorike techne* Redekunst; engl. *rhetoric*). Lehre von der ausdrucksstarken und wirkungsvollen Rede, ihren Regeln, ihrem Aufbau, ihren sprachlichen und nonverbalen Ausdrucksmitteln und ihren Stilformen.

Richtlinien. *Lehrplan.*

Rigidität (lat. *rigidus* starr, unbiegsam, hart; engl. *rigidity*). Starres und hartnäckiges Festhalten an bestimmten Normen, Einstellungen, Gewohnheiten und Verhaltensweisen, das meist eine Anpassung an veränderte äußere Bedingungen und situationsangemessenes Verhalten verhindert.

Rigorosum (lat. *rigor* Härte, Strenge). Mündlicher Teil der Doktorprüfung im Haupt- und in zwei Nebenfächern. An manchen Universitäten als Disputation, d.h. als öffentliche Verteidigung von Thesen zum Gegenstandsbereich der Doktorarbeit durchgeführt.

Ritual (lat. *ritus* religiöse Regel, Brauch, Sitte; engl. *ritual*). Sozial geregelte und von den Mitgliedern einer Gruppe, Institution oder Gesellschaft weitgehend gleichförmig ausgeführte Handlungsabläufe. Sie vereinfachen und stabilisieren das soziale Handeln in häufig wiederkehrenden Lebenssituationen (Begrüssung, Vorstellung, Feiern, Kommunikation mit Personen unterschiedlicher Position, Besuch, Verabschiedung, Verhandeln usw.), schaffen dadurch eine grundlegende Handlungskompetenz für solche Situationen, strukturieren soziale Prozesse und vermitteln ein Gefühl der Zusammengehörigkeit.

Rolle (engl. *role*). Situations- und wertorientierte Ausführung der Verhaltenserwartungen, die von Personen, Gruppen oder Institutionen an den Inhaber einer sozialen Position gerichtet sind. Soll der Begriff Position rein funktional einen Platz innerhalb eines sozialen Systems beschreiben, so ist mit R. die tatsächliche Ausfüllung der Position gemeint, die angesichts der individuellen Wahrnehmung, Interpretation, Bewertung und Auswahl der Verhaltenserwartungen immer mehr meint als den bloßen Vollzug dieser Erwartungen. R. kann folglich auch als persönliche Darstellung einer Kombination mehr oder weniger festge-

legter Verhaltenserwartungen umschrieben werden.
Literatur: 2.10

Rollendistanz. Grundqualifikation für soziales Handeln, nämlich die Fähigkeit eines Menschen, sich von verinnerlichten Normen und sozialen *Rollen* dadurch abzusetzen, daß z.B. in einer bestimmten Situation mit Rücksicht auf die Normen und Gefühle des Kommunikationspartners die eigenen normativen Anforderungen nicht voll zur Geltung gebracht werden. R. kommt auch darin zum Ausdruck, daß ein Mensch in der Lage ist, seine Normen und sozialen Rollen kritisch in Frage zu stellen, zu verändern oder sogar aufzugeben. R. kommt in Rollenbeziehungen auch in der Fähigkeit zum Ausdruck, unklar oder widersprüchlich erscheinende Erwartungen eines Partners nicht einfach zu erfüllen, sondern im Gespräch zu klären und ggf. einen Konsens herzustellen.
Literatur: 1.8

Rollenkonflikt (engl. *role conflict*). Lassen sich unterschiedliche Verhaltenserwartungen an den Inhaber einer sozialen Position nicht miteinander vereinbaren, führen sie in ein Dilemma bzw. in den Zwang zur Entscheidung. Unterschieden werden Inter- von Intrar. Beim Interr. gerät eine Person in Schwierigkeiten, weil zwischen den Erwartungen verschiedener Rollen, die zu berücksichtigen sind, Widersprüche auftreten. Dagegen werden beim Intrar. Widersprüche zwischen Erwartungen, die sich aus den verschiedenen Segmenten einer Rolle ergeben, deutlich. Ein für die Lehrerrolle typischer Intrar. kann z.B. aus Widersprüchen zwischen pädagogischen Normen (dem einzelnen Schü-ler gerecht werden) und administrativen Vorschriften (alle Schüler nach den gleichen Kriterien beurteilen) resultieren.

Rollenspiel (engl. *role-playing*). Spielform, in der die Teilnehmer eine definierte *Rolle* im Interaktionszusammenhang einer simulierten realen Lebenssituation darstellen. Die Spieler können dabei unterschiedliche Rollen übernehmen, ausprobieren, wechseln und verändern, so daß sie ihr eigenes Handeln reflektieren und das Denken, Fühlen und Handeln anderer Personen besser verstehen lernen. Das R. hat einen Inhaltsaspekt, der auf gesellschaftliche Handlungsfelder wie Familie, Schule, Freizeit, Einkauf, Verkehr usw. bezogen ist, und einen Verhaltensaspekt, der die Wechselbeziehung der unterschiedlichen Rollen in diesen Handlungsfeldern betrifft.
Es werden verschiedene Formen des R. unterschieden: Im spontanen R. interagieren Kinder allein oder in der Kindergruppe (z.B. beim *Puppenspiel*) aus eigenem Antrieb, unabhängig von lenkenden Einflüssen durch Spielleiter. Dies setzt i.d.R. eine anregungsreiche vorbereitete Lernumgebung voraus. Im offenen bzw. freien R. interagieren die Spieler in einer simulierten Handlungssituation, indem sie die übernommene Rolle ohne vorherige Festlegung kreativ und eigenständig gestalten. Im gelenkten bzw. angeleiteten, geschlossenen R. sind die Vorgaben für das Rollenhandeln weitgehend festgelegt, so daß es darum geht, die übernommene Rolle möglichst realitätsgerecht darzustellen. Von einem bestimmten Erfahrungsstand an ist es notwendig, die Teilnehmer über das R. als eine Methode des Lernens zu informieren, Spielregeln für verschiedene Formen des R. bewußt zu machen und eine Reihe von Spieltechniken zu erproben und einzuüben.
Mit dem R. sollen die Teilnehmer vorwiegend ihre soziale Handlungskompetenz entwickeln. Dabei ist zu beachten, daß es je nach zugrunde gelegter Rollentheorie affirmativen oder kritisch-eman-

zipatorischen Zielen, Werten und Normen dienen kann.
Literatur: 2.1.3, 2.1.7

Rollenübernahme (engl. *taking the role of the other*). Der vom amerikanischen Soziologen G. H. Mead eingeführte Begriff bezeichnet die speziell menschliche Fähigkeit, sich im Umgang mit einem Partner dessen Reaktionen auf das eigene Verhalten vorab bereits vorstellen zu können und sie folglich als Antizipation in den Entwurf und die Durchführung des eigenen Verhaltens einfließen zu lassen. Im Verhalten des Ich ist demnach immer partiell das (erwartete) Verhalten des anderen repräsentiert.
Literatur: 2.10

Rückmeldung. *Feedback.*

Ruhepausen. Laut *Jugendarbeitsschutzgesetz* (JArbSchG) müssen Jugendlichen in Ausbildung oder Erwerbsarbeit feststehende R. von angemessener Dauer gewährt werden. Bei einer Arbeitszeit von viereinhalb bis sechs Stunden mindestens 30 Minuten, bei längeren Arbeitszeiten 60 Minuten. Eine R. darf 15 Minuten nicht unterschreiten. Sie darf nur dann in den Arbeitsräumen genommen werden, wenn während der R. die gesamte Arbeit in diesen Räumen ruht. Ist das nicht der Fall, sind besondere Aufenthaltsräume für die Jugendlichen einzurichten.

S

Sachanalyse. In Konzeptionen der *Unterrichtsvorbereitung* wird die S. oft als erster Schritt vor der *didaktischen Analyse* und der methodischen Planung dargestellt, bei dem es um die fachwissenschaftliche Auseinandersetzung des Lehrers mit dem Stoffgebiet geht. *W. Klafki* betont hingegen, daß die gründliche Aneignung von Sachkenntnissen Aufgabe der Lehrerbildung, Lehrerfortbildung und privaten Lehrerweiterbildung ist. Er sieht die Gefahr, daß die vorpädagogisch-fachwissenschaftliche S. direkt zur Grundlage des Unterrichts gemacht wird und die spezifisch pädagogischen Aufgaben aus dem Blick geraten. Ein Ausweg wird nicht in einem linearen Ab-leitungsschema, sondern in einem ganzheitlichen Konzept der Unterrichtsvorbereitung gesehen, in dem die einzelnen Faktoren und Schritte der Planung miteinander vernetzt sind und in einem Verhältnis der Wechselbeziehung zueinander stehen. Dabei ist zwischen dem Prozeß der Planung interdependenter Faktoren und der schriftlichen Niederlegung der Planungsergebnisse zu unterscheiden, in der eine Reihenfolge der dargestellten Faktoren wieder eine Rolle spielt. Einrichtungen zur Organisation von Praktika an Hochschulen und Ausbildungsseminare haben meist ein einheitliches Gliederungsschema für schriftliche Stundenentwürfe entwickelt, an denen sich Studierende, Lehramtsanwärter und Referendare orientieren sollten, um festzustellen, ob sie eine eigenständige S. machen müssen oder fachliche Ziele, fachwissenschaftliche Zusammenhänge und fachspezifische Arbeitsmethoden in anderer Weise berücksichtigen können.
Literatur: 2.1.3

Sachunterricht. Zentrales Schulfach der Grundschule (neben Deutsch und Mathematik), das im Zusammenhang mit der Bildungsreform 1969 die *Heimatkunde* ablöste und in die neuen Lehrpläne und Stundentafeln aufgenommen wurde. Unabhängig davon, ob das Fach in den siebziger Jahren in einigen Bundesländern wieder in Sachkunde, Heimat- und Sachkunde oder Heimat- und S. umbenannt worden ist, bleibt die Aufgabe, eine allgemein anerkannte Konzeption des S. erst zu entwickeln, die der Kombination von Kind-, Umwelt-, Gesellschafts- und *Wissenschaftsorientierung* Rechnung trägt.
Erste Versuche einer Konzeptuierung galten Anfang der siebziger Jahre dem Bemühen, die Komplexität naturwissenschaftlich-technischer Inhalte und Verfahren über den fachpropädeutischen, den verfahrensorientierten und den konzeptorientierten Curriculumansatz für die Grundschule zu elementarisieren. Mitte der siebziger Jahre kamen der mehrperspektivische, der situationsorientierte und der sozialgeographische Ansatz hinzu, die stärker auf die Gesellschaftswissenschaften bezogen waren und Kinder für Erfahrungsfelder ihrer Lebenswirklichkeit handlungsfähig ma-

chen wollten. Hatten die Lehrpläne dieser Jahre den jeweiligen Trend der Konzeptionsentwicklung in sich aufgenommen, so weisen die neuen Lehrpläne der achtziger Jahre nach der Kritik an diesen Ansätzen kaum noch eine konzeptionelle Konturierung auf und begnügen sich mit der Auflistung von z.T. traditionellen Themen. Gleichzeitig ist nicht nur der Rückgang naturwissenschaftlich-technischer Themen, sondern auch, im Unterschied zu westlichen Nachbarländern, die fast vollständige Ausklammerung der Computertechnologie zu beobachten.
Untersuchungen zur veränderten Kindheit, Aufgaben der *Umwelterziehung* und Probleme der *interkulturellen Erziehung* geben dem S. neue Impulse. Nicht eine Renaissance der Heimatkunde oder ein Wiederaufleben fachbezogener Bereiche weisen Mitte der neunziger Jahre in die Zukunft, sondern eine Neureflexion sachunterrichtlicher Gegenstände aus einer stärker ganzheitlichen Sicht der Wirklichkeit. Dabei wird es darum gehen, einerseits, von den Grundbedürfnissen und der unmittelbaren Mit- und Umwelt des Grundschulkindes ausgehend, den regionalen Nahraum durch Erfahrungs- und Sachlernen durchschaubar zu machen, andererseits aber auch den Blick auf Europa und die Welt zu öffnen. Die medial vermittelte Konfrontation des Kindes mit Problemen der Erde und des Kosmos macht es notwendig, weltweite multikulturelle und ökologische Themen in die grundlegende Bildung durch S. einzubeziehen.
Die 1992 gegründete Gesellschaft für Didaktik des S. in Deutschland (GDSU) hat sich zum Ziel gesetzt, hierzu konzeptionelle Beiträge zu leisten.
Literatur: 2.1.3, 2.1.8, 2.3
Anschrift: 3.10

Sammelklassen. Werden vereinzelt an Berufsschulen eingerichtet, wenn sich *Fachklassen* für eine Berufsgruppe (z.B. Fahrzeugtechniker) wegen zu geringer Schülerzahl nicht bilden lassen. In einer S. werden dann z.B. die Auszubildenden aller handwerklichen Metallberufe zusammengefaßt.

Sample. (engl. Beispiel, Muster, Auswahl) Teilgruppe einer größeren Population, die im Hinblick auf die Verteilung wesentlicher Merkmale für die Gesamtgruppe als stellvertretend (repräsentativ) angesehen werden kann. Informationen über Einstellungen und Verhaltensweisen des S. lassen deshalb Schlüsse auf die Gesamtgruppe zu.
Literatur: 1.5

Sanktion (lat. *sancire* heiligen, bestimmen, strafen; engl. *sanction*). Positive (Belohnung) oder negative (Bestrafung) Bewertung eines erwünschten bzw. unerwünschten Verhaltens.

Schicht (engl. *stratification*). Teil der Gesellschaftsmitglieder, der sich durch gemeinsame Merkmale (heute zumeist: Schulabschluß, Ausbildung, Beruf, Einkommen) von anderen Mitgliedern der Gesellschaft unterscheiden läßt. Durch eine Definition der einzelnen S. und ihre gestufte Anordnung kann der hierarchische Aufbau einer Gesellschaft dargestellt werden. Die Zuweisung eines Individuums zu einer S. hängt folglich immer von der Auswahl der Merkmale ab.
Literatur: 1.8, 2.10

schichtenspezifische Sozialisation. Zwischen Sozialisationsprozessen, Familienerziehung, Schullaufbahn und Berufschancen der Kinder einerseits und ihrer Zugehörigkeit zu einer *Schicht* andererseits bestehen deutliche Zusammenhänge. Kinder und Jugendliche aus unteren sozialen Schichten besuchen häufiger, als es ihrem Anteil an einem Altersjahrgang entsprechen würde, Förder- und Hauptschulen, ergreifen Handwerksberufe mit geringen Mobilitätschancen und sind bei den jugendlichen

Arbeitslosen überrepräsentiert. Tendenziell gelten für Kinder und Jugendliche aus oberen Schichten die gegenteiligen Perspektiven: Besuch weiterführender Schulen, Studium, qualifizierte, sichere, mit hohem Prestige und guten Einkommensmöglichkeiten verbundene Berufstätigkeit. Zugleich aber ist zu beachten, daß in Abhängigkeit von Faktoren wie Stadt-Land, Nationalität, Geschlecht, Religionszugehörigkeit, Familienklima oder Größe eines Altersjahrganges die Sozialisationsprozesse innerhalb einer Schicht sehr unterschiedlich verlaufen können. Zwischen Schichtzugehörigkeit und Erziehung darf folglich kein deterministischer Zusammenhang hergestellt werden. Festmachen läßt sich der Prozeß der s. S. insbesondere an der unterschiedlichen sozialen, intellektuellen und materiellen Ausstattung von Kindheit, an den Rollen und Normen, die erlernt werden, an den Investitionen in die Zukunft der Kinder sowie an den Lebensplänen, die Eltern für ihre Kinder entwerfen.
Literatur: 1.8

Schlichtungsausschuß. Nach den Bestimmungen des Berufsbildungsgesetzes (BBiG) kann der Berufsbildungsausschuß einer *Zuständigen Stelle* als Unterausschuß einen S. einrichten, dessen Zweck die Beilegung von Konflikten zwischen Auszubildendem und Ausbilder ist. Besteht ein S., kann ein Streitfall erst nach der Behandlung durch den S. als Klage bei einem Arbeitsgericht vorgebracht werden. Im Bereich des Handwerks werden S. bei den Innungen gebildet.

Schlüsselqualifikationen (engl. *key qualifications*). Alle Kenntnisse, Fähigkeiten, Einstellungen und Verhaltensweisen, die a) der Erweiterung bestehender Qualifikationen oder dem Erwerb neuer dienen, b) für die Bewältigung einer Vielzahl von Aufgabenstellungen grundlegend sind und c) zum aktiven und kritisch-konstruktiven Umgang mit neuen Techniken, Arbeitsmitteln sowie Organisationsformen der Arbeit befähigen. Wegen ihrer arbeitsplatz- und fächerübergreifenden Funktion werden die S. auch als extrafunktionale oder *Basisqualifikationen* bezeichnet. Ihre Entwicklung ist an die Bewältigung konkreter beruflicher oder schulischer Anforderungen gebunden, denn nur von tatsächlichen Aufgabenstellungen her kann die Bedeutung allgemeiner Befähigungen (abstrahierendes und logisches Denken, Planen, Disponieren, Kontrollieren, Informieren, systematische Fehlersuche, kooperatives Handeln, Selbständigkeit usw.) erfahren werden.
Literatur: 2.4.2

Schulabschlüsse. *Abschlüsse.*

Schulamt (engl. *school board*). Unterste Behörde der staatlichen *Schulaufsicht.* Über die *Rechts-* und *Fachaufsicht* kontrolliert sie die Gesetzmäßigkeit aller schulischen Maßnahmen, durch die *Dienstaufsicht* die Lehrer bei der pflichtgemäßen Erfüllung ihrer Aufgaben. Die Mitarbeiter des S. (Schulräte, Oberschulräte, S.direktoren) sind i. d. R. Lehrer, die eine zusätzliche schulrechtliche und wissenschaftliche Qualifikation erworben haben.

Schulanfang. *Anfangsunterricht.*

Schulangst. Spezielle Erscheinungsform der Angst, die eine Reaktion auf Gefahren oder Bedrohungen im Bereich der Schule und des Elternhauses darstellt und vielfältige Ursachen haben kann. Sie tritt bei einer zeitlich relativ kurzen, an situative Anlässe gebundenen Erregung als Zustandsangst oder bei erworbener sozialisationsbedingter Verhaltensdisposition als Ängstlichkeit (Eigenschaftsangst) auf. Der Phänomenbereich des Begriffs S. schließt die *Prüfungsangst* und die Leistungsangst ein.
S. resultiert häufig aus Kontaktschwierigkeiten gegenüber Lehrern und Mitschülern, aus Angst vor Mitschülern bei

Konflikten, Freundschaftsverlusten, Prestigeminderungen oder aus der Stigmatisierung von Außenseitern im Klassenverband. Mit der Zunahme von Leistungsanforderungen und -erwartungen vor Zeugnissen, Übergängen und Schulabschlüssen äußert sich S. vor allem als Prüfungsangst und als Ängstlichkeit vor generellem Leistungsversagen und Strafen der Bezugspersonen. Je höher das eigene Aspirationsniveau und das der Eltern ist, und je mehr der Leistungsvergleich mit Freunden und Mitschülern eine Rolle spielt, desto größer ist die Gefahr einer Identitätsdiffusion, die Streß, Frustration, Aggression und Drogenmißbrauch zur Folge haben kann. Mit Leistungsdruck und Repressionen sind aber meist weitere Leistungsminderungen, verstärktes Versagen und Angsterhöhung verbunden. Schulvergleichende Untersuchungen belegen, daß Leistungsängstlichkeit bei Real- und Gymnasialschülern am höchsten und bei Gesamtschülern am niedrigsten ist.
Zur Diagnose sind Gespräche über das Angsterleben der Kinder- und Jugendlichen und/oder die Bearbeitung eines sog. Angstfragebogens für Schüler wichtig. Hilfen zum Abbau von S. sind in erster Linie in einer Veränderung der angstauslösenden schulischen und elterlichen Faktoren zu suchen. Für Schüler, die von S. betroffen sind, werden therapeutische Verfahren angeboten, die zur *Verhaltensmodifikation* oder zur kognitiven Modifikation führen. In schweren Fällen ist eine *Psychotherapie* notwendig.
Literatur: 3.6

Schularbeiten. *Hausaufgaben.*

Schularten (Syn. **Schulformen**). Schulen im *Schulsystem*, die sich nach *Bildungsgängen, Abschlüssen* und *Berechtigungen* unterscheiden. Seit dem *Hamburger Abkommen* von 1964 bzw. 1971 gehören die auf die *Grundschule* aufbauenden *Hauptschulen, Realschulen* und *Gymnasien* zu den S. des allgemeinbildenden Regelschulsystems. Im Verlauf der Bildungsreform kamen die *Gesamtschulen* in einigen Ländern hinzu. Seit der Wiedervereinigung hat sich die Grundstruktur des Schulsystems im *Sekundarbereich I* erheblich verändert, so daß die KMK in einer das Hamburger Abkommen ergänzenden Vereinbarung den Rahmen für die S., Bildungsgänge und Abschlüsse neu abstecken mußte (vgl. KMK-Beschluß vom 3. 12. 1993). In der Vereinbarung werden S. unterschieden, die jeweils einen oder mehrere Bildungsgänge umfassen. Zu den S. mit einem Bildungsgang, in denen der gesamte Unterricht vorwiegend auf einen bestimmten Abschluß bezogen ist, gehören die traditionellen S. Hauptschule, Realschule und Gymnasium. S. mit zwei Bildungsgängen sind die Mittelschule (Sachsen), die Regelschule (Thüringen), die Sekundarschule (Saarland, Sachsen-Anhalt), die verbundene Haupt- und Realschule (Hessen), die integrierte Haupt- und Realschule (Hamburg) und die Regionalschule (Rheinland-Pfalz), in denen die Hauptschule und die Realschule organisatorisch und pädagogisch zusammengefaßt sind. Die kooperative Gesamtschule und das Schulzentrum (Bremen) umschließen die Bildungsgänge der Hauptschule, der Realschule und des Gymnasiums. Die integrierte Gesamtschule bildet eine organisatorische und pädagogische Einheit, die alle drei Bildungsgänge des Sekundarbereichs I umfaßt. In allen Bundesländern gibt es außerdem die *Sonderschule*, die in einzelnen Ländern auch Schule für Behinderte oder Förderschule heißt. Die Vereinbarung der KMK legt für die Gestaltung der S. und Bildungsgänge die gemeinsamen und besonderen Merkmale fest und regelt die Bedingungen für die gegenseitige Anerkennung der Abschlüsse und Berechtigungen.

Im Sekundarbereich II werden die *gymnasiale Oberstufe* an Gymnasien und Gesamtschulen sowie die S. des *beruflichen Schulwesens* unterschieden. S. des *zweiten Bildungsweges* sind die *Abendhauptschule*, die *Abendrealschule*, das *Abendgymnasium* und das *Kolleg*.
Literatur: 2.1.1
Schulaufbau. *Schulsystem*.
Schulaufsicht (engl. *supervisory school authority*). Das gesamte Schulwesen in Deutschland untersteht nach Artikel 7 des GG der Aufsicht des Staates. Da die Bundesländer *Kulturhoheit* besitzen, also für alle Angelegenheiten im Schulwesen zuständig sind, regeln sie in ihren *Schulgesetzen* die Aufgaben der S. und deren Organisation in den Behörden der *Schulverwaltung*. Im einzelnen umfaßt die S.: Planung, Leitung, Ordnung und Weiterentwicklung des Schulwesens, das Recht auf Bestimmung der Unterrichtsziele und -inhalte, die *Fachaufsicht* über die von den Schulen zu erfüllenden pädagogischen Aufgaben, die *Dienstaufsicht* über die Schulleiter und Lehrer sowie die Aufsicht über die Pflichterfüllung der Schulträger. Der Umfang der S. gegenüber den freien Schulen (Privatschulen) ist gesondert geregelt.
Literatur: 2.1.11
Anschriften: 4.1
Schulausschuß. *Schulkonferenz*.
Schulbeirat. Unter dieser oder etwas anderslautenden Bezeichnungen (z.B. Schulausschuß) werden nach den landesrechtlichen Vorgaben für die *Schulverfassung* in einzelnen Bundesländern im Zuständigkeitsbereich von Schulträgern Gremien eingerichtet, in denen Vertreter des Schulträgers Maßnahmen im Bereich der *äußeren Schulangelegenheiten* mit Vertretern der Eltern, der Lehrerschaft, der Schüler, der Berufsbildung u.a. für die Schularbeit unmittelbar wichtigen Institutionen beraten.
Schulbereitschaft. *Schulreife*.
Schulbezirk. Für Pflichtschulen, in denen die gesetzlich festgelegte *Schulpflicht* zu erfüllen ist (*Grundschulen*, *Hauptschulen*, Schulen für Lernbehinderte/*Förderschulen* und *Berufsschulen*) werden S. eingerichtet. Die in einem S. wohnenden Kinder oder Jugendlichen müssen die jeweils für sie zuständige Schule des S. besuchen, es sei denn, sie sind Schüler einer *Wahlschule* oder einer *Privatschule*. Ausnahmen muß das zuständige Schulamt genehmigen.
Schulbibliothek. *Schulmediothek*.
Schuldfähigkeit (engl. *responsibility*). Voraussetzung für die strafrechtliche Verantwortlichkeit eines Täters. Täter, die das 14. Lebensjahr noch nicht vollendet haben, besitzen nach dem deutschen Recht noch keine S. Die Gesetze sprechen von absoluter Schuldunfähigkeit. Für Täter zwischen dem 14. und der Vollendung des 18. Lebensjahres, unter besonderen Umständen auch noch bis zur Vollendung des 21. Lebensjahres, gilt das im *Jugendgerichtsgesetz* (JGG) geregelte *Jugendstrafrecht*. Stellt ein Richter z.B. aufgrund seelischer Störungen eine verminderte S. fest, können nach dem Schuldspruch z.B. erzieherische Maßnahmen verhängt werden.
Schuldruckerei. Begründer der S. ist neben dem Belgier O. Decroly der französische Pädagoge *C. Freinet*. Freinet suchte Wege, von den vorgegebenen Schulbüchern abzukommen und die Schüler ihre eigenen freien Texte über ihre Projekte, Erkundungen oder Experimente produzieren zu lassen. Eine Zeitungsanzeige brachte ihn auf die Idee, eine Kleinstdruckpresse anzuschaffen und die Schüler ab 1923/24 ihre Texte selbst setzen und drucken zu lassen. Im Jahre 1926 entwickelte er seine eigene Klapp-Druckpresse, die heute neben der Rollen- bzw. Abziehpresse beim Drucken in der Schule in Deutschland verwendet wird. Die S. Freinets förderte

die freie Textproduktion, die Herstellung einer Schülerzeitung, die Entstehung eigener Lese- und Sachbücher und die Korrespondenz mit anderen Schulen. In seinem Buch ›L'Imprimerie à l'Ecole‹ hat er die Bedeutung des Arbeitsmittels S. für die Selbstentfaltungsmöglichkeiten der Schüler zusammengefaßt.
Anschriften: 3.12

Schule (griech. *schole* Ort der Muße, Unterrichtsstätte; lat. *schola*; engl. *school*). Im Sinne des *Schulrechts* ist die S. eine Einrichtung in staatlicher bzw. kommunaler oder freier (privater) Trägerschaft zur Erziehung und Ausbildung von Kindern und Jugendlichen. Auch *Landerziehungsheime* sind S. im schulrechtlichen Sinn, obwohl sie nicht den Namen S. verwenden. Hingegen sind private Unterrichtseinrichtungen, die sich S. nennen (z. B. Tanzschulen), keine S. im obigen Sinne. Der Schulbegriff ist heute rechtlich verankert in den Quellen des Schulrechts (Grundgesetz, Landesverfassungen, Schulgesetze der Länder, Rechtsverordnungen). Die rechtliche und die pädagogische Sicht von S. können sich unterscheiden.

Die konzeptionelle Grundlegung der Institution S. und ihrer Merkmale (*Leistungsbegriff, Jahrgangsklasse* usw.) geht auf den Ausbau des Schul-, Berechtigungs- und Schulverwaltungswesens im 19. Jh. zurück, der zunächst im höheren Schulwesen begann. Mit der zunehmenden Industrialisierung, Verstädterung und Mobilität reichte das nachahmende Lernen im unmittelbaren Lebenszusammenhang nicht mehr aus und machte eine planmäßige Vermittlung technischer Fähigkeiten und des ständig anwachsenden Wissensstoffs an breite Bevölkerungsschichten in der S. notwendig. Mit der Verstaatlichung der S. und der Realisierung der Schulpflicht im 19. Jh. ging auch die Durchsetzung der Prinzipien Einheitlichkeit, Vergleichbarkeit und Kontrollierbarkeit schulischer Leistungserbringung einher. Die Gesamtheit aller Kinder und Jugendlichen ist seitdem an den Besuch der Vollzeit- und Teilzeits. gebunden.

Die heutige sozialwissenschaftlich orientierte *Schultheorie* sieht folgende gesellschaftliche Funktionen der S.: Befähigung der heranwachsenden Generation für die Bewältigung der Aufgaben im Beschäftigungs- und Gesellschaftssystem (Qualifikationsfunktion). Steuerung der Ausbildung geeigneter Schüler durch Prüfungen, Zensuren, Abschlüsse und Berechtigungen (Selektionsfunktion) sowie durch Zuweisung zu bestimmten Schularten und Ausbildunggängen, mit denen bestimmte Berufschancen und ein entsprechender sozialer Status verbunden sind (Allokationsfunktion). Vermittlung gesellschaftlich erwünschter Grundwerte, Verhaltensweisen, Einstellungen und Überzeugungen wie z. B. Fleiß, Sorgfalt, Kooperationsbereitschaft, Verläßlichkeit, Pünktlichkeit, Loyalität gegenüber gesellschaftlichen und politischen Normen (Integrations- bzw. Legitimationsfunktion). Da sich in dem zehn- bis dreizehnjährigen Prozeß der schulischen Sozialisation gleichzeitig die Persönlichkeit des Schülers konstituiert und die gesellschaftlichen Verhältnisse reproduziert werden, wird zusammengefaßt auch von der Sozialisations- und Reproduktionsfunktion der S. gesprochen. Im Zuge der nunmehr fast einhundertachtzigjährigen Schulgeschichte hat einerseits die Verrechtlichung von Bildung und Erziehung, andererseits aber auch die gesellschaftliche Akzeptanz der Institution S. zugenommen.

Die bereits seit Mitte des 19. Jh. einsetzende Schulkritik richtete sich um 1970 verstärkt auf die Verschulung der modernen Gesellschaft und die chancenungleichen Wirkungen des Berechtigungswesens. Von der Demokratisierung der

Gesellschaft und der bildungspolitischen Öffnung der S. seit den siebziger Jahren wird der Anstieg des Bildungs- und Ausbildungsniveaus der heranwachsenden Bevölkerung erwartet, zugleich aber eine Nivellierung des Leistungsniveaus vermutet. Die Eltern wollen heute einerseits eine kindgemäße, Lernfreude wekkende S., andererseits aber auch eine optimale Vorbereitung ihrer Kinder auf möglichst hohe Schul- und Ausbildungsabschlüsse. Diese widersprüchlichen Erwartungen stellen die Dominanz bisheriger Strukturen und Funktionen der S. in Frage. Schulkritiker gehen aufgrund der heutigen gesamtgesellschaftlichen Situation davon aus, daß die demokratische Gesellschaft einen langfristigen Bedarf nach einer veränderten S. hat und fordern, den Schulbegriff zu überdenken und inhaltlich neu zu fassen.
Literatur: 1.8, 1.10, 2.1.2, 2.1.8

Schuleingangsdiagnostik. *Einschulungsdiagnostik.*

Schuleingangsphase. *Anfangsunterricht.*

Schulen des Gesundheitswesens. Dienen der Ausbildung nichtakademischer Gesundheitsberufe (Krankenschwestern, Pfleger, Hebammen, Masseure, Beschäftigungstherapeuten, Krankengymnasten). Zumeist sind sie Krankenanstalten angegliedert und werden von den Trägern dieser Einrichtungen unterhalten. Sie gehören nicht in den Zuständigkeitsbereich der Kultusministerien. Ihre Abschlüsse sind jedoch staatlich anerkannt.

Schüler (engl. *pupil, student*). **1)** Allgemein jede kindliche, jugendliche oder erwachsene Person, die eine Unterrichtseinrichtung besucht, um dort bestimmte Kenntnisse, Fähigkeiten und Fertigkeiten zu erwerben.
2) Im engeren Sinne Kinder und Jugendliche, die vor Aufnahme einer Berufsausbildung bzw. eines Studiums oder vor Eintritt in eine Erwerbstätigkeit eine öffentliche oder private Schule besuchen. Für diese S. bestimmt das *Schulrecht* den Begriff von dem besonderen Verhältnis her, das S. (bei minderjährigen S. auch die Erziehungsberechtigten) zur Schule als öffentlicher Anstalt eingehen (*Schulverhältnis*). Pflichten und Rechte des S. werden im Zusammenhang mit Bestimmungen zur *Schulpflicht*, zur *Schulordnung*, zu Prüfungen, zur Sicherung der *Grundrechte* der S. und ihrer Möglichkeiten zur *Mitbestimmung* bzw. Mitwirkung bei der Gestaltung des Schullebens im einzelnen festgelegt.
Literatur: 2.1.2, 2.1.6

Schülerbeurteilung. *Leistungsbeurteilung.*

Schülermitverantwortung. *Mitbestimmung.*

Schülermitverwaltung (SMV). *Mitbestimmung. Schülerrat.*

Schülerrat. Unter dieser oder einer ähnlichen Bezeichnung (z. B. Schülerbeirat) nach den landesrechtlichen Regelungen zur Schülermitverantwortung (SMV) auf der Ebene der einzelnen Schule eingerichtetes Gremium, das sich i. d. R. aus den Klassensprechern zusammensetzt. Der S. soll über Angelegenheiten der Gesamtschülerschaft beraten und deren Interessen gegenüber den Lehrern und der Schulleitung vertreten. In den meisten Bundesländern können Vertreter des S. zu Lehrerkonferenzen hinzugezogen werden. Angesichts der unterschiedlichen Bestimmungen in den Bundesländern können Einzelheiten nur den jeweils geltenden Gesetzen und Erlassen entnommen werden.
Literatur: 2.1.11

Schülersprecher. Vorsitzender des *Schülerrates* einer Schule.

Schülerunfallversicherung. Für alle Schüler besteht für Unfälle, die sich während des Schulbesuchs, bei Schulveranstaltungen (z. B. Exkursion, Praktikum) sowie auf dem Weg zur und von der Schule ereignen, eine S. Jeder Unfall, der ein Schulunfall sein könnte, ist bei der Schulleitung umgehend zu melden. Die Schulleitung informiert sodann innerhalb von drei Tagen den Unfallversicherungsträger.

Schülervertretung. Nach den *Schulgesetzen* der Bundesländer wirken die Schüler an der Gestaltung des Schullebens durch die S. mit. Ab Klasse 5 wählt die Klassenversammlung einen Klassensprecher. Die Klassensprecher einer Schule bilden gemeinsam den *Schülerrat.* Der Schülerrat wählt den Schülersprecher und einen *Vertrauenslehrer* bzw. Verbindungslehrer, der die S. beraten und unterstützen soll.

Schulfähigkeit. *Schulreife.*

Schulfahrten (Syn. **Klassenfahrten**). Sie ermöglichen Schülern und Lehrern Erfahrungen, mit denen verschiedene Ziele verbunden sind: Förderung sozialen Lernens und sozialer Verhaltensweisen; Verbesserung des Lehrer-Schüler- und des Schüler-Schüler-Verhältnisses; Kennenlernen des erweiterten Lebensraumes unter geographischen, ökologischen, geschichtlichen, politischen und sonstigen kulturellen Gesichtspunkten; Förderung der Freizeitgestaltung und der Gesundheitserziehung; Vermittlung von Einblicken in die Berufs- und Arbeitswelt. Die Konkretisierung dieser Ziele hängt von der Art der S. ab. Unterschieden werden: Wanderungen als S.; Klassenfahrten z.B. zu Sportveranstaltungen, Ausstellungen, Museen, Theatervorstellungen, Konzerten u.ä.; Schüleraustauschfahrten; Schullandheimaufenthalte; Studienfahrten bei Abschlußklassen der Sekundarbereiche; Fahrten zur Besichtigung von Betrieben oder sozialen Einrichtungen. Bei der Organisation und Durchführung von S. sind die schulrechtlichen Bestimmungen (Erlasse) zu beachten, in denen z.B. die Anzahl und Dauer der S. für die einzelnen Jahrgangsstufen und Schularten, die Entfernung der Zielorte im In- und Ausland, die Aufsichtsführung und Regelungen bezüglich der Planung und Genehmigung festgelegt sind. Der Verbindung von Unterricht in der Schule und sinnvoll gestalteten S. kommt eine große freizeitpädagogische Bedeutung zu.
Literatur: 2.1.11, 2.8, 3.4

Schulferien (engl. *school holidays, school vacation*). Nach einer Vereinbarung der KMK betragen die S. derzeit in Deutschland 75 Werktage. Ihre zeitliche Verteilung über das Jahr wird mit gewissen Spielräumen für die einzelnen Bundesländer auf längere Zeit in der *Ferienordnung* von der KMK festgelegt. Die genaue Festlegung aller Ferientage erfolgt im Rahmen dieser Vorgabe durch die Kultus- bzw. Schulministerien der Länder.

Schulfernsehen (engl. *school television*). Bereich des öffentlichen Fernsehens, der sich mit der Programmentwicklung, Produktion und Übertragung von Fernsehsendungen für die Schule befaßt. S. gibt es in der Bundesrepublik Deutschland seit Mitte der sechziger Jahre. Seitdem wurde folgender Forderungskatalog für Schulfernsehsendungen erarbeitet. Die Programme müssen sich in den vom Lehrer vorgesehenen Zusammenhang des Unterrichts einpassen lassen. Deshalb muß die Zeitstruktur der Schul- und Unterrichtsorganisation beachtet werden. Dies ist heute möglich, indem Sendungen mit Videogeräten aufgezeichnet werden und dann ganz oder in Ausschnitten zur Einführung, Information, Wiederholung, Erläuterung oder Zusammenfassung eingesetzt werden. Die Strukturierung und die Sequenzen einer Sendung müssen auf diese Bedürfnisse zugeschnitten sein. Das S. kann mit seinen medialen Möglichkeiten und Sendeformen Gegenstände, Vorgän-

ge und Sachverhalte aus z.B. biologischen, geographischen, historischen, regionalen, betrieblichen oder ökologischen Bereichen zur Darstellung bringen, die auf andere Weise nicht oder nur unter erschwerten Bedingungen in den Unterricht eingebracht werden können. Dabei sollen die Sendungen nach den heutigen Ansprüchen an einen offenen Unterricht zu situationsbezogener und handlungsorientierter Auseinandersetzung anregen. Schriftliche Begleitmaterialien, die einem solchen Konzept entsprechen, sind für Lehrer eine große Hilfe.
Literatur: 2.8
Anschriften: 14.4

Schulfinanzierung (Syn. **Schulunterhaltung**). Aufbringen der Geldmittel für die Personalkosten, die Verwaltung, den Bau, die Ausstattung, den Unterhalt usw. der *Schulen.* Bei den öffentlichen Schulen übernehmen das Bundesland (Personalkosten, Schulverwaltung, Zuschüsse für äußere Schulangelegenheiten) und die kommunalen oder regionalen Schulträger die S. Private Schulen, sofern sie als Ersatzschulen anerkannt sind, erhalten 75% und mehr ihrer Aufwendungen aus öffentlichen Haushalten erstattet. Regelungen zur S. finden sich in den *Schulgesetzen,* den Privatschulgesetzen oder den Privatschulfinanzierungsgesetzen der Länder.
Literatur: 2.1.11

Schulformen. *Schularten.*

Schulforum. *Schulkonferenz.*

Schulfremdenprüfung (Syn. **Nichtschülerprüfung**). Abschlußprüfungen von Bildungsgängen können auch von Schulfremden (sog. Nichtschülern) zum Erwerb des Hauptschul- und Realschulabschlusses, der Hochschulreife und von berufsqualifizierenden Abschlüssen abgelegt werden. Im Rahmen des zweiten Bildungsweges bereiten anerkannte Lehrgänge des Fernunterrichts und der Volkshochschulen darauf vor. Einzelheiten zum Verfahren der staatlichen Abschlußprüfungen für Fernlehrgangsteilnehmer regelt die nach Landesrecht zuständige Prüfungsbehörde (z.B. Schulämter) auf der Grundlage von Vereinbarungen der KMK. Als Schulfremde gelten auch die Schüler von nichtanerkannten privaten Ersatzschulen. Da das Bestehen der S. und die Zeugnisnoten ausschließlich von den in der Prüfung nachgewiesenen Leistungen abhängen, blieben bisher die von Schülern in Privatschulen oder die von Nichtschülern im Beruf erbrachten Leistungen unberücksichtigt. Die KMK hat allerdings in ihrer Vereinbarung über die Durchführung der Abiturprüfung für Schüler an Waldorfschulen 1984 empfohlen, die sich aus der Pädagogik der Waldorfschule ergebenden Besonderheiten zu berücksichtigen. Pädagogen empfehlen, Vorleistungen in der S. anzurechnen und die Prüfungsanforderungen für Nichtschüler entsprechend abzuändern.
Literatur: 2.1.11

Schulfunk (engl. *schools broadcasting*). Selbständiges Programmressort des Hörfunks öffentlich-rechtlicher Rundfunkanstalten, dessen Sendungen in erster Linie der Ergänzung und Vertiefung des Unterrichts in der Schule dienen sollen. Die S.programme werden i.d.R. mit den Lehrplänen des Sendebereichs abgestimmt, enthalten aber auch wichtige aktuelle Themen. Über das Programmangebot und das einführende Begleitmaterial werden die Schulen rechtzeitig informiert. Die Beihefte enthalten meist zusätzliche Informationen und didaktisch-methodische Hinweise für Lehrer. Sie werden auf Anforderung kostenlos zugeschickt. S.sendungen sind ein wichtiges Zusatzangebot, dessen Vorzüge in der lebendigen Gestaltung von Reportagen, Interviews, Hörspielen, Features über Literatur, Naturwissenschaften, Ge-

schichte etc. liegen, die zur weiteren Auseindersetzung mit dem Gegenstand anregen.
Der S. stellt darüber hinaus ein Bildungsprogramm dar, das von vielen Erwachsenen gerne gehört wird.
Literatur: 2.8

Schulgarten (engl. *school garden*). Gartenfläche auf dem Gelände oder in unmittelbarer Nähe der Schule, die unterrichtlichen und erzieherischen Zwekken dient. Der S. hat in der Schulgeschichte eine lange Tradition und ist doch nicht an jeder Schule vorhanden. Seit den achtziger Jahren ist das S.interesse durch die Forderung nach schülergerechter Umwelterziehung wieder neu belebt worden. Die S.arbeit ist einerseits auf den Biologieunterricht bezogen, hat aber andererseits vor allem in der Grundschule fächerübergreifende Bedeutung.
In den letzten Jahren sind viele Schulgrundstücke zu einem naturnahen Erfahrungsraum mit Biotopen, Nutzgärten mit standortgemäßer Bepflanzung in Mischkultur und ökologischer Bewirtschaftung, Kräuterspiralen, Ruhezonen mit Nisthilfen für Vögel und Insekten sowie Plätzen zum Kochen, Essen und Pausieren umgestaltet worden. Der S. gibt vielfältige Gelegenheiten zum Pflanzen und Pflegen, Beobachten und Dokumentieren, Malen, Beschreiben und Ausstellen sowie zum Feiern im Ablauf des S.jahres. Er ist ein wichtiger Bestandteil des gesamten Schullebens.

Schulgeld (engl. *school fees*). Für den Besuch sämtlicher *öffentlicher Schulen* wird nach den Bestimmungen der *Schulgesetze* der Bundesländer kein S. erhoben. Für *Privatschulen* gelten Sonderregelungen, die im Einzelfalle zu erfragen sind.

Schulgemeinde. Gemeinschaft der Lehrer, Schüler und Eltern einer *Schule*, durch deren partnerschaftliches Zusammenwirken Unterricht und Schulleben ausgestaltet werden sollen. Rechtlich ist die S. nicht als Träger besonderer Funktionen definiert. Im Rahmen der *Mitbestimmung* von Eltern und Schülern gewinnt sie jedoch auch formal Gestalt.

Schulgesetz (engl. *education act*). Aufgrund der *Kulturhoheit der Länder* verabschieden die Parlamente der sechzehn Bundesländer für ihr jeweiliges Staatsgebiet ein S. Es bestimmt den Auftrag der *Schule*, regelt die Gliederung des Schulwesens nach *Schularten* und Schulstufen, definiert die Rechtsstellung der Schule als öffentliche Anstalt, legt die Dauer der Vollzeit- und Teilzeitschulpflicht fest, enthält Vorschriften über Errichtung und Unterhalt der öffentlichen Schulen, regelt die Pflichten und Rechte sowie die Organisation der *Schulaufsicht*, beschreibt die Aufgaben der *Schulleitung*, der Lehrer und der verschiedenen Konferenzen, regelt Inhalt und Form der *Mitbestimmung* von Eltern und Schülern an der Gestaltung des Schullebens.
S. gelten für alle öffentlichen *allgemeinbildenden* und *beruflichen Schulen* eines Landes.
Literatur: 2.1.11

Schulgesundheitspflege. Im Rahmen geltender Gesetze bieten die Länder den Schülern allgemeinärztliche und zahnärztliche Betreuung an. Es finden kostenlose Untersuchungen und Impfungen statt. Zu diesem Zwecke gehen Ärzte des Gesundheitsamtes i.d.R. während des ersten, des vierten und des sechsten Schuljahres jeweils einmal in die Schulen. Für den Einzelfall sind die Bestimmungen im jeweiligen Bundesland zu beachten.

Schulhoheit. Die im GG dem Staat zugewiesene Befugnis, das *Schulverhältnis* gesetzlich zu regeln, den heranwachsenden Bürgern z.B. die Pflicht zum Besuch einer Schule aufzuerlegen. Nach der verfassungsrechtlichen Lage sind dafür die Bundesländer (*Kulturhoheit der Länder*) zuständig. Die Landesparlamente erlassen zu diesem Zwecke *Schulgesetze*.

Schuljahr (engl. *school year*). Das S. beginnt in der Bundesrepublik Deutschland am 1. August und endet am 31. Juli des folgenden Kalenderjahres. Der Unterricht eines neuen S. fängt nach den Sommerferien an. Durch die unterschiedlichen Ferientermine in den einzelnen Bundesländern (*Ferienordnung*) sind S.beginn und Unterrichtsbeginn im allgemeinen nicht identisch.

Da für den Schüler die Zeit seiner *Schulpflicht* in S. gegliedert ist, wird der Begriff S. auch häufig synonym mit dem Begriff Klasse im Sinne von Jahrgangsklasse oder Schulklasse verwendet.

Das S. ist auch der Zeitabschnitt, in dem bestimmte Lernziele und Lerninhalte der Lehrpläne und Richtlinien erreicht werden sollen. Deshalb werden am Ende eines S. auch Zeugnisse vergeben, mit denen Versetzungen, Übergänge und Abschlüsse verbunden sind.

Schulkindergarten (engl. *school kindergarten*). Einrichtung an einer *Grund-* oder *Sonderschule* zur Förderung von schulpflichtigen Kindern, die wegen mangelnder *Schulreife* i.d.R. um ein Jahr vom Schulbesuch zurückgestellt und durch eine intensive Betreuung auf die Schule vorbereitet werden.

In einigen Bundesländern (z.B. in Hessen) werden die S. auch als *Vorklassen* bezeichnet. Sie sind dann nicht identisch mit der Einrichtung von freiwilligen Vorklassen im Sinne der *Eingangsstufe* für Fünfjährige an Grundschulen.

Schulklasse (Syn. **Klasse**; engl. *school class*). Nach dem *Hamburger Abkommen* von 1964 werden die S. im Schulaufbau von Klasse 1 bis 13 aufwärts durchnumeriert. Für den Begriff Klasse bzw. S. wird auch häufig der Begriff *Schuljahr* synonym verwendet.

Als formelle Grundeinheit von Schülern werden S. im System der *Jahrgangsklasse* i.d.R. nach dem Kriterium der Altersgleichheit gebildet. Für die Bildung von Klassen gibt es verwaltungsrechtliche Richtlinien, in denen die Anzahl der Schüler einer S. durch den Klassenfrequenzrichtwert festgelegt wird.

Schulkollegium. Mittlere Schulaufsichtsbehörde im Bundesland Nordrhein-Westfalen. In anderen Ländern findet mehrheitlich die Bezeichnung Oberschulamt Verwendung.

Schulkonferenz. Gemeinsame Konferenz von Schulleitung, Vertretern der Lehrerschaft, der Schüler, Erziehungsberechtigten und (im Falle beruflicher Schulen) von Vertretern aus dem Bereich der Berufsausbildung. In einzelnen Bundesländern finden sich die Bezeichnungen Schulforum oder Schulausschuß. Die S. berät in allen für Unterricht und Schulleben grundlegenden Angelegenheiten, beschließt über die Schulordnung, über Erziehungs- und Ordnungsmaßnahmen, über Stellungnahmen gegenüber dem Schulträger und auch über Schulpartnerschaften. Gegenüber dem Schulleiter und den Lehrerkonferenzen besteht i.d.R. ein Vorschlagsrecht.

Schullandheim (engl. *country hostel*). Die Schule ergänzende pädagogische Einrichtung, die Schulklassen während der Schulzeit einen längeren Aufenthalt in ländlicher Umgebung ermöglicht. Träger sind meist Schulvereine, einzelne Schulen, Gemeinden oder Kreise.

Der S.aufenthalt kann der Bearbeitung besonderer thematischer Schwerpunkte (Erkundungen, Wanderungen, Beobachtungen, Museumsbesuche), der Erholung und dem Gemeinschaftsleben der Klasse dienen. Vor allem für Schulklassen aus den Großstädten kann die Atmosphäre auf dem Lande von großer erzieherischer

Bedeutung sein und für Lehrer und Schüler ein Schulklima schaffen, das positive Auswirkungen auf das weitere Schulleben in der Stadt hat.
Der Begriff S. ist nicht zu verwechseln mit Landschulheim im Sinne von *Landerziehungsheim.*

Schullaufbahnberatung (Syn. **Bildungsberatung**). Entsprechend qualifizierte Lehrer, *Beratungslehrer* und *schulpsychologische Dienste* informieren Schüler und Eltern, aber auch Lehrer und Erzieher über Fragen und Probleme der Einschulung, Sonderschulüberweisungen, Versetzungsentscheidungen, Übergänge, beraten bei einem Kurswechsel im Rahmen der Fachleistungsdifferenzierung, bei Wahlpflichtfachentscheidungen, Schulwechsel, Berufswahlentscheidungen und Lernschwierigkeiten. Wichtig ist, Schülern und Eltern Orientierungs- und Entscheidungshilfe bei der Verwirklichung beabsichtigter Bildungsziele zu geben.
S. findet als Information und Beratung großer Schüler- und/oder Elterngruppen, aber auch als Individualberatung statt. Vor allem bei Diskrepanzen zwischen Lernvoraussetzungen und Lernanforderungen nach Übergängen oder zwischen Schulabschlußerwartungen und Schulversagen ist das Einzelgespräch mit dem Schüler und seinen Eltern von großer Bedeutung.
Literatur: 2.1.4, 2.4.1, 2.9

Schulleben. Kennzeichnendes Merkmal einer Schulkultur, die *Schule* hinaushebt über die ihr seit dem 19. Jh. zugeschriebenen gesellschaftlichen Funktionen. Mit der kulturschaffenden Funktion des S. überwindet die Schule ihre Beschränkung auf Unterricht und Wissensvermittlung und bindet diese in ein eher ganzheitliches pädagogisches Erziehungskonzept ein.
Der Begriff S. wurde erstmalig 1826 von *F. Fröbel* verwendet, der eine stärkere Verknüpfung von Familienleben und Leben in der Schule forderte. Zu dieser Zeit wurden mit der Vereinheitlichung der Gymnasien auch die schulkonzeptionellen Merkmale des deutschen Schulwesens (wie etwa Jahrgangsklassen, Frontalunterricht, Versetzungsregelungen usw.) eingeführt, gegen deren Auswirkungen später die *Reformpädagogik* mit den verschiedenen Konzepten zur Verbindung von Leben und Lernen in der Schule anging. Unterricht wurde nicht mehr als einzige Aufgabe der Schule angesehen, sondern als ein wichtiger Teil im Gesamtkonzept des S. (vgl. z. B. den *Jena-Plan*).
In der gegenwärtigen Situation wird dem S. häufig nur eine kompensatorische Funktion in einer sonst durch Leistungsdruck, Fachunterricht und lebensferne Inhalte gekennzeichneten Schule zugeschrieben. Feste (Klassenfest, Grillabend, Schulfest, Sportfest, Basar, Sommerfest, Laternenumzug, Diskothek u. ä.) und Feiern (Einschulungs-, Schulentlassungs-, Weihnachts-, Geburtstagsfeier u. ä.) sind dann Höhepunkte, zu denen sich Schüler, Lehrer und Eltern vielleicht ein- oder zweimal im Jahr zusammenfinden. Im Unterschied hierzu wird mit dem an der Reformpädagogik orientierten Begriff S. die Vorstellung von einem mehrdimensionalen gemeinschaftstiftenden Gesamtkonzept verbunden, wie es noch am ehesten in Reformschulen, Grundschulen und Gesamtschulen praktiziert wird. In diesem Sinne macht kulturbezogenes und gemeinwesenorientiertes S. die Schule zu einem Lebens-, Lern- und Erfahrungsraum für Schüler, Lehrer, Eltern und die Gemeinde. Mit der Öffnung von Schule und Unterricht hat dann die Schule eine Chance, im Sinne *J. Deweys* zu einem Modell für gemeinschaftliches Leben in der Demokratie zu werden.
Literatur: 2.1.2, 2.1.5

Schulleistung. *Leistungsbegriff.*

Schulleitung (engl. *school management*). Pädagogische und organisatorische Führung einer *Schule* in allen inneren und äußeren Schulangelegenheiten und Vertretung der Schule nach außen. Als Schulleiter (Rektor oder Direktor) kann nur eingesetzt werden, wer die Befähigung zum Lehramt der zu leitenden Schulart besitzt. Zu den Aufgaben der S. gehören insbesondere die Sicherstellung des Unterrichts gemäß den geltenden rechtlichen Vorschriften, die Leitung der Gesamtlehrer- und der Schulkonferenz, die Unterrichtsverteilung, das Aufstellen der Stundenpläne, die Aufnahme und Entlassung von Schülern, die Bewirtschaftung des Haushalts der Schule, die Anordnung von Vertretungen, die Kontrolle über die Einhaltung der Schulordnung sowie die Aufsicht über das Schulgebäude und die dazugehörenden Einrichtungen. Gegenüber den Lehrern der Schule ist die S. in der Erfüllung ihrer gesetzlichen Aufgaben weisungsberechtigt.
Literatur: 2.1.11

Schulmediothek (Syn. **Schulbibliothek**; engl. *school audio-visual library, school library*). Zentrale Einrichtung in einer Schule oder einem Schulzentrum, die Schülern und Lehrern Bücher, Zeitschriften, audiovisuelle *Medien, Lehr-* und *Lernmittel* u. ä. zur unterrichtsbezogenen und freien Benutzung zur Verfügung stellt. Der Begriff S. bezeichnet seit den siebziger Jahren eine Einrichtung, die sich von den Aufgaben der herkömmlichen Schüler- und Lehrerbücherei erheblich unterscheidet. Die S. ist ein Informations-, Lese-, Arbeits- und Beratungszentrum, das von Schülern und Lehrern während der gesamten Unterrichtszeit für individuelle Studien oder unterrichtsbezogene Gruppenarbeit genutzt werden kann und dem selbständigen Erwerb von Informationen und Arbeitstechniken dient. Vor allem in Ganztagsschulen hat sie eine wichtige Funktion im Freizeitbereich. Es sollen Arbeitsplätze (Einzeltische, Gruppentische) und Arbeitsgeräte (Schreibmaschine, Computer, Kopierer, Druckerei, Videogerät) zur Verfügung stehen. Die S. soll von einer Bibliothekarin geleitet werden. Der Aufstellung und Katalogisierung des Buch- und Medienbestandes (Präsenz- und Ausleihbestände) sollen die Prinzipien öffentlicher Bibliotheken zugrunde gelegt werden.
Literatur: 2.8
Anschrift: 14.4

Schulordnung (engl. *school rules*). **1)** Durch die Schulgesetze der Bundesländer sind die obersten Schulaufsichtsbehörden der einzelnen Länder ermächtigt, eine S. als Rechtsverordnung zu erlassen. Sie regelt Einzelheiten des *Schulverhältnisses* und der Prüfungsverfahren: Aufnahme, Schulwechsel, Versetzung, Zensuren- und Zeugnisgebung, Bewertungsmaßstäbe für die Leistungsbeurteilung, Prüfungsinhalte und -verfahren, Ausscheiden aus der Schule sowie Konferenzen der Lehrer und der Schulgemeinde.

2) Im Rahmen dieser Vorgaben und anderer rechtlicher Regelungen kann sich die einzelne Schule eine eigene S. oder Hausordnung geben, die im wesentlichen Fragen des Miteinanderlebens innerhalb der Schule sowie der Benutzung von Räumen und Einrichtungen regelt. Diese S. wird von der Schulkonferenz beschlossen und ist allen Lehrern, Schülern und Erziehungsberechtigten bekanntzumachen.
Literatur: 2.1.11

Schulorganisation. Der Begriff wird in der Literatur nicht einheitlich verwendet. Im Unterschied zu allen pädagogisch-inhaltlichen Konzepten, Theorien und Entwicklungen der *Schule* geht es beim Begriff S. um alle Maßnahmen und Strukturen der Organisation, die einer Regelung bedürfen. Dies betrifft die Organisation innerhalb einer einzelnen Schule, die mehrerer Schulen in einem Schulbezirk oder Bundesland und des *Schulsystems*. Grundlage der S. ist das *Schulrecht* und seine Quellen. Es wird zwischen einer äußeren und einer inneren S. unterschieden.

Die äußere S. ist durch die Struktur des Schulsystems, den Aufbau der Schulverwaltung und die Gliederung innerhalb einer einzelnen Schule vorgegeben. Zu den schulorganisatorischen Allgemeinregelungen gehören z. B. folgende Festlegungen: Schuljahr, Ferien und Schulbeginn; Stundentafel, wöchentliche Stundenzahl in den Schulformen, Tageshöchstmaß der Unterrichtsstunden von 45 Minuten Dauer in der Halbtags- und in der Ganztagsschule, Anzahl der Unterrichtstage in der Woche; Abgrenzung des Schulbezirks und des Schuleinzugsbereichs, Regelungen zum Schulwechsel; Klassenfrequenzhöchstzahlen, Lehrerbedarf und Lehrerstellen.

Die innere S. wird durch die Verwaltungsvorschriften und die Ämterhierarchie bestimmt. Dazu gehören die Funktionsteilung innerhalb einer Schule z. B. zwischen Schulleiter, didaktischem Leiter, Jahrgangsleiter, Klassenlehrer etc., der Amtscharakter der Lehrerrolle und die Regelhaftigkeit der Handlungsvollzüge. Im Rahmen dieser Bedingungen wird ein bestimmtes Lehrer- und Schülerverhalten erwartet, wobei es im konkreten Handlungsvollzug Toleranzspielräume gibt. Hierzu geben Gesetze, Erlasse und Konferenzbeschlüsse bindende Normen vor.

Die Schulforschung hat herausgefunden, daß die strukturelle und soziale Organisation der Schule die inhaltlich-konzeptionelle und pädagogische Arbeit der Lehrerschaft mitbedingt. Sie hat bewußt gemacht, daß die inneren und systembildenden Konzeptionsmerkmale der Schule seit ihrem Ausbau ab etwa 1820 verwaltungstechnischen und nicht pädagogischen Ursprungs sind. Aus der Sicht ihrer Kritiker entspricht die S. heute immer noch eher einem hierarchisch strukturierten Bürokratiemodell als einem Demokratiemodell. Als Beispiel der schulorganisatorischen Demokratisierung einer Einzelschule ist das seit zwanzig Jahren bestehende *Team-Kleingruppen-Modell* zu nennen.

Literatur: 2.1.1, 2.1.2

Schulpädagogik. Teildisziplin der *Pädagogik*. Wissenschaftshistorisch ist sie nach 1950 aus Vorgängerdisziplinen mit den Bezeichnungen praktische Pädagogik und *Unterrichtslehre* hervorgegangen, die neben der allgemeinen Pädagogik bzw. der systematischen Pädagogik bestanden. Mit der Ausweitung zur S. wurde Unterricht als isolierter Gegenstand bisheriger Unterrichtslehre oder allgemeiner Didaktik vor dem Hintergrund institutioneller Voraussetzungen und gesellschaftlich-historischer Bedingungen in den größeren Gesamtzusammenhang einer *Schultheorie* gestellt. Die S. befaßt sich mit der Schule als Erziehungs- und Unterrichtsfeld einschließlich der damit verbundenen Bedingungen und Einflüsse und entwickelt in historischer und systematischer Betrachtung eine Theorie des Unterrichts im Rahmen einer Theorie der Schule. Durch empirisch-pädagogische Forschung unterstützt sie die Theoriebildung und professionalisiert als Berufswissenschaft von Lehrern das pädagogische Handeln in der Schulpraxis. Zu den Gegenständen in Lehre und Forschung gehören: Geschichte und Theorie der Schule, allgemeine Didaktik und Unterrichtstheorie, Schulorganisation und Schulrecht, Schulentwicklung im internationalen Vergleich, pädagogische Diagnostik der Schule, Theorie der Lern- und Sozialisationsbedingungen von Kindern und Jugendlichen, Professionalisierung der Leh-

rerschaft in Aus-, Fort- und Weiterbildung.
Literatur: 1.10, 2.1

Schulpflicht (engl. *compulsory education*). Die *Schulgesetze* der Bundesländer regeln die S. Sie gliedert sich in eine neun- oder zehnjährige *Vollzeits.* und eine dreijährige *Teilzeits.* S. besteht für alle Kinder und Jugendlichen, die im Geltungsbereich eines Schulgesetzes ihren Wohnsitz oder überwiegenden Aufenthaltsort haben. Die S. erstreckt sich auf den regelmäßigen Besuch des Unterrichts und anderer Schulveranstaltungen und ist grundsätzlich an einer deutschen Schule abzuleisten. Das gilt i. d. R. auch für deutsche Schüler im Ausland. Die Vollzeits. ist in der *Grundschule* und in einer der *weiterführenden Schulen* zu erfüllen, die Teilzeits. an einer *Berufsschule*, i. d. R. für die Dauer einer Berufsausbildung. Besteht kein Berufsausbildungsverhältnis, endet die Teilzeits. mit der Vollendung des 18. Lebensjahres. Die Teilzeits. wird auch durch den Besuch einer weiterführenden allgemeinbildenden Schule nach dem 9. Schuljahr oder durch den Besuch einer einjährigen beruflichen Vollzeitschule erfüllt (z. B. in einer einjährigen Berufsfachschule oder durch das Berufsgrundbildungsjahr). Die S. beginnt i. d. R. nach Vollendung des 6. Lebensjahres am 1. August desselben Jahres. Stichtag für die Vollendung des 6. Lebensjahres ist in den meisten Ländern der 30. Juni. Für die Erfüllung der S. durch Behinderte, Ausländer, Asylbewerber u. a. Kinder und Jugendliche in besonderen Lebenslagen bestehen in allen Ländern spezielle Regelungen.
Literatur: 2.1.11

schulpsychologischer Dienst. In einigen Bundesländern besteht innerhalb der Schulverwaltung ein s. D., in dem Diplompsychologen und Lehrer mit psychologischer Zusatzausbildung den Schulen und der Schulverwaltung Beratung, Entscheidungshilfen, Informationen und Hilfe in Konfliktfällen anbieten. Die Mitarbeiter sind nicht weisungsgebunden. Sie unterliegen einer besonderen Verschwiegenheitspflicht, ähnlich wie Ärzte und Sozialarbeiter. Zu den häufigsten Aufgaben gehören: Analyse und Beratung bei Lernstörungen, Leistungs- und Verhaltensschwierigkeiten, Schullaufbahnberatung, Konfliktberatung für Lehrer, Schüler und Erziehungsberechtigte sowie fachliche Unterstützung der Lehrer, der Schulleitung und Schulverwaltung bei besonderen pädagogischen Maßnahmen (Zurückstellung der Einschulung, Überweisung an eine Sonderschule, Entscheidung über Erziehungs- und Ordnungmaßnahmen). Ähnliche Aufgaben erfüllen in anderen Bundesländern die *Beratungslehrer.*

Schulrat (engl. *school supervisor*). Mitarbeiter einer unteren Schulaufsichtsbehörde (*Schulamt*). Er muß die Befähigung zum Lehramt besitzen. Er übt die *Fach-* und *Dienstaufsicht* über die Grund-, Haupt- und Sonderschulen, in einigen Bundesländern auch über die Realschulen im Bezirk des Amtes aus.

Schulrecht (engl. *school law*). Umfaßt sowohl Rechtsnormen aus GG und Landesverfassungen als auch *Schulgesetze*, darauf beruhende Rechtsverordnungen und Verwaltungsvorschriften. Es dient insgesamt der Regelung des Schulbetriebs im Interesse der Erfüllung des gesetzlich bestimmten Bildungs- und Erziehungsauftrages. Schule ist rechtlich gesehen als Institution zu verstehen, die auf Dauer an einem festen Ort, unabhängig vom Wechsel der Schüler und Lehrer, in bestimmten Organisationsformen unter Beachtung der Bildungs- bzw. Lehrpläne bestimmte Ziele und Zwecke verfolgt. Nach den Bestimmungen des GG fällt das S. in die Kompetenz der Bundesländer. Um die Einheit-

lichkeit der Lebensverhältnisse auch im Bereich der Schule sicherzustellen, erarbeitet die KMK länderübergreifende Rechtsnormen, die vor Inkrafttreten allerdings vom Landesgesetzgeber verabschiedet werden müssen. S. ist weitgehend sog. öffentliches Recht, weil es die Ausübung staatlicher Befugnisse gegenüber den Bürgern regelt.
Literatur: 2.1.11

Schulreife (Syn. **Schulfähigkeit**, **Schulbereitschaft**; engl. *readiness for school*). Entwicklungsstand eines Kindes, der für den erfolgreichen Besuch des *Anfangsunterrichts* nötig ist. Die *Einschulung* stellt auch nach jahrzehntelangen schulpolitischen und pädagogisch-psychologischen Bemühungen um einen kontinuierlichen Übergang vom Vorschulbereich in die Grundschule immer noch ein Problem der S. dar. Der Anfangsunterricht, wie er bis in die siebziger Jahre praktiziert wurde, führte mit seinen einheitlichen Anforderungen in den Lese-, Schreib- und Rechenlehrgängen zu hohen Sitzenbleiberquoten und sozialer Auslese bereits am Ende des 1. Schuljahres. Schon 1951 machte A. Kern mit seinem Buch ›Sitzenbleiberelend und Schulreife‹ auf dieses Problem aufmerksam, führte aber das Schulversagen auf die biologisch noch nicht herangereifte Fähigkeit zur visuellen Wahrnehmungsdifferenzierung und Gestaltgliederung bei nicht schulreifen Schülern zurück. Zur Diagnose der S. am Schulanfang wurden S.tests (z. B. der Kernsche Grundleistungstest, GLT) entwickelt und von Mitte der fünfziger bis Anfang der siebziger Jahre sehr häufig durchgeführt, um die nicht schulreifen Kinder um ein Jahr vom Schulbesuch zurückzustellen und heranreifen zu lassen.

Um 1970 wurde das biogenetische S.konzept durch ein lerntheoretisches Entwicklungskonzept abgelöst, weil nachgewiesen werden konnte, daß bestimmte kognitive Faktoren der S. trainiert werden können und maßgeblich durch die Lernanregungen der sozialen Umwelt des Kindes mitbestimmt werden. Der Begriff S. wurde nun durch den Begriff Schulfähigkeit ersetzt, der aus der Sicht der Schule besonders die kognitiv-intellektuellen Aspekte (z. B. Formwahrnehmung, Zahl- und Mengenauffassung, Aufgabenverständnis) ansprach, die für schulisches Lernen wichtig sind. Da aber emotionale, soziale und motivationale Aspekte für den Schulerfolg ebenso von Bedeutung sind, ergänzte L. Schenk-Danziger 1969 den Begriff Schulfähigkeit durch den kindbezogenen Begriff Schulbereitschaft. Die Umorientierung der *Einschulungsdiagnostik* führte zu Einschulungstests, die vorwiegend auf die Erfassung kognitiver Fähigkeiten ausgerichtet waren. Die als nicht schulfähig diagnostizierten Kinder wurden zurückgestellt und sollten in *Schulkindergärten* oder *Vorklassen* durch entsprechende Fördermaßnahmen auf die Anforderungen der Schule vorbereitet werden. In der Kritik an diesen Auslesemaßnahmen wurde der Begriff Schulfähigkeit auch als Fähigkeit der Schule ausgelegt, alle Schulanfänger aufzunehmen, da abzuholen, wo sie stehen und durch Maßnahmen innerer Differenzierung individuell so zu fördern, daß die notwendige Schulfähigkeit bei allen Kindern erreicht wird.

Die bisherigen Maßnahmen zur Bewältigung der Einschulungsprobleme zeigen, daß sowohl das reifungstheoretische als auch das fähigkeitstheoretische Konzept diagnostische Ansätze vertreten, die nur bei der Diagnose der S. des Schülers ansetzen und zur Zurückstellung führen, die Förderung des Schülers in einem veränderten Anfangsunterricht nach der Einschulung aber nicht in Betracht ziehen. Seit etwa 1980 wird von H. Nickel u. a. ein ökopsychologisches S.modell

verbreitet, das von der Bedeutung der Wechselbeziehungen zwischen Schulanfänger, Schule und Umwelt ausgeht. Es bezieht neben den individuellen Dispositionen des Kindes die vorschulischen und außerhäuslichen Bedingungen ebenso ein wie die schulischen Lehr- und Lernbedingungen. Der Schuleintritt wird als ein normativer *Übergang* angesehen, der, wie jeder Übergang, schwierig ist und durch diagnostische und förderorientierte Maßnahmen in der Schule begleitet werden muß, damit für jedes Kind im Anfangsunterricht erfolgreiches Lernen möglich wird und die Zurückstellung vom Schulbesuch am Beginn der Schullaufbahn vermieden werden kann.
H. Nickel u. a. behalten den seit langem eingeführten Begriff S. bei, bestimmen ihn aber im Sinne ihres ökologisch-psychologischen Verständnisses neu.
Literatur: 2.1.4, 2.1.8

Schulreifetest. *Einschulungsdiagnostik.*

Schulsozialarbeit (engl. *social work at school*). Schülern, Eltern und Lehrern steht es außerhalb des Schulbetriebes frei, die verschiedenen Angebote der *Jugendhilfe* zu nutzen. Darüber hinaus kann auf Beschluß der Gesamtlehrerkonferenz eine Schule die Zusammenarbeit mit Trägern und Mitarbeitern der Jugendhilfe als S. institutionalisieren. Wichtigstes Ziel ist Prävention gegen Persönlichkeitskrisen der Schüler, gegen abweichendes Verhalten und Schulversagen. Dieses Ziel verfolgt S. durch die Stärkung sozialpädagogischer Kompetenzen innerhalb der Schule sowie die inner- und außerschulische Unterstützung des Entwicklungs- und Lernprozesses der Schüler. Die in der S. tätigen *Sozialpädagogen* oder *Sozialarbeiter* bieten dafür Schülern, Erziehungsberechtigten und Lehrern pädagogische, soziale und rechtliche Beratung an, leisten in akuten Krisenfällen Unterstützung durch Kontakte zu sozialen Diensten, ergänzen das Schulleben durch Gruppenarbeit zu adressatenbezogenen Themen (Sport, Freizeitgestaltung, Gesundheit, Ernährung, Partnerschaft und Sexualität, Drogen), durch Spielstuben und Mittagstische, Hausaufgabenhilfe oder auch durch Elternarbeit. S. findet in unterschiedlichen Organisationsformen statt: als selbständige, in den Schulbetrieb integrierte Institution, als Einrichtung, die nur nach besonderer Absprache mit der Schulleitung tätig wird oder als freies Angebot neben der Schule. Die Qualität der S. hängt wesentlich von der Bereitschaft und Fähigkeit der Lehrer und Sozialpädagogen zur offenen und kritisch-konstruktiven Zusammenarbeit ab. Das *Kinder- und Jugendhilfegesetz* (KJHG) und die *Schulgesetze* der Länder fordern Schulverwaltung und Schulen ebenso wie die öffentlichen und privaten Träger der Jugendhilfe zur Weiterentwicklung der S. auf. Informationen zum Stand der S. sind den Veröffentlichungen des *Deutschen Jugendinstituts* in München zu entnehmen.
Literatur: 2.11
Anschriften: 12.0

Schulspiel. *Darstellendes Spiel.*

Schulsprengel. Früher gebräuchliche Bezeichnung für *Schulbezirk.*

Schulstrafen. *Erziehungs- und Ordnungsmaßnahmen.*

Schulsystem (Syn. **Schulaufbau**, **Schulwesen**; engl. *school system*). Auf *Schule* bezogener Teilbereich des *Bildungswesens*, in dem die vertikale Gliederung nach *Schularten* und die horizontale Struktur der aufeinander aufbauenden Schulstufen (*Primar-* und *Sekundarbereich I* und *II*) durch grundlegende schulpolitische Entscheidungen festgelegt sind. Aufgrund der *Kulturhoheit der Länder* enthalten die *Schulgesetze* der einzelnen Bundesländer differenzierte Aussagen zu Aufbau und Gliederung des Schulwesens, die voneinander abweichen können. Unterschiedliche Auffassungen und Regelungen gibt es z.B. zur Dauer der *Grundschule* (vier- oder sechsjährig in Berlin und Brandenburg), zur *Förderstufe* bzw. *Orientierungsstufe* (schulformübergreifend, schulformabhängig), zur *Gesamtschule* (*Regelschule, Angebotsschule)*, zur Einrichtung selbständiger Stufenschulen und zur Lehrerbildung (Stufenlehrer).

Durch die Zusammenarbeit der Länder in der KMK tragen die Abkommen der Ministerpräsidenten zur Vereinheitlichung des S. bei. Der *Deutsche Bildungsrat* hat mit dem *Strukturplan für das Bildungswesen* von 1970 u.a. Gutachten und Empfehlungen die Entwicklung im Bildungswesen beeinflußt. Die Einrichtung der *Bund-Länder-Kommission für Bildungsplanung und Forschungsförderung* (BLK) führte 1973 zum *Bildungsgesamtplan*. Seit der Wiedervereinigung ist in den neuen Bundesländern nach der Aufhebung der zehnklassigen allgemeinbildenden polytechnischen Oberschule das *Gymnasium* wieder eingeführt und daneben der Sekundarschulbereich durch die Zusammenführung von *Haupt-* und *Realschule* neu strukturiert worden. Nur in Mecklenburg-Vorpommern wurde das dreigliedrige Schulsystem eingerichtet, neben dem auch einige Gesamtschulen gegründet wurden. Dagegen hat Brandenburg die Hauptschule nicht mehr eingeführt und neben Realschule und Gymnasium die integrierte Gesamtschule als Regelschule voll ausgebaut. Diese Neugliederung des Schulsystems zog auch in einigen alten Bundesländern vergleichbare Neuregelungen nach sich. Die KMK hält die neuen integrierten Schularten im Sekundarbereich I mit dem Hamburger Abkommen für vereinbar, wenn ab Klasse 7 in einigen Fächern eine abschlußbezogene *Differenzierung* stattfindet und die Vereinbarung über die *Abschlüsse* am Ende des Sekundarbereichs I beachtet wird (vgl. KMK-Beschluß vom 3. 12. 1993). In allen Ländern gibt es außerdem die *Sonderschule*, Schule für Behinderte oder *Förderschule*.

Im weiteren Aufbau des S. schließt sich an den Sekundarbereich I der Sekundarbereich II mit der *gymnasialen Oberstufe* des Gymnasiums und der Gesamtschule sowie den Schulen des *beruflichen Schulwesens* an. Zum allgemeinbildenden S. gehören im tertiären Bereich das *Abendgymnasium* und das *Kolleg*, die zur allgemeinen Hochschulreife führen.

Literatur: 2.1.1

Schultest (engl. *school test*). Mit bestimmten Methoden entwickeltes und nach festen Regeln durchzuführendes Verfahren der *Diagnostik* bzw. der *pädagogischen Diagnostik*. Gemäß den Testgütekriterien von G.A. Lienert soll ein Test objektiv, reliabel (zuverlässig) und valide (gültig) sein. Ein S. ist ein Hilfsmittel, mit dem Lernvoraussetzungen und Ergebnisse von Lernprozessen nach diesen Kriterien in künstlich geschaffenen Standardsituationen unter genau festgelegten Bedingungen gemessen werden können. Der S. soll so angelegt sein, daß er von Lehrern oder Beratungslehrern durchgeführt, ausgewertet, interpretiert und für pädagogisches Handeln nutzbar gemacht werden kann.

Obwohl Testverfahren seit Anfang des 20. Jh. entwickelt worden sind, ist ihre Verbreitung nach der Unterbrechung durch den Nationalsozialismus erst ab 1964 mit der von *K. Ingenkamp* herausgegebenen Reihe ›Deutsche Schultests‹ wieder in Gang gekommen. Zu den eingesetzten S. gehören Einschulungstests (sog. Schulreifetests), Tests zur Legasthenikerdiagnose, Schulleistungs-, Gruppenintelligenz- und Spracheignungstests zur Übergangsauslese, Konzentrations- und Aufmerksamkeitstests, Sozialtests u.a. Seit etwa 1973 führte die aufkommende Testkritik zu einem erheblichen Rückgang der Testanwendung.

Die verschiedenen Arten von S. unterscheiden sich im wesentlichen in der Zielsetzung und den Auswertungsmerkmalen. Nach der klassischen Testtheorie von G. A. Lienert sind die vergleichsorientierten, gruppennormbezogenen, standardisierten S. konstruiert. Sie ermöglichen, das getestete Merkmal (z. B. die Schulleistung) eines einzelnen Schülers oder einer Schulklasse mit den Ergebnissen einer umfangreichen, meist für alle Schüler eines Altersjahrgangs repräsentativen Schülergruppe zu vergleichen. Von der vergleichsgruppenbezogenen Testart unterscheiden sich die kriteriums- und lernzielorientierten Tests grundsätzlich. Basierend auf einem Curriculum suchen sie den Beurteilungsmaßstab für die Zielerreichung nicht im sozialen Vergleich von Leistungen, sondern in der Orientierung an einem sachbezogenen Kriterium, das den Charakter einer Idealnorm hat. Zwar gelten für beide Arten die gleichen Prinzipien bei der Testkonstruktion (Lernzielbeschreibung, Aufgabenentwicklung), jedoch unterscheiden sie sich prinzipiell in der Aufgabenanalyse und der Testauswertung aufgrund unterschiedlicher Meßtheorien. Ziel des Kriteriumstests ist die Feststellung, ob ein Lernziel erreicht wurde bzw. wie groß der Abstand zum Kriterium »Lernziel erreicht« ist, d. h. welche Defizite noch bestehen. Das Ergebnis als Stand des Lernprozesses kann für einen Schüler festgestellt werden, ohne die Ergebnisse anderer Schüler zu kennen.

Verfahren, die von Lehrern für ihren Unterricht nach den testmethodischen Konstruktionsmerkmalen selbst entwikkelt werden, bezeichnet man im Unterschied zu den formellen Tests der Experten als informelle Tests.

Literatur: 2.1.4

Schultheorie (Syn. **Theorie der Schule**; engl. *theory of school*). Teilbereich der *Schulpädagogik*, von dem historisch-hermeneutische und empirisch-systematische Forschungen und Theoriebildungsprozesse ausgehen, der aber auch Forschungsergebnisse und Theorien anderer Fachrichtungen der Erziehungswissenschaft (z. B. Sozialpädagogik) und anderer Disziplinen (z. B. Psychologie, Soziologie) aufgreift und zu einer umfassenden Theorie der Schule verarbeitet.

Die historische Schulforschung beschreibt und analysiert die Entwicklung der *Schule*, der *Schulorganisation* und des *Schulsystems*. Sie dokumentiert, wie Schule als Teilsystem der Gesellschaft historisch durch soziostrukturelle Gegebenheiten und Erwartungen von Gruppen der Gesellschaft (z. B. Bildungsbürgertum, Politik, Kirche, Parteien) geformt wurde. Sie sucht Aufklärung über das Verhältnis von Schule und Gesellschaft, über die bildungspolitische und verwaltungstechnische Institutionalisierung des Lernens in der Schule und die Einflußmöglichkeiten von Bildungs- und Unterrichtstheorien auf diese Vorgänge. Ihre historischen Analysen machen die Abhängigkeit didaktischer und methodischer Prozesse von der zugrundeliegenden Schulsystemkonzeption, die Handlungsspielräume von Lehrern sowie die Widersprüche zwischen staatlichem Berechtigungswesen und pädagogisch-erzieherischen Bemühungen bewußt. An alternativen Schulen und Konzeptionen der *Reformpädagogik* kann sie die Bedingungen des Wandels wie das Scheitern von Reformbemühungen angesichts des Beharrungsvermögens traditioneller Strukturen aufzeigen.

Die empirisch-systematische Schulforschung belegt mit ihren Analysen den gegenwärtigen Funktionszusammenhang von Schule und Gesellschaft und arbeitet

in schulsystemvergleichenden Untersuchungen die Lern- und Sozialisationseffekte der verschiedenen Schularten und Schulstufen heraus. Auf der Grundlage kontrollierter Realitätsbeobachtung beschreibt, analysiert und erklärt sie die vorgefundenen Bedingungen und den Vollzug des Lehrens und Lernens in der Schule. Vor allem am Beispiel der Schulprogrammentwicklung einzelner Schulen mit besonderer pädagogischer Konzeption kann die Schulforschung theoretische Grundlagen gewinnen, die ein Beleg für den Qualitätswandel einer Schule sind, der auch andere Schulen zur Reform anregen kann.
Zur S. gehört auch die Aufklärung über ihre eigene Wissenschaftsgeschichte, die spätestens mit der erstmaligen Verwendung des Begriffs Theorie der Schule Mitte der zwanziger Jahre beginnt.
Literatur: 1.5, 2.1.2
Schulträger. In den Schulgesetzen der Bundesländer ist geregelt, welche öffentlichen Gebietskörperschaften (Gemeinde, Kreis, Land) zur Einrichtung von Schulen berechtigt und verpflichtet sind. Der S. übernimmt die sächlichen Kosten für die Schule (Planung, Bau, Unterhalt, Ausstattung sowie laufende Verwaltung). Für die Einrichtung und Schließung einer Schule benötigt ein S. die Genehmigung der obersten Schulaufsichtsbehörde. Für Grundschulen, Hauptschulen, Sonderschulen und Gymnasien sind i.d.R. die Gemeinden S., kreisfreie Städte und Landkreise unterhalten das berufliche Schulwesen.
Schulunfähigkeit. *Bildungsunfähigkeit.*
Schulunterhaltung. *Schulfinanzierung.*
Schulverband. Einzelne Schulträger können sich zu einem S. zusammenschließen, wenn die Nachfrage nach Schulplätzen, finanzielle Leistungsfähigkeit der einzelnen Schulträger und örtliche Nähe den gemeinsamen Unterhalt einer Schule nahelegen.
Schulverfassung. Definiert die Schule als unselbständige Anstalt des öffentlichen Rechts, die in der Verwaltungshierarchie des Schulwesens die unterste Einheit bildet. Schulen haben weder Verwaltungs- noch Satzungsautonomie. Sie unterliegen der Rechts- und Fachaufsicht durch die mittleren und höheren Behörden der Schulverwaltung und arbeiten weisungsgebunden. Die S. bestimmt die Rechts- und Pflichtverhältnisse zwischen dem Gesetzgeber und dem Schulträger sowie zwischen Lehrern, Schülern und Erziehungsberechtigten.
Literatur: 2.1.11
Schulverhältnis. Das durch die Schulhoheit des Staates begründete Rechtsverhältnis zwischen dem *Schüler* und der Schule. Das S. bestimmt gegenseitige Rechte und Pflichten. Die Schule ist auf der Grundlage der bestehenden Gesetze (GG, Landesverfassung, *Schulgesetz*) gehalten, dem Schüler Unterricht und Erziehung zuteil werden zu lassen, ihm einen Schulabschluß zu ermöglichen, seine individuelle Persönlichkeit zu stärken und ihn zur Teilnahme am kulturellen und politischen Leben zu befähigen. Der Schüler ist gehalten, den Unterricht regelmäßig zu besuchen und alles zu tun, was das Erreichen der Schulziele unterstützt. Im Rahmen des S. dürfen die *Grundrechte* der Schüler nur insoweit eingeschränkt werden, als das für das Erreichen der Schulziele unbedingt erforderlich ist. Dafür ist in jedem Falle eine gesetzliche Grundlage erforderlich.
Literatur: 2.1.11
Schulversuch. Im Bildungswesen dient ein S. dazu, neue pädagogische und organisatorische Erkenntnisse für Weiterentwicklungen in der *Schule* zu gewinnen und praktisch zu erproben. S. können sich z.B. auf neue Strukturen im Schulsystem oder auf curriculare Veränderungen in einzelnen Schulformen, aber auch auf Teile der Schulverfassung be-

ziehen. Sie werden im Rahmen bestehender Schulformen oder in besonderen Versuchsschulen durchgeführt. S. können auch flächendeckend in bestimmten Versuchsbezirken eingerichtet werden. Beispiele sind S. mit Gesamtschulen oder mit der Integration behinderter und nicht behinderter Kinder außerhalb von Sonderschulen in der allgemeinen Schule.

S. bedürfen der Genehmigung durch die Schulaufsichtsbehörde. Das Verfahren zur Beantragung eines S. durch eine einzelne Schule oder den Schulträger ist in den Schulgesetzen und/oder Verordnungen der Bundesländer geregelt. S. laufen i.d.R. eine begrenzte Zeit und sind wissenschaftlich oder in sonstiger geeigneter Weise zu begleiten und auszuwerten. Die Ergebnisse sollen der Öffentlichkeit zugänglich gemacht werden.

Ist ein S. in einer Versuchsschule (z.B. der Gesamtschule) beendet, kann die Schule in den Status einer *Regelschule* oder einer *Angebotsschule* übergeführt werden. Ehemalige S. werden bei Weiterbestehen auch als *Modellschulen* bezeichnet. Wie die ›Vereinbarung über die Schularten und Bildungsgänge im Sekundarbereich I‹ der KMK von 1993 zeigt, werden die Abschlüsse und Berechtigungen bestimmter ehemaliger Gesamts. mit besonderer Konzeption weiterhin anerkannt.

Schulverwaltung (engl. *school administration*). Alle Behörden der staatlichen *Schulaufsicht* und des jeweiligen *Schulträgers* einer Schule (Stadt, Gemeinde, Kreis). Die staatliche S. ist in den einzelnen Bundesländern sehr unterschiedlich geregelt. Oberste Behörde ist das zuständige Ministerium. Den Schulen unmittelbar vorgesetzt sind die Schulämter. Ob dazwischen eine mittlere Behörde eingeschaltet ist und für welche Schularten die einzelnen Behörden zuständig sind, ist in den meisten Ländern in den Schulgesetzen geregelt. Es liegen jedoch auch spezielle S.gesetze vor.
Literatur: 2.1.9

Schulverweisung. Hat ein Schüler vorsätzlich in schwerster Weise und wiederholt seine Pflichten verletzt und dadurch die Erfüllung der Aufgaben der Schule sowie die Rechte seiner Mitschüler gefährdet, und stellt sein weiteres Verbleiben an der Schule für Erziehung und Unterricht der übrigen Schüler eine nicht zu verantwortende Beeinträchtigung dar, kann durch die oberste Behörde der Schulverwaltung eine S. (auch Ausschluß von der Schule genannt) ausgesprochen werden. Bei minderjährigen Schülern sind zuvor dessen Erziehungsberechtigte zu einem Gespräch einzuladen. Die S. kann für eine einzelne Schule, für die Schulen eines Ortes oder eines ganzen Landes ausgesprochen werden. Gegen eine S. kann vor einem Verwaltungsgericht Einspruch erhoben werden.

Schulwesen. *Schulsystem.*

Schulzentrum (engl. *school complex*).
1) Zentraler Gebäudekomplex, in dem sich mehrere *Schularten* befinden.
2) Im Stadtstaat Bremen ist das S. die Schulart des Sekundarbereichs I, die Hauptschule, Realschule und Gymnasium pädagogisch und organisatorisch zusammenfaßt.

Schulzwang. Die Schulgesetze der Bundesländer sehen den S. für solche Fälle vor, in denen trotz gütlicher Bemühungen durch Schule oder Schulverwaltung Erziehungsberechtigte oder (im Falle der Teilzeitschulpflicht) Ausbildende es versäumen, Kinder und Jugendliche zur Erfüllung der *Schulpflicht* anzuhalten. Es können Geldbußen verhängt werden, oder aber der Schüler wird der Schule zwangsweise zugeführt.

Schweigepflicht (engl. *duty to maintain confidentiality*). Unter die S. im Sinne der Pflicht zur Geheimhaltung fallen alle

Kenntnisse über Klienten oder Patienten und auch über deren nähere Lebensumstände. In dieser Weise trifft sie besonders für Sozialarbeiter/Sozialpädagogen, Beratungslehrer, Mitarbeiter des schulpsychologischen Dienstes, aber auch für Lehrer zu. Hinzu kommt außerdem die Pflicht zur Geheimhaltung von Dienstgeheimnissen, soweit dies ausdrücklich durch Gesetz oder eine dienstliche Anordnung bestimmt ist. So unterliegen z. B. alle Aussagen, die in nichtöffentlichen Teilen einer dienstlichen Konferenz erfolgen, der Pflicht zur Verschwiegenheit.

Score. Aus dem Englischen übernommene Bezeichnung für die zahlenmäßige Einordnung einer Leistung z. B. in einem *Schultest* durch eine Punktzahl oder *Note*.

Seitigkeit. *Lateralität.*

Sekundarbereich I (Syn. **Sekundarstufe I**). In Anlehnung an die Vorschläge der OECD zur begrifflichen Vereinheitlichung in den Bildungssystemen der Mitgliedstaaten bezeichnet der Deutsche Bildungsrat im Strukturplan von 1970 den für alle Schüler gemeinsamen Teil des horizontal strukturierten *Bildungswesens*, der die Schuljahre 5 bzw. 7 bis 10 umfaßt, als Sekundarstufe I. Heute ist das *Schulsystem* vertikal in *Schularten* gegliedert und horizontal durch die Stufen *Elementarbereich* (vorschulischer Bereich), *Primarbereich* (Grundschule), S.I (einschließlich Förder- bzw. *Orientierungsstufe*) und Sekundarbereich II strukturiert.
Literatur: 2.1.1, 2.1.8

Sekundarbereich II (Syn. **Sekundarstufe II**). Zum S.II des *Schulsystems* gehören die *gymnasiale Oberstufe* des *Gymnasiums* und der *Gesamtschule* sowie die Schulen des *beruflichen Schulwesens*.
Literatur: 2.1.1, 2.1.8

Sekundärgruppe. *Gruppe.*

Sekundarschule (engl. *secondary school*). Im Bundesland Sachsen-Anhalt allgemeinbildende *Schulart*, die nach der Grundschule neben dem Gymnasium existiert. Sie umfaßt die Schuljahrgänge 5 bis 9 bzw. 10. Nach der differenzierenden Förderstufe im 5. und 6. Schuljahrgang besuchen die Schüler den Hauptschul- oder den Realschulbildungsgang. Die Abschlüsse der beiden Bildungsgänge ermöglichen den Schülern, ihren Bildungsweg im berufsbildenden Bereich fortzusetzen. Bei Vorliegen besonderer Leistungen erwerben Schüler des zehnjährigen Hauptschulbildungsganges und des Realschulbildungsganges die Berechtigung zum Eintritt in die Klasse 11 des Gymnasiums.
Auch im Bundesland Saarland heißt die allgemeinbildende Schulart, die nach der Neugliederung des *Schulsystems* die Haupt- und die Realschule pädagogisch und organisatorisch zusammenfaßt, S.
Literatur: 2.1.1

Selbstbewußtsein (engl. *self-confidence*). Bewußtsein des Ich von sich selbst als Subjekt des Erlebens und Erkennens im Unterschied zum Gegenstands- oder Außenweltbewußtsein.

Selbsterfahrungsgruppe (engl. *sensitivity group*). Gruppendynamisches Verfahren, das unter Anleitung von speziell ausgebildeten Therapeuten oder Psychagogen praktiziert wird. Eine zeitlich begrenzt sich zusammenfindende Gruppe lernt, in Gesprächen und gemeinsamen Übungen (z. B. in Rollenspielen), die eigenen Bedürfnisse, Wünsche, Gefühle, Gedanken und Verhaltensweisen zum Ausdruck zu bringen und sie über die Rückmeldungen der Gruppenmitglieder deutlicher wahrzunehmen und sich bewußt zu machen.

Selbstkonzept (lat. *concipere* zusammenfassen, sich etwas vorstellen; engl. *self-concept*). Alle Facetten des Bildes, das ein Mensch von sich selbst hat bzw.

zu haben glaubt. Für das Selbstbewußtsein und damit auch für das Verhalten der Umwelt gegenüber von großer Bedeutung. Besonders in den frühen Jahren der Entwicklung können die Äußerungen wichtiger Bezugspersonen über das eigene Selbst von nachhaltiger Wirkung auf das S. sein. Durch sie kann ein eher zuversichtliches oder ein eher resignatives, ein eher vertrauensvolles oder ein eher ängstliches, ein aktives oder ein eher passives S. entstehen, das später nur schwer verändert werden kann.
Literatur: 2.9

Selbsttätigkeit. Bemühungen des Lernenden, die Organisation seines Lernprozesses aktiv und zunehmend eigenverantwortlich mitzugestalten. Diese Kompetenz ist dann erreicht, wenn sich der Lernende in den vielfältigen Formen der Auseinandersetzung mit einem Lerngegenstand ohne fremde Aufforderung spontan und intensiv für die Bewältigung einer Arbeit entscheidet. Der Lernende hat dann das Ziel der Erziehung zur S., nämlich seine Selbständigkeit, erreicht. Er ist zum Subjekt seines Lernprozesses geworden. In der Literatur wird der Begriff der S. häufig in Verbindung mit dem Begriff Selbständigkeit genannt und diesem untergeordnet.
In der Didaktik kommt das Prinzip der S. auch in verwandten Begriffen wie aktives Lernen, selbstgesteuertes Lernen, selbstverantwortetes Lernen oder selbstbestimmtes Lernen zum Ausdruck. Seit der Reformpädagogik wird das Prinzip der S. in der *Montessori-Pädagogik* und in der *Arbeitsschulbewegung* konsequent vertreten.
Literatur: 2.1.3, 2.1.5

Selektion. *Auslese.*

Selektionsdiagnostik. *Diagnostik. Pädagogische Diagnostik.*

Self-fulfilling prophecy. *Pygmalion-Effekt.*

Semester (lat. *semestris* halbjährig). Studienhalbjahr. In vielen Ländern wird das Studienjahr in Trimester, also dreimal drei Monate eingeteilt.

Seminar (lat. *seminarium* Keim, vorbereitende Bildungsstätte; engl. *seminar*). Organisationsform von Lehr-Lern-Veranstaltungen, in denen im wesentlichen durch Gedankenaustausch und Diskussion neue Erkenntnisse gewonnen werden sollen.

Senat (lat. *senatus* Rat der Alten). Versammlung von gewählten Vertretern der einzelnen Mitgliedergruppen einer Hochschule, die über alle Angelegenheiten zu beschließen hat, die die gesamte Hochschule angehen (z.B. Erlaß der Grundordnung und der Ordnungen über Hochschulprüfungen, Wahl des Rektors bzw. des Präsidenten der Hochschule, Einrichtung oder Aufhebung von Studiengängen).

Seniorenbildung. *Altenbildung.*

Setting. *Fachleistungsdifferenzierung.*

Sexualerziehung. *Geschlechtserziehung.*

sexueller Mißbrauch (engl. *sexual abuse*). Werden Kinder oder Jugendliche gezielt und unter Einsatz von Gewalt zum Objekt der Befriedigung von Lustbedürfnissen Erwachsener, so spricht man von s.M. Besonders häufig mißbrauchen Väter die Abhängigkeit, das Vertrauen, das Bedürfns nach Zärtlichkeit und die Unwissenheit ihrer Töchter, um diese zu sexuell erregenden Handlungen zu verführen oder zu zwingen. Die Geheimhaltung wird unter Androhung schlimmster Konsequenzen für das Leben der Eltern und die Zukunft der Familie erpreßt. Die Varianz der Handlungen ist so vielfältig wie die sexuellen Praktiken der Gesellschaft insgesamt. S.M. läßt sich folglich auch als Form struktureller Gewalt im Eltern-Kind-Verhältnis und als besonders schwerwiegende

Form der Kindesmißhandlung definieren.
Die Täter sind i. d. R. um eine intensive Verschleierung des s. M. bemüht und die Signale der Opfer werden i. d. R. nicht erkannt, obschon es eine Reihe von möglichen Indikatoren für s. M. gibt: körperliche Spuren, plötzliche Veränderungen im Gruppenverhalten, mehr oder weniger verschlüsselte Hinweise im Spiel der Kinder und psychische Auffälligkeiten (z. B. Eßstörungen, Ängstlichkeit, Selbstisolation). Selbstverständlich verbieten sich vorschnelle Rückschlüsse auf s. M. beim Auftreten solcher Symptome, weil auch ganz andere Ursachen vorliegen können. Deshalb ist es dringend geboten, bei Verdacht Experten aus *Erziehungsberatung*, Selbsthilfegruppen, *Jugendamt* oder Medizin hinzuzuziehen.
Literatur: 3.6
Anschriften: 11.0
SGB. *Sozialgesetzbuch.*
Sitte (griech. *ethos* Brauch, Sitte, Gewohnheit; engl. *mores).* Die in Sozialisations- und Erziehungsprozessen erworbenen Werte und Normen, die die Handlungsweisen der Angehörigen einer *Kultur*, Gesellschaft, Gruppe oder Glaubensgemeinschaft bestimmen. Der Begriff enthält die Forderung nach gutem sittlichem Verhalten, einem Sollen. Abweichungen davon sind folglich unsittlich. Im Unterschied zu rechtlichen Normen wird die S. nicht mit staatlichen Zwangsmitteln, sondern über die allgemeine soziale Kontrolle durchgesetzt. Anerkennung, Lob, Akzeptanz bzw. Distanzierung, Ablehnung, Stigmatisierung und Isolation sind Formen der sozialen Kontrolle.
Sitzenbleiben (engl. *stay down a year, have to repeat a year*). Ausdruck, der das pädagogische Problem der Wiederholung einer Jahrgangsstufe vor dem Hintergrund der schulrechtlichen Begriffe *Versetzung*, Nichtversetzung oder Klassenwiederholung bezeichnet. Der Begriff S. hängt mit der *Zensurengebung* seit der ersten Hälfte des 19. Jh. zusammen, die um 1900 dazu führte, daß die reale Sitzordnung der Schüler in einer Klasse nach der zensurenmäßigen Rangordnung vorgenommen wurde. Die sog. Lokation nach Leistung galt als der objektive Maßstab für das Versetztwerden oder S., das in Verbindung mit Prüfungen stattfand. Die wichtigste Veränderung der Rangordnung wurde mit den *Zeugnissen* vorgenommen, auf denen neben der Gesamtschülerzahl der Klasse die Platzziffer eines Schülers aufgeführt wurde. Schüler auf den hinteren Rangordnungsplätzen, die das Jahrespensum des Lehrplans im Vergleich zu den anderen Schülern nicht erreicht hatten, blieben sitzen und wurden nicht in die nächsthöhere Jahrgangsstufe versetzt. In seiner ›Geschichte der Pädagogischen Diagnostik‹ hat *K. Ingenkamp* belegt, daß in den höheren Schulen Preußens erst 1927 durch Ministererlaß jede Rangordnung der Schüler abgeschafft wurde.
Die Durchführung der Versetzungsverordnungen und das dahinterstehende Denken führten dazu, daß z. B. in Mannheim im Jahre 1900/01 64%, in Preußen 1929 42% und noch 1950 in der Bundesrepublik mehr als 25% aller Volksschüler mindestens einmal eine Jahrgangsstufe wiederholen mußten. Erst als Anfang der siebziger Jahre durch amtliche Statistiken offenbar wurde, daß von allen Sitzenbleibern in Grund- und Hauptschulen bereits 75% in der Grundschule, und zwar 26,5% im ersten und 21,9% im zweiten Schuljahr nicht versetzt wurden, regte die KMK mit ihren ›Empfehlungen zur Arbeit in der Grundschule‹ von 1970 bildungspolitische Maßnahmen an. Durch die Regelversetzung am Ende des 1. Schuljahres, die Einführung zensurenfreier *Berichtszeugnisse* und die Päd-

agogisierung der Grundschularbeit sanken die Zahlen bis 1985 auf 8,2% im ersten und 15,9% im zweiten Schuljahr. Datenreihen einzelner Bundesländer belegen, daß der nach unten gehende Trend in der Grundschule weiter anhält. Heute sind die Sitzenbleiberquoten in den Abschlußklassen der Realschule und des Gymnasiums am höchsten.
Hinter diesen statistischen Zahlen stehen individuelle Lernbiographien der Kinder. Untersuchungen weisen nach, daß mit den Klassenwiederholungen häufig negative Selbstkonzeptentwicklungen und familiäre Konflikte einhergehen, während leistungssteigernde Lernentwicklungen im Wiederholungsjahr ohne intensive individuelle Förderung kaum nachweisbar sind.
Literatur: 2.1.1

Skills. In Theorien des Lehrerverhaltens sind S. Verhaltensmuster und Verhaltensfertigkeiten zur Erfüllung der vielfältigen Aufgaben des Lehrers in Erziehung und Unterricht. Aus der Analyse des komplexen Lehrerverhaltens wurde eine Anzahl unterschiedlicher Aufgabenkataloge gewonnen, die für Trainingsprogramme verwendet werden, durch die Erziehungsstile, Verhaltensweisen in Beratungssituationen, gruppendynamisches Sozialverhalten u.a. analysiert und eingeübt werden können. Eine Form des Skill-Trainings ist das *Microteaching*.

Social-demand-Ansatz. Methodisches Konzept in *Bildungsökonomie* und *Bildungsplanung*, das die gesellschaftliche Nachfrage nach Abschlüssen an allgemeinbildenden und beruflichen Schulen, in Berufsausbildung und an Hochschulen aufgrund vorliegender Daten zu prognostizieren versucht, um auf der Grundlage dieser Daten Aussagen über a) den Bedarf an Plätzen im Bildungswesen sowie b) das künftige Angebot an qualifizierten Arbeitskräften machen zu können. Für bildungspolitische Entscheidungen ist der Vergleich dieser Daten mit denen aus dem *Manpower-Ansatz* wichtig.
Literatur: 2.5

Software. Im Bereich technischer *Medien* bezeichnet S. im Unterschied zur *Hardware* die nichtapparativen Bestandteile von Geräten und Anlagen, z.B. Folien, Dias, Filme, Videos, Computerprogramme, Computerspiele.

Sonderberufsschulen. Für behinderte Jugendliche, die trotz besonderer unterrichtlicher und sozialpädagogischer Hilfen in den Regelformen des beruflichen Schulwesens nicht angemessen gefördert und qualifiziert werden können, sind behindertengerechte S. eingerichtet worden. Über das spezifische Angebot in einer Gemeinde, einem Kreis oder Land informiert die *Berufsberatung* oder die zuständige Schulverwaltungsbehörde, die über das nächste Schulamt zu erreichen ist. Grundsätzlich bestehen alle Schularten des beruflichen Schulwesens auch als S.
Literatur: 2.2.6.

Sonderkindergarten. Eingerichtet für Kinder ab dem 3. Lebensjahr, die aufgrund ihrer *Behinderung* in einem Kindergarten nicht angemessen in ihrer geistigen, körperlichen und sozialen Entwicklung gefördert werden können. Die pädagogische Arbeit der S. orientiert sich streng an den jeweiligen Behinderungen der Kinder. Daraus erwachsen besondere Förderprogramme zur Entwicklung geistig-sprachlicher, sozialer, motorischer, sensorischer und musischer Fähigkeiten. Ziel der S. ist es, die Selbständigkeit und Lernfähigkeit der Kinder soweit zu entwickeln, daß sie nach Besuch des S. am Unterricht einer Grundschule erfolgreich teilnehmen können. Einzelne *Sonderschulen* für vergleichsweise schwer körper- oder geistig behinderte Kinder bieten eigene S. an. Träger

der S. sind zumeist Behindertenverbände. Die S. unterliegen der Aufsicht des Jugendamtes. Die Kosten für den Besuch eines S. werden nach den Bestimmungen des *Bundessozialhilfegesetzes* (BSHG) vom Sozialamt übernommen. Auskünfte erteilt das nächste Jugendamt.
Literatur: 2.2.4

Sonderpädagogik. *Behindertenpädagogik.*

Sonderschullehrer (engl. *special school teacher*). Entweder durch ein zwei- bis viersemestriges Aufbaustudium nach dem 1. Staatsexamen für das Lehramt an Gymnasien, Grund- und Hauptschulen oder durch ein achtsemestriges eigenständiges Studium mit anschließendem Vorbereitungsdienst und 2. Staatsprüfung wird die Lehrbefähigung zum S. erworben. Dabei sind neben grundlegenden pädagogischen, fachdidaktischen und sozialwissenschaftlichen Studieninhalten medizinische und psychologische Kenntnisse über eine spezielle Behinderungsart zu erwerben.
Literatur: 1.11

Sonderschulpflicht. Können Kinder und Jugendliche aufgrund einer schwerwiegenden Lernbeeinträchtigung, einer geistigen, seelischen oder körperlichen *Behinderung* ihre *Schulpflicht* nicht in der Grundschule, einer der weiterführenden Schularten und (für die Teilzeitschulpflicht) in der Berufsschule erfüllen, sind sie zum Besuch einer entsprechenden *Sonderschule* verpflichtet. Kinder und Jugendliche, die nach eingehender Prüfung durch die Schulaufsichtsbehörde wegen der Schwere ihrer Behinderung auch in diesen Schulen nicht gefördert werden können, sind von der S. befreit.

Sonderschulwesen. Alle *Schularten* in den Bereichen der *allgemeinbildenden* sowie der *beruflichen Schulen* werden in allen Bundesländern grundsätzlich auch in einer Sonderform angeboten, d. h., sie sind in ihrer pädagogischen Arbeit und baulichen Ausstattung auf die behinderungsspezifischen Anforderungen ihrer Schüler eingestellt. Diese Schulen sind Teil der öffentlichen Schule und unterliegen der staatlichen Schulaufsicht. Die KMK empfiehlt den Ländern folgende Einteilung der Sonderschulen: Schulen für Blinde, für Sehbehinderte, für Gehörlose, für Schwerhörige, für Geistigbehinderte, für Körperbehinderte, für Lernbehinderte, für Sprachbehinderte, für chronisch Kranke und für Verhaltensgestörte. In den Schulgesetzen der Länder finden sich z. T. auch andere Bezeichnungen. Das Aufnahmeverfahren für eine Sonderschule ist nach Landesrecht geregelt. Auskunft erteilt das Schulamt.
Die Lehrer an diesen Schulen werden in besonderen Studiengängen qualifiziert. Im Zentrum ihrer Ausbildung stehen diagnostische und förderpädagogische Kompetenzen für die erzieherische, unterrichtliche und sozialpädagogische Arbeit mit Kindern und Jugendlichen einer bestimmten Behinderungsart.
Literatur: 1.2, 2.2.5

Soziabilisierung. Erste Phase der *Sozialisation*, in der dem Kind durch körperliche und emotionale Zuwendung die grundlegenden Voraussetzungen für die Entwicklung seiner menschlichen Eigenschaften erschlossen werden. Dazu gehören insbesondere ein umfassendes Vertrauen in die Umwelt und das Erleben des individuellen Fortbestandes im Wandel der Lebenssituationen. Das Kind erfährt sich im Umgang mit den anderen mehr und mehr als ein selbständiges Wesen.

Soziabilität (engl. *sociability*). Angewiesensein des Menschen auf soziale Kontakte für die Entfaltung seiner spezifischen Lernfähigkeit. Neigung zur Geselligkeit und Fähigkeit zur sozialen Anpassung.

Sozialarbeiter/Sozialpädagoge (engl. *social worker*). Berufsbezeichnungen für die Absolventen von drei- oder vierjährigen Studiengängen an Berufsakademien, Fachhochschulen und Universitäten, die in Entsprechung zur wachsenden Verzahnung von *Sozialarbeit* und Sozialpädagogik in den Bundesländern ebenfalls nicht mehr in eindeutiger Trennung verwendet werden. Einige Länder verleihen das Diplom für Sozialarbeiter oder Sozialpädagogen, andere nur noch für Sozialpädagogen. Im Berufsbild der S./S. verbinden sich sozialpädagogische, diagnostische, sozialrechtliche, administrative, beraterische und rehabilitative Kompetenzen. S./S. arbeiten mehrheitlich bei freien und öffentlichen Trägern sozialer Dienste (Kommunen, Verbände der *freien Wohlfahrtspflege*), in der *Jugendhilfe*, in Krankenhäusern und Rehabilitationseinrichtungen. Ihre wichtigsten Arbeitsgebiete sind der allgemeine soziale Dienst, der sich auf Hilfen, *Beratung* und Beistandschaft für Familien konzentriert, die Jugendhilfe mit ihren weitläufigen Angeboten zwischen offener *Freizeitpädagogik* und *Bewährungshilfe* für jugendliche Straftäter, die Altenhilfe, die Suchtprävention und -therapie, Hilfen für Aussiedler, Ausländer und Asylbewerber sowie die Sozialpsychiatrie.
Literatur: 1.11, 2.11

Sozialarbeit/Sozialpädagogik (engl. *social work*). An der Wende vom 19. zum 20. Jh. entwickelte sich Sozialarbeit als Fürsorge für verarmte und randständige Bevölkerungsgruppen. Die fast zeitgleich entstandene Sozialpädagogik hatte ihren Schwerpunkt in betreuenden, beratenden und familienunterstützenden Angeboten in den Bereichen von Schule und Jugendarbeit. Sie setzte sich für junge Menschen ein, die durch soziale Benachteiligungen und Gefährdungen in ihrer Entwicklung bedroht waren. Beide Konzepte bilden heute gemeinsam ein differenziertes System psychosozialer und materieller Hilfen für alle, die mit sozialen, ökonomischen und ordnungspolitischen Anforderungen zeitweise oder auf längere Dauer nicht zurechtkommen. Eine klare Trennung ist in der theoretischen Bearbeitung der Problemfelder, in der Ausbildung von *Sozialarbeitern/Sozialpädagogen* und in deren Berufspraxis folglich kaum mehr möglich. Die Professionalisierung von S./S. hat mit der Einführung von Studiengängen an Universitäten und Fachhochschulen in den siebziger Jahren wichtige Impulse erhalten. Auf der Grundlage einer Vielzahl von gesetzlichen Regelungen, insbesondere aus dem *Kinder- und Jugendhilfegesetz* (KJHG) und dem *Bundessozialhilfegesetz* (BSHG) arbeiten S./S. unter dem leitenden Interesse, einerseits durch *Beratung*, Angebote zum sozialen Lernen sowie problemzentrierte Konflikt- und Krisenhilfe Individuen und Gruppen in ihrer Selbstverantwortung und Handlungskompetenz zu stärken und andererseits an der politischen Verbesserung der sozialen und wirtschaftlichen Rahmenbedingungen für eine selbstbestimmte und zufriedenstellende Lebensführung mitzuwirken.
Wichtige Beiträge zur Sozialarbeit sind u. a. von R. Fatke, *K. Mollenhauer, H.-U. Otto* und *H. Thiersch* vorgelegt worden.
Literatur: 2.11

Sozialcharakter (engl. *social character*). Einstellungs- und Verhaltensmuster, die von den Mitgliedern einer sozialen Gruppe, einer Schicht oder einer ganzen Kultur geteilt werden. Ein S. entwickelt sich im Anpassungsprozeß des Individuums an die der sozialen Einheit gemeinsamen ideologischen, sozialen und ökonomischen Bedingungen. Der einzelne empfindet das Bedürfnis, sein Verhalten an den Erwartungen und

Zielen der Gemeinschaft auszurichten. So sichert sich diese die Energien ihrer Mitglieder für ihren Fortbestand und das Individuum erfährt aus der sozialen Anerkennung Bestätigung und Befriedigung. Für die Entwicklung des S. bei Kindern sind die Persönlichkeitsmuster der Eltern sowie ihre Praktiken bei der *Sozialisation* und *Erziehung* von grundlegender Bedeutung.
Literatur: 1.8

soziale Einzelhilfe. *Casework.*

soziale Gemeinwesenarbeit. *Gemeinwesenarbeit.*

soziale Gruppenarbeit (engl. *social group work*). Im Rahmen der Jugendhilfe, insbesondere auch der *Schulsozialarbeit*, will s. G. Kindern und Jugendlichen bei der Überwindung von Beziehungsproblemen in Familie oder Schule, Entwicklungsschwierigkeiten oder bei Verwahrlosung helfen. Dabei bietet sie den jungen Menschen insbesondere die Gelegenheit zur gemeinsamen Aufarbeitung bestimmter Problemlagen, durch die Isolation überwunden, Solidarität und Wir-Gefühl aufgebaut und Vertrauen in die eigenen Kräfte gefördert werden können.
Literatur: 2.11

Sozialerziehung (Syn. **soziale Erziehung**). Vermittlung elementarer Fähigkeiten des sozialen Verhaltens durch erzieherische Maßnahmen. Damit sind angemessene Formen des sozialen Umgangs, der gegenseitigen Rücksichtnahme und der Kommunikation in der Gruppe, Entwicklung von Gemeinschaftsgefühl und Einfügung in eine Gruppe, gemeinsame Interessenvertretung und Mitverantwortung für die Belange anderer gemeint. Die älteren Positionen der S. traten nach dem Zweiten Weltkrieg in Bereichen der Sozialpädagogik, politischen Bildung und Schulpädagogik vorwiegend mit harmonisierenden Tendenzen auf. Partnerschaftliches Miteinander und Füreinander, individuelles Einfügen in die Gemeinschaft, Übernahme von Verantwortung und dienende Unterordnung unter das Gemeinwohl sowie Verständnis für gesellschaftliche Strukturen und Zusammenhänge standen im Vordergrund. Soziale Ungleichheiten und Konflikte wurden weitgehend übergangen. Mit der Auflösung tradierter Normen und Werthaltungen unter den Einflüssen weltweiter Veränderungen entwickelte sich der Trend, neue Formen der S. zu fordern. Anstelle der Begriffs S. wurde mehr und mehr der Begriff *soziales Lernen* gebraucht. Heute ist festzustellen, daß angesichts der zunehmenden Gewalt unter Kindern und Jugendlichen von Lehrern und Erziehern mehr soziales Lernen gefordert wird, womit sie aber im traditionellen Sinne die Sozialtugenden der S. und nicht im definierten Sinne soziales Lernen meinen. Obwohl beide Begriffe Überschneidungen aufweisen, sollte zwischen einer nicht affirmativen sozialen Erziehung und dem sozialen Lernen unterschieden werden.
Literatur: 2.1.7

soziales Lernen (engl. *social learning*). Vermittlung und Reflexion von Erfahrungen mit Menschen und Sachangelegenheiten, von Wissen und Kenntnissen über Strukturen und Funktionen gesellschaftlich-historischer Handlungsfelder sowie Umsetzung von Erfahrungen und Wissen in Verhalten, Handlungsstrategien und Zukunftsentwürfe.

Der Begriff s. L. hat sich seit den sechziger Jahren aus der Abgrenzung gegenüber Konzepten der *Sozialerziehung* entwickelt. Seine Ursprünge gehen auf erziehungspsychologische Intentionen von *R.* und *A.-M. Tausch* zurück, die individuelle Freiheit, Selbstbestimmung, Kooperation und soziale Einordnung als zentrale Voraussetzung für sozial-integratives, demokratisches Verhalten von

Lehrern und Schülern ansahen. In den ab 1968 eingerichteten *Gesamtschulen* wurde mit dem Begriff s.L. das Ziel der sozialen Integration von Schülern unterschiedlicher sozialer Gruppen und unterschiedlicher Leistungsfähigkeit verbunden. Die Begegnung verschiedener Sozialschichten in der gemeinsamen Schule sollte zum Abbau sozialer Ungleichheit in der Gesellschaft beitragen. Aus der Kritik an der Tendenz zur Harmonisierung innerschulischer Erfahrung und der Abstrahierung vom realen Lebenszusammenhang entwickelten sich weitere Ansätze. Die Vertreter strategischen s.L. wollten die Schüler befähigen, die eigene Lage in den gesellschaftlich widersprüchlichen Konfliktfeldern zu erkennen und durch politisch-emanzipatives Handeln zu verändern. Psychologisch und psychoanalytisch orientierte Positionen der Kommunikationstheorie und des *symbolischen Interaktionismus* hatten zum Ziel, den Schülern zu helfen, gesellschaftliche Widersprüche zu ertragen, hemmende innerpsychische Zustände wie z.B. Angst abzubauen und Selbstbewußtsein zu entwickeln. Untersuchungen in den siebziger Jahren hatten den innerschulischen Widerspruch zwischen sozialen Lernzielen und praktizierter *Fachleistungsdifferenzierung*, die daraus resultierenden Sozialisationseffekte des *heimlichen Lehrplans* und die Einflüsse außerschulischer Primärsozialisation nachgewiesen. Aus diesen Erkenntnissen, daß die soziale Interaktion in der Schule eine wichtige Voraussetzung für s.L. ist, resultierte Mitte der siebziger Jahre das bis heute richtungweisende *Team-Kleingruppen-Modell*, in dem der Versuch gemacht wird, s.L. und fachlich-inhaltliches Lernen miteinander zu verbinden. Zur gleichen Zeit wurden im Vorschul- und im Schulbereich vereinzelte *offene Curricula* für s.L. entwickelt, deren Ziel die Handlungsfähigkeit der Kinder in konkreten Lebenssituationen sein sollte. Im Rückblick wird heute festgestellt, daß es zwar eine Reihe z.T. kontroverser Ansätze gibt, es aber bisher nicht gelungen ist, soziale Lernziele als feste Bestandteile fachlich-inhaltlicher Curricula zu etablieren und eine Gesamtkonzeption zu entwickeln. Erwartet werden jetzt Konzepte s.L., die die Lücke zwischen dem lebensfernen, zweckrationalen Unterricht und der fehlenden Erziehungskraft der Lebenswelt der Schüler schließen helfen.
Literatur: 2.1.2

soziales Verhalten (engl. *social behavior*). Im wissenschaftlichen Sprachgebrauch versteht man darunter nicht helfendes oder solidarisches Verhalten, sondern die Tatsache, daß ein Individuum sein Verhalten in Abhängigkeit von den Erwartungen und Reaktionen anderer reguliert. S.V. wird im Sozialisationsprozeß oder in speziellen Trainingssituationen erworben. Wichtigste Medien der Vermittlung sind Sprache, Mimik und Gestik sowie verschiedene Formen positiver und negativer Verstärkung für erwünschtes bzw. nicht erwünschtes Verhalten.

Sozialformen des Unterrichts (Syn. **Kooperationsformen des Unterrichts**). Teilbereich der *Methode* des Unterrichts, zu dem alle alternativen Möglichkeiten der sozialen Organisation schulischer Interaktions- und Kommunikationsprozesse zwischen Lehrern und Schülern sowie Schülern untereinander gehören. Zu den alternativen S. zählen: Frontalunterricht (Klassenunterricht, Plenum), Gruppenunterricht (Gruppenarbeit, Abteilungsunterricht), Partnerarbeit, Einzelarbeit (Allein- oder Stillarbeit). Die S. beziehen sich im Interesse sachbezogener und sozialer Lernprozesse sowohl auf die Anordnung von Tischen und Stühlen und die Gestaltung des Klassenraums wie auf die Beziehungsstruktur

zwischen den Personen. Die Wahl bestimmter S. hängt auch mit den Differenzierungsformen zusammen, die in einer Schul- und/oder Unterrichtskonzeption praktiziert werden.
Die Überlegenheit einer einzelnen S. (z.B. Gruppenunterricht) gegenüber einer anderen (z.B. Frontalunterricht) konnte bisher empirisch nicht nachgewiesen werden. Reflektierte Unterrichtspraxis zeigt i.d.R. Kombinationen der vier genannten S. Die Dominanz einer einzelnen S. (z.B. des Frontalunterrichts) kann jedoch die Lern-, Interaktions- und Kommunikationschancen von Schülern negativ beeinflussen und sollte vermieden werden. Bei der Erarbeitung sachbezogener Themen betrifft die Wahl der S. den unterschiedlichen Lernstil der Schüler, ihre Lernmotivation, den Unterrichtsstil des Lehrers, das Lehrer-Schüler-Verhältnis, die gruppendynamischen Prozesse, das soziale Lernklima und die Erreichung demokratischer Erziehungs- und Bildungsziele.
Literatur: 2.1.3

Sozialgesetzbuch (SGB). Seit 1968 arbeiten Bundesregierung und Deutscher Bundestag an der Zusammenfassung, Harmonisierung und Neuordnung des bisher auf viele Einzelgesetze verstreuten Sozialrechts. Ziel ist das SGB, das sich in zehn Bücher gliedert. Für pädagogische Arbeiten sind von besonderer Bedeutung: 2. Buch: *Ausbildungsförderung*, 3. Buch: Arbeitsförderung, 6. Buch: *Kindergeld*, 8. Buch: *Jugendhilfe.*
Literatur: 2.11

Sozialisation (lat. *sociare* verbinden, vereinigen; engl. *socialization*). Prozeß, in dessen lebenslangem Verlauf ein Individuum über die kulturspezifischen Regulationen seiner Bedürfnisbefriedigung, den alltäglichen Umgang mit Familienangehörigen und anderen Bezugspersonen, über Lernprozesse im System der gesellschaftlichen Instanzen sowie als Teil bzw. Nutzer von gesellschaftlichen Institutionen die mehrheitlich anerkannten Kriterien für erfolgreiches bzw. erwünschtes und weniger erfolgreiches bzw. unerwünschtes Verhalten, die wesentlichen Verständigungsmittel und ein daran orientiertes Repertoir von Einstellungen und Verhaltensmustern erwirbt. Aufgrund dieser vielfältigen Erfahrungen und Lernprozesse wird das Individuum zum Mitträger einer *Kultur*, so daß das alltägliche Verhalten für die meisten Lebenssituationen im einzelnen überwiegend sozial programmiert ist. Dies stabilisiert Individuum und Gesellschaft und sichert außerdem Kommunikation und Kontinuität. Das Individuum wird zur soziokulturellen Persönlichkeit. Die Sozialpsychologen sprechen von der *Internalisierung* einer Kultur. Mit zunehmendem Alter wächst durch subjektive Spontaneität und äußere Anregungen die Ausbildung der individuellen Urteilskraft, also das Vermögen des Individuums, den Prozeß der kulturellen Regelung und Stabilisierung seines Verhaltens zu reflektieren, Alternativen, Widersprüche und Wandlungen zu erkennen, Konflikte zwischen sozialen Erwartungen und subjektiven Standards bewußt zu machen und Entscheidungen zu fällen. Im S.prozeß ist das Individuum folglich nicht Objekt der soziokulturellen Beeinflussungen, vielmehr ist es von Anbeginn an der Gestaltung seiner soziokulturellen Persönlichkeit beteiligt. Diese wachsende aktive Teilnahme der Individuen an der S. ist unabdingbare Voraussetzung für jeden kulturellen Wandel. Die Sozialwissenschaften betrachten den Prozeß der S. differenziert (*Soziabilisierung, Enkulturation, Personalisation, Akkulturation*). *Erziehung* wird als absichtlicher, formalisierter und kontrollierter Teilprozeß der S. verstanden.
Literatur: 1.8

Sozialisationsinstanzen. Soziale Gruppen, Instanzen, Organisationen und Felder, in denen der Sozialisationsprozeß abläuft. Zumeist wählt die Sozialwissenschaft zur Darstellung der S. eine Ordnung, in der die Erweiterung der S. in Anlehnung an den Lebenslauf nach dem Muster konzentrischer Kreise beschrieben wird. Die lebensgeschichtlich ersten und von großer psychophysischer Nähe und Dichte der *Interaktionen* zwischen Kind und Kultur gekennzeichneten S. sind die Familie einschließlich ihres unmittelbaren verwandtschaftlichen Umfeldes sowie die Gruppe der etwa gleichaltrigen Kinder, mit denen im alltäglichen Umgang vielfältige Erfahrungen gemacht werden.
Diese primären S. werden in modernen Gesellschaften schon während der frühen Kindheit von gesellschaftlichen Einrichtungen wie Kindertagesstätten, Kindergärten, Musikschulen oder auch durch die Arbeit von Tagesmüttern ergänzt. Diese sekundären S. gewinnen während der Schulzeit, der sich anschließenden Berufsausbildung oder dem Studium zusammen mit der Teilnahme an Veranstaltungen der Jugendarbeit, der Vereine, Kirchen u. a. Institutionen bis ins frühe Erwachsenenalter zunehmend an Bedeutung.
Als tertiäre S. lassen sich schließlich alle sozialen Lernfelder bezeichnen, in denen Heranwachsende ebenso wie Erwachsene durch Arbeit, Weiterbildung, Konsum, soziale Kontrolle, Mobilität, Unterhaltung und Informationsbeschaffung, Freizeit, Erholung, Krankheit usw. Erfahrungen machen, die ihre soziokulturelle Persönlichkeit lebenslang beeinflussen.
Literatur: 1.8
Sozialpädagoge. *Sozialarbeiter/Sozialpädagoge.*
Sozialpädagogik. *Sozialarbeit/Sozialpädagogik.*

Sozialstruktur (engl. *social structure*). Interne Ordnung einer Gruppe oder Gesellschaft unter Bezugnahme auf a) demographische Merkmale wie Geschlecht, Alter, Nationalität, Rasse, Weltanschauung oder b) soziale Merkmale wie Rolle und Status, Bildung und Beruf, Einkommen und gesellschaftlichen Einfluß. Zumeist wird unter Auswahl und in Kombination bestimmter Merkmale eine Gesellschaft in *sozialen Schichten* abgebildet. Zwischen der Wahl der Schullaufbahn von Kindern und Jugendlichen und den daraus i. d. R. erwachsenden Berechtigungen und sozialen Chancen und den oben genannten Merkmalen einer S. bestehen weiterhin deutliche Zusammenhänge.
Literatur: 1.8
Soziogramm. *Soziometrie.*
Soziologie (lat. *socius* Teilnehmer; griech. *logos* Wort, Sinn, Vernunft; engl. *sociology*). Wissenschaft von den Strukturen, Prozessen, inneren Gesetzmäßigkeiten und Beziehungen menschlicher Gesellschaften, Gruppen, Organisationen und Institutionen. Für die Pädagogik sind soziologische Theorien über die Wechselwirkungen von Gesellschaft und Individualität (*Interaktion, Sozialisation*) bei der Ausbildung von Identität in den verschiedenen Altersgruppen (z. B. Jugends.), Theorien über den Einfluß von Gruppen auf das Verhalten der Individuen und über die Einflußnahme bestimmter Strukturmerkmale der Gesellschaft (Klassen, Schichten, Herrschaftsverhältnisse) auf Inhalte, Organisationsformen und Abläufe von Ausbildungsprozessen von besonderer Bedeutung.
Literatur: 2.10
Soziometrie (lat. *socius* Teilnehmer griech. *-metria* -messung; engl. *sociometry*). Vom amerikanischen Soziologen J. L. Moreno entwickeltes Erhebungsverfahren, mit dessen Hilfe die wechselseitigen Gefühle und Einstellungen inner-

halb einer Kleingruppe erfaßt werden können. Die Ergebnisse der schriftlichen Befragung werden in einem Soziogramm graphisch dargestellt, indem zwischen den Symbolen für die Mitglieder der Gruppe durch bestimmte Ausprägungen von Linien Sympathien oder Ablehnungen zwischen den Personen, Rangfolgen in der Wahl von anderen Gruppenmitgliedern oder auch Häufigkeiten ausgedrückt werden. Durch tabellarische Aufbereitung des Soziogramms kann die Position jedes einzelnen Gruppenmitgliedes durch bestimmte Kennziffern (Indexwerte) bestimmt werden.
Literatur: 2.10

Spiel (Syn. **Spielen**; engl. *game, play*). Im Unterschied zum zweckbestimmten, geplanten Arbeiten die zweckfreie, spontane, freiwillige, von innen heraus motivierte, lustbetonte und phantasiegeleitete Tätigkeit, die nach bestimmten Regeln verläuft. Da der Begriff nicht eindeutig definiert werden kann, wurde in der spieltheoretischen Literatur versucht, für unterschiedliche S.formen gemeinsame Merkmale und Funktionen des S. herauszuarbeiten. Dabei wurde betont, daß im konkreten S. nicht immer alle Merkmale auftreten müssen und es Übergangsphänomene zwischen S. und Arbeit oder S. und Erkunden gibt. Folgende Merkmalsbeschreibungen kennzeichnen den Begriff: Das S. erfolgt freiwillig, selbstbestimmt und zweckfrei um seiner selbst willen und frei von äußeren Zwängen. Es findet losgelöst vom Ernst des Alltags statt und aktiviert Phantasievorstellungen. Es ermöglicht in der handelnden Auseinandersetzung mit Mitspielern und Objekten Realitätserfahrungen und die Verarbeitung von Alltagsproblemen. In diesen Interaktionsprozessen finden Lernvorgänge statt, die für die soziale, kognitive und psychomotorische Entwicklung von großer Bedeutung sind. Das S. geht von einer Idee aus, ist zielgerichtet und dennoch offen für wechselvolle Veränderungen im Verlauf, dessen Ergebnis und Ende nicht vorhersehbar ist. Es erfüllt sich im Hier und Jetzt und wird von der Aktivität und Emotionalität der Spieler getragen, wobei der periodische Wechsel von Spannung und Entspannung charakteristisch ist. Das S. erfordert auch bei offenen und variabel gestalteten Verläufen die Verständigung über Regeln. Es macht Spaß, ist mit lustbetonten Gefühlen verbunden und mit Ängsten unvereinbar.
In der Literatur gibt es verschiedene Klassifikationsversuche, um die Fülle von S.formen nach entwicklungsbedingten Fähigkeiten, altersspezifischen Spielen, Gegenständen und Zwecken zu unterscheiden und zu ordnen. Beim S. des kleinen Kindes dienen Tätigkeits- und Funktionsspiele der lustvollen Übung körperlicher und kognitiver Fähigkeiten (z.B. Greifen, Hüpfen). Im freien S. des Vorschulbereichs sind Gestaltungs- und Konstruktionsspiele (z.B. mit Bauklötzen, Knete) für die Entwicklung von Raumvorstellungen und Fiktions-, Symbol- und Phantasiespiele (z.B. mit Puppen) oder Rollen- und Partnerspiele (z.B. im Mutter-Kind-S.) für die Entwicklung sozialer und sprachlicher Kompetenzen von Bedeutung. In Bewegungs-, Kreis- und Versspielen werden soziale Kontakte aufgebaut und kulturelle Bräuche übernommen. In der Grundschule wird das freie S. allmählich von anderen S.formen wie Rollen-, Interaktions-, Regel- und Sportspielen abgelöst. Strategie- und Denkspiele fördern besonders problemlösende und begriffliche Fähigkeiten. Vom Übergang zum Sekundarbereich an werden Plan-, Simulations- und Rollenspiele für die Auseinandersetzung mit individuellen und gesellschaftlichen Problemfeldern für ebenso wichtig gehalten wie das Sozio- oder Psychodrama. Szenische Spiele

zielen auf die darstellerische Interpretation von literarischen Texten, auf die Vergegenwärtigung historischer Ereignisse oder auf eine theaterartige Aufführung vor Publikum. Neuerdings werden von einem erweiterten S.begriff aus z. B. auch Risikohandlungen wie Motorradrasen, Skateboard-Künste oder Graffiti-Sprühen im Jugendalter als spielerisches Erproben verstanden, das der Entwicklung der Ich-Identität dient.
Alle diese S.formen können sowohl aus der freien Aktivität der Kinder und Jugendlichen erwachsen als auch von S.leitern angeregt und gelenkt werden. Dabei wird vor einer zu starken Didaktifizierung des S. in der Schule, die oft in Verbindung mit *Lernspielen* beobachtet werden kann, gewarnt.
Literatur: 2.1.7, 2.8
Spielgaben (Syn. **Fröbel-Spielgaben**). Von *F.A. Fröbel* ab 1836 entwickeltes Lernmaterial, das aus einem aufeinander abgestimmten System besteht: Ball, Kugel, Würfel, Walze, geteilte Würfel (Bausteine). Fröbel, auf den auch der Name *Kindergarten* zurückgeht, wollte von seinem ganzheitlich pantheistischen Weltbild aus in der Kleinkind- und Familienerziehung erreichen, daß die Kinder im Umgang mit den S. die »mathematische Weltgesetzlichkeit« fühlend und handelnd erfahren. Zum richtigen Umgang mit den S. hat er eine ausführliche bebilderte Anleitung verfaßt. Zur harmonischen Entfaltung aller Anlagen aus freiem Antrieb diente ihm das *Spiel*, für das er weitere Materialien zum Bauen und Gestalten entwickelte. Zur sog. Beschäftigung gehörten z. B. Holztäfelchen zum Bauen, Holzstäbchen zum Legen von Figuren, Papierstreifen und -blätter zum Flechten, Falten und Zeichnen. Hinzu kamen Anleitungen für Gemeinschafts- und Bewegungsspiele und die ›Mutter- und Koselieder‹ aus dem Jahre 1844. Die S. Fröbels sind als das erste System dieser Art von grundlegender Bedeutung für die Vorschulerziehung geblieben.
Spielpädagogik. Teilbereich der Erziehungswissenschaft und Wahlpflichtfach in pädagogischen Diplomstudiengängen an Hochschulen. Ihre speziellen Gegenstandsbereiche sind das *Spiel* als anthropologisches und historisch-gesellschaftliches Phänomen in Erziehung, Bildung und Freizeit, die Spielforschung und Theorien des Spiels, die Spieldidaktik im Hinblick auf unterschiedliche Adressatengruppen (z. B. Kinder, Jugendliche, Erwachsene, alte Menschen) und Institutionen (z. B. Schule, Freizeiteinrichtungen, Kinder- und Jugendarbeit, Erwachsenenbildung) und die Vermittlung von didaktisch-methodischen Spielkompetenzen (z. B. in den Bereichen Rollenspiel, darstellendes Spiel, Puppenspiel, Bewegungsspiel, praktische Animation, pädagogische Gesprächsführung, Beratung und Supervision).
Literatur: 2.1.7
Spielplatz (Syn. **Kinderspielplatz**; engl. *playground*). Öffentliche Spieleinrichtung für Kinder, die auf einer eingegrenzten Außenanlage verschiedenartige Spielmöglichkeiten bietet. Die Spielbereiche enthalten meist Spielgeräte für Bewegungsaktivitäten wie Klettergerüst, Reck, Hangelreck, Rutsche, Schaukel, Wippe, Kriechanlage und Spielhäuschen sowie einen Sandspielbereich. Seit den sechziger Jahren sind in einigen Orten pädagogisch betreute *Abenteuerspielplätze* hinzugekommen.
Die meisten öffentlichen S. sind wohnungsnah für Kinder im Vor- und Grundschulalter erstellt und unbetreut. Sie werden wegen ihrer Eintönigkeit oft nur wenig genutzt. Die Forderungen richten sich deshalb auf betreute und spielpädagogisch neu gestaltete S., die gerade in Ballungszentren über Bewegungsmöglichkeiten hinaus Materialer-

fahrungen mit Wasser, Erde, Matsch und Feuer, konstruktives Spiel mit Baumaterial, naturkundliche Erfahrungen mit Pflanzen und Tieren, Umgang mit Geräten zur Wetterbeobachtung und Windrädern erlauben. Solche S. nehmen heute in Verbindung mit Einrichtungen der offenen Kinder- und Jugendarbeit zu, eine weite Verbreitung ist aber aus Gründen der Finanzierung nicht zu erwarten.

Spielstunde. In den siebziger Jahren von B. Daublebsky vorgeschlagene Einrichtung zur Förderung der Spielkultur in Schulen. Die S. kann in regelmäßigen Abständen stattfinden, an die Stelle von Vertretungsstunden treten oder auch fest in den Stundenplan aufgenommen werden. Sie setzt den Aufbau eines Spiele-Repertoires voraus und macht die spieldidaktische Vorbereitung und Durchführung notwendig. Die S. wird vor allem in Ganztagsschulen und in ganzen Halbtagsgrundschulen durchgeführt.

Spieltheorien (engl. *theories of game or play*). Philosophische und wissenschaftliche Versuche zur Erklärung des Spielverhaltens.

Biologisch orientierte S. gehen von der Beobachtung triebgerichteter Phänomene des *Spiels* im tierischen und menschlichen Verhalten aus und erkären sie z.B. mit der instinktgesteuerten Vorübung zukünftiger Ernstfälle (z.B. Kätzchen-Wolle-Maus) oder der Nachahmung artentsprechenden Verhaltens (K. Groos), der Abreaktion überschüssiger natürlicher Kräfte (H. Spencer) oder der Funktionslust des Lebewesens (K. Bühler).

Bei F. Schiller wird das Spiel aus kulturanthropologischer Sicht als der eigentliche Anfang der Menschheit gesehen. Wie er erkannten auch J. Huizinga und G. Bally im Spielverhalten des Menschen den Ursprung aller Kultur, da in ihm die Möglichkeiten zur zweckfreien, künstlerischen und kulturschaffenden Tätigkeit begründet liegen. *F. Fröbel* und die Reformpädagogik haben aus dieser Sicht das Spiel zu einer Kategorie der Erziehung gemacht.

Seit *S. Freud* wird das Spiel zum Gegenstand der Psychoanalyse, indem das Individuum im Zusammenhang mit den Widersprüchen zwischen Triebbedürfnissen und Realitätsansprüchen im Spiel nichtverarbeitete Probleme und Konflikte abreagieren und zugleich der diagnostischen und therapeutischen Interpretation zugänglich machen kann.

In der Entwicklungs-, Lern- und Motivationspsychologie wird am Spiel die Entwicklung des Kindes aufgezeigt (z.B. *H. Hetzer*), der Einfluß des Spiels auf die kognitive Entwicklung des Kindes nachgewiesen (*J. Piaget*) und der Spielverlauf als Aktivierungszirkel mit ständigem Auf- und Abbau von erlebter innerer Spannung beschrieben (W. Heckhausen).

Die Sozialisationstheorie (Rollentheorie, symbolischer Interaktionismus) hat vor allem die milieuspezifischen Auswirkungen auf das Spielverhalten, die Identitätsfindung und die Entwicklung der sozialen Kompetenz nachgewiesen (z.B. B. Sutton-Smith, S. Smilanski) und Vorschläge zur Bewußtseins- und Verhaltensänderung durch Rollenspiele, Planspiele, Kindertheater u.a. gemacht (B. Daublebski, L. Krappmann).

Eine phänomenologische Beschreibung der vielfältigen Erscheinungsformen, Merkmale und Funktionen des Spiels haben F.J.J. Buytendijk und *H. Scheuerl* gegeben.

Im Vergleich zu den verschiedenen Erklärungsversuchen anderer Disziplinen steckt die pädagogische Spielforschung und Theoriebildung noch in den Anfängen.

Literatur: 2.1.7, 2.8

Spieltherapie (engl. *play therapy*). Verfahren der *Kinder- und Jugendpsycho-*

therapie, in dem das *Spiel* als Medium zur Diagnose und Behandlung von Lernschwierigkeiten, Verhaltensauffälligkeiten, psychosomatischen Beschwerden, psychischen Belastungen u. ä. eingesetzt wird. Wegen der noch unentwickelten Fähigkeit des Kindes zur Verbalisierung seiner Probleme, Ängste oder Aggressionen ist das Spiel ein wichtiges Mittel, Gefühle, Gedanken, Erlebnisse und Traumata zum Ausdruck zu bringen. Die Behandlung kann in Einzel- oder Gruppentherapie durchgeführt werden. Die Kinder bekommen eine Auswahl von Spielsachen oder Spielen vorgelegt und gehen damit in Anwesenheit des beobachtenden Therapeuten um. Der sog. Sceno-Test gibt standardisiertes Spielmaterial vor; die psychoanalytische Interpretation des Verhaltens bezieht sich dann auf den Figuren- und Objektgebrauch des Patienten.

Spielzeug (engl. *toy, plaything*). Wichtiger Spielstimulator, der seit den Anfängen der Kulturgeschichte bekannt ist. Von den einfachen Formen entwickelte sich das S. zum Imitations- und Konstruktionss., mit dem die Welt der Erwachsenen nachgebildet und ein bestimmtes Weltbild vermittelt werden soll. Vor allem im Imitationsspiel mit Puppen, Puppenhäusern und Kaufläden werden die Rollen von Vater und Mutter sowie das gesellschaftliche und berufliche Leben nachgeahmt. Mit Konstruktionss. formt das Kind z. B. beim Bau eines Hauses oder einer Brücke reale Gegenstände der vorstellbaren Wirklichkeit nach und gewinnt so im Entdecken und Konstruieren von Emotionen begleitete kognitive Fähigkeiten. Zum Problem ist vor allem nach dem Zweiten Weltkrieg das Kriegs- und Gewalts. geworden. In den letzten Jahren sind das mediale S. im Horror-Look und Videospiele hinzugekommen, die ein problematisches Freizeitmedium darstellen. S.museen bieten einen guten Überblick über die Entwicklung des S. In der S.industrie nehmen die S.vielfalt und der Umsatz ständig zu. Jedoch wird von Pädagogen über den Rückgang der Qualität des S. und damit des Niveaus beim Spielen geklagt. Einen Überblick über alle Spielmittel bietet die Spielwarenmesse in Nürnberg.

Literatur: 2.1.7, 2.8

Spiralcurriculum (engl. *spiral curriculum*). Grundmodell in der Lehrplan- und Curriculumentwicklung, einen Gegenstandsbereich entsprechend seiner Strukturierbarkeit und dem Lernentwicklungsstand der Schüler nach dem Prinzip aufeinander aufbauender Niveaustufen spiralig zu gliedern. Das von J. Bruner entwickelte Spiralprinzip geht davon aus, daß fast jeder wissenschaftliche Gegenstand bis zum Vorschulbereich herab so elementarisiert werden kann, daß die Lernenden nach der Erstbegegnung im Verlauf ihrer Entwicklung in den folgenden Schuljahren den gleichen Lerngegenstand auf jeweils höherem Komplexitäts- und Anspruchsniveau weiter erarbeiten und damit ihr Wissen über ihn allmählich erweitern, vertiefen, abstrahieren und systematisieren können.

Literatur: 1.2

Spontaneität (engl. *spontaneous behavior*). Fähigkeit und Bereitschaft des Individuums zu freiwilligen und selbstbestimmten Handlungen, die auf keine äußeren Anstöße zurückgehen.

Sprachlabor. Mit audiovisuellen Unterrichtsmitteln arbeitende Einrichtung des Sprachunterrichts. Sie ermöglicht das individualisierte Erlernen einer Sprache und dient der Übung des Zuhörens und Sprechens mit Selbstkontrolle über Kopfhörer. Unter Betreuung eines Lehrers können unmittelbare Rückmeldungen gegeben und die Lernprozesse differenziert werden.

Staatsexamen (engl. *state examination*). Allgemein jede nach einer vom Staat erlassenen Prüfungsordnung und von staatlich bestellten Prüfern durchgeführte Abschlußprüfung. In einem engeren Sinne Voraussetzung für die staatliche Zulassung zu einer Reihe von akademischen Berufen (z. B. Arzt, Lehrer, Rechtsanwalt). Dieses Verfahren ist i. d. R. gegliedert in ein 1. S. nach dem Studium an einer Hochschule und ein 2. S. nach einem Vorbereitungsdienst.

Stammgruppen. 1) In Jena-Plan-Schulen sind S. jahrgangsübergreifende Lerngruppen, die die *Jahrgangsklasse* ersetzen. So werden z. B. aus den Kindern der 1., 2. und 3. Schuljahre drei altersgemischte Untergruppen gebildet. Die altersgemischten Mittelgruppen setzen sich aus den Schülern der 4., 5. und 6. Schuljahre zusammen.
2) In Schulen, die mit dem Kern-Kurs-System der äußeren *Fachleistungsdifferenzierung* arbeiten, in denen die Schüler zu den Leistungskursen den Klassenraum verlassen müssen, werden Jahrgangsklassen im Kernunterricht, zu dem alle Kinder einer Klasse zurückkommen, als S. bezeichnet.
3) Es gibt auch Schulen, in denen jede Jahrgangsklasse ihren eigenen angestammten Klassenraum hat, so daß die Lerngruppe der Schüler S. und der Raum S.raum genannt wird.

Ständige Konferenz der Kultusminister der Länder in der Bundesrepublik Deutschland (KMK; engl. *Standing Conference of Laender Ministers of Education and Cultural Affairs*). Dient seit 1948 der gegenseitigen Abstimmung der Schul- und Kulturpolitik zwischen den Bundesländern, die nach den Regelungen des GG *Kulturhoheit* besitzen. Zu ihren Aufgaben gehören insbesondere die Sicherung einer strukturellen Einheit in den Bildungseinrichtungen der Bundesländer, die Bezeichnung der Bildungseinrichtungen, die Festlegung ihrer Dauer und die Definition ihrer Abschlüsse, die gegenseitige Anerkennung der Zeugnisse und Diplome aus Schulen und Hochschulen, die Abstimmung der Lehrpläne, der Ferienzeiten u. a. organisatorischen Rahmenbedingungen. Die Beschlüsse der KMK müssen einstimmig gefaßt werden. Für die Länder stellen sie Empfehlungen dar, die erst dann Rechtskraft erlangen, wenn entsprechende Gesetze oder Erlasse verabschiedet werden. Das Sekretariat der KMK hat seinen Sitz in Bonn.
Anschrift: 5.1

Status (lat. *status* Stand, Lage; engl. *status*). Stelle bzw. Platz innerhalb eines sozialen Systems, versehen mit bestimmten Funktionen. Für das konkrete Ausfüllen der Erwartungen, die sich an den Inhaber einer solchen Stelle richten, wird der Begriff *Rolle* verwendet. Prestige bezeichnet den Einfluß, der von dem S.inhaber auf andere ausgeht.

Stegreifspiel (engl. *improvised game*). Improvisationsspiel, in dem erlebnisbezogene Themen aus der unmittelbaren Erfahrungswelt des Kindes oder Phantasiegeschichten aufgegriffen und als Rollenspiel, Sketch, Pantomime oder Puppenspiel dargestellt werden. Die spontane freie Interaktion im S. kann z. B. zum Ziel haben, die Phantasietätigkeit und Darstellungsfähigkeit von Kindern zu verbessern oder Sozialisationsdefizite sprachgehemmter, spielgehemmter oder spielungeübter Kinder auszugleichen.

STEP. Ein in Form eines Fragebogens angelegtes Selbsterkundungsprogramm für die Vorbereitung der *Berufswahl*, das die *Berufsberatung* allen Schülern der jeweils vorletzten Klassen der Schulen im Bereich der Sekundarstufe I kostenlos zur Verfügung stellt und das i. d. R. im Rahmen des *Berufswahlunterrichts* durchgearbeitet und besprochen wird.

Die Ergebnisse sollen bei der Einzelberatung durch den Berufsberater berücksichtigt werden.

Stereotyp (griech. *stereos* hart, fest, *typos* Gestalt; engl. *stereotype*). Eine i. d. R. von Vorurteilen geprägte Zuschreibung bestimmter Merkmale an Individuen aufgrund deren Zugehörigkeit zu nationalen, ethnischen oder sozialen Minderheiten. S. beeinflussen die Wahrnehmung des Individuums, verhindern also i. d. R. jede offene, tolerante und auf wechselseitiger Akzeptanz beruhende Kommunikation.

Stichprobe (engl. *sample*). Empirische Forschung kann i. d. R. schon aus Kostengründen oder Gründen der Praktikabilität nicht alle Mitglieder einer Gesamtheit (z. B. alle Ausbilder im Handwerk, alle Grundschüler eines Landes) untersuchen, um über bestimmte Merkmalsausprägungen Aussagen machen zu können. Deshalb werden nach einem bestimmten Auswahlverfahren (wie z. B. dem Zufallsprinzip) S. aus der Gesamtgruppe (Population) gebildet. Von den in dieser S. erhobenen Daten kann dann auf die Gesamtheit geschlossen werden. Die Güte einer S., also deren Repräsentativität, hängt davon ab, wie vollständig und in welcher Verteilung die für die Untersuchung wichtigsten Merkmale der Gesamtgruppe innerhalb der S. vertreten sind.
Literatur: 1.5

Stigmatisierung (lat. *stigma* Brandmal, Beschimpfung; engl. *stigmatization*). Aufbau von Vorurteilen gegenüber einem Individuum durch öffentliche Zuschreibung von negativen Merkmalen, mit denen i. d. R. diskriminierende *Stereotype* verknüpft sind: z. B. Lernbehinderter, Sozialhilfeempfänger, Vorbestrafter.

Stillarbeit (Syn. **Stillbeschäftigung**). Stille, individuelle Aufgabenbewältigung der Schüler z. B. während der *inneren Differenzierung* des Unterrichts oder im Abteilungsunterricht der wenig gegliederten Schule. Der Begriff S. wird häufig synonym mit den Begriffen *Alleinarbeit* und *Einzelarbeit* verwendet, was nicht ganz korrekt ist, weil Allein- oder Einzelarbeit nicht unbedingt still verlaufen muß.

Stoffverteilungsplan. In der *Unterrichtsplanung* des Lehrers der Jahres- oder Halbjahresplan, in dem die Themen und Inhalte der Rahmenrichtlinien und Lehrpläne auf die zur Verfügung stehende Unterrichtszeit verteilt werden.

Strafe (engl. *punishment*). **1)** In allgemeiner Bedeutung jede negative Sanktion, die einer Person zugefügt wird, die durch das Begehen eines Unrechts schuldig geworden ist. S. in diesem Verständnis ist Reaktion einer Rechtsgemeinschaft, denn ohne Bestrafung der unrechten oder ungesetzlichen Tat würde aus Unrecht Recht. Durch Androhung von S. (Abschreckung) und durch deren Vollzug (Sühne) will die Rechtsgemeinschaft ihre Ordnung sichern. Die als S. dem Täter zugedachte Sanktion soll der Schuld adäquat sein. Die Zuerkennung einer S. setzt die zweifelsfreie Verantwortlichkeit des Täters für das Unrecht und eine gerechte Urteilsfindung voraus. Affekt, Willkür und Rache stehen dem entgegen. Die häufigsten Formen von S. sind die Abgabe von Teilen des Vermögens, die Einschränkung oder der Entzug bestimmter Rechte und die Einschränkung der Freiheit. Soll S. neben Abschreckung und Sühne auch Besserung des Täters bewirken (Resozialisierung), also dessen Rechtsbewußtsein verändern, muß die Sanktion mit Maßnahmen verbunden werden, die den Täter dazu befähigen, sein zukünftiges Leben in Anerkennung der Ordnungen der Gemeinschaft zu führen.

2) Als Erziehungsmaßnahme ist S. im Sinne eines Mittels zum Schutz der

Rechtsgemeinschaft nicht hinreichend legitimiert. Einen Beitrag zur Erziehung kann S. nur dann leisten, wenn die angeordnete Sanktion (Taschengeldentzug, Freizeitbeschränkung, Arbeit u.a.) tatsächlich zur Verbesserung der Urteilskraft des Kindes oder Jugendlichen führt. Da Schuld Verantwortlichkeit voraussetzt, kann S. als Erziehungsmittel nicht ohne Einsicht des Heranwachsenden in das begangene Unrecht und den subjektiven Willen zur Besserung sinnvoll sein. Sind aber Einsicht und Wille zur Besserung z.B. im Gespräch mit einem Erzieher erarbeitet, verliert die Sanktion ihren pädagogischen Sinn, denn sie bedingt keine weitere Besserung, sondern verletzt die Identität und Mündigkeit des Heranwachsenden. Aus pädagogischer Sicht ist folglich ein von Kindern und Jugendlichen begangenes Unrecht zuerst eine Aufforderung, sich um eine grundlegende Verbesserung des Erziehungsprozesses zu bemühen.
Jede S. für eine Tat, die einem Kind oder Jugendlichen aus Mangel an körperlichem Vermögen, Einsicht oder Handlungsfähigkeit unterläuft, ist ein Akt der Konditionierung. Der zu Erziehende verknüpft bestrafte Handlung und zugefügtes Übel und weicht der Sanktion aus, indem er zukünftig die bestrafte Handlung unterläßt. Besserung im Sinne einer Korrektur von Einstellungen und Verhaltensweisen aus Einsicht ist damit keineswegs verbunden.
Innerhalb pädagogischer Institutionen kann S. nur im Sinne des unter 1) dargestellten Gedankens der Sicherung einer Rechtsgemeinschaft Geltung erlangen.
Literatur: 1.6, 1.8

Streaming. Form der äußeren Differenzierung, bei der die Schüler im Unterschied zum Setting nicht nach Leistung in einzelnen Fächern (z.B. Englisch, Mathematik), sondern nach fächerübergreifendem Leistungsniveau oder Begabung in homogene Niveauklassen oder Parallelzüge eingeteilt werden. In Anlehnung an die englischen Comprehensive schools findet die Niveaudifferenzierung vor allem in kooperativen *Gesamtschulen* Anwendung.

Streetworker. Sozial benachteiligte und unzulänglich integrierte, arbeitslose, von Verwahrlosung bedrohte oder drogengefährdete, gewalttätige Jugendliche können von den Angeboten und Hilfen der *Jugendsozialarbeit* oft nur dann erreicht werden, wenn die Sozialarbeiter versuchen, den Kontakt zu diesen Problemgruppen in ihren außerfamilialen Lebensräumen, also auf der Straße, in Treffpunkten, Kneipen usw. herzustellen. Jede Form der Hilfe setzt voraus, daß der S. das Vertrauen der Jugendlichen gewinnen kann. Erst auf der Grundlage von Akzeptanz und einem Mindestmaß an Bereitschaft zur Kooperation können präventive Maßnahmen, Beratung, Angebote zur Freizeitgestaltung oder Integration in bestehende Formen der Jugendsozialarbeit versucht werden.
Angesichts der wachsenden Zahl sozial benachteiligter und von Isolation und Kriminalisierung bedrohter Jugendlicher gewinnt Straßensozialarbeit derzeit beständig an Bedeutung. Sie kann in innerstädtischen Ballungsgebieten auch eine notwendige Ergänzung der *Schulsozialarbeit* sein.
Literatur: 2.11

Streikrecht der Lehrer. Ein Streikverbot für beamtete Lehrer findet sich weder im Beamtenrechtsrahmengesetz (BRRG) noch im Bürgerlichen Gesetzbuch (BGB). Dennoch gehen die Schulverwaltungen der Bundesländer und die gängige Rechtssprechung in weitgehender Übereinstimmung davon aus, daß Lehrer nicht streiken dürfen. Zur Begründung wird dabei zuerst auf die besondere Treuepflicht des Beamten dem

Staat gegenüber verwiesen. Da ein Streik in einer demokratischen Gesellschaft jedoch auch als ein Beitrag zur allgemeinen Verbesserung der Lebensverhältnisse einzustufen ist, steht nach Ansicht einiger Rechtsexperten das Streikverbot gegen Lehrer im Widerspruch zu den im GG festgelegten Prinzipien der freiheitlich-demokratischen Staatsverfassung. Dort nämlich wird in Artikel 9 ausdrücklich für jedermann und alle Berufe der Arbeitskampf als *Grundrecht* geschützt.
Literatur: 2.1.11

Strukturplan für das Bildungswesen. Vom *Deutschen Bildungsrat* 1970 vorgelegter Gesamtplan für die Weiterentwicklung des Bildungswesens. Der Plan orientiert sich an drei Prinzipien: Alles Lehren und Lernen in den Schulen soll wissenschaftsorientiert sein. Die Dominanz der Auslesefunktion des Bildungswesens soll durch mehr Förderung und Integration korrigiert werden. Theoretisches und praktisches Lernen sind gleichwertig. Von diesen Prinzipien her werden die wichtigsten Empfehlungen verständlich: *Chancenungleichheit* soll durch zusätzliche Lernangebote kompensiert werden. Die Trennung und Hierarchisierung der Bildungsgänge innerhalb der Sekundarstufe soll durch Gemeinsamkeiten in den Bildungsplänen und die Gleichrangigkeit der Bildungsprofile schrittweise aufgehoben werden. (Eine Integration der Schularten Hauptschule, Realschule und Gymnasium wird jedoch nicht empfohlen.) Die Einführung einer *Orientierungsstufe* (Klasse 5 und 6) soll für den Übergang von der Primarstufe in die Sekundarstufe mehr Zeit für Erprobung in neuen Anforderungssituationen, für Förderung und Beratung bringen.
Der S.f.d.B. ist nicht unmittelbar in Politik umgesetzt worden, hat jedoch die Meinungsbildung in der Öffentlichkeit, in Parlamenten, Regierungen und Beratungsgremien stark beeinflußt. So hat u.a. der *Bildungsgesamtplan* der *Bund-Länder-Kommission für Bildungsplanung und Forschungsförderung* (BLK) weitgehend die Vorstellungen des S.f.d.B. übernommen.
Literatur: 2.5

Student (lat. *studere* etwas eifrig betreiben, vertieft lernen; engl. *student*). An einer Hochschule eingeschriebene Lernende. Als Mitglieder der Hochschulen haben sie im Bereich der Selbstverwaltung Rechte, die im *Hochschulrahmengesetz* (HRG) und in den Landeshochschulgesetzen festgelegt sind.

Studentenschaft. Nach dem *Hochschulrahmengesetz* (HRG) können sich die an einer Hochschule immatrikulierten Studenten zu einer S. zusammenschließen und im Rahmen der gesetzlichen Bestimmungen ihre Angelegenheiten selbst verwalten. I.d.R. wählt die Vollversammlung der Studenten zu diesem Zwecke einen Allgemeinen Studentenausschuß (AStA) sowie ihre Vertreter in die Organe der Hochschule (Senat, Fachbereichsrat u.a.). Zur Erfüllung ihrer Aufgaben kann die S. von ihren Mitgliedern Beiträge erheben. Sie untersteht der Rechtsaufsicht der Hochschulleitung.

Studentenwerk (engl. *students' welfare service*). Auf der Grundlage von Landesgesetzen wird ein S. als Anstalt des öffentlichen Rechts eingerichtet. Es bietet den Studierenden der Hochschulen einer Region soziale Dienstleistungen unterschiedlichster Art an: Ausbildungsförderung nach dem BAföG, Studentenwohnheime, Zimmer-Vermittlung, Mensen und Cafeterias, psychotherapeutische und Rechtsberatung, Kindertagesstätten u.a. Die S. finanzieren sich durch Zuschüsse aus dem Landeshaushalt und die Beiträge der Studierenden, die bei der Einschreibung zu entrichten sind. Dafür können alle Dienstleistungen kostenlos

in Anspruch genommen werden, wobei Mieten, Kosten für Kinderbetreuung sowie Speisen und Getränke selbstverständlich extra zu bezahlen sind.
Anschriften: 9.2

Studienberatung (engl. *study guidance*). Die Hochschulen sind nach den Bestimmungen des *Hochschulrahmengesetzes* (HRG) verpflichtet, Studienbewerber und Studenten über die Studienmöglichkeiten und über Inhalte, Aufbau und Anforderungen eines Studiums zu unterrichten. Sie sollen darüber hinaus die Studierenden während des Studiums durch begleitende Informations- und Beratungsgespräche unterstützen. S. wird sowohl vom wissenschaftlichen und künstlerischen Personal als auch von den *Fachschaften* und dem *Allgemeinen Studentenausschuß* angeboten. Auskunft erteilen die Hochschulen.

Studienförderung. *Ausbildungsförderung.*

Studiengang (engl. *course of study*). Ausbildungsgang an einer Hochschule, dessen Zugangsvoraussetzungen, Dauer, Inhalte, Organisation und Abschlußprüfung in einer *Studien-* und einer *Prüfungsordnung* festgelegt sind.

Studienkolleg (engl. *preparatory course*). Einrichtung an deutschen Hochschulen zur Vorbereitung auf das Studium an *wissenschaftlichen Hochschulen* und *Fachhochschule*n für ausländische Studienbewerber, deren Vorbildungsnachweis dem deutschen Abiturzeugnis nicht voll entspricht. Der Besuch des S. dauert i.d.R. ein Jahr und schließt mit einer Eignungsprüfung ab, die über die Zulassung zum Studium entscheidet.

Studienordnung (engl. *study regulations*). Inhaltliche und zeitliche Gliederung der Pflicht-, Wahlpflicht- und wahlfreien Lehrveranstaltungen, die in einem *Studiengang* in der *Regelstudienzeit* absolviert werden müssen bzw. können. Die S. wird von der Hochschule auf der Grundlage der *Prüfungsordnung* erlassen. Sie ist dem zuständigen Ministerium vorzulegen, das die S. auf ihre rechtliche Übereinstimmung mit übergeordneten Regelungen, z.B. der vorgeschrieben Regelstudienzeit, prüft.

Studienseminar. Einrichtung für die 2. Phase der *Lehrerbildung* (*Vorbereitungsdienst*). Vorausgehen das *Studium* an einer wissenschaftlichen Hochschule sowie das Bestehen des 1. *Staatsexamens.* Unter Berücksichtigung der Erfahrungen aus regelmäßigen Hospitationen und eigenen Unterrichtsstunden der Lehrer im Vorbereitungsdienst (Referendare) bieten die S. pädagogische, fachdidaktische und schulrechtliche Kurse an. Ziel ist das 2. Staatsexamen. Auf einen Platz im S. hat jeder, der das 1. Staatsexamen erfolgreich abgelegt hat, Anspruch. Das gilt nicht für die Übernahme in den Schuldienst nach dem Bestehen des 2. Staatsexamens. Deshalb sind Lehrer während des Besuchs eines S. Beamte auf Widerruf.

Studium generale (lat. *studium* wissenschaftliche Beschäftigung, *generalis* allgemein, öffentlich). Allgemein zugängliche Lehrveranstaltungen an *Hochschulen*, die sich der Behandlung fachübergreifender bzw. grundlegend bedeutsamer Themen widmen. Dadurch soll der Spezialisierung ein Korrektiv gegenübergestellt und die allgemeine akademische Bildung gefördert werden.

Stufenlehrer. S. erwerben die Lehrbefähigung für die von ihnen studierten Fächer nicht nur für den Unterricht an einer bestimmten Schulart (z.B. Deutsch-, Geschichts- und Sportlehrer an Realschulen), sondern für den entsprechenden Fachunterricht an allen Schularten einer Schulstufe (Primarstufe mit Orientierungsstufe, Sekundarstufe I und II). Das Amt des S. gibt es derzeit nur in einigen Bundesländern (u.a. Nordrhein-Westfalen).

Stundenplan (engl. *timetable, schedule*). Für jede Klassenstufe ist für das *Schuljahr* von der Schulleitung ein S. zu erstellen, aus dem unter Berücksichtigung der in den *Stundentafeln* ausgewiesenen Unterrichtsfächer und Wochenstunden pro Fach die Verteilung dieser Stunden auf die Unterrichtstage (Montag bis Freitag/Samstag) und die Zuweisung des Unterrichts an bestimmte Lehrer zu ersehen ist. S. sind von der zuständigen Schulaufsichtsbehörde zu genehmigen.

Stundentafel. Durch Erlaß oder Verordnung legt die oberste Schulaufsichtsbehörde für jede Schulart eine S. fest. Sie bestimmt die Unterrichtsfächer sowie die zeitlichen Anteile für die einzelnen Fächer an der wöchentlichen Gesamtstundenzeit in den einzelnen Schuljahren. Die wöchentlichen Stunden pro Fach können aus pädagogischen Gründen (z.B. für Projektunterricht) kurzfristig unter- oder überschritten werden. Über das gesamte Schuljahr hinweg sind die zeitlichen Anteile der Fächer jedoch einzuhalten.

Literatur: 2.1.11

Stützkurse. In Schulkonzeptionen mit äußerer *Fachleistungsdifferenzierung* (z.B. in einigen Gesamtschulen) gibt es meist am Ende eines Schulhalbjahres aufgrund bisheriger Kursnoten Gelegenheit zum Kurswechsel (Auf- oder Abstieg). S. (Förderkurse) wollen Schülern mit Lerndefiziten helfen, ihre Lücken auszugleichen, um dadurch den Abstieg in einen niedrigeren Niveaukurs oder gar das Verlassen der Schule ohne Schulabschluß zu vermeiden.

Subkultur (lat. *sub* unterhalb, *cultura* Lebensweise; engl. *subculture*). Relativ geschlossene Kultureinheit innerhalb eines größeren Kulturganzen, die oft in bewußtem Gegensatz zu den konventionellen kulturellen Normen und Werten steht. Häufig wird der Begriff abwertend gebraucht.

Sublimierung (lat. *sublimare* emporheben, erhöhen; engl. *sublimation*). Unbewußte Transformation instinktiver Beweggründe in Handlungen, die sozial anerkannt sind. In der psychoanalytischen Lehre die Umwandlung sexueller Impulse in geistige Ziele und Tätigkeiten.

Subsidiaritätsprinzip (lat. *subsidium* Rückhalt, Zuflucht). Im gesamten Arbeitsbereich von *Sozialarbeit/Sozialpädagogik* gilt das Prinzip, daß jede auf Hilfe angewiesene Person oder Organisation erst dann den Beistand bzw. die Unterstützung der nächsthöheren Ebene in Anspruch nehmen kann, wenn die der Person oder Organisation jeweils gegebenen Möglichkeiten ausgeschöpft sind. Daraus leitet sich i. d. R. folgender Aufbau der sozialen Sicherung ab: Am Anfang stehen die Maßnahmen zur Unterstützung der Selbsthilfekompetenz des Individuums, es folgen Selbsthilfegruppen, dann die freien Wohlfahrtsverbände und erst als letzte Instanz die Verwaltung der staatlichen Gebietskörperschaft (z.B. Jugendamt einer Stadt). Das heißt umgekehrt, daß jede höhere Instanz erst die Aktivitäten der unteren Ebene zu unterstützen hat, bevor sie selbst tätig wird.

Sündenbock. Alltagssprachliche Bezeichnung für Individuen oder Gruppen, die aufgrund ihrer physischen oder sozialen Schwäche anstelle einer selbstkritischen Prüfung ersatzweise zum Verursacher von sozialen Mißständen stigmatisiert werden. Das sind z.B. in Schulklassen zuweilen ausländische Schüler.

Supervision (lat. *super* darüber, oben, *visio* Sehen, Betrachten; engl. *tutorial supervision*). Anleitung und Unterstützung bei der Aufarbeitung beruflichen Handelns. Ziele sind 1. die Entlastung in persönlichen Problemlagen durch kollegialen Austausch über ähnlich gelagerte

Schwierigkeiten, 2. die Stärkung der analytischen Kompetenzen durch die gemeinsame Erarbeitung neuer Einsichten in das individuelle, institutionelle, rechtliche und gesellschaftliche Bedingungsgefüge von Krisen und Konflikten sowie 3. die schrittweise Entwicklung konstruktiver Veränderungen im beruflichen Handeln, deren Erprobung und gemeinsame Bewertung. Diese Ziele lassen sich um so besser verfolgen, je größer die freiwillige Bereitschaft zur Mitarbeit in der S. und je geringer die amtliche Kontrollfunktion des Supervisors ist. S. wird deshalb zumeist von unabhängigen Experten übernommen, die einerseits das Praxisfeld der Ratsuchenden aus eigener Arbeit gut kennen und andererseits über fachliche und gruppenpädagogische Kompetenzen verfügen. Als Praxisanleitung und -beratung findet S. bereits während der Ausbildung zum Sozialpädagogen, Lehrer u.a. helfenden, beratenden und heilenden Berufen statt.
Literatur: 2.11

symbolischer Interaktionismus. Von G.H. Mead 1934 begründete sozialpsychologische Handlungstheorie, in der individuelles Verhalten und Bewußtsein aus sozialen Interaktionsprozessen heraus erklärt wird. Die soziale Interaktion zwischen Personen ist eine sprachlich vermittelte wechselseitige Beziehung, in der sich die Interaktionspartner durch ihre Einstellungen, Erwartungen und Handlungen gegenseitig beeinflussen. Die sprachliche Kommunikation besteht aus allgemein anerkannten symbolischen Mustern. Diese Symbole bzw. Muster sind die Voraussetzungen für den sozialen Prozeß, in dem die Handelnden die Reaktionen von Handlungspartnern vorwegnehmen und ihr eigenes Handeln darauf einstellen. Sie schreiben also in der symbolischen Interaktion dem anderen Verhaltensmuster zu, die in dessen Erwiderungen dann auch erfolgen. Das Verhalten eines Individuums wird erst durch das Individuum selbst, einen Lehrer oder einen Diagnostiker als normal, abweichend oder krank definiert.
Dieser angenommene Sachverhalt ist für pädagogische Berufe von großer Bedeutung. Indem Pädagogen das Verhalten anderer wahrnehmen, beschreiben oder beurteilen, bewerten sie nicht das objektiv zu beobachtende Verhalten, sondern schaffen mit ihrer Symbolisierung (Etikettierung) eine neue Realität, das sog. Fremdbild. Pädagogisches und diagnostisches Handeln bezieht sich nach der Theorie des s.I. nicht allein auf das Individuum, sondern auf seine Interaktion mit der Umwelt und auf die Fremdbilder, die einer Person auch von anderen Beurteilern zugeschrieben werden. Sind solche Fremdbilder mit negativen Etikettierungen (z.B. Schulversager) verbunden, wird von *Stigmatisierung* gesprochen. Nach den Erkenntnissen des *Pygmalion-Effektes* (Self-fulfilling prophecy) ist anzunehmen, daß beurteilte Personen ihr Selbstbild dem negativen oder positiven Fremdbild anpassen. Die schrittweise Annäherung des Selbstbildes an die Etikettierung wird als *Labelling Approach* bezeichnet.

Symptom (griech. *symptoma* Zufall, Unfall; engl. *symptom*). Anzeichen für eine bestimmte seelische Befindlichkeit (z.B. Depression), eine Krankheit oder ganz allgemein ein kommendes Unheil.

Syndrom (griech. *syndromos* zusammenlaufend; engl. *syndrome*). Mehrere miteinander verknüpfte Anzeichen für einen bestimmten körperlichen oder seelischen Krankheitszustand.

Synergie (griech. *syn* zusammen, *ergon* Arbeit). Durch das Zusammenwirken mehrerer Personen erwächst aus den individuellen Einzelkenntnissen und -fähigkeiten ein Problemlösungs- und Handlungsvermögen, das mehr ist als die Summe dieser Einzelvermögen. Wesentliche Voraussetzungen sind der offene *Diskurs*, die Distanz zu eigenen Ansichten und die Bereitschaft, den gemeinsamen Arbeitsprozeß vorbehaltlos zu unterstützen.

systematische Pädagogik. *Allgemeine Pädagogik.*

szenisches Spiel. *Darstellendes Spiel.*

T

Tadel (engl. *bad mark*). Mündliche oder schriftliche Mißbilligung eines als fehlerhaft empfundenen Verhaltens. Soll als Erziehungsmaßnahme das Kind oder den Jugendlichen besonders nachdrücklich zur selbstkritischen Korrektur seines Verhaltens anhalten.

Tageseinrichtungen für Kinder (engl. *day care for children*). Sammelbezeichnung für alle familienergänzenden bzw. familienunterstützenden Einrichtungen der *Jugendhilfe*, in denen Kinder für einige Stunden oder auch ganztägig betreut und erzieherisch begleitet werden: Kinderkrippen, Krabbelstuben, *Kindergärten, Horte*. Sie werden von den Gemeinden, freien Trägern der Jugendhilfe oder auch von Betrieben unterhalten. Das Personal besteht aus qualifizierten Fachkräften: Erziehern, Sozialpädagogen, Kinderpflegerinnen.

Tagesheimschule. *Ganztagsschule.*

Tagesmutter (Syn. **Tagespflege**; engl. *child-minder*). Auf Wunsch der Erziehungsberechtigten, z. B. wenn Mutter und Vater berufstätig sind oder sie einem Einzelkind den Kontakt zu Altersgenossen ermöglichen wollen, können Kinder für einen Teil des Tages zu einer T. gegeben werden. Das *Kinder- und Jugendhilfegesetz* (KJHG) bestimmt ausdrücklich, daß die T. mit den Erziehungsberechtigten zum Wohl des Kindes zusammenarbeiten soll. Dabei können sie jederzeit die Beratung des Jugendamtes in Anspruch nehmen. Die T. werden für ihre Aufwendungen von den Erziehungsberechtigten bezahlt. Öffentliche Zuschüsse gibt es nicht. Vereinigungen von T. sollen von der Jugendhilfe beraten und unterstützt werden. Eine formalisierte Qualifikation ist nicht vorgesehen. Es besteht keine Amtsaufsicht.

Talent (lat. *talentum* Geldeinheit, Waage, Schatz; engl. *talent, natural gift*). In etwa bedeutungsgleich mit *Begabung.* Dabei enthält der Begriff noch stärker biologistische Vorstellungen im Sinne von angeborenen Fähigkeiten.

Taxonomie. *Lernzieltaxonomie.*

Team-Kleingruppen-Modell (TKM). Gesamtschulkonzeption, die an einigen integrierten *Gesamtschulen* (insbesondere Göttingen-Geismar, Köln-Holweide und Hannover-Linden) entwickelt worden ist, seit 1975 praktiziert wird und von vielen anderen Schulen des Sekundarbereichs in der Bundesrepublik ganz oder teilweise übernommen wurde. Das TKM ist das Ergebnis einer kritischen Analyse der damaligen Schulentwicklung, vor allem aber der Wirkungen der *Differenzierung* im dreigliedrigen Schulsystem und der *Fachleistungsdifferenzierung* in den ersten Gesamtschulversuchen einschließlich der Mängelanalyse im Bereich der *pädagogischen Diagnostik.*

Das TKM schafft in einer mehrzügigen großen Schule kleine überschaubare pädagogische Einheiten, in denen sich Schüler und Lehrer untereinander intensiv kennenlernen und dabei dichte Beziehungsstrukturen entwickeln können.

Einerseits können die Schüler in solidarischer Weise miteinander kooperieren und andererseits gleichzeitig ihre Individualität in vielfältiger Weise entfalten. Kognitiv-fachliche und sozial-emotionale Lernprozesse werden dabei wenig auseinandergerissen und können sich kontinuierlich ausgestalten. Dies wird durch eine institutionalisierte Organisationsstruktur der Schule möglich, in der jeweils 75–80 Schüler zu einer pädagogischen Einheit (Großgruppe) gehören, die vom 5. bis zum 10. Jahrgang der Sekundarstufe I zusammenbleiben. Der Großgruppe, bestehend aus drei leistungsheterogenen Stammgruppen (Klassen), ist ein Lehrerteam von etwa sechs Lehrerinnen und Lehrern zugeordnet, das so zusammengesetzt ist, daß alle Fächer im Team vertreten sind. Das Team ist in der großen Schule relativ autonom; es verantwortet, organisiert und gestaltet den Unterricht und das Schulleben für die Großgruppe.

Eine der wichtigsten Voraussetzungen für die Pädagogisierung im TKM war die Ersetzung von benoteten Klassenarbeiten durch Verfahren der Lerndiagnose und von Zensurenzeugnissen durch *Lernentwicklungsberichte*. Damit war die Chance verbunden, anstelle technologischer Leistungsmessung kommunikative Verfahren der Diagnose und Förderung zu praktizieren, die viel dichter an die komplexen Lernentwicklungen von Schülern herankommen. Die Teamstruktur bietet eine optimale Möglichkeit, nach Absprachen in der wöchentlichen Teamkonferenz als Zweitlehrer im Unterricht aktiv zu hospitieren, Schüler und Schülergruppen bei der Arbeit unmittelbar zu beobachten, Lernvorgänge festzuhalten und im Team zu besprechen. Die Beobachtungen anderer Lehrer tragen zur Optimierung der diagnostischen Informationen bei und können unmittelbar in die Förderprozesse des Teams einfließen. In die Gespräche über die Lernbeobachtungen sind die Schüler unmittelbar oder in Tutorenstunden eingebunden, da sie im Verlauf ihrer Schulzeit zum Subjekt ihres Lernprozesses werden sollen. Zur intensivsten Form der Elternarbeit im TKM gehören regelmäßige Treffen der Tutoren mit den Eltern der Schüler. An diesen Gesprächen über das Leben und Lernen in und außerhalb der Schule nehmen meist auch die Kinder teil.

Literatur: 2.1.8

Team-Teaching. Sammelbegriff für verschiedene Formen der direkten arbeitsteiligen Zusammenarbeit von zwei und mehr Lehrerinnen und/oder Lehrern beim Unterrichten einer Schülergruppe und bei der Gestaltung des Schullebens. Eine solche unmittelbare Kooperation im Umgang mit Schülern setzt i. d. R. die gemeinsame Planung und Auswertung der Lehr-Lern-Prozesse sowie die konzeptionelle Gestaltung der Räume voraus. Dabei wirken sich die vielfältigen und unterschiedlichen fachlichen, diagnostischen und kommunikativen Kompetenzen der kooperierenden Lehrerschaft besonders positiv auf die Optimierung der Lernbiographien von Schülern aus.

Literatur: 2.1.8

Technikerschule. *Fachschulen.*

Technische Hochschule (**TH**; Syn. **Technische Universität**, **TU**; engl. *technical university*). *Wissenschaftliche Hochschulen* mit folgenden Arbeitsschwerpunkten: 1. Pflege und Entwicklung der Naturwissenschaften. 2. Praktische Umsetzung naturwissenschaftlicher Erkenntnisse sowie 3. Ausbildung in ingenieurwissenschaftlichen und mathematisch-naturwissenschaftlichen Studiengängen (Diplomingenieure, Diplomphysiker, Architekten u. ä.). Darüber hinaus sind an den TH heute i. d. R. auch kultur- und sozialwissenschaftliche Fa-

kultäten eingerichtet, die sich insbesondere an der Ausbildung von Berufsschullehrern beteiligen.
Literatur: 1.13
technisches Gymnasium. *Fachgymnasium.*
Teilzeitschule (engl. *part-time school*). Jede Schule, die als Teil umfassenderer Bildungsprozesse in Verbindung mit anderen Lernorten besucht wird. Die größte und bekannteste T. ist die *Berufsschule*, an der zusammen mit der Lehre in einem Betrieb die *Berufsausbildung* durchgeführt wird.
Teilzeitschulpflicht (engl. *part-time compulsory school education*). Nach den *Schulgesetzen* der Bundesländer schließt sich für alle Jugendlichen nach Erfüllung der neun- bzw. zehnjährigen allgemeinen oder *Vollzeitschulpflicht* eine dreijährige T. an, die an einer *beruflichen Schule* zu absolvieren ist, es sei denn, der Jugendliche ist weiterhin Schüler einer Vollzeitschule. Die T. umfaßt zwischen zehn und zwölf Stunden Unterricht pro Woche, der jedoch auch in Zeitblöcken (*Blockunterricht*) zusammengefaßt werden kann. T. gilt wie die Vollzeitschulpflicht gleichermaßen für deutsche und ausländische Kinder und Jugendliche, die ihren regelmäßigen Aufenthalt im Geltungsbereich eines deutschen Schulgesetzes haben.
Telekolleg. Im Hinblick auf Organisation, Zielsetzung, Arbeitsweise, Inhalte und Abschlüsse dem *Funkkolleg* vergleichbar, wobei hier Fernsehsendungen die Funktionen der Rundfunksendungen übernehmen.
Teleologie (griech. *idea* Meinung, *logos* Wort, Lehre; engl. *teleology*). Lehre von der Zweckmäßigkeit und Zielbestimmtheit des menschlichen Handelns.
Tertiärbereich (lat. *tertius* dritter). Dritter Bereich innerhalb des Bildungswesens, der auf dem Primarbereich (Klassen 1 bis 4) und dem Sekundarbereich (Klassen 5 bis 12 bzw. 13) aufbaut. Ihm werden die *Hochschulen* zugeordnet.
Test. *Schultest.*
TH. *Technische Hochschule.*
themenzentrierte Interaktion (**TZI**). Eine aus der *Psychoanalyse* stammende und von R. Cohn Mitte der siebziger Jahre für die psychoanalytische *Gruppentherapie* und für die *Gruppenarbeit* in Schulklassen entwickelte Konzeption zur Gestaltung der *Interaktion* nach bestimmten Grundregeln. Wichtig ist ein gutes Gruppenklima und die Balance zwischen den Ansprüchen des Ich (Persönlichkeitsbezug), des Wir (Gruppenbezug) und des Es (Themen- und Sachbezug). Zu den zwei Postulaten der TZI »Sei dein eigener Chairman« (Vorsitzender) und »Störungen haben Vorrang« werden weitere Hilfsregeln genannt wie z.B.: Vertrete dich selbst mit deinen Bedürfnissen, Gefühlen, Gedanken, Phantasien, Wertungen usw. Sprich als Ich und nicht als Wir oder als Man. Akzeptiere dich wie du bist. Sprich Störungen sofort an. Nimm andere als Person wahr und schenke ihnen die gleiche Achtung wie dir selbst. Begründe deine Fragen, Interessen und Bedürfnisse. Vermeide Nebengespräche, sie stören die Gruppe. Halte dich mit Verallgemeinerungen zurück.- Diese Regeln gelten auch für Gruppenleiter. Die TZI setzt die Einübung in die Methode und die Akzeptanz aller Beteiligten voraus. Unabhängig davon sind die in den Regeln ausgedrückten Grundhaltungen für jede Interaktion von richtungweisender Bedeutung.
Literatur: 2.1.6
Theorie (griech. *theoria* Schauen, Betrachtung; engl. *theory*). System von Aussagen, das dem Zweck dient, Einzelerkenntnisse so zu ordnen und gedanklich zu vervollständigen, daß über ein bestimmtes Gebiet der Wirklichkeit

(z. B. die Schule, das Spiel). möglichst widerspruchsfreie, vollständige und umfassende Darstellungen und Erklärungen der Zustände oder Entwicklungen in diesem Gebiet möglich werden. Grundlage ist die Fähigkeit, die beobachtbare Wirklichkeit begrifflich zu erfassen und sich über Zusammenhänge, die der sinnlichen Wahrnehmung nicht direkt zugänglich sind, Gedanken zu machen, so daß teils durch *Empirie* belegbare, teils durch *qualitative Forschung* und gedankliche Verknüpfungen fundierte Aussagen und *Axiome* konstruiert werden können. Theoretische, d. h. also gedankliche Annahmen über die Wirklichkeit sind Grundlage jeder geordneten Empirie, wie umgekehrt jede T.bildung bemüht sein sollte, ihre Aussagen (z.B. *Hypothesen*, Gesetze) durch beobachtbare Tatsachen abzusichern.
Literatur: 1.5

Theorie der Schule. *Schultheorie.*

Therapie (griech. *therapeia* Pflege, Heilung; engl. *therapy*). Behandlung von Erkrankungen oder Störungen. Dabei hängt der Einsatz spezieller Maßnahmen vom Zustandsbild, von der Krankengeschichte, von der Diagnose und vom Behandlungsplan ab. Für psychische und psychosomatische Störungen im Erleben und Verhalten kommen psychologische T.maßnahmen in Frage, zu denen die *Gesprächspsychot.*, die *Verhaltenst.* oder die *Verhaltensmodifikation*, aber auch die *Psychoanalyse* gehören. Zu den sozialpsychologisch orientierten Verfahren, in denen die Gruppendynamik eine Rolle spielt, zählen die *Gruppent.* mit ihren verschiedenen Methoden wie der *themenzentrierten Interaktion.*
Literatur: 2.1.4, 2.1.6, 2.9

Tiefenpsychologie (engl. *depth psychology*). Jede psychologische Richtung, deren Interesse die Erklärung unbewußter seelischer Prozesse ist. Damit beschäftigen sich insbesondere die *Psychoanalyse*, die Individualpsychologie und die analytische Psychologie.

TKM. *Team-Kleingruppen-Modell.*

Toleranz (lat. *tolerantia* Ertragen, Erdulden, Geduld; engl. *tolerance*). Fähigkeit, sich gegenüber anderen Meinungen, Glaubensbekenntnissen, fremden Bräuchen oder andersartigen Verhaltensweisen mit Akzeptanz und Großzügigkeit zu verhalten. Mit T. ist aber auch die Tendenz verbunden, der Intoleranz anderer aktiv entgegenzutreten. Tolerantes Verhalten ist meist bei Personen gegeben, die über Identität und Ichstärke verfügen, weltoffen sind oder eine religiöse Lehre verinnerlicht haben, in der T. gegenüber anderen geboten ist. Dies kann so weit gehen, daß das Ertragen und Erdulden schädigender und lebensbedrohlicher Einwirkungen bis zum eigenen Tode nicht aufgegeben wird. Der T. verwandt sind *Ambiguitätstoleranz* und Vorurteilslosigkeit.

Tradition (lat. *traditio* Übergabe, Überlieferung, Bericht; engl. *tradition*). Die Summe der Werte und Normen, Verhaltensmuster und Techniken, Prinzipien, Weltansichten und Glaubenssätze, die in Brauchtum, Sitten, Arbeitsweisen, sozialen Institutionen, Ritualen u. a. Objektivationen ihren Niederschlag gefunden haben und innerhalb einer sozialen Gemeinschaft von einer Generation auf die nächste übergehen, wobei dieser Übergang von mehr oder weniger schnellen und umfassenden Wandlungen gekennzeichnet sein kann, je nach dem Grad an Veränderungen bei den zentralen Bedingungen des Kulturprozesses. Träger der Tradierung auf gesamtgesellschaftlicher Ebene sind praktisch alle Teilsysteme der Gesellschaft, Rechtssprechung, Berufs- und Arbeitswelt, Kunst, Religion und auch das Bildungswesen. Die Internalisierung der T. durch die heranwachsende Generation bezeichnet die Sozialwissenschaft als *Enkulturation.*

Trainingsprogramm. Form des Lehrens und Lernens zur *Übung* von Kenntnissen, Fähigkeiten und Fertigkeiten. Es ist im Unterschied zum naiven, unreflektierten Üben nach den wissenschaftlichen Erkenntnissen der Übungstheorien aufgebaut und berücksichtigt einerseits den Lernentwicklungsstand der Lernenden und andererseits die elementarisierten Strukturen eines Wissensstoffes. Insofern ist das T. dem Lehrgang oder dem Kurs verwandt, deren Merkmal aber in erster Linie die schrittweise Vermittlung eines neuen Wissens- oder Kompetenzbereichs ist. Es gibt Unterrichtskonzepte, bei denen der Unterricht in die Formen Unterrichtsgespräch, Projekt, Lehrgang und Training eingeteilt ist.
Literatur: 2.1.3

Transaktionsanalyse (lat. *transactio* Vergleich; engl. *transactional analysis*). Verfahren der *Gruppentherapie*, bei dem sich die *Klienten* wechselseitig Rollen als Kind, Erwachsener, Mutter, Vater o.ä. zuweisen. Aus der Analyse solcher Zuschreibungen kann der Psychotherapeut Verständnis für die Bedeutung bestimmter Personen oder Situationen in der Lebensgeschichte eines Klienten gewinnen.

Transfer (lat. *transferre* hinübertragen, übertragen; engl. *transfer*). Übertragung bestimmter Lernergebnisse aus der Bewältigung einer Anforderungssituation auf eine neue Situation. T. kann positive und negative Folgen haben. So ist z.B. i.d.R. die Kenntnis der italienischen Sprache hilfreich beim Erlernen einer weiteren romanischen Sprache. T. ist dagegen problematisch, wenn z.B. bei der Begegnung mit Menschen aus nicht europäischen Kulturen vertraute Handlungsmuster der eigenen Kultur übertragen werden.

transzendental-kritische Pädagogik. *Normative Pädagogik.*

Trauma (griech. *trauma* Verletzung; engl. *trauma*). Starke seelische Erschütterung bzw. Verletzung. Bei seelischen T. können Störungen zurückbleiben, die später als *Neurosen* auftreten und psychotherapeutisch behandelt werden müssen.

Trotz (engl. *defiance*). Häufig von starken *Emotionen* und heftigen körperlichen Reaktionen begleitete Verweigerung des Kleinkindes, sich dem Willen der Eltern oder dem anderer Personen zu unterwerfen. Werden derartige kindliche Verhaltensweisen etwa ab dem 18. Lebensmonat beobachtet, dann sind sie ein Hinweis darauf, daß das Kind in die Interaktionen mit Erwachsenen nun mehr und mehr seine eigene *Identität* einbringt. Die Bezeichnung T. mit negativem Beiklang ist problematisch, weil sie verschleiert, daß vor allem die Interaktion mit dem Kind dafür verantwortlich ist, wie ein Kind mit Konflikten umgehen lernt. Anzunehmen, der T. sei gleichsam eine naturnotwendige Erscheinung, ist wissenschaftlich unhaltbar.

Tutor (lat. *tutor* Betreuer, Beschützer; engl. *tutor*). Lehrer, Studierende oder Schüler, denen besondere Beratungs- oder Übungsaufgaben für Lerngruppen übertragen sind. Studentische T. haben i.d.R. das Grundstudium bereits absolviert und werden für ihre Tätigkeit als T. bezahlt.

TZI. *Themenzentrierte Interaktion.*

U

überbetriebliche Ausbildungsstätte (engl. *joint training centre*). Ergänzt und vervollständigt die betriebliche Berufsausbildung durch mehrwöchige Lehrgänge. Besonders kleinere und mittlere Betriebe mit einem hohen Grad an Spezialisierung nutzen die systematische Breite der Angebote in den ü.A., um den Vorgaben der Ausbildungsordnungen gerecht werden zu können. Die fachtheoretischen und -praktischen Kurse decken zumeist ein Berufsfeld vollständig ab. Träger sind Kammern, Innungen, Vereine oder auch öffentliche Gebietskörperschaften (z. B. Landkreise oder Länder).

Übergänge. Institutionalisierter Wechsel zwischen aufeinander aufbauenden Einrichtungen des Bildungswesens in der Schullaufbahn eines Kindes oder Jugendlichen. Ü. sind mit Abschied und Neuorientierung, Risiko und Chance, Schulwahl und Aufnahmebedingungen, Beurteilung und Auslese verbunden. Bildungspolitische Entscheidungen über die Gestaltung der Ü. sind von der Tendenz zur Verschärfung oder Erleichterung der jeweiligen Bedingungen geprägt. In den sechziger Jahren wurde vor allem die punktuelle Auslese an den Ü. kritisiert, durch die für die meisten Kinder die Weichen für die zukünftige Schul- und Berufslaufbahn gestellt waren. Die Bestrebungen des Deutschen Bildungsrates richteten sich deshalb Anfang der siebziger Jahre auf die Gestaltung gleitender, kontinuierlicher Ü. durch die Einführung der *Eingangsstufe* am Schulanfang, durch die *Orientierungsstufe* sowie das Angebot der 10. Hauptschulklasse und durch Schulabschlußregelungen für die Haupt- und Realschule, die den Zugang zu weiterführenden Bildungsgängen im Sekundarbereich II erleichtern sollten. Die schulrechtlichen Bestimmungen zu den Ü. sind heute in den Bundesländern sehr verschieden.

Der Ü. vom Vorschulbereich in die Grundschule ist bei der *Einschulung* nach wie vor mit Risiken verbunden. Sind Zweifel vorhanden, ob ein Kind wegen seiner körperlichen, kognitiven oder sozialen Fähigkeiten die erforderliche *Schulreife* hat, kann es probeweise aufgenommen oder um ein Jahr zurückgestellt werden. Nach der Förderung in einem *Schulkindergarten* oder einer *Vorklasse* besuchen viele Kinder problemlos die Grundschule, andere werden nach wiederholter Einschulungsdiagnose in eine Sonderschule überwiesen. In manchen Grundschulen werden behinderte Kinder in sog. Integrationsklassen aufgenommen.

Anders als in der schulformunabhängigen Orientierungsstufe (Niedersachsen) oder der sechjährigen Grundschule (Berlin, Brandenburg) werden in Baden-Württemberg im 4. Schuljahr zentral gestellte Orientierungsarbeiten in Deutsch und Mathematik geschrieben, die zusammen mit den Durchschnittszensuren der Grundschule die Übertrittsentscheidung begründen. Haben die Eltern eine andere Schulwahlvorstellung, müssen sich die Kinder einem Testverfahren in der Grundschule und ggf. einer Aufnahmeprüfung unterziehen. Dieses Verfahren ist nicht nur mit großem Leistungsdruck für die Schüler verbunden, sondern hat auch für die Grundschularbeit vom 3. Schuljahr an erhebliche Auswirkungen. In anderen Bundesländern gibt es im 4. Schuljahr zwar auch eine Empfehlung der Grundschullehrer, jedoch entscheiden die Eltern ohne zusätzliche Prüfung über die Wahl der Schulart. Da empirische Untersuchungen mehrfach die Zuverlässigkeit und Genauigkeit zentral gestellter Normarbeiten bei der Übertrittsauslese in Frage gestellt haben, wird heute von Experten die Berücksichtigung des Elternwunsches befürwortet.

Im Sekundarbereich I hat die Entwicklung der letzten Jahre dazu geführt, daß unter bestimmten Bedingungen in jeder Schulart alle *Abschlüsse* erworben werden können, die den Ü. in eine Berufsausbildung oder in weiterführende Bildungswege des Sekundarbereichs II eröffnen. Das heißt nicht, daß die Wirkung des Bildungsmilieus einer Schulart auf die zukünftige Persönlichkeitsentwicklung eines Jugendlichen unterschätzt werden darf. Auch dürfen die Chancen von Ausländerkindern und von Schülern, die nach Vollendung der Schulpflicht die allgemeinbildende Schule ohne Abschluß verlassen, nicht übersehen werden. Diese Gruppe junger Menschen hat größte Schwierigkeiten, einen Ausbildungsplatz in einem Lehrberuf zu finden und ist in ihrem Arbeitsleben in besonderem Maße von Arbeitslosigkeit bedroht.

Literatur: 2.1.1

Über-Ich (engl. *super-ego*). Der von *S. Freud* gebildete Begriff soll die Vorstellung von einer innerseelischen, zumeist unbewußt wirksamen moralischen Instanz sprachlich fassen, in der die sozialen und kulturellen Verhaltensnormen repräsentiert sind, also jenen Teil des *Ich*, der über Triebe, Wünsche und Identifikationen eine Art Zensur ausübt. Das Ü.-I. entwickelt sich im Kinde durch Identifikationsprozesse mit geliebten Bezugspersonen. Das Kind verinnerlicht die Verbote und Normen der Eltern, um Strafen zu vermeiden und ihre Liebe nicht zu verlieren. Folglich hängt die Moral des Kindes umfassend von den Normen und der Strafpraxis der Eltern ab. Erst durch Identifikationsprozesse mit anderen Personen und Gruppen und die Entwicklung eines individuellen Beurteilungsvermögens kommt das Individuum später zu einer moralischen Urteilskraft, die nicht mehr an die Beziehungen zu konkreten Personen oder Gruppen gebunden ist.

Literatur: 2.9

Übertragung (engl. *transference*). Prozeß, in dem ein Patient im Verlauf einer *Psychoanalyse* seine Gefühle gegenüber Menschen, die i.d.R. für ihn besonders wichtig waren bzw. sind, auf den Analytiker überträgt. Indem der Analytiker die Ü. dem Patienten bewußt macht, kann er helfen, die ursprüngliche Bedeutung der Gefühle einer Person gegenüber wiederzuerkennen und aufzuarbeiten.

Übung (Syn. **Üben**; engl. *exercise, practice*). Teil des Lernprozesses, durch den Lernergebnisse dauerhaft gesichert werden sollen. Dabei werden Lernvorgänge systematisch wiederholt, um die Ziele Vervollkommnung von Fähigkeiten, Automatisierung von Fertigkeiten, rasche Verfügbarkeit von Gedächtnisoperationen oder Verbesserung körperlicher Bewegungsabläufe zu erreichen. Voraussetzung für erfolgreiches Üben ist der Ü.wille, der von der Zielvorstellung getragen wird. Ist das Ziel ansatzweise erreicht, wird das Gedächtnis vom erinnernden Nachdenken entlastet und frei

für neue Lernprozesse. Beim Üben ist der Rhythmus des Wiederholens wichtig, der bei Beachtung bestimmter Gesetzmäßigkeiten von Stufe zu Stufe auf gesteigertem Niveau stattfindet. Ist ein Lernprozeß erfolgreich abgeschlossen, zeigen die kurzfristig darauf folgenden Ü. den größten Leistungszuwachs. Zu spät einsetzendes Üben bleibt zunächst unter den ursprünglich erreichten Leistungen zurück. Erst durch erneute Anstrengungen kann das frühere Leistungsniveau wieder erreicht werden. Für das individuelle Üben ist es wichtig, den eigenen Lernstil und die allgemeinen Regeln zur Gestaltung von Ü.prozessen zu kennen.
Das Üben in der Schule gehört zu den schwierigsten Phasen des Unterrichts und wird gerne in die *Hausaufgaben* verlagert. Dies ist dann nicht zu verantworten, wenn die Schüler im Unterricht nicht gelernt haben, wie sie selbständig, eigenverantwortlich und erfolgreich üben können.
Literatur: 2.1.3

Umschulung (engl. *retraining*). Durch innerbetriebliche Maßnahmen oder Kurse (z.B. in Kammern, an Volkshochschulen) soll der Übergang in eine andere Erwerbstätigkeit ermöglicht werden. Arbeitssuchende und Arbeitslose können für U.maßnahmen finanzielle Zuschüsse erhalten. Auskunft erteilt das Arbeitsamt.

Umwelterziehung (engl. *environmental education*). Die KMK betonte 1980 in ihrer Erklärung ›Umwelt und Erziehung‹, daß angesichts der bedrohlichen Umweltbelastung U. eine besondere Aufgabe der Schule sei. U. solle bei jungen Menschen ein Bewußtsein für Umweltfragen erzeugen, die Bereitschaft zu verantwortlichem Umgang mit der Umwelt fördern und zu einem umweltbewußten Verhalten anleiten, das über die Schulzeit hinaus wirksam bleibe. Ab 1982 wurde U. als Unterrichtsprinzip und Unterrichtsinhalt in die Richtlinien und Lehrpläne verstärkt aufgenommen.
U. ist einerseits als fächerübergreifendes Prinzip zu verstehen, sie muß aber andererseits auch in bestimmten Fächern durch die Aufarbeitung spezifischer Themen (z.B. Müllvermeidung/Müllentsorgung, Wasserverschmutzung/Wasserversorgung) inhaltlich und methodisch zur Geltung kommen. Fächerübergreifende Projekte zu Umweltthemen, in denen naturwissenschaftlich-technische und gesellschaftsbezogene Sachfächer zusammenarbeiten, aber auch Fächer wie Religion, Sprachen oder Kunst beteiligt sind, scheinen besonders geeignet zu sein, den bedrohten Lebenszusammenhang bewußt zu machen. Gesellschaftspolitische Aufklärung und kognitives Sachwissen sind ebenso notwendig wie die Berücksichtigung ästhetischer Aspekte der unberührten Natur und der ethischen Verantwortung gegenüber der gesamten Mitwelt auf dieser Erde.
Zur Bearbeitung der Umwelt-Thematik sind unterschiedliche Ansätze (z.B. der ökopädagogische, der utilitaristische und der systemtheoretische) entwickelt worden. Für den Unterricht gibt es zahlreiche Handreichungen und Materialien. Alle diese Ansätze und Versuche fassen U. als »Rettung aus der Not« auf, denn der Mensch ist nicht nur der Verursacher der Umweltgefährdung, sondern er ist gleichzeitig der Betroffene.
Literatur: 1.3, 2.1.5

Unbewußtes (engl. *unconscious*). *S. Freud* differenzierte den menschlichen Geist in einen bewußten und einen unbewußten Teil, den er wiederum in das Vorbewußte und das U. gliederte. Die unbewußten seelischen Prozesse nannte Freud primäre Prozesse. Sie sind triebhafter und impulsiver Natur, irrational, also der bewußten Kontrolle entzogen.

Insbesondere aus Träumen kann laut Freud auf das U. geschlossen werden. Unbewußte Wünsche, deren Erfüllung auf Verbote stößt, werden, noch bevor sie in volles Bewußtsein getreten sind, unterdrückt.

Underachievement. Arbeits- oder Schulleistungen, die unterhalb des Niveaus bleiben, das angesichts der allgemeinen Intelligenz von einer Person erwartet wird. Dafür können unterschiedliche Gründe verantwortlich sein (z.B. Mangel an Motivation, seelische oder körperliche Krankheit, soziale Belastungen oder auch eine zu geringe Erfolgszuversicht).

UNESCO (United Nations Educational, Scientific and Cultural Organization). Unterorganisation der Vereinten Nationen mit Sitz in Paris, die sich insbesondere in den sog. Entwicklungsländern um die Förderung von Erziehung, Unterrichtswesen, Ausbildung, Wissenschaft und öffentlichen Informationssystemen bemüht.

Anschrift: 1.0

UNICEF (United Nations International Children's Emergency Fund). Das Kinderhilfswerk der Vereinten Nationen mit Sitz in New York. Leistet medizinische, soziale und pädagogische Hilfe für Kinder, Jugendliche und deren Betreuer in Krisengebieten der Erde (Armut, Hunger, Arbeitslosigkeit, Kinderprostitution, Krieg).

Anschrift: 1.0

Universität (lat. *universitas* Gesamtheit; engl. *university*). Staatliche, vereinzelt auch staatlich anerkannte private Bildungseinrichtung, deren Besuch i.d.R. das *Abitur* bzw. die *allgemeine Hochschulreife* voraussetzt. U. dienen der Pflege und Entwicklung der Wissenschaften und Künste durch Forschung, *Lehre* und *Studium.* Sie bereiten auf Berufe vor, die die Anwendung wissenschaftlicher Ergebnisse und Methoden oder die Fähigkeit zu künstlerischer Gestaltung erfordern. In der Erfüllung ihrer Aufgaben genießen die U. den besonderen Schutz des GG, das in § 5 die Freiheit von Kunst und Wissenschaft, Forschung, Lehre und Studium sichert. U. haben als Körperschaften des öffentlichen Rechts das Recht auf *akademische Selbstverwaltung,* was insbesondere das Recht, sich eigene Satzungen zu geben, Ordnungen für *Studiengänge* und *Hochschulprüfungen* zu erlassen und bei der Ergänzung des Lehrkörpers mitzuwirken, einschließt. Das wissenschaftliche und künstlerische Personal der U. besteht aus den *Professoren*, den Dozenten, den *wissenschaftlichen Mitarbeitern* und *Hochschulassistenten* sowie den Lehrkräften für besondere Aufgaben. Einstellungsvoraussetzungen für die Professoren sind i.d.R. *Promotion* und *Habilitation.* U. gliedern sich in *Fakultäten* (z.B. Juristische F., Medizinische F., Philosophische F., Sozialwissenschaftliche F., Theologische F.) oder in *Fachbereiche.* Die Studiengänge an der U. dauern mindestens vier Jahre, schließen mit Hochschulprüfungen oder Staatsexamen ab. Nach Hochschulprüfungen verleiht die U. *akademische Grade*. Der Status, wissenschaftliche Hochschule zu sein, drückt sich insbesondere im Recht der U. auf Abnahme von *Doktorprüfungen* und *Habilitationen* aus.

Literatur: 1.13

Unterrichtsanalyse (engl. *teaching analysis*). Kritische Reflexion und Beurteilung von Einzelphänomenen und Zusammenhängen praktizierten Unterrichts. Grundlage sind die *Unterrichtsbeobachtung* und die *Unterrichtsdokumentation* anhand festgelegter Kriterien und mit Hilfe bestimmter Verfahren. Wegen der Komplexität des konkreten Unterrichtsgeschehens muß sich die U. auf begrenzte Fragestellungen konzentrieren und kann somit nur Ausschnitte

der jeweiligen Praxis erfassen. Die U. hat verschiedene Funktionen: Praktizierenden Lehrern dient sie zur Verbesserung der Lehr- und Lernprozesse; Studierende sollen das Beobachten, Dokumentieren, Analysieren und Reflektieren von Unterricht erlernen; in der *Unterrichtsforschung* soll sie die Theoriebildung fördern und die wissenschaftliche Diskussion anregen. Je nach Erkenntnisinteresse und Wissenschaftsverständnis wird vorwiegend zwischen empirisch-analytischer Unterrichtsforschung und Handlungsforschung unterschieden. Hinzu kommen Mischformen, in denen die reflexiv-moderierende und interpretierende Erfahrung des Forschers eine Rolle spielt.
Literatur: 2.1.3

Unterrichtsartikulation. *Artikulationsformen.*

Unterrichtsbefreiung. *Befreiung vom Unterricht.*

Unterrichtsbeobachtung. Grundlegendes Verfahren zur Wahrnehmung und Dokumentation von Lehr- und Lernprozessen im Unterricht. Die Datenerhebung bildet die Grundlage der *Unterrichtsanalyse.* Die U. wird i.d.R. nach den Standards der *Beobachtung* in den empirisch forschenden Sozialwissenschaften durchgeführt. Sie erfolgt entweder durch unmittelbare teilnehmende Beobachtung des Unterrichtsgeschehens oder mittelbar durch audiovisuelle Aufzeichnungen (Film, Video, Foto, Tonband) von Unterrichtsprozessen und -situationen. Es wird die unsystematische von der systematischen, kontrollierten und kategoriengeleiteten Beobachtung unterschieden.
In der Lehrerausbildung findet die U. zunächst im Rahmen schulpraktischer Studien (*Praktika*) meist ohne vorherige Festlegung von Beobachtungsgegenständen und -verfahren statt. Die *Unterrichtsprotokollierung* erfolgt dann häufig auch in Form einer freien Beschreibung von auffälligen Unterrichtssituationen und Einzelfakten. Die unstrukturierte und offene U. kommt den subjektiven Interessen der Beobachter entgegen und hat den Vorteil, die Komplexität des Unterrichtsgeschehens und das Zusammenwirken von Einzelfaktoren bewußt zu machen. Darüber hinaus stehen eine Reihe von Verfahren und Strukturierungshilfen zur Verfügung, mit denen Studierende im Rahmen kleinerer Erkundungs- und Forschungsvorhaben an die wissenschaftliche U. herangeführt werden können. Dabei gibt die aktive *Unterrichtshospitation* Gelegenheit zur Erprobung der eingreifenden U. im Sinne der Handlungsforschung, durch die der teilnehmende Beobachter seine Befunde unmittelbar an die Praxis zurückmeldet und Veränderungen ermöglicht.
Als ein Verfahren der *Unterrichtsforschung* hat die U. eine gewisse Tradition. Sie ist mit ihren didaktisch-methodischen und sozialpsychologischen Fragestellungen sowohl an die wissenschaftlichen Beobachtungstheorien wie an die Theorien über den Gegenstand der Beobachtung gebunden.
Literatur: 1.2, 1.5

Unterrichtsbesuch. *Hospitation. Unterrichtshospitation.*

Unterrichtsdifferenzierung. *Innere Differenzierung.*

Unterrichtsdokumentation. Herstellung und Archivierung von Unterrichtsaufzeichnungen für Unterrichtsanalysen und spätere Wiederholungen. Dokumentationsformen sind schriftliche Protokolle, Tagebücher, Akten, Zeichnungen, Tonbänder und Tonbandprotokolle, Fotos, Dias, Filme, Videos, Computerdisketten u.ä.

Unterrichtseinheit (engl. *teaching unit*). Verbund mehrerer Unterrichtsstunden, die durch die Lehr-Lern-Ziele und die thematisch-inhaltlichen Schwerpunkte relativ abgeschlossen sind.

Unterrichtsentwurf. In dem zeitlich gestuften Ablauf der *Unterrichtsplanung* gehört der schriftliche U. zur letzten Phase der *Unterrichtsvorbereitung*. Der U. ist ein Versuch, den komplexen Prozeß des bevorstehenden Lehrens und Lernens zu antizipieren. Er soll helfen, die von vielen situationsspezifischen Unwägbarkeiten geprägte Arbeit mit Schülern zu erleichtern.

Beim schriftlichen U. für die alltägliche Vorbereitung beschränken sich berufserfahrene Lehrer aus Zeitgründen auf das Notwendigste. Ihre schriftlichen Kurzformen auf einem Blatt werden auch als Spickzettel bezeichnet, die lediglich den beabsichtigten Verlauf der Stunde enthalten. Handschriftlich werden in die tabellarische Form meist eingetragen: Thema, Unterrichtsziele, Uhrzeiten zum Ablauf, Phasen vom Einstieg bis zur Ergebnissicherung, in Stichworten Inhaltliches, Organisatorisches, Unterrichtsformen, Arbeitsaufträge, Fragen/Impulse, Materialeinsatz, Medien, Tafelbild/Tafeltext und Hausaufgaben.

Von Praktikanten, Lehramtsanwärtern und Referendaren werden hingegen ausführliche schriftliche U. erwartet. Dazu gibt es verschiedene Planungsschemata, deren Aufbau, Begrifflichkeit und Begründungskriterien an den *didaktischen Modellen* orientiert sind. In jedem Falle geht es um allgemeine Angaben, Bedingungen, Entscheidungen, Verlaufsplanung und Auswertung.

Beim *offenen Unterricht* müssen die traditionellen linearen Planungskonzepte modifiziert werden. Aber auch beim U. für *freie Arbeit* und *Wochenplanunterricht* geht es um die Antizipation von Arbeits- und Lernprozessen der Schüler. Die Aufmerksamkeit richtet sich hier stärker auf die Diagnose individueller Lernverläufe und die Bereitstellung entsprechender Materialien in der vorbereiteten Lernumgebung des Klassenraums.

Literatur: 2.1.3

Unterrichtsformen. In Theorie und Praxis gibt es eine Fülle von Begriffen und Systematisierungsversuchen für methodisches Handeln von Lehrern und Schülern und die unterrichtsmethodische Reflexion. In Anlehnung an *H. Meyers* Publikation ›Unterrichtsmethoden‹ werden folgende fünf Gruppen von U. unterschieden.

1. Großformen des Unterrichts: Lehrgang, Kurs, Projekt, Projektwoche, Freiarbeit, Wochenplanarbeit, Epochenunterricht, Exkursion, Praktikum, Workshop u. a. Mit den einzelnen Großformen sind unterschiedliche Organisationsstrukturen und Ziele verbunden, die meist von vorhergehenden pädagogisch-didaktischen Ziel- und Inhaltsentscheidungen abhängig sind.

2. Sozialformen des Unterrichts: Frontalunterricht, Gruppenunterricht, Partnerarbeit, Einzelarbeit u. a. Diese Formen betreffen die soziale Organisation schulischer Interaktions- und Kommunikationsprozesse und sind meist mit einer bestimmten Sitzordnung verbunden.

3. Handlungsformen, Handlungsmuster, Lehr- und Lernformen: Lehrervortrag, Schülerreferat, gelenktes Gespräch, Tafelarbeit, Interview, Rollenspiel, Planspiel, Experiment u. a. Die Handlungsformen bestimmen Form und Zielrichtung der Aktivitäten von Lehrern und Schülern sowie der Lehrer-Schüler-Interaktion.

4. Handlungssituationen von Lehrern und Schülern: Fragen stellen und beantworten, Impulse geben, sich melden und aufgerufen werden, vorsprechen und nachsprechen, unterbrechen, beobachten, eine Aufgabe ausführen, Mitarbeit verweigern u. a. Handlungssituationen kennzeichnen relativ kurze Szenen der schulischen Interaktion, in denen me-

thodische Techniken und Regeln des Lehrens und Lernens eine Rolle spielen, die den Ablauf des Unterrichts und die Unterrichtsatmosphäre beeinflussen.
5. Verlaufsformen des Unterrichts, Artikulation des Unterrichts (Phasen, Stufen, Schritte und ihre Abfolge): a) Einstieg, Einführung, Aufgabenstellung u.a.; b) Erarbeitung, Darbietung, Problemlösung u.a.; c) Ergebnissicherung, Zusammenfassung, Veröffentlichung u.a.; d) Anwendung, Übung, Kontrolle u.a. Die Verlaufsformen strukturieren den zeitlichen Ablauf und den methodischen Gang des Unterrichtsprozesses, der von der Sachstruktur des Unterrichtsgegenstandes, den Zielen des Unterrichts und den Lernvoraussetzungen der Schüler abhängig ist.
Zwischen bestimmten Formen oder Verfahren der fünf Gruppen besteht fast immer eine kombinatorische Wechselbeziehung, aus der sich ein typisches Bild von der Methodenkonzeption des Unterrichts ergibt.
Literatur: 2.1.3

Unterrichtsforschung (engl. *teaching research*). Aufgabe der U. ist die methodisch angeleitete Beschreibung, Analyse und Interpretation von schulischem Unterricht. Als generelles Problem erweist sich dabei die Reduktion des komplexen Unterrichtsgeschehens auf fest umrissene Fragestellungen. Angesichts konkurrierender *Paradigmen* moderner U. ist zu unterscheiden, ob sich die wissenschaftlichen Analysen methodologisch z.B. an der empirisch-analytischen Sozialforschung oder an der mit qualitativen Methoden arbeitenden Handlungsforschung orientieren. Ziel der U. ist eine Theorie des Unterrichts, deren Aussagensystem zur Verbesserung der Unterrichtspraxis beitragen kann. Die U. ist heute auch ein Teilbereich der *Lehr-Lern-Forschung*.
Literatur: 1.5, 2.1.3

Unterrichtsgang. *Erkundung.*

Unterrichtsgespräch. Oberbegriff für verschiedene abgrenzbare Gesprächsformen und -situationen in der Schule, die bestimmte Funktionen in der Lehrer-Schüler-Kommunikation und im Schulleben erfüllen. **1)** Zwischen-Tür-und-Angel-Gespräche: Spontane informelle Gespräche zwischen Lehrer und Schüler.
2) Morgenkreis am Schulbeginn oder Versammlung nach der freien Arbeit vor der großen Pause oder dem Mittagessen in der Ganztagsschule: Nach täglich wiederkehrenden Ritualen (Lied, Gedicht u.ä.) beginnt die Erzählrunde, in der Schüler eigene Erlebnisse mitteilen und Fragen, Probleme und Wünsche einbringen können. In der entstehenden Gesprächssituation werden gemeinsam Problemlösungen diskutiert und Anlässe für Projekte gefunden. Ein wichtiger Teil des Morgenkreises ist die gemeinsame Planung des Unterrichtstages. Im Abschlußgespräch am Ende des Schultages können die Schüler ihre Arbeitsergebnisse vorstellen und besprechen.
3) Freies Unterrichtsgespräch: Von *B. Otto* entwickelte Gesprächsform, bei der die Schüler zu einer festgelegten Zeit über Ereignisse aus ihrer Lebensumwelt berichten, eigene Fragestellungen thematisieren, diskutieren und bearbeiten. Bleiben Fragen offen, weil sie der Vorbereitung und Materialbeschaffung bedürfen, können sie zum lebensbezogenen Anlaß für ein Projekt werden.
4) Gelenktes bzw. gebundenes Unterrichtsgespräch: Der Lehrer gibt die Themen, Inhalte und Ziele vor, mit denen sich die Schüler sach- und problembezogen auseinandersetzen sollen. Dabei können der Erarbeitungsprozeß und das konkrete Ergebnis noch relativ offen sein. Lehrer und Schüler sind im Gesprächskreis Partner einer diskursiven Verständigung; der Lehrer steuert das U. durch Impulse und Anregungen, damit sich die Schüler mit ihren unterschiedli-

chen Erfahrungen, Interessen und Denkweisen einbringen können. Das U. kann verschiedene Funktionen haben: Einführungs-, Planungs-, Erarbeitungs-, Kleingruppen- und Plenums- bzw. Klassengespräch.

5) Fragend-entwickelndes Unterrichtsgespräch: Der Lehrer gibt in der Rolle des Wissenden ein Thema oder eine Problemstellung vor und versucht, die Schüler auf der Grundlage ihrer individuellen Vorkenntnisse zur aktiven Gedankenentwicklung anzuregen. Das U. hat eine dialogische Struktur, wobei sich der Lehrer bei der Entwicklung des Sach- und Problemzusammenhangs in die Denkbewegung des Schülers einpaßt, um so zum Verstehen hinzuleiten.

6) Lehrgespräch: Der Lehrer gibt die Themen und Inhalte vor und hat eindeutige Vorstellungen vom Ergebnis und Ziel des Lehr-und Lernprozesses. In einer ersten Phase stellt er den Gesprächsgegenstand vor und versucht, die Schüler zu motivieren und ihre Vorkenntnisse festzustellen. In der Erarbeitungsphase geht es um die Vermittlung von Kenntnissen, indem der Lehrer Sachverhalte und Probleme entwickelt und die Schüler zum aufmerksamen Nachvollzug des Gedankengangs und zu weiterführenden Beiträgen anhält. Am Ende werden die Gesprächsergebnisse zusammengefaßt und durch Wiederholung und Übung gesichert.

7) Argumentationsgespräch: Diskussion, Streitgespräch, Debatte. Dabei kommt dem Lehrer vor allem die Aufgabe zu, geeignete Fragen und Probleme aus dem gesellschaftlich-politischen Leben oder aus dem Schulleben aufzugreifen und die Schüler in die Regeln und Formen demokratischer Auseinandersetzung und Konfliktlösung einzuüben. Bei der Diskussion werden unterschiedliche Standpunkte zu einem Thema unter Leitung eines Moderators sachlich erörtert. Beim Streitgespräch und bei der Debatte müssen die Schüler zunächst ein Thema inhaltlich aufarbeiten und sich für die Simulation in bestimmte Rollen einarbeiten. Für die Debatte müssen ein oder mehrere alternative Anträge vorliegen. Ziel der Debatte ist die Annahme, Ablehnung oder Überarbeitung des Antrags. Die drei Gesprächsformen sind gut geeignet, Argumentationskompetenzen zu erwerben.

Literatur: 2.1.3

Unterrichtshospitation (Syn. **Unterrichtsbesuch**). Form der *Hospitation*, die in der Lehrerausbildung den Studierenden ermöglicht, die theoriebezogene Lehre mit dem pädagogischen Handeln in der Praxis in unmittelbare Beziehung zu bringen. Bei der Vorbereitung, Durchführung und Auswertung der U. können im Praktikum verschiedene Verfahren der *Unterrichtsbeobachtung* und der *Unterrrichtsanalyse* sowie in kleinen Forschungsvorhaben darauf bezogene Methoden der empirisch-analytischen Forschung und der Handlungsforschung erprobt werden. Zur Erfassung der Kommunikations- und Interaktionsvorgänge im Unterricht wird häufig das Theoriekonzept des *symbolischen Interaktionismus* genutzt. Ferner ist i.d.R. die Lebenswelt des Kindes Gegenstand der Beobachtung und Analyse. Für die Praxis hilfreich ist die U., wenn sie nicht nur den Ausbildungszielen der Studierenden dient, sondern auch den Lehrern durch die unmittelbare Rückmeldung der Beobachtungsanalysen im Sinne der Handlungsforschung. Ähnliche U. finden auch in der zweiten Ausbildungsphase der Lehramtsanwärter bzw. Referendare oder unter Lehrern statt.

Unterrichtslehre (Syn. **allgemeine Unterrichtslehre**). Vorwissenschaftliches System von Grundsätzen, Begriffen und Anweisungen für einen erfolgreichen Unterricht, das auf Unterrichtserfahrung

und Reflektieren über Unterricht basierte. Sie war eine Sammlung von Unterrichtsprinzipien, Unterrichtsformen, Lehrverfahren und vorwiegend lehrerbezogenen methodischen Anweisungen. In ihr überwog der methodische Teil des Unterrichts, weil die Ziele und Inhalte als weitgehend vorgegeben angesehen wurden.
Die U. wurde in den sechziger Jahren im Zuge der Verwissenschaftlichung und Professionalisierung des Lehrerberufs sowie des Ausbaus der Unterrichtsforschung von der Unterrichtswissenschaft abgelöst, für die sich der Begriff *Didaktik* durchgesetzt hat.
Unterrichtsmedien. *Medien.*
Unterrichtsmethode. *Methode.*
Unterrichtsmitschau (Syn. **hochschulinternes Fernsehen**). Elektronische Aufzeichnung von Unterrichtsstunden in einem Klassenraum der Hochschule, der einem Fernsehstudio gleicht. Die U. ermöglicht eine Direktübertragung des Unterrichts, der in der Studio-Klasse ohne fremde Beobachter gestaltet wird, in einen großen Hörsaal, wo er beobachtet, analysiert und kommentiert werden kann. Die aufgezeichneten Dokumente können über Videorecorder von Lehrenden und Studierenden in jedem beliebigen Raum verwendet werden. Es besteht auch die Möglichkeit, aus mehreren Aufzeichnungen Sequenzen unter bestimmten thematischen Schwerpunkten zusammenzuschneiden. Die Wiedergabe von Unterrichtsmitschnitten dient beim *Microteaching* dem praktischen Verhaltenstraining von Lehrern und Studierenden. Die U. wird auch von der Unterrichtsforschung genutzt.
Heute wird die Aufzeichnung von Lehr- und Lernprozessen in der Schule oder an außerschulischen Lernorten mit Videokameras und Camcordern bevorzugt.
Unterrichtsmittel. *Lehr- und Lernmittel. Medien.*

Unterrichtsorganisation. Maßnahmen und Strukturen innerhalb einer Schule zur Gewährleistung der Rahmenbedingungen für die Gestaltung von Lehr- und Lernprozessen im Unterricht. Die U. steht in einer Wechselbeziehung mit der *Schulorganisation* und ist in vielem von der ihr zugrundeliegenden Schulkonzeption und von den schulrechtlichen Bestimmungen abhängig.
Zu den äußeren Organisationsfaktoren gehören: Einteilung der Schüler in Jahrgangsklassen, Differenzierungsvorschriften, Stundentafel, Fächeranteile, Stundenplan, 45-Minuten-Einteilung, Pausenordnung, Schüler- und Lehrerwochenstunden, Aufsichtsregelung, Klassenraumgestaltung, Schulbuchauswahl u. a.
Diesen äußeren Strukturen der U. liegt nach Auffassung ihrer Kritiker immer noch eher das hierarchisch gegliederte bürokratische Modell der Schule als das heutigen Verhältnissen entsprechende demokratische Modell zugrunde. Damit korrespondieren auf der Ebene der Unterrichtsmethodik meist für alle Schüler gleichmäßig ablaufende Lehrgänge, Schulbucharbeit, Frontalunterricht, Lehrgespräche und Klasssenarbeiten. Diese verfestigten Strukturen und die hierarchisch geordneten Entscheidungsbefugnisse machen es schwer, z. B. die Gliederung des Unterrichtsvormittags nach Fachanteilen im 45-Minuten-Rhythmus der Stundentafel zu verändern und unter pädagogischen Gesichtspunkten neu und flexibel zu organisieren.
Mit der Öffnung von Schule und Unterricht vor allem in der Grundschule verändert sich allmählich das Verständnis von Unterricht. Reformschulen im Sekundarbereich, Montessorischulen, Jena-Plan-Schulen und Waldorfschulen weisen Wege auf, wie die U. pädagogisiert werden kann.
Literatur: 2.1.2, 2.1.5, 2.1.8, 2.1.9

Unterrichtsplanung. Bezeichnung für alle Maßnahmen und Überlegungen, die dem konkreten Unterricht vorausgehen. U. macht immer erziehungswissenschaftlich begründete Entscheidungen über die zukünftige Ausgestaltung der Interaktionsprozesse im Unterricht notwendig, durch die Erziehung und Lernen optimal ermöglicht werden sollen. Traditionell findet U. auf der Basis von Schulgesetzen, Bildungsprogrammen, Rahmenrichtlinien und Lehrplänen, Curricula, Fachliteratur, Schulbüchern und anderen Medien auf vier Ebenen statt. Unterschieden werden 1. Jahres- und Halbjahrespläne (z. B. Stoffverteilungspläne) mit einem Kanon von Inhalten und Themen; 2. Unterrichtseinheiten, -projekte oder Epochenunterricht zu einem relativ abgeschlossenen Rahmenthema für etwa zwei bis drei Schulwochen; 3. Unterrichtsvorbereitungen bzw. -entwürfe für Einzel- und Doppelstunden sowie 4. didaktische Entscheidungen im Vollzug des Unterrichtsablaufs z. B. über den Einsatz von Wiederholungs- und Übungsphasen.
Dieses Konzept ist nach Auffassung von *W. Schulz* ein hierarchisches Modell der Vorwegplanung, bei dem ein Gefälle von den Vorgaben der Lehrplankommissionen und Curriculum-Institute (1. Ebene), der Schulbuch- und Lehrmittelhersteller (2. Ebene) und der Lehrer durch didaktisch-methodische Anpassung der vorgegebenen Inhalte an die Gegegebenheiten vor Ort (3. Ebene) besteht, wodurch die Einheitlichkeit und Kontrollierbarkeit des Unterrichts gewährleistet erscheint.
Im Unterschied dazu schlägt W. Schulz ein Modell vor, das ebenfalls von einer Rahmenplanung in Richtlinien und Lehrplänen ausgeht, U. aber als Prozeß diskursiver Verständigung unter den Beteiligten (Lehrer, Schüler) auf vier Planungsebenen versteht: 1. Perspektivplanung über einen längeren Zeitraum; 2. Umrißplanung von Sinneinheiten (gemeinsamer Entwurf einer lehrgangsartigen Unterrichtseinheit oder eines Projektes); 3. Prozeßplanung einzelner Teileinheiten mit Alternativen; 4. Planungskorrekturen im Realisationsprozeß. Unter der Perspektive der Mündigkeit sollen Lehrer und Schüler in diesem Modell der U. zum Subjekt ihres Lehr-Lern-Prozesses werden.
Die Entscheidungen auf den vier Planungsebenen sind generell Teil eines umfassenden didaktischen Begründungszusammenhangs, bei dem es um die Legitimation von Normen, Kriterien, Zielen, Themen, Methoden, Medien, Evaluationsverfahren u. ä. geht. Hierzu sind seit den sechziger Jahren in der BRD verschiedene *didaktische Modelle* entwickelt worden, unter denen vor allem die *bildungstheoretische* und die *lerntheoretische Didaktik* für die Praxis der U. wirksam geworden sind. Seit der Wiedervereinigung sind auch die Didaktiken der DDR (z. B. von *L. Klingberg*) zu beachten.
Neben diesen Theorieansätzen der *Didaktik* gibt es für die U. sog. didaktische Ratgeberliteratur, die eine Vermittlerrolle zwischen Theorie und Praxis einnimmt und für schriftliche *Unterrichtsvorbereitung*en bzw. *Unterrichtsentwürfe* von Lehrern, Lehramtsanwärtern/Referendaren, Mentoren und Fachleitern eine wichtige Orientierungshilfe darstellt. Davon abzugrenzen sind Praxisberichte, die aus der Praxis für die Praxis geschrieben werden und Ausdruck subjektiver Erfahrungen sind. Eine Verbesserung der Planungskompetenzen auf der unteren Ebene im Unterrichtsprozeß wird für die Zukunft von einer intensiveren pädagogischen Allgemeinbildung der Lehrer erwartet.
Literatur: 2.1.3

Unterrichtsprinzipien. Grundsätze oder Orientierungspunkte für pädagogisches Handeln in Erziehungs- und Unterrichtssituationen, wobei zwischen didaktischen und methodischen U. unterschieden werden kann. Didaktische U. sollen die Auswahl und Anordnung von Lerninhalten leiten. Dazu zählen z.B. die Prinzipien des Exemplarischen, der Situationsbezogenheit, der Mehrperspektivität, der Wissenschaftsorientierung, der Systembezogenheit und nicht zuletzt der Kind- und Entwicklungsgemäßheit. Als methodische U. werden traditionell Anschaulichkeit, Selbsttätigkeit, Selbständigkeit, Individualisierung, Differenzierung, Gemeinschaftsorientierung und Erfolgssicherung bezeichnet. Heute werden besonders die Prinzipien des dialogisch kommunikativen Handelns, der interkulturellen Weltoffenheit, der Chancengleichkeit, der Öffnung des Unterrichts, der Handlungsorientierung u. a. hervorgehoben.
Literatur: 2.1.3, 2.1.5

Unterrichtsprotokoll. Schriftliche Dokumentation beobachteten Unterrichts, die dem Zweck der Reflexion des Lehrers, der Nachbesprechung in Schulpraktika und in der zweiten Ausbildungsphase, der Analyse und Diagnose von Lernverläufen, Lernschwierigkeiten und Lernerfolgen zusammen mit einem zweiten Lehrer oder einem Lehrerteam sowie der Unterrichtsforschung dient. Je nach Verwendungszweck und Schwerpunktsetzung werden verschiedene Protokollformen und -techniken verwendet:
1) Situationsbeschreibung: Sie erfolgt meist als freie Beschreibung von auffälligen Unterrichtssituationen und Fakten im Rahmen schulpraktischer Studien. Eine Alternative zum schriftlichen Protokoll ist das Simultan-Protokoll, das während des Unterrichtsprozesses stichwortartig auf einer Wandzeitung entsteht.
2) Verlaufsprotokoll: Die halbfreie Protokollform zeichnet in jedem Fall den zeitlichen Ablauf des Unterrichts nach und hält meist abgesprochene Beobachtungsschwerpunkte fest, die mit freien Beschreibungen der Situation verbunden werden, aus der das beobachtete Einzelphänomen nur zu verstehen ist.
3) Inhaltsprotokoll: Im Mittelpunkt dieser halbfreien oder freien Protokollform steht die Schrittfolge der Vermittlung oder Erarbeitung des Lerninhaltes und des Verstehensprozesses der Schüler in quantitativer und qualitativer Hinsicht.
4) Wortprotokoll: Diese Form setzt die systematische Aufzeichnung der sprachlichen Äußerungen von Lehrern und Schülern mit Hilfe eines Tonbandgerätes voraus. Dabei müssen zusätzlich vom Protokollanten Notizen mit Zeitmarkierungen bzw. über Auffälligkeiten gemacht werden.
5) Videoprotokoll: Mit Hilfe einer Videoaufzeichnung und schriftlichen Protokollskizzen kann eine Unterrichtsdokumentation erstellt werden, die durch Wiederholungen und Zusammenschnitte vielfältige Unterrichtsanalysen und Interpretationen ermöglicht.
6) Kategorisiertes Tabellen-Protokoll: Bei dieser Protokollform sind die Beobachtungsschwerpunkte, das Kategoriensystem, die Skalen und die Symbole zur abkürzenden Eintragung bereits vorgegeben. Aufgabe des Protokollanten ist, seine Aufmerksamkeit nur auf die Beobachtungsschwerpunkte zu richten und die Zeitfolge und die Symbole in den Protokollbogen einzutragen. Die kategorisierte Aufzeichnung wird meist zur Aufzeichnung von Lehrer- und Schülerverhaltensweisen, aber auch zur Erfassung des Methodenrepertoirs im Unterricht verwendet.
In der Unterrichtsforschung dienen heute verschiedene Kombinationen von Proto-

kollformen als Grundlage der Mikroanalyse von Unterrichtssequenzen.

Unterrichtsschritte. Gliederung des Unterrichts in Stufen, Phasen oder Schritte. Traditionell wird auch von der Artikulation des Unterrichts bzw. von Artikulationsformen gesprochen. Die U. strukturieren den Unterrichtsprozeß in seinem zeitlichen Ablauf und in seinem methodischen Gang. Die Bezeichnungen für die einzelnen Schritte kennzeichnen die Verlaufsformen des Unterrichts. Sie helfen den Handelnden (Lehrern und Schülern), die Komplexität des Unterrichtsprozesses durch markierte Haltepunkte zu reduzieren.

In älteren *Unterrichtslehren* gibt es eine Fülle von Schemata, die meist einem Dreischritt folgen: Hinführung, Darbietung, Verarbeitung. Auf der Grundlage der Formalstufen Klarheit, Assoziation, System und Methode von *J. F. Herbart* entwickelte sein Schüler *W. Rein* Ende des 19. Jh. die Formalstufentheorie mit den fünf Stufen Vorbereitung, Darbietung, Verknüpfung, Zusammenfassung und Anwendung, die den Unterricht vor allem der Volksschule lange Zeit prägte und zum Formalismus erstarrte, weil fast jede Unterrichtsstunde danach strukturiert wurde.

Nach dem Zweiten Weltkrieg hat das Lernstufenschema von *H. Roth* weite Verbreitung gefunden, das durch eine Gleichsetzung von Lern- und Unterrichtsprozeß charakterisiert ist. Roth unterschied die Stufen der Motivation, der Schwierigkeiten, der Lösung, des Tuns und Ausführens, des Behaltens und Einübens sowie der Bereitstellung, der Übertragung und der Integration.

Auf der Grundlage eines erfahrungsbezogenen Unterrichtskonzeptes ist I. Scheller 1981 zu einem Dreischritt zurückgekehrt: Aneignung, Verarbeitung und Veröffentlichung von Erfahrungen der Schüler. Dieses Verlaufsmodell ist auf schülerorientiertes Lernen bezogen. Die meisten anderen Artikulationsschemata gehen von einem lehrerzentrierten Unterricht aus.

Literatur: 2.1.3

Unterrichtsstil. *Erziehungsstil.*

Unterrichtsstörungen. Lehr- und Lernprozesse im Unterricht erfordern Ruhe, geordnete Abläufe und kommunikative Verhaltensweisen. Störungen sollen nach Möglichkeit vermieden werden. Sie sind aber in Interaktionsprozessen von Menschen normal und haben vielfältige Ursachen. Früher wurde bei U. von Disziplinschwierigkeiten gesprochen, wenn ein Lehrer seinen Unterricht nicht störungsfrei durchführen konnte. Mit der Bezeichnung abweichendes Schülerverhalten wurden U. klassifiziert, bei denen die Ursachen für Störungen vorwiegend beim Schüler gesucht wurden, der von der Norm des erwarteten Verhaltens abwich. Zur Vermeidung solcher Zuschreibungsbegriffe wird heute neutraler von Störung gesprochen.

In der einschlägigen Literatur werden Beispiele für realistische Problemanalysen und Ratschläge zum Umgang mit U. gegeben, die aber nicht als Rezepte zu verstehen sind, weil jede als Störung empfundene Situation originär analysiert und konstruktiv gelöst werden sollte. In einem ersten Schritt müssen Art und Intensität der U. beschrieben werden. Dazu gehören Vorfälle wie dauerndes Zuspätkommen, Arbeitsverweigerung, motorische Unruhe, Schwätzen, Prügeln, Stehlen, Zerstören von Material, Fernbleiben vom Unterricht, Drogengebrauch, Gewalt, Bandenbildung u. a. Zur Ursachenanalyse sind Beobachtungen, Gespräche mit den Beteiligten und Fallanalysen durch Lehrerteams wichtig. Ursachen können bei den Schülern (z. B. Über- bzw. Unterforderung, Identitätskrisen), beim Lehrer (z. B. mangelnde Vorbereitung, Angst vor den Schülern, Ehekri-

sen), bei der Schule (z. B. zu große Klassen, Randstunden im Stundenplan, fehlende Lehrerkooperation), bei den Eltern (z. B. Beziehungsstörungen, zu hohe Leistungserwartungen) oder in gesellschaftlichen Verhälnissen (z. B. fehlende Ausbildungs- und Arbeitsplätze) zu suchen sein. Vom Ergebnis reflektierter Fallanalysen hängen die Maßnahmen ab, die neben unmittelbaren Reaktionen (z. B. Ignorieren, Beruhigen, Bestrafen) sich vor allem auf didaktisch-methodische Maßnahmen (z. B. schülerorientierte Veränderung der Inhalte und Methoden des Unterrichts), auf verstärkte Schulsozialarbeit oder auf die Inanspruchname von Fachleuten der Kinder- und Jugendpsychotherapie beziehen können. Angesichts der veränderten Kindheit und Jugend werden zukunftweisende Wege in der innovativen Zusammenarbeit von Schul- und Sozialpädagogik gesehen.
Literatur: 2.1.6

Unterrichtsvorbereitung. In dem zeitlich gestuften Ablauf der *Unterrichtsplanung* gehört die U. zur letzten Phase, die dem konkreten Unterricht vorausgeht und in einem schriftlichen *Unterrichtsentwurf* zum Ausdruck kommt. Häufig werden auch die Begriffe Unterrichtsentwurf und U. synonym verwendet. Jedoch ist der Begriff U. weiter gefaßt. Er beinhaltet nämlich über den schriftlichen Unterrichtsentwurf hinaus alle Vorbereitungsmaßnahmen wie die Sichtung von Büchern, Zeitschriften, bereits vorliegenden Unterrichtsentwürfen u. ä., die Besorgung von Medien (z. B. Videos, Filme, Dias) oder Schreibwaren (z. B. Tonpapier, Kleber), die Herstellung von Unterrichtsmaterial für die freie Arbeit, die Gestaltung der Lernumgebung im Klassenraum, die Vorbereitung von Erkundungen und nicht zuletzt die Sichtung der Lernstandskartei zur besseren Förderung der Schüler.
Literatur: 2.1.3

Unterrichtsziel (Syn. **Ziel des Unterrichts**). Angestrebtes Ergebnis der Lehr- und Lernprozesse, auf die sich der Unterrichtsentwurf bezieht. Der Begriff U. wurde in der *Unterrichtsplanung* bis zum Erscheinen von R. F. Magers Buch ›Lernziele und programmierter Unterricht‹ (1965) verwendet und dann wegen seiner oft ungenauen Formulierung stofflicher Ziele durch den präziseren Begriff *Lernziel* verdrängt. In seinem Hamburger Modell der *lerntheoretischen Didaktik* führte *W. Schulz* den Begriff U. wieder ein. Er versteht darunter Intentionen und Themen. Gleichzeitig lehnt er das *operationalisierte Lernziel* ab. W. Jank und H. Meyer unterschieden 1991 in ihrem Planungsraster für handlungsorientierten Unterricht zwischen fachlichen, inhaltlichen, sozialen und organisatorischen Lehrzielen des Lehrers und Handlungszielen der Schüler, die ihre Interessen, Lernvoraussetzungen und sonstigen Vorgaben erfassen. Danach beschreibt ein Lehrziel die Bildungsabsichten des Lehrenden im Unterricht und zugleich, welche Sach-, Sozial- und Handlungskompetenzen die Schüler erwerben sollen. Ziele des Unterrichts sind von diesem Standpunkt aus a) Lehrziele des Lehrers und b) Handlungsziele der Schüler.
Literatur: 2.1.3

Unterweisung (engl. *instruction*). Sammelbezeichnung für alle Arten der betrieblichen *Berufsausbildung*: am Arbeitsplatz, im Lehrgespräch, im betrieblichen Unterricht oder in anderen Formen geplanten Lehrens. Erfolgt zumeist nach der sog. Vier-Stufen-Methode.

Urlaub für Auszubildende. Die Dauer des Urlaubes pro Jahr muß im *Berufsausbildungsvertrag* festgelegt sein. Sie richtet sich im wesentlichen nach dem Alter des Auszubildenden. Derzeit stehen Auszubildenden unter 16 Jahren mindestens 30 Werktage zu, unter 17

Jahren 27 und Jugendlichen unter 18 Jahren 25 Werktage.

Urvertrauen. Von dem amerikanischen Psychologen *E. H. Erikson* geprägte Bezeichnung für eine positive, vertrauensvolle Grundeinstellung des Kindes gegenüber seiner psychosozialen Umwelt, die als Resultat zuverlässiger Beziehungen zwischen Kind und Betreuungs- bzw. Bezugspersonen in den ersten Lebensmonaten angesehen wird.

Utopie (griech. *u* nicht, *topos* Land; engl. *utopian idea*) In dem 1516 erschienenen staatsphilosophischen Dialog ›Utopia‹ beschäftigte sich der englische Philosoph T. Morus mit der Frage, wie Moral und Politik in einem Staatswesen zusammenwirken sollten. Seitdem werden Pläne für eine vollkommene (und eben deshalb undurchführbare) Erneuerung gesellschaftlicher Verhältnisse als U. bezeichnet. Dabei kommt der Erziehung zumeist eine zentrale Bedeutung zu, braucht es doch den neuen Menschen für die grundlegende Erneuerung der Gesellschaft. Dieser Gedanke korrespondiert mit dem emanzipatorischen Element, das seit der Aufklärung im Erziehungsbegriff von zentraler Bedeutung ist.

V

Variable (lat. *variabilis* veränderlich; engl. *variable*). Jedes wissenschaftlich beobachtbare Einzelphänomen, das zumindest zwei verschiedene Ausprägungen annehmen kann (z.B. Geschlecht: männlich-weiblich).

Venia legendi (lat. *venia* Erlaubnis, *legere* lesen, laut vorlesen). Traditionelle Bezeichnung für die Befugnis, als *Privatdozent* oder *Professor* an einer wissenschaftlichen Hochschule zu lehren.

Verband Bildung und Erziehung (VBE). *Lehrerverbände.*

Verbindungslehrer. *Vertrauenslehrer.*

Verdrängung (engl. *repression*). In der Psychoanalyse einer der *Abwehrmechanismen*. Zweck der V. ist es, angsterzeugende Motivationen zu unterdrücken und aus dem bewußten Erleben ins *Unbewußte* abzuschieben, in dem sie jedoch für das Verhalten des Menschen wirksam bleiben. Lösen solche unbewußten Motivationen unkontrollierbare und auffällige Verhaltensweisen aus (z.B. unbegründete Angstzustände), werden sie als *Neurosen* bezeichnet.

Verfaßte Studentenschaft. Nach den Bestimmungen des *Hochschulrahmengesetzes* (HRG) kann in den Hochschulgesetzen der Länder die V.S. vorgesehen werden. Das ist in den einzelnen Bundesländern in unterschiedlicher Weise erfolgt. Mitglieder sind alle eingeschriebenen Studenten einer Hochschule. Allgemein gilt weiter, daß die V.S. die fachlichen, sozialen, hochschulpolitischen, kulturellen und sportlichen Belange ihrer Mitglieder in den Kollegialorganen der Hochschule (*Fachbereichsrat, Senat*) und gegenüber der Öffentlichkeit vertritt. Als eigene Kollegialorgane der V.S. arbeiten i.d.R. die Vollversammlung und das Studentenparlament. Die laufenden Geschäfte werden vom *Allgemeinen Studentenausschuß* (AStA) auf der Grundlage der Beschlüsse der Kollegialorgane geführt. Die V.S. untersteht der Aufsicht des Landes. Für ihr Haushaltswesen gelten die allgemeinen Vorschriften für die Haushaltsführung des Landes.

vergleichende Erziehungswissenschaft (engl. *comparative education*). Gestützt auf die theoretischen und methodischen Vorarbeiten anderer Sozialwissenschaften (Völkerkunde, Soziologie, Psychologie) beschreibt und analysiert die v.E. Erziehungs- und Ausbildungsprozesse in Familie, Schule, Berufsausbildung, Hochschule, ritualisierten (z.B. kirchlichen) und alltäglichen Lebenssituationen unter den jeweils spezifischen Bedingungen einer *Kultur*. Dabei steht der Begriff Kultur für das komplexe Gefüge aus Weltanschauung(en), grundlegendem Verständnis von unbelebter und belebter Umwelt, Kommunikationsmitteln und -formen, Menschenbild, sozialer und politischer Ordnung, Entwicklungsstand von Produktionsmitteln und Arbeitsorganisation sowie Umgangsformen in Familie, Arbeit, Freizeit usw.

Schwerpunkte der Arbeit der v.E. sind die systematische Sammlung von Daten und Dokumenten über kulturspezifische Bilder und Konzeptionen von Kindheit, Eltern- und Lehrerschaft, Schule und Erwachsenenbildung sowie die Konkretisierung solcher Konzepte im Umgang der Mütter, Väter, Geschwister, professionellen Erzieher und Ausbilder mit Kindern, Jugendlichen u.a. Lernenden bei Pflege, Ernährung, Disziplinierung, Unterweisung, Ausbildung, Training oder speziellen Schulungsmaßnahmen im Rahmen informeller Situationen ebenso wie in formellen gesellschaftlichen Erziehungsinstitutionen. Für den Vergleich derartiger Daten und Dokumente sind Begriffe, Modelle und Meßverfahren erforderlich, auf die hin bzw. durch deren Einsatz Übereinstimmungen und Unterschiede geordnet und möglichst exakt dargestellt werden können. So muß z.B. vor einem Vergleich der Mutterrolle geklärt sein, welche Merkmale dieser Rolle zugewiesen werden müssen, damit der Rollenbegriff für die Datenerhebung in zwei oder drei zu vergleichenden Kulturen eingesetzt werden kann. Oder es ist vorab für zwei zu vergleichende Schulsysteme zu definieren, was jeweils Schulpflicht konkret meint, d.h. in welchen Institutionen für welche Dauer und in welchem zeitlichem Umfang die Schulpflicht erfüllt wird.

Gemessen an der vergleichenden Forschung in den Sozialwissenschaften (vgl. hierzu vor allem die Untersuchungen von G. Trommsdorff) findet die v.E. bisher in Deutschland wenig Beachtung. In neuerer Zeit haben grundlegende methodische Beiträge L. Liegle und *J. Schriewer* vorgelegt.

Literatur: 2.12

Verhalten (engl. *behaviour*). Summe der inneren und äußeren Aktivitäten eines Individuums in der Auseinandersetzung mit seinen materiellen und sozialen Lebensbedingungen. Unterscheiden lassen sich zwei Formen: 1. beobachtbares V. wie Sprechen, Bewegungen, Aggressionen, Nervosität, Weinen usw., 2. durch Introspektion (In-sich-selbst-Hineinblicken) feststellbares V. wie Angst, Hungergefühl, Begierden. Generelle Voraussetzungen allen V. sind die Eigenaktivität des Organismus und die Spontaneität des Menschen. Im einzelnen aber lassen sich höchst unterschiedliche Motive feststellen bzw. lediglich vermuten.

Literatur: 1.7, 1.8

Verhaltensauffälligkeit (engl. *behavioural disorders*). Der Begriff V. will Etikettierungen wie gestört, normal oder krank vermeiden und betont das, was als auffällig in Erscheinung tritt. Die V. muß immer im Kontext der Interaktionssituation gesehen werden, in dem sie auftritt. Dabei wird ein Verhalten nur deshalb als auffällig bezeichnet, weil es nicht den Erwartungen der beurteilenden Personen entspricht. Eine Beschreibung des beobachteten Verhaltens muß also immer die Situation und die Interaktionspartner in ihrem Verhalten mit erfassen. Mit V. ist aber noch nicht ein nur vereinzelt auftretendes Verhalten gemeint. Von V. kann erst gesprochen werden, wenn die gleiche Auffälligkeit immer wieder und dauerhaft auftritt. Es gibt Positionen in der *Kinder- und Jugendpsychotherapie*, die davon ausgehen, daß mehr als die Hälfte aller Kinder und Jugendlichen im Verlauf ihrer Entwicklung V. zeigen und/oder Lernschwierigkeiten haben, die aber bei positiver Bewältigung zur Stärkung der Persönlichkeit beitragen. Nach heutiger Auffassung sind nur solche V. als behandlungsbedürftig anzusehen, die länger als sechs Monate andauern.

Literatur: 2.1.4, 2.1.6, 2.9

Verhaltensmodifikation (engl. *behavioural modification*). Methode zur Verhaltensänderung bei Kindern und Ju-

gendlichen in Bereichen der Pädagogik und der Sozialarbeit. Sie hat die gleiche lerntheoretische Basis wie die *Verhaltenstherapie*, die vorwiegend im klinischen Bereich praktiziert wird. Anwendungsbereiche der V. im Bereich der Schule sind: *Prüfungsangst, Schulangst*, Leistungsschwierigkeiten, Konzentrationsprobleme, *Verhaltensauffälligkeiten* im Unterricht u. a. Über die in der Verhaltenstherapie eingesetzten Methoden hinaus wird im schulischen Bereich versucht, mit dem Schüler Ursachen für Verhaltensauffälligkeiten herauszufinden und gemeinsam Veränderungsstrategien zu entwickeln. Dabei können auch klassische Methoden wie *Imitationslernen* und gezielte *Verstärkung* zum Aufbau erwünschten Verhaltens eine Rolle spielen, jedoch wird es für erfolgversprechender gehalten, wenn an die Stelle der Fremdverstärkung eine eigenverantwortliche Verhaltensänderung tritt.
Literatur: 2.1.4, 2.1.6

Verhaltensstörung (engl. *behavioural disorder*). Veralteter Begriff für *Verhaltensauffälligkeit*. Der Begriff V. bezeichnete vor 1970 so unterschiedliche Phänomene wie Erziehungsschwierigkeiten, Verwahrlosung, Schwererziehbarkeit, Entwicklungshemmung, Neurose u. ä. Hauptmerkmal des Begriffs V. ist die von außen gesetzte Norm für die Beurteilung des Verhaltens. So wurde eine V. als Regelübertretung verstanden, die entweder von dem Handelnden selbst aufgrund seines Gewissens oder von einer außenstehenden Person als störend empfunden wurde. Der Psychologe O. Graefe hat 1956 in der Zeitschrift ›Psychologische Rundschau‹ eine Liste zur Klassifizierung kindlicher V. veröffentlicht, die folgende Einteilung hat: Funktionsstörungen innerhalb der Körpersphäre, abnorme Gewohnheiten innerhalb der Körpersphäre, Störungen der Ichgefühle und der Grundstimmung, soziale Störungen, Störungen im Tätigkeits- und Leistungsbereich.
Literatur: 2.1.4, 2.1.6, 2.9

Verhaltenstherapie (griech. *therapeia* Pflege, Heilung; engl. *behavioural therapy*). Therapeutisches Verfahren, das auf der Grundlage von *Lerntheorien* psychische Schwierigkeiten durch Verhaltensänderung behandeln will. Es wird davon ausgegangen, daß jedes Verhalten, also auch das gestörte, erlernt worden ist und deshalb durch Lernprozesse verändert werden kann (Dekonditionierung). Dabei wird die Umweltabhängigkeit von Verhaltensauffälligkeiten besonders beachtet und in die Verhaltensanalyse einbezogen. Anwendungsbereiche sind: Angstzustände, Sprachstörungen, sexuelle Störungen, Alkoholismus, Depressionen, hysterische Störungen u. a. Die verhaltenstherapeutischen Maßnahmen entsprechen einem Einzelfallexperiment. Zum Methodenrepertoire gehören: systematische Desensibilisierung, Imitationstherapie (z. B. Modellernen), Selbstbehauptungstraining, Übersättigungstherapie u. a. Die Anwendung von Methoden der V. findet vorwiegend im klinischen Bereich statt, während Verfahren der *Verhaltensmodifikation* in erster Linie in pädagogischen Einrichtungen angewendet werden.
Literatur: 2.1.4, 2.1.6, 2.9

Verkehrserziehung (Syn. **Verkehrsunterricht**; engl. *road safety training*). Fächerübergreifende Erziehung, die vor allem im Sachunterricht der Grundschule zur Geltung kommt. Kinder sind als Verkehrsteilnehmer durch ihr eingeschränktes Blickfeld, ihre Spontaneität, ihre fehlende Erfahrung und Kenntnis der Verkehrsregeln besonders unfallgefährdet. Deshalb soll V. nach den Empfehlungen der KMK von 1972 Kindern und Jugendlichen helfen, sich im Straßenverkehr sicher und verkehrsgerecht zu verhalten, sich mit Verkehrswegen,

-mitteln und -regeln vertraut zu machen, mit zunehmendem Alter ein kritisches Verständnis für den Verkehrsablauf zu erlangen und damit zu lernen, an der Verbesserung der Verkehrsverhältnisse mitzuwirken. Diese Ziele sind mit theoretischen Texten und Bildern allein nicht zu erreichen, weshalb von den realen Verkehrsverhältnissen in der Lebensumwelt der Kinder ausgegangen werden soll. Vor allem der Beherrschung des Fahrradfahrens kommt besondere Bedeutung zu. Verkehrsgärten oder -übungsplätze bieten Trainingsmöglichkeiten. In Zusammenarbeit mit der Polizei wird das Radfahrtraining heute zunehmend auf öffentlichen Radwegen und Straßen geübt. Ansprechpartner für Informationsmaterial, Lehr- und Lernmittel und Anschriften von Trainingsmöglichkeiten sind: Deutsche Verkehrswacht (Bonn), Allgemeiner Deutscher Fahrrad-Club (Bremen), Allgemeiner Deutscher Automobil-Club (München), Deutscher Verkehrssicherheitsrat (Bonn).
Literatur: 3.10

Verkürzung der Ausbildungszeit. Beide Parteien eines *Berufsausbildungsvertrages* können nach den Bestimmungen des *Berufsbildungsgesetzes* (BBiG) eine V. d. A. vereinbaren, wenn die allgemeine bzw. berufliche Vorbildung erwarten läßt, daß das Ziel der Ausbildung in kürzerer Zeit als in der Ausbildungsordnung vorgeschrieben erreicht werden kann. I. d. R. führt ein mittlerer Bildungsabschluß zu einer halbjährigen, die Fachhochschulreife oder das Abitur zu einer einjährigen V. d. A. Die V. d. A. muß beantragt und von der Zuständigen Stelle (Kammer) genehmigt werden. Eine V. d. A. ist auch während der laufenden Ausbildung möglich, wenn besonders gute Leistungen ein vorzeitiges Bestehen der Abschlußprüfung erwarten lassen.

Verlängerung der Ausbildungszeit. Nach den Bestimmungen des *Berufsbildungsgesetzes* (BBiG) kann die Ausbildungszeit in zwei Fällen verlängert werden. 1. Auf Antrag kann die *Zuständige Stelle* (Kammer) einer V. d. A. zustimmen, wenn zu befürchten ist, daß das Ausbildungsziel in der vertraglich vorgesehenen Zeit nicht erreicht werden kann. 2. Besteht ein Auszubildender die *Abschlußprüfung* nicht, verlängert sich das Ausbildungsverhältnis auf seinen Antrag hin bis zum Zeitpunkt der nächsten Prüfung, maximal jedoch um ein Jahr.

Verordnungen (Syn. **Rechtsverordnungen**; engl. *regulations, statutory instruments*). Das *Schulrecht* unterscheidet vom Parlament verabschiedete *Schulgesetze* und auf ihnen beruhende V. und Verwaltungsvorschriften. V. werden i. d. R. von den Kultusministern bzw. Schulsenatoren erlassen und bedürfen ausdrücklich der schulgesetzlichen Ermächtigung. Sie sind Rechtssätze, die im amtlichen Gesetzesblatt des Landes veröffentlicht werden müssen. Gerichte sind bei der Rechtsprechung an sie gebunden. Im Unterschied zu Schulgesetzen und V. sind Verwaltungsvorschriften (Erlasse, Richtlinien u. a.) der Kultusminister bzw. Schulsenatoren keine Rechtssätze. Sie dienen aber der weiteren Ausfüllung und einheitlichen Anwendung der gesetzlichen und verordnungsrechtlichen Bestimmungen und sind für Schulbehörden, Schulen und Lehrer verbindlich.
Literatur: 2.1.11

Versetzung (engl. *moving up*). Schüler, die am Ende eines Schuljahres im *Zeugnis* insgesamt ausreichende *Zensuren* bekommen, werden in die nächsthöhere Jahrgangsstufe versetzt. Wird ein Schüler wegen mangelhafter und/oder ungenügender Leistungen nicht versetzt, muß er die zuletzt besuchte Klasse wiederholen. In manchen Bundesländern ist die Note mangelhaft in einem Fach kein Versetzungshindernis. In fast allen Bun-

desländern gibt es die Möglichkeit zum Notenausgleich, indem z.B. mangelhaft in einem Fach durch gut in einem anderen Fach kompensiert werden kann. Schüler an Realschulen und Gymnasien, die zweimal in derselben Klassenstufe oder in zwei aufeinanderfolgenden Klassen nicht versetzt worden sind, müssen die Schule verlassen. In der gymnasialen Oberstufe gibt es nur eine V. in die Jahrgangsstufe 12. Wer nach dreieinhalbjährigem Besuch der gymnasialen Oberstufe nicht die Zulassungsvoraussetzungen zur Abiturprüfung erworben hat, muß die Schule verlassen.
Über V. oder Nichtversetzung entscheidet die Klassenkonferenz. Ist die V. nach dem ersten Schulhalbjahr nach Auffassung der Klassenkonferenz gefährdet, muß dies durch einen Vermerk im Halbjahrszeugnis mitgeteilt werden. Bei späterem Leistungsabfall eines Schülers sind die Eltern oder der volljährige Schüler selbst durch eine schriftliche Mitteilung (sog. blauer Brief) zu benachrichtigen.
Die Nichtversetzung eines Schülers wird als eine pädagogische Maßnahme verstanden, der nicht ein schematisches Rechenverfahren zugrunde gelegt werden soll. Ein Schüler darf dann versetzt werden, wenn seine Leistungsfähigkeit und Arbeitshaltung erwarten lassen, daß er in der nächsthöheren Klasse erfolgreich mitarbeiten kann. Dabei muß auf außergewöhnliche Umstände wie längere Krankheit, Schulwechsel und ungünstige häusliche Verhältnisse Rücksicht genommen werden.
Einzelheiten sind in den Rechtsverordnungen und Erlassen der Bundesländer geregelt. Die schulrechtlichen Bestimmungen sagen nichts über die pädagogischen Probleme des *Sitzenbleibens* aus.
Literatur: 2.1.11

Versetzungsplan. Beschreibt die zeitliche Abfolge der Lernplätze innerhalb der betrieblichen *Berufsausbildung* unter Berücksichtigung der Ziele und Inhalte, die im *Ausbildungsplan* des Betriebes enthalten sind.

Verstärkung (Syn. **Bekräftigung**; engl. *reinforcement*). Maßnahme, welche die Wahrscheinlichkeit des Auftretens einer Verhaltensweise beeinflußt. Wird bei der *Konditionierung* ein erfolgreiches Verhalten mit einem angenehmen Reiz, einer Belohnung, verbunden, führt dies mit großer Wahrscheinlichkeit zur konstruktiven Wiederholung des Verhaltens (positive V.). Eine negative V. liegt dann vor, wenn ein Verhalten vermehrt auftritt, um dadurch Schmerz bzw. Strafe zu vermeiden. Weiterhin wird zwischen primärer und sekundärer V. unterschieden.
Die primäre V. dient der Befriedigung grundlegender organismischer Bedürfnisse wie Hunger, Durst, Sexualtrieb, Schutz, Macht usw. Sie ist bei allen Lebewesen ohne vorhergehende Lernprozesse wirksam. Sekundäre V. gibt es vorwiegend in der zwischenmenschlichen Interaktion. Sie kommt in Lob, Anerkennung, Zuwendung und Liebe zum Ausdruck und wird auch als konditionierte sowie als soziale V. bezeichnet. Die sekundäre V. basiert auf früheren Konditionierungen mit primärer V. Sie ist im Erziehungsfeld häufig zu beobachten, wenn gute Leistungen in der Schule von den Eltern mit besonderer Zuwendung und Geschenken belohnt werden.
Die Begriffe V. und Bekräftigung gehen auf Untersuchungen und *Lerntheorien* von *I.P. Pawlow*, E.L. Thorndike und *B.F. Skinner* zurück. Die Methode der V. findet im programmierten Unterricht und in der Verhaltenstherapie systematische Anwendung.
Literatur: 2.9

Versuch-Irrtum-Lernen. *Lernen durch Versuch und Irrtum.*

Versuchsschule. *Schulversuch.*

Vertrauenslehrer (Syn. **Verbindungslehrer**). Im Rahmen der in den *Schulgesetzen* der Bundesländer ausdrücklich eingeräumten und durch Erlaß der obersten Schulverwaltungsbehörde geregelten *Schülermitverantwortung* (SMV) wählen die Schüler, i.d.R. über ihren Schülerrat, je nach Größe der Schule einen oder mehrere V. Der V. berät die SMV, unterstützt sie bei der Durchführung ihrer Aufgaben und fördert insbesondere die Verbindung zwischen SMV und Schulleitung, Lehrerschaft sowie Elternvertretern.
Literatur: 2.1.11

Verwahrlosung (engl. *state of destitution*). Schwer zu präzisierende Bezeichnung für ein Syndrom von Verhaltensauffälligkeiten, das seelische, soziale, moralische und körperliche Faktoren berücksichtigt. Zur V. werden Abweichungen von den herrschenden Normen dann, wenn sie besonders häufig, schwerwiegend, dauerhaft und in Koppelung miteinander auftreten. Als Anzeichen für V. gelten u.a. regelmäßiges Schulschwänzen, Schulflucht und zielloses Herumstreunen. V. bei Kindern und Jugendlichen hängt häufig zusammen mit benachteiligenden Lebensverhältnissen in Familie und unmittelbarer Nachbarschaft (Armut, Wohnungsnot, Arbeitslosigkeit, Verschuldung, Drogenkonsum, delinquentes Potential im Wohnquartier).
Literatur: 3.5

Verweis. *Erziehungs- und Ordnungsmaßnahmen.*

Verzeichnis der anerkannten Ausbildungsberufe (engl. *register of initial training occupations*). Das *Bundesinstitut für Berufsbildung* (BIBB) gibt gemäß einer Bestimmung des *Berufsbildungsförderungsgesetzes* (BerBiFG) jährlich das V.d.a.A. heraus. Nur in den hier aufgelisteten Ausbildungsberufen darf im Sinne des *Berufsbildungsgesetzes* (BBiG) eine staatlich anerkannte Berufsausbildung erfolgen. Eingesehen werden kann das V. bei der Berufsberatung.

Verzeichnis der Berufsausbildungsverhältnisse. Nach den Bestimmungen des *Berufsbildungsgesetzes* (BBiG) hat die *Zuständige Stelle* (Kammer) alle von ihren Mitgliedsbetrieben abgeschlossenen *Berufsausbildungsverträge* in das V.d.B. einzutragen. Dabei sind die wichtigsten Angaben aus der Niederschrift des Berufsausbildungsvertrages zu übernehmen. Folglich ist auch jede nach den gesetzlichen Bestimmungen vorgenommene Änderung eines Berufsausbildungsvertrages (*Verkürzung der Ausbildungszeit, Verlängerung der Ausbildungszeit*) der Zuständigen Stelle zu melden, damit das V.d.B. aktualisiert werden kann.

VHS. *Volkshochschule.*

Vier-Stufen-Methode. Vorbereitete Unterweisung von Auszubildenden am Arbeitsplatz. 1. Stufe: Inhaltliche und methodische Vorbereitung durch den Ausbilder (Modelle, notwendige Informationsquellen, Ausstattung des Arbeits- bzw. Lernplatzes) unter Berücksichtigung der Ausgangslage der Auszubildenden. 2. Stufe: Vormachen einer neuen beruflichen Operation mit den zu ihrem Verständnis erforderlichen Erklärungen. 3. Stufe: Nachmachen der neuen Operation durch die Auszubildenden mit Erläuterungen, aus denen der Ausbilder auf das Verständnis schließen kann. 4. Stufe: Selbständiges Ausführen der neuen Operation und deren Sicherung durch Übung innerhalb der beruflichen Praxis.

Vocatio (lat. Berufung, Einladung). In der evangelischen Kirche die Berufung in das Amt eines Religionslehrers.

Volkshochschule (**VHS**; engl. *adult education centre*). Öffentliche, jedermann zugängliche Bildungseinrichtung, die durch Kurse, Lehrgänge, Vorträge, Reisen und Tagungsveranstaltungen die

Erwachsenenbildung umfassend fördert. Ihr Angebot erstreckt sich über das gesamte Feld der Allgemeinbildung (Politik, Geschichte, Musik, Kunst, Sprachen, Pädagogik, Psychologie, Naturwissenschaften, Mathematik u. a.), über praktische Kurse im Bereich des künstlerischen Gestaltens, Veranstaltungen zur allgemeinen Lebenshilfe (Ernährung, Partnerschaft, Sexualität u. a.) bis zur beruflichen *Weiterbildung*, die in den letzten Jahren für die Arbeit der VHS ständig an Bedeutung gewonnen hat. Nach den meisten Kursen zur beruflichen Weiterbildung können durch Teilnahme an Prüfungen anerkannte Abschlüsse (z. B. Industriefachwirt, Techniker, Ausbilder gemäß der AEVO) erworben werden. Das Kursangebot der VHS wird zum überwiegenden Teil von freien Mitarbeitern getragen. Für die verschiedenen Fachbereiche sind hauptamtliche Dozenten angestellt, die das Kursangebot zu organisieren haben und auch selbst als Lehrer tätig sind. Träger der VHS sind Vereine oder Kommunen. Die Kosten werden durch Teilnehmergebühren und Zuschüsse aus öffentlichen Haushalten gedeckt. Eine einheitliche rechtliche Grundlage für die Arbeit der VHS besteht nicht. In einzelnen Bundesländern bestehen bereits besondere VHS-Gesetze.
Literatur: 2.6

Volksschule. Bis zum *Hamburger Abkommen* von 1964 war die V. die acht Schuljahrgänge umfassende allgemeinbildende Schule für all die schulpflichtigen Kinder, die nach der Grundschule keine weiterführende Schule (Realschule, Gymnasium) besuchten.

Seit der Einführung der gemeinsamen Grundschule für alle Kinder des Volkes in der Weimarer Verfassung (1919) gliederte sie sich in die vierjährige Grundschule und die vierjährige Volksschuloberstufe. Charakteristisches Merkmal der V. war die ihr konzeptionell zugrunde liegende *volkstümliche Bildung*. Nach dem Zweiten Weltkrieg wurde die V. in der DDR schrittweise durch die zehnklassige allgemeinbildende polytechnische Oberschule abgelöst. In der BRD empfahl der *Deutsche Ausschuß für das Erziehungs- und Bildungswesen* in seinem Rahmenplan zur Umgestaltung und Vereinheitlichung des allgemeinbildenden öffentlichen Schulwesens von 1959 die sich an die Grundschule anschließende gemeinsame Förderstufe (5. und 6. Schuljahr) und als eine der drei Oberschulen die *Hauptschule* (7. bis 9. bzw. 10. Schuljahr), die die Volksschuloberstufe ersetzen sollte. Das Hamburger Abkommen von 1964 folgte weitgehend dem Hauptschulgutachten des Deutschen Ausschusses von 1964, setzte die Vollzeitschulpflicht auf neun (mit zulässiger Ausdehnung auf zehn) Schuljahre fest und führte die Hauptschule neben Realschule, Gymnasium und Sonderschule ein, machte aber das Angebot einer Förderstufe zur Ländersache.
Literatur: 1.10

volkstümliche Bildung. Bildungskonzept, das die *Volksschule* und die *Heimatkunde* bis in die sechziger Jahre prägte. Sie galt, so formulierte es der Pädagoge R. Seyfert 1931 in seiner Publikation ›V. B. als Aufgabe der Volksschule‹, der Erziehung und Bildung des »schlichten, einfachen, praktischen Menschen, (...) dessen Welt durch Arbeit, Heimat und Volkstum« bestimmt war. Sie wandte sich an das natürliche Empfinden und die sittlichen Gemütswerte des in der Heimat verwurzelten Menschen, dessen Denken durch eine situationsgebunden-natürliche und anschaulich-handwerkliche oder erdverbunden-bäuerliche Weltsicht geprägt wurde. In diesem Sinne wurde auch die Volksschullehrerschaft weitgehend ausgebil-

det. Nach dem Zweiten Weltkrieg diente die v.B. in Verbindung mit der Legitimation eines statischen Begriffs von *Begabung* zur Rechtfertigung des dreigliedrigen Schulsystems. Erst mit den weltweiten Veränderungen der sechziger Jahre und der sich anschließenden Bildungsreformdiskussion um 1970 sowie der Einführung der *Hauptschule* durch das Hamburger Abkommen von 1964 wurde deutlich, daß nicht nur Real- und Gymnasialschüler einer wissenschaftsorientierten Ausbildung bedürfen, die eingebunden ist in ein zeitgemäßes Verständnis von *Allgemeinbildung* als Bildung für alle.
Literatur: 1.10

volle bzw. ganze Halbtagsgrundschule. *Halbtagsgrundschule.*

Volljährigkeit (engl. *age of majority*). Tritt ein mit der Vollendung des 18. Lebensjahres und ist mit einer Reihe von Rechtsfolgen verbunden. Die elterliche Sorge ist aufgehoben. Der Volljährige erlangt die uneingeschränkte Geschäftsfähigkeit, kann also sämtliche Rechtsangelegenheiten eigenverantwortlich entscheiden (z.B. Kauf, Miete, Verkauf, Eheschließung). Er erlangt das passive und das aktive Wahlrecht, kann also an den Wahlen zu Parlamenten auf kommunaler, Landes-, Bundes- oder Europa-Ebene teilnehmen und sich auch selbst wählen lassen, wobei es für das passive Wahlrecht einzelne Ausnahmen gibt. Das BGB verbindet mit der V. zugleich die volle Verantwortung für ungesetzliche Handlungen. Das Wehrpflichtgesetz sieht für deutsche Männer die Wehrpflicht vor.

Vollzeitpflege. Nach den Bestimmungen des *Kinder- und Jugendhilfegesetzes* (KJHG) zeitlich befristete *Hilfe zur Erziehung* in einer Pflegefamilie, die dann vom Jugendamt angeordnet werden kann, wenn die Erziehungsbedingungen in der Herkunftsfamilie eine Gefährdung für das Wohl des Kindes oder Jugendlichen darstellen.

Vollzeitschule (engl. *full-time schooling*). Alle Schulen, die als Halb- oder Ganztagesschulen regelmäßig an fünf bzw. sechs Tagen der Woche Unterricht erteilen, werden als V. bezeichnet. In zeitlicher Parallelität darf kein zweiter gesetzlich geregelter Ausbildungsgang besucht werden.

Vollzeitschulpflicht. *Schulpflicht.*

Volontariat (lat. *voluntarius* aus freiem Antrieb handelnd). Einführungs-, Erprobungs- und Ausbildungszeit für Nachwuchskräfte im Bereich der Medien, vereinzelt auch in kaufmännischen Berufen. Verbindliche V.ordnungen, etwa vergleichbar den Ausbildungsordnungen für die anerkannten Ausbildungsberufe, liegen nicht vor. Die Gestaltung des V. kann vertraglich sehr unterschiedlich vereinbart werden.

Vorbereitungsdienst. Nach den vom Bund und den Ländern erlassenen Beamtengesetzen haben die Bewerber um ein öffentliches Amt einen V. abzuleisten, der je nach Laufbahn unterschiedlich lange dauert (sechs Monate bis drei Jahre) und mit einer Prüfung abschließt. Für die Lehrer an den unterschiedlichen Schularten bestehen jeweils besondere Regelungen für den V., der in diesen Fällen zumeist die Bezeichnung Referendariat trägt.

Vorbereitungskurse zum nachträglichen Erwerb des Hauptschulabschlusses. Nach den Bestimmungen des *Arbeitsförderungsgesetzes* (AFG) wird der Besuch von V. durch das Arbeitsamt finanziell gefördert, weil dadurch die Chancen auf berufliche Eingliederung wesentlich verbessert werden können. Entsprechende Angebote machen Volkshochschulen u.a. freie Träger von Bildungsmaßnahmen. Auskunft erteilen die Berufsberatung oder auch die Volkshochschulen.

Vorbild (engl. *model*). Lebende oder historische Persönlichkeit, die aufgrund ihrer Lebensführung bzw. ihrer Leistungen zur Bezugsperson wird, also für die Einstellungen und Verhaltensweisen eines Individuums Orientierungen, Modelle oder Maßstäbe vorgibt, dadurch motiviert und Standards setzt.

Vorhabengestaltung. *Projektunterricht.*

Vorklasse. Einrichtung zur einjährigen Frühförderung Fünfjähriger, die der *Grundschule* vorgeschaltet und organisatorisch zugeordnet ist. Ziel der pädagogischen Arbeit in der V. ist es, bei allen Kindern Lernbereitschaft und Lernfähigkeit zu steigern. Neben der Stabilisierung der kindlichen Persönlichkeit soll ein möglichst gleitender Übergang aus der Familien- und Kindergartenerziehung in die Grundschule ermöglicht werden. Deshalb sollen die Kinder über Formen des spielenden Lernens hinaus auch zum aufgabenbezogenen Lernen in vorstrukturierten Lernsequenzen hingeführt werden. Die Arbeit in der V. findet nur vormittags statt und wird von Erzieherinnen und Lehrerinnen gemeinsam getragen.
In manchen Ländern der Bundesrepublik Deutschland wird die Bezeichnung V. für *Schulkindergärten* verwendet.

Vormund (engl. *guardian*). Für *Minderjährige*, für die niemand die elterliche Sorge trägt (z.B. durch Tod beider Elternteile), muß das *V.schaftsgericht* einen V. bestellen. Der V. erhält aus der Hand eines V.schaftsrichters eine besondere Urkunde und muß seine V.schaft durch Handschlag ausdrücklich annehmen. Gegenüber seinem Mündel hat der V. sämtliche Aufgaben und Rechte, die sich aus der elterlichen Sorge ergeben.

Vormundschaft (engl. *guardianship*). Nach geltendem Recht jede Fürsorge für eine Person oder das Vermögen einer Person, die nicht in der Lage ist, für sich selbst zu sorgen. Für nichteheliche Kinder minderjähriger Mütter oder Findelkinder ist automatisch das Jugendamt Amtsvormund. In anderen Fällen kann eine V. durch ein *V.gericht* ausgesprochen werden. Die V. endet bei Eintritt der *Volljährigkeit* oder wenn die Gründe, die für die Anordnung einer V. ausschlaggebend waren, nicht mehr vorliegen.

Vormundschaftsgericht (engl. *Guardianship Court*). Abteilung des Amtsgerichts, die i.d.R. auf Antrag eines Amtes (z.B. Jugendamt) oder einer einzelnen Partei (z.B. eines Elternteils) tätig wird. Gegenstand der Arbeit sind die Beziehungen zwischen den Elternteilen und ihren Kindern, z.B. die Zuerkennung der *elterlichen Sorge* oder einer *Vormundschaft.* Seit Einrichtung der *Familiengerichte* im Jahre 1977 haben diese einen Teil der Aufgaben der V. übernommen.

Vorpubertät. Die der eigentlichen geschlechtlichen Reifung (*Pubertät*) vorangehende Lebenszeit, zumeist auf Kinder zwischen dem 10. und 12. Lebensjahr bezogen. Ob die für diese Entwicklungsphase vielfach behaupteten Verhaltensauffälligkeiten eintreten, hängt weitgehend von kulturellem Umfeld und bisherigem Verlauf der Erziehung ab.

Vorschulen. Bis 1919 waren V. schulgeldpflichtige öffentliche oder private Einrichtungen, die Kinder in einem dreijährigen Unterricht auf den Besuch einer höheren Schule vorbereiteten. Sie wurden meist von Kindern oberer Schichten besucht und waren i.d.R. einem *Gymnasium* organisatorisch angegliedert. Sie bestanden neben den *Volksschulen* für Kinder unterer Schichten. Mit der Einführung der gemeinsamen *Grundschule* für alle Kinder des Volkes wurden die V. durch die Weimarer Verfassung (1919) und das Reichsgrundschulgesetz (1920) aufgehoben, was im GG der Bundesrepublik Deutschland (1949) noch einmal bestätigt wurde.

Vorschulerziehung (engl. *pre-school education*). Erziehung und Förderung des kleinen Kindes vor dem Eintritt in die Schule. Sie umfaßt im weiteren Sinn die Erziehung in der Familie, in außerfamiliären und in familienergänzenden Einrichtungen (z. B. Säuglingsheimen bzw. Kindergärten) von der Geburt bis zur Schulpflicht. Hilfen zur sozialpädagogischen Betreuung und Förderung geben folgende Tageseinrichtungen: Kinderkrippen für Kleinstkinder bis zu einem Jahr, Krabbelstuben für Kleinkinder (ein bis drei Jahre), Spielstuben für Kinder und Kindertagesstätten (drei bis sechs Jahre). Die erzieherische Versorgung von Kleinstkindern in Krippen und Krabbelstuben wird kritisch gesehen. Im engeren Sinne bezieht sich der Begriff V. auf die öffentliche oder private familienergänzende Erziehung von drei- bis sechsjährigen Kindern in Einrichtungen des Elementarbereichs (Kindergärten, Vorklassen oder Eingangsstufenklassen). Zu den Einrichtungen der V. zählen auch die aus der Bewegung der antiautoritären Erziehung hervorgegangenen Kinderläden und andere Eltern-Kind-Gruppen.

Die Institutionen der V. bieten sozialpädagogische Familienhilfe und kommen berufstätigen Müttern und Vätern vor allem wegen der gesicherten Versorgung der Kinder entgegen. Darüber hinaus hat die V. eine wichtige Funktion bei der förderorientierten Vorbereitung der Drei- bis Sechsjährigen auf den Schulbesuch. Seit Ende der sechziger Jahre empirische Erhebungen den Zusammenhang von Sozialschichtzugehörigkeit und Schulerfolg nachgewiesen haben und die Revision des statischen Begabungsbegriffs die Förderung aller Kinder propagierte, stieg die Nachfrage nach Frühförderung der Ich-, Sozial- und Sachkompetenz der kleinen Kinder durch V. erheblich. Konzepte der kompensatorischen und der antiautoritären Erziehungsbewegung bestimmten die Diskussion. Eine Vielzahl von staatlich geförderten Modellversuchen und die Wirksamkeit von Vorschulprogrammen wurden empirisch untersucht. Unter den verschiedenen Konzeptionen hat sich besonders der situationsorientierte Ansatz durchgesetzt, der eine enge Verbindung zwischen dem Lernbedürfnis des Vorschulkindes und seinen konkreten Lebenssituationen herzustellen suchte. Zu seinen Zielen gehörte neben einer intensiven Einbeziehung der Elternarbeit die Integration von schulischem und sozialem Lernen für die Fünfjährigen. Eine immer größer werdende Beliebtheit erfuhren auch die Kinderhäuser, die nach der Montessori-Pädagogik arbeiten. Von zentraler Bedeutung ist heute die pädagogische Gestaltung des gleitenden Übergangs zwischen Kindergarten und Grundschule.

Literatur: 2.1.7

Vorurteil (engl. *prejudice*). Unkritische Übernahme einer Meinung, Erwartung oder Auffassung. Ein Individuum mit V. fällt über Personen, Sachverhalte, Gruppen usw. positive oder negative Urteile, ohne die Gründe dafür zu kennen bzw. geprüft zu haben oder eigene und möglichst objektive Erfahrungen zu machen. Zumeist wird der Begriff im negativen Sinne verwendet.

W

Wahlbereich. In manchen *Stundentafeln*, z.B. in der integrierten *Gesamtschule*, ist neben den Wochenstunden des Pflicht- und des Wahlpflichtbereichs ein i.d.R. zweistündiges zusätzliches Lernangebot für *Arbeitsgemeinschaften* oder *Förderunterricht* vorgesehen, dessen Wahrnehmung freiwillig ist.

Wahlpflichtdifferenzierung (Syn. **Wahlpflichtunterricht**). **1)** Form der *Differenzierung* in der integrierten *Gesamtschule*, bei der die Schüler zusätzlich zu den Fächern im Pflichtbereich nach Interesse, Neigung oder Fähigkeiten zwischen unterschiedlichen Fachangeboten des Wahlpflichtbereichs wählen müssen. Für die W. stehen im 7. und 8. Jahrgang vier und im 9. und 10. Jahrgang sechs Wochenstunden zur Verfügung. Zu Beginn des 7. Jahrgangs werden i.d.R. alternativ Arbeit/Wirtschaft/Technik, eine zweite Fremdsprache, Naturwissenschaften und im allgemeinen auch Gesellschaftslehre und musisch-kulturelle Bildung zur Wahl gestellt. Zu Beginn des 9. Jahrgangs können die Schüler eines oder beide der im 7. Jahrgang gewählten Wahlpflichtfächer weiterführen, sie können aber auch zwei neue Fächer, z.B. eine weitere Fremdsprache, wählen. Während die zweite Fremdsprache immer vierstündig belegt werden muß, können die anderen Fächer zwei-, drei- oder vierstündig sowie fächerübergreifend angeboten werden. Da die zweite Fremdsprache eine Voraussetzung für den Erwerb der *allgemeinen Hochschulreife* ist und in der *gymnasialen Oberstufe* nur unter erschwerten Bedingungen nachgeholt werden kann, ist die Entscheidung für oder gegen sie von besonderer Bedeutung für die weitere Schullaufbahn. Die Fächernamen und einzelne Regelungen können in den verschiedenen Bundesländern voneinander abweichen, so daß die schulrechtlichen Verordnungen oder Erlasse zu beachten sind.

2) Form der abschlußbezogenen Profilbildung in der *Realschule*, die in einer Verbindung von Allgemeinbildung und berufsorientierter Vorbildung zum Ausdruck kommt. Neben einem verbindlichen Kernunterricht können in den Abschlußklassen Wahlpflichtkurse im fremdsprachlichen (zweite Fremdsprache) und im mathematisch-naturwissenschaftlichen Bereich sowie in drei fächerübergreifenden Bereichen mit den Schwerpunkten Sozial- und Wirtschaftskunde, Wirtschaft und Technik, Sozialwissenschaft und Sozialpädagogik gewählt werden. Die W. geht aus Schulversuchen einzelner Bundesländer hervor und ist heute in der Mehrzahl der Bundesländer eine Regeleinrichtung.
Literatur: 2.1.1

Wahlschulen. Für die Erfüllung der gesetzlich vorgegebenen *Schulpflicht* haben die Bundesländer *Grundschulen, Hauptschulen* bzw. *Mittelschulen* und *Berufsschulen* eingerichtet. Jede andere öffentliche oder als Ersatzschule anerkannte private Schule, die nach Wahl der

Eltern oder des Schülers besucht wird (*Realschule, Gymnasium, Gesamtschule,* Vollzeitberufsschulen), wird als W. bezeichnet.

Waldorfschule. Schule in freier Trägerschaft (*freie Schule, Privatschule*), deren pädagogische Konzeption durch die *Anthroposophie R. Steiners* geprägt ist. Die erste freie W. wurde von R. Steiner 1919 im Auftrag des Fabrikanten E. Molt für Kinder der Beschäftigten der Waldorf-Astoria-Zigarettenfabrik in Stuttgart gegründet. In der Zeit des Nationalsozialismus wurden die W. verboten. Heute gibt es in der Bundesrepublik Deutschland etwa 150 W., die im Bund der freien W. organisiert sind. Zu den Aufgaben der Bundesorganisation gehören die Aus- und Fortbildung der Lehrerinnen und Lehrer, die Gestaltung öffentlicher Tagungen und die Forschungsförderung.

W. sind integrierte Gesamtschulen, in denen Kinder aller Bevölkerungsschichten und Begabungsrichtungen gemeinsam unterrichtet werden. In den Klassen 1 bis 8 herrscht das Klassenlehrerprinzip vor. Der sog. Hauptlehrer unterrichtet möglichst alle Hauptfächer. Die Klassen 9 bis 12 bilden die Oberstufe, in der spezialisierte Fachlehrer unterrichten. Vom 1. Schuljahr an werden Fremdsprachen angeboten. Für alle Altersstufen gibt es das Fach Eurythmie, in dem Bewegung, Sprache und Musik ausdrucksvoll miteinander verbunden sind.

Die zeitliche Gliederung des Schultages in Hauptunterricht, Epochenunterricht, lehrgangsartigen Unterricht und künstlerisch-praktisches Arbeiten berücksichtigt den biologisch-physiologischen Tagesrhythmus des Kindes. In der Oberstufe werden Landwirtschafts-, Vermessungs-, Forst- und Industriepraktika, eine kunstgeschichtliche Reise und Theaterstücke durch- bzw. aufgeführt. In einigen W., z.B. in der Hibernia-Schule in Herne, findet eine Integration von Allgemein- und Berufsbildung statt. Klassen- und Schulfeiern sind wesentliche Elemente des Schullebens.

In der W. gibt es keine Zensuren und kein Sitzenbleiben. An die Stelle von Jahreszeugnissen treten sog. Charakteristika (Lernentwicklungsberichte). Nach der 12. Klasse können die Abschlüsse des Sekundarbereichs I erworben werden. Befähigte Schülerinnnen und Schüler werden in einem 13. Schuljahr auf das Abitur vorbereitet. Nach dem Besuch der Erzieherklasse und einem anschließenden Berufsanerkennungsjahr kann auch das Zertifikat des staatlich anerkannten Erziehers erworben werden.

In der W. wird eine intensive Kooperation mit der Elternschaft praktiziert. Das Lehrerkollegium versteht sich als pädagogische Arbeitsgemeinschaft, die keine Rangstufen kennt. Die Schule wird kollegial geleitet und verwaltet.

R. Steiner hat die auf seiner anthroposophischen Menschenkunde basierende Erziehungslehre erstmals 1907 in seiner Schrift ›Die Erziehung des Kindes vom Gesichtspunkt der Geisteswissenschaft‹ und in Vorträgen dargestellt. Nach seiner Entwicklunglehre ist die Kindheit und Jugend in einen Sieben-Jahres-Rhythmus gegliedert, wobei die Abschnitte durch die physiologischen Ereignisse des Zahnwechsels und der Geschlechtsreife markiert werden. Die Schulkonzeption folgt dieser Entwicklunglehre, so entspricht z.B. die Rolle des Hauptlehrers in der Unterstufe dem Bedürfnis des Kindes nach Autorität und Nachahmung von Vorbildern. Die Entsprechung von Kulturgeschichte der Menschheit und individueller Entwicklung (Kulturstufenprinzip) ist für den von R. Steiner selbst entworfenen Lehrplan der W. bestimmend.

Literatur: 2.1.9
Anschriften: 7.1

Weisungen. *Erziehungsmaßregeln.*

Weiterbildung (engl. *further training*). Umfaßt alle Bildungsmaßnahmen, die sich an die Erfüllung der Schulpflicht und eine berufliche Erstausbildung bzw. an ein Studium anschließen. Die Inhalte und Ziele von W.maßnahmen können einerseits durch Interessen und Neigungen bestimmt sein und der allgemeinen Erweiterung von Kenntnissen und Fähigkeiten dienen (z.B. Sprachkurse, Kunstreisen), andererseits wird W. als Aktualisierung und Vertiefung berufsbezogener Qualifikationen verstanden. Eine genaue Abgrenzung der Begriffe *Erwachsenenbildung, Fortbildung* und W. ist heute nicht mehr möglich. Auch die berufliche *Umschulung* wird teilweise der W. zugeordnet.
Der Vielfalt der Anlässe, Ziele und Inhalte entspricht eine breite Palette von Organisationsformen und Trägern der W. An erster Stelle sind die Volkshochschulen zu nennen, dann aber auch staatliche Einrichtungen (z.B. Akademien für Lehrerfortbildung), Kammern, Einrichtungen der Arbeitgeberverbände, der Gewerkschaften, der Kirchen, der Stiftungen und der Wohlfahrtsverbände. Im Bereich der beruflichen W. bzw. Fortbildung bieten inzwischen auch einzelne Betriebe ein umfangreiches Programm an.
Um die Teilnahme an W. Arbeitnehmern ohne Lohnausfall zu ermöglichen, gibt es in Tarifverträgen entsprechende Regelungen. In einigen Bundesländern besteht ein gesetzlicher Anspruch auf bezahlten *Bildungsurlaub.* Auskünfte erteilen die Behörden der Schulverwaltung, Volkshochschulen und Gewerkschaften.
Literatur: 2.6

weiterführende Schulen. Bis zur Ablösung der *Volksschule* waren *Mittelschulen* und *Gymnasien* w.S. Seit dem *Hamburger Abkommen* 1964 und der Einführung der *Hauptschule* werden alle allgemeinbildenden Schulen des Sekundarbereichs I, die auf der Grundschule bzw. der Orientierungstufe aufbauen, als w.S. bezeichnet.

Weltbund für Erneuerung der Erziehung. Deutschsprachige Sektion der World Education Fellowship, die ihren Sitz in London hat. Der Bund vereinigt als korporative Mitglieder pädagogische Vereinigungen (z.B. den Pestalozzi-Fröbel-Verband, den Arbeitskreis Peter Petersen und den Verband deutscher Schullandheime) und als Einzelmitglieder Lehrer, Sozialpädagogen, Erziehungswissenschaftler u.a. Mitglieder pädagogischer Berufsgruppen. In der deutschsprachigen Sektion treffen Mitglieder aus Deutschland, Österreich und der Schweiz zusammen. Die deutsche Sektion hat ihren Sitz in Heidelberg.
Der Bund entstand in den zwanziger Jahren als internationales Forum führender Vertreter der *Reformpädagogik* (unter ihnen *J. Dewey, W.H. Kilpatrick, M. Montessori, A.S. Neill, P. Geheeb, M. Buber* und *J. Piaget*). Auf Tagungen, in Arbeitskreisen und durch die Publikation der Vierteljahresschrift ›Pädagogisches Forum‹ beteiligt sich der Bund am internationalen Gespräch über neue Wege in Bildung und Erziehung.

Werkstatt für Behinderte. *Beschützende Werkstatt.*

Wiederholung. *Übung.*

Wiederholungsprüfung. Nach den Bestimmungen des *Berufsbildungsgesetzes* (BBiG) kann ein Auszubildender, der die *Abschlußprüfung* nicht besteht, verlangen, daß sein Berufsausbildungsvertrag bis zur nächsten W. fortgeführt wird. Die Abschlußprüfung kann zweimal wiederholt werden. Insgesamt darf sich dadurch das Ausbildungsverhältnis höchstens um ein Jahr verlängern.

Wille (engl. *volition, intention, will*). Die Fähigkeit des Menschen, sich aufgrund von Motiven bewußt für eine bestimmte Handlung zum Erreichen eines Zieles zu entschließen. Das Wissen um den Beweggrund, die Vorstellung des Handlungszweckes und der gewollte Einsatz bestimmter Mittel zu dessen Realisierung unterscheiden Willenshandlungen von trieb- oder instinktgeleiteten Handlungen.

Winnetka-Plan. *Dalton-Plan.*

Wirtschaftsgymnasium. *Fachgymnasium.*

Wirtschaftspädagogik. Teildisziplin der *Pädagogik*, deren geschichtliche Wurzeln bis zu den Erziehungslehren des mittelalterlichen Handwerks zurückreichen. Unter Einsatz aller sich in den Sozial- und Geisteswissenschaften anbietenden Forschungsmethoden untersucht die W. a) die aktuelle Bedeutung und den Wandel grundlegender Begriffe und Konzepte des Arbeitslebens (*Arbeit, Arbeitslosigkeit, Beruf*, Betrieb als Lernort, *Weiterbildung, Umschulung* u. a.), b) die Verläufe von Sozialisations- und Ausbildungsprozessen bei Jugendlichen und Erwachsenen im Bedingungsfeld von gesetzlichen Vorgaben für die *Berufsausbildung*, der Ausbildungspraxis im Betrieb und in beruflichen Schulen, der Arbeitsorganisation in den Betrieben, den Strukturen betrieblicher Personalpolitik, von Arbeitsrecht und Arbeitsmarktpolitik, c) die Bedingungen und Möglichkeiten unterschiedlicher Formen des Lernens im Arbeits- und Wirtschaftsleben, woraus dann die W. d) konkrete didaktisch-methodische Konzepte für die inhaltliche Gestaltung von Lehrveranstaltungen in Betrieben und den vielen Einrichtungen beruflicher Weiterbildung und Umschulung entwickeln und erproben kann.

Vielfach wird die Bezeichnung W. bedeutungsgleich mit dem Begriff *Berufspädagogik* verwendet, oder man spricht von Berufs- und W.

Literatur: 2.4

Wissen (engl. *knowledge*). Die im Gedächtnis einer Person gespeicherten und reproduzierbaren Beobachtungen, Erfahrungen, Kenntnisse und Einsichten über vielfältige Wirklichkeitsbereiche, die einerseits oft die Folge unbeabsichtigter Lernprozesse sind, andererseits aber auch die Voraussetzung für bewußte Lern-, Denk- und Problemlösungsprozesse, von denen aus ein Individuum die Welt interpretiert und auf sie verändernd einwirkt. W. beruht auf Gewißheiten und begründbaren Erkenntnissen, es unterscheidet sich deshalb vom Glauben und Meinen. Da der Organismus des Menschen nicht bereits von Geburt an über W. verfügt, sondern W. auf eigene oder übernommene Lernerfahrungen zurückführbar ist, hat es keinen voraussetzungslosen Anfang, ist erweiterbar und korrigierbar.

Bei der Einarbeitung in ein neues W.gebiet besteht die erste Stufe des W.erwerbs i. d. R. in einem punktuellen Einblick in den Gesamtzusammenhang. Hat man Einsicht in mehrere Teilbereiche des W.gebietes, ist schon ein systematischer Überblick gewonnen. Dieser und Detailw. führen zusammen zur genauen Kenntnis eines Sachverhalts, die der Lernende auch verbalisieren kann. Auf der höchsten Stufe des W.erwerbs besitzt der Lernende im Gedächtnis eine umfassende und vertiefte Kenntnis von dem gesamten W.gebiet. Der Erwerb des W. ist nicht nur von kognitiven Faktoren, sondern auch von motivationalen und sozialen Prozessen abhängig.

Auf der Weitergabe des erworbenen W. beruht die kulturelle Tradition und Geschichte der Menschheit. Der W.bestand der Menschheit versetzt den Menschen in die Lage, seine eigene Entwicklung zu verstehen und auf dieser Grundlage seine Zukunft zu gestalten. Die immer rascher verlaufende Zunahme des W.stoffes führt dazu, daß kein einzelner mehr den gesamten W.bestand überblicken kann. Es ist eine der schwierigsten Aufgaben der *Didaktik*, das vorhandene W. so zu elementarisieren, daß der Erwerb von *Allgemeinbildung* in der Schule noch möglich ist.

Wissenschaft (engl. *science*). **1)** Die Summe des geordneten, begründeten, für gesichert erachteten Wissens einer Zeit.
2) Als Prozeß die Sammlung, Vertiefung, Ordnung und laufende Verbesserung des Wissens über einen bestimmten Gegenstandsbereich, dessen Phänomene und Zusammenhänge begrifflich erfaßt, zueinander in Beziehung gesetzt und unter Einsatz der jeweils angemessenen Forschungsmethoden untersucht werden. Die dabei gewonnenen Erkenntnisse sollen prinzipiell auf ihren Wahrheitsgehalt hin überprüfbar sein und nach Möglichkeit zu *Theorien* zusammengefaßt werden, aus denen sich dann wiederum neue Probleme verstehen bzw. erklären lassen.
3) Die Einteilung der W. ist nach verschiedenen Kriterien möglich: a) von den Gegenstandsbereichen her (Kultur, Soziales, Erziehung, Natur usw.), b) nach den grundlegenden Erkenntnisinteressen, Fragestellungen und Methoden (erklärende oder verstehende W.) und schließlich c) im Hinblick auf ihren Bezug zur gesellschaftlichen Praxis als reine oder angewandte W.
Literatur: 1.5

wissenschaftliche Hochschulen. Universitäten, Gesamthochschulen/Universitäten, Technische Hochschulen, Kirchliche Hochschulen, Pädagogische Hochschulen und Kunsthochschulen. Kriterium ist das Recht der Verleihung *akademischer Grade* nach mindestens achtsemestrigen Studiengängen.
Literatur: 1.13

wissenschaftliche Mitarbeiter. Beamte oder Angestellte, die an wissenschaftlichen Hochschulen bestimmten Dienstleistungen zugeordnet sind. Dazu gehört neben der Mitwirkung an der Forschung auch die Lehre, insbesondere die Vermittlung grundlegender methodischer oder praktischer Kenntnisse und Fähigkeiten. Vorgesetzer eines w. M. ist i. d. R. der Leiter der wissenschaftlichen Einrichtung (z. B. Fachbereichsleiter, Institutsleiter), in der ein w. M. tätig ist. Einstellungsvoraussetzung ist ein abgeschlossenes Hochschulstudium. Als Beamte können die w. M. als Akademischer Rat, Akademischer Oberrat oder Akademischer Direktor eingestuft werden. In einzelnen Fachbereichen arbeiten auch Studienräte im Hochschuldienst.

wissenschaftlicher Assistent. *Hochschulassistent.*

Wissenschaftlicher Rat. Amtsbezeichnung in der Hierarchie der Hochschullehrer. Die Position des W. R. rangiert unmittelbar unter der des Ordinarius. Die Voraussetzungen zur Übernahme des Amtes entsprechen denen für Professoren an wissenschaftlichen Hochschulen. Häufig wird die Bezeichnung auch in der Verbindung W. R. und Professor verwendet.

Wissenschaftsministerium. Außer in den Bundesländern Bayern, Bremen und Mecklenburg-Vorpommern bestehen in allen Ländern eigene W., die verschiedene Zusatzbezeichnungen tragen: Ministerium für Wissenschaft und Forschung, – und Kunst, – und Weiterbildung. Schwerpunkt ihrer Arbeit ist Hochschulpolitik: Förderung von Lehre und Forschung, Hochschulbau, Berufung von Professoren u. a. Aufgaben im Bereich der Personalpolitik, Finanzplanung und Haushaltspolitik, gesetzgeberische Initiativen, Verwaltung, Hochschulrecht.
Anschriften: 4.1

Wissenschaftsorientierung. Der Begriff W. wurde 1970 vom Deutschen Bildungsrat im *Strukturplan für das Bildungswesen* eingeführt. Damit war ge-

meint, daß Bildung unter den Bedingungen des Lebens in der modernen demokratischen Gesellschaft die wissenschaftliche Ausrichtung der Lerninhalte und Lernprozesse auf allen Schulstufen voraussetzt. Der Bildungsrat wandte sich damit gegen die traditionelle Trennung von volkstümlicher Gesinnungsbildung in der Volksschule und aufgeklärter, studienbezogener Allgemeinbildung im Gymnasium. Vielmehr sollte es allen Schülern im Verlauf ihrer Schulzeit ermöglicht werden, die Voraussetzungen für den Zugang zu wissenschaftlichen Erkenntnissen und Verfahren zu erwerben sowie ein Bewußtsein für die Folgen und Gefahren einer zunehmenden Verwissenschaftlichung des Lebens zu erlangen.
Das in den siebziger Jahren weitverbreitete Mißverständnis, nunmehr müßten die schulischen Lehrpläne und Curricula bis in den Vorschulbereich vorwiegend von den Wissenschaften und ihren Konzepten, Verfahren und Begriffen aus im fachpropädeutischen Sinne strukturiert werden, führte zu einer umfassenden Kritik an der Forderung nach W. Heute überwiegt in Fachkreisen die Ansicht, daß Kindgemäßheit, Lebensweltbezug, Umweltorientierung und W. des Unterrichts in einem ausgewogenen Verhältnis zu berücksichtigen sind.
Literatur: 2.1.3

Wissenschaftspropädeutik. 1977 in den Empfehlungen der KMK für die Arbeit in der gymnasialen Oberstufe und in der Kollegstufe der integrierten Sekundarstufe II in Nordrhein-Westfalen formulierte Zielsetzung, die auf der *Wissenschaftsorientierung* im Primar- und Sekundarbereich I aufbaut und zum wissenschaftlichen Studium spezialisierter Universitätsdisziplinen hinführen soll. W. meint die Vorbereitung auf die Anwendung von Methoden wissenschaftlichen Arbeitens. Ihre didaktische Funktion ist, bei der fortschreitenden Differenzierung der Spezialwissenschaften an der Universität das übergreifende sog. Allgemeine im Unterricht zu repräsentieren. Dabei soll eine Ideologisierung des Wissenschaftsdenkens vermieden und eine disziplinübergreifende Allgemeinbildung gefördert werden.

Wissenschaftsrat. Durch ein Abkommen zwischen der Bundesregierung und den Bundesländern 1957 gegründetes Beratungsgremium zu Fragen der Wissenschafts- und Forschungspolitik. Der Bundespräsident beruft für jeweils drei Jahre die Mitglieder der wissenschaftlichen Kommission, wogegen die Mitglieder der Verwaltungskommission vom Bund und den Ländern entsandt werden. Der W. soll im wesentlichen drei Aufgaben verfolgen: 1. Entwicklung eines Gesamtplanes für die Förderung der Wissenschaften im Rahmen der bildungspolitischen Vorgaben von Bund und Ländern sowie unter Berücksichtigung von deren politischen Zuständigkeiten. 2. Vorlage von Vorschlägen für ein jährliches Dringlichkeitsprogramm im Bereich der Wissenschafts- und Forschungspolitik. 3. Empfehlungen für die Verwendung der Finanzmittel, die in den Haushalten des Bundes und der Länder für Wissenschaft vorgesehen sind.
Anschrift: 3.4

Wochenplanarbeit (Syn. **Wochenplanunterricht**). Organisationsform des *offenen Unterrichts*, die meist in Kombination mit Unterricht im Klassenverband, *freier Arbeit* und *Projektunterricht* durchgeführt wird und den Schülern Gelegenheit gibt, zunehmend selbständig und selbsttätig allein oder mit anderen zusammen zu arbeiten. W. wird in der Grundschule vorwiegend in den Fächern Deutsch, Mathematik und Sachunterricht durchgeführt, kann aber andere Fächer mit einbeziehen. Er baut auf der Tagesplanarbeit im Anfangsunterricht der

Grundschule auf. Im Fachunterricht des Sekundarbereichs wird meist mit Zweiwochenplänen gearbeitet.
Grundlagen der W. sind ein schriftlich ausgearbeiteter Plan, festgelegte Arbeitszeiten im Ablauf der Woche, eine vorbereitete Lernumgebung mit übersichtlich geordneten Arbeitsmaterialien, Möglichkeiten zur Selbstkontrolle und zur Wahrnehmung von Hilfen (Mitschüler, Lehrer). Die W. beginnt mit der Vorstellung des Arbeitsplans durch den Lehrer oder mit der gemeinsamen Aufstellung des Plans durch Lehrer und Schüler; sie endet mit einem Auswertungsgespräch, in dem Lehrer und Schüler ihre Erfahrungen austauschen. Der W.plan darf nicht zu einem Instrument der Bevormundung und Lernkontrolle durch den Lehrer werden, sondern hat nur den Stellenwert eines Hilfsmittels zur Öffnung des Unterrichts.
Der Wochenplan kann fachbezogen oder fächerübergreifend angelegt sein und enthält i.d.R. die Pflichtaufgaben des Lehrplans, die für alle Kinder verbindlich sind, aber differenziert angeboten werden können. Zum Pflichtteil können Wahlpflichtaufgaben hinzukommen, um unterschiedliche Interessen und Fähigkeiten zu berücksichtigen. Darüber hinaus bietet die Lernumgebung meist Möglichkeiten zur freien Arbeit.
Die Lehrkraft hat während der W. Gelegenheit zur intensiven Beobachtung, zur Lerndiagnose und zur individuellen Förderung. Organisieren z.B. zwei Lehrkräfte in nebeneinander liegenden Klassen parallele W., eröffnen sich vielfältige Möglichkeiten zur Kooperation im Team.
Literatur: 2.1.5

Workshop. Arbeitsform an Hochschulen, in Weiterbildungseinrichtungen, auf Kongressen und in Schulen. Teilnehmer und Fachleute arbeiten für eine begrenzte Zeit an einer gemeinsamen Fragestellung und nutzen die Gelegenheit zur freien Diskussion, zum Erfahrungsaustausch und zur Entwicklung von neuen Arbeitsmaterialien bzw. schriftlichen Konzepten.

World Didac. Internationale Bildungsmesse des Weltverbandes der Lehrmittelfirmen, die im Zweijahresrhythmus in Basel/Schweiz und in den dazwischen liegenden Jahren in wechselnden Ländern der Erde durchgeführt wird. Sie gibt einen umfassenden Überblick über den Stand und die Trends auf dem weltweiten Lehr-/Lernmittel- und Schulausstattungsmarkt. Gleichzeitig werden Tagungen und Kongresse veranstaltet. Andere Bildungsmessen sind die *Didacta* und die *Interschul*.
Anschrift: 3.17

World Education Fellowship. *Weltbund für Erneuerung der Erziehung.*

Z

Zensuren (Syn. **Noten**; lat. *censura* Zensur, Prüfung; engl. *marks*). Kurzform des Lehrerurteils über die Leistung eines Schülers. Die *Leistungsbewertung* in Form von Z. erfolgt seit dem Beschluß der KMK vom 3. 10. 1968 in allen Ländern der Bundesrepublik Deutschland einheitlich nach den sechs Notenstufen sehr gut (1), gut (2), befriedigend (3), ausreichend (4), mangelhaft (5), ungenügend (6). Die gymnasiale Oberstufe nimmt die Leistungsbewertung nach einem *Punkte-System* (15 bis 0 Punkte) vor, dem die Notenstufen 1 bis 6 zugeordnet werden können. Zu jeder Note gehört eine Definition, die den Maßstab der Leistungsbewertung angibt. Während vor 1968 der Maßstab durch die Durchschnittsorientierung an einer Schulklasse oder größeren Lerngruppe vorgeschrieben war, ist er heute in den verbindlichen Anforderungen der Lehrpläne eines Faches gegeben. So heißt z. B. die Definition für die Notenstufe gut (2): »Die Note gut soll erteilt werden, wenn die Leistung den Anforderungen voll entspricht.« Der Begriff Anforderungen bezieht sich nach der Erläuterung der KMK auf den Umfang sowie die selbständige und richtige Anwendung der Kenntnisse und auf die Art der Darstellung. Damit machte die KMK 1968 sachbezogene Kriterien zum Beurteilungsmaßstab und folgte der Kritik an dem sozialen Vergleich innerhalb einer Lerngruppe.

Z. sind aus meßmethodischen Gründen nicht vergleichbar, denn die Z.skala von 1 bis 6 hat nur Rang- bzw. Ordinalskalenniveau. Zwischen den einzelnen Notenstufen bestehen keine gleichmäßigen Abstände wie bei einer Intervallskala. Die Note befriedigend kann z. B. nahe an der Note gut oder auch an ausreichend grenzen. Die Note befriedigend bedeutet also nur, daß sie schlechter ist als gut, aber sie bringt nicht exakt zum Ausdruck, um wieviel schlechter sie ist. Deshalb verbietet es sich auch, aus den Noten einzelner Klassenarbeiten für die Zeugnisz. oder aus den einzelnen Fachnoten im Zeugnis für die zusammenfassende Abschlußz. einen Mittelwert zu berechnen. Noten sind ein Schätzurteil.

Literatur: 2.1.4, 2.1.11

Zensurengebung (Syn. **Notengebung**, **Benotung**). Die Z. gehört heute im Rahmen schulrechtlicher Bestimmungen zu den Amtspflichten der Lehrer. In den Beschlüssen der KMK sind die Notenstufen und das Punkte-System für die gymnasiale Oberstufe festgelegt. In Verordnungen und Erlassen der Länder wird im einzelnen geregelt, in welchen Fächern und Jahrgängen wieviele benotete *Klassenarbeiten* geschrieben werden müssen. Die *Zensuren* der einzelnen Leistungsnachweise sind die Grundlage der Zeugniszensuren in den Fächern der Halbjahres-, Jahres-, Abgangs- und Abschlußzeugnisse. Da nicht alle Details der *Leistungsbeurteilung* und *Leistungsbewertung* bis ins einzelne geregelt werden können, bleibt dem Lehrer bei der Z.

ein gewisser Beurteilungsspielraum, der aber durch »allgemeingültige Bewertungsgrundsätze«, das »Gebot streng sachbezogener Entscheidungen« u. a. rechtlich eingegrenzt ist.
Die Anfänge des heutigen Beurteilungs- und Berechtigungswesens liegen in der ersten Hälfte des 19. Jh. und sind mit dem Ausbau der höheren Schulen verbunden. Nicht die pädagogische Aufgabe der ausführlichen Rückmeldung über Lernerfolge oder Lernschwierigkeiten stand im Mittelpunkt des Interesses, sondern die gesellschaftliche Aufgabe der *Auslese* mit Hilfe der Z. als Leistungsnachweis für die Vergabe von Berechtigungen (Zugang zu Universitäten und staatlichen Laufbahnen).
In der pädagogisch-psychologischen Literatur werden der Z. bis zu zehn Funktionen zugeschrieben: Kontroll-, Rückmelde-, Berichts-, Anreiz-, Disziplinierungs-, Sozialisierungs-, Klassifizierungs-, Selektions-, Zuteilungs- und Chancenausgleichsfunktion. Jedoch können diese weitgehend nicht miteinander zu vereinbarenden Aufgaben der Z. lediglich als ein analytisches Konstrukt betrachtet werden.
Forschungsergebnisse zur Z. allgemein und zu Klassenarbeiten, mündlichen Prüfungen u. a. Leistungsnachweisen haben spätestens seit 1970 die Fragwürdigkeit der Z. immer wieder nachgewiesen. Unterschiedliche Strenge bei der Z. in verschiedenen Fächern, Notenknicke nach dem Übergang von der Grundschule an die weiterführenden Schulen, die Wirkung des klasseninternen Bezugsmaßstabes im Vergleich zum Leistungsstand anderer Klassen, der fehlende prognostische Wert der Z., die subjektiven Beurteilungsfehler der Lehrer (z. B. *Halo-Effekt*) sind nur einige Stichworte zur Kennzeichnung der Mängel bei der Z.
Zensuren werden der gesellschaftlichen und schulrechtlichen Forderung nach gültiger Vergleichbarkeit trotz einheitlicher Lehrpläne, Stundentafeln, Notendefinitionen u. a. nicht gerecht und sind für überregionale Selektions- und Berechtigungsverfahren unbrauchbar. *K. Ingenkamp* u. a. haben deshalb immer wieder betont, daß damit das gesamte schulische Berechtigungs- und Versetzungswesen auf einer Fiktion beruhe. Zensuren liefern zudem keine differenzierten Aussagen über den Lernprozeß eines Schülers. Ihr Informationsgehalt ist viel zu pauschal, wenn es um die Diagnose und Förderung von Stärken und Schwächen in der Lernentwicklung eines Schülers geht. Obwohl die Erfahrungen von Reformschulen und die Diskussion um den *Leistungsbegriff* und die *pädagogische Diagnostik* Alternativen zur staatlichen Zensierungspraxis aufzeigen, kommen Reformen auch wegen der fehlenden diagnostischen Professionalisierung der Lehrerschaft nur zögernd in Gang.
Literatur: 2.1.4

Zentralstelle für den Fernunterricht (**ZFU**). Auf der Grundlage des Fernunterrichtsschutzgesetzes aus dem Jahre 1976 haben die Bundesländer in Köln die ZFU eingerichtet. Ihre Aufgabe ist die Prüfung der Fernunterrichtsangebote und die Erteilung der erforderlichen Zulassung.
Anschrift: 13.0

Zentralstelle für die Vergabe von Studienplätzen (**ZVS**). Über die ZVS werden alle Studienplätze (jeweils erstes Semester im Hauptfach) in denjenigen Fächern vergeben, für die an Universitäten und Fachhochschulen eine Zulassungsbeschränkung (*Numerus clausus*) besteht. Die ZVS vergibt die freien Plätze in den verschiedenen Studiengängen nach drei Verfahren: 1. Verteilungsverfahren. Es garantiert jedem Studienbewerber einen Studienplatz in dem Studiengang, für den er sich in erster Präferenz beworben hat. Der gewünschte Studienort kann dabei nur im Rahmen der freien Kapazitäten berücksichtigt werden. Für dieses Verfahren genügt ein Antrag bei der ZVS. 2. Allgemeines Auswahlverfahren. Von den vorhandenen Studienplätzen werden 60% nach dem Grad der Qualifikation und 40% nach Wartezeiten vergeben. Der Grad der Qualifikation bestimmt sich aus der Durchschnittsnote der Hochschulzugangsberechtigung (Abiturzeugnis). Dem Antrag sind die entsprechenden Unterlagen beizulegen. 3. Besonderes Auswahlverfahren. Für medizinische Studiengänge wird zusammen mit dem Grad der Qualifikation das Ergebnis eines Tests berücksichtigt. Abiturnote und Testleistung müssen dem Antrag auf Zulassung zu einem medizinischen Studiengang beigelegt werden. Für welche Studiengänge welches Verfahren jeweils Anwendung findet, ist aus den ZVS-Informationen zu entnehmen. Die Anträge auf Zulassung für einen Studienbeginn im Winteresemester sind bis zum 15. Juli und für das Sommersemester bis zum 15. Januar bei der ZVS einzureichen. Die Anmeldefrist für das Testverfahren endet am 15. September.

Die ZVS arbeitet seit 1973. Sie wurde als Anstalt des öffentlichen Rechts durch einen Staatsvertrag zwischen den Bundesländern errichtet. Ihr Sitz ist Dortmund.

Anschrift: 5.1

Zeugnis (engl. *report*). Urkunde, in der die Schule die Leistungen eines Schülers in den verschiedenen Fächern am Ende eines Schulhalbjahres zusammenfassend bewertet und ggf. Aussagen über sein sonstiges Verhalten macht. In den amtlichen Vorschriften gibt es folgende Unterscheidungen: Das erste Halbjahresz. eines Schuljahres ist ein Zwischenz. und kann einen Vermerk enthalten, wenn die *Versetzung* am Ende des Schuljahres gefährdet ist. Das Jahresz. erstreckt sich in den meisten Ländern auf das gesamte vorausgegangene Schuljahr und enthält den Vermerk, ob ein Schüler in die nächsthöhere Klasse versetzt wird. Ein Abgangsz. wird erteilt, wenn ein Schüler nach erfüllter Schulpflicht das Ziel des Bildungsganges nicht erreicht hat und die Schule ohne Abschluß verläßt. Schüler, die die Abschlußklasse eines Bildungsganges erfolgreich durchlaufen und die in einigen Ländern geforderte *Abschlußprüfung* bestanden haben, bekommen ein Abschlußz. Wer die Abiturprüfung (Reifeprüfung) bestanden hat, erhält das Z. der allgemeinen Hochschulreife (Reifez.). Abgangs- und Abschlußz. dürfen unter Bemerkungen keine Eintragungen enthalten, die für den Schüler nachteilige Folgen haben könnten. Positive Bemerkungen sind dagegen erlaubt. Mit Abschlußz. sind bestimmte *Berechtigungen* verbunden.

Schulz. sind wegen ihres Urkundencharakters auf amtlichen Z.formularen zu erteilen, auf denen weder radiert noch korrigiert werden darf. Halbjahresz. werden vom Klassenlehrer und vom Schulleiter handschriftlich unterschrieben. Abgangs- und Abschlußz. müssen außerdem ein Dienstsiegel enthalten.

Die *Leistungsbewertung* erfolgt in den Z. in Form von *Zensuren* nach den Notenstufen 1 bis 6 und im Z. der allgemeinen Hochschulreife auf der Grundlage des *Punkte-Systems*.

Rechtlich gesehen haben Z. Informations- und Beweisfunktion. Eltern und Schüler besitzen deshalb einen Anspruch auf angemessene Informationen über Leistungsvermögen und Lernentwicklung. Dies bedeutet nicht, daß die Leistungen durch Zensuren bewertet werden müssen. In den meisten Bundesländern werden in den ersten beiden Schuljahren der Grundschule Lernstand sowie Arbeits- und Sozialverhalten in den Z. ver-

bal beurteilt (*Berichtsz.*). Einige Bundesländer erlauben solche Z. auch im 3. und 4. Schuljahr. Verbalisierte Z. in Form eines *Lernentwicklungsberichts* gibt es ferner im 5. bis 8. Schuljahrgang an Gesamtschulen (vgl. z. B. *Team-Kleingruppen-Modell*), aber auch an Waldorfschulen, in Landerziehungsheimen u. a. Reformschulen.
Einzelheiten sind in den Beschlüssen der KMK oder in Schulgesetzen, Rechtsverordnungen und Erlassen der Bundesländer geregelt.
Literatur: 2.1.4, 2.1.11

ZFU. *Zentralstelle für den Fernunterricht.*

Ziel des Unterrichts. *Unterrichtsziel.*

Zivilisation (lat. *civis* Bürger; engl. *civilization*). **1)** Allgemein der Kulturzustand, das geordnete Zusammenleben der Menschen im Gegensatz zum Naturzustand.
2) Seit dem ausgehenden 19. Jh. auch als Gegenbegriff zu *Kultur* gebraucht; dann im Sinne von Herrschaft der technischen Rationalität über die freie und schöpferische Spontaneität des Menschen.

Zuchtmittel (engl. *correctional treatment*). Maßnahmen eines *Jugendgerichtes* unterhalb des Niveaus einer *Jugendstrafe.* Dazu gehören Verwarnungen, Auflagen (z. B. Geldbuße) und *Jugendarrest.*

Zulassungsbeschränkung. *Numerus clausus.*

Zulassung zur Abschlußprüfung. Nach den Bestimmungen des *Berufsbildungsgesetzes* (BBiG) kann die Z. z. A. unter drei Voraussetzungen erfolgen: 1. Nach ordnungsgemäßem Abschluß einer Ausbildung in einem anerkannten Ausbildungsberuf, wenn diese Ausbildung nicht später als zwei Monate nach dem Prüfungstermin endet. 2. Bei vorzeitiger Beendigung des Ausbildungsverhältnisses, wenn die *Verkürzung der Ausbildungszeit* bei der Zuständigen Stelle gemeldet ist. 3. Zulassung ohne Ausbildung aufgrund vorangegangener beruflicher Tätigkeiten. Die Anmeldung zur Prüfung erfolgt über den Ausbildungsbetrieb. Über die Zulassung entscheidet die Zuständige Stelle.

Zurückstellung vom Schulbesuch. Die *Schulgesetze* der Bundesländer lassen nicht nur eine vorzeitige Aufnahme in die Schule grundsätzlich zu, sondern auch die Z. v. S., wenn Kinder körperlich, geistig oder in ihrem Gesamtverhalten noch nicht genügend entwickelt sind, um mit Erfolg am Unterricht teilnehmen zu können. Die Entscheidung darüber trifft die aufnehmende Schule unter Berücksichtigung von Gutachten durch den *schulpsychologischen Dienst* oder das Gesundheitsamt. Die Zeit der Zurückstellung wird auf die Dauer der *Schulpflicht* nicht angerechnet.
Literatur: 2.1.11

Zuständige Stelle (engl. *competent body*). Überwacht und regelt die Durchführung der Berufsausbildung im Sinne des *Berufsbildungsgesetzes* (BBiG). Die Z. S. kontrolliert den Abschluß des *Berufsausbildungsvertrages* und die Einhaltung der *Ausbildungsordnung,* nimmt die *Zwischenprüfung* und die *Abschlußprüfung* ab, berät *Ausbilder* und schlichtet in Konfliktfällen. Die Z. S. können ihre Regelungen als Verwaltungsvorschriften erlassen, die für Ausbildungsbetriebe bindende Wirkung haben. Z. S. sind i. d. R. die *Kammern* (Industrie- und Handelskammer, Handwerkskammer, Landwirtschaftskammer, Rechtsanwaltskammer usw.).

ZVS. *Zentralstelle für die Vergabe von Studienplätzen.*

zweiter Bildungsweg. Schullaufbahn, die den Besuch einer allgemeinbildenden Schule mit anschließender Berufsausbildung oder Berufstätigkeit voraussetzt und nachträglich zum Erwerb von *Ab-*

schlüssen führt. Gesetzliche Einrichtungen zum Erwerb des Abiturs (Hochschulreife) sind *Abendgymnasien* und *Kollegs*. Der Nachweis der Befähigung zum Hochschulstudium ohne Abiturzeugnis durch eine Prüfung (sog. Begabtenprüfung oder Immaturenprüfung) an einer Hochschule gehört auch zum z.B. Zum nachträglichen Erwerb von Schulabschlüssen des Sekundarbereichs I durch eine Prüfung gibt es vorbereitende Lehrgänge in Einrichtungen der Erwachsenenbildung (sog. *Abendhaupt-*, *Abendrealschulen*). Dem z.B. werden auch Lehrgänge des Fernunterrichts und der Volkshochschulen zugerechnet, welche auf die in den meisten Ländern vorgesehenen staatlichen *Schulfremdenprüfungen* (Nichtschülerprüfungen) zum Erwerb des Hauptschul- und Realschulabschlusses, der Hochschulreife und berufsqualifizierender Abschlüsse vorbereiten. Die Prüfungen des z.B. sind durch Prüfungsordnungen geregelt.
Literatur: 2.1.11

Zwillingsforschung (engl. *twin research*). Untersuchungen von eineiigen und zweieiigen Zwillingen in der Absicht, die Bedeutung der besonderen genetischen Konstellationen für die Entwicklung der körperlichen und psychosozialen Persönlichkeitsmerkmale zu erfassen und damit Erkenntnisse über den Einfluß von *Anlagen* und Umweltfaktoren auf die Persönlichkeit zu gewinnen. Da eineiige Zwillinge eine vollkommen identische Erbmasse besitzen, sind alle Merkmale, die in ihrer Reifung unmittelbar genetisch festgelegt sind, ebenfalls identisch. Das trifft im wesentlichen auf körperliche Merkmale zu. Dagegen ist auch bei eineiigen Zwillingen die Entwicklung ihrer individuellen *Identität* das Resultat von Lernprozessen, die ihre Bedingungen in den umfassenden und vielfältigen Interaktionsprozessen mit der Umwelt haben. Bei zweieiigen Zwillingen lassen sich im Vergleich zu gewöhnlichen Geschwistern keinerlei Auffälligkeiten feststellen.

Zwischenprüfung (engl. *interim examination*). Während der *Berufsausbildung* im Sinne des *Berufsbildungsgesetzes* (BBiG) ist mindestens eine Z. durchzuführen. Sie dient der Ermittlung des bis dahin erreichten Ausbildungsstandes des Auszubildenden, um möglicherweise Korrekturen an der weiteren Ausbildung vornehmen zu können. Die Z. hat keinen selektiven Charakter. Die Teilnahme ist zwar verbindlich, das Bestehen aber nicht Voraussetzung für den Fortgang der Ausbildung bzw. die Zulassung zur Abschlußprüfung.
Den Zeitpunkt der Z. legt die *Zuständige Stelle* fest. I.d.R. findet sie gegen Ende des 2. Ausbildungsjahres statt. Für die Anmeldung zur Z. ist der Ausbildungsbetrieb zuständig.

Biographische Daten

Achtenhagen, Frank, 1939–; Prof., Wirtschaftspädagogik. Univ. Göttingen.

Adler, Alfred, 1870–1937; österreichischer Arzt und Prof., medizinische Psychologie. Columbia Univ. New York (USA).

Adorno, Theodor W., 1903–1969; Prof., Philosophie, Soziologie. Musik- und Kulturtheoretiker. Univ. Frankfurt am Main.

Aebli, Hans, 1923–1990; Schweizer Prof., pädagogische Psychologie. Univ. Bern.

Aichhorn, August, 1878–1949; österreichischer Sozialpädagoge. Jugendarbeit.

Alt, Robert, 1905–1978; Prof., Pädagogik. Historische Pädagogik. Akademie der Pädagogischen Wissenschaften der DDR.

Anweiler, Oskar, 1925–; Prof., vergleichende Erziehungswissenschaft. Univ. Bochum.

Aristoteles, 384–322 v. Chr.; griechischer Philosoph, Schüler Platons.

Arnold, Rolf, 1952–; Prof., Betriebs- und Berufspädagogik. Univ. Kaiserslautern.

Baacke, Dieter, 1935–; Prof., Pädagogik. Medien- und Jugendforschung. Univ. Bielefeld.

Baeumler, Alfred, 1887–1968; Prof. Philosophie und Politische Pädagogik. Nationalsozialistische und rassistische Ideologie. Schulungsfunktionär der NSDAP. Univ. Berlin.

Ballauff, Theodor, 1911–1995; Prof., Pädagogik. Philosophie der Erziehung, systematische Pädagogik, Bildungstheorie. Univ. Mainz.

Basedow, Johann Bernhard, 1724–1790; evangelischer Theologe, Schulreformer, pädagogischer Schriftsteller.

Baumert, Jürgen, 1941– ; Prof. Pädagogik. Wiss. Mitarbeiter Max-Planck-Institut für Bildungsforschung Berlin.

Bäumer, Gertrud, 1873–1954; pädagogische Schriftstellerin, Frauenrechtlerin und Sozialpädagogin.

Beck, Johannes, 1938–; Prof., allgemeine Pädagogik. Bildungstheorie. Univ. Bremen.

Becker, Hellmut, 1913–1993; Jurist, Prof., Soziologie, Bildungsforschung und Bildungsplanung. Freie Univ. Berlin. Mitglied im Deutschen Bildungsrat.

Beinke, Lothar, 1931–; Prof., Berufspädagogik. Jugendforschung, Didaktik der Arbeitslehre. Univ. Gießen.

Beneke, Friedrich Eduard, 1789–1854; Prof., Philosophie. Frühe Beiträge zur empirischen Psychologie und Pädagogik. Univ. Berlin.

Benner, Dietrich, 1941–; Prof., Pädagogik. Humboldt-Univ. Berlin.

Berg, Christa, 1940–; Prof. Pädagogik. Sozialgeschichte der Erziehung. Univ. Köln.

Bernfeld, Siegfried, 1892–1953; Reformpädagoge. Schul- und Sozialpädagogik, Jugendpsychologie.

Bertram, Hans, 1946–; Prof., Soziologie. Sozialisationsforschung. Humboldt-Univ. Berlin.

Bittner, Günther, 1937–; Prof., psychoanalytische Pädagogik. Biographische Entwicklungsforschung. Univ. Würzburg.

Blankertz, Herwig, 1927–1983; Prof., Pädagogik. Historische Pädagogik, Wissenschaftslehre (geisteswissenschaftliche Pädagogik), Curriculum- und Schulentwicklung. Univ. Münster.

Bleidick, Ulrich, 1930–; Prof., Lernbehindertenpädagogik. Univ. Hamburg.

Blochmann, Elisabeth, 1892–1972; Prof., Pädagogik. Vorschulpädagogik, Mädchen- und Frauenbildung. Univ. Marburg.

Blonskij, Pavel P., 1884–1941; sowjetischer Reformpädagoge. Arbeitsschule, polytechnische Bildung.

Böhm, Winfried, 1937–; Prof., Pädagogik. Geschichte der Pädagogik, Montessori-Forschung, Systematische Pädagogik. Univ. Würzburg.

Bollnow, Otto F., 1903–1991; Prof., Pädagogik und Philosophie. Bildungstheorie, Anthropologie, Wissenschaftslehre der Pädagogik (Phänomenologie). Univ. Tübingen.

Bosco, Giovanni, 1815–1888; italienischer kathol. Priester, Sozialkritiker und Sozialpädagoge.

Bourdieu, Pierre, 1930–; französischer Prof. Soziologie. Kultur-, Kunst-, Religions- und Erziehungssoziologie. Paris.

Bronfenbrenner, Urie, 1917–; amerikanischer Prof. für Psychologie. Kindheits- und Familienforschung. Univ. Correll N.Y.

Buber, Martin, 1878–1965; jüdischer Sozialphilosoph und Kultursoziologe. Univ. Jerusalem.

Campe, Johann Heinrich, 1746–1818; evangelischer Theologe, Publizist, Verleger, Jugendschriftsteller, Schulreformer.

Comenius, Johann Amos, 1592–1670; böhmischer evangelischer Theologe und Philosoph, Schulreformer und Bildungstheoretiker.

Condorcet, Jean-Marie A., 1743–1794; französischer Gelehrter, Publizist, Politiker. Programme zur Neuordnung des Schulwesens im nachrevolutionären Frankreich.

Cube, Felix von, 1927–; Prof., Pädagogik. Unterrichtswissenschaft. Univ. Heidelberg.

Denzel, Bernhard Gottlieb, 1773–1838; Direktor des Lehrerseminars Esslingen. Erziehungs- und Unterrichtslehre für die Volksschule.

Derbolav, Josef, 1912–1987; Prof., Pädagogik. Philosophie der Erziehung, Bildungstheorie, Bildungspolitik. Univ. Bonn.

Dewey, John, 1859–1952; amerikanischer Sozialphilosoph, Bildungstheoretiker und Reformpädagoge.

Diederich, Jürgen, 1936–; Prof., Didaktik. Humboldt-Univ. Berlin.

Diesterweg, Friedrich A.W., 1790–1866; Schulpolitiker, Lehrerseminardirektor. Reformer der Volksschullehrerausbildung.

Dilthey, Wilhelm, 1833–1911; Prof., Philosophie. Geistesgeschichte, Psychologie, Pädagogik, Wissenschaftslehre der Geisteswissenschaften, speziell der Pädagogik. Univ. Berlin.

Dinter, Gustav Friedrich, 1760–1831; evangelischer Theologe. Seminardirektor Dresden. Prof., Theologie. Univ. Königsberg.

Dolch, Josef, 1899–1971; Prof., Pädagogik. Geistesgeschichte, gesellschaftstheoretische Studien zur Erziehung. Univ. Sarbrücken.

Dörpfeld, Friedrich W., 1824–1893; Volksschullehrer, Schulreformer, Begründer der wissenschaftlichen Volksschullehrerbildung.

Durkheim, Emile, 1858–1917; französischer Prof., Soziologe und Pädagoge. Sorbonne, Univ. Paris.

Eggersdorfer, Franz Xaver, 1879–1958; katholischer Theologe und Pädagoge. Hochschullehrer in München und Passau. Jugenderziehung und Schultheorie.

Erikson, Erik H., 1902–; deutsch-amerikanischer Prof., Entwicklungs- und Jugendpsychologe. Harvard Univ. Cambridge, USA.

Felbiger, Johannes I. von, 1724–1778; katholischer Theologe, Schulpolitiker, Reformer der Lehrerbildung.

Fend, Helmut, 1940–; österreichischer Prof., Pädagogik. Sozialisations-, Schul- und Jugendforschung. Univ. Zürich.

Fénelon, François de Salignac de la Mothe, 1651–1715; französischer katholischer Theologe, Pädagoge, Schulreformer (Mädchenbildung).

Fichte, Johann G., 1762–1814; Prof., Philosophie. Pädagoge, Schulreformer (Nationalerziehung). Univ. Berlin.

Fischer, Aloys, 1880–1937; Prof., Pädagogik. Wissenschaftslehre zur empirischen pädagogisch-psychologischen Forschung, Bildungstheorie. Univ. München.

Fischer, Wolfgang, 1928–; Prof., Pädagogik. Pädagogische Anthropologie, Sozialpädagogik, Wissenschaftslehre der Pädagogik (normative/transzendental-kritische Pädagogik). Univ. Duisburg.

Flanagan, Edward J., 1886–1948, irisch-amerikan. kathol. Priester und Sozialpädagoge. Jugendarbeit und Resozialisierung.

Fliedner, Theodor, 1800–1864; evanglischer Theologe und Sozialpädagoge. Gründer der Diakonissenanstalt in Düsseldorf-Kaiserswerth.

Flitner, Andreas, 1922–; Prof., Pädagogik. Pädagogische Anthropologie, Bildungstheorie, Schulreform. Univ. Tübingen.

Flitner, Wilhelm, 1889–1990; Prof., Pädagogik. Systematische Pädagogik, Bildungstheorie, Schultheorie. Univ. Hamburg.

Foerster, Friedrich W., 1869–1966; Publizist und Prof., Sozialphilosophie, pädagogische Psychologie. Univ. Wien.

Francke, August H., 1663–1727; evangelischer Theologe, Pädagoge und Sprachwissenschaftler. Prof., evangelische Theologie. Univ. Halle. Gründer und Leiter der Franckeschen Stiftungen.

Freinet, Célestin, 1896–1966; Volksschullehrer, französischer Reformpädagoge, Schulkritiker und Begründer der Bewegung der École Moderne.

Freire, Paolo, 1921–1997; brasilianischer Jurist, Theologe, Philosoph, Volkspädagoge und Bildungspolitiker. Bis 1964 Prof. für Geschichtswissenschaft. Univ. Recife.

Freud, Sigmund, 1856–1939; österreichischer Arzt und Psychologe. Gründer der Psychoanalyse. Große Bedeutung für die psychoanalytische Pädagogik.

Fröbel, Friedrich, 1782–1852; Naturwissenschaftler und Pädagoge. Gründer von Kindergärten.

Froese, Leonhard, 1924–; Prof., vergleichende Pädagogik. Theorie der Bildungspolitik. Univ. Marburg.

Fromm, Erich, 1900–1980; deutsch-amerikanischer Psychoanalytiker, Kultur- und Sozialpsychologe.

Furck, Carl-Ludwig, 1923–; Prof., Pädagogik. Schulgeschichte, Bildungspolitik und Bildungsplanung. Univ. Hamburg.

Fürstenau, Peter, 1930–; Prof., Psychologie. Psychoanalytische Pädagogik. Univ. Düsseldorf.

Gagné, Robert M., 1916–; amerikanischer Pädagoge und Psychologe. Lernpsychologie, Curriculumforschung.

Gamm, Hans-Jochen, 1925–; Prof., Pädagogik. Schulkritik, pädagogische Ethik, Wissenschaftslehre (materialistische Pädagogik). Technische Hochschule Darmstadt.

Gaudig, Hugo, 1860–1923; Gymnasiallehrer und Reformpädagoge. Arbeitsschulbewegung.

Geheeb, Paul, 1870–1961; evangelischer Theologe, Sprachwissenschaftler und Sozialpädagoge. Reformpädagogik (Landerziehungsheime).

Geulen, Dieter, 1938–; Prof., allgemeine Erziehungswissenschaft. Sozialisationsforschung. Freie Univ. Berlin.

Giel, Klaus, 1927–; Prof., Pädagogik. Anthropologie, Philosophie der Erziehung und Grundschuldidaktik. Univ. Ulm.

Giesecke, Hermann, 1932–; Prof., Pädagogik und Sozialpädagogik. Univ. Göttingen.

Glöckel, Hans, 1928–; Prof., Schulpädagogik. Univ. Erlangen-Nürnberg.

Gmeiner, Hermann, 1919–1986; österreichischer Kinderarzt und Pädagoge. Gründet 1949 das erste SOS-Kinderdorf.

Goethe, Johann Wolfgang von, 1749–1832; Dichter und Universalgelehrter. Bildungsroman "Wilhelm Meisters Lehr- und Wanderjahre" (1796). Minister in Weimar.

Grisebach, Eberhard, 1880–1945; Prof. Philosophie, Psychologie und Pädagogik. Univ. Zürich.

Groothoff, Hans-Hermann, 1915–; Prof., Pädagogik. Wissenschaftslehre (geisteswissenschaftliche Pädagogik). Univ. Köln.

Grundtvig, Nikolai F.S., 1783–1872; dänischer evangelischer Theologe, Historiker, Pädagoge. Initiator der Volkshochschule in Dänemark.

Grunwald, Clara, 1877–1943; Lehrerin in Berlin, Bund Entschiedener Schulreformer, erste Präsidentin der Deutschen Montessori-Gesellschaft. Berufsverbot 1933. Ermordet im KZ Auschwitz.

Gudjons, Herbert, 1940–; Prof. Pädagogik. Didaktik, Lehrerforschung, Schultheorie. Univ. Hamburg.

Gurlitt, Ludwig, 1855–1931; Gymnasiallehrer und Reformpädagoge. Entschiedener Schulkritiker.

GutsMuths, Johann Chr. F., 1759–1839; Reformpädagoge (Schulturnen).

Habermas, Jürgen, 1929–; Prof., Philosophie und Soziologie. Sozialisationsforschung, Wissenschaftslehre (Kritische Theorie). Univ. Frankfurt am Main.

Hahn, Kurt, 1886–1974; Politiker und Sozialphilosoph. Gründer der Schloßschule Salem.

Harkort, Friedrich, 1793–1880; sozialpolitisch engagierter Industrieller und Abgeordneter im preußischen Abgeordnetenhaus. Schriften zur allgemeinen Volksbildung. Kampfgefährte Diesterwegs.

Harnisch, Christian Wilhelm, 1787–1864; erster preußischer Seminarlehrer. Seminardirektor Weißenfels.

Hecker, Johann Julius, 1707–1786; evangelischer Theologe. Pädagoge an den Franckeschen Stiftungen. Gründer einer der ersten Realschulen. Lehrerbildung.

Hegel, Georg W. F., 1770–1831; Hauslehrer, Redakteur, Gymnasialdirektor, Prof. Philosophie. Univ. Heidelberg.

Heid, Helmut, 1934–; Prof. Pädagogik. Berufspädagogik, Sozialisationsforschung, Systematische Pädagogik. Univ. Regensburg.

Heimann, Paul, 1901–1967; Prof. Pädagogik. Allgemeine Didaktik. Pädagogische Hochschule Berlin.

Hellbrügge, Theodor, 1919–, Prof. Sozialpädiatrie u. Jugendmedizin. Montessori Heilpädagogik. Univ. München.

Helvetius, Claude-Adrien, 1715–1771; französischer Philosoph und Pädagoge.

Herrlitz, Hans-Georg, 1934–, Prof. Pädagogik. Schulpädagogik. Geschichte des Bildungswesens. Univ. Göttingen

Hentig, Hartmut von, 1925–; Prof., Pädagogik. Bildungstheorie, Schulreform. Univ. Bielefeld. Wissenschaftlicher Leiter der Bielefelder Laborschule.

Herbart, Johann F., 1776–1841; Prof., Philosophie und Pädagogik. Wissenschaftslehre der Pädagogik, Theorie des Unterrichts, pädagogische Psychologie. Univ. Königsberg und Göttingen.

Herder, Johann G., 1744–1803; evangelischer Theologe, Literatur- und Sprachwissenschaftler, Geschichtsphilosoph. Schulverwaltung, Schulpolitik.

Herrmann, Ulrich, 1939–; Prof., Pädagogik. Sozial- und Geistesgeschichte der Pädagogik. Univ. Ulm.

Hetzer, Hildegard, 1899–1991; Prof., pädagogische Psychologie, Sozialpsychologie der Kindheit. Univ. Gießen.

Heydorn, Heinz Joachim, 1916–1974; Prof., Pädagogik und Philosophie. Bildungstheorie. Univ. Frankfurt/Main.

Hiller, Gotthilf G., 1944–; Prof., Sonderpädagogik/Lernbehindertenpädagogik. Pädagogische Hochschule Ludwigsburg/Reutlingen.

Hoernle, Edwin, 1883–1952; evangelischer Theologe, Schul- und Jugendpolitiker. Förderer der proletarischen Jugendbewegung.

Holstiege, Hildegard, 1927–, Prof. Pädagogik. Theorie der Schule, Reformpädagogik, Montessoripädagogik. Univ. Münster.

Hornstein, Walter, 1929–, Prof. Pädagogik. Jugendforschung, Sozialpädagogik. Univ. der Bundeswehr München.

Hornstein, Walter, 1929–; Prof., Pädagogik. Sozialisationsforschung, Jugendforschung, Sozialpädagogik. Univ. der Bundeswehr München.

Humboldt, Wilhelm von, 1767–1835; Privatgelehrter, Politiker, Jurist, Staats- und Kulturtheoretiker, Sprach- und Kunstwissenschaftler. Bildungstheorie, Schulpolitik.

Hurrelmann, Klaus, 1944–; Prof., pädagogische Soziologie. Bildungsforschung, Sozialisationsforschung, Jugendforschung. Univ. Bielefeld.

Ingenkamp, Karlheinz, 1925–; Prof., Psychologie. Empirische pädagogisch-psychologische Forschung, pädagogische Diagnostik. Univ. Koblenz-Landau.

Jahn, Friedrich L., 1778–1852; Pädagoge und Politiker (Nationalerziehung), Gymnasiallehrer. Förderer der allgemeinen Körpererziehung (Turnvater Jahn).

Jaspers, Karl, 1883–1969; Prof., Philosophie. Univ. Basel.

Jung, Carl G., 1875–1961; Schweizer Psychoanalytiker und Arzt. Persönlichkeitstheorie, Entwicklungspsychologie.

Kanitz, Otto Felix, 1894–1940; österreichischer Theoretiker und Praktiker sozialistischer Jugendarbeit.

Kant, Immanuel, 1724–1804; Prof., evangelische Theologie und Philosophie. Erkenntnistheorie, Ethik, Pädagogik. Univ. Königsberg.

Karsen, Fritz, 1885–1951; Gymnasiallehrer. Schulreformer (Demokratisierung des Schulwesens, Arbeitsschule, Landerziehungsheime, Waldorfschule).

Keim, Wolfgang, 1940–; Prof. Pädagogik. Schulpädagogik, Pädagogik in der NS-Zeit, Erwachsenenbildung. Univ. Paderborn.

Kerschensteiner, Georg, 1854–1932; führende Persönlichkeit der deutschen Reformpädagogik. Gymnasiallehrer. Stadtschulrat (München). Förderer der Arbeitsschulbewegung und der Berufsschule. Prof., Pädagogik. Bildungs- und Schultheorie. Univ. München.

Key, Ellen, 1849–1926; schwedische Reformpädagogin und Frauenrechtlerin.

Kierkegaard, Sören A., 1813–1855; dänischer Philosoph und evang. Theologe. Freier Schriftsteller.

Kilpatrick, William H., 1871–1965; amerikanischer Pädagoge. Philosophie der Erziehung, Schulpädagogik.

Klafki, Wolfgang, 1927–; Prof., Pädagogik. Bildungstheorie, Didaktik, Curriculumforschung, Wissenschaftslehre der Pädagogik (geisteswissenschaftliche Pädagogik). Univ. Marburg.

Klauer, Karl J., 1929–; Prof., Sonderpädagogik. Lernbehindertenpädagogik, Wissenschaftslehre der Pädagogik, Unterrichtsforschung. Technische Universität Aachen.

Klingberg, Lothar, 1926–; Prof., Schulpädagogik. Bildungstheorie, Didaktik, Sekundarstufe II. Univ. Leipzig.

Knab, Doris, 1928–; Prof., Pädagogik. Curriculumforschung, Theorie der Bildungspolitik. Univ. Tübingen.

Kohlberg, Lawrence, 1927–1987; amerikanischer Entwicklungspsychologe. Harvard Univ. Cambridge, USA.

Kolping, Adolf, 1813–1865; katholischer Theologe und Sozialpädagoge. Gründer von Gesellenvereinen zur sozialen und beruflichen Betreuung von Handwerkergesellen und Arbeitern.

Korczak, Janusz, 1878–1942; polnischer Kinderarzt, Schriftsteller und Leiter des jüdischen Kinderheimes in Warschau. 1942 im KZ Treblinka mit vielen seiner Heimkinder ermordet.

Kramp, Wolfgang, 1927–1983; Prof., Pädagogik. Schultheorie, Bildungstheorie, Didaktik. Univ. Düsseldorf.

Krieck, Ernst, 1882–1947; Volksschullehrer, Prof. Philosophie und Pädagogik. Nationalsozialistische Erziehungs- und Rassenideologie. Univ. Heidelberg.

Krupskaja, Nadeschda K., 1869–1939; sowjetische Reformpädagogin.

Lagarde, Paul Anton de, (bis 1854 P.A. Bötticher), 1827–1891; Orientalist und Philosoph. Univ. Göttingen.

Lange, Helene, 1848–1939; Frauenrechtlerin, Schulreformerin, Gründerin des Deutschen Lehrerinnenvereins.

Langeveld, Martinus J., 1905–1989; niederländischer Prof., Pädagogik und Psychologie. Pädagogische Anthropologie, Schultheorie, phänomenologische Pädagogik. Univ. Utrecht.

Lassahn, Rudolf, 1928–; Prof., Pädagogik. Systematische Pädagogik, pädagogische Anthropologie, Geistesgeschichte der Pädagogik. Univ. Bonn.

Lay, Wilhelm A., 1862–1926; Volks- und Hochschullehrer. Empirische Unterrichtsforschung. Lehrerseminar Karlsruhe.

Leibniz, Gottfried W., 1646–1716; Philosoph und Universalgelehrter (Logik, Mathematik, Naturwissenschaft).

Lenzen, Dieter, 1947–; Prof., Pädagogik. Systematische Pädagogik, Philosophie der Erziehung, historische Anthropologie des Kindesalters. Freie Univ. Berlin.

Lessing, Gotthold Ephraim, 1729–1781; Dramatiker, Philosoph u. Schriftsteller. Bildungstheorie "Erziehung des Menschengeschlechts" (1780). Deutsches Nationaltheater Hamburg, Bibliothek Wolfenbüttel.

Lewin, Kurt, 1890–1947; deutsch-amerikanischer Psychologe. Feld- und Gruppenforschung. Massachusetts Institute of Technology Boston, USA.

Lichtenstein-Rother, Ilse, 1917–1991; Prof., Pädagogik. Schultheorie, Grundschuldidaktik. Univ. Augsburg.

Lichtwark, Alfred, 1852–1914; Volksschul- und Gymnasiallehrer. Leiter der Hamburger Kunsthalle. Reformpädagoge (Kunsterziehungsbewegung).

Lietz, Hermann, 1868–1919; Gymnasiallehrer. Reformpädagoge (Landerziehungsheime).

Litt, Theodor, 1880–1962; Prof., Philosophie und Pädagogik, Wissenschaftslehre der Pädagogik (geisteswissenschaftliche Pädagogik). Univ. Bonn.

Loch, Werner, 1928–; Prof., Pädagogik. Phänomenologie der Erziehung, pädagogische Anthropologie. Univ. Kiel.

Lochner, Rudolf, 1895–1978; Prof., Pädagogik. Wissenschaftslehre der Pädagogik (empirisch-analytische Erziehungswissenschaft). Pädagogische Hochschule Lüneburg.

Locke, John, 1632–1704; englischer Philosoph, Pädagoge, Arzt, Theologe und Politiker.

Luther, Martin, 1483–1546; Theologe. Evangelischer Reformator.

Makarenko, Anton S., 1888–1939; sowjetischer Pädagoge. Jugendarbeit.

Marcuse, Herbert, 1898–1979; deutsch-amerikanischer Prof., Soziologie und Sozialphilosophie. Univ. of California, San Diego, USA.

Marenholtz-Bülow, Bertha von, 1810–1893; Frauenrechtlerin, Sozialpolitikerin. Kindergartenpädagogik (Fröbel).

Marx, Karl, 1818–1883; Philosoph, Nationalökonom, Politiker und Publizist.

März, Fritz, 1934–; Prof. Pädagogik. Systematische Pädagogik, pädagogische Anthropologie, Geschichte der Pädagogik. Univ. Augsburg.

Maslow, Abraham H., 1908–1970; amerikanischer Psychologe. Humanistische Psychologie.

Melanchthon, Philipp, 1497–1560; Prof., Griechisch, Theologie, Philosophie. Reformator. Weggefährte Luthers.

Menze, Clemens, 1928–; Prof., Pädagogik. Bildungstheorie, Geistesgeschichte der Pädagogik. Univ. Köln.

Meumann, Ernst, 1862–1915; Prof., Philosophie und Pädagogik. Empirische Unterrichtsforschung. Univ. Hamburg.

Meyer, Hilbert, 1941–; Prof., Pädagogik. Didaktik, Unterrichtsforschung. Univ. Oldenburg.

Mollenhauer, Klaus, 1928–1998; Prof., Pädagogik. Sozialpädagogik, pädagogische Anthropologie, Theorie der Erziehung. Univ. Göttingen.

Montessori, Maria, 1870–1952; italienische Ärztin, Anthropologin und Pädagogin.

Muth, Jakob, 1927–1993; Prof., Pädagogik. Schultheorie, Schulgeschichte, Didaktik der Grundschule. Univ. Bochum.

Natorp, Paul, 1854–1924; Prof., Philosophie und Pädagogik. Wissenschaftslehre (transzendentalkritische Pädagogik), Sozialpädagogik. Univ. Marburg.

Neill, Alexander S., 1883–1973; schottischer Reformpädagoge. Schulgründer (Summerhill).

Niemeyer, August H., 1754–1828; Prof., evangelische Theologie. Direktor der Franckeschen Stiftungen. Erziehungstheorie und Didaktik. Univ. Halle.

Niethammer, Friedrich I., 1766–1848; Prof., evangelischer Theologe, Philosoph und Pädagoge. Univ. Würzburg. Bayerischer Zentralschulrat.

Nietzsche, Friedrich W., 1844–1900; Philosoph und Kulturkritiker.

Nipkow, Karl-Ernst, 1928–; Prof., evangelischer Religionspädagoge. Univ. Tübingen.

Nohl, Herman, 1879–1960; Prof., Pädagogik. Theorie der Reformpädagogik, Sozialpädagogik, Wissenschaftslehre der Pädagogik (geisteswissenschaftliche Pädagogik). Univ. Göttingen.

Oberlin, Johann F., 1748–1826; französischer evangelischer Theologe, Erzieher und Sozialpädagoge. Gründer sozialpädagogischer Einrichtungen.

Oelkers, Jürgen, 1947–; Prof., Pädagogik. Systematische Pädagogik, Geschichte der Pädagogik. Univ. Bern.

Oestreich, Paul, 1878–1959; Gymnasiallehrer. Hauptschulrat in Berlin. Reformpädagoge und Schulpolitiker.

Opaschowski, Horst W., 1941–; Prof., Pädagogik. Freizeit- und Tourismusforschung. Univ. Hamburg.

Otto, Berthold, 1859–1933; Hauslehrer, reformpädagogischer Schriftsteller, Redakteur. Gründer einer privaten Hauslehrerschule in Berlin.

Otto, Gunter, 1927–1999; Prof., Pädagogik. Didaktik der ästhetischen Bildung. Univ. Hamburg.

Otto, Hans-Uwe, 1940–; Prof., Sozialpädagogik. Univ. Bielefeld.

Overberg, Bernhard, 1754–1826; katholischer Theologe und Pädagoge. Schulgründer und Schulreformer.

Pallat, Ludwig, 1867–1946; Reformpädagoge. Kunst- und Werkerziehung. Mitbegründer des Zentralinstituts für Erziehung und Unterricht in Berlin (1915 bis 1938, wissenschaftliche Sammlung didaktischer Materialien).

Parkhurst, Helen, 1887–1959; amerikanische Pädagogin der Landschulbewegung.

Paul, Jean (Johann Paul Friedrich Richter), 1763–1825; Dichter, Lehrer. Erziehungs- und Bildungstheorie.

Paulsen, Friedrich, 1846–1908; Prof., Philosophie und Pädagogik. Bildungs- und Schulgeschichte. Schulpolitik. Univ. Berlin.

Pawlow, Iwan P., 1849–1936, russischer Prof., Physiologie und experimentelle Medizin. Militärmedizinische Akademie St. Petersburg. 1904 Nobelpreis.

Pestalozzi, Johann H., 1746–1827; Schweizer Pädagoge, Schriftsteller, Volksbildungspolitiker, Sozialreformer und Schulgründer.

Petersen, Peter, 1884–1952; Reformpädagoge. Prof., Pädagogik. Empirische Forschung, Wissenschaftslehre, Unterrichtsforschung (Jena-Plan-Schule). Univ. Jena.

Petzelt, Alfred, 1886–1967; Prof., systematische Pädagogik. Univ. Münster.

Piaget, Jean, 1896–1980; Schweizer Naturwissenschaftler, Psychologe, Soziologe und Philosoph. Entwicklungs- und Lernpsychologie. Univ. Genf und Paris.

Platon, um 427– um 347 v. Chr.; griechischer Philosoph. Athen.

Pöggeler, Franz, 1926–; Prof., Pädagogik. Erwachsenenbildung, Bildungsplanung, Jugendarbeit. Technische Universität Aachen.

Ratke (Ratichius), Wolfgang, 1571–1635; Pädagoge, Didaktiker und Schulreformer.

Reich, Wilhelm, 1897–1957; österreichischer Arzt, Sozialpsychologe und Psychoanalytiker.

Reichwein, Adolf, 1898–1944; Prof., Geschichte und Staatsbürgerkunde. Pädagogische Akademie Halle. 1933 Amtsenthebung. Volksschullehrer. Widerstandskämpfer. Ermordung durch die Nazis.

Rein, Wilhelm, 1847–1929; Prof., Pädagogik. Volksschulpädagogik. Universitätsübungsschule. Univ. Jena.

Richter, Ingo, 1938–; Rechtswissenschaftler. Prof., Bildungsforschung, Bildungsrecht. Freie Univ. Berlin. Direktor des Deutschen Jugendinstituts München.

Robinsohn, Saul B., 1916–1972; Prof., Pädagogik. Curriculumentwicklung, Bildungsreform. Freie Univ. Berlin.

Rochow, Friedrich E. von, 1734–1805; Universalgelehrter, pädagogischer Schriftsteller (Kinderliteratur) und Sozialreformer. Förderer der Volks- und Lehrerbildung.

Rogers, Carl R., 1902–1987; amerikanischer Prof., Psychologe. Empirische Psychotherapieforschung. Univ. La Jolla, California, USA.

Röhrs, Hermann, 1915–; Prof., Pädagogik, Geschichte der Reformpädagogik, vergleichende Erziehungswissenschaft. Univ. Heidelberg.

Rolff, Hans-Günter, 1939–; Prof., Pädagogik. Sozialisations- und Schulentwicklungsforschung. Univ. Dortmund.

Roth, Heinrich, 1906–1983; Prof., Pädagogik. Pädagogische Anthropologie, Lernpsychologie. Univ. Göttingen.

Rousseau, Jean-Jacques, 1712–1778; französischer Moralphilosoph, Schriftsteller, Pädagoge und Gesellschaftskritiker.

Rühle, Otto, 1874–1943; Theoretiker sozialistischer Erziehung. Publizist.

Rumpf, Horst, 1930–; Prof., Pädagogik. Schultheorie, Didaktik. Univ. Frankfurt/M.

Salzmann, Christian G., 1744–1811; evangelischer Theologe, Sozialkritiker und Pädagoge. Gründer der Erziehungsanstalt in Schnepfenthal. Förderer der Lehrerbildung.

Schaller, Klaus, 1925–; Prof., Pädagogik. Historische Pädagogik, Didaktik. Univ. Bochum.

Scharrelmann, Heinrich, 1871–1940; Volksschullehrer. Reformpädagoge.

Scheibner, Otto, 1877–1961; Lehrer, Prof., Pädagogik. Reformpädagoge in der Arbeitsschulbewegung. Univ. Jena.

Scheuerl, Hans, 1919–; Prof., Pädagogik. Anthropologie, Bildungstheorie, Schulgeschichte. Univ. Hamburg.

Schiller, Friedrich, 1759–1805, Dichter und Philosoph. Prof. Geschichte. Bildungstheoretische Schrift "Über die ästhetische Erziehung des Menschen" (1795). Univ. Jena.

Schleiermacher, Friedrich D. E., 1768–1834; Hauslehrer und Prediger. Prof., evangelische Theologie. Theorie der Erziehung. Univ. Berlin.

Schmied-Kowarzik, Wolfdietrich, 1939–; Prof., Pädagogik. Wissenschaftslehre (materialistische Pädagogik). Univ. Kassel.

Schriewer, Jürgen, 1942–; Prof., vergleichende Erziehungswissenschaft. Humboldt-Univ. Berlin.

Schulz, Wolfgang, 1929–1993; Prof., Schulpädagogik. Univ. Hamburg.

Schulz-Benesch, Günter, 1925–1997; Prof. Schulpädagogik. Didaktik u. Montessoripädagogik. Univ. Münster.

Schwartz, Erwin, 1916–; Prof., Pädagogik. Grundschulpädagogik. Univ. Frankfurt am Main.

Schwarz, Friedrich H. C., 1766–1837; Prof., evangelische Theologie und Pädagogik. Theorie der Volksschule und des Unterrichts. Univ. Heidelberg.

Seifert, Karl Heinz, 1928–; Prof., Arbeits- und Berufspsychologie, pädagogische Psychologie. Univ. Linz.

Seyfert, Richard, 1862–1940; Lehrer und Schulreformer. Seminardozent. 1919/20 Sächsischer Kultusminister.

Skinner, Burrhus F., 1904–1990; amerikanischer Verhaltensforscher. Prof., Psychologie. Harvard Univ. Cambridge, USA.

Spranger, Eduard, 1882–1963; Prof., Philosophie und Pädagogik. Bildungstheorie, historische Pädagogik, Jugendkunde, Lehrerbildung. Univ. Tübingen.

Steiner, Rudolf, 1861–1925; österreichischer Anthroposoph, Lebens- und Sozialreformer. Waldorfpädagogik.

Stoy, Karl V., 1850–1885; Prof., Pädagogik. Universitätsübungsschule. Univ. Jena.

Süvern, Johann W., 1775–1829; Pädagoge, Schulpolitiker und Schulreformer in der preußischen Kultusverwaltung.

Tausch, Anne-Marie, 1925–1983; Prof., Psychologie. Univ. Hamburg.

Tausch, Reinhard, 1921–; Prof., pädagogische Psychologie. Univ. Hamburg.

Tenorth, Heinz-Elmar, 1944–; Prof., Pädagogik. Geschichte der Erziehung, Wissenschaftslehre der Pädagogik. Humboldt-Univ. Berlin.

Terhart, Ewald, 1952–; Prof., Schulpädagogik. Unterrichtstheorie, Lehrerberuf. Univ. Bochum.

Tews, Johannes, 1860–1937; Volksschullehrer und Schulpolitiker (Einheitsschule). Förderer der Lehrerbildung.

Thiersch, Hans, 1935–; Prof., Sozialpädagogik/Sozialarbeit. Univ. Tübingen.

Thomas, Helga, 1937–; Prof. Pädagogik. Vergleichende Bildungsforschung, pädagogische Anthropologie, Bildung und Technik. Technische Univ. Berlin.

Tillmann, Klaus-Jürgen, 1944–; Prof. Pädagogik. Schulische Sozialisation, Schultheorie, Bildungsforschung. Univ. Bielefeld.

Tolstoj, Lev N., 1828–1910; russischer Dichter. Autobiographische pädagogische Studien. Erziehungsanstalt in Jasnaja Poljana.

Trapp, Ernst Christian, 1745–1818; Gymnasiallehrer und Reformpädagoge. Prof. Pädagogik. Univ. Halle.

Twardy, Martin, 1940–; Prof. Pädagogik. Berufs-, Wirtschafts- und Sozialpädagogik. Univ. Köln.

Ulich, Dieter, 1940–; Prof. pädagogische Psychologie. Univ. Augsburg.

Wagenschein, Martin, 1896–1988; Gymnasiallehrer, Honorarprof. für Erziehungswissenschaft. Didaktik des Physik- und Mathematikunterrichts. Univ. Tübingen.

Waitz, Theodor, 1821–1864; Prof., Philosophie und Pädagogik. Univ. Marburg. Schüler Herbarts.

Wander, Karl F. W., 1803–1879; Volksschullehrer. Radikal-reformerischer Bildungspolitiker (wissenschaftliche Lehrerbildung, Anhebung der Volksbildung).

Washburne, Carleton W., 1899–1968; amerikanischer Lehrer, Dozent am Lehrerseminar und Schulrat. Reformpädagoge.

Weniger, Erich, 1894–1961; Prof., Pädagogik. Bildungstheorie, Geschichte der Pädagogik, Wissenschaftslehre (geisteswissenschaftliche Pädagogik). Univ. Göttingen.

Wichern, Johann H., 1808–1881; evangelischer Theologe und Pädagoge. Schulverwaltung. Gründer sozialpädagogischer Einrichtungen.

Willmann, Otto, 1839–1920; Prof., Philosophie und Pädagogik. Univ. Prag.

Winnefeld, Friedrich, 1911–1968; Prof., pädagogische Psychologie. Pädagogische Tatsachenforschung. Univ. Halle.

Wulf, Christoph, 1944–; Prof. Pädagogik. Bildungsforschung, Didaktik, pädagogische Anthropologie. Freie Univ. Berlin.

Wyneken, Gustav, 1875–1964; Pädagoge und Schulreformer (Landerziehungsheime, Schulgemeindebewegung). Führend in der Jugendbewegung. Gründer der Freien Schulgemeinde Wickersdorf.

Ziller, Tuiskon, 1817–1882; Gymnasiallehrer und Prof., Pädagogik und Philosophie. Wissenschaftliche Lehrerbildung. Universitätsübungsschule. Univ. Leipzig.

Zimmer, Jürgen, 1938–; Prof., Schulpädagogik. Interkulturelle Erziehung, Vorschulpädagogik. Freie Univ. Berlin.

Zimmer, Jürgen, 1938–; Prof. Pädagogik. Interkulturelle Erziehung, Vorschulerziehung. Freie Univ. Berlin.

Zulliger, Hans, 1893–1965; Schweizer Volksschullehrer. Psychoanalytische Pädagogik.

Literatur

2.4.2 Betriebliche Aus- und Weiterbildung
2.4.3 Berufliche Schulen

2.5 Bildungsforschung und Bildungspolitik

2.6 Erwachsenenbildung

2.7 Hochschuldidaktik

2.8 Kultur-, Freizeit- und Medienpädagogik

2.9 Pädagogische Psychologie

2.10 Pädagogische Soziologie

2.11 Sozialpädagogik, Schulsozialarbeit

2.12 Vergleichende Erziehungswissenschaft

3.0 Aktuelle pädagogische Problemstellungen
3.1 Familienerziehung
3.2 Orientierungsfragen in der Erziehung
3.3 Politische Bildung
3.4 Kindheit und Jugendzeit im Wandel
3.5 Armut, Arbeitslosigkeit, Verwahrlosung
3.6 Angst, Streß, Kindesmißhandlung
3.7 Drogen
3.8 Aggressivität und Gewalt
3.9 Sexualerziehung
3.10 Verkehrserziehung

Literatur

1.0 Allgemeine Pädagogik
Instrumentelle und methodische Grundlagen

1.1 Bücher- und Zeitschriftenverzeichnisse, CD-ROM
Bambey, Doris; Botte, Alexander u. Norpoth, Susanne: Dokumentationseinrichtungen im Bereich Bildung – Bundesrepublik Deutschland 1992. Berlin: Verlag für Wissenschaft und Bildung 1993.
Bibliographie Bildungsgeschichte Hrsg.: Deutsches Institut für Internationale Pädagogische Forschung, Berlin. Baltmannsweiler: Schneider 1. Jg. 1994/95, 4. Jg. 1997/98 (1998) (erscheint jährlich).
Bibliographische Daten zur Erziehungswissenschaft und zu pädagogischen Praxisfeldern. CD-ROM Bildung. Hrsg.: Fachinformationssystem Bildung. Koordinierungsstelle Deutsches Institut für Internationale Pädagogische Forschung. Frankfurt/M. 6. Ausgabe März 1999.
Sekretariat der KMK (Hrsg.): Dokumentationsdienst Bildung u. Kultur. Neuwied: Luchterhand 1977 ff.

1.2 Handbücher, Bildungsstatistik, Biographische Auskünfte, CD-ROM
Bernhard, Armin u. Rothemel, Lutz (Hrsg.): Handbuch Kritische Pädagogik. Weinheim: Deutscher Studienverlag 1997.
Bundesministerium für Bildung, Wissenschaft, Forschung und Technologie (Hrsg.): Grund- und Strukturdaten. Bonn (erscheint jährlich).
Deutsche Gesellschaft für Erziehungswissenschaft (Hrsg.): Adreßbuch Erziehungswissenschaft 1998. Opladen: Leske u. Budrich 1998.
Hierdeis, Heimwart u. Hug, Theo (Hrsg.): Taschenbuch der Pädagogik. 4 Bände.
Internationaler Biographischer Index der Bildung und Erziehung/World Biographical Index of Education. Lehrer, Hochschullehrer, Erzieher und Studenten/Teachers, Professors, Tutors and Students. 2 Bde. München: Sauer 1996.
Internationaler Biographischer Index/World Biographical Index. CD-ROM-Edition. 5. Ausg. 1998. (Sämtliche Indices).
Kürschners Deutscher Gelehrten-Kalender. Band 1: Geistes- und Sozialwissenschaften. Berlin: de-Gruyter 17. Auflage 1996.
Lenzen, Dieter (Hrsg.): Enzyklopädie Erziehungswissenschaft. Handbuch und Lexikon der Erziehung. 12 Bände. Stuttgart: Klett-Cotta 1983 (1. Band).
März, Fritz: Personengeschichte der Pädagogik. Bad Heilbrunn: Klinkhardt 1998.
Roth, Leo (Hrsg.): Pädagogik. Handbuch für Studium und Praxis. Studienausgabe. München: Ehrenwirth 1994.

1.3 Einführungen in das Studium der Pädagogik/Erziehungswissenschaft
Bittner, Günther: Kinder in die Welt, die Welt in die Kinder setzen. Eine Einführung in die pädagogische Aufgabe. Stuttgart: Kohlhammer 1996.
Giesecke, Hermann: Die pädagogische Beziehung. Pädagogische Professionalität und die Emanzipation des Kindes. Weinheim: Juventa 1997.
Giesecke, Hermann: Einführung in die Pädagogik. Weinheim: Juventa 4. Aufl. 1997.
Giesecke, Hermann: Studium Pädagogik. Orientierungen und Hinweise für den Studienbeginn. Weinheim: Juventa 1994.

Krüger, Heinz-Hermann u. Helsper, Werner (Hrsg.): Einführung in Grundbegriffe und Grundfragen der Erziehungswissenschaft. Opladen: Leske u. Budrich, 3. Aufl. 1998.

Lenzen, Dieter (Hrsg.): Erziehungswissenschaft. Ein Grundkurs. Reinbek: Rowohlt 1994.

1.4 Hilfen für wissenschaftliches Arbeiten

Bänsch, Axel: Wissenschaftliches Arbeiten. Seminar- und Diplomarbeiten. München: Oldenbourg 6. Aufl. 1998.

Rost, Friedrich: Lern- und Arbeitstechniken für pädagogische Studiengänge. Opladen: Leske u. Budrich 1997.

Theisen, Manuel R.: ABC des wissenschaftlichen Arbeitens. München: Deutscher Taschenbuch Verlag 2. Aufl. 1995.

1.5 Forschungsmethoden und Wissenschaftslehre

Altrichter, Herben u. Posch, Peter: Lehrer erforschen ihren Unterricht. Eine Einführung in die Methoden der Aktionsforschung. Bad Heilbrunn: Klinkhardt 3. Aufl. 1998.

Beck, Gertrud u. Scholz, Gerold: Beobachten im Schulalltag. Frankfurt/M.: Cornelsen 1995.

Benner, Dietrich: Hauptströmungen der Erziehungswissenschaft. Weinheim: Deutscher Studienverlag 3. Aufl. 1991.

Danner, Helmut: Methoden geisteswissenschaftlicher Pädagogik. Einführung in Hermeneutik, Phänomenologie und Dialektik. München: Reinhardt 4. Aufl. 1998.

Friebertshäuser, Barbara u. Prengel, Annedore (Hrsg.): Handbuch Qualitativer Forschungsmethoden in der Erziehungswissenschaft. Weinheim: Juventa 1997.

Kromrey, Helmut: Empirische Sozialforschung. Modelle und Methoden der Datenerhebung und Datenauswertung. Opladen: Leske u. Budrich 8. Aufl. 1998.

Krüger, Heinz-Hermann u. Marotzki, Winfried (Hrsg.): Handbuch erziehungswissenschaftlicher Biographieforschung. Opladen: Leske u. Budrich 1998.

Lamnek, Siegfried: Qualitative Sozialforschung. 2 Bände. Weinheim: Beltz 3. Aufl. 1995.

Lienert, Gustav A.: Erziehungswissenschaftliche Statistik. Weinheim: Beltz 1994.

Zentrale Arbeitsfelder der allgemeinen Pädagogik

1.6 Systematische Pädagogik

Benner, Dietrich: Allgemeine Pädagogik. Eine systematisch-problemgeschichtliche Einführung in die Grundstruktur pädagogischen Denkens und Handelns. Weinheim: Juventa 3. Aufl. 1996.

Benner, Dietrich: Pädagogik als Wissenschaft, Handlungstheorie und Reformpraxis. 3 Bände. Weinheim: Juventa 1995.

Böhm, Winfried: Theorie und Praxis. Eine Einführung in das pädagogische Grundproblem. Würzburg: Königshausen u. Neumann 2. Aufl. 1995.

Husche-Rhein, Rolf: Systemische Erziehungswissenschaft – Weinheim: Deutscher Studienverlag 1998.

Mertens, Gerhard: Umwelten: Eine humanökologische Pädagogik. Paderborn: Schöningh 1998.
Reich, Kersten: Systemisch-konstruktivistische Pädagogik – Neuwied: Luchterhand 2. Aufl. 1997.

1.7 Pädagogische Anthropologie

Gerner, Berthold: Einführung in die Pädagogische Anthropologie. Darmstadt: Wissenschaftliche Buchgesellschaft 1992.
Hamann, Bruno: Pädagogische Anthropologie. Theorien, Modelle, Strukturen. Bad Heilbrunn: Klinkhardt 2. Aufl. 1993.
Leonhard, Hans-Walter: Pädagogische Menschenkunde. Weinheim: Juventa 1996.
Liedtke, Max: Evolution und Erziehung. Ein Beitrag zur integrativen pädagogischen Anthropologie. Göttingen: Vandenhoeck und Ruprecht 1991.
Wulf, Christoph (Hrsg.): Vom Menschen. Handbuch Historische Anthropologie. Weinheim: Beltz 1996.

1.8 Theorien zur Sozialisation und Erziehung

Baumgart, Franzjörg (Hrsg.): Theorien der Sozialisation. Bad Heilbrunn: Klinkhardt 1997.
Brezinka, Wolfgang: Erziehungsziele – Erziehungsmittel – Erziehungserfolg. München: Reinhardt 3. Aufl. 1995.
Benner, Dietrich: Studien zur Theorie der Erziehung und Bildung. Weinheim: Juventa 1995.
Hurrelmann, Klaus: Einführung in die Sozialisationstheorie. Über den Zusammenhang von Sozialstruktur und Persönlichkeit. Weinheim: Beltz 5. Aufl. 1995.
Hurrelmann, Klaus u. Ulich, Dieter (Hrsg.): Neues Handbuch der Sozialisationsforschung. Weinheim: Beltz 1991.

1.9 Bildungstheorie, pädagogische Ethik (siehe auch 3.2)

Gamm, Hans-Jochen: Pädagogische Ethik. Versuche zur Analyse der erzieherischen Verhältnisse. Weinheim: Deutscher Studienverlag 1988.
Gruschka, Andreas (Hrsg.): Wozu Pädagogik? Darmstadt: Wissenschaftliche Buchgesellschaft 1996.
Klafki, Wolfgang: Neue Studien zur Bildungstheorie und Didaktik. Zeitgemäße Allgemeinbildung und kritisch-konstruktive Didaktik. Weinheim: Beltz 5. Aufl. 1996.
Löwisch, Dieter-Jürgen: Einführung in die Pädagogische Ethik. Darmstadt: Wissenschaftliche Buchgesellschaft 1995.
Oelkers, Jürgen: Pädagogische Ethik. Eine Einführung in Probleme, Paradoxien und Perspektiven. Weinheim: Juventa 1992.
Rekus, Jürgen: Bildung und Moral. Zur Einheit von Rationalität und Moralität in Schule und Unterricht. Weinheim: Juventa 1993.

1.10 Zur Geschichte der Erziehung und der Pädagogik als Wissenschaft

Berg, Christa u. a. (Hrsg.): Handbuch der deutschen Bildungsgeschichte. 6 Bände. München: Beck 1987 ff.
Böhme, Günther u. Tenorth, Heinz-Elmar: Einführung in die historische Pädagogik. Darmstadt: Wissenschaftliche Buchgesellschaft 1990.

Fend, Helmut: Sozialgeschichte des Aufwachsens. Frankfurt/Main: Suhrkamp 1988.

Harney, Klaus und Krüger, Heinz-Hermann (Hrsg.): Einführung in die Geschichte der Erziehungswissenschaft und der Erziehungswirklichkeit. Opladen: Leske u. Budrich 1999.

Herrlitz, Hans-Georg; Hopf, Dieter u. Titze, Hartmut: Deutsche Schulgeschichte von 1800 bis zur Gegenwart. Weinheim: Juventa 1993.

Kleinau, Elke u. Opitz, Claudia (Hrsg.): Geschichte der Mädchen- und Frauenbildung. 2 Bände. Frankfurt/Main: Campus 1996.

Michael, Berthold u. Schepp, Heinz-Herrmann: Die Schule in Staat und Gesellschaft. Dokumente zur deutschen Schulgeschichte im 19. und 20. Jahrhundert. Göttingen: Muster-Schmidt 1993.

Tenorth, Heinz-E1mar: Geschichte der Erziehung. Einführung in die Grundzüge ihrer neuzeitlichen Entwicklung. Weinheim: Juventa 1992.

1.11 Pädagogische Berufe

Bauer, Karl-Oswakl: Professionelles Handeln in pädagogischen Feldern. Weinheim: Juventa 1997.

Böttcher, Wolfgang (Hrsg.): Die Bildungsarbeiter. Situation – Selbstbild – Fremdbild. Weinheim: Juventa 1995.

Bromme, Rainer: Der Lehrer als Experte. Zur Psychologie des professionellen Wissens. Bern: Huber 1992.

Dewe, Bernd; Ferchhoff, Wilfried u. Radtke, Frank-Olaf (Hrsg.): Erziehen als Profession. Zur Logik professionellen Handelns in pädagogischen Professionen. Opladen: Leske u. Budrich 1992.

Giesecke, Hermann: Pädagogik als Beruf. Grundformen pädagogischen Handelns. Weinheim: Juventa 1992.

Murgatroyd, Stephen: Beratung als Hilfe. Eine Einführung für helfende Berufe. Weinheim: Beltz 1993.

Rauschenbach, Thomas; Beher, Karin u. Knauer, Detlef: Die Erzieherin. Ausbildung und Arbeitsmarkt. Weinheim: Juventa 2. Aufl. 1996.

Ulich, Klaus: Beruf: Lehrer/in. Arbeitsbelastungen, Beziehungskonflikte, Zufriedenheit. Weinheim: Beltz 1996.

1.12 Lehrerausbildung und Lehrerweiterbildung

Bäuerle, Siegfried (Hrsg.): Lehrer auf die Schulbank. Vorschläge für eine zeitgemäße Lehreraus- und -fortbildung. Stuttgart: Metzler 1991.

Blömeke, Sigrid (Hrsg.): Reform der Lehrerbildung? Bad Heilbrunn: Klinkhardt 1998.

Greber, Ulrich (Hrsg.): Auf dem Weg zur »Guten Schule«: schulinterne Lehrerfortbildung; Bestandsaufnahme – Konzepte – Perspektiven. Weinheim: Beltz 2. Aufl. 1993.

Homfeldt, Hans Günther (Hrsg.): Ausbilden und Fortbilden: Krisen und Perspektiven der Lehrerbildung. Bad Heilbrunn: Klinkhardt 1991.

Miller, Reinhold: Schulinterne Lehrerfortbildung: der SCHILF-Wegweiser. Weinheim: Beltz 1995.

Radtke, Frank-Olaf: Wissens und Können – Grundlagen wissenschaftlicher Lehrerbildung. Opladen: Leske u. Budrich 1996.

Literatur

1.13 Universitäten und Hochschulen

Daxner, Michael: Ist die Uni noch zu retten? Zehn Vorschläge und eine Vision. Reinbek: Rowohlt 1996.

Die Deutschen Fachhochschulen. Hrsg. Sekretariat der Kultusministerkonferenz. Bonn 1991.

Glotz, Peter: Im Kern verrottet? Fünf vor zwölf an Deutschlands Universitäten. Stuttgart: Deutsche Verlags-Anstalt 1996.

Peisert, Hansgert; Framhein, Gerhild: Das Hochschulsystem in Deutschland. Hrsg. v. Bundesministerium für Bildung und Wissenschaft. Bonn 1994.

2.0 Teildisziplinen der Pädagogik und Praxisfelder

2.1 Schulpädagogik

2.1.1 Gesamtdarstellungen zum Bildungswesen

Arbeitsgruppe Bildungsbericht am Max-Planck-Institut für Bildungsforschung: Das Bildungswesen in der Bundesrepublik Deutschland. Strukturen und Entwicklungen im Überblick. Reinbek: Rowohlt 1994.

Anweiler, Oskar u. a.: Bildungssysteme in Europa. Weinheim: Beltz 4. Aufl. 1996.

Führ, Christoph: Deutsches Bildungswesen seit 1945. Neuwied: Luchterhand 1997.

Petersen, Jörg u. Reiner, Gerd-Bodo (Hrsg.): Bildung in Deutschland. 3 Bände. Donauwörth: Auer 1996–1998.

2.1.2 Konzeptionen und Theorie der Schule

Diederich, Jürgen u. Tenorth, Heinz-Elmar: Theorie der Schule. Ein Studienbuch zu Geschichte, Funktionen und Gestaltung. Berlin: Cornelsen Scriptor 1997.

Fauser, Peter (Hrsg.): Wozu die Schule da ist. Seelze: Friedrich 1996.

Fend, Helmut: Theorie der Schule. Weinheim: Beltz 1980.

Grunder, Hans-Ulrich u. Schweitzer, Friedrich (Hrsg.): Texte zur Theorie der Schule. Weinheim: Juventa 1999.

Haarmann, Dieter (Hrsg.): Handbuch Elementare Schulpädagogik. Weinheim: Beltz 1997.

Heutig, Hartmut von: Die Schule neu denken. München: Hanser 3. Aufl. 1994.

Meyer, Hilbert: Schulpädagogik. 2 Bände. Berlin: Cornelsen Scriptor 1997.

Miller, Reinhold: Schul-Labyrinth. Weinheim: Beltz 1993.

Philipp, Ellmar: Gute Schulen verwirklichen. Weinheim: Beltz 4. Aufl. 1996.

Rolff Hans-Günter: Sozialisation und Auslese durch die Schule. Weinheim: Juventa 1996.

Rolff, Hans-Günter: Wandel durch Selbstorganisation. Weinheim: Juventa 2. Aufl. 1996.

Seyfahrt-Stubenrauch, Michael u. Skiera, Ehrenhard (Hrsg.): Reformpädagogik und Schulreform in Europa. Balimanusweiler: Schneider 1996.

Tillmann, Klaus-Jürgen (Hrsg.): Schultheorien. Hamburg: Bergmann u. Helbig 2. Aufl. 1993.

2.1.3 Didaktik/Unterrichtswissenschaft

Aebli, Hans: Zwölf Grundformen des Lehrens. Stuttgart: Klett-Cotta 7. Aufl. 1993.

Aebli, Hans: Grundlagen des Lehrens. Stuttgart: Klett 7. Aufl. 1995.

Becker, Georg E.: Durchführung von Unterricht. Weinheim: Beltz 8. Aufl. 1998.
Boensch, Manfred: Variable Lernwege. Paderborn: Schoeningh 1991.
Glöckel, Hans: Vom Unterricht. Bad Heilbrunn: Klinkhardt 3. Aufl. 1996.
Jank, Werner u. Meyer, Hilbert: Didaktische Modelle. Frankfurt/Main: Cornelsen Scriptor 3. Aufl. 1994.
Keck, Rudolf.; Köhnlein, Walter; Sandfuchs, Uwe (Hrsg.): Fachdidaktik zwischen allgemeiner Didaktik und Fachwissenschaft. Bad Heilbrunn: Klinkhardt 1990.
Klafki, Wolfgang: Neue Studien zur Bildungstheorie und Didaktik. Zeitgemäße Allgemeinbildung und kritisch-konstruktive Didaktik. Weinheim: Beltz 5. Aufl. 1996.
Meyer, Hilbert: Unterrichtsmethoden, 2 Bde. Frankfurt/Main: Cornelsen Scriptor 7. Aufl. 1995.
Peterßen, Wilhelm: Handbuch Unterrichtsplanung. Grundfragen, Modelle, Stufen, Dimensionen. München: Ehrenwirth 7. Aufl. 1996.
Sünkel, Wolfgang: Phänomenologie des Unterrichts. Weinheim: Juventa 1996.

2.1.4 Lernprobleme, Pädagogische Diagnostik

Bambach, Heide: Ermutigungen. Nicht Zensuren. Lengwil: Libelle 1994.
Bartnitzky, Horst; Christiani, Reinhold: Zeugnisschreiben in der Grundschule. Heinsberg: Agentur Dieck Neuausgabe 1994.
Breuer, Helmut u. Weuffen, Maria: Lernschwierigkeiten am Schulanfang. Schuleingangsdiagnostik zur Früherkennung und Frühförderung. Weinheim: Beltz 3. Aufl. 1996.
Fittkau, Bernd (Hrsg.): Pädagogisch-psychologische Hilfen für Erziehung, Unterricht und Beratung. 2 Bde. Aachen: Hahner Verlagsgesellschaft 1993.
Ingenkamp, Karlheinz: Lehrbuch der pädagogischen Diagnostik. Weinheim: Beltz 3. Aufl. 1995.
Kleber, Eduard W.: Diagnostik in pädagogischen Handlungsfeldern. Weinheim: Juventa 1992.
Klicpera, Christian u. Gasteiger-Klicpera, Barbara: Psychologie der Lese- und Schreibschwierigkeiten. Weinheim: Psychologie Verlags Union 1995.
Ortner, Alexandra und Reinhold: Verhaltens- und Lernschwierigkeiten. Handbuch für die Grundschulpraxis. Weinheim: Beltz 4. Aufl. 1997.
Zielinksi, Werner: Lernschwierigkeiten. Stuttgart: Kohlhammer 3. Aufl. 1998.

2.1.5 Unterrichtskonzeptionen

Bauer, Roland: Lernen an Stationen in der Grundschule. Berlin: Cornelsen Scriptor 1997.
Clausen, Claus (Hrsg.): Handbuch Freie Arbeit. Weinheim: Beltz 1995.
Frey, Karl: Die Projektmethode. Weinheim: Beltz 7. Aufl. 1996.
Gudjons, Herbert (Hrsg.): Handbuch Gruppenunterricht. Weinheim: Beltz 1993.
Gudjons, Herbert: Handlungsorientiert Lehren u. Lernen. Bad Heilbrunn: Klinkhardt 5. Aufl. 1997.
Hänsel, Dagmar (Hrsg.): Handbuch Projektunterricht. Weinheim: Beltz 1997.
Hopf, Arnulf: Grundschularbeit heute. Didaktische Antworten auf neue Lebensverhältnisse. München: Ehrenwirth 1993.

Pallasch, Waldemar u. Reimers, Heino: Pädagogische Werkstattarbeit. Weinheim: Juventa 1990.

Zitzlsperger, Helga: Ganzheitliches Lernen. Weinheim: Beltz 4. Aufl. 1995.

2.1.6 Schüler-Lehrer-Interaktion, Störungen, Konflikte

Bastian, Johannes (Hrsg.): »Strafe muß sein?« Das Strafproblem zwischen Tabu und Wirklichkeit. Weinheim: Beltz 1995.

Becker, Georg E.: Lehrer lösen Konflikte. Weinheim: Beltz 8. Aufl. 1997.

Dreikurs, Rudolf u. Grundwald, Bernice B.; Pepper, Floy Ch.: Lehrer und Schüler lösen Disziplinprobleme. Weinheim: Beltz 8. Aufl. 1995.

Gordon, Thomas: Lehrer-Schüler-Konferenz. Wie man Konflikte in der Schule löst. München: Heyne 1992.

Seibert, Norbert (Hrsg.): Erziehungsschwierigkeiten in Schule und Unterricht. Bad Heilbrunn: Klinkhardt 1998.

2.1.7 Vorschulpädagogik

Becker-Textor, Ingeborg: Kindergarten 2010: Traum – Vision – Realität. Freiburg: Herder 3. Aufl. 1995.

Colber-Schrader, Hedi u. Krug, Marianne: Arbeitsfeld Kindergarten. Weinheim: Juventa Neuauflage 1999.

Dippelhofer-Stiem, Barbara u. Wolf, Bernhard (Hrsg.): Ökologie des Kindergartens. Weinheim: Juventa 1997.

Fritz Jürgen: Theorie und Pädagogik des Spiels. Weinheim: Juventa 2. Aufl. 1993.

Hundertmarck, Gisela: Soziale Erziehung im Kindergarten. Stuttgart: Klett-Verlag für Wissen und Bildung 1991.

Weber, Christine (Hrsg.): Entdeckerland. Ein Modell für die pädagogische Arbeit mit Kleinkindern. Neuwied: Luchterhand 1991.

Wolfram, Wolf-Wedigo: Präventive Kindergartenpädagogik. Weinheim: Juventa 1995.

2.1.8 Allgemeinbildende Schulen

Bennack, Jürgen (Hrsg.): Taschenbuch Sekundarschule. Baltmannsweiler: Schneider 1995.

Bronder, Dietmar J.; Ipfling, Heinz-J. u. Zenke, Karl G. (Hrsg.): Handbuch Hauptschulbildungsgang. Bad Heilbrunn: Klinkhardt 1998.

Brügelmann, Hans; Fölling-Albers, Maria; Richter, Sigrun (Hrsg.): Jahrbuch Grundschule. Fragen der Praxis – Befunde der Forschung. Seelze: Friedrich 1998.

Glumpler, Edith u. Leuchtenberg, Sigrid (Hrsg.): Jahrbuch Grundschulforschung. Bd. 1. Weinheim: Deutscher Studien Verlag 1997.

Gudjons, Herbert u. Köpke, Andreas (Hrsg.): 25 Jahre Gesamtschule in der Bundesrepublik Deutschland. Bad Heilbrunn: Klinkhardt 1996.

Haarmann, Dieter (Hrsg.): Handbuch Grundschule. 2 Bde. Weinheim: Beltz 3. Aufl. 1996/97.

Habel, Werner u. a.: Das Gymnasium zwischen Bildungsprogrammen und Realität. In: Jahrbuch der Schulentwicklung. Band 7. Weinheim: Juventa 1992.

Ipfling, Heinz-Jürgen u. Lorenz, Ulrike (Hrsg.): Die Hauptschule. Materialien – Entwicklungen – Konzepte. Bad Heilbrunn: Klinkhardt 1991.

Liebau, Eckart; Mack, Wolfgang u. Scheilke, Christoph (Hrsg.): Das Gymnasium. Weinheim: Juventa 1997.
Mitter, Wolfgang (Hrsg.): Wege zur Hochschulbildung in Europa. Köln: Böhlau 1996.
Neuhaus, Elisabeth: Reform der Grundschule. Bad Heilbrunn: Klinkhardt 6. Aufl. 1994.
Rekus, Jürgen; Hintz, Dieter u. Ladenthin, Volker: Die Hauptschule. Weinheim: Juventa 1998.
Wollenweber, Horst: Die Realschule in Geschichte und Gegenwart. Köln: Böhlau 1997.

2.1.9 Reformschulen, Alternative Schulen

Arbeitsgemeinschaft freier Schulen (Hrsg.): Handbuch Freie Schulen. Reinbek: Rowohlt 1993.
Baillet, Dietlinde: Freinet – praktisch. Beispiele und Berichte aus Grundschule und Sekundarstufe. Weinheim: Beltz 4. Aufl. 1995.
Borchert, Manfred u. Maas, Michael (Hrsg.): Freie Alternativschulen. Bad Heilbrunn: Klinkhardt 1998.
Dietrich, Ingrid (Hrsg.): Handbuch Freinet-Pädagogik. Eine praxisbezogene Einführung. Weinheim: Beltz 1995.
Göhlich, Michael (Hrsg.): Offener Unterricht, Community Education, Alternativschulpädagogik, Reggiopädagogik. Weinheim: Beltz 1997.
Hellmich, Achim u. Teigeler, Peter (Hrsg.): Montessori-, Freinet-, Waldorfpädagogik. Konzeption und aktuelle Praxis. Weinheim: Beltz 3. Aufl. 1995.
Holtstiege, Hildegard: Modell Montessori. Grundsätze und aktuelle Geltung der Montessori-Pädagogik. Freiburg: Herder 7. Aufl. 1994.
Klaßen, Theodor F. u. Skiera, Ehrenhard (Hrsg.): Handbuch der reformpädagogischen u. alternativen Schulen in Europa. Baltmannsweiler: Schneider 3. Aufl. 1993.
Leber, Stefan (Hrsg.): Die Pädagogik der Waldorfschule und ihre Grundlagen. Darmstadt: Wissenschaftliche Buchgesellschaft 1992.
Thun, Susanne u. Tillmann, Klaus-Jürgen: Unsere Schule ist ein Haus des Lernens. Das Beispiel Laborschule Bielefeld. Reinbek: Rowohlt 1997.

2.1.10 Elternmitwirkung

Hepp, Gerd (Hrsg.): Eltern als Partner und Mit-Erzieher in der Schule. Wege und Möglichkeiten zu einer pädagogischen Konzeption. Stuttgart: Metzler 1990.
Lueg, Cordula: Elternmitarbeit im Unterricht. Baltmannsweiler: Schneider 1996.
Zeidler, Monika: Wie geht man mit der Schule um? Eltern und ihre Rechte in der Schule. Bonn: Reha 1992.

2.1.11 Schulrecht

Avenarius, Hermann: Schulrechtskunde. Neuwied: Luchterhand 7. Aufl. 1999.
Böhm, Thomas: Schulrechtliche Fallbearbeitungen für Pädagogen. Neuwied: Luchterhand 2. Aufl. 1994.
Staupe, Jürgen: Schulrecht von A–Z. München: Deutscher Taschenbuchverlag 4. Aufl. 1996.

2.2 Sonderpädagogik/Behindertenpädagogik

2.2.1 Einführungen und Überblicke

Dupius, Gregor u. Kerkhoft Winfrid (Hrsg.): Enzyklopädie der Sonderpädagogik und ihrer Nachbargebiete. Berlin: Spiess 1992.

Hansen, Gerd u. Stein, Roland (Hrsg.): Sonderpädagogik konkret. Ein Handbuch in Schlüsselbegriffen. Bad Heilbrunn. Klinkhardt 2. Aufl. 1997.
Haeberlin, Urs: Allgemeine Heilpädagogik. Bern: Haupt 1992.
Klauer, Karl J: (Hrsg.). Grundriß der Sonderpädagogik. Eine Einführung. Berlin: Spiess 1992.
Speck, Otto: System Heilpädagogik. Eine ökologisch reflektierte Grundlegung. München: Reinhardt 4. Aufl. als Neuentwurf 1998.

2.2.2 Behinderungsarten

Behinderung. Von der Vielfalt eines Begriffs und dem Umgang damit. Beiträge von Neumann, Johannes u. a. Tübingen: Attempto 1995.
Betz, Dieter u. Breuninger, Helga: Teufelskreis der Lernstörungen. Weinheim: Beltz 4. Aufl. 1996.
Bruch, Heiko vom: Bewegungsbehinderungen. Übersicht und funktionelle Grundlagen. Stuttgart: Thieme 1994.
Grissemann, Hans: Hyperaktive Kinder. Bern: Huber 2. Aufl. 1991.
Grissemann, Hans: Von der Legasthenie zum gestörten Schriftsprachenerwerb. Bern u. a.: Huber 1996.
Grissemann, Hans u. Weber, Alfons: Grundlagen und Praxis der Dyskalkulietherapie. Bern u. a.: Huber 3. Aufl. 1996.
Ortner, Alexandra u. Reinhold: Handbuch Verhaltens- und Lernschwierigkeiten. Weinheim: Beltz 1997
Wendeler, Jürgen: Geistige Behinderung. Weinheim: Beltz 1993.

2.2.3 Diagnostik

Bundschuh, Konrad: Einführung in die sonderpädagogische Diagnostik. München: Reinhardt 4. Aufl. 1996.
Bundschuh, Konrad: Praxiskonzepte der Förderdiagnostik. Bad Heilbrunn: Klinkhardt 2. Aufl. 1993.
Grissemann, Hans: Förderdiagnostik von Lernstörungen. Bern: Huber 1990.

2.2.4 Förderung und Lernhilfen

Begemann, Ernst: Lebens- u. Lernbegleitung konkret. Bad Heilbrunn: Klinkhardt 1997.
Herberg, Klaus; Jantsch, Hedi u. Sammler, Carla: Frühförderung im Team. München: Reinhardt 1992.
Ohlmeier, Gertrud: Frühförderung behinderter Kinder. Dortmund: Modernes Lernen 2. Aufl. 1994.
Trost, Rainer (Hrsg.): Frühe Hilfen für entwicklungsgefährdete Kinder. Frankfurt/Main: 1991.
Zuckrigl, Hildegard u. Alfred; Helbling, Hans: Rhythmik hilft behinderten Kindern. München: Reinhard 1999.

2.2.5 Didaktik und Sonderschulen, Integration

Eberwein, Hans (Hrsg.): Handbuch Integrationspädagogik. Weinheim: Beltz 4. Aufl. 1996.
Ertle, Christoph (Hrsg.): Schule bei kranken Kindern und Jugendlichen. Bad Heilbrunn: Klinkhardt 1997.

Eberwein, Hans (Hrsg.): Handbuch Lernen und Lernbehinderung. Weinheim: Beltz 1996.
Hillenbrand, Clemens: Didaktik bei Unterrichts- und Verhaltensstörungen. München: Reinhardt 1999.
Krawitz, Rueli (Hrsg.): Die Integration behinderter Kinder in die Schule. Bad Heilbrunn: Klinkhardt 1995.

2.2.6 Berufsbildung für Behinderte

Bischoff, Harald u. Ratgeber, Richard: Behinderte in Ausbildung und Beruf. Ein Wegweiser (nicht nur) für Betroffene. München: Beck 1987.
Bundesanstalt für Arbeit (Hrsg.): Behinderte Jugendliche vor der Berufswahl. Nürnberg: Bundesanstalt für Arbeit 1993.
Mitter, Wolfgang u. Schäfer, Ulrich (Hrsg.): Behinderte Jugendliche und ihr Übergang ins Erwerbs- und Erwachsenenleben. Frankfurt/Main: Land 1993.
Schmitt, Rolf; Lesemann, Helga u. Mayek, Annette: Lernbeeinträchtigte und verhaltensauffällige Jugendliche in der Berufsausbildung. Bonn: BMBW 1995.
Stein, Roland: Technische Berufsausbildung Lernbeeinträchtigter. Bad Heilbrunn: Klinkhardt 1997.

2.3 Interkulturelle Erziehung

Alix, Christian: »Pakt mit der Fremdheit?« Interkulturelles Lernen als dialogisches Lernen im Kontext internationaler Schulkooperationen. Frankfurt/Main: Verlag für Interkulturelle Kommunikation 1990.
Arnold, Rolf: Interkulturelle Berufspädagogik. Oldenburg: BIS 1991.
Auernheimer, Georg: Einführung in die interkulturelle Erziehung. Darmstadt: Wissenschaftliche Buchgesellschaft. 2. Aufl. 1995.
Auernheimer, Georg u. a.: Interkulturelle Erziehung im Schulalltag. Fallstudien zum Umgang von Schulen mit der multikulturellen Situation. Münster: Waxmann 1996.
Glumper, Edith: Interkulturelles Lernen im Sachunterricht. Bad Heilbrunn: Klinkhardt 1996.
Interkulturelle Bildung. Lernen kennt keine Grenzen. Wien: Jugend & Volk 1994.

2.4 Berufs- und Wirtschaftspädagogik

Kaiser, Franz-Josef u. Pätzold, Günter (Hrsg.): Wörterbuch Berufs- und Wirtschaftspädagogik. Bad Heilbrunn: Klinkhardt 1999.
Schelten, Andreas: Einführung in die Berufspädagogik. Stuttgart: Steiner 2. Aufl. 1993.
Schelten, Andreas: Grundlagen der Arbeitspädagogik. Stuttgart: Steiner 2. Aufl. 1991.

2.4.1 Berufswahl

Bundesanstalt für Arbeit (Hrsg.): Handbuch zur Berufswahlvorbereitung. Nürnberg 1992.
Fobe, Karin u. Minx, Bärbel: Berufswahlprozesse im persönlichen Lebenszusammenhang. Nürnberg: Bundesanstalt für Arbeit 1996.
Schober, Karen u. Gaworek, Maria (Hrsg.): Berufswahl: Sozialisations- und Selektionsprozesse an der ersten Schwelle. Nürnberg: Bundesanstalt für Arbeit 1996.

2.4.2 Betriebliche Aus- und Weiterbildung

Greinert, Wolf-Dietrich: Das »deutsche System« der Berufsausbildung. Geschichte, Organisation, Perspektiven. Baden-Baden: Nomos 1993.

Schreiber, Rolf: Aus- und Weiterbildungshandbuch für Schule und Beruf. Ludwigshafen: Kiehl 1992.

Wittwer, Wolfgang (Hrsg.): Ausbildung gestalten. Situationsorientiertes Ausbilden im Betrieb. Weinheim: Beltz 1992.

Wittwer, Wolfgang: Berufliche Bildung im Wandel. Konsequenzen für die betriebliche Ausbildung. Weinheim: Beltz 1992.

2.4.3 Berufliche Schulen

Arbeitsgruppe Bildungsbericht: Das Bildungswesen in der Bundesrepublik Deutschland. Reinbek: Rowohlt 1994.

Klemm, Klaus u. Pfeiffer, Hermann: Die Berufsschule: Der vergessene Teil des Dualen Systems: Jahrbuch der Schulentwicklung, Band 6. Weinheim: Juventa 1990.

2.5 Bildungsforschung und Bildungspolitik

Bildungskommission NRW: Zukunft der Bildung – Schule der Zukunft. Neuwied: Luchterhand 1995.

Böttcher, Wolfgang u. Eibeck, Bernhard: Vorrang für Bildung. Analysen und Perspektiven für eine neue Reformbewegung. Weinheim: Juventa 1995.

Fenel, Helmut: Qualität im Bildungswesen. Weinheim: Juventa 1998.

Klemm, Klaus; Böttcher, Wolfgang u. Weegen, Michael: Bildungsplanung in den neuen Bundesländern. Weinheim: Juventa 1992.

Rolff, Hans-Günter u. a. (Hrsg.): Jahrbuch der Schulentwicklung. Daten, Beispiele und Perspektiven. 1. Band 1980, 10. Band 1998, Weinheim: Juventa 1998.

2.6 Erwachsenenbildung

Arnold, Rolf: Erwachsenenbildung. Eine Einführung in Grundlagen, Probleme und Perspektiven. Baltmannsweiler: Schneider 3. Aufl. 1996.

Faulstich, Peter u. a.: Weiterbildung für die 90er Jahre. Weinheim: Juventa 1994.

Müller, Kurt R. (Hrsg.): Kurs- und Seminargestaltung. Weinheim: Beltz 5. Aufl. 1994.

Oppermann, Detlef; Röhrich, Paul (Hrsg.): 75 Jahre Volkshochschule. Bad Heilbrunn: Klinkhardt 1995.

Schmitz, Enno (Hrsg.): Erwachsenenbildung. Stuttgart: Klett-Cotta 1992.

Tietgens, Hans: Einleitung in die Erwachsenenbildung. Darmstadt: Wissenschaftliche Buchgesellschaft 1991.

Tippelt, Rudolf (Hrsg.): Handbuch Erwachsenenbildung, Weiterbildung. Opladen: Leske u. Budrich 1994.

Wahl, Diethelm u. a. (Hrsg.): Erwachsenenbildung konkret. Weinheim: Deutscher Studienverlag 2. Aufl. 1992.

2.7 Hochschuldidaktik

Brinek, Gertrude u. Schirlbauer, Alfred: Vom Sinn und Unsinn der Hochschuldidaktik. Wien: Universitätsverlag 1996.

Hug, Theo (Hrsg.): Erziehungswissenschaft als Lebensform. Theoretische und erfahrungsreflexive Beiträge zur Hochschuldidaktik und Wissenschaftsforschung. Innsbruck: Studienverlag 1991.

2.8 Kultur-, Freizeit- und Medienpädagogik

Gottwald, Eckart (Hrsg.): Alte Gesellschaft – neue Medien. Opladen: Leske u. Budrich 1989.

Hiegemann, Susanne u. Swoboda, Wolfgang (Hrsg.): Handbuch der Medienpädagogik. Opladen: Leske u. Budrich 1993.

Liebau, Eckart: Die Kultivierung des Alltags. Weinheim: Juventa 1992.

Moser, Heinz: Einführung in die Medienpädagogik. Aufwachsen im Medienzeitalter. Opladen: Leske u. Budrich 1995.

Nahrstedt, Wolfgang: Leben in freier Zeit. Grundlagen und Aufgaben der Freizeitpädagogik. Darmstadt: Wissenschaftliche Buchgesellschaft 1990.

Oelkers, Jürgen: Erziehung als Paradoxie der Moderne. Aufsätze zur Kulturpädagogik. Weinheim: Deutscher Studienverlag 1991.

Pausewang, Freya: Dem Spielen Raum geben. Berlin: Cornelsen 1997.

Tulodziecki, Gerhard u. a.: Handlungsorientierte Medienpädagogik in Beispielen. Bad Heilbrunn: Klinkhardt 1995.

2.9 Pädagogische Psychologie

Birbaumer, Niels u. a. (Hrsg.): Enzyklopädie der Psychologie: Pädagogische Psychologie. 4 Bände. Göttingen: Hogrefe 1994–1997.

Edelmann, Walter: Lernpsychologie. Weinheim: Beltz 5. Aufl. 1996.

Gage, Nathaniel L. u. Berliner, David C.: Pädagogische Psychologie. Weinheim: Psychologie Verlags Union 5. Aufl. 1996.

Jäger, Reinhold S. u. Petermann, Franz (Hrsg.): Psychologische Diagnostik. Weinheim: Psychologie Verlags Union 3. Aufl. 1995.

Oerter, Rolf u. Montada, Leo (Hrsg.): Entwicklungspsychologie. Weinheim: Beltz 3. Aufl. 1995.

Weinert, Franz u. Helmke, Andreas (Hrsg.): Entwicklung im Grundschulalter. Weinheim: Psychologie Verlags Union 1997.

Weinert, Franz (Hrsg.): Entwicklung im Kindesalter. Weinheim: Psychologie Verlags Union 1998.

2.10 Pädagogische Soziologie

Böhnisch, Lothar: Pädagogische Soziologie. Weinheim: Juventa 1996.

Büchner, Peter; Fuhs, Burkhard u. Krüger, Heinz-Hermann (Hrsg.): Vom Teddybär zum ersten Kuß. Wege aus der Kindheit in Ost- und Westdeutschland. Opladen: Leske u. Budrich 1996.

Hurrelmann, Klaus u. Ulich, Dieter (Hrsg.): Neues Handbuch der Sozialisationsforschung. Weinheim: Beltz 1991.

Nave-Herz, Rosemarie u. Markefka, Manfred (Hrsg.): Handbuch der Familien- und Jugendforschung. 2 Bände. Neuwied: Luchterhand 1989.

2.11 Sozialpädagogik, Schulsozialarbeit

Becker, Gerd u. Simon, Titus (Hrsg.): Handbuch Aufsuchende Jugend- und Sozialarbeit. Weinheim: Juventa 1995.

Böhnisch, Lothar: Sozialpädagogik des Kindes- und Jugendalters. Eine Einführung. Weinheim: Juventa 2. Aufl. 1993.
Braun, Karl-Heinz u. Witzel, Konstanze: Sozialpädagogisches Handeln in der Schule. Neuwied: Luchterhand 1999.
Dewe, Bernd u. a.: Professionelles soziales Handeln. Weinheim: Juventa 2. Aufl. 1995.
Engelke, Ernst: Theorien der Sozialen Arbeit. Freiburg: Lambertus 1997.
Martin, Ernst: Didaktik der sozialpädagogischen Arbeit. Eine Einführung in die Probleme und Möglichkeiten sozialpädagogischen Handelns. Weinheim: Juventa 3. Aufl. 1994.
Stimmer, Franz (Hrsg.): Lexikon der Sozialpädagogik und der Sozialarbeit. München: Oldenbourg 1994.
Wagner, Herbert: Einführung in das Recht für Sozialarbeiter und Sozialpädagogen. Heidelberg: Decker und Müller 1992.

2.12 Vergleichende Erziehungswissenschaft

Röhrs, Hermann: Die vergleichende und internationale Erziehungswissenschaft. Weinheim: Deutscher Studienverlag 1995.
Thomas, Alexander (Hrsg.): Kulturvergleichende Psychologie. Eine Einführung. Göttingen: Hogrefe 1993.
Trommsdorff, Gisela (Hrsg.): Sozialisation im Kulturvergleich. Stuttgart: Enke 1989.

3.0 Aktuelle pädagogische Problemstellungen

3.1 Familienerziehung

Ernst, Andreas u. a.: Kursbuch Kinder. Köln: Kiepenheuer & Witsch 1993.
Göppel, Rolf: Eltern, Kinder und Konflikte. Stuttgart: Kohlhammer 1998.
Gordon, Thomas: Die Neue Familienkonferenz. Kinder erziehen ohne zu strafen. München: Heyne 1994.
Oberhuemer, Pamela u. Ulich, Michaela: Kinderbetreuung in Europa. Weinheim: Beltz 1997.
Thielscher-Noll, Helma u. Noll, Hans-Georg: Das Elternseminar – Erziehen und begleiten. Erziehung von 0–21 Jahre. Neuhausen-Stuttgart: Hänssler 1992.

3.2 Orientierungsfragen in der Erziehung

Adam, Gottfried u. Schweitzer, Friedrich (Hrsg.): Ethisch erziehen in der Schule. Göttingen: Vandenhoeck u. Ruprecht 1996.
Beck, Ulrich (Hrsg.): Kinder der Freiheit. Frankfurt/Main: Suhrkamp 1997.
Hentig, Harmut von: Ach, die Werte! Über eine Erziehung für das 21. Jahrhundert. München: Hanser 1999.
Hentig, Hartmut von: Bildung. München: Hanser 1996.
Negt, Oskar: Kindheit und Schule in einer Welt der Umbrüche. Göttingen: 1997.
Postman, Neil: Keine Götter mehr. Das Ende der Erziehung. Berlin: Berlin Verlag 1995.

3.3 Politische Bildung

Beer, Wolfgang: Politische Bildung im Epochenwechsel. Weinheim: Juventa 1998.

George, Siegfried u. Prote, Ingrid (Hrsg.): Handbuch zur politischen Bildung in der Grundschule. Schwalbach/Ts. Wochenschau 1996.
Giesecke, Hermann: Politische Bildung. Didaktik und Methodik für Schule und Jugendarbeit. Weinheim: Juventa 1993.
Henkenborg, Peter: Die Unvermeidlichkeit der Moral. Ethische Herausforderungen für die politische Bildung in der Risikogesellschaft. Schwalbach/Ts.: Wochenschau 1992.

3.4 Kindheit und Jugendzeit im Wandel

Bründel, Heidrun u. Hurrelmann, Klaus: Einführung in die Kindheitsforschung. Weinheim: Beltz 1996.
Deutsches Jugendinstitut (Hrsg.): Was für Kinder. Aufwachsen in Deutschland. München: Kösel 1993.
Fölling-Albers, Maria: Schulkinder heute. Weinheim: Beltz 2. Aufl. 1995.
Hurrelmann, Klaus: Lebensphase Jugend. Weinheim: Juventa 4. Aufl. 1995.
Jugendwerk der Deutschen Shell (Hrsg.): Jugend '97. Opladen: Leske u. Budrich 1997.
Preuss-Lausitz, Ulf: Die Kinder des Jahrhunderts. Weinheim: Beltz 1993.
Rolff, Hans-Günter u. Zimmermann, Peter: Kindheit im Wandel. Veränderungen im Kinderalltag. Weinheim: Beltz 1997.

3.5 Armut, Arbeitslosigkeit, Verwahrlosung

Bieligk, Andreas: Die armen Kinder. Armut und Unterversorgung bei Kindern. Essen: Die Blaue Eule 1996.
Iben, Gerd (Hrsg.): Kindheit und Armut. Münster: Lit Verlag 1998.
Klocke, Andreas u. Hurrelmann, Klaus (Hrsg.): Kinder und Jugendliche in Armut. Opladen: Westdeutscher Verlag 1998.
Mansel, Jürgen u. Neubauer, Georg (Hrsg.): Armut und soziale Ungleichheit bei Kindern. Opladen: Lecke u. Budrich 1998.

3.6 Angst, Streß, Kindesmißhandlung

Braecker, Solveig u. Wirtz-Einrich, Wilma: Sexueller Mißbrauch an Mädchen und Jungen. Weinheim: Beltz 4. Aufl. 1994.
Holler-Nowitzki, Birgit: Psychosomatische Beschwerden im Jugendalter. Schulische Belastungen, Zukunftsangst und Streßreaktionen. Weinheim: Juventa 1994.
Hurrelmann, Klaus: Familienstreß, Schulstreß, Freizeitstreß. Weinheim: Beltz 2. Aufl. 1994.
Mansel, Jürgen u. Hurrelmann, Klaus: Alltagsstreß bei Jugendlichen. Weinheim: Juventa 2. Aufl. 1994.
Wegner, Wolfgang: Mißhandelte Kinder. Grundwissen und Arbeitswissen für pädagogische Berufe. Weinheim: Beltz 1997.
Wetzels, Peter: Gewalterfahrungen in der Kindheit. Sexueller Mißbrauch, körperliche Mißhandlungen und deren langfristige Konsequenzen. Freiburg: Nomos 1997.

3.7 Drogen

Heckmann, Wolfgang (Hrsg.): Drogentherapie in der Praxis. Ein Arbeitsbuch für die 90er Jahre. Weinheim: Beltz 1991.

Kammerer, Bernd u. Riemann, Klaus (Hrsg.); JUMP. Ein Brückenschlag zwischen Suchtprävention und Jugendhilfe. Freiburg: Lambertus 1997.
Kollehn, Karlheinz u. Bäuerle, Dietrich (Hrsg.): Der drogengefährdete Schüler. Perspektiven einer schülerorientierten Drogen- und Suchtprävention. Düsseldorf: Schwann 1991.
Wille, Rolf: Sucht und Drogen und wie man Kinder davor schützt. München: Beck 1994.

3.8 Aggressivität und Gewalt

Büttner, Christian: Mit aggressiven Kindern leben.Weinheim: Beltz 3. Aufl. 1992.
Nolte, Hans-Peter: Lernfall Aggression. Wie sie entsteht – wie sie zu vermindern ist. Reinbek: Rowohlt 1997.
Tillmann, Klaus-Jürgen u. a.: Schülergewalt als Schülerproblem. Weinheim: Juventa 1999.
Weidner, Jens; Kilb, Rainer u. Kreft, Dieter (Hrsg.): Gewalt im Griff. Neue Formen des Anti-Aggressivitäts-Trainings. Weinheim: Beltz 1997.

3.9 Sexualerziehung

Herrath, Frank u. Sielert, Uwe (Hrsg.): Von Körpern und Gefühlen. Weinheim: Beltz 1993.
Koch, Friedrich (Hrsg.): Sexualerziehung und Aids. Das Ende der Emanzipation? Hamburg: Bergmann und Helbig 1992.
Sielert, Uwe u. a. (Hrsg.): Sexualpädagogische Materialien für die Jugendarbeit in Freizeit und Schule. Weinheim 1993.
Wehr, Dagmar: Eigentlich ist es etwas Zärtliches. Weinheim: Beltz 1992.

3.10 Verkehrserziehung

Warwitz, Siegbert: Verkehrserziehung vom Kinde aus. Baltmannsweiler: Schneider 3. Aufl. 1998.
Willmeroth, Sabine: Verkehrserziehung. Mülheim: Verlag an der Ruhr 1998.

Anschriften

1.0 Vereinte Nationen (UN)

Deutsches Komitee für UNICEF
Höninger Weg 104
50969 Köln
Tel.: 02 21/93 65 00
Fax: 02 21/93 65 02 79

Deutsche UNESCO-Kommission
Colmanstr. 15
53115 Bonn
Tel.: 02 28/6 04 97 30
Fax: 02 28/6 04 97 30

UNESCO-Institut für Pädagogik
Feldbrunnenstr. 58
20148 Hamburg
Tel.: 0 40/4 48 04 10
Fax: 0 40/4 10 77 23

Ständige Vertretung der Bundesrepublik Deutschland bei der Organisation der Vereinten Nationen für Erziehung, Wissenschaft und Kultur
F-75008 Paris
13–15 av. F. D. Roosevelt
Tel.: 0033/1/53 83 46 63
Fax: 0033/1/43 59 74 18

2.0 Europäische Union (EU)

2.1 Zentrale Einrichtungen

CEDEFOP (Europäisches Zentrum für die Förderung der Berufsbildung)
Mainou Antipa 12
GR-57001 Thessaloniki
Tel.: 003/31/49 01 11
Fax: 003/31/49 01 02

CDG – Carl Duisberg Gesellschaft e. V.
LEONARDO DA VINCI – Koordinierungsstelle (Förderung der Berufsausbildungspraxis)
Weyerstr. 79–83
50676 Köln
Tel.: 02 21/2 09 83 65
Fax: 02 21/2 09 81 14

Council on International Educational Exchange (CIEE)
Rat für internationalen Bildungsaustausch
USA New York NY 10017
205 East 42nd Street
Tel.: 001/212/6 61 14 14
Fax: 001/212/9 72 32 32

CIEE Office for Europe
F-75006 Paris
1, pl.de l'Odéon
Tel.: 0033/1/44 41 74 97
Fax: 0033/1/43 26 97 45

EEB – Europäischer Bund für Bildung und Erziehung
European Association of Teachers
NL-6573 Beek.Ubbergen
Koningholster 64
Tel.: 00 31 24/6 84 28 54
Fax: 00 31 24/6 84 29 02

EGBW – Europäisches Gewerkschaftskomittee für Bildung und Wissenschaft
B-1210 Bruxelles
Bd. Emile Jacqmain 155, 8. Et.
Tel.: 0032/2/2 24 06 91
Fax: 0032/2/2 24 06 94

HELIOS II (Gemeinschaftsprogramm für Behinderte)
GD v/E3 200, Rue de la Loi
B-1049 Bruxelles
Tel.: 0032/2/2 95 50 39
Fax: 0032/2/2 95 10 12

Unesco-International
IBE – Bureau of Education
Internationales Erziehungsamt
CH-1211 Genf 20, C.P.199
Tel.: 0041/22/7 98 14 55
Fax: 0041/22/7 98 99 95

2.2 Vertretungen der EU in Deutschland

Bildungsinternationale (BI)
Education International (EI)
B-1210 Bruxelles
Bd. Emile Jacqmain 155, 8. Et.
Tel.: 0032/2/2 24 06 11
Fax: 0032/2/2 24 06 06

Council on International Educational Exchange
Council Deutschland
Thomas-Mann-Str. 33
53111 Bonn
Tel.: 02 28/65 97 46
Fax: 02 28/65 95 64

Council on International Educational Exchange
Council Deutschland
Hagenauer Str. 1
10435 Berlin
Tel.: 0 30/4 42 79 50
Fax: 0 30/4 42 60 85

EURES
(Europäische Arbeitsvermittlung)
Bundesanstalt für Arbeit
Regensburger Str. 104
90478 Nürnberg
Tel.: 09 11/1 79 22 86
Fax: 09 11/1 79 21 23

Europäische Kommission
Vertretung der Bundesrepublik
Deutschland
Zitelmannstr. 22
53113 Bonn
Tel.: 02 28/53 00 90
Fax: 02 28/ 5 30 09 12

LEONARDO (Europ. Zusammenarbeit
in der beruflichen Bildung)
Bundesministerium für Bildung und
Wissenschaft (siehe 3.2)
Tel.: 02 28/57 22 82
Fax: 02 28/57 36 03

2.3 Europäische Schulen

Europese School Bergen
Molenweitje 5
NL-1862 BC Bergen N.H.
Tel.: 0047/31/7 25 89 01 09
Fax: 0047/31/7 25 89 68 62

Ecole européenne d'Ixelles
Boulevard du Triomphe
B-1050 Bruxelles
Tel.: 0032/2/3 73 88 34
Fax: 0032/2/3 73 88 17

Ecole européenne de Woluwe
Avenbue Oscar Jespers 75
B-1200 Bruxelles
Tel.: 0032/2/7 74 22 32
Fax: 0032/2/7 72 05 30

Ecole européenne de Uccle
Avenue de Vert Chasseur 46
B-1180 Bruxelles
Tel.: 0032/2/3 73 86 25
Fax: 0032/2/3 75 47 16

European School Culham
Abingdon – Oxfordshire
GB-OX14 3 DZ
Tel.: 0044/12 35 52 26 21
Fax: 0044/12 35 55 46 09

Europäische Schule Karlsruhe
Albert-Schweitzer-Str. 1
76139 Karlsruhe
Tel.: 07 21/6 80 09 16
Fax: 07 21/6 80 09 50

Ecole européenne de Luxembourg
Avenue Konrad Adenauer 23
L-1115 Luxembourg/Kirchberg
Tel.: 00352/4 32 08 21
Fax: 00352/4 32 08 23 44

Europese school Mol
Europawijk 100
B-2400 Mol
Tel.: 0032/14/56 31 00
Fax: 0032/14/56 31 04

Europäische Schule München
Elise-Aulinger-Str. 21
81739 München
Tel.: 0 89/6 30 22 90
Fax: 0 89/6 302 29 86

Scuola europea Varese
Via Montello 118
I-21100 Varese
Tel.: 0039/0332/80 61 11
Fax: 0039/0332/28 37 82

3.0 Bund

3.1 Bundestag, Fraktionen, Bundesrat

Ausschuß für Bildung, Forschung
und Technikfolgenabschätzung
des Deutschen Bundestages
Bundeshaus
53113 Bonn
Tel.: 02 28/1 62 28 61
Fax: 02 28/1 62 68 45

Ab Juli 1999 in Berlin:
Deutscher Bundestag
Paul-Löbe-Haus
10117 Berlin

Ausschuß für Kulturfragen
des Bundesrats
Bundeshaus
53113 Bonn
Tel.: 02 28/9 10 01 50
Fax: 02 28/9 10 01 68

Ab 2000 in Berlin:
Preußisches Herrenhaus
Leibnizer Str. 3–4
10117 Berlin

Kommission zur Wahrnehmung
der Belange der Kinder
Bundeshaus
53113 Bonn
Tel.: 02 28/1 62 22 71
Fax: 02 28/1 62 60 55

Ausschuß für Familie, Senioren,
Frauen und Jugend
Bundeshaus
53113 Bonn
Tel.: 02 28/1 62 71 12
Fax: 02 28/1 62 68 05

CDU/CSU-Fraktion
Arbeitsgruppe 16: Bildung, Wissenschaft, Forschung, Technologie und Technikfolgenabschätzung
Bundeshaus
Görrestr. 15
53113 Bonn
Tel.: 02 28/5 44 29 16
Fax: 02 28/1 64 68 64

FDP-Fraktion
Arbeitskreis V: Umweltpolitik, Naturschutz und Reaktorsicherheit, Verkehrs-, Bildungs- und Forschungspolitik, Raumordnung, Bauwesen und Städtebau
Görrestr. 15
53113 Bonn
Tel.: 02 28/1 68 32 59
Fax: 02 28/1 64 60 27

Fraktion Bündnis 90/Die Grünen
im Deutschen Bundestag
Arbeitskreis I: Wirtschaft und Finanzen, Bildung, Forschung und Technologie, Telekommunikation
Bundeshaus/Tulpenfeld
Heussallee 2–10
Tel.: 02 28/1 68 16 59
Fax: 02 28/1 68 65 52

PDS
Bereich IV: Rechts-, Innen-, Ausländer/-innen, Bildungs- und Kulturpolitik
Bundeshaus/Bonn-Center
Bundeskanzlerplatz 1
53113 Bonn
Tel.: 02 28/1 68 57 14
Fax: 02 28/1 64 65 43

SPD- Fraktion
Arbeitsgruppe: Bildung, Forschung
Görrestr. 15
53113 Bonn
Tel.: 02 28/1 68 58 58
Fax: 02 28/1 64 60 85

3. 2 Bundesregierung

Auswärtiges Amt
Abt. für auswärtige Kulturpolitik
Referat Auslandsschulen, Schulwesen
Adenauerallee 86
53113 Bonn
Tel.: 02 28/17 32 48
Fax: 02 28/17 32 66

Ab Juli 1999 in Berlin:
Werderscher Markt
10922 Berlin
Tel.: 0 30/20 18 60
Fax: 0 30/2 08 62 52

Bundesministerium des Innern
Abt. K: Kultur und Medien
Graurheindorfer Str. 198
53117 Bonn
Tel.: 02 28/68 10
Fax: 02 28/6 81 46 65

Bundeszentrale für politische Bildung
Berliner Freiheit 7
53111 Bonn
Tel.: 02 28/51 50
Fax: 02 28/51 51 13

Bundeszentrale für politische Bildung
Stresemannstr. 90
10963 Berlin
Tel.: 0 30/2 54 50 50
Fax: 0 30/25 45 04 22

BMA – Bundesministerium für Arbeit und Sozialordnung
Rochusstr. 1
53123 Bonn
Tel.: 02 28/20 80
Fax: 02 28/2 08 25 55

Bundesministerium für Bildung, Wissenschaft, Forschung und Technologie
Heinemannstr. 2
53170 Bonn
Tel.: 02 28/5 70
Fax: 02 28/57 36 01

Ab 2000 in Berlin:
Glinkastr. 18–24
10106 Berlin
Tel.: 0 30/28 54 00
Fax: 0 30/2 85 40 52 70

Bundesministerium für Familie, Senioren, Frauen und Jugend
Rochusstr. 8–10
53123 Bonn
Tel.: 02 28/93 00
Fax: 02 28/9 30 22 21

Ab 2000 in Berlin:
Taubenstr. 42–43
10117 Berlin
Tel.: 0 30/2 0 65 50
Fax: 0 30/2 06 55 11 45

Bundesministerium für Wirtschaft
Villemombler Str. 76
53107 Bonn
Tel.: 02 28/61 50
Fax: 02 28/6 15 44 36

Bundesprüfstelle für jugendgefährdende Schriften
Kennedyallee 105–107
53175 Bonn
Tel.: 02 28/37 66 31
Fax: 02 28/37 90 14

Bundeszentrale für gesundheitliche Aufklärung
Ostheimer Str. 220
51109 Köln
Tel.: 02 21/8 99 20
Fax: 02 28/8 99 23 00

Presse- und Informationsamt der Bundesregierung
Welkerstr. 11
53113 Bonn
Tel.: 02 28/20 80
Fax: 02 28/2 08 25 55

Ab Juli 1999:
Neustädtische Kirchstr. 15
10001 Berlin
Tel.: 0 30 /2 24 40
Fax: 0 30/22 44 13 65

Statistisches Bundesamt
Gustav-Stresemann-Ring 11
65180 Wiesbaden
Tel.: 06 11/7 51
Fax: 06 11/72 40 00

Zentralstelle für das Auslandsschulwesen
Bundesverwaltungsamt
Barbarastr. 1
50735 Köln
Tel.: 02 21/7 58 14 31
Fax: 02 21/7 58 28 54

4.0 Bundesländer

4.1 Ministerien

Baden-Württemberg

Ministerium für Kultus, Jugend
und Sport
Neues Schloß
Schloßplatz 4
70173 Stuttgart
Tel.: 07 11/27 90
Fax: 07 11/25 50

Ministerium für Wissenschaft,
Forschung und Kunst
Königstr. 46
70173 Stuttgart
Tel.: 07 11/27 90
Fax: 07 11/30 80

Bayern

Bayerisches Staatsministerium für
Arbeit- und Sozialordnung, Familie,
Frauen und Gesundheit
Winzererstr. 9
80797 München
Tel.: 0 89/12 61 01
Fax: 0 89/12 61 11 22

Staatsministerium für Unterricht,
Kultus, Wissenschaft und Kunst
Salvatorstr. 2
80333 München
Tel.: 0 89/21 86 01
Fax: 0 89/21 86 28 00

Berlin

Senatsverwaltung für Arbeit,
Berufliche Bildung und Frauen
Storkower Str. 134
10407 Berlin
Tel.: 0 30/4 21 40
Fax: 0 30/42 14 20 90

Senatsverwaltung für Schule,
Jugend und Sport
Beuthstr. 6–8
10117 Berlin
Tel.: 0 30/9 02 67
Fax: 0 30/90 26 50 01

Senatsverwaltung für Wissenschaft,
Forschung und Kultur
Brunnenstr. 188–190
10119 Berlin
Tel.: 0 30/28 52 50
Fax: 0 30/28 52 54 50

Brandenburg

Ministerium für Bildung,
Jugend und Sport
Steinstr. 104–106
14480 Potsdam
Tel.: 03 31/86 60
Fax: 03 31/8 66 35 95

Ministerium für Wissenschaft,
Forschung und Kultur
Friedrich-Ebert-Str. 4
14467 Potsdam
Tel.: 03 31/86 60
Fax: 03 31/8 66 49 98

Bremen

Der Senator für Bildung, Wissenschaft,
Kunst und Sport
Herdentorsteinweg 7
28195 Bremen
Tel.: 04 21/36 10
Fax: 04 21/3 61 40 91

Senator für Bildung, Wissenschaft,
Kunst und Sport
Rembertiring 8–12
28195 Bremen
Tel.: 04 21/36 10
Fax: 04 21/3 61 41 76

Hamburg

Behörde für Schule, Jugend und Berufsbildung
Hamburger Str. 31
22083 Hamburg
Tel.: 0 40/2 98 80
Fax: 0 40/29 88 34 96

Behörde für Wissenschaft und Forschung
Hamburger Str. 37
22083 Hamburg
Tel.: 0 40/2 98 80
Fax: 0 40/29 88 24 11

Kulturbehörde
Hohe Bleichen 22
20354 Hamburg
Tel.: 0 40/34 89 00
Fax: 0 40/34 89 02 09

Schulinformationszentrum Hamburg
Hamburger Str. 35
22083 Hamburg
Tel.: 040/29 88 19 30
Fax: 040/29 88 40 35

Hessen

Hessisches Kultusministerium
Luisenplatz 10
65185 Wiesbaden
Tel.: 06 11/36 80
Fax: 06 11/3 68 20 99

Hessisches Ministerium für Frauen, Arbeit und Sozialordnung
Dostojewskistr. 4
65187 Wiesbaden
Tel.: 06 11/81 70
Fax: 06 11/89 08 40

Hessisches Ministerium Umwelt, Energie, Jugend, Familie und Gesundheit
Mainzer Str. 80
65189 Wiesbaden
Tel.: 06 11/81 50
Fax: 06 11/8 15 10 22

Ministerium für Wissenschaft und Kunst
Rheinstr. 23–25
65185 Wiesbaden
Tel.: 06 11/16 50
Fax: 06 11/16 57 66

Mecklenburg-Vorpommern

Ministerium für Bildung, Wissenschaft und Kultur Mecklenburg-Vorpommern
Werderstr. 124
19055 Schwerin
Tel.: 03 85/58 80
Fax: 03 85/5 88 70 84

Niedersachsen

Niedersächsisches Kultusministerium
Schiffgraben 12
30159 Hannover
Tel.: 05 11/12 00
Fax: 05 11/1 20 28 01

Niedersächsisches Ministerium für Wissenschaft und Kultur
Leibnizufer 9
30169 Hannover
Tel.: 05 11/12 00
Fax: 05 11/1 20 26 11

Nordrhein-Westfalen

Ministerium für Arbeit und Soziales, Stadtentwicklung, Kultur und Sport des Landes Nordrhein-Westfalen
Breite Str. 31
40213 Düsseldorf
Tel.: 02 11/86 18 50
Fax: 02 11/86 18 54 44

Ministerium für Frauen, Jugend, Familie und Gesundheit
Fürstenwall 25
40219 Düsseldorf
Tel.: 02 11/85 55
Fax: 02 11/55 36 83

Ministerium für Schule und Weiterbildung, Wissenschaft und Forschung des Landes Nordrhein-Westfalen
Völklinger Str. 49
40221 Düsseldorf
Tel.: 02 11/8 96 03
Fax: 02 11/8 96 45 55

Rheinland-Pfalz

Ministerium für Bildung, Wissenschaft und Weiterbildung
Mittlere Bleiche 61
55116 Mainz
Tel.: 0 61 31/1 60
Fax: 0 61 3/16 29 97

Ministerium für Kultur, Jugend, Familie und Frauen
Mittlere Bleiche 61
55116 Mainz
Tel.: 0 61 31/1 60
Fax: 0 61 31/16 28 78

Saarland

Ministerium für Bildung, Kultur und Wissenschaft
Hohenzollernstr. 60
66117 Saarbrücken
Tel.: 06 81/50 31
Fax: 06 81/50 32 91

Ministerium für Frauen, Arbeit, Gesundheit und Soziales
Franz-Josef-Röder-Str. 23
66119 Saarbrücken
Tel.: 06 81/5 01 00
Fax: 06 81/5 01 33 35

Sachsen

Staatsministerium für Kultus
Carolaplatz 1, Westflügel
01097 Dresden
Tel.: 03 51/56 40
Fax: 03 51/5 64 28 87

Staatsministerium für Wissenschaft und Kunst
Postfach 100 920
Wigardstr. 17
01097 Dresden
Tel.: 03 51/56 40
Fax: 03 51/5 64 31 99

Sachsen-Anhalt

Kultusministerium des Landes Sachsen-Anhalt
Turmschanzenweg 32
39114 Magdeburg
Tel.: 03 91/5 67 01
Fax: 03 91/5 67 36 95

Ministerium für Arbeit, Frauen, Gesundheit und Soziales des Landes Sachsen-Anhalt
Seepark 5–7
39116 Magdeburg
Tel.: 03 91/5 67 46 07
Fax: 03 91/5 67 46 21

Schleswig-Holstein

Ministerium für Bildung, Wissenschaft, Forschung und Kultur
Brunswiker Str. 16–22
24105 Kiel
Tel.: 04 31/98 80
Fax: 04 31/9 88 25 96

Ministerium für Frauen, Jugend, Wohnungs- und Städtebau
Theodor-Heuss-Ring 49
24100 Kiel
Tel.: 04 31/98 80
Fax: 04 31/9 88 30 03

Thüringen

Kultusministerium
Werner-Seelenbinder-Str. 1
99096 Erfurt
Tel.: 03 61/3 79 00
Fax: 03 61/3 79 46 90

Ministerium für Wissenschaft,
Forschung und Kultur
Juri-Gagarin-Ring 158
99084 Erfurt
Tel.: 03 61/37 90 00
Fax: 03 61/3 79 11 99

Thüringer Ministerium für
Soziales und Gesundheit
Werner-Seelenbinder-Str. 6
99096 Erfurt
Tel.: 03 61/3 79 00
Fax: 03 61/3 79 88 00

4.2 Landesinstitute, Akademien

Baden-Württemberg

LEU – Landesinstitut für Erziehung
und Unterricht
Rotebühlstr. 133
70197 Stuttgart
Tel.: 07 11/ 6 64 20
Fax: 07 11/6 64 23 03

Bayern

Akademie für Lehrerfortbildung und
Personalführung
Kardinal-von-Waldburg-Str. 6
89407 Dillingen
Tel.: 0 90 71/5 30
Fax: 0 90 71/5 32 00

Staatsinstitut für Schulpädagogik und
Bildungsforschung
Arabellastr. 1
81925 München
Tel.: 0 89/92 14 23 59
Fax: 0 89/92 14 36 00

Berlin

BIL – Berliner Institut für
Lehrerfort- und -weiterbildung
und Schulentwicklung
Alte Jakobstr. 12
10969 Berlin
Tel.: 0 30/90 17 21 00
Fax: 0 30/90 17 22 69

Brandenburg

PLIB – Pädagogisches Landesinstitut
Brandenburg
14974 Ludwigsfelde-Struveshof
Tel.: 0 33 78/82 10
Fax: 0 33 78/82 11 99

Bremen

Landesamt für Weiterbildung
Katharinenstr. 12–14
28195 Bremen
Tel.: 04 21/36 10
Fax: 04 21/3 61 21 68 oder
3 61 40 91

Landesinstitut für Schule
Am Weidedamm 20
28215 Bremen
Tel.: 04 21/36 10
Fax: 04 21/3 61 83 10

Hamburg

Institut für Lehrerfortbildung
Felix-Dahn-Str. 3
20357 Hamburg
Tel.: 0 40/4 21 20
Fax: 0 40/42 12 27 99

Hessen

Hessisches Institut für Pädagogik
Walter-Hallstein-Str. 3
65167 Wiesbaden
Tel.: 06 11/8 80 32 24
Fax: 06 11/8 80 33 30

Hessisches Landesinstitut für
Pädagogik
Hauptstelle Reinhardwaldschule
Rotwestenerstr. 2–14
34233 Fuldatal
Tel.: 05 61/8 10 10
Fax: 05 61/8 10 11 00

Mecklenburg-Vorpommern

LISA – Landesinstitut für Schule und Ausbildung
Von-Flotow-Str. 20
19059 Schwerin
Tel.: 03 85/76 01 70
Fax: 03 85/71 11 88

Niedersachsen

NLI – Niedersächsisches Landesinstitut für Fort- und Weiterbildung im Schulwesen und Medienpädagogik
Keßlerstr. 52
31134 Hildesheim
Tel.: 0 51 21/1 69 50
Fax: 0 51 21/1 69 52 96

Nordrhein-Westfalen

Landesinstitut für Schule und Weiterbildung
Paradieserweg 64
59494 Soest
Tel.: 0 29 21/68 31
Fax: 0 29 21/68 32 28

Rheinland-Pfalz
Pädagogisches Zentrum Rheinland-Pfalz
Europaplatz 7–9
55543 Bad Kreuznach
Tel.: 06 71/84 08 80
Fax: 06 71/8 40 88 10

Staatliches Institut für Lehrerfort- und -weiterbildung
Otto-Mayer-Str. 14
67346 Speyer
Tel.: 0 62 32/65 90
Fax: 0 62 32/65 91 10 oder 6 59 11 00

Saarland

Landesinstitut für Pädagogik und Medien
Beethovenstr. 26
66125 Saarbrücken
Tel.: 0 68 97/7 90 80
Fax: 06 81 97/79 08 22

Sachsen

Sächsisches Staatsinstitut für Bildung und Schulentwicklung
Dresdner Str. 78c
01445 Radebeul
Tel.: 03 51/83 24 30
Fax: 03 51/8 32 44 14

Sachsen-Anhalt

LISA – Landesinstitut für Lehrerfortbildung, Lehrerweiterbildung und Unterrichtsforschung von Sachsen-Anhalt
Riebeckplatz 9
06110 Halle
Tel.: 03 45/2 04 20
Fax: 03 45/2 04 23 19

Schleswig-Holstein

Landesinstitut Schleswig-Holstein für Praxis und Theorie der Schule
Schreberweg 5
24119 Kronshagen
Tel.: 04 31/5 40 31 47
Fax: 04 31/5 40 32 00

Thüringen

Thüringer Institut für Lehrerfortbildung, Lehrplanentwicklung und Medien
Heinrich-Heine-Allee 2–4
99438 Bad Berka
Tel.: 03 64 58/5 60
Fax: 03 64 58/5 63 00

4.3 Landeszentralen für politische Bildung

Bayerische Landeszentrale für politische Bildungsarbeit
Briennerstr. 41
80333 München
Tel.: 0 89/2 18 60
Fax: 0 89/5 50 39 26

Landeszentrale für politische Bildung
Baden-Württemberg
Stafflenbergstr. 38
70184 Stuttgart
Tel.: 07 11/23 71 30
Fax: 07 11/2 37 14 96

Landeszentrale für politische
Bildungsarbeit Berlin
Hauptstr. 98–99
10827 Berlin
Tel.: 0 30/78 76 79 00
Fax: 0 30/78 76 79 79

Brandenburgische Landeszentrale für
politische Bildung
Heinrich-Mann-Allee 107
14473 Potsdam
Tel.: 03 31/8 66 12 56
Fax: 03 31/8 66 13 64

Landeszentrale für politische Bildung
Bremen
Osterdeich 6
28203 Bremen
Tel.: 04 21/3 61 29 22
Fax: 04 21/3 61 44 53

Landeszentrale für politische Bildung
Hamburg
Große Bleichen 23
20354 Hamburg
Tel.: 0 40/3 68 10
Fax: 0 40/36 81 20 50

Hessische Landeszentrale für
politische Bildung
Rheinbahnstr. 2
65185 Wiesbaden
Tel.: 06 11/99 19 70
Fax: 06 11/9 91 97 44

Landeszentrale für politische Bildung
Mecklenburg-Vorpommern
Jägerweg 2
19053 Schwerin
Tel.: 03 85/30 20 90
Fax: 03 85/3 02 09 22

Niedersächsische Landeszentrale für
politische Bildung
Hohenzollernstr. 46
30161 Hannover
Tel.: 05 11/3 90 10
Fax: 05 11/3 90 12 90

Landeszentrale für politische Bildung
Nordrhein-Westfalen
Neanderstr. 6
40233 Düsseldorf
Tel.: 02 11/67 97 70
Fax: 02 11/6 79 77 33

Landeszentrale für politische Bildung
Rheinland-Pfalz
Am Kronberger Hof 6
55116 Mainz
Tel.: 0 61 31/16 29 70
Fax: 0 61 31/16 29 80

Landeszentrale für politische Bildung
Saarland
Beethovenstr. 26
66125 Saarbrücken
Tel.: 0 68 97/79 08 44
Fax: 0 68 97/79 08 77

Landeszentrale für politische Bildung
Sachsen
Schützenhofstr. 36/8
01129 Dresden
Tel.: 03 51/85 31 80
Fax: 03 51/8 53 18 55

Landeszentrale für politische Bildung
Sachsen-Anhalt
Schleinufer 12
39104 Magdeburg
Tel.: 03 91/56 53 40
Fax: 03 91/5 65 34 13

Landeszentrale für politische Bildung
Schleswig-Holstein
Hohenbergstr. 4
24105 Kiel
Tel.: 04 31/98 59 37
Fax: 04 31/9 88 59 42

Landeszentrale für politische Bildung
Thüringen
Bergstr. 4
99092 Erfurt
Tel.: 03 61/3 79 26 01
Fax: 03 61/3 79 26 02

4.4 Statistische Landesämter

Bayerisches Landesamt für Statistik und
Datenverarbeitung
Neuhauser Str. 8
80288 München
Tel.: 0 89/2 11 90
Fax: 0 89/2 11 94 10

Statistisches Landesamt
Baden-Württemberg
Böblinger Str. 68
70199 Stuttgart
Tel.: 07 11/64 10
Fax: 07 11/6 41 24 40

Statistisches Landesamt Berlin
Alt-Friedrichsfelde 60
10306 Berlin
Tel.: 0 30/9 02 10
Fax: 0 30/9 02 61 34 80

Landesamt für Datenverarbeitung und
Statistik Brandenburg
Dortustr. 46
14467 Potsdam
Tel.: 03 31/3 94 21
Fax: 03 31/3 95 21

Statistisches Landesamt Bremen
An der Weide 14–16
28195 Bremen
Tel.: 04 21/3 61 25 01
Fax: 04 21/3 61 43 10

Statistisches Landesamt Hamburg
Steckelhörn 12
20457 Hamburg
Tel.: 0 40/3 68 10
Fax: 0 40/36 81 17 00

Hessisches Statistisches Landesamt
Rheinstr. 35–37
65175 Wiesbaden
Tel.: 06 11/3 80 20
Fax: 06 11/3 80 28 90

Statistisches Landesamt
Mecklenburg-Vorpommern
Lübecker Str. 287
19059 Schwerin
Tel.: 03 85/4 80 10
Fax: 03 85/48 01 23

Niedersächsisches Landesamt für
Statistik
Geibelstr. 65
30173 Hannover
Tel.: 05 11/9 89 80
Fax: 05 11/9 89 82 10

Landesamt für Datenverarbeitung und
Statistik Nordrhein-Westfalen
Mauerstr. 51
40476 Düsseldorf
Tel.: 02 11/94 49 01
Fax: 02 11/44 20 06

Statistisches Landesamt Rheinland-Pfalz
Mainzer Str. 14–16
56130 Bad Ems
Tel.: 0 26 03/7 10
Fax: 0 26 03/7 13 01

Statistisches Landesamt Saarland
Virchowstr. 7
66119 Saarbrücken
Tel.: 06 81/5 01 59 31
Fax: 06 81/5 01 59 99

Statistisches Landesamt des
Freistaates Sachsen
Macherstr. 31
01917 Kamenz
Tel.: 0 35 78/3 30
Fax: 0 35 78/33 19 99

Statistisches Landesamt Sachsen-Anhalt
Merseburger Str. 2
06112 Halle
Tel.: 03 45/2 31 80
Fax: 03 45/2 31 89 01

Statistisches Landesamt
Schleswig-Holstein
Fröbelstr. 15–17
24113 Kiel
Tel.: 04 31/6 89 50
Fax: 04 31/6 89 54 94

Thüringer Landesamt für Statistik
Europaplatz 3
99091 Erfurt
Tel.: 03 61/3 78 46 42
Fax: 03 61/3 78 46 99

5.0 Gemeinsame Einrichtungen Bund-Länder

5.1 Bundesländer

KMK – Ständige Konferenz der Kultusminister der Länder in der Bundesrepublik Deutschland
Lennéstr. 6
53113 Bonn
Tel.: 02 28/50 10
Fax: 02 28/50 17 77

Jugendministerkonferenz (1999–2001)
Theodor-Heuss-Ring 49
24113 Kiel
Tel.: 04 31/98 80
Fax: 04 31/9 88 74 06

Union der deutschen Akademien der Wissenschaften
Geschwister-Scholl-Str. 2
55131 Mainz
Tel.: 0 61 31/57 37 35
Fax: 0 61 31/51 31 16

Zentralstelle für die Vergabe von Studienplätzen ZVS
Sonnenstr. 171
44137 Dortmund
Tel.: 02 31/1 08 10
Fax: 02 31/1 08 12 27

5.2 Bund und Länder

BLK – Bund-Länder-Kommission für Bildungsplanung und Forschungsförderung
Friedrich-Ebert-Allee 39
53113 Bonn
Tel.: 02 28/5 40 20
Fax: 02 28/5 40 21 50

WR – Wissenschaftsrat
Brohlerstr. 11
50968 Köln
Tel.: 02 21/3 77 60
Fax: 02 21/38 84 40

6.0 Internationaler Austausch

DAAD – Deutscher Akademischer Austauschdienst
Kennedyallee 50
53175 Bonn
Tel.: 02 28/88 20
Fax: 02 28/88 24 44

Deutsche Stiftung für Internationale Entwicklung – Zentrale Dokumentation
Hans-Böckler-Str. 5
53225 Bonn
Tel.: 02 28/4 00 10
Fax: 02 28/4 00 11 11

Deutsch-Französisches Hochschulkolleg
Schillerstr. 11
55116 Mainz
Tel.: 061 31/23 16 97 oder 23 16 98
Fax: 0 61 31/23 67 01

Deutsch-Französisches Institut
Aspergerstr. 34
71634 Ludwigsburg
Tel.: 0 71 41/9 30 20
Fax: 0 71 41/93 03 50

DFJW – Deutsch-Französisches Jugendwerk
Rhöndorferstr. 23
53604 Bad Honnef
Tel.: 0 22 24/1 80 80
Fax: 0 22 24/18 08 52

Freundeskreis Deutscher Auslandsschulen e. V.
Adenauerallee 148
53113 Bonn
Tel.: 02 28/10 41 06
Fax: 02 28/10 41 99

Fulbright-Kommission
Theaterplatz 1a
53177 Bonn
Tel.: 02 28/93 56 90
Fax: 02 28/36 31 30

IJAB – Internationale Jugendaustausch- und Besucherdienst der Bundesrepublik Deutschland
Hochkreuzallee 20
53175 Bonn
Tel.: 02 28/9 50 60
Fax: 02 28/9 50 61 99

Pädagogischer Austauschdienst
Lennéstr. 6
53113 Bonn
Tel.: 02 28/50 10
Fax: 02 28/50 10

Zentralstelle für ausländisches Bildungswesen
Nassestr. 8
53113 Bonn
Tel.: 02 28/50 10
Fax: 02 28/50 12 29

7.0 Schulen und pädagogische Berufe

7.1 Schulen

AGFS – Arbeitsgemeinschaft Freier Schulen
Am Schlachtensee 2
14163 Berlin
Tel.: 0 30/8 01 20 79
Fax: 0 30/8 02 23 92

Aktionsgemeinschaft Deutscher Montessori-Vereine
Waldstr. 26
53131 Bonn
Tel. und Fax: 02 28/31 48 23

AMI – Association Montessori Internationale
Koninginneweg 161
NL-1075 CN Amsterdam
Tel.: 0031/2 06 79 89 32

Arbeitsgemeinschaft der heilpädagogischen Schulen auf anthropologischer Grundlage
c/o Karl-Schubert-Schule
Obere Weinsteige 40
70597 Stuttgart
Tel.: 07 11/76 40 84
Fax: 07 11/7 65 79 22

Arbeitskreis deutscher Bildungsstätten
Haager Weg 44
53127 Bonn
Tel.: 02 28/91 02 80
Fax: 02 28/29 90 30

Arbeitskreis katholischer Schulen in freier Trägerschaft
Kaiserstr. 163
53113 Bonn
Tel.: 02 28/10 30
Fax: 02 28/2 10 42 19

Arbeitsgemeinschaft Evangelischer Schulbünde
Im Tiergarten 5–7
57067 Siegen
Tel.: 02 71/7 21 71
Fax: 02 71/7 65 97

BAG-BBW – Bundesarbeitsgemeinschaft der Berufsbildungswerke
Waldwinkelstr. 1
84544 Aschau
Tel.: 0 86 38/6 40
Fax: 0 86 38/6 42 48

Bund der freien Waldorfschulen
Heidehofstr. 32
70184 Stuttgart
Tel.: 07 11/21 04 20
Fax: 07 11/2 10 42 19

Bundesverband der Freien Alternativschulen in der BRD e. V.
Wiemelhauser Str. 270
44799 Bochum
Tel.: 02 34/7 26 48
Fax: 02 34/7 60 53

Bundesverband deutscher Privatschulen
Schulen in freier Trägerschaft
Darmstädter Landstr. 85 a
60598 Frankfurt am Main
Tel.: 0 69/61 40 58
Fax: 0 69/62 67 63

Deutsche Vereinigung für die Rehabilitation
Friedrich-Ebert-Anlage 9
69117 Heidelberg
Tel.: 0 62 21 /2 54 85
Fax: 0 62 21/16 60 029

Freundeskreis
Deutscher Auslandsschulen e. V.
Adenauerallee 148
53113 Bonn
Tel.: 02 28/10 41 06
Fax: 02 28/10 41 99

GGG – Gemeinnützige Gesellschaft Gesamtschule e. V.
Huckarder Str. 12
44147 Dortmund
Tel.: 02 31/14 80 11
Fax: 02 31/14 79 42

Politischer Arbeitskreis Schulen
Graurheindorfer Str. 149
51117 Bonn
Tel.: 02 28/6 89 98 70
Fax: 02 28/6 89 98 71

Verband anthroposophischer Einrichtungen für Heilpädagogik und Sozialtherapie
Schloßstr. 9
61209 Echzell
Tel.: 0 60 35/8 11 90
Fax: 0 60 35/8 12 17

Verband deutscher Schullandheime e. V.
Mendelsohnstr. 86
22761 Hamburg
Tel.: 0 40/8 90 15 41
Fax: 0 40/89 86 39

Verband Deutscher Sonderschulen
Fachverband für Behindertenpädagogik
Ohmstr. 7
97076 Würzburg
Tel.: 09 31/2 40 20
Fax: 09 31/2 40 23

Vereinigung deutscher Landerziehungsheime
Am Schlachtensee 2
14163 Berlin
Tel.: 0 30/8 01 20 79
Fax: 0 30/8 02 23 92

7.2 Pädagogische Berufe

Arbeitskreis Grundschule-
Der Grundschulverband e.V.
Schloßstr. 29
60486 Frankfurt am Main
Tel.: 0 69/77 60 06
Fax: 0 69/7 07 47 80

Arbeitskreis Hauptschule e. V.
zur Förderung nichtgymnasialer
Bildungsgänge in der Sekundarstufe
Westfalendamm 247
44141 Dortmund
Tel.: 02 31/43 38 61
Fax: 02 31/43 38 64

Arbeitskreis überaktives Kind
Dieterichsstr. 9
30159 Hannover
Tel.: 05 11/3 63 27 29
Fax: 05 11/3 63 27 72

BAG-PÄD – Bundesverband der
Diplom-Pädagoginnen und Diplom-
Pädagogen e. V.
Friederikastr. 86
44789 Bochum
Tel.: 02 34 /3 47 57
Fax: 02 34/3 71 95

BAR – Bundesarbeitsgemeinschaft
für Rehabilitation
Walter-Kolb-Str. 9–11
60594 Frankfurt am Main
Tel.: 0 69/6 05 01 80
Fax: 0 69/60 50 18 29

BDDP – Berufsverband der
Diplom-Pädagogen e. V.
Schwachhauser Heerstr. 59a
28211 Bremen
Tel.: 04 21/34 92 24
Fax: 04 21/34 35 77

BLBS – Bundesverband der Lehrer
an beruflichen Schulen
Dreizehnmorgenweg 36
53175 Bonn
Tel.: 02 28/9 57 98 89
Fax: 02 28/9 57 98 98

Bund deutscher Kunsterzieher e. V.
Jakobistr. 40
30163 Hannover
Tel. und Fax: 05 11/66 22 29

Bundesarbeitsgemeinschaft Hilfe
für Behinderte e. V.
Kirchfeldstr. 149
40215 Düsseldorf
Tel.: 02 11/31 00 60
Fax: 02 11/3 10 06 48

Bundesarbeitsgemeinschaft Schule
Wirtschaft
Gustav-Heinemann-Ufer 84–88
50968 Köln
Tel.: 02 21/4 98 17 22
Fax: 02 21/4 98 15 92

Bundesverband der Lehrerinnen und
Lehrer an beruflichen Schulen e. V.
Dreizehnmorgenweg 36
53175 Bonn
Tel.: 02 28/9 57 98 89
Fax: 02 28/9 57 98 98

Bundesverband der Lehrer an
Wirtschaftschulen e. V.
Wehlauer Str. 107
76139 Karlsruhe
Tel.: 07 21/68 69 75
Fax: 07 21/6 76 14

Bundesverband Museumspädagogik e. V.
c/o Museum für Kindheit und Jugend
Wallstr. 32
10179 Berlin
Tel.: 0 30/2 75 03 83
Fax: 0 30/2 79 29 79

DAV- Deutscher Altphilologenverband
Wilhelmshavener Str. 62
10551 Berlin
Tel.: 0 30/3 96 72 61
Fax: 0 30/20 93 27 18

DBB – Deutscher Beamtenbund
Peter-Hensen-Str. 5–7
53175 Bonn
Tel.: 02 28/81 10
Fax: 02 28/81 11 71

Deutsche Montessori Gesellschaft e. V.
Postfach 5461
97004 Würzburg
Tel.: 01 77/8 88 55 60

DFV – Deutscher Fernschulverband e. V .
Ostendstr. 3
64319 Pfungstadt
Tel.: 0 61 57/8 06 54
Fax: 0 61 57/8 06 58

DL – Deutscher Lehrerverband
Burbacher Str. 8
53129 Bonn
Tel.: 02 28/21 12 12
Fax: 02 28/21 12 24

DPhV Deutscher Philologenverband
Bahnhofsweg 8
82008 Unterhaching
Tel.: 0 89/6 25 16 19
Fax: 0 89/6 25 18 18

DVV – Deutscher Volkshochschul-verband e. V.
Obere Wilhelmstr. 32
53225 Bonn
Tel.: 02 28/97 56 90
Fax: 02 28/9 75 69 30

Ev. Erziehungs-Verband e. V.
Bvbd. Ev. Einrichtungen und Dienste
Lister Meile 87
30161 Hannover
Tel.: 05 11/66 02 66
Fax: 05 11/66 02 22

GEW – Gewerkschaft Erziehung und Wissenschaft
Reifenberger Str. 21
60489 Frankfurt am Main
Tel.: 0 69/78 97 30
Fax: 0 69/78 97 32 01

Hauptschullehrerverband e. V.
Am Wellnerberg 3
32760 Detmold
Tel.: 0 5231/4 73 49

ICEM – Institut Coopératif de l'école moderne (Freinetpädagogen)
18, Rue Sarrazin
F-440 Nantes
Tel.: 00 33/40 89 47 50
Fax: 00 33/40 47 16 91

Initiative Praktisches Lernen Bayern e. V.
Ungelstetter Str. 14
90537 Feucht
Tel.: 0 91 28/77 56
Fax: 0 91 28/77 57

KEG – Katholische Erziehergemein-schaft Deutschlands
Herzogspitalstr. 13/IV
80331 München
Tel.: 0 89/26 70 41
Fax: 0 89/2 60 63 87

Lernen fördern – Bundesverband zur Förderung
Lernbehinderten e. V.
Rolandstr. 61
50667 Köln
Tel.: 02 21/38 06 66
Fax: 02 21/38 59 54

Montessori-Vereinigung e. V.
Xantener Str. 99
50733 Köln
Tel.: 02 21/7 60 66 10

Pädagogikkooperative, Verein bundesdeutscher Freinetpädagogen
Goebenstr. 8
28209 Bremen
Tel.: 04 21/34 49 29
Fax: 04 21/3 47 85 56

Tagesmütter – Bundesverband für Kinderbetreuung in Tagespflege
Breite Str. 2
40670 Meerbusch
Tel.: 0 21 59/13 77

VBE – Verband Bildung und Erziehung
Dreizehnmorgenweg 36
53175 Bonn
Tel.: 02 28/95 99 30
Fax: 02 28/37 89 34

VDR – Verband Deutscher Realschullehrer
Dachauer Str. 44b
80335 München
Tel.: 0 89/55 38 76
Fax: 0 89/55 38 19

Verband deutscher Lehrer im Ausland e. V.
Kreibwaldstr. 21
64668 Rimbach
Tel. 0 62 53/8 51 46
Fax: 0 62 53/8 72 45

VWL – Bundesverband für Lehrer an Wirtschaftsschulen
Wehlauerstr. 107
76139 Karlsruhe
Tel.: 07 21/68 68 75
Fax: 07 21/6 76 14

8.0 Stiftungen, Studienförderung, Wettbewerbe

8.1 Allgemeine Stiftungen

Bertelsmann Stiftung
Carl-Bertelsmann-Str. 256
33311 Gütersloh
Tel.: 0 52 41/81 70
Fax: 0 52 41/81 66 77

Hans-Böckler-Stiftung
Bertha-von-Suttner-Platz 1
40227 Düsseldorf
Tel.: 02 11/7 77 80
Fax: 02 11/7 77 81 20

Robert-Bosch-Stiftung
Heidehofstr. 31
70184 Stuttgart
Tel.: 07 11/46 08 40
Fax: 07 11/4 60 84 94

Axel-Springer-Stiftung
Axel-Springer-Str. 65
10688 Berlin
Tel.: 0 30/25 91 22 03

Haniel-Stiftung
Franz-Haniel-Platz 1
47119 Duisburg
Tel.: 02 03/60 63 67
Fax: 02 03/80 67 20

Aktion Sorgenkind
Pressestelle
Franz-Lohe-Str. 17
53129 Bonn
Tel.: 02 28/2 09 22 62 oder 2 09 22 63
Fax: 02 28/2 09 22 06

8. 2 Studienförderungen

Alexander-von-Humboldt-Stiftung
Jean-Paul-Str. 12
53173 Bonn
Tel.: 02 28/83 30
Fax: 02 28/83 31 99

Bertelsmann Stiftung
s.o.

CDG – Carl-Duisberg-Gesellschaft
Weyerstr. 79–83
50676 Köln
Tel.: 02 21/2 09 80
Fax; 02 21/2 09 81 11

Cusanuswerk
Bischöfliche Studienförderung
Baumschulallee 5
53115 Bonn
Tel.: 02 28/63 16 47
Fax: 02 28/65 19 12

Evangelisches Studienwerk e. V.
Iserlohnerstr. 25
58239 Schwerte
Tel.: 0 23 04/75 51 96
Fax: 0 23 04/75 52 50

Friedrich-Ebert-Stiftung
Abt. Studienförderung
Godesberger Allee 149
53175 Bonn
Tel.: 02 28/88 30
Fax: 02 28/88 36 97

Friedrich-Naumann-Stiftung
Königswintererstr. 409
53637 Königswinter
Tel.: 0 22 23/70 11 92
Fax: 0 22 23/70 12 88

Hanns-Seidel-Stiftung
Lazarettstr. 33
80636 München
Tel.: 0 89/1 12 83 01
Fax: 0 89/1 25 84 03

Hans-Böckler-Stiftung
Abt. Studienförderung
Bertha-von-Suttner-Platz 1
40227 Düsseldorf
Tel.: 02 11/7 77 80
Fax: 02 11/7 77 82 10

Heinrich-Böll-Stiftung e. V.
Rosenthalerstr. 40–41
10178 Berlin
Tel.: 0 30/28 53 40
Fax: 0 30/28 53 41 09

Hochbegabten Förderung e. V.
Am Pappelbusch 45
44803 Bochum
Tel.: 02 34/93 56 70
Fax: 02 34/9 35 67 25

Konrad-Adenauer-Stiftung
Rathausallee 12
53757 St. Augustin
Tel.: 0 22 41/24 62 10
Fax: 0 22 41/24 66 69

Otto-Benecke-Stiftung
Kennedyallee 105–107
53175 Bonn
Tel.: 02 28/8 16 30
Fax: 02 28/8 16 34 00

Stiftung „Jugend forscht“
Baumwall 5
20459 Hamburg
Tel.: 0 40/3 74 70 90
Fax: 0 40/37 47 09 99

Studienstiftung des deutschen Volkes
Mirbachstr. 7
53173 Bonn
Tel.: 02 28/82 09 60
Fax: 02 28/8 20 96 67

Thomas-Dehler-Stiftung
Agnesstr. 47
80798 München
Tel.: 0 89/18 31 84
Fax: 0 89/18 02 55

Volkswagen-Stiftung
Kastanienallee 35
30667 Köln
Tel.: 05 11/8 38 10
Fax: 05 11/83 81–3 44

8.3 Schüler- und Jugendwettbewerbe

Schülerwettbewerb Deutsche Geschichte
Körber-Stiftung
Kurt-A.-Körber-Chausse 10
21033 Hamburg
Tel.: 0 40/72 50 24 39
Fax: 0 40/72 50 37 98

Schülerwettbewerb politische Bildung
Bundeszentrale für politische Bildung
Ref. IV-2
Berliner Freiheit 7
53111 Bonn

Europa in der Schule – Europäischer Wettbewerb
Zentrum für Europäische Bildung
Bachstr. 32
53115 Bonn
Tel.: 02 28/72 90 00
Fax: 02 28/7 29 00 90

Bundeswettbewerb Fremdsprachen
Bildung und Begabung e.V.
Postfach 20 02 01
53132 Bonn
Tel.: 02 28/9 59 15 30
Fax: 02 28/9 59 15 19

Bundeswettbewerb Mathematik
Bildung und Begabung e.V.
s. o.

Wettbewerb Jugend forscht
Baumwall 5
20459 Hamburg
Tel.: 0 40/3 74 70 90
Fax: 0 40/37 47 09 99

Bundeswettbewerb Informatik
Ahrstrasse 45
53175 Bonn
Tel.: 02 28/30 21 97
Fax: 02 28/3 72 90 00

Internationale Mathematik-Olympiade
Wissenschaftszentrum
Ahrstrasse 45
53175 Bonn
Tel.: 02 28/30 21 58

Schülerwettbewerb Physik-Olympiade
Olshausenstr. 62
24098 Kiel
Tel.: 04 31/8 80 31 41

Bundeswettbewerb Chemie Olympiade
Institut für Pädagogik der
Naturwissenschaften
Olshausenstr. 62
24098 Kiel
Tel.: 04 31/8 80 31 16

Bundeswettbewerb Jugend musiziert
Deutscher Musikrat
Postfach 66 22 05
81219 München
Tel.: 0 89/8 71 00 20
Fax: 0 89/87 10 02 90

Bundeswettbewerb Jugend
trainiert für Olympia
Beuthstr. 6–8
10117 Berlin
Tel.: 0 30/90 26 56 22
Fax: 0 30/90 26 50 12

Bundesjugendspiele
BMFSFJ
Rochusstr. 8–10
53123 Bonn
Tel.: 02 28/9 30 22 07

Vorlese-Wettbewerb des
deutschen Buchhandels
Börsenverein des Deutschen
Buchhandels e.V.
Großer Hirschgraben 17–21
60311 Frankfurt/M.
Tel.: 0 69/1 30 63 31
Fax: 0 69/1 30 64 35

9.0 Wissenschaftliche Akademien, Hochschulen, Forschungsförderung

9.1 Wissenschaftliche Akademien

Konferenz der deutschen Akademien
der Wissenschaften
Geschwister-Scholl-Str. 2
55131 Mainz
Tel.: 0 61 31/57 37 35
Fax: 061 31/5 13 16

Berlin-Brandenburgische Akademie
der Wissenschaften
Jägerstrasse 22/23
10117 Berlin
Tel.: 0 30/20 37 00
Fax: 0 30/20 37 05 00

Akademie der Wissenschaften in
Göttingen
Theaterstr. 7
37073 Göttingen
Tel.: 05 51/39 53 62
Fax: 05 51/39 53 65

Bayerische Akademie der Wissenschaften
Marstallplatz 8
80539 München
Tel.: 0 89/23 03 10
Fax: 0 89/23 03 11 00

Sächsische Akademie der Wissenschaften
Karl-Tauchnitz-Str. 1
04107 Leipzig
Tel.: 03 41/71 15 30
Fax: 03 41/7 11 53 44

Heidelberger Akademie der Wissenschaften
Karlstr. 4
69117 Heidelberg
Tel.: 0 62 21/54 32 65 68
Fax: 0 62 21/54 33 55

Akademie der Wissenschaften und der Literatur Mainz
Geschwister-Scholl-Str. 2
55131 Mainz
Tel.: 0 61 31/57 72 01
Fax: 0 61 31/57 72 06

Nordrhein-Westfälische Akademie der Wissenschaften
Palmenstr. 16
40217 Düsseldorf
Tel.: 02 11/34 20 51
Fax: 02 11/34 14 75

9.2 Konferenzen und Verbände

Deutscher Hochschulverband
Rheinallee 18
53173 Bonn
Tel.: 02 08/36 40 02
Fax: 02 28/ 35 34 03

Deutsches Studentenwerk
Weberstr. 55
53113 Bonn
Tel.: 02 28/26 90 60
Fax: 02 28/2 69 06 39

DGfE – Deutsche Gesellschaft für Erziehungswissenschaft
Prof. Dr. Ingrid Gogolin
Universität Hamburg, FB Erziehungswissenschaft
Von-Melle-Park 8
20146 Hamburg
Tel.: 0 40/41 23 21 27
Fax: 0 40/41 23 42 98

GDSU – Gesellschaft für Didaktik des Sachunterrichts
Geschäftsstelle: Prof. Dr. D. Cech
Postfach 1553
49364 Vechta
Tel.: 0 44 41/92 28 23
Fax: 0 44 41/92 28 18

Hochschullehrerbund e. V.
Rüngsdorfer Str. 4c
53173 Bonn
Tel.: 02 28/35 22 71
Fax: 02 28/35 45 12

HRK – Hochschulrektorenkonferenz
Ahrstr. 39
53175 Bonn
Tel.: 02 28/88 70
Fax: 02 08/88 71 10

Institut für wirtschafts- und sozialwissenschaftliche Bildung
Wilhelm-Raabe-Str. 4
48161 Münster
Tel.: 0 25 34/4 62
Fax: 0 25 34/89 38

VHW – Verband Hochschule und Wissenschaft im Deutschen Beamtenbund
Dreizehnmorgenweg 36
53175 Bonn
Tel.: 02 28/37 83 31
Fax: 02 28/9 57 96 54

9.3 Forschungsförderung

DFG – Deutsche Forschungsgemeinschaft
Kennedyallee 40
53175 Bonn
Tel.: 02 28/88 51
Fax: 02 28/8 85 27 77

Friedrich-Ebert-Stiftung
Godesberger Allee 149
53175 Bonn
Tel.: 02 28/88 30
Fax: 02 28/88 36 97

Friedrich-Naumann-Stiftung
Königswintererstr. 409
53637 Königswinter
Tel.: 0 22 23/70 11 92
Fax: 0 22 23/70 12 88

Hanns-Seidel-Stiftung
Lazarettstr. 33
80636 München
Tel.: 0 89/1 12 83 01
Fax: 0 89/1 25 84 03
E-Mail:

Hans-Böckler-Stiftung
Abt. Studienförderung
Bertha-von-Suttner-Platz 1
40227 Düsseldorf
Tel.: 02 11/7 77 80
Fax: 02 11/7 77 82 10

Heinrich-Böll-Stiftung e. V.
Hackesche Höfe
Rosenthalerstr. 40–41
10178 Berlin
Tel.: 0 30/28 53 40
Fax: 0 30/28 53 41 09

Hochbegabten Förderung e. V.
44803 Bochum
Am Pappelbusch 45
Tel.: 02 34/93 56 70
Fax: 02 34/9 35 67 25

Konrad-Adenauer-Stiftung
Rathausallee 12
53757 St. Augustin
Tel.: 0 22 41/24 62 10
Fax: 0 22 41/24 66 69

Otto-Benecke-Stiftung
Kennedyallee 105–107
53175 Bonn
Tel.: 02 28/8 16 30
Fax: 02 28/8 16 34 00

Robert-Bosch-Stiftung GmbH
Postfach 10 06 28
70005 Stuttgart
Tel.: 07 11/46 08 40
Fax: 07 11/46 08 494

Stifterverband für die Deutsche Wissenschaft
Barkhovenallee 1
45239 Essen
Tel.: 02 01/8 40 10
Fax: 02 01/8 40 13 01

Thomas-Dehler-Stiftung
Agnesstr. 47
80798 München
Tel.: 0 89/18 31 84
Fax: 0 89/18 02 55

9.4 Studenten

Bundesverband Liberaler Hochschulgruppen
Niebuhrstr. 53
53113 Bonn
Tel.: 02 28/21 37 44
Fax: 02 28/21 84 91

CDK – Konvent Deutscher Korporationsverbände
Schackstr. 14
30175 Hannover
Tel.: 05 11/85 58 35
Fax: 05 11/81 40 61

Deutsches Komitee der AIESEC e. V.
Subbelrather Str. 247
50825 Köln
Tel.: 02 21/55 10 56
Fax: 02 21/55 10 56

RCDS – Ring christlich-demokratischer Studenten
Friesdorfer Str. 149
53175 Bonn
Tel.: 02 28/9 50 25 11
Fax: 02 28/38 44 25

10.0 Forschungsinstitute

Arbeitsgemeinschaft Berufsbildungs-Forschungsnetz (AG BFN)
Bundesinstitut für Berufsbildung (BIBB)
Fehrbelliner Platz 3
10707 Berlin
Tel.: 0 30/86 43 22 15
Fax: 0 30/86 43 24 55

Comenius-Institut Evangelische Arbeitsstätte für Erziehungswissenschaften e. V.
Schreiberstr. 12
48149 Münster
Tel.: 02 51 /98 10 10
Fax: 02 51/9 81 01 50

Deutsches Zentralinstitut für soziale Fragen
Bernadottestr. 94
14195 Berlin
Tel.: 0 30/8 39 00 10
Fax: 0 30/8 31 47 50

DIFF – Deutsches Institut für Fernstudien an der Universität Tübingen
Konrad-Adenauer-Str. 40
72072 Tübingen
Tel.: 0 70 71/97 90
Fax: 0 70 71/97 91 00

DIPF – Deutsches Institut für Internationale Pädagogische Forschung
Schloßstr. 29
60486 Frankfurt/M.
Tel.: 0 69/24 70 80
Fax: 0 69/24 70 84 44

DIPF – Deutsches Institut für Internationale Pädagogische Forschung
Forschungsstelle Berlin
Warschauer Str. 34–38
10243 Berlin
Tel.: 0 30/29 33 60 14
Fax: 0 30/29 33 60 40

DJI – Deutsches Jugendinstitut
Nockerstr. 2
81541 München
Tel.: 0 89/62 30 60
Fax: 0 89/62 30 61 62

EAD – Leiterkreis der Evangelischen Akademien in Deutschland
Akademienweg 11
73087 Bad Boll
Tel.: 0 71 64/7 92 72
Fax: 0 71 64/7 94 10

GFPF – Gesellschaft zur Förderung Pädagogischer Forschung
Schloßstr. 29
60486 Frankfurt/M.
Tel.: 0 69/24 70 82 21
Fax: 0 69/24 70 84 44

Georg-Eckert-Institut für Internationale Schulbuchforschung
Celler Str. 3
38114 Braunschweig
Tel.: 05 31/59 09 90
Fax: 05 31/5 90 99 99

HIS – Hochschul-Informations-System
Goseriede 9
30159 Hannover
Tel.: 05 11/1 22 02 44
Fax: 05 11/1 22 02 50

Institut für kritische Sozialforschung
und Bildungsarbeit e. V.
Ferdinand-Wallbrecht-Str. 17
30163 Hannover
Tel.: 05 11/90 96 98 30
Fax: 05 11/90 69 98 55

Institut für Pädagogik und Gesellschaft
Stolbergstr. 2
48147 Münster
Tel.: 02 51/5 17 47
Fax: 02 51/5 49 15

Institut für Sozialarbeit und
Sozialpädagogik e. V.
Am Stockborn 5–7
60439 Frankfurt am Main
Tel.: 0 69/95 78 90
Fax: 0 69/95 78 91 90

Institut für Sozialwissenschaftliche
Forschung e. V.
Steinfurter Str. 55
48159 Münster
Tel.: 02 51/21 85 92
Fax: 02 51/21 60 75

Institut für Schulentwicklungsforschung
Universität Dortmund
Rheinlanddamm 199
44221 Dortmund
Tel.: 02 31/7 55 55 02
Fax: 02 31/7 55 55 17

Institut für Test- und
Begabungsforschung GmbH
Koblenzer Str. 77
53177 Bonn
Tel.: 02 28/82 09 00
Fax: 02 28/8 20 90 38

IPN – Institut für die Pädagogik
der Naturwissenschaften an der
Universität Kiel
Olshausenstr. 62
24098 Kiel
Tel.: 04 31/8 80 31 21
Fax: 04 31/8 80 15 21

IZI – Internationales Zentralinstitut für
das Jugend- und Bildungsfernsehen beim
Bayerischen Rundfunk
Rundfunkplatz 1
80335 München
Tel.: 0 89/59 00 21 40
Fax: 0 89/59 00 23 79

MPG – Max-Planck-Gesellschaft zur
Förderung der Wissenschaften e. V.
Hofgartenstr. 2
80539 München
Tel.: 0 89/2 10 80
Fax: 0 89/21 08 11 11

MPIfB – Max-Planck-Institut für
Bildungsforschung
Lentzeallee 94
14195 Berlin
Tel.: 0 30/82 40 60
Fax: 0 30/8 24 99 39

Staatsinstitut für Frühpädagogik
Prinzregentenstr. 24
80538 München
Tel.: 0 89/21 23 42 00
Fax: 0 89/21 23 42 22

11.0 Elternverbände, Kinderschutz

AHS – Aktion Humane Schule
Waldeckerstr. 27
70435 Stuttgart
Tel.: 07 11/9 82 76 90
Fax: 07 11/9 82 76 91

AFET – Arbeitsgemeinschaft für
Erziehungshilfe e. V.
Gandhistr. 2
30559 Hannover
Tel.: 05 11/51 12 12
Fax: 05 11/5 17 90 07

BAG – Bundesarbeitsgemeinschaft
Kinder- und Jugendtelefon
Kleiner Werth 34
42275 Wuppertal
Tel.: 02 02/2 59 05 90
Fax: 02 02/25 90 59 19

Bundesarbeitsgemeinschaft der
Kinderschutz-Zentren e. V.
Spichernstr. 55
50672 Köln
Tel.: 02 21/56 97 53
Fax: 02 21/5 69 75 50

Bundesarbeitsgemeinschaft
Elterninitiativen e. V.
Einsteinstr. 111
81675 München
Tel.: 0 89/4 70 65 03
Fax: 0 89/41 90 28 38

Bundeselternrat
Karl-Barth-Str. 1
53129 Bonn
Tel.: 02 28/23 43 39
Fax: 02 28/23 98 32

Bundeselternvereinigung für anthroposophische Heilpädagogik und
Sozialtherapie e. V.
Schloßstr. 9
61206 Echzell
Tel.: 0 60 35/8 11 90
Fax: 0 60 35/8 12 17

Bundesgemeinschaft Selbsthilfegruppen
Stieffamilien
Sulzbacher Str. 15–21
65812 Bad Soden
Tel.: 0 61 96/64 15 03

Bundeskonferenz für Erziehungsberatung
Herrnstr. 53
90763 Fürth
Tel.: 09 11/97 71 40
Fax: 09 11/74 54 97

Bundesverband der Elternkreise
drogengefährdeter und
drogenabhängiger Jugendlicher
Köthener Str. 38
10963 Berlin
Tel. und Fax: 0 30/5 56 70 20

Bundesverband der Pflege- und
Adoptiveltern
Große Seestr. 29
60468 Frankfurt am Main
Tel.: 0 69/9 78 66 70
Fax: 0 69/9 79 67 67

Bundesverband Legasthenie
Königstr. 32
30175 Hannover
Tel.: 05 11/31 87 38
Fax: 05 11/ 31 87 39

Bundesverband Neue Erziehung
Am Schützenhof 4
53119 Bonn
Tel.: 02 28/66 40 55 57
Fax: 02 28/66 77 93

Bundesverein zur Prävention von
sexuellem Mißbrauch
Ruhnmark 11
24975 Ruhnmark
Tel. und Fax: 0 46 34/17 11

Bundesvereinigung evangelische Eltern
und Erzieher
Im Brühl 30
61476 Kronberg
Tel.: 0 61 73/9 26 51 64

Deutsche Hilfe für Kinder
von Arbeitslosen
Schwarzenbergstr. 93
21073 Hamburg
Tel.: 0 40/77 21 11
Fax: 0 40/7 65 98 14

Deutsches Kinderhilfswerk e. V.
Rungestr. 20
10179 Berlin
Tel.: 0 30/2 79 56 56
Fax: 0 30/2 79 56 34

Deutsche Liga für das Kind in
Familie und Gesellschaft
Chausseestr. 17
10115 Berlin
Tel.: 0 30/28 59 99 70
Fax: 0 30/28 59 99 71

Deutscher Familienverband
Argelanderstr. 71
53115 Bonn
Tel.: 02 28/24 10 40
Fax: 02 28/24 40 43

DEV- Deutscher Elternverein
Grothstr. 25
38110 Braunschweig
Tel.: 0 53 07/9 10 30
Fax: 0 53 07/9 10 31

DKSB – Deutscher Kinderschutzbund
Bundesgeschäftsstelle
Schiffgraben 29
30159 Hannover
Tel.: 05 11/30 48 50
Fax: 05 11/3 04 85 49

Eltern für Kinder e. V.
Burgsdorfstr. 1
13353 Berlin
Tel.: 0 30/46 50 75 71
Fax: 0 30/4 61 45 20

Familienbund der deutschen
Katholiken
Hochkreuzallee 1
53175 Bonn
Tel.: 02 28/95 91 70
Fax: 02 28/9 59 17 20

Internationale Gesellschaft
für erzieherische Hilfen – Sektion
Bundesrepublik Deutschland
Schaumainkai 101–103
60596 Frankfurt/M.
Tel.: 0 69/6 33 98 60
Fax: 0 69/63 39 86 25

KDE – Katholische Elternschaft
Deutschlands
Baumschulallee 9–13
53115 Bonn
Tel.: 02 28/65 00 52
Fax: 02 28/69 62 17

Kindernothilfe e. V.
Düsseldorfer Landstr. 180
47249 Duisburg
Tel.: 02 03/7 78 90
Fax: 02 03/7 78 91 18

Kinderschutzzentrum Mainz
Lessingstr. 25
55118 Mainz
Tel.: 0 61 31/61 37 37
Fax: 0 61 31/67 05 04

Mädchen in Not
Marburgerstr. 13
57223 Kreuztal
Tel. und Fax: 0 27 32/41 33

Mütterzentren Bundesverband
Müggenkampstr. 30 a
20257 Hamburg
Tel.: 0 40/40 17 06 06
Fax: 0 40/4 90 38 26

Terre des hommes
Bundesrepublik Deutschland
Ruppenkampstr. 11 a
49084 Osnabrück
Tel.: 05 41/7 10 10
Fax: 05 41/70 72 33

Verband alleinerziehender Mütter und Väter – Bundesverband
Von-Grothe-Platz 20
53173 Bonn
Tel.: 02 28/35 29 95
Fax: 02 28/35 83 50

Zartbitter – Kontakt- und Informationsstelle gegen sexuellen Mißbrauch an Mädchen und Jungen
Stadtwaldgürtel 89
50935 Köln
Tel.: 02 21/31 20 55

Zentrum für Gehörlosenkultur
Huckarder Str. 2–8
44147 Dortmund
Tel.: 0 69/9 13 00 20
Fax: 0 69/91 30 02 33

12.0 Jugendarbeit, Jugendhilfe

aej – Arbeitsgemeinschaft der evangelischen Jugend
Otto-Brenner-Str. 9
30159 Hannover
Tel.: 05 11/1 21 50
Fax: 05 11/1 21 52 99

AGJ – Arbeitsgemeinschaft für Jugendhilfe
Haager Weg 44
53127 Bonn
Tel.: 02 28/91 02 40
Fax: 02 28/9 10 24 66

Arbeiterwohlfahrt
Bundesverband e. V.
Oppelner Str. 130
53119 Bonn
Tel.: 02 28/6 68 50
Fax: 02 28/6 68 52 09

BAGJAW – Bundesgemeinschaft Jugendsozialarbeit
Kennedyallee 105–107
53175 Bonn
Tel.: 02 28/95 96 80
Fax: 02 28/9 59 68 30

BAJ – Bundesarbeitsgemeinschaft Kinder- und Jugendschutz
Haager Weg 44
53127 Bonn
Tel.: 02 28/29 94 21
Fax: 02 28/28 27 73

BDKJ – Bund der Deutschen Katholischen Jugend
Carl-Mosterts-Platz 1
40477 Düsseldorf
Tel.: 02 11/4 69 30
Fax: 02 11/4 69 31 20

Bundesjugendkuratorium
Taubenstr. 42–43
Tel.: 0 30/20 65 50
Fax: 0 30/20 65 51 45

CJD – Christliches Jugenddorfwerk Deutschlands
Teckstr. 23
73061 Ebersbach
Tel.: 0 71 63/93 00
Fax: 0 71 63/93 02 80

DAJEB – Deutsche Arbeitsgemeinschaft für Jugend- und Eheberatung e. V.
Neumarkter Str. 84 c
81673 München
Tel.: 0 89/4 36 10 91
Fax: 0 89/4 31 12 66

DBJR – Deutscher Bundesjugendring
Haager Weg 44
53127 Bonn
Tel.: 02 28/91 02 10
Fax: 02 28/9 10 21 22

Deutsche Jugend in Europa e. V.
Prinz-Albert-Str. 1 a
53113 Bonn
Tel.: 02 28/22 40 81
Fax: 02 28/22 11 54

Deutscher Caritasverband e. V.
Karlstr. 40
79104 Freiburg
Tel.: 07 61/20 00
Fax: 07 61/20 05 72

Deutscher Paritätischer
Wohlfahrtsverband
Heinrich-Hoffmann-Str. 3
60528 Frankfurt/M.
Tel.: 0 69/6 70 60
Fax: 0 69/6 70 62 04

Deutsches Rotes Kreuz e. V.
Friedrich-Ebert-Allee 71
53113 Bonn
Tel.: 02 28/54 10
Fax: 02 28/54 12 90

Diakonisches Werk der
Evangelischen Kirche
Stafflenbergstr. 76
70184 Stuttgart
Tel.: 07 11/2 15 90
Fax: 07 11/2 15 92 88

DJH – Deutsches Jugendherbergswerk
Bad Meinberger Str. 1
32760 Detmold
Tel.: 0 52 31/9 93 60
Fax: 0 52 31/99 36 66

Gewerkschaftsjugend im DGB
Hans-Böckler-Str. 39
40476 Düsseldorf
Tel.: 02 11/4 30 10
Fax: 02 11/4 30 14 09

Haus der Gewerkschaftsjugend
Bundesjugendschule des DGB
Königsteiner Str. 29
61440 Oberursel
Tel.: 0 61 71/5 90 30
Fax: 0 61 71/59 03 27

Institut für Jugendarbeit
Germeringerstr. 30
82131 Gauting
Tel.: 0 89/8 93 23 30
Fax: 0 89/32 33 33

Internationaler Bund Jugend-, Sozial-,
und Bildungsarbeit e. V.
Burgstr. 106
60389 Frankfurt/M.
Tel.: 0 69/94 54 50
Fax: 0 69/94 54 52 80

Landschaftsverband Rheinland –
Landesjugendamt
Kennedy-Ufer 2
50679 Köln
Tel.: 02 21/80 90
Fax: 02 21/8 09 22 00

RPJ- Ring politischer Jugend
Ackerstr. 3 b
10115 Berlin
Tel.: 0 30/28 38 87 91
Fax: 0 30/28 38 87 99

SOS Kinderdorf e. V.
Renatastr. 77
80639 München
Tel.: 0 89/12 60 60
Fax: 0 89/12 60 64 04

VIJ – Verein für Internationale
Jugendarbeit
Bundesgeschäftsstelle
Goetheallee 10
53225 Bonn
Tel.: 02 28/69 89 52
Fax: 02 28/69 41 66

Zentralwohlfahrtsstelle der Juden
in Deutschland e. V.
Oranienburger Str. 31
10117 Berlin
Tel.: 0 30/28 26 81 26 oder 2 82 36 17
Fax: 0 30/2 82 85 29

13.0 Erwachsenenbildung

Adolf-Grimme-Institut des Deutschen Volkshochschul-Verbandes
Eduard-Weitsch-Weg 25
45768 Marl
Tel.: 0 23 65 /9 18 90
Fax: 0 23 65/91 89 89

Akademie der Arbeit in der Universität Frankfurt/M.
Mertonstr. 30
60625 Frankfurt am Main
Tel.: 0 69/77 20 21
Fax: 0 69/7 07 34 69

Akademie des Deutschen Beamtenbundes
Dreizehnmorgenweg 36
53175 Bonn
Tel.: 02 28/19 31 11
Fax: 02 28/8 19 31 06

Akademie für Führungskräfte der Wirtschaft
Hindenburgring 12a
38667 Bad Harzburg
Tel.: 0 53 22/7 30
Fax: 0 53 22/7 31 24

AKSB – Arbeitsgemeinschaft katholisch-sozialer Bildungswerke in der Bundesrepublik Deutschland
Heilsbachstr. 6
53123 Bonn
Tel.: 02 28/64 50 58
Fax: 02 28/6 42 09 10

Arbeiterwohlfahrt Bundesverband e.V.
Oppelnerstr. 130
53119 Bonn
Tel.: 02 28/6 68 50
Fax: 02 28/6 68 52 09

Arbeitsgemeinschaft Deutscher Berufsförderungswerke
c/o BerufsfördWerk Hbg. GmbH
August-Krogmann-Str. 52
55159 Hamburg
Tel.: 0 40/64 58 10

Arbeitskreis deutscher Bildungsstätten
Haagener Weg 44
53113 Bonn
Tel.: 02 28/91 02 80
Fax: 02 28/29 90 30

BFW – Berufsfortbildungswerk Gemeinnützige Bildungseinrichtung des DGB GmbH
Schimmelbuschstr. 55
40699 Erkrath
Tel.: 0 21 04/49 90
Fax: 0 21 04/49 91 99

Bildungswerk der DAG
Deutsche Angestellten-Akademie Hamburg
Hammer Landstr. 12–14
20537 Hamburg
Tel.: 0 40/2 51 52 90
Fax: 0 40/25 15 29 37

DBB Akademie
An der Herrenwiese 14
53639 Königswinter
Tel.: 0 22 44/88 20
Fax: 0 22 44/88 21 76

DEAE – Deutsche Evangelische Arbeitsgemeinschaft für Erwachsenenbildung
Schillerstr. 58
76135 Karlsruhe
Tel.: 07 21/84 90 16
Fax: 07 21/85 35 27

Deutsches Institut für Erwachsenenbildung e.V.
Hansaallee 150
60320 Frankfurt am Main
Tel.: 0 69/95 62 60
Fax: 0 69/95 62 61 74

DGB-Bildungswerk
Hans-Böckler-Str. 39
40476 Düsseldorf
Tel.: 02 11/4 30 12 11
Fax: 02 11/43 03 24

DVV – Deutscher
Volkshochschulverband e. V.
Obere Wilhelmstr. 32
53225 Bonn
Tel.: 02 28/97 56 90
Fax: 02 28/9 75 69 30

DVV – Deutscher
Volkshochschulverband
Koordinierungsstelle des DVV-Netzwerkes Beruf und Weiterbildung
Hansaallee 150
60320 Frankfurt/M.
Tel.: 0 69/95 62 61 82 und 95 62 62 82
Fax: 0 69/95 62 62 83

EFWI – Erziehungswissenschaftliches Fort- und Weiterbildungsinstitut der ev. Kirchen in Rheinland-Pfalz
Luitpoldstr. 8
Postfach 1264
76829 Landau
Tel.: 0 63 41/2 00 43
Fax: 0 63 41/8 89 89

Funkkolleg Zentralbüro
Robert-Mayer-Str. 20
60486 Frankfurt/M.
Tel.: 0 69/77 28 69 oder 79 82 25 56
Fax: 0 69/7 07 75 32

GIB – Gesellschaft Information Bildung e. V.
Arnimallee 10
14195 Berlin
Tel.: 0 30/8 38 58 88
Fax: 0 30/8 38 58 89

IIZ/DVV – Institut für Internationale Zusammenarbeit des DVV
Obere Wilhelmstr. 32
53225 Bonn
Tel.: 02 28/97 56 90
Fax: 02 28/9 75 69 55

Johann-Wolfgang-Goethe-Universität
Frankfurt am Main
Fernstudium und Weiterbildung
Senkenberganlage 15
60054 Frankfurt/M.
Tel.: 0 69/79 82 36 13 oder 79 82 38 03
Fax: 0 69/7 98 24 47

KBE – Katholische Bundesarbeitsgemeinschaft für Erwachsenenbildung
René-Schickele-Str. 10
53123 Bonn
Tel.: 02 28/64 30 81
Fax: 02 28/64 30 83

Leiterkreis der Katholischen Akademien
Im Schellenkönig 61
70184 Stuttgart
Tel.: 07 11/1 64 07 00
Fax: 07 11/1 64 07 77

Wuppertaler Kreis e. V.
Deutsche Vereinigung zur Förderung der Weiterbildung von Führungskräften
Gustav-Heinemann-Ufer 84–88
50968 Köln
Tel.: 02 21/37 20 18
Fax: 02 21/38 59 52

ZFH – Zentralstelle für Fernstudien an Fachhochschulen
Frimungstr. 4–6
56068 Koblenz
Tel.: 02 61/91 53 80
Fax: 02 61/9 15 38 23
E-Mail:

WIFO – Wissenschaftsforum Bildung und Gesellschaft e. V.
Neue Blumenstr. 1
10179 Berlin
Tel. 0 30/2 42 12 73
Fax: 0 30/2 42 12 73

Zentrum für Weiterbildung an der
Universität Dortmund
Emil-Figge-Str. 50
44227 Dortmund
Tel.: 02 31/7 55 29 82

ZFU – Staatliche Zentralstelle für
Fernunterricht
Peter-Welter-Platz 2
50676 Köln
Tel.: 02 21/9 21 20 70
Fax: 02 21/92 12 07 20

14.0 Bibliotheken, Datenbanken und Medien

14.1 Bibliotheken

AGB – Amerika-Gedenkbibliothek/
Zentral- und Landesbibliothek
Blücherplatz 1
10961 Berlin
Tel.: 0 30/20 28 60
Fax: 0 30/20 28 61 52

Archiv der deutschen
Frauenbewegung e. V.
Gottschalkstr. 57
34127 Kassel
Tel.: 05 61/9 89 36 70
Fax: 05 61/9 89 36 72

BDB – Bundesvereinigung Deutscher
Bibliotheksverbände
Straße des 17. Juli 114
10623 Berlin
Tel.: 0 30/39 00 14 80 und 39 14 00 81
Fax: 0 30/39 00 14 84

Börsenverein des deutschen
Buchhandels
Großer Hirschgraben 17–21
60311 Frankfurt/M.
Tel.: 0 69/1 30 60
Fax: 0 69/1 30 62 01

Bundesarchiv
Potsdamer Str. 1
56075 Koblenz
Tel.: 02 61/50 50
Fax: 02 61/50 52 26

Deutsches Literaturarchiv
Schillerhöhe 8–10
71666 Marbach am Neckar
Tel.: 0 71 44/84 80
Fax: 0 71 44/94 82 99

DGD – Deutsche Gesellschaft für
Dokumentation
Ostbahnhofstr. 13
60314 Frankfurt/M.
Tel.: 0 69/43 03 13
Fax: 0 69/4 90 90 96

Die Deutsche Bibliothek Frankfurt
Datenbank Bibliodata
Adickesallee 1
60322 Frankfurt/M.
Tel.: 0 69/1 52 50 10
Fax: 0 69/15 25 10 10

Die Deutsche Bibliothek
– Deutsche Bücherei Leipzig –
Deutscher Platz 1
04103 Leipzig
Tel.: 03 41/2 27 10
Fax: 03 41/2 27 14 44

DIPF – Deutsches Institut für
Internationale Pädagogische Forschung
Bibliothek für Bildungsgeschichte
Forschung
Warschauer Str. 34–38
10243 Berlin
Tel.: 0 30/2 93 36 00
Fax: 0 30/29 33 60 25

Dokumentationsring Pädagogik
Schloßstr. 29
60486 Frankfurt/M.
Tel.: 0 69/ 24 70 80
Fax: 0 69/24 70 84 44

Informationszentrum – Sozialwissenschaften
Lennéstr. 30
53113 Bonn
Tel.: 02 28/2 28 10
Fax: 02 28/2 28 11 20

IB – Internationale Jugendbibliothek
Schloß Blutenburg
Seldweg 1
81247 München
Tel.: 0 89/89 12 11 41
Fax: 0 89/8 11 75 53

IW- Institut der Deutschen Wirtschaft
Abt. Datenbanken
Gustav-Heinemann-Ufer 84–88
50968 Köln
Tel.: 02 21/4 98 11
Fax: 02 21/4 98 15 92

MPIfB – Max-Planck-Institut für Bildungsforschung
Bibliothek
Lentzeallee 94
14195 Berlin
Tel.: 0 30/82 40 60
Fax: 0 30/8 24 99 39

Pädagogische Zentralbibliothek
Rotebühlstr. 133
70197 Stuttgart
Tel.: 07 11/6 64 21 34
Fax: 0711/6 64 21 03

ZPID – Zentralstelle für Psychologische Information und Dokumentation
Universität Trier
Universitätsring 15
54286 Trier
Tel.: 06 51/2 01 28 77
Fax: 06 51/2 01 20 71

14.2 Landesbibliotheken

Badische Landesbibliothek
Erbprinzenstr. 15
76133 Karlsruhe
Tel.: 07 21/17 50
Fax: 07 21/1 75 23 33

Bayerische Staatsbibliothek
Ludwigstr. 16
80539 München
Tel.: 0 89/28 63 80
Fax: 0 89/28 63 82 93

Forschungs- und Landesbibliothek Gotha
Schloß Friedenstein
99867 Gotha
Tel.: 0 36 21/3 08 00
Fax: 0 36 21/30 80 38

Gesamthochschul-Bibliothek Kassel
Landesbibliothek und Murhardsche Bibliothek der Stadt Kassel
Diagonale 10
34127 Kassel
Tel.: 05 61/8 04 21 66
Fax: 05 61/8 04 71 62

Hessische Landesbibliothek
Rheinstr. 55–57
65185 Wiesbaden
Tel.: 06 11/3 68 26 72
Fax: 06 11/3 68 26 94

Hessische Landes- und Hochschulbibliothek
Schloß
64283 Darmstadt
Tel.: 0 6151/16 58 00
Fax: 0 61 51/16 58 97

Landesbibliothek Coburg
Schloß Ehrenburg
Tel.: 0 95 61/7 67 57
Fax: 0 95 61/9 96 22

Landesbibliothek
Mecklenburg-Vorpommern
Am Dom 2
19055 Schwerin
Tel.: 03 85/5 58 44 00
Fax: 03 85 5 58 44 24

Niedersächsische Landesbibliothek
Waterloostr. 8
30169 Hannover
Tel.: 05 11/1 26 70
Fax: 05 11/1 26 72 02

Pfälzische Landesbibliothek
Otto-Meyer-Str. 9
67343 Speyer
Tel.: 0 62 32/91 50 00
Fax: 0 62 32/9 19 22 00

RLB – Rheinische Landesbibliothek
Hohenfelder Str. 16
56068 Koblenz
Tel.: 02 61/91 50 00
Fax: 02 61/3 76 35

Saarländische Universitäts- und
Landesbibliothek
Im Stadtwald
66123 Saarbrücken
Tel.: 06 81/3 02 20 70
Fax: 06 81/3 02 27 96

Sächsische Landesbibliothek
Staats- und Universitätsbibliothek
Zellescher Weg 17
01069 Dresden
Tel.: 03 51/4 63 43 08
Fax: 03 51/4 63 71 73

Staatsbibliothek zu Berlin
Preußischer Kulturbesitz
Unter den Linden 8
10117 Berlin
Tel.: 0 30/2 66 14 26
Fax: 0 30/2 66 17 21

Staats- und Universitätsbibliothek
Bremen
Bibliothekstraße
28359 Bremen
Tel. 04 21/2 18 26 15
Fax: 04 21/2 18 26 14

Staats- und Universitätsbibliothek
Hamburg
Von-Melle-Park 3
20146 Hamburg
Tel.: 0 40/41 23 22 13
Fax: 0 40/41 23 33 52

Stadt- und Landesbibliothek Potsdam
Am Kanal 47
14467 Potsdam
Tel.: 03 31/2 84 20
Fax: 03 31/2 84 21 02

Thüringer Universitäts- und Landes-
bibliothek
Ernst-Abbe-Platz 2
07743 Jena
Tel.: 0 36 41/94 00 50
Fax: 0 36 41/94 01 10

Universitäts- und Landesbibliothek
Bonn
Adenauerallee 39–41
53113 Bonn
Tel.: 02 28/73 73 52
Fax: 02 28/73 75 46

Universitäts- und Landesbibliothek
Düsseldorf
Universitätsstr. 1
40225 Düsseldorf
Tel.: 02 11/8 11 20 30
Fax: 02 11/8 11 30 54

Universitäts- und Landesbibliothek
Münster
Krummer Timpen 3–5
48143 Münster
Tel.: 02 51/8 32 40 21
Fax: 02 51/8 32 83 89

Universitäts- und Landesbibliothek
Sachsen-Anhalt
August-Bebel-Str. 13
06098 Halle
Tel.: 03 45/55 21 66 oder 55 21 67
Fax: 03 45/5 52 71 40

Württembergische Landesbibliothek
Konrad-Adenauer- Str. 8
70173 Stuttgart
Tel.: 07 11/2 12 44 24
Fax: 07 11/2 12 44 22

Zentral- und Landesbibliothek
Breite Str. 32–36
10178 Berlin
Tel.: 0 30/90 22 60
Fax: 0 30/9 02 26 49 40

14.3 Datenbanken, Informationsdienste

Berufliche Bildung – Literaturdatenbank
BIBB – Bundesinstitut für Berufsbildung
Fehrbelliner Platz 3
10707 Berlin
Tel.: 0 30/8 64 30
Fax: 0 30/86 43 24 55

ERIC – Educational Resources
Information Center
2277 Research Boulevard, 7a
Rockville, MD 20850
Toll Free: 800/let-ERIC
Tel.: 001/301/5 19 57 89
Fax: 001/301/5 19 57 89

FIS – Fachinformationssystem Bildung
Koordinierungsstelle im Deutschen
Institut für Internationale Pädagogische
Bildung
Schloßstr. 29
60486 Frankfurt/M.
Tel. 0 69/24 70 80
Fax: 0 69/24 70 84 44

FORIS – Forschungsdokumentation
Sozialwissenschaften – Datenbank
Informationszentrum Sozialwissenschaften
Lennéstr. 30
53113 Bonn
Tel.: 02 28/2 28 10
Fax: 02 28/2 28 11 21

Informations-, Dokumentations- und
Aktionszentrum gegen
Ausländerfeindlichkeit für eine
multikulturelle Zukunft e. V.
Friedrichstr. 61a
40217 Düsseldorf
Tel.: 02 11/37 10 26
Fax: 02 11/38 21 88

NAKOS – Nationale Kontakt- und
Informationsstelle zur Anregung
und Unterstützung von
Selbsthilfegruppen
Albrecht-Achilles-Str. 65
10709 Berlin
Tel.: 0 30/8 91 40 19
Fax: 0 30/8 93 40 14

PSYTKOM – online-Datenbank
ZPID – Zentralstelle für Psychologische
Information und Dokumentation
Universitätsring 15
54286 Trier
Tel.: 06 51/2 01 28 77
Fax: 06 51/2 01 20 71

SOLIS – Soziologische Literatur –
Datenbank
Informationszentrum – Sozialwissenschaften
Lennéstr. 30
53113 Bonn
Tel.: 02 28/2 28 10
Fax: 02 28/2 28 11 21

14.4 Medien und Messen

Didacta
Deutscher Didacta Verband e. V.
Rheinstr. 94
64295 Darmstadt
Tel.: 0 61 51/31 91 41
Fax: 0 61 51/31 91 44

Institut für Film und Bild in Wissenschaft und Unterricht
Bavariafilmplatz 3
82031 Grünwald
Tel.: 0 89/6 49 71
Fax: 0 89/6 49 73 00

JFF – Institut Jugend, Film, Fernsehen e. V.
Pfälzer-Wald-Str. 64
81539 München
Tel.: 0 89/68 98 90
Fax: 0 89/68 98 91 11

Verband der Schulbuchverlage
Zeppelinallee 33
60325 Frankfurt/M.
Tel.: 0 69/70 30 75
Fax: 0 69/70 79 01 69

Worlddidac
Weltverband der Lehrmittelfirmen
Bollwerk 21
Postfach 21
CH-3001 Bern
Tel.: 0041/31/3 11 76 82
Fax: 0041/31/3 12 17 44

15.0 Arbeitsverwaltung, Berufsausbildung und -forschung

15. 1 Verbände, Institute

AKA – Aufgabenstelle für kaufmännische Abschluß- und Zwischenprüfungen
Hauptmarkt 25/27
90403 Nürnberg
Tel.: 09 11/1 33 54 71
Fax: 09 11/1 33 52 10

Arbeitsgemeinschaft zur Förderung der Wirtschaftlichen und Sozialen Bildung e. V.
Postfach 31 05
53626 Königswinter
Tel.: 0 22 44/91 27 10
Fax: 0 22 44/91 27 11 oder 91 27 12

BIBB – Bundesinstitut für Berufsbildung
Fehrbelliner Platz 3
10707 Berlin
Tel.: 0 30/8 64 30
Fax: 0 30/86 43 24 55

BIBB – Bundesinstitut für Berufsbildung (Abt. Bonn)
Friesdorferstr. 151–153
53175 Bonn
Tel.:02 28/38 80
Fax: 02 28/38 82 19

Bundesanstalt für Arbeit
Regensburger Str. 104
90478 Nürnberg
Tel.: 09 11/17 90
Fax: 09 11/1 79 21 23

Bundesarbeitsgemeinschaft Schule Wirtschaft
Gustav-Heinemann-Ufer 84–88
50968 Köln
Tel.: 02 21/4 98 17 22
Fax: 02 21/5 98 15 92

Bundesvereinigung der Deutschen Arbeitgeberverbände e. V.
Uhlandstr. 29
10719 Berlin
Tel.: 0 30/8 82 30 26
Fax : 0 30/8 82 35 06

Deutscher Gewerkschaftsbund
Hans-Böckler-Str. 39
40476 Düsseldorf
Tel.: 02 11/4 30 10
Fax: 02 11/4 30 14 71

Deutscher Gewerkschaftsbund
Außenstelle Berlin
Märkisches Ufer 28
10179 Berlin
Tel. 0 30/2 79 31 77
Fax: 0 30 /2 79 30 80

IAB – Institut für Arbeitsmarkt- und Berufsforschung der Bundesanstalt für Arbeit
Regensburger Str. 104
90478 Nürnberg
Tel.: 09 11/17 90
Fax: 09 11/1 79 32 58

Katholische Bundesarbeitsgemeinschaft für berufliche Bildung
Kolpingplatz 5–11
50667 Köln
Tel.: 02 21/20 70 11 42
Fax: 02 21/2 07 01 38

Kuratorium der deutschen Wirtschaft für Berufsbildung
Adenauerallee 8a
53113 Bonn
Tel.: 02 28/91 52 30
Fax: 02 21/9 15 23 99

Zentralstelle für Arbeitsvermittlung
Feuerbachstr. 42–46
60325 Frankfurt/M.
Tel.: 0 69/7 11 10
Fax: 0 69/7 11 15 55

Zentralverband des Deutschen Handwerks
Johanniterstr. 1
53113 Bonn
Tel.: 02 28/54 50
Fax: 02 28/54 52 05

15.2 Landesarbeitsämter

Landesarbeitsamt Baden-Württemberg
Hölderlinstr. 36
70174 Stuttgart
Tel.: 07 11/94 10
Fax: 07 11/9 41 16 40

Landesarbeitsamt Berlin/Brandenburg
Friedrichstr. 34
10969 Berlin
Tel.: 0 30/2 53 20
Fax: 0 30/25 32 49 99

Landesarbeitsamt Hessen
Saonestr. 2–4
60528 Frankfurt/M.
Tel.: 0 69/6 67 00
Fax: 0 69/6 67 04 59

Landesarbeitsamt Niedersachsen – Bremen
Altenbekener Damm 82
30173 Hannover
Tel.: 05 11/9 88 50
Fax: 05 11/9 88 53 60

Landesarbeitsamt Nordbayern
Regensburger Str. 100
90478 Nürnberg
Tel.: 09 11/17 90
Fax: 09 11/1 79 42 02

Landesarbeitsamt Nordrhein-Westfalen
Josef-Gockeln-Str. 7
40474 Düsseldorf
Tel.: 02 11/4 30 60
Fax: 02 11/4 30 63 77

Landesarbeitsamt Rheinland-Pfalz/Saarland
Escherberger Weg 86
66121 Saarbrücken
Tel.: 06 81/84 90
Fax: 06 81/81 91 80

Landesarbeitsamt Sachsen
Paracelsusstr. 12
09114 Chemnitz
Tel.: 03 71/9 11 80
Fax: 03 71/9 11 86 97

Landesarbeitsamt
Sachsen-Anhalt/Thüringen
Merseburger Str. 196
06110 Halle
Tel.: 03 45/5 00 40
Fax: 03 45/5 00 45 55

Landesarbeitsamt Nord
Projensdorfer Str. 82
24106 Kiel
Tel.: 04 31/3 39 50
Fax: 04 31/3 39 52 62

Landesarbeitsamt Südbayern
Thalkirchner Str. 54
80337 München
Tel.: 0 89/5 44 50
Fax: 0 89/54 45 15 60

Werner D. Fröhlich

Wörterbuch Psychologie

dtv 3285

Die heutige Psychologie mit ihren eigenständigen, naturwissenschaftlich geprägten Methoden entwickelte von ihren Anfängen bis heute eine differenzierte Fachsprache. Gegenwärtig orientiert sich die Psychologie sowohl in der Grundlagenforschung als auch in ihren anderen vielfältigen Anwendungsfeldern fachübergreifend. Aus diesem Grund finden sich in den über 2200 Stichwörtern des Nachschlagewerks die wichtigsten Begriffe der »klassischen« Psychologie sowie die Grundbegriffe aus biologisch-medizinischen und sozialwissenschaftlichen Nachbargebieten.

Das seit der ersten Auflage 1968 immer wieder überarbeitete Standardwerk der Psychologie befindet sich heute in der 21. Auflage. Für die vorliegende Auflage wurden die Stichwörter bearbeitet und an das weltweit angewendete Klassifikationssystem *DSM-IV* angepaßt. Ebenso wurde das Nachschlagewerk durch neue Begriffe erweitert. Neben dem Vorwort mit Angaben zur Anlage des Wörterbuchs und einer Einführung in geschichtliche Entwicklung, Gegenstandsbereiche und Studienaufbau der Psychologie findet sich im Anhang ein Verzeichnis englischsprachiger Stichwörter mit Verweisen auf die entsprechenden deutschen Begriffe. Mit ausführlicher Bibliographie.

Das Nachschlagewerk der Psychologie!

dtv